你应该读的中国历史名著

二十五史

司徒博文◆编译

新世纪普及版

当代世界出版社

图书在版编目（CIP）数据

二十五史／司徒博文编译．—北京：当代世界出版社，2014.2

ISBN 978－7－5090－0950－5

Ⅰ.①二… Ⅱ.①司… Ⅲ.①中国历史－古代史－纪传体－通俗读物 Ⅳ.①K204.1－49

中国版本图书馆 CIP 数据核字（2013）第 253496 号

编　　译：司徒博文
插　　图：邢　旻
责任编辑：魏里亚　侯海洋
出版发行：当代世界出版社
地　　址：北京市复兴路 4 号（100860）
网　　址：http：//www.worldpress.org.cn
编务电话：（010）83907332
发行电话：（010）83908455
（010）83908409
（010）83908377
（010）83908423（邮购）
（010）83908410（传真）
经　　销：全国新华书店
印　　刷：北京欣睿虹彩印刷有限公司
开　　本：710 毫米×1000 毫米　1/16
印　　张：27.5
字　　数：523 千字
版　　次：2014 年 2 月第 1 版
印　　次：2014 年 2 月第 1 次
书　　号：ISBN 978－7－5090－0950－5
定　　价：39.80 元

前言

中国有五千年的文明，而这五千年的文明又通过二十五部史书系统地记载下来。二十五史上起远古，下迄清末，历代皆有史，一以贯之，是一项宏大的系统工程，是一笔宝贵的文化财富。

所谓二十五史，是指以下史书：《史记》（西汉·司马迁）、《汉书》（东汉·班固）、《后汉书》（刘宋·范晔）、《三国志》（晋·陈寿）、《晋书》（唐·房玄龄）、《宋书》（梁·沈约）、《南齐书》（梁·萧子显）、《梁书》（唐·姚思廉）、《陈书》（唐·姚思廉）、《魏书》（北齐·魏收）、《北齐书》（唐·李百药）、《周书》（唐·令狐德棻）、《隋书》（唐·魏征等）、《南史》（唐·李延寿）、《北史》（唐·李延寿）、《旧唐书》（后晋·刘昫）、《新唐书》（宋·欧阳修）、《旧五代史》（宋·薛居正）、《新五代史》（宋·欧阳修）、《宋史》（元·脱脱等）、《辽史》（元·脱脱等）《金史》（元·脱脱等）、《元史》（明·宋濂等）、《明史》（清·张廷玉等）、《清史稿》（赵尔巽等）。

在这二十五史中，《史记》、《汉书》、《后汉书》、《三国志》常被称为“前四史”。这四部史书文笔优美，可读性强，更为人们所喜爱，其中的故事也更为人们熟知。比如司马迁的《史记》笔力沉雄，意境阔大，至今读来仍觉得有一股英雄气，不愧为“史家之绝唱，无韵之离骚”。

其实中国的史籍浩如烟海，稗官野史难以计数。人们之所以推崇二十五史，是因为二十五史是正史，是官方修订的史书；而且它的编纂也比较严谨，一般都是后一个朝代的顶尖学者为前一个朝代修史。

可是，对于我们当代人来说，二十五史卷帙浩繁，文字古奥，非专业人士难以轻松阅读。为此，笔者从二十五史选取了二百多个精彩的故事，编译成白话文，进行适当的文学加工，以方便普通读者的阅读。

青少年学生可以把这本书作为课外读物，喜爱文史的朋友也可以把它作为枕边书。书中每个故事大约一两千字，几分钟就可以轻松读完，这样就适应了当今快节奏生活的需要。

太阳底下无新事。当代正在发生的事，有几件在古代没有发生过呢？几千年来，国家的兴衰治乱，人民的悲欢离合，朝代的更迭变换，文化的兴废传承，不知演变了多少次。而这土地还是这块土地，舞台还是这个舞台，只是换了一些人而已。如果您想具有一双慧眼，把世界看得更通透一些，我劝您还是多读一些历史吧。

目录

史记

汉书

后汉书

三国志

晋书

北朝四史、南朝五史

隋书、旧唐书、新唐书

旧五代史、新五代史

宋 史

辽史、金史、元史

明史

清史稿

史 记

黄帝战蚩尤

大约在五千年以前，在我国黄河流域生活着许多部落。以黄帝（姓公孙，名轩辕）为首的部落最初兴起于今陕西北部，后来沿着洛水南下，东渡黄河，定居于河北涿鹿附近，从游牧生活转为农耕定居生活。

关于古代帝王的出生，常有神异故事流传，以显示帝王不同凡人。黄帝的出生也是这样，据说他的母亲有一天到野外去，突然看见天上有闪电绕过北斗星，吓了一跳，身上感到有点震动，于是就怀孕了，怀了二十四个月才分娩。这孩子长得容貌堂堂，前额隆起，像太阳悬空，眉骨也是高高的，一看就觉得是个非常精明能干的人。他出生只有两个多月就能说话，几岁的时候就才华出众，长于辩论。到二十岁，他已经很有教养，对人宽厚友爱，考虑问题周到细致，能明确地判断是非。

由于黄帝的才能和威望，他被推选为一个部落的领袖。当时，部落联盟的首领已经去世，继承者平庸无能，没有威信，各部落之间经常发生掠夺性的战争而无法制止。在这种形势下，黄帝积极学习行军布阵的方法，加强军事方面的准备和训练，征伐那些破坏部落联盟规章制度的部落首领，使他们服服帖帖。但是，有个部落的首领蚩尤最厉害，又残暴，从来没有人能够战胜他。还有一个黄帝的近亲部落，首领是炎帝，也经常掠夺和欺侮邻居。因此，远近的部落都来归附轩辕。黄帝的势力范围扩大了，他积极地改革内政，整顿军队，制定历法，发展农业生产，安定和提高人民的生活，安抚四方前来归顺的人；他还训练了熊、罴、虎、豹等猛兽，作为战争中的新式武器。炎帝侵略扩张的意图受到黄帝力量的阻挠，矛盾激化，于是，这两个近亲部落在阪泉（河北保安东）爆发了一场战争。经过三个战役的较量，炎帝失败了。炎帝认输，与黄帝结成联盟。可是蚩尤还是我行我素，继续到处抢掠，黄帝虽然想了很多办法去争取他，始终无济于事。黄帝没有其他的选择了，只好诉诸武力，于是，与蚩尤在涿鹿（河北涿鹿）进行了一场大战。

这次战争打得非常激烈，规模也很大。蚩尤有兄弟八十一人，个个都是猛兽身躯，铜头铁额，威风凛凛，勇猛异常。他们吃的是砂石，可以连续作战，不必起火做饭。他们的武器精良。当时，他们就掌握了炼铜的技术，造了很多铜制兵器，这比石刀石斧当然厉害得多了。黄帝也了解蚩尤的凶狠，他调集了各个部落的军队，组成了几个由他统一指挥的大兵团，命令大将应龙作先锋首先出阵。

双方一交手，就打得难分难解、天昏地暗、鬼哭神嚎，喊杀之声，响彻山野。逐渐，黄帝支持不住了，于是他拿出秘密武器，放出那久经驯养的猛兽部队。只见那虎豹熊罴，步伐整齐，进退自如，张牙舞爪，咆哮怒吼，一齐扑了上去，见人就咬。蚩尤的士兵被这突如其来的打击吓得魂飞魄散，乱作一团，自相践踏。

蚩尤一看不妙，马上到天上请来了风伯和雨师帮忙。刹那间，天色昏暗，云雾迷蒙，狂风大作，急雨倾盆而下，对面不见人影。战场形势急转直下。

黄帝在这危急关头，也到天上请来名叫“魃”(bá)的仙女。仙女拨开云雾，一下就风停雨止了。黄帝抓住战机猛攻，蚩尤败下阵来。应龙见蚩尤想逃走，盯着紧追不放，追到凶黎的山谷中，赶上一步，手起刀落，蚩尤的脑袋飞到好远去了。这次战争，使黄帝的威望达到空前的高度，各部落对他佩服得五体投地，一致拥戴他为部落联盟的首领。

此后，黄帝在涿鹿山下的一块平地上建起都城，设置一些官员分管各项工作。他命人制定了天文历法，以指导生产。任用风后、力牧、常先、大鸿四人为他的助手。这四个人都德才兼备，关心人民疾苦。为了提高人民的生活，黄帝指导人民按四时不同季节播种谷物和栽种草木，指导人民饲养牲畜和利用自然资源，指导人民修建房屋和制作衣裳。由于他对人民做出了杰出的贡献，所以后来人民一直怀念他，尊敬他。

在涿鹿之战中，黄帝的一个重要同盟者是他的近亲炎帝。这次战争以后，以黄帝和炎帝为首的华夏族就成为不断融合中原各地众多部落的核心力量，炎黄也就在这样的情况下被尊崇为不断扩大的华夏族的祖先。今天，我们中国人都认为是炎黄子孙，并以此而感到自豪。

大禹铸九鼎

据传说，黄帝以后，又过了一些年，尧成了部落的首领。尧在位的时候，黄河流域发生了很大的水灾，庄稼被淹了，房子被毁了，老百姓只好往高处搬。不少地方还有毒蛇猛兽，伤害人和牲口，叫人们过不了日子。

尧征求大臣们的意见，想找到一个治理洪水的人。一些大臣向他推荐了鲧。

可是九年过去了，鲧治水不但不见成效，水灾反而越来越严重，河堤不断决口，百姓损失很大。原来，鲧是采用“堵”的办法，哪里有了洪水，他就带人去修堤筑坝，想把洪水堵住，结果水位越来越高，冲破堤坝，损失更大了。

这个时候，尧已经去世了，舜继了位。他到各地视察，看到鲧治水不利，而且不听群众意见，一意孤行，就非常生气，立即下令将鲧撤职查办，将他囚禁在羽山（今山东蓬莱东南）。后来又将他处死。

水患仍然很严重，舜征求一些官员的意见，看哪一个能担任这个治水的工作，大家都说禹最合适。禹是鲧的儿子。关于他的诞生，也有一些神奇的传说：禹的母亲有一天晚上忽然看到一颗流星穿过昴星之中，睡了以后，在梦中又看到了这一情景，于是得到感应而受孕，生下了禹。在另外的古书上还有一种说法：禹的父亲鲧死了三年，尸体不但不腐烂，而且肚子日益增大，里面似乎有东西在蠕动，有人用一把锋利的尖刀把他的肚皮划开，于是禹就出世了。

禹长大以后，可不像他父亲，他生活俭朴，对公家的事总是全力以赴，公正不阿，一丝不苟。他对人和蔼可亲，从不说假话和空话，总是说到做到。舜了解了禹的品德作风以后，就召见他说：“现在任命你担任治水的工作，希望你努力去完成它。”禹接受了任务，表示一定不辜负舜的期望。舜不因为禹的父亲治水不力而歧视禹，禹也不因为父亲被舜处死而怀恨于心。治水，是关系千千万万人的大事。

禹接受任务以后，带了一些人到各地去进行实地考察、勘测。虽然他当时结婚才四天，但毫不留恋地辞别了新婚的妻子。禹在考察中，汲取了他父亲用堵截的方法治水失败的教训，而改从疏导入手。他依照山脉地形，使水在经过整治的河道里畅流奔腾，直入大海。

但是，取得这样的成绩是多么不容易啊！

舜知道治水任务的艰巨，特别派了伯益和后稷作禹的助手，并且发动各个氏族部落都投入这一伟大的工程。动工以前，禹亲自拿着测量工具一段一段地进行测量，制定周密的施工计划。开工以后，禹带领大家一起劳动，栉风沐雨，废寝忘餐，一心扑在治水上。他曾经三次经过自己的家门口都没有进去。有一次，恰好遇到他的妻子分娩。儿子出世，呱呱地哭。禹在门外听到儿子的哭声，多么想去看看他、亲亲他，也多么想去看看分娩后的妻子，但当时工作紧张，只好狠心走了。禹就是这样辛勤地忘我地工作了十三年，累得身体非常衰弱，腰弯背驼，走路也不灵活了。后来一些从事迷信活动的人在祭祀鬼神的时候，也学着禹走路的姿态以表示虔诚。这种姿态就叫做“禹步”。

禹为了平治水土，跋涉山川，走遍了当时整个中国，不论什么穷乡僻壤，不论有人无人的地方，都留下了他的足迹。

由于禹在治水中的功绩，提高了部落联盟首领的威信和权力。传说禹年老的时候，曾经到东方视察，并且在会稽山（在今浙江绍兴一带）召集许多部落的首领。去朝见禹的人手里都拿着玉帛，仪式十分隆重。有一个叫做防风氏的部落首领，到会最晚。禹认为怠慢了他的命令，把防风氏斩了。看来，那时候的禹已经从部落联盟首领变成名副其实的国王了。

据传说，为了纪念治理洪水这件大事，夏禹用当时九个州出产的铜矿石，铸了九个鼎，代表九个州。这九个鼎后来就成了国家政权的象征。

少康杀寒浞

大禹临终前，把伯益定为接班人。伯益是大禹的助手，在治水过程中发挥了重要的作用。可是，禹死后，他的儿子启破坏了“禅让制”，用武力夺取了王位，中国从此开始了四千余年的王位世袭制度。

启就是大禹治水过程中涂山氏为他生的那个儿子。夺取政权之后，他首先讨伐不肯臣服的有扈氏部落，在于甘（今河南洛阳市西）这个地方将有扈氏消灭，俘虏都被罚做奴隶。其他部落再也不敢反抗了。

启去世以后，他的儿子太康即位。太康是个十分昏庸的君主，终日沉湎于酒色之中，不理朝政，治国不遵法度，赏罚不明。一次，他带着随从到洛水南岸去打猎，越打越有劲，整整一百天都没有回家。他手下的朝臣，也个个是酒色之徒。看着国势一天天衰落，他的五个儿子也都离开了自己的国家，到别处避难去了。

那时候，黄河下游有一个部落首领名叫后羿，野心勃勃，一心想夺取夏王的权力。他看到太康出去打猎，认为有机可乘，派兵守住洛水北岸。当太康带着一大批猎得的野兽，坐着车子，兴高采烈地归来时，却发现对岸全是后羿的士兵。眼看有家难归，太康只好在洛水南岸过着流亡的生活。

后羿射箭百发百中，是个著名的神箭手。传说古时候天空本来有十个太阳，把地面上的庄稼都烤焦了。大家请后羿想法子，后羿拈弓搭箭，“嗖嗖”几下，就把天空里的九个太阳射了下来，只留下一个太阳。又说古时候大河里有许多怪兽，经常兴风作浪，也是后羿用箭把这些怪兽射死了，使人们的生活恢复了正常。后羿将太康阻在洛水南岸以后，还不敢自立为王，而是将太康的兄弟仲康立为夏王，将实权抓在自己手里。待到仲康一死，后羿索性撵走仲康的儿子相，自己做了夏王。

后羿当了夏王以后，仗着自己射箭本领高强，也作威作福起来，他和太康一样四出打猎，把国家政事交给亲信寒浞。寒浞是个心怀诡计的人，一面千方百计地讨好后羿，一面用小恩小惠收买人心。一次，他趁后羿喝醉了酒，将他杀了，夺取了王位，霸占了后羿的妻室。

寒浞还不甘心,怕夏族再跟他争权,又派人到处追杀被后羿撵走的相,终于将相杀了。所幸的是,相正在怀孕的妻子从墙洞里逃了出去,在娘家有仍氏部落生下了个儿子叫少康。

少康在有仍氏部落受到了教育和培养,听说寒浞正在派兵追捕他,又逃到了舜的后代有虞氏那里。少康在艰难困苦的环境中长大,练就了一身本领。在有虞氏那里,他招收人马,训练队伍,并在忠于夏王的大臣、部落帮助下,一举攻破寒浞的城门,杀死寒浞,夺回了夏朝的王位。这件事,历史上称为"少康复国"。

孔甲好龙

夏王朝在少康时期,政通人和。而夏王朝开始走向没落是从第十四代王孔甲开始的。

孔甲是少康之后的第八代国君,他喜好鬼神,荒淫奢侈,怠于政事。孔甲认为:上天把一切都给安排好了,努力不努力都一个样,所以他终日游玩,对国事根本无暇顾及。大臣们有的看不惯,说了几句,就被孔甲的那套"神论"给驳回去,后来也就无人多言了。

有一天,孔甲与臣子在大河边游玩,河里有两个庞大的怪物爬上岸。孔甲吓了一跳,这时一个臣子对孔甲说:"国王莫怕,这是天上派下来的两条神龙,一雌一雄来辅佐您管理江山。"孔甲开始半信半疑,臣子赶忙解释:"国王,龙能飞、能游,可是在您面前,它觉得您是最尊贵的,所以不敢腾飞,只能在水里游。"孔甲听后十分高兴,也认为自己是最尊贵的人。他兴奋极了,命人将龙带回宫中,辅佐自己,作为镇山之宝。孔甲认为龙能够帮助自己治理天下,而且天下会长治久安。

孔甲传下命令,找人来驯养龙,并且悬赏重金。可是养龙谈何容易。谁也没见过龙,更何况还必须养好,否则自己及全家的性命就会丢掉。

一天天过去,仍然无人前来应征。正在孔甲坐立不安时,一个大臣向他禀报:"国王,刘累曾跟豢龙氏学过养龙术,他一定会养龙。"

孔甲喜出望外,立即召见刘累。刘累是尧的后裔,传说他向豢龙氏学过饲养龙的技艺。刘累风风火火赶了几天路,来到宫中一看,这哪是龙啊,原来是两条丑怪的大鳄鱼!但是孔甲深信这是两条神龙,刘累也不好纠正,便答应为国王养龙。孔甲听后十分高兴,赐刘累姓为御龙氏,并赏给了刘累好多财物。刘累对孔甲说:"国王,龙乃神,不能怠慢,应该修个豪华的大水池,里边注满清水,而且每天要朝拜神龙,那样神龙就可以辅佐您的江山万代。"孔甲本来就迷信,这下更深信不疑,立即命人修建豪华大水池。水池之大、之豪华历史上罕见。两条大鳄鱼被放入清水中，很快恢复了活力。孔甲立即命人摆上桌子，举行隆重的朝拜仪式。刘累也因此一步登天，红极一时。

一天孔甲召见刘累，对刘累说："黄帝能乘龙舟神游天下，我养龙也是为了能坐上龙车，你既能养龙，也一定能驯龙，让我早日乘坐龙车像黄帝一样巡游天下。"

刘累一下子傻了眼，吓出了一身冷汗，他根本不可能让两条鳄鱼驾车。但他又不敢违背孔甲的旨意，只好走回住处。

可是更倒霉的是，当刘累回到水池边时，那条雌"龙"怒目圆睁，一动不动地浮在水面上。刘累知道鳄鱼死了，他一下瘫在地上，心想：这下可全完了，不但自己性命难保，就连家人的性命也保不住了。刘累坐在地上，心里在不断地想计策，忽然眼珠一转，计上心来。

第二天，刘累又去拜见孔甲，说要想让神龙驾车，乘龙车的人身体必须强壮，否则会折寿。另外神龙练习驾车时不能有人参观，否则神龙会发怒，不但国王无法乘龙车，反而会不利于江山社稷。东海出产的大鱼肉鲜味美，国王必须每天吃上一盘，才能补好身体，连吃数日就可乘坐龙车。

孔甲听后大喜，又赏给了刘累许多财物。第二天刘累就把雌鳄鱼带进厨房，从鳄鱼身上割下鳄鱼肉，把它做熟，亲自送给孔甲。第三天刘累又送上了一盘，在刘累周围的人都被刘累打发走了。第四天孔甲迟迟不见刘累的身影，心里十分着急，想亲自去看看刘累，但又怕惊扰了神龙练驾，只好耐心等待。又过了好几天，孔甲一直没有见到刘累的身影，他派人去问，才知道刘累已经跑了。他这才知道，自己吃的正是"龙肉"啊。当时又惊又惧，不久就死了。

孔甲死了之后，又经三代，夏桀即位，夏朝在他手里灭亡。

商汤与伊尹

夏桀是个出名的暴君，他和奴隶主贵族残酷压迫人民，对奴隶镇压更重。夏桀还大兴土木，建造宫殿，过着荒淫奢侈的生活。

大臣关龙逄(音 páng)劝说夏桀，认为这样下去会丧失人心。夏桀勃然大怒，把关龙逄杀了。百姓恨透了夏桀，诅咒说："这个太阳什么时候才会灭亡，我们宁愿跟你同归于尽。"

黄河下游有个部落叫商。传说商的祖先契在尧舜时期，跟禹一起治过洪水，是个有功的人。后来，商部落因为畜牧业发展得快，到了夏朝末年，汤做了首领的时候，已经成为一个强大的部落了。

商汤看到夏桀十分腐败，决心消灭夏朝。他表面上对桀服从，暗地里不断扩大自己的势力。

那时候，部落的贵族都是迷信鬼神的，把祭祀天地祖宗看做最要紧的事。商部落附近有一个部落叫葛，那儿的首领葛伯不按时祭祀。汤派人去责问葛伯。葛伯回答说："我们这儿穷，没有牲口作祭品。"

汤送了一批牛羊给葛伯做祭品。葛伯把牛羊杀掉吃了，又不祭祀。汤又派人去责问，葛伯说："我没有粮食，拿什么来祭呢？"

汤又派人帮助葛伯耕田，还派一些老弱的人给耕作的人送酒送饭，不料在半路上，葛伯把那些酒饭都抢走，还杀了一个送饭的小孩。

葛伯这样做，激起了大家的公愤。汤抓住这件事，就出兵把葛先消灭了。接着，又连续攻取了附近几个部落。商汤的势力渐渐发展了，但是并没引起昏庸的夏桀注意。商汤妻子带来的陪嫁奴隶中，有一个叫伊挚的，传说他刚到商汤家的时候，做个厨师，服侍商汤。后来，商汤渐渐发现伊挚跟一般奴隶不一样，商汤和他交谈以后，才知道他是有心装扮作陪嫁奴隶来找汤的。伊挚向汤谈了许多治国的道理，汤觉得他不是凡人，大有相见恨晚之感，马上把他提拔做他的助手。后来，人们就叫他伊尹了。

商汤和伊尹商量讨伐夏桀的事。伊尹说："现在夏桀还有力量，我们先不去朝贡，试探一下，看他怎么样。"

商汤按照伊尹的计策，停止了对夏桀的进贡。夏桀果然大怒，命令九夷发兵攻打商汤。伊尹一看夷族还服从夏桀的指挥，赶快向夏桀请罪，恢复了进贡。

过了一年，九夷中一些部落忍受不了夏朝的压榨勒索，逐渐叛离夏朝，汤和伊尹才决定大举进攻。

自从夏启以来，同姓相传已经四百多年，要把夏王朝推翻，也不是一件简单的事。汤和伊尹商量了一番，决定召集商军将士，由汤亲自向大家誓师。

汤说："我不是敢进行叛乱，实在是夏桀作恶多端，上帝的意旨要我消灭他，我不敢不听从天命啊！"他接着又宣布了赏罚的纪律。

商汤借上帝的意旨来动员将士，再加上将士恨不得夏桀早早灭亡，因此，作战非常勇敢。夏、商两军在鸣条（在今山西运城）打了一仗，夏桀的军队被打败了。

最后，夏桀逃到南巢（在今安徽巢县），汤追到那里，把桀流放在南巢，一直到他死去。

这样，夏朝就被新建立的商朝代替了。历史上把商汤伐夏称为"商汤革命"。这个"革命"与现代的"革命"含义不同。古代称王者受命于天，把改朝换代说成是天命变更的结果，因而称之为"革命"。

武丁与傅说

商朝武丁统治时期，商朝出现了昌盛的局面。武丁死后被人们尊称为“高宗”。

武丁是盘庚的侄儿。盘庚迁都殷后，使商朝得到了复兴，使中国奴隶社会发展到了一个新阶段。盘庚死后，其弟小辛继位。小辛死后，武丁的父亲小乙继位。而小辛、小乙都无才，商朝又开始走向没落。武丁年少的时候生活在民间，深知百姓疾苦。

在商朝，奴隶制盛行，奴隶不被当做人，而是奴隶主的私有品，可以买卖，甚至屠杀。有一个奴隶叫傅说(yuè)，他才华出众，足智多谋，平时只是默默耕作，从不多说，但是对国家大事十分关心。后来他认识了一个叫武丁的杂役，二人一见如故，很有缘分。武丁有一日对傅说说：“假如我有一天做了国王，我一定让你做我的宰相。”傅说以为武丁说梦话，他不知道武丁正是国王小乙的儿子，由于小乙听信小人的谗言，把武丁给放逐了。

武丁继位时，商王朝的统治一度衰微。他下定决心使商王朝强盛起来，但是他刚刚继位，根基不稳，他决定找一位有才能的人辅佐自己治理江山社稷。这时他想起了当奴隶的傅说。但是武丁没法直接和臣子说想请一位奴隶入宫，因为那时他自己的地位尚未稳固。

于是武丁说他梦见了一位贤才，在傅岩住，天帝为磨炼他的意志，把他贬为奴隶，此人能帮我治理国家。之后武丁命人按他的描述画了傅说的画像，派人速到傅岩把这位有才德的人请来。

众臣将信将疑，可国王下了命令就得照办。这一天差人来到傅岩，对照图像，果然有一个和画像一模一样的人。差人立即把奴隶主叫来，让他打开傅说的枷锁。奴隶主一看宫里的差人，不敢怠慢，立即为傅说取下枷锁，换上一套华丽的衣服，然后扶他到车中。

几天之后，傅说来到了宫中，他做梦也没想到自己会来到王宫。来到宫中，傅说赶紧下跪，武丁也不多言。命其他臣子退下，才走到傅说面前，对傅说说：“傅说，你抬起头来。”傅说抬头一看是武丁，大吃一惊，不知怎么回事。武丁就把自己的身世和傅说说了一遍，又把自己编造梦中遇贤才之事和傅说说了一遍。

第二天早朝，武丁当着满朝文武的面任命傅说为左相，帮助他处理国家政事。

从此武丁在傅说的辅佐之下，对农业、牧业生产十分关心，整天勤于朝政，与傅说共同商讨治国之道。大臣们对武丁也是惟命是听，认为他是神的化身。

傅说对武丁说，你我都受过苦，都知道奴隶的生活，一定要禁止随意屠杀奴隶。武丁觉得很有道理,一一答应,并公布了许多法令。武丁的政策得到了百姓的拥护,在百姓中的威望日渐提高。

武丁重新任命各级官员,将三年来尽职尽责的大臣提拔重用,而那些擅离职守的则被放逐。武丁对大臣声称这是天帝的旨意,那些被放逐的大臣虽有怨言也不敢违背,因为武丁执行的是天意。

在武丁统治时期,国力日益强大。商王朝也不安于现状,四处举兵,武丁曾率军队征伐西北方向的土方、鬼方、吉方、羌方,以及江淮流域的虎方,又攻伐荆楚。商朝的势力已经扩展到长江以南地区。每到一地,武丁都对当地臣民说他是按天帝的旨意行事,如果违背他的旨意,就是不尊重天意。

在武丁时期,商王朝的统治达到极盛。历史上这一段被称为武丁盛世。

不食周粟的遗臣

商朝末年,北方有一个小国叫孤竹,孤竹国的老国王有三个儿子,可他不喜欢长子,也不喜欢小儿子,只喜欢次子。

长子伯夷,秉性忠厚,不会变通,更不会溜须拍马。他与父王在一起的时候,也不会顺着父王的意思去说,而是按着自己的想法去说,有时为了一点小事,时常和他父亲争论起来。虽然按照惯例应立伯夷为世子,但老国王不想让伯夷继位,就立叔齐为世子。

老国王非常喜欢次子叔齐。叔齐为人聪明,也十分忠厚,而且十分懂礼貌,不像大哥那样时常为一点小事就和父亲争论。叔齐也时常和父亲在一起谈论国家大事,叔齐总是先听父王的意见,有不一致的便委婉地提出来,父亲如果一再坚持,叔齐就不再和父亲理论,因为他不想再让已上了年纪的父亲为一点小事而生气。因此老国王立叔齐为世子。叔齐也十分尊敬长兄伯夷,虽然自己被立为世子,但有问题仍经常向长兄请教。伯夷也很喜欢这个聪明的弟弟,虽然自己的世子位置被叔齐占了,但他不怨弟弟,知道这是父王所为。

孤竹国的国王一天天老了,终于有一天得了一场大病,经过医治,也不见好转。老国王知道自己不能再活多久了,临终前把叔齐叫到身边对他说:“儿啊,我们孤竹国的江山社稷要你治理了,一定不要辜负我的希望,把孤竹国治理好,让百姓过上好日子。”叔齐本想对父王说他不想继承王位,而应让哥哥伯夷继位,但看到父亲那张苍白的脸,知道父亲没有多久就会离开人世,所以没有和父亲争论,只是含着泪点点头。老国王又把长子伯夷叫到身边,对伯夷说:“儿啊,我不立你为世子,怪父王吗?我觉得你弟弟叔齐聪明,有治国之道,才立他为世子,只希望我孤竹国强大起来,你要好好辅佐你兄弟。”伯夷看到父亲的病如此重,也就没说什么。老国王放心不下，又把身边的大臣叫过来，千叮咛，万嘱咐，一定要让叔齐当国王。

老国王离开了人世，不放心地走了。

叔齐是知书达理之人，他不想违背先祖留下的规矩，留下历史的骂名，被别人说长道短。于是叔齐找到哥哥伯夷，想请哥哥伯夷当国王。伯夷起初还生父王的气，可一见弟弟如此，觉得自己真的不如弟弟胸襟开阔，便对叔齐说："贤弟，你是世子，又博学多才，知道治国安邦之道。父王临终前再三叮嘱一定要立你为王，父命怎能违呢?"但叔齐不灰心，对哥哥说："父命难违，可是我们也不能违背先祖的规矩呀!"叔齐再三恳求伯夷，伯夷只好答应。

夜里，伯夷翻来覆去，不能入睡，想起弟弟的一言一行，越来越觉得弟弟能够治好国家。自己怎么办才能让弟弟安心当上国王呢？于是伯夷在第二天早晨，早早起来，打点了一下行装，悄悄离开了王宫。

而弟弟叔齐夜里也睡不着，心想：长兄如此厚道，一定能治理好我们孤竹国，一定让长兄明天就继位，以免夜长梦多。于是第二天早晨，他匆匆穿戴整齐，就去找哥哥，可到哥哥住处一看，哥哥已走了。叔齐十分难过，他知道大哥不想为难他才离开王宫出走的。叔齐想：在这种情况下，我再继位，岂不更被天下人耻笑了吗？我一定要找到大哥，和大哥生活在一起。于是叔齐也悄悄离开了王宫。

伯夷、叔齐都出走了。众大臣没有办法，只好让那个生性爱玩的老三继位。老三整天荒废朝政，孤竹国日渐衰落。

叔齐离家出走后，多方打听，历经长途跋涉，受尽了千辛万苦，终于见到了自己朝思暮想的哥哥。兄弟俩一见，涕泪交流，紧紧抱在一起，久久不分开。两人一商议，决定不再回宫，找一个安静的地方生活下来，过一种和平安乐的生活。

那时，正是商王纣统治时期。纣王昏庸无道，百姓苦不堪言，到哪里去找一个好住处呢？后来他们遇到一位白胡子老者，老人说："西伯侯姬昌那里国泰民安，政通人和，是一个世外桃源，是安身的好场所。"

于是伯夷和叔齐又经过几天的行走，终于来到了周国。一看这里果真如那位白胡子老者所说那样，不仅环境优美，而且政治清明，百姓富足安康，处处是一派平和安定的气象。

哥俩就在这里安顿了下来，在其他人的帮助下盖了一个小茅屋，又拥有了一片自己的土地，每年只交很少的赋税。哥俩觉得很满足，觉得周国的文王、武王确实是两位不可多得的君主。

一天，伯夷、叔齐正在田间劳作，忽闻一片嘈杂声，只见人马浩浩荡荡，由远而来。他俩寻声望去，只见周武王和姜子牙正坐在车上，挥师东进。他俩不知武王去攻打谁，一打听才得知是去攻打那个昏君商纣。一般的平民百姓得知这一消息，无不拍手叫好。而这哥俩一听却大吃一惊，这怎么办呢？纣王再昏庸、残暴也毕竟是众诸侯的天子，为臣的就应该忠心不二，而不应该去攻打商纣。

于是二人丢下手上的农活，不顾生死地冲到队伍面前，截下了周武王的车，对周武王说："武王，您是一位明君，可为什么攻打商纣?"周武王答曰："商纣祸国殃民，弄得民不聊生。商纣昏庸无道，十分残暴，百姓忍无可忍，我是顺应民意。"伯夷、叔齐又说道："昏君是昏君，但毕竟是一国之君，我们做臣子的只有相劝，而不能反叛，那样是大逆不道，讨伐纣王就是欺君罔上。"

周武王一听无法和他们理论，就让官兵将二人推到路边。人马浩浩荡荡直奔前去，只留下烟尘和伯夷、叔齐二人相伴。二人十分生气，自言自语道："不义之师，不仁之师。"

没过多久，这支人马又杀了回来。伯夷和叔齐二人高兴得不得了，以为是自己对周武王苦口婆心的劝告起了作用，使周武王猛醒，又改变了主意。于是二人又安下心来，耕田种地。可他俩不知道这次是周武王的军事演习，他想测一测自己的军事实力和军心。

又过了两年，周武王认为灭商的时机已经成熟，再度起兵，挥师东进，在牧野大败商军，一直攻打到商都朝歌，最后纣王放火自焚。二人得知此消息后，觉得周武王与纣王没有什么两样，都一样残暴。他俩再也不想生活在这里了。

于是伯夷、叔齐二人连夜离开这里，经过几天几夜的奔波劳苦，来到了人烟稀少的首阳山(在今山西省南部)。他俩决定在此定居下来，再也不与周人往来。他俩认为周人都是反臣，不能与他们生活在一起，不与周人说话，不种周人的地，不吃周人地里长的粮食。

但整个天下都已是周朝天下，他俩不吃周朝的粮食，只好吃野菜、树叶充饥。有的好心人想给他们点吃的，他俩却不要，对周人说：宁可饿死，也决不吃周朝的粮食。没过多久，二人便饿死在首阳山。

二人死不食周粟很快传到了周武王耳里，武王认为这是自己的罪过。他暗暗下决心，一定要让百姓过上富足的好日子。后世的人，有的认为伯夷叔齐是愚忠，有的认为他们是有气节，这是仁者见仁、智者见智的事。

周公辅成王

周公名叫姬旦，是周文王的儿子，周武王的弟弟。他一生经历了商末周初这样一个王朝更替的历史时期，是我国历史上奴隶主阶级的一个杰出的政治家，也是一个具有军事和文艺才能的、多才多艺的历史人物。

周武王建立周王朝以后，过了两年就害病死了。他的儿子姬诵继承王位，这就是周成王。当时，周成王才十三岁。国家刚刚建立，还不太稳固。于是，就由周公辅助成王管理朝政,实际上是代行天子的职权。

周公尽心尽意辅助成王,管理国事。可成王的两个叔叔管叔和蔡叔却心存疑心。他们找到霍叔,造谣说周公有野心,想要篡夺王位。谣言一传十,十传百,终于传到成王的耳朵里。成王年轻,听了这些谣言后,就处处事事躲避着周公,生怕他害了自己。

周公知道这件事后,感到自己受到了极大的委屈,但是他十分清楚,现在国家万事当头,个人的委屈再大,也要把国家的事办好。

周公的封地在鲁国,因为要留在京城处理政务,就让儿子伯禽到鲁国去,代做国君。

临行时,周公谆谆告诫他:“一定要以国家的大事为重。我是武王的弟弟,文王的儿子,成王的叔父,但我仍然处处小心谨慎,不敢稍有懈怠。为了处理国家的大事,我常常是洗一次头发,要停下来好几次,将头发握在手上,去处理那些国家的急事;有时吃一顿饭,也要停下来几次,去接见要见我的人,国家急需人才,不能因我而失去那些投奔周的贤人。”

伯禽点点头,把这一番话记在心中。

这时,纣王的儿子武庚虽然被封为殷侯,但是由于受到监视,觉得很不自由。他口里说没有灭周复商之心,暗地里却巴不得周朝发生内乱,以便恢复殷商的王位。听说成王的三个王叔对周公存有偏见,处心积虑地谋划自己的利益,便派人和三个王叔联络,送给他们许多金银珍宝。同时,还暗暗串通一批殷商的旧贵族和东夷的几个部落,伺机而动。过了一段时机,他们认为时机已经成熟,就公开起兵,攻打周的都城镐京。

周公立即集结大批的军队。出兵之前,周公写了一篇宣誓词,表示定要讨伐叛逆,保卫周朝江山。宣誓完毕,周公亲率几万大军,浩浩荡荡地开出京郊,向东进发,与武庚的部队交战几个月,终于打败了武庚。武庚仓皇逃走,也被周兵追上杀了。

周公平定了武庚的叛乱,便带领兵马讨伐管叔。管叔看武庚失败,知道回天无力,自己也再没有面目去见他的哥哥和侄儿,便上吊自杀了。周公后来将霍叔革了职,又办了蔡叔一个充军的罪。

在周公平叛的过程中,一大批商朝的贵族成了俘虏。周公觉得让这批人留在原来的地方不大放心,同时,又觉得镐京在西边,要控制东边的广大地区很不方便,就在东面新建一座都城,叫洛邑(今河南洛阳市),把俘虏的商朝贵族都迁到那里,并且派兵把他们监视起来。告诉他们,只要敬天听命,仍然可以拥有土地和奴隶,还可以在周王朝的官府里任职。打那以后,周朝就有了两座都城。西部是镐京,又叫宗周;东部是洛邑,又叫成周。

周公代成王执政七年,周政权不断得到巩固,国家也日益兴旺发达起来。

到成王满二十岁的时候，周公见成王已经能够处理国家大事，就把政权交给了他，自己退居到臣下的位置上。

被放逐的蔡叔知道这事后，感叹道："像我们这样的人，真是不能和周公这样胸怀阔大的人相比。"

烽火戏诸侯

周幽王是一个荒唐的国君，他不勤国政，贪恋女色，结果亡了国。这一切都与一个名叫褒姒的女人联系在一起。关于褒姒的来历，有一段有趣的传说：

从前，夏朝衰败的时候，有两条神龙停在宫中不走。巫师占卜的结果是：杀掉、赶跑或留住龙都不吉利，请求龙留下唾液储藏起来，才是吉利的。于是巫师开始祷告并献上祭品。龙果然留下了唾液不见了。人们把龙唾液用匣子装了起来。夏朝灭亡后，这个匣子传给了商朝；商朝灭亡后，这个匣子传给了周朝。接连三个朝代，都没有人敢打开它。到了周厉王末年，厉王把它打开观看。匣子刚打开，龙的唾液就流了出来。唾液流到宫中，无法清除。厉王让宫女赤着身体对着它大声叫嚷，唾液便变成一条黑色的蜥蜴，爬进了厉王的后宫。后宫里有一个小女婢，才六七岁，碰上了它。她成年以后，还没有丈夫就怀了孕，生了孩子。

这个女婢很害怕，在宫中未婚生子可是不得了的事情，她只好把这个婴儿偷偷地丢弃在宫外面了。恰好一对善良的夫妇，看到这个初生的弃婴在野外啼哭，就把她抱起来，带到一个叫褒的小国去抚养。十几年以后，她长成一个漂亮的少女。褒国有个贵族得罪了周幽王，为了赎罪，花钱把她买来，取名褒姒，献给了周幽王。

褒姒虽然身在王宫，名为王后，可实际上不过是周幽王的一个玩物而已。从小经历坎坷，命运悲惨，所以从来没有笑过。周幽王当然体会不了褒姒内心的委屈，偏要叫她笑。为此，幽王想出了千百条妙计，想要逗引褒姒笑一笑，都没成功。他又发布悬赏，说有谁能叫褒姒笑一笑的，就赏给千金。这就是典故"千金难买一笑"的来历。

幽王手下有个大臣叫虢石父，是个惯会拍马逢迎的家伙。他听说幽王悬赏千金，想叫褒姒笑一笑，就来向幽王献策。他的计策就是"烽火戏诸侯"。他在幽王的耳边一阵嘀咕，幽王听了，乐不可支，说："好！好！就这么办！"

原来西周时候，为了防备西边犬戎部族的侵扰，在镐京附近的骊山一带修了许多座烽火台。如果发现犬戎来进攻，晚上就在烽火台上烧起大火，白天就在烽火台上烧狼粪使它冒烟，向诸侯发出警报。远方的诸侯看到烟和火光，知道京城告急，天子有难，就赶快带着军队和战车前来救援。烽火台是这么重要的报警设置，周幽王听了虢石父的教唆，竟然把它当做开玩笑的工具。

这一天，周幽王带着褒姒来到桥东的城楼上。他派人在烽火台上烧起了熊熊大火。这一下可热闹啦，诸侯们一看到火光，真的以为天子有难，赶快派出大军赶来救援。将领们乘着战车，士卒们奔跑赶路，个个都跑得气喘吁吁，汗流浃背。他们赶到镐京城下，却看不到一个犬戎的兵，只见幽王和褒姒坐在城楼上喝酒，旁边还有人奏乐助兴呢。先到的诸侯们请问幽王有什么情况，幽王搂着褒姒说："没有什么情况，我们点起烽火，只是为喝酒助兴，你们都回去吧。"

诸侯们这才知道自己受了愚弄，心里憋着一股气，只好命令退兵。这时还有一些军队不明情况，仍不断向城下涌来，退的退，进的进，一片兵荒马乱的景象。褒姒往城下一看，嫣然一笑。周幽王见褒姒笑了，高兴得什么似的，马上给了虢石父千金的奖赏。

后来，犬戎真的打来了，幽王赶快派人去点燃烽火，向诸侯求救，可是这一次，诸侯们以为幽王还是拿他们取乐，一个也不派兵来。事情就这样糟了。镐京终于被犬戎攻破，幽王逃到骊山脚下，被杀掉了，褒姒被掳走了，周王室历年积存下来的宝货财物都被洗劫一空。

诸侯们弄清楚这一次真的是犬戎来犯，急忙派兵赶来救援，已经晚了一步。诸侯们看到幽王已死，就只好和申侯一起商量，拥戴幽王的儿子宜臼继承王位，就是周平王。

周平王登位后，将国都迁到东边的洛阳。历史上把此后的周朝称为"东周"，而将此前的周朝与之相对应地称为"西周"。周幽王是西周的最后一位天子，而周平王是东周的第一位天子。东周开始于公元前 770 年。

东周实质上是名存实亡。周朝王室势力衰微，各个诸侯国之间开始了弱肉强食的兼并战争。齐国、楚国、秦国、晋国在战争中强大起来，历史开始进入春秋战国阶段。直到公元前 249 年，秦朝最终灭掉东周，周朝便彻底退出了历史舞台。周朝一共存在了约八百年，是我国历史上最长的一个朝代。

郑庄公掘地见母

春秋初期，周天子还比较有实力和地位，郑国是当时的一个强国。他们的国君一直担任周朝廷的卿士。郑武公的夫人武姜生了两个儿子。

郑武公的年纪大了，生了一场重病，夫人武姜劝他立幼子共叔段为太子，两个公子都是武姜的亲生儿子，她为什么非要立小儿子呢？

原来武姜生大儿子寤生的时候难产，武姜受尽了痛苦，还差点送了命。因此给他起名叫寤生。本来难产不关寤生什么事，但武姜却因此讨厌大儿子寤生。小儿子段出落得一表人才，唇红齿白，相貌风流倜傥，而且膂力过人，武艺高强，射箭的功夫非常了得。武姜非常疼爱他，希望他将来能继承国君的位置。武姜多次在郑武公面前夸二儿子段，都快把他夸上天了，要郑武公立段为太子。武公说："长幼有序，何况寤生又没有什么过错，怎么能随便废长而立幼呢？"他还是按老规矩立寤生为太子，只把一个小小的共城封给段，因此人们又叫他共叔段。

过了不久，郑武公病重去世了，太子寤生即位，就是郑庄公。郑庄公接替父亲在周朝当卿士。

武姜见大儿子这么风光，就对他说："你继承了父位，封地有几百上千里，而你的同胞兄弟的封地那么小，你于心何忍？"庄公说："那您看把哪个地方封给他合适？"武姜说："我看把制这座城封给他就挺合适的。"庄公说："制是我们郑国最险要的地方，父亲嘱咐过我，不许分封给任何人。除了制之外，您说哪座城都可以。"武姜想了一会儿说："我看京这座城也满好的。"京也是一座大城，庄公听了沉吟不语。武姜生气了："这座城也不行，那座城也不行，你干脆把你弟弟赶出郑国，让他自己想办法混饭吃吧。"庄公见母亲生气了，连忙说："儿子不敢！"

第二天上朝，庄公就把共叔段叫来，要把京这座城封给他。大夫祭仲劝阻道："万万不可。京是座大城，城墙的长度和高度都超过了一百尺，地广人多，和国都不相上下。如果把这个大城封给共叔段，日后他要是仗着太后的宠爱闹事，岂不是要发生兄弟相残的悲剧？"庄公装做为难的样子说："这是我母亲为共叔段讨的封地，我怎么敢不听呢？"于是不听祭足的话，把京城封给了共叔段。当时郑国人都称他为京城太叔。因此郑国人又称他为京城太叔。

其实郑庄公何尝不知道京地的重要，不知道把弟弟封到那里的危险，如果他心地仁厚，不愿兄弟相残，完全可以赏赐弟弟其他东西，但郑庄公是个城府很深，心思诡诈的奸雄，他因为母亲想立弟弟为太子的事而耿耿于怀，巴不得弟弟谋反，以便名正言顺地铲除弟弟共叔段。

共叔段如愿以偿地被封到京地，他辞别母亲武姜，兴高采烈地来到京地。共叔段一到京地，立刻按照和母亲秘密商定的计划，开始招兵买马，囤积粮草，招贤纳士，训练士兵。共叔段见郑武公不过问，借机夺取了附近的两座城。

这两座城的官员逃回国都，就把共叔段领兵占了两座城的情况告诉了庄公，庄公听了只是微微一笑。这时旁边有个大臣说："主公应该派人讨伐段！"庄公问他："你有什么高见？"大臣说："如今共叔段内有都城里太后的宠爱，外有京城的坚固，一天到晚训练兵马，看样子不篡夺了国君的位置不会罢休。您让我带领一支人马直捣京城，把他捉回来才能免除后患。"庄公笑了笑说："共叔段是太后的爱子，我的亲弟弟，我宁可少两座城，也不愿意伤了手足之情，伤了我母亲的心。"大臣又说："臣担心不仅是几座城的问题，臣担心整个国家都要乱啊。现在百姓人心惶惶，他们看见共叔段的势力越来越大，都在观望。过不了多久，都城里的老百姓都有了二心可就不好办了。主公现在要是对共叔段手软，日后共叔段可不会对您手软啊。那时可要追悔莫及啊。”

但是郑庄公却装出手足情深的模样，推说怕母亲武姜伤心，听任共叔段继续胡作非为。其实庄公是觉得共叔段还没什么明显的谋反行为，如果讨伐他，武姜会袒护他。但是庄公也怕共叔段势力过于强大不好收拾，打算引诱共叔段先动手，他借口要到朝廷履行卿士的职责，离开郑国上朝去了。

共叔段见机会来了，就率领战车和全副武装的士兵偷偷开到都城，打算乘虚而入。武姜也准备预先打开城门做内应。他们满以为可以一举成功。但是他们哪是老谋深算的庄公的对手，庄公早就安排好了圈套，他派了一支有二百辆战车的人马讨伐京地。共叔段一离开京，他们就乘机攻下京，共叔段慌忙回师攻打京，他的士兵见根据地没了，国都也没打下，军心浮动，一下子逃散了大半，最后共叔段只得逃回自己原来的封地共。郑庄公的大军兵临共城，共城地小人少，眼看就守不住了，共叔段追悔莫及，拔出剑自杀了。

郑庄公找到武姜和共叔段密谋的书信，让人拿给武姜看，郑庄公这下名正言顺地把自己的母亲武姜赶出宫，把她送到别处安置，并且发誓说：“不到黄泉，母子再也不见面了！”武姜因为溺爱幼子，怂恿共叔段谋反作乱，导致骨肉相残，最后害了共叔段也害了自己。

郑庄公总算是出了当年武姜劝郑武公立共叔段的怨气，但是日子长了，他发现人们暗地里都说他不守孝道。当时忠孝并提，一个国君对自己的母亲不孝，怎么能要求臣民对他尽忠呢？郑庄公有心把母亲接回来，但是自己发过誓又不好反悔。正在左右为难之际，有人通报说，武姜所在那个地方的一个叫颍考叔的小官儿带着几只异禽来进献。庄公见到颍考叔就问：“你带来的是什么鸟？”颍考叔回答：“这鸟叫夜猫子，白天连大山一样的东西都看不见，夜里倒什么都看得清，小东西它看得清楚，大东西倒看不见。这鸟刚出生的时候，母亲辛辛苦苦喂养它，等长大了，它反倒把它的母亲啄死吃了，实在是不孝的鸟，因此捉来献给主公吃。”庄公听出了话外之音，他默然无言以对。

庄公设宴款待颍考叔，宴席上颍考叔舍不得吃肉，他请求庄公允许他把这些肉带回去给老母亲吃。郑庄公是何等样人，他早就看出颍考叔的来意了，这时候装模作样地说：“你可真是个孝子啊！”说完了，还装出一副忧伤的样子。颍考叔问：“您为什么这么伤心呢？”庄公说：“你有母亲能够尽孝道。而我是有母亲却见不到啊！我发过誓，不到黄泉不见我的母亲。”

颍考叔正是为此而来，他绕了半天弯子，总算绕到正题上了，他急忙说：“这有什么难的？你派人把地挖掘开，直到挖出泉水，再修建个地洞，把太后接到里边，母子在地洞里相见，这样，一点都不违背主公当初的誓言啊。”

郑庄公大喜，立刻照此办理，这对不仁之母、不孝之子假惺惺地在地洞里见面，庄公还装模作样地赋诗一首，黄泉之下，其乐融融……

石碏不护恶子

卫庄公有三个儿子，长子仁义，次子知礼，只有小儿子州吁为人骄纵。州吁是庄公的爱妾所生，所以庄公十分溺爱他，对他的所作所为不管不问。

卫国的大夫石碏为人正直，看不惯州吁的所作所为，经常劝说庄公管教其子。庄公不听。

石碏有一个儿子叫石厚，从小就和州吁混在一起，为所欲为，经常做坏事。石碏知道后，便严厉地责骂他，可石厚却跑到州吁家里躲起来了。石碏没有办法，只好告老退休。

卫庄公去世后，长子公子完继承王位，这就是卫桓公。卫桓公生性胆小怕事，没有君王的胆识和气魄，对弟弟州吁的事，也不闻不问，任其胡作非为。这时州吁更是为所欲为，日夜想办法，想杀死长兄取而代之，夺取王位。

这一天，机会终于来了。卫桓公要到洛邑去，石厚忙对州吁说："现在是杀掉卫桓公的好时机，我们可以先埋下伏兵，等桓公来时将他杀掉。杀掉卫桓公后，如果卫桓公的军队有不满的人，也一起杀掉。"州吁听后非常高兴，叫石厚领兵埋伏，自己摆酒为卫桓公饯行。卫桓公没有想到自己的弟弟要杀掉自己，对弟弟的举动很感激，认为弟弟已长大成人，还斟酒回敬弟弟。州吁乘卫桓公不注意，抽出袖中的短剑，一下子刺中了他的后心。卫桓公还不知是怎么回事，便一下子栽倒在地，一会儿就气绝而亡。桓公的人刚想上去捉住州吁，石厚埋伏的兵士就出现了，桓公的人敢怒而不敢言。

州吁杀了卫桓公，自己取而代之，当上了国君。卫庄公的次子一听说弟弟把哥哥桓公杀死，知道自己处境也很危险，便连夜逃到了邢国。在这次谋杀中，州吁觉得石厚有功，便拜石厚为上大夫。

州吁和石厚杀了卫桓公，对外却说卫桓公是暴病而亡。但是人多嘴杂，纸里包不住火，州吁谋杀亲兄长之事不胫而走。国内百姓本来对州吁评价就不好，现在更是如此。邻国也觉得州吁不仁不义。州吁听后心里十分不快，但又不知所措，只好又找到石厚，和石厚商议怎么办。石厚说："咱们应该对邻国用兵，一方面可以树立威严，使别的国家不敢小瞧咱们卫国，另一方面可以弹压国内不满情绪。我看，我们可以先拿郑国开刀。"

公元前 719 年，卫国联合宋、鲁、蔡、陈四国，组成联军攻打郑国，州吁做总指挥。

郑庄公派公子吕出城迎战，让他故意败阵，好让卫国有个台阶下，达到他出征的目的。果然两国一交手，公子吕就带兵撤走，假装战败。州吁为了这个小小

的胜利而得意忘形，以为他的威信树立起来了。

可万万没有想到，他回到卫国后，百姓对他仍是十分不敬，州吁没有办法，只好又找石厚商量。石厚说："我们出兵征伐，取得胜利也不能让臣子们信服，只有找一位德高望重的人来辅佐您治理江山社稷。"

他们冥思苦想，哪位大臣德高望重，想来想去，他们想到了已告老还乡的石碏。石碏作为卫国大夫，为国事日夜操劳，勤于政事，深受卫国百姓拥护和爱戴，无论在百姓之中还是臣子面前都有很高的威望，只要石碏出山辅佐一定能让百姓信服。

可是石碏能再出山辅佐州吁吗？石厚心里没有一点底，自从石厚从家里挨打跑出来之后，再也没敢回过家，另外他知道父亲很讨厌州吁。但是为了拍马屁，石厚只好硬着头皮备足礼物去见父亲。

到了家里，老人家一看石厚回来了，根本不理他。州吁一见石厚败兴而归，知道石碏没有答应，就让石厚再去求他父亲给出个好主意，看看怎样能治国安邦。

石厚没有办法，只好再次求见父亲。石碏便对石厚说："我也没有好的办法，不过我可以给你们指出一条路来。我们各个诸侯国都得服从周天子，不管周天子的地位巩固与否，我们毕竟是他的臣民，各个诸侯国，特别是刚继位的新国君应该禀告周天子。如果能够得到周王的承认和赏赐，地位一定可以得到巩固。"石厚又问道："我们怎么做才能得周天子的承认和赏赐呢？"石碏说："现在周天子地位也不十分巩固，只要你们心诚，周天子一定会高兴的。如果周王不肯接见你们，你们就请陈侯说情，周王很喜欢陈侯，他一说情，周王一定会见你们的。"

石厚和州吁非常高兴，他俩担心周天子不见他们，准备先去陈国请陈侯帮忙。于是俩人备足礼物，像得了真经一样，兴冲冲地赶赴陈国。

石碏一看儿子和州吁走了，马上写了一封信，让自己的好朋友子针呈递给陈侯。子针是陈国的大夫，一看是老朋友委托，不敢怠慢，马上将信呈递给陈侯。陈侯一看大吃一惊，信的大意是这样的：卫国州吁杀兄夺位，加兵邻国，坏事做绝，而我的儿子石厚也是帮凶，这两个恶人可杀不可留。我已老了，没有力量整治他们，请你们帮忙，铲除他们，为民除害。外臣石碏问候陈侯。

陈侯与大夫子针一商议，便决定先把二人绑起来再说。

州吁、石厚二人兴冲冲来到陈国，被安排在太庙上见陈侯。他俩又赶到太庙，一见太庙上有一块牌子，上面写着"为臣不忠，为子不孝之人，不能进入太庙。"石厚、州吁看后，觉得心里有些不安，但马上装出若无其事的样子。可没走几步，就看见子针站在高处，大声宣读："奉周天子命令，立即拿下不忠不孝的州吁、石厚。"两边的武士一拥而上，将二人绑了起来。

二人不知是怎么回事，子针当面读了石碏的信，二人才知道上了当，心里后悔不该来陈国。

陈侯知道石碏就这一个独生子，怕杀了石厚引得石碏后悔。另外，卫国之事也不好乱动，便没杀二人，便把他们押送回卫国，听凭石碏处置。石碏对众人说："这两人罪大恶极，不能宽恕。"众人考虑到石碏只有这一个儿子，便来求情说道："石厚尚小，主谋又不是他，还是放他一条生路吧！"石碏难过地说："哪个父母不疼爱自己的孩子呢，可他帮州吁干尽了坏事，哪件坏事都有他的份。我怎能因为是我的儿子就放过了呢！"接着石碏说："你们快动手吧，如果你们不肯动手，我只好亲手杀死这个不忠不孝的逆子。"

石厚最后被处斩。石碏此时也是老泪纵横，毕竟是他的亲骨肉啊。

石碏大义灭亲的事迹为后世敬仰。

齐桓公称霸

齐国的齐襄公是个荒唐的国君，有一次他与鲁桓公喝酒，酒后竟然杀了桓公。他还跟桓公的夫人通奸，经常责骂朝中大臣，招致很多人的怨恨。

齐襄公没有儿子，只有两个异母弟弟，一个是公子纠，一个是公子小白。这两人见襄公荒淫无道，知道他早晚会惹来祸患，就出国躲避了。公子纠在鲁国，有管仲辅佐他；公子小白在莒国，有鲍叔辅佐他。

周庄王十二年（公元前685年），襄公被朝臣杀死，大家想拥立新君，这时候想起了两位在国外避难的公子。一些大臣便派人暗中到莒国去请公子小白回来。

鲁国听说齐襄公死了，就想让公子纠回国即位，同时还派管仲带兵在莒国通往齐国的途中拦截公子小白。管仲带着人在路上拦截，果然见到了公子小白一行。他暗暗弯弓搭箭，射向公子小白，只听"啊"的一声，小白跌下车来。

管仲以为小白已死，赶紧把消息报告给鲁国。鲁国人认为公子纠已经没有竞争对手，可以高枕无忧了，于是护送公子纠的部队行军更为缓慢，六天后才到达齐国。

其实，公子小白并没有死，那一箭只射中他的衣带钩，他命人加快行程，很快到达齐国的都城。大臣们见小白来了，就拥护他做了齐国的国君。这便是齐国历史上最有作为的君主——齐桓公。

鲁国想拥立公子纠不成，反受欺骗，不由恼羞成怒，发兵攻打齐国。齐桓公率兵抵抗。结果，鲁军大败，陷入了齐军的包围圈。齐桓公写信给鲁侯说："公子纠是我的兄弟，我不忍心杀他，请鲁国自己杀掉他。而管仲是我的仇人，我非要抓到他剁成肉酱不可。否则，我就要围攻鲁国的都城，灭掉鲁国。”鲁侯接到信后很忧虑，就把公子纠杀了，把管仲关在囚车里送到齐国去。

当初，齐桓公登位的时候，心里的确想杀死管仲。他的谋臣鲍叔牙对他说：“我非常荣幸能做您的臣子。您要治理齐国，我想我可以胜任；但您如果想称霸天下，却非得有管仲不可。管仲在哪个国家，哪个国家就会强大起来，你一定要重用他。”齐桓公听从了他的意见，就写信给鲁侯，假装说很恨管仲，实际上却是把他请到齐国来任用他。

管仲到达齐国后，鲍叔牙到城外去迎接他，解除了他的镣铐，让他洗了个澡，换上干净的衣服去见齐桓公。齐桓公对他厚礼相待，把国家大事都交给他处理。

在管仲、鲍叔牙等贤臣的辅助下，齐桓公整顿齐国的政治，发展齐国的经济，大量启用贤能之士，齐国迅速强盛起来。

齐桓公在位的第四年，齐桓公征讨鲁国。鲁将曹沫率领的军队连吃败仗，鲁庄公愿意献出一部分土地求和，齐桓公答应了，双方在齐国的一个小城里会盟。鲁庄公刚要向神明起誓与齐国签约，这时，曹沫手持匕首劫持了齐桓公，并且威胁他说：“赶快答应归还齐国侵占的鲁国的土地！”齐桓公吓得魂飞魄散，赶紧答应了，曹沫便放下了匕首。

齐桓公脱险后，非常后悔，想不归还鲁国的土地并杀死曹沫。管仲劝说他道：“你已经答应了他，现在又要失信杀掉他，虽然可以解决一时的愤恨之情，但却在诸侯面前失去了信用，也就失去了天下的支持，万万不可。”齐桓公想想也是，于是就履行诺言，把这次战争中取得的鲁国的土地都还给了鲁国。诸侯听说这件事后，觉得齐桓公言出必行，很讲信用，便都很信服齐国，想归附它。许多诸侯到齐国来拜见齐桓公，齐桓公从这时起开始称霸。

后来，北方边境少数民族山戎攻打燕国，燕国向齐国求救。齐桓公为了救燕国，出兵去讨伐山戎，一直深入山戎的境内很远才返回。齐桓公把这些土地全部送给了燕君，让燕君十分感动。诸侯听说这件事，更加佩服齐桓公了。

齐桓公在位之后的第三十五年，召集诸侯们在葵丘(今河南兰考)开会。周天子也派代表来参加，还送来了贺礼。历史上称这次会议为“葵丘会盟”，它标志着齐桓公霸主地位的正式确立。

宋桓公被迫订盟

齐桓公在位时，宋国国君桓公有些高傲，自以为宋国是一等诸侯，有些看不起齐国。齐桓公组织的几次会盟他都不来参加。齐桓公决定出兵宋国，以示惩罚。

齐军走到半路，看到一个放牛人，此人悠闲自得，还唱着歌，大意是说现在世道不平，长夜漫漫。齐桓公心想，齐国在我的统治下国势强盛，百姓安居乐业，怎么能说是长夜漫漫呢？就让人把他带过来。这个人见了齐桓公依然傲慢无比，也是象征性地拱了拱手。齐桓公说："我大齐国，天下太平，万象更新，你怎么这么唱呢？"宁戚回答道："我唱的句句属实，你说你齐国百姓安居乐业，你又为盟主，攻无不克，战无不胜，其他诸侯国没有不听你的，但我觉得您言过其实。我知道你当国君之时，险些丧命，与鲁国交战，又被曹刿打得大败而归。你说你是盟主，可那次会盟只有四个国家前来参加，后来宋国又悄悄溜走，通知开会的其他十来个诸侯国都没有参加。还有那次柯地盟约，你被曹沫拔剑相劫，不得以交出汶阳，你又怎么能说你的命令其他诸侯言听计从呢？"

齐桓公大怒，下令把宁戚绑起来斩了。而宁戚却丝毫不怕，反而大笑起来，说道："别人都说齐桓公开明，礼贤下士，而且度量大，今日一见并非如此，与昔日的夏桀、商纣一样，是一个昏庸、滥杀无辜的暴君。管仲还要我投奔这样的人，管仲也是没有远见之人啊！"

齐桓公冷静了一下，心想：此人绝非凡人，不然管仲怎么会推荐他呢。于是忙叫人将宁戚带回，齐桓公亲自松绑，边松绑边说："先生莫怪罪，我只是想试试先生的胆量，今日一见，先生果然胆识过人。"宁戚从怀中拿出了管仲的信，对齐桓公说："主公，我并非真正辱骂你，如果你是昏君，我宁戚还会在此等候多时，投奔于您吗？我只是试试您的气量。"

齐桓公觉得宁戚果然有胆有识，于是与宁戚谈论起天下事，宁戚分析深刻、明晰，很有道理，深得齐桓公赞赏，所以齐桓公决定重用他，就拜宁戚为大夫，为他准备了一辆车，一起前去攻打宋国。

这一日，齐桓公率兵到达宋国边界，与管仲、陈、曹的军队会合。齐桓公准备下令攻城，宁戚却劝阻道："主公，我们不能轻易出兵，我们大军抵达宋国边界，宋国不敢放肆，我们应先礼后兵，看宋国能不能心悦诚服地归附我们。如果他们不归附我们，我们再发兵也不迟啊！"齐桓公觉得很有道理，这时有的大臣说道："宋国对我齐国首先无礼，无视我大齐，跟他还讲什么礼不礼的，干脆攻打他算了，如果找人去劝说，劝说不成再攻打，恐怕那时宋国已做好了应敌准备。"宁戚说道："我大齐军队远道而来，宋国早已知道，不在乎这一时片刻，如果他不归附，一定早已想好了对策。另外，我大齐霸业初成，别人无礼，我亦无礼，岂不是一丘之貉。这样，其他诸侯国也不会心悦诚服地归附我们。"

于是齐桓公派宁戚前去说服。这时，宋国正在商议对付齐国的办法，准备和齐国生死一拼，忽听有人报："齐国使臣宁戚来见！"

宋桓公不知宁戚是何许人也，也从没有听说过宁戚这个名字，有个大臣叫戴叔皮，对宋桓公说道："宁戚原本是卫国人，一个放牛的，在路上骂了几句齐桓公，齐桓公反而觉得他有才能，后来拜他为大夫，他到我们这里来，一定是说客。”宋公问道：“我们怎么办？”戴叔皮答道：“我们到时候看他怎么说，如果有不妥之处，我就扯一下主公的衣服，主公就命人将他拿下。”

宁戚目不斜视，昂然上殿，对两边的武士根本没放在眼里。见到了宋公，宁戚不卑不亢地拱了拱手，对宋公说：“报告宋公一个不幸的消息，宋国已大难临头了。”一句话说得宋公目瞪口呆，那副盛气凌人的样子一下子就没了。他知道自己有些失态，赶紧故作镇定地说：“何出此语，我宋国乃一等公爵国。”

宁戚笑了笑说道：“宋国是一等公爵国，但是并不强大，宋公不礼贤下士，有才能的人不想辅佐您，天下百姓也不归附您，这岂不是大难临头吗？今大齐兵强马壮，与宋国有隙，大军浩浩荡荡在外安营扎寨，准备随时攻打宋国，宋国岂不危险吗？”

这时，戴叔皮早已忍无可忍，扯了一下宋公的衣服，而宋公认为宁戚说的很有道理，不但没有下令杀宁戚，反而走下座位，亲自走到宁戚面前，给宁戚看座。这可把戴叔皮气坏了，可没有办法，君不下令，臣不敢妄动，而两边的武士也都像泄了气的皮球，原来紧握剑柄的手也松开了。

宋公满脸赔笑问道：“大齐国军队压境，我宋国应如何应战？”宁戚答曰：“齐强宋弱，不可硬拼，那样做，不仅黎民百姓受罪，而且宋国国力受损。不如和齐国订立盟约。齐国本次出兵也并非想与宋国为敌，而是奉了周天子的命令。如果宋国主动议和，齐国一定会撤兵。到那时，百姓一定会为此而感激您，您的威望一定会加强，天下贤士也一定会投奔于您，您也可以借此良机发展国力，强大军队。”

宋公听了宁戚的话，觉得非常有道理，于是备上了厚礼去见齐桓公。齐桓公非常高兴，没有动用武力就迫使宋公心悦诚服地订立了盟约。

齐桓公把宋国送的厚礼，全都转给了周天子。周天子觉得齐桓公深明大义，眼中有周天子的地位，十分高兴，又奖赏了齐桓公。而其他诸侯国也觉得齐桓公不计私利，值得信赖。

宁戚凭借三寸不烂之舌说服了宋国，出色完成了任务，齐国兵不血刃，就制服了宋国。

齐桓公之死

齐桓公称霸以后，又过了六年，贤相管仲生了重病，眼看不治。齐桓公很着急，亲自去看望他。

桓公问他：“大臣中谁可以继承您的位置呢？”管仲说：“君主应该比任何人都

了解自己的臣子,您应该知道得很清楚。"

齐桓公有三个近臣,分别是易牙、开方、竖刁,深得桓公的宠信。齐桓公就问:"易牙怎么样?"管仲说:"他杀了自己的儿子来迎合君主,不近人情,不可任用。"

齐桓公又问:"开方怎么样?"管仲说:"他背叛了自己的父母来迎合君主,不近人情,也不能用。"

齐桓公又问:"那竖刁怎么样?"管仲说:"他为了君主而阉割了自己,不近人情,更难以信任。"

管仲死后,齐桓公没有听从他的意见,还是亲近、重用这三人,于是这三人包揽了朝政大权。

齐桓公一共有三个正夫人,但都没有儿子。此外,齐桓公还有许多宠爱的妾。这些妾给他生了十多个儿子,其中有公子姜无诡,公子姜昭等。管仲在世的时候,齐桓公把公子姜昭立为太子,并把他托付给宋国国君宋襄公照顾。

管仲死后,齐桓公的儿子们开始互相勾心斗角,都想继承齐国国君的位置。冬季里的一天,齐桓公去世。他的宠臣易牙带兵冲入宫中,与竖刁一起杀死了许多大臣,拥立公子姜无诡做国君。太子姜昭逃奔宋国。

齐桓公生病的时候,他的儿子们就开始拉帮结派争夺君位。等到齐桓公去世,更是互相攻打,闹得不可开交。因此宫中无人,齐桓公尸体也没有人敢装入棺材。结果,尸体在床上竟停放了六十七天,腐烂生蛆,蛆虫甚至爬出了门外。直到姜无诡登位,才装尸入棺,发出报丧的讣告,举行追悼仪式。

太子姜昭在宋国获得了宋襄公的同情。宋襄公号召诸侯联合出兵,平定齐国的内乱,护送太子昭回国即位。诸侯的联军直逼齐国,齐国人很害怕,就杀死了他们的国君姜无诡,同意拥立太子姜昭做国君。这就是齐孝公。由于政局混乱的缘故,齐桓公的尸体在他死后第十个月才得以安葬。

堂堂的一代霸主,死时竟是这样的悲凉。

假道伐虢

春秋时候,晋国是一个大国,它的旁边有两个小国,一个是虞国,一个是虢(guó)国。这两个小国是邻国,国君又都姓姬,因此关系非常密切。

虢国经常包庇晋国的逃亡者,晋国早已对它怀恨在心,只是中间隔了另一个小国虞国,讨伐起来不大方便。晋献公十九年下定决心灭掉虢国。但是他刚说出这个想法,大夫荀息就劝他说:"虞国和虢国两国唇齿相依,如果我们攻打虢国,虞国肯定会出兵救援,这样我们不一定能占什么便宜。"晋献公问:"难道我们拿虢国没办法了吗?”荀息给晋献公出了一条计策:“虢公荒淫好色,我们可以送给他一些美貌的歌女舞女,这样他就会纵情享乐,荒疏政务,我们就有机会攻打他们了。”晋献公就派人送了一些歌舞女给虢公。

虢公大喜,果然成天荒淫享乐,不理朝政。晋献公问荀息,现在可以攻打虢国了吗?荀息说:“如果我们现在攻打虢国,虞国还是会出兵救援,还得用计离间他们。攻打虢国要经过虞国,我们可以向虞公送上一份厚礼,向虞国借道,这样他们两国就会互相猜疑,我们就可以从中取利了。”

晋献公一狠心,把晋国的国宝一匹千里马和一对价值很高的白璧作为礼物,派荀息送给虞公。荀息到了虞国,奉上礼物,虞公看着殿前的这匹千里马,只见它身长一丈五尺开外,高一丈有余,通体洁白并无一根杂毛,马头高高地仰着,气宇轩昂,似乎随时都能乘风而去,这匹马果然不比凡马,荀息见虞公看得两眼发直,在一旁说:“这匹千里马日行千里,夜走八百,乃是我们晋国的国宝。”虞公听了不停地点头。荀息对虞公说:“您再看看这对白璧,色泽白净如羊脂,拿在手里观赏,宝光夺目,温润可人,这么大的白璧没有一点瑕疵,雕琢得浑然天成,这也是我们晋国的国宝。”虞公把白璧拿在手里细细赏玩,看得眼珠子都要掉出来了。这时他惟恐荀息再把这些宝物要回去,急忙问荀息:“贵国送我这两件宝物,是不是有什么事要我帮忙?”荀息恭恭敬敬地说:“我们要讨伐虢国,想要向贵国借一条道,如果我们打胜了,所有的战利品都送给贵国。”虞公一听,晋国只是借一条道而已,就送这么贵重的礼物,赶忙满口答应下来。

一旁大夫宫之奇劝谏道:“且慢,此事万万不可答应,虢国和我国是近邻,有事互相照应,两国的关系就好比嘴唇和牙齿,嘴唇要是没了,牙齿就会觉得寒冷;要是虢国被消灭了,我们虞国也就危险了。”虞公现在所有的心思都在这两件宝物上,哪能把咽进嘴里的美味再吐出来?虞公心里知道宫之奇说得有道理,但是他看看那匹神骏的千里马,再看看案子上的温润无瑕的白璧,沉吟了一会儿说:“晋侯把国宝都送给我们了,可见他们的诚意,虽然失去虢国这个朋友,但结交强大的晋国,这对虞国来说还是很有利的啊。”宫之奇还想再劝谏,站在他身边的大夫百里奚把他制止了。

散朝之后,宫之奇问百里奚:“晋国送我们礼物,明显是不安好心,你为什么不让我劝谏国君?”百里奚回答:“你看国君对那两件宝物那么着迷,他哪会听你的话?你这是把珍珠扔到地上啊。”宫之奇预见到虞国很快就要遭到灭顶之灾,于是悄悄地举家潜逃了。

过了不久,晋献公派大将里克和荀息带领大军讨伐虢国,晋军借道经过虞国的时候,虞公还亲自出来迎接,他对里克说:“为感谢贵国的盛情,我愿意带兵助战。”荀息回答道:“您要是愿意帮助我们,还是帮我们赚开虢国的关卡吧。”虞公按照荀息的计策,带兵假装援助虢国,帮晋军骗开了虢国的关卡,晋国大军很快就灭了虢国，里克分了很多战利品给虞公，虞公看到这一车车的金银珠宝和美女，乐得嘴都合不拢了。

里克借机说要把大军驻扎在虞国都城外休息几天。

这一天，有人报告虞公："晋献公到城外了。"虞公赶忙驱车出城迎接，两位国君一见面，晋献公对虞公说："这次灭虢国，贵国对我们的帮助很大。现在我特地前来致谢，今日天气晴好，我们一起去打猎如何？"虞公很高兴地答应了，晋献公又说："围猎必须多派些人同去，贵国士兵熟悉本地的地形，还请您多带些人。"虞公把全城的兵马都调出城打猎，他们正在围场上打猎，忽然看见百里奚飞驰而至，他急冲冲地对虞公说："出事了，您赶快回去吧！"虞公赶忙回城，到城门边一看，城门紧闭，吊桥高悬，城门楼上闪出一员晋军大将，他得意洋洋地对虞公说："上次多谢你们借道让我们灭了虢国，现在我们顺手把虞国也灭了。"虞公一听面如土色，他回头一看，身边只剩下百里奚了，虞公想起当初宫之奇劝谏自己的话，后悔不迭地对百里奚说："当初宫大夫良言相劝，我怎么就不听呢？唉，果然是唇亡齿寒啊！"

这时候，晋献公的人马也到了，他见到虞公眉开眼笑地说："我这次到虞国来，就是要亲手取回我们的两件宝贝的，不过看在你帮我们灭了虢国，并且把虞国也拱手相让的份上，我另送你一对玉璧和一匹千里马吧。"

荀息牵着三年前送给虞国的那几匹好马来给晋献公看。晋献公笑嘻嘻地说："马倒还是我的马，只是比以前老了几岁！"你瞧，他一副得意洋洋的样子。

五羊大夫

百里奚是秦穆公的重要谋臣，可他却是秦穆公用五张羊皮换回来的，秦穆公可真是捡了个宝贝啊。这是怎么回事呢？

我们还是先来看看百里奚的来历。百里奚是虞国人，他的家境贫寒，当时的人结婚都很早，一般十几岁就结婚了，而百里奚直到三十多岁才娶上媳妇，不久之后就生了个儿子，起名叫孟明视（名视，字孟明）。他家的日子本来就过得捉襟见肘，现在又添丁进口，生活就更窘迫了。

百里奚很有才能，总想出去闯荡一番，但是现在家里有老婆、孩子，自己要是走了，妻儿怎么办呢？他的媳妇杜氏很贤慧，她看出百里奚的心思之后，就劝他："你这么有才干，应该趁年轻出去干一番事业，在家里守着老婆、孩子，一辈子很快就过去了，还能有什么作为？家里我可以照料，你放心地出门干一番事业吧！"

百里奚听媳妇这么说，决心第二天就出门去，这天晚上，夫妻俩依依惜别，杜氏给百里奚做晚饭的时候，看看家里也没什么吃的了，而丈夫这一走就不知道什么时候才能再见面了，她咬咬牙把家里仅有的一只下蛋的老母鸡杀了，给百里奚炖了一锅鸡肉，鸡还没炖熟，柴火不够了，杜氏一着急把门闩劈了塞到灶膛里，百里奚吃着这顿送别的饭，心里不禁生出无限的伤感。

第二天天刚亮，百里奚背上行囊出发了，杜氏抱着孩子把丈夫送到村口，在渐渐明亮起来的晨光里，杜氏拉着丈夫的衣袖，依依不舍地说："他日你要是富贵了，可不要忘了我们娘儿俩啊！"百里奚默默地点了一下头，夫妻洒泪而别。

百里奚开始了在各国的漫游，他先去了齐国，想晋见齐国的国君。由于没人推荐，在齐国待了好一阵子都没能见上，他的钱很快花光了，只能流落街头以乞讨为生。后来他又一路乞讨着去了宋国。

这一天百里奚正满怀惆怅在宋国街头乞讨，这时旁边有人细细打量了他一通，然后和他攀谈起来："看您的长相、气质不像一个乞丐啊！为什么会沦落街头呢?"这话说到百里奚的伤心处了，他的一肚子话正想找人倾诉，于是把自己的经历原原本本地告诉了这个人，那个人说："我叫蹇叔，就住在附近，我非常同情你的遭遇，先请到我家谈谈吧。"百里奚和蹇叔就这样结为好友，蹇叔也想到外面闯荡，施展自己的抱负，于是两个人结伴去了好几个国家，但是总也没遇到什么好机会。

岁月就这样在奔波中一天天过去了，有一天百里奚发现自己的两鬓已经生出白发，想到自己奔波多年一无所得，不禁仰天长叹。蹇叔劝慰他："我们生逢乱世，要施展抱负就得找一个贤明的君主，如果随便投靠一个，明珠暗投，虽能博得一时的富贵，但根本无法施展抱负。"百里奚说起对家中妻儿的牵挂，想回虞国看看，蹇叔就和他一起来到虞国，蹇叔和虞国的大夫宫之奇是好朋友，到了虞国之后，蹇叔去找宫之奇，百里奚急忙回自己的家，到村子里一看，昔日那间虽然破旧，但是多年来一直让自己牵挂的屋子已经长满了没膝的蒿草，一阵风吹过，发出一派萧瑟之声。

百里奚只好回头去宫之奇府上找蹇叔，蹇叔把他介绍给宫之奇，宫之奇和百里奚一谈，对他大加赞赏，准备马上带他们去见虞公，蹇叔说："虞公爱贪小便宜，我看不像个贤明的君主，我们还是不去见他了。"一旁百里奚叹了口气说："我在外面奔波了那么些年，现在好不容易回到家乡，我还是不走了吧，这样也可以探听妻儿的下落。"蹇叔听完百里奚这番话，沉吟了半晌说："这样也好，以后你要找我的话，就去宋国的鸣鹿村。"两人依依惜别。此后，百里奚就做了虞国的大夫。

晋献公假道灭了虢国和虞国之后，想要重用百里奚，但却被百里奚拒绝了。后来晋献公把女儿嫁给秦穆公，就把百里奚列入陪嫁奴仆之列，百里奚很生气，还没到秦国就瞅个机会跑了，没想到他刚跑到楚国，就被楚国的农民抓了起来，农民哪知道百里奚是谁，不由分说让他去放马。

再说秦穆公结完婚之后，偶尔拿起陪嫁品的清单，发现上面有个叫百里奚的奴仆,但却没见到这个人,一问才知道路上逃走了,秦穆公随口问一位来自晋国的大臣:“你听说过百里奚吗?”大臣回答道:“百里奚原来是虞国的大夫,晋国灭了虞国之后,晋献公想重用他,但都被百里奚拒绝了。他非常有才能,可惜没遇见明主啊。”秦穆公早有争霸之心,求贤若渴,听说百里奚很有才能,不禁怦然心动,他马上要派使者带上厚礼去楚国赎回百里奚,旁边一位大臣急忙劝阻道:“主公要是用这么贵重的礼物去赎回百里奚,楚王就会知道百里奚的价值,楚国也正在网罗人才,这样百里奚反而会被楚国所用。”秦穆公问:“那该怎么办呢?”大臣说:“现在市场上一个奴仆值五张羊皮,主公就用五张羊皮去赎百里奚吧。”

秦穆公见到百里奚，两人谈起治国之道，百里奚把胸中的见解滔滔不绝地说了出来，秦穆公听得两眼闪闪发亮，百里奚越说越起劲，秦穆公越听越高兴，秦穆公听着听着，忽然站了起来，兴奋地说：“先生果然是治世之奇才，先生就是我的管仲啊!”说完就要任命百里奚为相国，百里奚借机向秦穆公推荐了蹇叔，秦穆公马上派人到宋国鸣鹿村请出蹇叔。秦穆公任命蹇叔为右相，百里奚为秦国的左相，这两位老朋友终于在风烛残年遇见了明主，可以施展平生的抱负了。

由于百里奚是用五张羊皮赎回来的，人们都管他叫“五羊皮大夫”。

公子重耳逃难

晋献公的儿子申生、重耳、夷吾都比较贤明,申生因为是长子而被立为太子。晋献公的夫人死后,立宠爱的骊姬为夫人。骊姬一看晋献公已经没几天活头了,就想让自己的儿子奚齐当上太子,于是设法害死了申生。为了让奚齐坐稳江山,骊姬又准备设计除掉重耳和夷吾。重耳和夷吾见势不妙,只好离开晋国到其他国家去避难。

重耳逃到了翟国。翟国是他母亲的祖国。这年重耳四十三岁,跟随他到达翟国的除了赵衰、狐偃咎犯、贾佗、先轸、魏武子等五位贤人之外,其余不出名的有几十人。

翟国国君对他很好,给重耳娶了一个翟国老婆,生了两个儿子。重耳在翟国住了五年。晋献公死后,里克派人接他回去做国君,他害怕回去被杀,没有答应。后来,夷吾,也就是晋惠公成了晋国国君。夷吾感觉重耳的存在对自己是一个威胁,就派人去暗杀重耳。重耳听到这个消息,跟赵衰等商量道:“当初我逃亡到翟国,并不是认为翟国可以作为依靠,而是因为距离晋国很近,所以到这里来歇歇脚。现在已经歇够了,应该迁到大国去。齐国的齐桓公喜欢做善事,而且一心想当霸主,我们何不去请他帮忙呢?”于是他们就出发到齐国去。临行前重耳对他的妻子说："等我二十五年，如果二十五年之后我还没回来，你就改嫁。"他的妻子笑着说："等到二十五年，我坟上的柏树都已经长大了。虽然说是这样说，我还是会等你的。"

重耳带着他的随从离开了翟国。经过卫国的时候，他肚子饿了，向一个在田间耕地的乡下人讨饭。那个乡下人见他是贵族模样，对他很反感，就用碗装了一些土块端给他，说："拿去吧。"重耳觉得受到了戏弄，大发脾气。赵衰安慰他说："他向您献上土，这预示您将拥有土地，您应当恭恭敬敬地接受它。"重耳的心情才平静下来。

到了齐国，齐桓公用隆重的礼节迎接重耳，并且把齐国王室的女儿嫁给他，赐给他许多马匹。重耳觉得很满足，就在齐国住了下来。两年后，齐桓公去世，齐国陷入混乱。重耳非常喜欢自己的齐国老婆——齐女和在齐国的生活，丝毫没有离开齐国的意思，时间不知不觉地又过了三年。一天，赵衰、狐偃咎犯等人在桑树下发牢骚，责怪重耳耽于享乐，既不考虑自己的事业，也不为手下人的前途着想。这些话碰巧被齐女的丫环听见了。丫环把这事告诉了齐女。齐女为了防止重耳知道了这件事而与他的随从之间产生矛盾，就杀掉了丫环，同时劝重耳赶快动身离开。重耳说："人生本来就是为了追求安乐嘛，哪管其他的什么事情。我要死在这里，不能离开你到别的地方去。"齐女说："您是一国的公子，因为困窘而来到这里，那几个贤士都把自己的前途命运寄托在您身上。您不赶快回国，报答辛辛苦苦跟着您的臣子，却留在这里贪恋女色，我都为您感到害羞。如果您不去努力追求，什么时候才能得到成功呢？"重耳仍然不为所动。

齐女于是跟赵衰等商议，灌醉了重耳，把他扶上车子出发了。走了很远，重耳醒过来，大发脾气，抽出剑来想杀狐偃咎犯。狐偃咎犯说："杀吧，杀掉我，成全您，是我的心愿。"重耳又气又恨地说："如果事情不成功，我要吃舅舅的肉。"狐偃咎犯也没好气地说："如果事情不成功，我的肉肯定又腥又臊，您吃得下吗？"重耳只好作罢，继续前进。

经过曹国，曹国国君不以礼相待，反倒想看重耳的长成畸形的肋骨是什么样子，以此羞辱重耳。大臣厘负羁说："晋公子贤能，因为困窘才经过我国，咱们应该好好招待他。"曹君不听从他的意见。厘负羁就私下把食物送给重耳，还在食物下面放了一块玉璧。重耳非常感激他，接受了他的食物，退还了他的玉璧。

经过宋国，宋国国君听说重耳贤能，于是用接待国君的礼节接待重耳。宋国大臣公孙固与狐偃咎犯是老朋友，他对狐偃咎犯说："宋国是小国，刚刚又在战争中受挫，恐怕帮不上什么忙，您还是再到别的大国去吧。"于是，重耳一行又离开了宋国。

他们经过郑国，郑国国君对重耳很不客气。大臣叔瞻劝谏郑君说："重耳是干大事业的人，他的追随者都是国家的栋梁，您还是对他好一点吧。"郑君说："诸侯各国逃亡的公子有那么多经过郑国的，哪能都以礼相待呢？”叔瞻说：“您不以礼相待，那最好杀了他，否则他以后一定会报复郑国的。”郑君不听。

重耳离开郑国前往楚国。楚国国君楚成王以相当于诸侯的礼节接待他，并且问他：“您如果回国当了国君，用什么报答我呢？”重耳说：“珍禽异兽、珠玉绸缎之类的东西，君王您有的是，我不知道该用什么报答。”楚成王继续追问道：“话是这样说，但您到底用什么报答我？”重耳说：“如果有一天，晋国迫不得已要和楚国打仗，我愿意退让九十里地。”楚国大将子玉听了这句话，大怒说：“君王对重耳算得上仁至义尽，他却出言不逊，不如杀掉他。”楚成王说：“重耳注定是要做大事业的人，怎么能随随便便就杀掉呢？”于是留重耳在楚国住了几个月。

这时晋国发生内乱，秦国想从中得利，便派人到楚国来邀请重耳。重耳到达秦国后，秦穆公非常高兴，陪着他喝酒。这是晋惠公夷吾在位的第十四个年头。九月，晋惠公去世。秦穆公派兵送重耳回国，镇压了国内的叛乱，重耳登上国君的宝座，这就是晋文公。重耳在国外流亡了十九年，这时已经六十二岁了。

介子推不受禄

介子推是当初跟随晋文公一起逃亡的几十个人中的一个。当初，秦国派兵护送重耳回晋国，队伍走到黄河边上的时候，狐偃咎犯对重耳说：“我追随您流亡天下，犯了很多过错，我自己很清楚，请让我现在离开您吧。”咎犯说这话的意思实际上是在向重耳邀功。重耳赶紧发誓说：“回国以后，如果不和舅舅一条心，那就请河神惩罚我！”说完，把一块玉抛入黄河中，表明自己的决心。这时，介子推正好在旁边，听了咎犯的话说：“公子重耳能有今天，是老天有眼，咎犯却把它当做自己的功劳向君主讨价还价，真是可耻。我不愿意和这种人一起做官。”渡过黄河以后，介子推就悄悄离开大家回家去了。

晋文公即位以后，奖赏跟他一起流亡的人，有的封给土地，有的赏赐爵位。介子推住在乡下，没有主动要求奖赏，奖赏也没有轮到他头上。介子推说：“献公的儿子，有九个，只有当今君主还活着；只要上天不灭绝晋国，就一定会有人继位为君；因此，能当上晋国国君的，除了当今的君主还有谁呢？臣子们竟然会以为是由于他们的功劳，这不是在明目张胆地欺骗吗？偷窃人家的财物，被称为盗贼；那贪占上天的功劳岂不更是盗贼？臣子掩盖他们的过错，君主奖赏他们的奸诈，君臣互相欺骗，让人怎么跟他们相处！”

介子推的母亲说：“你还是去请求一点奖赏吧，否则，说不定会遗憾终生呢！”介子推说：“明知这样做是错误的还要去做，岂不更是罪加一等？更何况我已经说过不求奖赏了。”他的母亲又说：“那让君主知道一下你的情况，总可以吧？”介子推说:“不用了,我已经决定要去隐居了。”他的母亲说:“你真的要这样做吗?那我和你一起去吧。”两人便隐居去了,到死也没有露面。

还有一种传说,说的是晋文公听说介子推在绵山(今山西省介休县东南)隐居,便派人去请他出山。可是介子推说什么也不愿出来。晋文公就命人烧山,想逼他出来。可是介了推坚决不出山,最后和母亲一起被烧死了。晋文公听说后十分悲痛,就下令全国在这一天都不准用火,只准吃冷食,以纪念介子推。这就是寒食节的由来。寒食节在古时是一个非常重要的节日,后来演变为清明节。

弦高犒师救国

公元前627年,晋文公去世。这一年,郑文公也去世了。当年,秦国曾派三位将军率领两千军马为郑国守城。这时他们偷偷派人跑到秦国,报告秦穆公说:“我们掌管着郑国北门的防务,您要是发兵前来偷袭郑国,来个里应外合,郑国就是咱们的了。”

秦穆公接到密报,和大臣们商量。两位有经验的老臣蹇叔和百里奚都不同意偷袭郑国。他们说:“咱们的军队跑这么远的路去袭击郑国,会弄得疲劳不堪。况且郑国离我们有一千多里地,兴师动众,千里跋涉,郑国能不知道吗?他们一定会作好抵抗的准备。这事干不得!”

秦穆公听了很不高兴,他认为自己帮助晋文公当上了国君,还让他当上了诸侯首领,如今说什么也该自己来当诸侯首领了。于是,他不听两位老臣的劝阻,任命孟明视、西乞术、白乙丙为主将,集合了三百辆兵车,偷偷地去攻打郑国。

蹇叔的儿子也在这支远征军里。大军出发那一天,蹇叔哭着对儿子说:“真叫人痛心哪,我看着你们出发,再也看不到你们回来啦!”秦穆公十分生气,派人责备他说:“你懂什么,你这个老糊涂虫!为什么扰乱军心?”随即命令大军出发。

三位将军率领大军往东前进,来到了与郑国交界的滑国(今河南省偃师县南)国境。这天,突然前边有人拦住去路,大声喊道:“郑国使臣弦高求见将军!”

孟明视大吃一惊,心想:“郑国怎么会派使臣到这儿来呢?”急忙叫人把弦高带来,询问他的来意。

其实,弦高只是郑国的一个贩牛的商人。他赶着一群牛到洛阳去做买卖,路上遇到一位好朋友。从他口中听到秦国已经派兵进攻郑国的消息。他知道郑文公刚死,国内一定没有准备,便急中生智,一面通知传递公文的驿站回国报信,一面挑选了四张牛皮和十二头肥牛,亲自赶着,朝秦军来的方向迎了上去。

孟明视见到弦高，有点怀疑，问弦高："你到这儿来干什么?"弦高说："我们国君听说将军带兵将到郑国来，特意派我前来慰劳，先送上这四张牛皮和十二头肥牛做慰劳品，表示我们一点心意。"孟明视听说郑国已经得到消息，心里暗暗吃惊，只得一边叫人收下慰劳品，一边顺水推舟说是前来帮助郑国抵御晋国侵犯的。弦高说："我们郑国夹在秦晋两个大国中间，为了自己的安全，日夜小心地防守着，要是有谁来侵犯我们，不会让他得到什么好处的，请将军放心。"孟明视想了一会，只好改口说："我们这次来，是攻打滑国的，跟你们郑国没有关系。"说完，就把弦高送走了。于是，孟明视就下令攻打滑国。西乞术、白乙丙闹不明白，孟明视说："咱们千里跋涉，就为了出其不意，和驻守郑国的秦兵里应外合灭掉郑国。如今，郑国已经得到消息，早就做了防御的准备，没有偷袭成功的希望。咱们冒冒失失去攻打人家，不但打不了胜仗，可能还要上当吃亏。不如打下滑国，抢些财物回去交差，也算没白跑一趟。"于是秦军一举攻破了滑城，灭掉了滑国。

再说郑穆公接到弦高的报告，大吃一惊，急忙派人去窥探秦国驻军的动静。只见秦军刀枪擦得雪亮，马匹喂得饱饱的，行李、车辆都已收拾妥当，准备随时行动。郑穆公看情况危急，赶快派人下逐客令："各位将军替我们防守北门，时间可不短了，我们的粮食、牛羊也快供应完了。现在听说贵国大将孟明视已经带兵到了滑国，你们即将前去会合，就请便吧。"秦国驻军将领听了大吃一惊，知道进攻郑国的秘密已经泄漏，郑人已经有了准备，眼看在郑国呆不下去，只得连夜逃往别国去了。

"崔杼轼其君"

和上文写到过的齐襄公一样，后来的齐国国君齐庄公也是一个轻佻淫荡的君主。他手下的大臣崔杼的妻子很漂亮，他就去跟她通奸，还几次到崔家去，并故意拿崔杼的帽子送给别人，以此暗示崔杼的妻子有外遇，从而羞辱崔杼。齐庄公身边的侍从劝说他不要做得太过分，他根本就不听。

崔杼听说了这件事，非常愤怒。他趁着齐庄公攻打晋国，想跟晋国合谋袭击齐庄公，但却没有碰到合适的机会。齐庄公曾经鞭打过宫中的宦官贾举，贾举心中怨恨，但仍然侍候齐庄公，暗中却替崔杼窥探齐庄公的行动。

五月，莒国的国君来朝见齐庄公，齐庄公设宴款待他。崔杼假装有病不去上朝。过了几天，齐庄公到崔杼家来探问崔杼的病情，趁机调戏崔杼的妻子。崔杼的妻子到里屋去了，和崔杼一起关着房门不出来。齐庄公百无聊赖，便在大厅里靠着柱子唱歌。宦官贾举将齐庄公的随从官员拦在门外，并关上了大门。这时，崔杼的家丁们拿着武器从里屋冲了出来。齐庄公吓得魂飞魄散，爬上桌子，请求和解，家丁们不同意；齐庄公又向神明发誓，以后决不再乱来，家丁们还是不同意；齐庄公又请求到祖庙里去自杀，家丁们仍然不同意，都说："您的臣子崔杼病得很重，不能亲自来听候您的命令。这里离宫中的距离不远，我们怎么知道是不是有人假冒君主呢？我们手下人只知道捉拿淫乱之人，不知道别的什么。"齐庄公知道是无法说服他们了，便向外逃跑，想爬过墙头，但被家丁一箭射下来，乱刀砍死了。

在这个过程中，崔杼一直没有露面，他努力想使此事与他无关，从而减轻弑君的罪名。

齐庄公的大臣晏子站在崔杼家的大门外，料到齐庄公已经惨遭毒手，便说："君主为国家而死，臣子应当跟着他死；君主为国家逃亡，臣子也应该跟着他逃亡。可是假若君主是为私事而死，为私事而逃亡，除非是他的亲信，否则谁会跟着他呢？"崔杼家的大门开了，他走进去，头枕在齐庄公的尸体上大哭了一场，然后走了出来。晏子这么做，是表明他是国家的大臣，并不是庄公私人的宠信者。

有人对崔杼说："一定要杀掉晏子。"崔杼说："算了吧，他是众望所归的人，放了他可以赢得民心。"

当时齐国的太史，也就是负责写历史的人依照事实写道："崔杼弑其君。"崔杼大怒，把他杀了。太史的弟弟继任为太史，他并不害怕，也在史书上如此记载此事，崔杼又杀了他。太史的小弟弟继任，他还这样写，崔杼不忍心再杀，终于放过了他。这三位太史秉笔直书、充满正气的行为在历史上非常有名，后世的史官和文人都以他们为楷模。

赵氏孤儿

"赵氏孤儿"的故事十分有名，后代的文学作品常以这段历史为素材。后来《赵氏孤儿》这出戏还被伏尔泰介绍到了法国。赵家的这段恩怨，还得从赵盾说起。

赵盾是晋国很有地位的大臣，当年他辅佐年幼的晋灵公。晋灵公十分残暴，干了很多坏事，比如有一回厨师炖熊掌的火候差了一点，就被他杀了。赵盾知道了这事，就批评了灵公，灵公恼羞成怒。灵公有个宠臣叫屠岸贾，他很嫉妒赵家的权势，就劝灵公杀掉赵盾。多亏有人通风报信，赵盾逃出晋国才免一死。后来赵盾的胞弟赵穿发动政变，杀了灵公，赵盾又回到晋国重掌大权。

赵盾死后，他的儿子赵朔继承了他的爵位。此时景公即位，那个屠岸贾还得势，官居司寇，掌管刑狱。他以元老自居，利用手中权力，拉拢了朝中很多将军，阴谋铲除赵家势力以消除心腹之患，达到独自控制政局的目的。

屠岸贾翻历史的旧账，要追究当年杀灵公的事，这可是“弑君之罪”，非同小可，在那时是要灭族的。他把这个案件告诉朝中大臣，以求取得他们的支持。屠岸贾说：“当年杀灵公，赵盾就算不知道，但他仍然应负首要责任。他的罪是大的。他死了，他的子孙却仍然在朝中担任要职，那以后又怎么惩处犯罪的人呢？请你们同意我的意见，按照法规将他们处置。”

大夫韩厥比较正直，表示反对说：“灵公被杀，赵盾当时不在都城，已逃亡在外。事件发生以后，先君成公认为他是没有罪的，所以没有杀他。现在他死了，你却要杀他的子孙，这就违背了先君成公的意愿。随意乱杀大臣，随意乱杀人，就是破坏国家安定的乱臣。这样的大事不去请示景公，这是心目中没有君主的表现。”

屠岸贾根本不听韩厥的意见。韩厥见情况紧急，立即去告诉赵朔，要他赶快逃跑。赵朔不愿意走，他说：“你一定不会让我赵氏一门被斩尽杀绝，只要能留下一条根，我死也没有什么怨恨了。”韩厥见赵朔执意不走，也没有办法，答应了他的要求，以后就托词有病，既不上朝，也不出门了。屠岸贾瞒着景公，假造景公的命令，以司寇的身份，擅自带了他信任的一批武将到下宫攻打赵家。结果，把赵家来了个满门抄斩。

赵朔的妻子是先帝成公的姐姐，当时身怀有孕，事情发生的时候，她急忙逃往景公宫中躲了起来。

赵朔有个门客，叫公孙杵臼，对赵朔的一位亲密朋友程婴说：“他一家都被杀光了，你为什么还忍心活着，不尽忠去和他们一道死呢？”程婴说：“赵朔的夫人身怀有孕，假若有幸而生一男孩，我要好好地抚养他，以保赵家香火不绝。假若生一女孩，那时我再死不迟。”

没有多久，赵朔的妻子分娩，生一男孩。屠岸贾得到了这个消息，马上带了一些人到宫中搜查。事情发生得这样突然，这是赵妻等人万万没有料到的。情况紧急，没有时间作更多的考虑，赵朔的妻子急中生智，忙把这个刚出生的婴儿藏在裤裆里，心里一面怦怦地跳，一面暗暗地祷告：“赵家如果活该灭族，你就哭；如果不该绝祀，你就不要发出一点声音。”在那如狼似虎地搜索中，那婴儿竟在裤裆里睡着了。屠岸贾虽然猖狂，但在宫中对成公的姐姐还是不敢加害，所以这次化险为夷。

程婴意识到问题的严重，他知道屠岸贾是绝不会罢休的。他对公孙杵臼说：“今天他们没有达到目的，以后一定会再来，怎么办？”公孙杵臼说：“抚养遗孤、并帮助他恢复家业，与死比较，哪一样难一些？”程婴说：“死，当然容易。”公孙杵臼说：“赵朔对你恩重如山，你就勉强选择这项难的任务吧！我选择容易做到的，请让我先死。”于是，两人商量，设法找到了一个同样大小的婴儿，将他包上漂亮的小被子背在背上，一齐躲到郊外山中。

入山不久，程婴从山中出来，对屠岸贾信任的那些将军说："我没有能力，不能抚养赵氏孤儿，更不能帮助他以后恢复家业，哪一个能给我千两金子，我愿意告诉他赵氏孤儿的地方。"那些人听了，很是高兴，真是踏破铁鞋无觅处，得来全不费工夫，马上答应了他的要求，要他带路，出动军队进山搜捕。

杵臼见程婴告密，带人进山，故意大骂："程婴，你真是个无耻的小人！赵家遭难的时候，你和我没有尽忠而死，就是为了要保全赵氏这一条血脉，现在你却出卖我。我们即使不能抚养这个小孩成人，无论如何也不能忍心出卖他呀！"杵臼抱了那婴儿大声号哭："天呀！天呀！赵氏这个孤儿有什么罪过啊！我请求你们不要杀他，只杀我好了。"那些人不同意，于是把杵臼和那婴儿一起杀了。屠岸贾和他那班亲信以为赵氏孤儿确实已死，斩草已除根，没有后患了，得意极了。

然而，赵氏真正的孤儿却因此而保全下来，程婴抱着他隐匿到山中去了。

十五年之后，景公生病，使人占卜问原因和凶吉。卜辞中的意思是：朝中有重大的冤屈，景公的病就是这次冤屈的反映。景公不太明白，派人请韩厥来解释。韩厥知道赵氏孤儿还在，就对景公说："这个冤屈可能说的是赵家。赵家历代侍奉先君，代代有功业，可是到您的手里，却被灭族，人们都感到惋惜，所以就反映在卜文上面了。这个问题，需要你自己考虑和处理。"

景公问："赵氏还有没有后人？"韩厥趁此机会就把真实情况告诉了景公。于是，景公和韩厥商量如何恢复赵氏孤儿的职位。景公要韩厥首先把孤儿和程婴偷偷地接到宫中藏起来。因为屠岸贾这时已把持了朝政，党羽多、势力大，万一走漏风声，景公也是无能为力的。

有一天，朝中诸将到宫中问候景公的病情，景公说："你们知道我的病是怎么起的吗？"诸将说："不知道。"景公说："就是由于世代功勋赵家蒙受冤屈而起的。"诸将说："赵家已没有后人了，那怎么办呢？"景公说："还有后人。"于是，要程婴和赵氏孤儿出来相见，赵氏孤儿已取名为赵武，此时已长成一个半大小伙子了。

诸将感到疑惑，赵朔的孩子不是被杀了吗？景公说："当年你们杀掉的是别人的小孩，真正赵朔的儿子在这里，就是他。"景公用手指着赵武。诸将见势不好，准备脱身而走，但韩厥事先在周围已布置了很多人，诸将不敢动弹。他们只好一方面推卸责任，一方面讨好景公，他们对景公说："下宫那次屠杀赵家的事件，是屠岸贾一手制造的。他假借你君主的名义，调遣我们去执行这个任务。如果不是这样，我们哪个敢如此胆大妄为呢？你没有病的时候，我们就曾想来向你要求存立赵氏的后嗣。现在你的命令，也是我们的愿望。"景公听到他们这样说，就要程婴和赵武过来一一拜见诸将。于是，这些将军和程婴、赵武一道去讨伐屠岸贾，灭其族，为赵家申了冤。景公把原来赵家的田邑发还给赵武。

等到赵武二十岁，已成人，程婴乃向大夫告别。他对赵武说："当年下宫遭到的那次祸患，很多人都尽忠死了。我不是怕死贪生，我是想保存赵氏的后裔，现在你已继承了祖业，长大成人，恢复了原来的爵位，我的任务也完成了，我要到地下去告诉先主赵盾和我的朋友公孙杵臼了。”

赵武听了，痛哭不已，对他磕头，一再哀求他不要这样。赵武说：“我愿意不辞劳苦而亲身伺候你一辈子，以报答你的恩德，你怎么忍心抛开我而去死呢？”程婴说：“我当年选择活下来，就是为了把你抚养成人。现在我的任务已经完成了，我要去地下把这个消息告诉他们，这样他们才能安息啊！”于是，他自杀了。

名将田穰苴

齐桓公死后，齐国失去了霸主地位，国家的实力渐渐衰弱。景公在位的时候，晋国和燕国乘机侵占了齐国的大片疆土。景公非常惊慌，问相国晏子该怎么办。

晏子向齐景公推荐了精通兵法的田穰苴。齐景公虽然嫌田穰苴出身低微，但大兵压境也顾不得许多了，于是调集了五百辆兵车，任命田穰苴为统帅，前去抗击来犯之敌。

田穰苴考虑到自己的出身低微，将士们心中不服，一旦在两军对垒的时候军心不振，岂不误了大事？于是他请求齐景公，派一个最为信任的大臣为监军。齐景公于是任命自己的心腹——大夫庄贾为监军。

田穰苴和庄贾商量了一下军务，临别的时候他对庄贾说：“明日要集合三军，请监军在午时到达大营，万万不可有误！”庄贾满口答应。

但是庄贾嘴上答应，心里可没当回事，自己是国君最为宠信的大臣，连相国晏子都让他三分，一个小小的将军算什么呢？庄贾回去后，那些平时就千方百计巴结他的官员们可算找着机会了，他们都来给他送行，一时他的府第里热闹极了，酒宴上摆满了美酒佳肴，阿谀拍马声此起彼伏，人们纷纷向庄贾举杯，庄贾喝得醉醺醺的，酒席就这样从晚上直喝到第二天，庄贾早就把和田穰苴的约定抛到九霄云外去了。

这边田穰苴集合三军，在军营的辕门立起一根木杆，看日影以便知道时间，几万人马在太阳下鸦雀无声地站着，盔甲和兵器上闪着幽蓝的金属光泽，三军都眼巴巴等着庄贾前来。可是官兵们在太阳下等啊等啊，木杆的影子越来越短，最后消失了，可是庄贾还是不见踪影，田穰苴下令放倒木杆，表示不再等庄贾了，田穰苴强压心中怒火，向站立在烈日下的官兵们申明了军纪。

直到夜晚时分，一辆马车才把醉醺醺的庄贾带到军营。田穰苴一见到他，脸上冰冷得像一块铁：“监军怎么现在才到？”庄贾满不在乎地回答：“来为我饯行的人太多了,没办法,一直喝到刚才。"田穰苴义正词严地说:"一个将军一旦接受国君的任命,他的身上就担负着国家的安危,就应该忘记家小,一心为国。统帅三军,要铁面无私;临阵对敌,要把生死置之度外。现在强敌压境,国君忧心如焚,人民惶恐不安,我们这些做军人的身上担负着国家的安危,你怎么能因酒宴而耽误了征战大事?"

田穰苴的话掷地有声,说得庄贾又羞又恼,他正要发作,忽听田穰苴高声喊道:"军法官何在?"军法官应声而入,田穰苴一字一顿地问:"按照军法,不按时到达的该当何罪?"

"当斩!"

庄贾一听慌了神,他见势不妙,忙让手下去找齐景公求救。齐景公一听说庄贾要被军法从事,慌忙派了一个使者拿着符节去救庄贾。

军营里,田穰苴一声令下,地位显赫的庄贾大夫被刀斧手推了出去,庄贾直到现在还不相信,一个小小的将军居然砍自己的脑袋,他还很镇定,心里暗暗咒骂着田穰苴:"待会儿老子到国君那儿告你这个武夫,到时候还说不准谁的脑袋落地呢?"但是他永远等不到那一天了,只见鬼头刀寒光一闪,这颗尊贵的头颅就骨碌碌掉到地上了。

这时齐景公的使者也赶到了。使者知道庄贾是国君的宠臣,催随从把马赶得飞一般迅疾,车驾不顾一切地穿过临淄的街道,路上不知撞翻了多少行人。到了军营,使者自恃奉了国君之命,飞车来到中军大帐外面,一边高声喊道:"国君有命,赦免庄贾大夫!"田穰苴板着脸回答:"将在外,君命有所不受。庄贾监军已经斩了。"接着又凛然问军法官:"按军法闯入军营者当如何处置?"

"当斩!"

这两个字一出口,使者顿时惊慌失措,刚才的威风一下没了,哆嗦着求饶。田穰苴沉吟着说:"国君的使者是不能杀的,但军法如山必须执行,这么办吧。"田穰苴下令杀了使者的随从,砍掉使者所乘的车驾上的立木,杀了左边的一匹马。

三军将士见到田穰苴执行军法不畏权贵,顿时肃然起敬。田穰苴乘机整顿军队,他到各个军营巡视,从伙食等方面关心士兵,还把分配给自己的东西发放给士兵。田穰苴的一系列举动,使三军对主帅又敬又爱,齐国大军军心大振,人人都争着要为国家杀敌立功。

三天之后,田穰苴统领齐国大军杀赴前线,晋国和燕国的将领早就得到探马的报告,他们看到齐国大军士气如虹,锐不可当地如洪水一般涌来,急忙偃旗息鼓地退兵了。

田穰苴率领齐军威震敌胆,不战而胜。齐景公得到捷报大为高兴,亲自率满朝文武出临淄城迎接凯旋之师。田穰苴被任命为执掌全国军权的大司马,因此后世也称这位名将为司马穰苴。

伍子胥含恨投吴

公元前522年，楚平王听信奸臣费无极的坏话，要把太子建废掉。这时，太子建和他的老师伍奢正在城父（今河南襄城西）镇守。楚平王怕伍奢不同意，先把伍奢叫来，诬说太子建蓄意谋反。

伍奢说什么也不承认，立刻被关进监狱。

楚平王一面派人去杀太子建，一面又逼伍奢写信给他的两个儿子伍尚和伍子胥，叫他们回来，以便一起除掉。太子建得到消息，忙带着儿子公子胜逃到宋国去了。

伍尚接到父亲的信，心里很着急，便把信拿给伍子胥看。伍子胥看了信，说："这信准是他们逼父亲写的，如果我们不去，他们怕我们，父亲还不至于死。我们要是去了，父亲一定被杀，我们也逃不出毒手。"伍尚说："如果我们不去，万一父亲真的被害怎么办？即便是假的，见父亲一面，死了也甘心。"伍子胥说："大家一起去死，又有什么用？如果父亲被害，那就应该想办法替父亲报仇。哥哥一定要去，弟弟只好从此永别了。"果然，伍尚一到郢都，楚平王便把他和伍奢一起杀了，接着又下了一道命令，通告全国，悬赏捉拿伍子胥。

伍子胥到宋国找到太子建。不巧，宋国内乱，太子建和伍子胥又赶快逃往郑国。没想到太子建报仇心切，到了郑国竟勾结郑国的一些大臣图谋夺郑定公的权，被郑定公杀了。伍子胥只好带着太子建之子公子胜仓皇逃出郑国，投奔吴国。

一路上，他们既怕郑国人来追，又怕楚国人来追，只好白天藏在深山里，夜晚赶路。走了十几天，来到昭关（在今安徽含山）。昭关形势险要，是楚、吴两国的交通要道。楚平王估计伍子胥一定要逃到吴国去，特地增派兵马来昭关把守，还在关前挂上伍子胥的画像，盘查很严。一天，伍子胥发现关前突然挤满了人，乱哄哄的，急忙化了装，带着公子胜混出关去。把守的官兵见他俩可疑，派人追赶。伍子胥拉着公子胜拔腿就跑，正跑着，一条大江挡住了去路。

伍子胥无计可施。这时，江上一位渔翁划过船来，将他俩渡过了大江。为了感谢这位老人的救命之恩，他将随身佩带的宝剑解下赠与老人。

那老人说："楚国捉拿伍子胥的赏格是粮食五万担，官爵封执政大臣，地位好比一个小国的诸侯。这一把宝剑哪里抵得上！"伍子胥只好惭愧地收起宝剑，临行时，跪在老人面前，深深地行了一个礼。传说伍子胥投吴的渡口，在浙江省建德县东北，江面开阔，石壁危立，岭上建有伍子胥别庙，渡口因而得名子胥渡。

伍子胥历尽苦难，来到了吴国。吴国在今江苏南部，受中原文化影响而发展起来。吴王僚觉得他谈吐高雅，相貌不凡，就收留了他。这时，吴国的公子光正想夺取王位。伍子胥看到要想伐楚报仇，必须等公子光即位，于是就带着公子胜下乡种田去了。

公元前516年，楚平王死了。吴王僚乘机发兵攻打楚国。没想楚国早有防备，结果反而被楚军包围了。

公子光认为时机到了。他知道吴王僚最爱吃鱼，于是派人假扮厨师，送给吴王僚一条大鱼，借机刺杀了吴王僚，终于当上了国王。这就是吴王阖闾。

阖闾当了王以后，让伍子胥协助他治理吴国，进行了政治、军事等方面的改革，建造城郭，设立守备，充实仓廪，整治库兵。经过吴王阖闾和伍子胥这一番治理，吴国强大起来了。位于今江苏武进和锡山交界处的阖闾城即伍子胥当年为防御楚国和越国进攻而筑。城为长方形，四周环河，西南半个城的城墙仍存。

阖闾即位的第三年，打算发兵攻楚，争霸天下。他对伍子胥说："当初你建议吴王僚伐楚，我没有支持你的建议。今天，吴国的事情我可以作主了。我一定要好好经营，使吴国强大起来，成为中原各国的首领。我知道，要达到这个目标，首先必须把楚国打败。你看什么时候伐楚好啊？"伍子胥听了非常高兴，提出了许多伐楚的建议，并且向阖闾推荐了著名的政治家、军事家孙武。

公元前506年，吴国大军直入楚境，五战五捷，攻下楚国首都郢都，楚昭王被迫逃难。

道家鼻祖老子

老子是春秋后期著名的大哲学家。据《史记》记载，他出生在楚国苦县厉乡曲仁里的一个李姓人家。刚一降生，人们就发现他的相貌不同于常人：前额宽阔，耳垂特别大。耳垂大是有福的象征，父亲干脆给他取名叫李耳，又用一个表示大耳垂的"聃"作他的字，希望他真的福旺寿长。

老子从小聪明好学，广泛阅读了各种书籍，很快成为当地小有名气的人物。为了开阔自己的眼界，扩充自己的知识，在二十多岁的时候，老子孤身一人来到了全国的政治文化中心——东周都城洛阳。很快，凭自己的才干，他当上了国家图书馆的官员。

在这个当时最好的读书环境里，老子如饥似渴地拼命读书，逐渐成为全国知名的大学问家。许多人不远千里前来向他请教学问，孔子曾专门向他请教有关礼制的问题。

孔子广征博引古代先贤关于礼制的话向老子讨教。老子淡淡一笑，对孔子说："孔丘呀，你年纪也不小了。你提到的这些古代圣贤都已经死去很久了，恐怕他们埋在地下的骨头都腐烂了吧。他们就剩下这些话还流传在世上，你没有必要用这些话来约束自己的言行，一味地模仿他们呀。君子应该具有适应社会的能力，碰到机遇就轰轰烈烈地干一场事业；没有机遇就远离政治，无拘无束自由自在地生活。丘呀，你说是不是这个道理？”

孔子大受震动，回去之后对弟子们大发感慨：“我知道鸟会飞，鱼会游，兽会跑，不过我可以用网子、钓饵、弓箭把它们捉住。但是对于乘云直上天空的龙，却不是我的智力所能了解的。今天，我见到了老子，他的知识广博，见解深刻，大概就是出神入化的云中之龙吧！”

老子一直住在洛阳，当时东周却一天天衰落下去，还爆发了长达五年之久的内战。连国家图书馆的大批珍贵图书也遭到了破坏，老子觉得洛阳呆不下去了。他左思右想，决定去民风淳朴、战乱极少的秦国安度晚年。

老子骑着青牛，踏上了旅途。没走几天，老子便来到函谷关口，一过函谷关就进入秦国境内了。老子心里十分畅快，一边欣赏着眼前的风景，一边哼着小曲。

正在这时，守关的官员尹喜迎出来恭恭敬敬地向老子施礼说：“老先生途经这里，未曾远迎，希望您别见怪。素闻先生学问广博，见识精深，既然路过这里，就请小住几日，将您的真知灼见写成一部书，一来可让我拜读，二来可让天下老百姓受到您的教诲，请您不要推辞！”

老子被尹喜的真挚所感动，便住下来，把自己关于道德、无为而治、以柔胜强以及对宇宙、人生、社会等方面的见解，全部融于一书之中，写成一部五千余字的《道德经》。这部书最核心的内容就是“道”。老子认为“道”是宇宙的本源，世界上万事万物的形成和发展，都由“道”转化和生成，它像天地一样永不停息地运动，它的规律就是自然的规律、社会的规律。老子的这一思想成为中国古代思想的源头之一，一直到现在还深深地影响着国人。

成书之后，老子继续西行，但此后就没人知道他的下落了。

孔子的弟子们

孔子一生桃李满天下，门下有三千弟子，其中有七十二贤人。他的得意弟子有颜回、子贡、子路、曾参等人。

颜回字子渊，鲁国人，是孔子弟子中最勤奋好学的一个。他比孔子小三十岁，曾向孔子请教仁的含义，孔子对他说：“只要你能克制自己无休止的欲望，一切行为遵守周礼的原则，那么天下人都会称赞你是个仁人。”颜回大受启发，便拜孔子为师，学习礼乐。

颜回学习非常刻苦，尽管学习条件很艰苦，但他丝毫不在意，反而更加勤奋。孔子曾经赞扬颜回说："颜回真了不起，每顿只吃一碗饭、只喝一碗汤，住在简陋的屋子里，能忍受别人无法忍受的艰苦，丝毫不改变自己远大的志向，持之以恒地刻苦钻研，真了不起！"

颜回每次听讲时总是聚精会神地睁大了眼睛，微微张开嘴，样子看上去傻乎乎的。但他善于思考，反复琢磨孔子讲授的道理，总能提出一些很有深意的问题，平时的言行举止也都遵守礼制，常常使人深受启发，就连大圣人孔子也能从他的一举一动中得到有益的启示。

颜回一生坎坷，二十九岁时头发就全白了，三十多岁就死去了，孔子哭得十分伤心，说："颜回是我最好学的弟子，自从他投到我的门下，弟子们都变得更加勤奋好学了，彼此之间的关系也更加亲密无间了。可怜他这么早就离我而去，我再没有像他那样刻苦认真的学生了。"

孔子有一个弟子叫子路。

子路的原名叫仲由，子路是他的字。他是鲁国泗水人，比孔子小九岁。子路生性朴实，只是有点鲁莽，他长得孔武有力，佩着一把剑，四处行侠仗义。他曾经对孔子无礼过，孔子以礼教来教育他，诱导他，后来子路心悦诚服地穿上儒生的衣服，带上礼物拜孔子为师。

子路对政治特别感兴趣，向孔子询问为政的诀窍。孔子说："做官就要身体力行，为老百姓做出模范，还要勤政爱民，永不懈怠。"子路点头称是。

后来子路果然当了官，替卫国大夫孔悝管理封地。当初，卫国国君卫灵公宠爱一个叫做南子的宠姬，卫灵公的太子蒯聩(kuǎi kuì)得罪了南子，害怕获罪被杀而逃到了宋国。卫灵公去世后，南子想立公子郢为国君，但公子郢却推辞说："蒯聩的儿子辄(zhé)还在卫国呢，他应该继位为国君。"于是卫国人就拥立辄当了国君，就是卫出公。卫出公即位后，他的父亲蒯聩仍然一直住在外地，被禁止进入国都，他联合孔悝发动叛乱，想要夺得君位。

蒯聩偷偷混进孔悝家里后，率领他的支持者突然袭击卫出公，卫出公措手不及，只得逃到鲁国，蒯聩就这样即位为卫庄公。

孔悝跟随蒯聩叛乱时，子路正在孔悝的封地内，听到这个消息之后立即骑上快马向国都飞奔而来。刚到城门口，子路迎面碰上了从城里出来的子点，子点说："卫出公已经出城了，城里面乱得很，你还进去干什么？还是赶快回去吧，免得白白遇害。"子路说："我是孔悝的家臣，既然拿了他的俸禄，当然要尽到做臣子的责任。"于是跟随一个使者混进了城。

子路找到蒯聩的住处，蒯聩和孔悝正坐在高高的台子上庆贺夺权成功呢。子路迈步上前对蒯聩说："孔悝背叛先君，您怎么会任用这样的人？请让我捉住他杀掉。"蒯聩哪里会让子路杀掉有功之臣孔悝呢？于是子路便要放火烧掉高台。蒯聩吓坏了，连忙命令卫士攻打子路。

卫士们一起进攻子路，子路当然招架不住，连帽带子都被割断了。子路大喝一声，跳到一边说："君子不会让帽子掉在地上，就算是临死之前也要先戴正帽子。"说完系好帽带，戴正帽子，从容不迫地被杀死在高台之下。

孔子还有一位颇有外交天才的弟子，叫子贡。

子贡的原名叫端木赐，子贡是他的字。他是卫国人，比孔子小三十一岁，是孔子著名的一个弟子。子贡伶牙俐齿，能言善辩，就连孔子也常常被他辩得理屈词穷。

陈子禽曾经问子贡："孔子的学问是从哪里学来的？"子贡说："周文王、周武王的仁义之道一直保存在世间，并没有和他们一起被淹没在地下。贤能的人能掌握其中的大道理，凡夫俗子只能领会其中的一两句话。既然这个世界上到处都是周文王、周武王的仁义之道，那么夫子从哪儿不能学习呢？而且夫子学习又怎么非得有一个固定的老师呢？"

陈子禽又问："孔子周游列国，无论到哪个国家，他都熟知那里的政事。那么这些情况是孔子向人打听来的，还是别人主动提供给他的呢？"子贡说："夫子打听消息的方法和一般人不同，他是用温和、善良、恭敬、俭朴、谦让得来的。"

齐国的贵族田常打算发动叛乱取代齐国国君，但又害怕齐国大臣的势力，所以就调遣齐国的军队，准备攻打鲁国，借机提高自己的地位。孔子担心祖国遭受灾难，就派子贡出去活动，阻止这场战争。

子贡到了齐国，面见田常劝说道："我听说您要攻打鲁国，这真是大错特错，人们常说国家的忧患在内部，就进攻强大的国家；忧患在外部，就进攻弱小的国家。现在您的忧患在国内而不在国外。听人讲您三次求封，三次都被国君拒绝，最主要的原因就是有些大臣从中作梗啊！如今您要攻打弱小的鲁国来扩张齐国的领土，但战争获胜，只能使国君更加骄傲自大，使大臣更加自以为是、肆无忌惮，可这对您又有什么好处呢？君主骄傲以后会随心所欲，大臣们得意忘形就会忙于争权夺利。如果这样，您在齐国的处境就更加危险了。我劝您不如放弃鲁国，去攻打强大的吴国，攻打吴国不能取胜，百姓们战死在疆场上，大臣们在国内的地位日益衰落，君主逐渐被孤立起来，那么控制齐国大权的就只有您了。"

田常听后喜出望外，接受了子贡的建议，并央求子贡游说吴王出兵救援鲁国，这样他就可以名正言顺地攻打吴国了。

子贡于是来到吴国，游说吴王夫差救援鲁国，遏制齐国的扩张。子贡说："只要您出兵救鲁，那么一来可以在诸侯中博取一个好名声，二来可以在战争中获得巨大的利益。"夫差不时赞许地点点头，只是担心邻近的越国会趁机东山再起，于是答应子贡先攻伐越国再进攻齐国。

子贡说："越国只是一个实力弱小的小国，您如果不趁鲁国尚未被攻破去救援鲁国，反倒进军越国，那天下的诸侯都会说您畏惧强大的齐国，这将砸了您自己救存危亡的正义招牌。如果您实在不放心越国，那我这就出使越国，让他们也出兵救鲁，以解除您的后顾之忧。”吴王夫差非常高兴，派遣子贡出使越国。

子贡见到越王勾践之后，开门见山地说：“吴王夫差准备出兵攻灭越国，如果这样，那您就十分危险了。我劝您给夫差送上厚礼，再派兵随同吴国攻打齐国，这样吴王就不会把越国视为心腹大患了。只要吴国和齐国一交战，您便可以坐收渔翁之利了。”

勾践当即应允下来，派大臣给吴王送去了厚礼。吴王收下礼品后立即放心地出兵救鲁伐齐，使鲁国免于兵灾。这全是依仗着子贡的功劳。

孔子还有一位弟子叫子游。

子游是吴国人，比孔子小四十五岁。子游跟随孔子学习时，熟读各种文献典籍，并且善于将学到的知识用于实践当中。

子游完成学业后，做了武城的县长。一天孔子带领弟子出游时路过武城，子游来到城外迎接。正在他们寒暄问候的时候，城中传来了一阵阵弹奏琴瑟、演唱诗歌的声音，孔子微微一笑说：“杀鸡哪里用得着宰牛的大刀？治理这么一座小小的武城还用得着礼乐教化吗？”

子游行礼回答说：“以前夫子曾经对我们弟子说过：‘君子学习道理就应该爱护他人，小人学习道理就容易使唤。’我既然跟随夫子您学习了礼乐等教化之道，当然要把它应用在实践之中。”

孔子听后十分满意，说：“各位弟子，子游的话很有道理，刚才我只不过是说句玩笑话。”

名医扁鹊

扁鹊是齐国人，原来叫秦越人，他年轻时曾经在一家客栈做过账房。经常有位民间郎中到客栈落脚。秦越人知道郎中是个高人，对他非常尊重。郎中见这个小伙子既诚实又聪明好学，也和他很亲近。

有一天郎中招呼秦越人到他的房间，悄悄地对秦越人说：“我行了一辈子医，积累了很多秘方，现在老了，想要传给你，你千万不要泄露出去。”郎中就把他的医术和秘方都传授给他。从此秦越人云游四方行医，天分极高的秦越人的医术越来越精湛，成为一位闻名天下的名医。被他从死亡线上救回来的那些病人，都说他是古时候的神医扁鹊再世，慢慢地人们都不叫他原来的名字，都叫他扁鹊。

他走遍了齐国、晋国、秦国等国家。他不仅为王公贵族们治疗，还经常在各地开设诊所，为普通百姓诊治，解除疾苦。

扁鹊的医术非常精湛，他精通各科的治疗方法，他到晋国的邯郸，见到当地重视妇女，他就开设妇科诊所，为妇女治病。在周的都城洛阳，当地人尊重老年人，扁鹊就以诊治耳、眼和风湿病为主，因为这都是老年人比较常见的病，他到了秦国都城咸阳，当地的民风比较爱护小孩子，扁鹊这回改当儿科大夫了，他所过之处，以自己妙手回春的医术，治好了不少疑难杂症，让许多常年躺在病床上的老病号恢复了健康。因此在他行踪所到之处，他不仅留下奔波忙碌的身影，更留下了活菩萨的好名声。

扁鹊还有个起死回生的美名，他真的能使死去的人又活过来吗？

原来，有一次扁鹊经过虢国，到虢国都城的时候，见当地的气氛不像平常那样，全城笼罩在一种肃穆和哀伤之中，扁鹊很奇怪，难道是虢都发生什么重大的疫情了吗？医生的敏感促使扁鹊不顾旅途劳累，亲自上街打听。他在街上问一个当地人："老乡，你们这儿出什么事了吗？怎么气氛怪怪的？"

老乡打量了他几眼："先生是从别处来的吧！您有所不知，我们国君的长子，咳，也就是太子，昨晚三更暴病身亡，今天正为他办丧事呢！"

扁鹊一听不是闹什么瘟疫，这才把悬着的心放了下来。但是医生的敏感又让他觉得太子的暴病身亡有点蹊跷，说起来扁鹊还和虢国的太子有点交情呢，扁鹊一下子想起一张年轻英俊、生气勃勃的脸孔，上一次到虢都的时候，扁鹊在为一个贵族看病的时候，在他的府里邂逅了太子。虽然只是谈了几句，但是英姿勃发，雄心勃勃的太子还是给扁鹊留下了很深的印象。太子身上散发出一股英武之气，扁鹊见过许多王公贵族，他们大多耽于享乐，过着醉生梦死的安逸生活，所得的也都是富贵病，或者就是纵欲过度，被酒色掏空了身子。在贵族中间，像虢国太子这样健康而正直的年轻人实在是凤毛麟角。

扁鹊不觉非常惋惜，他亲自去问太子的侍从："太子是得什么病死的？"侍从很不耐烦地说："大夫说，是邪气压倒正气，突然晕厥而死的。"扁鹊又细细地询问了太子得病经过、症状等情况，他欣慰地长出一口气说："看来，太子并不是真的死了，也许还能救活。"听到这话，侍从的眼睛瞪得像铜铃那么大，他正为丧事忙得晕头转向呢，哪信这个游方郎中的鬼话，他的医术难道会比太医高？

扁鹊只好把自己的名字说了出来，侍从想了半天，在他混沌的记忆中，似乎还记得听说过这么个名医，侍从不情愿地禀报了国君，国君正沉浸在丧子之痛中，人世间无论是平民百姓还是王公贵胄，白发人送黑发人都是最为悲惨的事了，现在一听说扁鹊能治太子的病，真是觉得遇见活菩萨了。

国君喜出望外，急忙令侍从快把扁鹊请进宫。扁鹊细细察看了一番太子，又摸了摸脉，他的心里有底了，扁鹊对一旁焦急的国君说："太子这是休克，如果治疗得当，一会儿就能苏醒过来。"国君真是大喜过望，一迭声地说："有劳先生，先生快请动手。"说完国君不禁老泪纵横，脸上满是泪水。

扁鹊立刻动手治疗，只见他从随身的百宝囊中取出亮闪闪的银针，一会儿针灸太子头部，一会儿针灸胸部，一会儿针灸手，一会儿针灸脚。

大伙儿都屏声静气地在一旁看着，周围安静极了，只听见扁鹊的衣服发出的沙沙声，忽然一声惊叫划破了这种让人喘不过气来的宁静，原来太子的身子微微动了一下，扁鹊的手法更快了，只见银针飞舞，太子渐渐睁开了眼，忽听旁边咕咚一声，原来是国君高兴过度，一下晕厥了，一旁的太医闲了半天，又有得忙了。周围的人们都啧啧称奇。有些人擦了擦眼睛，生怕是自己眼睛花了，还有人掐了掐自己，以为自己是在睡梦之中。

扁鹊也长出一口气，擦去额头的汗水，他配好药，让太子服下，并在太子腋下施以热敷，不一会儿，太子竟自己坐了起来。国君、太后都不知道说什么好了，国君嘴唇抖了半天，才向扁鹊称谢，太医们也由衷地对扁鹊表示钦佩，并且不停地向他请教……

从此，人们不管虢国太子是真死还是晕厥，扁鹊起死回生的名声就传了出去。

后来扁鹊到齐国行医，齐桓侯非常热情地招待他，扁鹊见齐桓侯的时候不禁一愣，他又细细地查看了一番桓侯的脸色，说："君侯有病，病在肌肤之间，如果不加治疗，只怕要加重了。"齐桓侯很不高兴地说："寡人没病!"扁鹊告辞之后，齐桓侯对左右的人说："医生们都喜好功利啊，竟然用医治没病的人来显示自己的医术。"

五天之后，扁鹊又去拜见桓侯，他看了看桓侯的脸色说，"君侯有病，病到了血脉，如果不加治疗，病情只怕会更重了。"桓侯生气地说："寡人没病。"扁鹊出去后，桓侯脸色阴沉。又过了五天，扁鸽又去朝见，说："君主有病，病已经到了肠胃之间，如果不加治疗，病情更要加重了。"桓侯这回什么也没说。又过了五天，扁鹊去拜见，他一看见桓侯就匆匆告退了。

这回桓侯倒奇怪了，他派人去问扁鹊。扁鹊说："病在皮肉之间，汤剂药可以治愈；病在血脉，针石可以到达；病在肠胃，药酒还能奏效；病在骨髓，臣实在是束手无策了。现在君侯的病到了骨髓，我不敢再请求为桓侯治病了。"

五天以后，桓侯果然病倒了，他慌忙派人召扁鹊，到扁鹊的住处一看，已是人去房空了。桓侯很快就病死了。

后来扁鹊到秦国行医，由于他医术高明，在秦国的名声越来越大，这引起秦国的太医令的嫉妒，他派人把医术高明的一代名医扁鹊暗杀了。

夫差终报父仇

吴国也是偏居南方的诸侯国，与越国相邻。吴国的都城在姑苏，也就是现在的苏州。在群雄争霸的年代，两国为了争夺土地和人口经常打仗。长期的战争

吴
越

使两国成为世仇。

越王允常去世后，儿子勾践继位。吴王阖庐听说允常死了，出兵讨伐越国。越王勾践率兵迎战。越国挑选了一批勇士组成敢死队，排成三行走到吴军阵前，大喊了几声就都自刎而死。吴军看到这种惨烈的场面，都目瞪口呆，越军趁机攻打吴军，吴军大败。吴王阖庐的大脚趾被人砍伤，几天之后就创伤发作而死。临死前他对自己的儿子夫差说："你会忘记勾践杀了你的父亲这种大仇吗？"夫差回答说："不敢！"夫差（公元前495年至公元前473年在位）继位的第三年，就开始向越国报仇。

勾践听说吴王夫差日夜练兵，要向越国报仇，就打算在吴国还没发兵时去讨伐它。他的谋臣范蠡（lǐ）劝他说："不行啊，发动战争是违背道义的事情，干多了这样的事情是不会有好结果的。"越王勾践说："我的主意早已经打定了。"于是就出兵攻打吴国。吴国听到越国出兵的消息，立即派遣所有的精兵还击越国，大败越军。越王勾践只带着残兵五千人退守到会稽山上，吴王夫差率军包围了他们。

越王勾践在会稽山上看着自己手下的残兵败将，心里很惊慌。他对范蠡说："由于没有听从您的话，所以落到今天这个地步，我该怎么办呢？"范蠡说："国君要能屈能伸。现在不妨低声下气地送重礼给吴国，请求吴王与我们讲和。如果他不答应，就只好委屈您自己到吴国去侍奉吴王，越国东山再起或许还有希望。"

勾践答应了。于是派大臣文种到吴国去求和。文种去拜见吴王时，跪在地上用膝盖往前走，一边磕头一边说："君王的亡国之臣勾践派小臣来告诉您：勾践请求做您的奴仆，妻子甘愿做您的侍妾。"吴王夫差听了很高兴，刚准备答应，大臣伍子胥劝他说："现在正是上天赐予的灭掉越国的好机会，千万不要错过。"吴王碍于面子，没有答应文种的请求。

文种回国以后，把事情的经过报告给了勾践，勾践于是决心杀掉妻子儿女，烧掉宝物，然后拼死决战。文种劝阻他说："还有一个办法可以想，吴国的首席大臣伯嚭（pǐ）非常贪婪，可以用财物去贿赂他，让他帮忙。"

勾践就派文种带了一大批美女和宝物去献给伯嚭。伯嚭接受后，带文种去见吴王。

文种给吴王磕头说："请大王赦免勾践的罪过，他会把他的宝物全都送过来。假如大王不能饶恕他，勾践就要杀尽自己的妻子儿女，烧光他的财宝，率领他剩下的五千人马与吴国决一死战，到时吴国恐怕也会付出相当大的代价。"

伯嚭也在一旁劝说吴王："越王已经投降做臣子了，如果能赦免他，会避免很多损失的。"吴王准备答应，伍子胥又说："现在不消灭越国，以后一定会后悔的。勾践是个贤明的君主，文种和范蠡又都是能干的臣子，如果让他们返回越国，他们一定会卷土重来的。"

吴王不听，终于赦免了越王，撤兵回去了。

勾践卧薪尝胆

当初勾践被围困在会稽山上时，曾伤感地叹气说："难道我就这样完蛋了吗?"文种给他打气说："商汤曾被夏桀拘禁，周文王曾被商纣关押，晋文公、齐桓公都曾在国外流亡，他们后来不是都成就大事业了吗？由此看来，祸往往能转化成福呢！大王一定要挺住啊!"

吴王赦免了越王勾践以后，勾践返回国内，就搬进简陋的房子。他把猪的苦胆悬挂在自己的座位边和床边，不管坐着或躺着，总可以看见苦胆并不时地尝尝胆汁，让自己知道吃"苦"的滋味。他常常提醒自己说："你忘了在会稽山上所受的耻辱吗?"

这就是著名的"卧薪尝胆"的典故，后代常用来形容一个人发愤图强的样子。

勾践还亲自下田劳动，夫人亲自纺织衣服，吃的饭菜很简单，穿着也很朴素。他非常谦恭地接待贤能的人，救济穷人，和普通百姓同甘共苦。于是越国的百姓都很拥护他。他想让范蠡执掌国政，范蠡回答说："在行军打仗方面，文种不如我；但在治理国家方面，我不如文种。"于是，勾践让范蠡主管军事，让文种主管政事，越国开始从战争的创伤中恢复过来。

七年之后，勾践打算向吴国报仇。文种规劝他说："越国才刚刚富裕起来，如果我们现在整顿军备，吴国一定会防范，这样，战胜吴国的可能性不大。现在，吴国的军队正在与齐国、晋国交战，又与楚国结了深仇。我们不如趁它与别的国家打得两败俱伤的时候去攻打它，这样一定可以打败它!"勾践对这个意见深表赞同，于是暂时取消了作战的打算。

又过了两年，吴王夫差再一次想讨伐齐国。伍子胥劝说他道："我听说勾践吃饭只有两样菜，能和老百姓同甘共苦。这个人不死，一定会成为吴国的祸根。吴国有了越国，是心腹大患，而与齐国的矛盾，不过是像癣疥一样的小病而已。希望大王先不要出兵攻打齐国，先去灭掉越国。"吴王没把越国放在眼里，也就不听从伍子胥的意见仍然去讨伐齐国，结果把齐军打得大败，回来就在伍子胥的面前炫耀。伍子胥说："大王不要高兴得太早了!"吴王发怒，伍子胥想以自杀来警醒吴王，吴王听说后制止了伍子胥。

越国为了试探吴国对它的态度，派文种到吴国去借粮食。吴王不听伍子胥的劝阻，将粮食借给了越国。这表明吴王对越国仍然没有戒备心理。越王勾践心里非常高兴。伍子胥感叹说："君王不听我的劝告，三年后，吴国将成为一片废墟!"太宰伯嚭听了这句话，与伍子胥发生了争执，他们两人的矛盾其实由来已久。伯嚭后来又串通其他的大臣在吴王面前说伍子胥的坏话，吴王便派一个使者送给伍子胥一把剑，让他自杀。伍子胥感慨万分，他从容不迫地自杀了。临死前他对使者说："一定要把我的眼珠挖出来挂在吴国都城的东门上，用来观看越军进城！"伍子胥死后，吴王更加重用伯嚭。

三年之后，勾践问范蠡说："吴国已经杀掉了伍子胥，朝中都是阿谀逢迎的臣子，现在可以进攻吴国了吗？"范蠡回答说："不行，现在还不是最好的时机。"勾践只好再一次延长了自己忍耐的时间。

次年，吴王率领吴国的精锐部队北上去参加诸侯大会，只剩下老弱残兵和太子留守都城姑苏。勾践又问范蠡是否可以进攻吴国，范蠡说："这次可以了。"于是，勾践派遣越国的精锐部队突袭吴国，吴国军队打了败仗，吴太子被杀。吴国派人向吴王告急，吴王大惊失色，但因为他正在与各国诸侯会谈，便下令不许泄漏吴国战败的消息，私下里派人带着重礼去向越国求和。勾践估量自己还不能一下子灭掉吴国，就和吴国讲和了。

这以后又过了四年，越国再次讨伐吴国。吴国的士兵早已经在连年战争中疲惫不堪，越军很轻易就把吴军打败了。越王的军队把吴王围困在他的宫殿中。吴王派一个大臣赤身露体地去拜见越王，请求越王像当年吴王饶了他一样饶了自己。勾践看见那个大臣可怜巴巴的样子，心里顿生怜悯之意，想答应他。范蠡说："越国战败的时候，上天把越国赐给了吴国，而吴国不接受这桩好事；现在，吴国战败了，上天把吴国赐给了越国，越国难道可以违背天意吗？再说，君王您吃了这么多年的苦，不就是为了这一天吗？您忘记会稽山的耻辱了吗？"勾践便狠下心来，派这个大臣回去对吴王说："我会把您好好安置的，让您统治一百户人家。"勾践的意思实际上是要废掉吴王，灭掉吴国，吴王假意辞谢说："我老了，不能为您办事了。"于是便自杀了，临死前他用东西把自己的脸盖起来，说："我到阴间去没脸见伍子胥啊！"越王勾践安葬了吴王，杀掉了卖国的大臣伯嚭。勾践卧薪尝胆十四年，终于报了仇，成为江淮一带的霸王。

富敌王侯的陶朱公

范蠡帮助越王勾践成功之后，立即离开了越国。他从齐国写信给文种说："飞鸟射杀完了，好弓就会被收藏起来；狡猾的兔子猎取光了，猎狗就会被煮了吃掉。越王为人很阴险，工于心计，可以与他共患难，却不可以与他同享安乐。您为什么还不离开呢？"

文种接到信后，便自称有病不再上朝。有人进谗言，说文种将要造反，越王就赐给文种一把剑说："您教给我进攻吴国的七条计策，我只用了三条就打败了吴国，还有四条在您那里，您去跟随我死去的国王父亲，试试那些计策吧。"文种无奈，只好自杀了。越王勾践逼死文种，不仅是因为文种已经失去了利用价值，还因为文种的才能非常突出，勾践怕因此威胁到自己的统治权力。范蠡早就看穿了这一点，所以早早离开越国，因此幸免于难。

范蠡在齐国隐姓埋名，在海边种地。他吃苦耐劳，勤奋努力，通过做生意很快就积蓄了万贯家财。齐国人听说他有才能，让他做了宰相。范蠡叹息说："我做老百姓，能赚到万贯家私，我要是做官，就能做到宰相，我也应该知足了。物极必反，长期位极人臣，我要警惕啊！"于是就辞掉了官职，散发了他的财产，带着贵重的财宝，悄悄地离开，在陶地（今山东省定陶县西北）住了下来，自称"陶朱公"。

陶朱公是历史上的一个传奇式的人物，有许多关于他的传说。下面便是其中的一个。

陶朱公到陶地后，又生了一个小儿子，这样陶朱公就一共有了三个儿子。小儿子长到成年的时候，陶朱公的二儿子在楚国杀了人，被抓了起来。陶朱公说："杀人偿命，这是天理，可是我听说，富贵人家的子弟，杀了人之后还是有办法可想的。"于是他就让他的小儿子，带了一千两黄金，装在粗布袋里，用一辆牛车拉着到楚国去活动活动。

小儿子将要上路的时候，大儿子坚决要去，陶朱公不答应。大儿子说："家中的长子应该承担主要责任，现在二弟犯了罪，父亲不派我去，却派三弟去，肯定是认为我不中用。"于是就装模作样地要自杀。他的母亲也帮他劝说陶朱公，陶朱公无奈，只好派大儿子去。他写了一封信要大儿子送给他的老朋友庄先生，并叮嘱大儿子说："到了那里，把千两黄金送给庄先生，一切听凭他去办理，遇事千万不要和他争论。"大儿子于是就出发了，还私自另外带了几百两黄金。

到了楚国，大儿子去拜访庄先生，他看见庄先生住在城外，门前有一大片野菜地，居住条件相当艰苦。大儿子照他父亲吩咐的那样，把书信和黄金都交给庄先生。庄先生说："你赶快离开，不要停留，即使你弟弟从监牢里放出来了，也不要去问为什么。"大儿子离开庄家后，没有听庄先生的话，而是悄悄留了下来，把他私自带来的黄金送给楚国当权的贵族。

庄先生虽然住在贫民窟里，但是他的廉洁正直在全国是出了名的，楚王及楚王手下的官员都很尊重他。他并不是有意接受陶朱公的金子，而只是想在事情办成之后再还给陶朱公，以作为已经帮过忙的物证。所以金子送到后，他对老婆说："这是陶朱公的金子。如果我病死了，来不及提前交代你，你一定要记得还给他，不要动用它。"陶朱公的大儿子哪里明白这其中的曲折，只以为送他黄金便是向他行贿。

庄先生找了个合适的时机进宫去见楚王，他说："天上某星的位置移动到了某处，这对楚国不利。"楚王向来信任庄先生，就问他："该怎么办呢？"庄先生说："只有做好事，才可以消除它。"楚王说："先生请回吧，寡人这就照办。"于是楚王就派使者封闭了楚国的金库。楚国那些受了陶朱公的大儿子贿赂的贵族就去告诉大儿子说:“国王就要大赦全国了。”大儿子问:“何以见得?”那人回答说:“国王每次大赦的时候,都要先封闭金库。昨天晚上,国王又派人把金库给封闭了。”大儿子心想:既然大赦,弟弟本来就该释放了,庄先生也就起不到什么作用了。他很吝惜送给庄先生的千两黄金,于是就又去见庄先生。庄先生吃了一惊,说:“你还没走吗?”大儿子说:“我确实没有走,当初是为了弟弟的事而来,现在听说楚国将要大赦全国的犯人,弟弟自然就会释放,所以来向庄先生辞行。”庄先生明白他的意思是想拿回他的黄金,就说:“你自己进屋去把金子取回去吧。”大儿子就自己进屋取出金子走了。他还很高兴,自己省下了千两黄金。

庄先生被大儿子的行为激怒了,就再次进宫去见楚王,说:“我上次说某星的位置移动那件事,君王说要用做好事来消除它。现在我在外面,听路人纷纷传说陶地的富人朱公的儿子杀了人囚禁在楚国,他家用了很多钱贿赂大王身边的人,所以大王现在再进行大赦,动机已经不纯洁了,上天一定不会领情的。”楚王大怒,下令先杀了陶朱公的儿子,第二天才开始大赦。陶朱公的大儿子终于只能带着他弟弟的尸首回家了。

到家以后,家里人和街坊邻居都很悲痛,只有陶朱公一个人笑着说:“我本来知道他一去一定会致弟弟于死地的。他不是不爱他的弟弟,只不过他有些舍不得花钱。他小时候和我在一起,受过苦,知道谋生的艰难,所以不轻易花钱,至于小弟弟,出生以来就看到我富有,只知道吃喝玩乐,哪里知道钱财得来的辛苦,所以大手大脚地花钱,毫不吝惜。原来我要派小儿子去,就是因为他舍得花钱的缘故。而大儿子却做不到,结果救不了他弟弟的命。这是意料之中的事情,没什么好悲痛的,我本来就日日夜夜等着二儿子的尸体运回来了。”

陶朱公最终老死在陶地,但他的名声却一直流传到今天,后代的人们都很推崇他。

侠客豫让

“士为知己者死,女为悦己者容。”这两句流传几千年的名言,至今还有一定的影响,只是它的消极因素多于它的积极意义。这两句话,出自春秋后期晋国的豫让之口。

豫让,从前曾经在晋国的范氏和中行氏那里做过家臣。范氏和中行氏,与智氏、韩氏、魏氏、赵氏,当时并执晋政,称为晋国六卿。但是范氏和中行氏都没有好好地用他,因而也没有人知道他的才能。他离开范氏和中行氏来到智伯那里,智伯很尊重他,信任他。后来,智伯与赵襄子发生冲突,赵襄子与韩氏、魏氏联合起来，打败了智伯，尽灭其族，把他的土地也一起瓜分了。赵襄子最恨智伯，因为智伯有一次与赵襄子饮酒时，他仗势欺人，按着赵襄子的头灌酒，后来智伯和赵襄子打仗，智氏又决汾水以灌赵氏城邑晋阳（山西太原），差一点使赵氏全军覆没。由于积怨太深，这次把智伯杀掉以后，赵襄子就把他的头骨漆做饮酒用的大杯子，每逢大会宾客举行酒宴的时候，就特地把它摆设出来，以表示对智伯极端的仇恨。

豫让在智伯失败以后，逃到山中躲了起来，他说："唉！士为知己者死，女为悦己者容。今天，智伯是我的知己，我一定要为他报仇而不惜一死，以报答他对我的尊重和信任。我就是死了，也无遗恨。"于是，他改名换姓，装着被判过刑而罚当苦役的人，进入赵襄子的宫中修治厕所，衣内暗藏着匕首，准备刺杀襄子。

襄子去厕所，见有生人，心里有所警惕，忙令把他抓去堂中审问。当知道他就是豫让以后，就搜查他衣内，发现衣内夹带着凶器。问他来做什么，豫让直言不讳地说："我是想替智伯报仇。"襄子左右的人要把他杀掉，但是襄子说："他是一个有义气的人，我小心一点避开他就是了。并且智伯死了以后，再没有亲属，他的家臣要替他报仇，这是天下的好人。"于是把他放了。

过了不久，豫让用漆涂满全身，使皮肤肿烂，毛发脱落，以改变形貌，又吞炭破坏喉嗓，使声音变哑。这样，一般人就难以辨认了，他在市场上行乞以藏身，连他的妻子碰着也不认识。有一次，他正在慢慢走的时候，遇到了一个从前最要好的朋友，那人觉得他似乎是豫让，就走到他面前说："你不是豫让吗？"豫让说："是的。"那位朋友看到他这副形状，很难过，眼泪都流出来了，对他说："以你的才能，要托身投诚到襄子门下，一定能得到信任和重用，那样，你就能接近他，如果要报仇岂不容易么？何必糟蹋自己的身体、毁坏自己的容貌呢？用这样的方式去报仇，这太难了吧！"

豫让说："我如果托身投诚到别人门下而以后又趁机会刺他，这是怀着不忠诚的思想去侍奉主人，我用漆身吞炭的方式去寻求报仇的机会，明明知道这是极难的行为，但是，我之所以这样做，是为了使以后那些对主人怀有二心的人感到羞愧。"他那位朋友只好叹息着走了。

有一天，赵襄子外出，豫让打听到他去的方向，就躺在襄子必定要经过的桥下。襄子到桥边，马突然发现桥下有人，受惊叫着，而且跳了起来。襄子说："这个人必定是豫让。"派人去查问，果然是的。于是襄子斥责他说："你不是曾经在范氏和中行氏那里做过家臣吗？范氏和中行氏都是智伯把他们消灭的，而你不为他们报仇，反而到智伯的门下为臣。现在智伯也死了，你为什么单单要为他报仇，而且如此急切坚定呢？"

豫让说："我在范氏和中行氏那里的时候，他们都把我当做一般人看待，所以我也只把自己当一般人那样报答他。至于智伯，他把我当做一国之中杰出的人物看待，所以我要把自己当做一个杰出的人物来报答他。”

襄子很有感慨地叹息着，而且被他的这种忠诚感动得流泪了，他说：“唉！豫先生，你为了效忠智伯而千方百计地设法替他报仇，已经有了忠臣义士之名，而我饶恕了你一次，也已够了。你现在仔细想想吧，我不会再放过你了。”于是派兵把他围住。

豫让说：“我听说过英明的君主不埋没别人的好处，而忠臣也自有为名而死的道理。前次你已经宽恕了我，天下之人没有不称赞你善良的。今天我来行刺又被你捉住，我早就预料到会遭到你杀害。现在我没有别的要求，我只希望能够得到你的外衣，让我用剑在衣上刺斩几下，用以表达我报仇雪恨的心意，如果能够这样，我死也心甘情愿了。我不敢指望能够得到你的允许，但是，我还是冒昧地把自己的意愿向你吐露出来。”襄子听了，很同情他，也受到感动，于是脱下自己的外衣，派人拿去给豫让。

豫让得衣以后，三次跳起来挥剑勇猛地向它刺去，然后说：“我已为智伯报仇。到九泉下，可以有脸面见智伯了。”于是引剑自杀。

豫让死的那天，赵襄子那里一些有正义感的人，都为他的行动而感动得哭了。

吴起变法遭祸

公元前 381 年，楚国王宫内传来噩耗：楚悼王突然去世了。

消息传开，举国震动。最感到震惊与悲哀的是楚国令尹（相当于宰相）吴起。这时，吴起守护在楚悼王的尸体旁，面色铁青，眼含泪水，抑制住心头袭来的阵阵悲痛，陷入沉思。

吴起本是卫国人，少负大志，胸怀韬略，尤善于用兵之道。但他四方奔走，仍然得不到重用，使他常怀英雄不遇贤主之叹。后来，听说魏文侯出榜求贤，他就投奔魏国，果真受到魏文侯的重用，被任用为西河守将，防御秦国的入侵。他严明军纪、赏罚分明，爱兵如子，深得士兵的拥戴，也得到魏文侯的信任。可好景不长，魏文侯去世，魏武侯即位，听信了奸馋小人的话，排斥他。他在魏国难以立身，只好悄悄逃到楚国。

幸好，楚悼王是一位励精图治的国君，思贤若渴，听说吴起来到楚国，把他接到王宫，待如上宾，并采纳了他的建议，在楚国实行变法，任命他为令尹。他感激楚悼王的知遇之恩，在楚国大力推行自己的变法主张，裁抑贵族的权力，废除无用的官员，奖励耕战，加强国防，使楚国很快富强起来。

可是，他的变法却引来了楚国旧贵族势力的恐慌与仇恨，他们中伤、诅咒他，甚至当面威胁他。记得有一次，大贵族屈宜臼见到他，恶狠狠地对他说："听说善于治理国家的人，总是依照祖宗传下来的老规矩办事，如今你违背祖宗成法，废除亲贵大臣们的特权，这是大逆不道！你要立即悬崖勒马，停止变法。否则，就叫你死无葬身之地！"

他没有被吓倒，当即反驳道："你的话简直是一派胡言乱语。自古以来，日月运行，朝代更替，世上一切事物都在不断地变化着，墨守陈规陋习，不思变革，贻害国家，那才称得上是大逆不道呢。我奉大王之命推行新法，上合天心，下符民意，你想让我停止变法，真是痴心妄想。你还是回去好好地考虑你自己的下场吧。"一席话把屈宜臼驳得哑口无言，灰溜溜地走了。

不幸的是，正在变法的紧要关头，楚王去世了，这对吴起来说无异于晴天霹雳。没有楚王的支持，变法能继续下去吗？他知道楚国的贵族们对他恨得咬牙切齿，定要把他置于死地而后快。楚王去世的这几天来，他强忍悲痛，一方面处理军国大事，一方面主持楚王的丧事，还要躲避贵族们的明枪暗箭。他已经感觉到楚国贵族们在他身后投过来的恶毒的目光，他预感到要有什么事情会发生，感到担心，但他顾不了这么多了，只要一息尚存，他就要将变法进行下去，他不是怕死的人，他忧虑的是变法能否成功。

"报告令尹大人，贵族们纠集了几千军士把王宫包围了。"一个宫中守将的话打断了吴起的沉思。他心中一惊，骂道："这帮狗东西，楚王尸骨未寒，他们就抢先动手了。"于是，他随着守将，大踏步朝宫门走去。

来到宫门，只见几十个守门卫兵正在用几根粗大的木杠将门顶住，门外人声鼎沸，叛军们大声叫喊着，敲打着宫门。突然，门外传来一个公鸭嗓子的声音："吴祸人，快出来乖乖地投降吧，我好赏你个全尸，否则，要让你碎尸万段！"

吴起听出来了，这是屈宜臼的声音。随后又响起一阵狂叫：

"对呀，把吴起千刀万剐！"

"吴起，快投降吧，你的末日到了！"

吴起知道来者不善，这帮旧贵族是不会放过他的。他命令守门卫士：用力抵住宫门，不要放叛军进来。

见宫门打不开，外面的叛军急了，有人喊道："扛大木头来，把大门撞开！"顿时几十个叛军扛来了一根粗大的树干，"咚！咚！咚！"用力撞击着宫门。

宫门终于被撞开了，叛军们一拥而进。"嗖嗖嗖！"乱箭向守门卫士与吴起射来，几个守门卫士中箭倒地，吴起的身上也中了几箭。吴起身上带着箭，踉踉跄跄地向后宫跑去，叛军们在后面紧追不舍。

吴起身上中的箭越来越多，他眼看自己就要不行了，心中暗想："难道我吴起就这样死在几个小人的箭下吗？不！即使我死了，也要报仇，让这些可恶的小人得到严厉的惩罚！"叛军越追越近，吴起灵机一动，急中生智，折转身朝停放楚王尸体的王宫大殿跑去，鲜血顺着箭伤流出来，点点滴滴洒落在他身后的地上。

吴起跌跌撞撞地跑进大殿，一下扑在楚王的尸体上，抱住尸体大声喊着："大王啊，变法不成功，不能实现您的心愿，我吴起死不瞑目哪！"

旧贵族们带着叛军涌进大殿，他们围住吴起狂笑着，嚎叫着，像一群疯狂的野兽。"快放箭，把他射死！"他们声嘶力竭地喊着。箭，像雨点似的射向吴起，顷刻间，吴起与楚王的尸体上插满了箭枝。吴起就这样被楚国旧贵族们活活射死，含恨九泉！

按照楚国的法律规定，谁伤了楚王的尸体，谁就会被诛灭三族。那些楚国旧贵族们仇恨吴起，以报仇为快，却一时忘记了这条楚国的法律。楚肃王即位后，按法律规定追查射伤楚王尸体与射杀吴起的人，把七十多家楚国的旧贵族全部杀掉。

廉颇负荆请罪

赵惠文王在位时，赵国的廉颇和蔺相如是一文一武两大柱石。有了他们，强大的秦国不敢轻举妄动。

公元前 279 年，秦昭王派使者到赵国，转达了秦王想与赵王作一次友好会见的意愿，地点定在当时已属秦的渑池。赵王怕秦王，打算不去。廉颇和蔺相如商量："赵王如果不去，便是表示赵国软弱和胆小了。"赵王不得已，只好硬着头皮走一趟。相如作随员，紧跟在赵王身边。廉颇送行到边境，与赵王分别时约定："你这次去渑池，我估计前往的路程，直到会谈完毕，再包括回来所需要的时间，总共不超过三十天。如果你过了三十天没有回来，那就请允许我立太子为王，以便断绝秦国要挟的念头。"赵王同意廉颇的意见，于是去和秦王相会。

会晤时，秦王设宴招待，两主饮酒交谈。秦王兴致勃勃，有些醉意了。他对赵王说："我私下听说赵王爱好音乐，今天我想请你弹弹瑟助兴。"赵王不好推辞，就弹了一曲。秦国御史走向前来把这件事记载在史册上，他这样写道："某年月日，秦王与赵王会见饮酒，秦王要赵王弹瑟。"

这时，相如也走上前来，对秦王说："赵王私下也听说秦王善于歌唱秦地的乡土曲调，我愿献上一个瓦盆子，请你敲打以为唱歌的节拍。两王彼此都有表演，互相酬答，那气氛更加欢乐了。"秦王生气，不同意相如的请求。于是，相如上前去，捧着一个瓦盆献给秦王，并且跪下请秦王敲盆歌唱。秦王坚决不肯敲，相如说："我们相隔不过五步之远，请让我把自己颈上的血洒污到你大王身上吧。"相如的话既含蓄，又明显，那就是说，我们相隔这样近，你如不答应，我就要杀你了。秦王的左右侍卫要用刀剑来刺相如，相如怒眼圆睁，大声地对他们呵斥。那些侍卫被他这种神态吓得倒退了几步。秦王迫于相如的威势，虽然很不乐意，但还是勉强地在瓦盆上敲了一下。相如回过头来招呼赵国御史把这件事记在史册上，这样写道："某年月日，秦王为赵王敲瓦盆。"

秦国的群臣说："请赵国把十五座城送给秦王，作为祝贺的献礼。"蔺相如也说："请你秦国把国都咸阳送给赵王，作为祝贺的献礼。"秦王直到宴会结束，始终不能从赵国方面占到一点便宜。同时，赵国已作好战备，调集了大量军队，严密地注视着秦的动静。所以秦国始终不敢轻举妄动。

渑池之会结束，赵王回国。因为这次相如的功劳很大，赵王任命他为上卿。廉颇原来就是上卿，蔺相如被提拔以后，不但与廉颇处于同等的职位，而且朝会时的位次还排在廉颇的前面。这样，就引起了廉颇的不平。廉颇说："我是赵国的将军，有攻城野战、保卫国家的汗马功劳，可是蔺相如仅仅依靠能说会道的本领立了一点功，他的爵位却在我的上面。况且，蔺相如出身低微，他原来不过是太监头头手下的一个舍人。我同一个出身低贱的人担任同样的职务，实在是感到耻辱，而且现在还要我做他的下手，这我简直受不了。"他对外扬言："我如果碰到相如，一定要羞辱他一番。"

相如听到这些话，总是避免和廉颇见面。每次朝会的时候，相如常常假托有病，不愿和廉颇争位次的先后。后来有一次相如外出，远远看见廉颇来了，相如立即把车子掉转方向躲避。

相如的门下舍人看了实在过意不去，大家一齐表示抗议。他们说："我们之所以离开自己的亲属而投到你的门下为你效劳，只是因为仰慕你崇高的道义精神。现在你和廉颇同居上卿之位，廉将军在外面散布了几句难听的话，你就害怕而躲避他，胆怯到这种过分的程度。一般人尚且以过度胆怯为羞耻，何况是身为将相的人呢？我们实在没有用，请就此告辞吧。"

相如挽留他们，并问他们："你们看，廉将军和秦王相比，哪个厉害些？"那些舍人说："廉将军自然比不上秦王。"相如语重心长地说："像秦王那样的威势，总算厉害了吧，然而，我却敢在秦廷之上当众呵斥他，他的群臣不敢动弹，无辞可对，丢尽了面子。我相如虽然愚劣，没有什么本领，难道独怕廉将军么？但是，我是这样想：强大的秦国之所以现在不敢发兵来攻打我们赵国，只是因为我和廉将军两人还活着。两虎相斗，必有一伤。我之所以忍辱退让，是由于我首先考虑到国家的患难和安危，而把个人之间的仇怨摆在次要地位的缘故。"

后来，相如的话传到廉颇耳里，廉颇感到很惭愧，于是，解衣露膊，背着荆木枝条做的鞭子，表示服罪，愿意接受责罚，但又不好直接登相如之门，就通过宾客的介绍到相如家里去请罪。廉颇见了相如，说："我是一个粗野而卑下的人，不料你宽容我到这样的地步啊！"隔阂消除了，两人终于和好，成为誓同生死的好朋友。这就是"负荆请罪"的来历。

赵奢大败秦军

秦自从推行远交近攻的策略以后,大举进攻三晋。在这期间,秦、赵曾发生过三次空前残酷的大战。

公元前 270 年,秦国攻韩,并越过韩的上党,向赵的险要地区阏(yān)与(山西和顺县西)进攻。第二年,赵派新提拔的将军赵奢领兵前往救援,于是,揭开了阏与之战的序幕。

赵奢,原来本是赵国征收田租的小官员。有一回他去执行任务的时候,平原君家不肯交纳,于是,赵奢就根据当时的法律判处平原君家不肯交纳租税之罪,把在平原君家当权管事的九个人都抓去杀了。平原君大发雷霆,认为是在太岁头上动土,准备杀赵奢以解恨。

赵奢在平原君面前,陈述了自己对这件事的看法。他说:"你在赵国,是一位尊贵的公子。如果今天放任你家而不遵照国家的规定办事。那么,国家法令的效力就会受到损害。国家的法令没有效力了,那国家的力量也就削弱了。国家的力量削弱,别的国家就会对我们进行武力威胁。各国诸侯对我们发动武装侵略,那赵国必然不能抵挡,而会惨遭亡国之祸。赵国亡了,你怎么还能保持这样豪华富裕的生活呢?像你这样有高贵地位的人,能够尊重国家的法令,按照法令办事,下面的人自然也都守法了。这样,公家和私家都得到公平合理的处置,上层人物和下面的一般官员,以及平民百姓都能奉公守法,那国家就会强盛。国家强盛了,国家政权也就巩固了。那时,你是赵国最尊贵的公子,难道还会被天下人轻视么!"

平原君认为他讲得对,是一个很有才能的人,不但没有杀他,还特地向赵王举荐。赵王于是提拔赵奢来管理国家的赋税。赵奢担任了这一工作,使国家赋税非常公平合理,凡是根据法律应该缴纳租税的人都必须依法完税,无一例外。这样,人民的负担就相对地减轻了。人民纳税既不过重,自然较为富足;贵族既依法完税,国库也就充实了。

当秦军围困阏与的时候,赵王召见廉颇,征求这位老将军的意见,问他可不可以出兵救援。廉颇说:"阏与距邯郸路程很远,交通又非常困难,兵马必须经过艰险而窄狭的山路,所以难予援救。"赵王又召见另外一位将军乐乘,再征求他的意见。乐乘的意见和廉颇的一样。赵王又召见赵奢,问他的看法怎样,赵奢说:"路程远,道路艰险而狭窄,好比两只老鼠在洞里打架,地方极小,没有回旋的余地,哪个勇敢些,哪个就能打胜。"赵王听了赵奢的意见,很有启发,于是就任命赵奢为将军,领兵往阏与救援。

赵奢领兵离开国都邯郸仅三十里,便停下扎营,不再前进了。同时,在军营中下了一道严格的命令:"敢有为军事而前来提意见的,判处死刑。"那时,秦国的部队驻扎在武安城(河北武安)之西,他们操练人马的时候,击鼓声、呐喊声,汇成一片,真是惊天动地,连武安城内所有房屋上面盖着的瓦片都被震得沙沙地响。在军中担任侦探敌情工作的一个军士,见武安形势吃紧,请赵奢马上前去相救。赵奢有令在先,立即将这个提意见的军士杀了。赵奢坚守营盘,在那里停留二十八天不动,而且还加筑营墙,表示要在此作长久的驻扎。

有一天,秦国派遣的一个间谍混进营里来了。赵奢明明知道他的身份,但装着若无其事的样子,好好地用饮食款待他,然后送他出去,故意让他回去汇报。

这个间谍回去,把所侦察的情况报告了秦国将军。秦国将军听了,非常高兴地说:"赵军离开都城仅仅三十里就停住不走了,而且还在不断地增筑营垒,显然是不敢去救阏与,阏与肯定不再是赵国所有的了。"

赵奢把秦国间谍打发走了以后,就立即下令:全军卸去铁甲,轻装迅速奔赴阏与前线。经过两天一夜的急行军,赶到阏与附近。赵奢命令善于射箭的部队离阏与五十里扎营。军中营垒阵地修筑完毕,秦军听到赵军的行动消息,也全都赶来了。

赵营中有一军士名叫许历的,请求赵奢允许他发表意见,讲讲对军情的看法。赵奢说:"放他进来。"许历参见后对赵奢说:"秦军原先没有料到我们赵军会这样迅速地来到这里,他们赶到这里后,士气很旺盛,你必须把队伍集中起来等待他们,作好充分的准备。不然的话,就必定会失败。"赵奢说:"我接受你的建议。"许历说:"请你照原来颁布的命令判处我死刑。"赵奢说:"那等待以后赵王来发落吧!"许历又请求允许他还提一次意见,赵奢同意了。

许历说:"能够先占据阏与北面的山头,就可以获胜,后来的失去了这一险峻的高地,必然失败。"赵奢采纳了他的意见,马上派上万的部队赶上去,抢占了这个山头。秦军迟了一步,他们想争夺,但始终攻不上去。正在这个时候,赵奢发动全面进攻,山上的部队压下来,在原来营地的部队围上去,把秦军打得大败而逃。于是,赵奢解了阏与之围,大挫秦军,胜利而归。

由于赵奢的这次战功,他被封为马服君,与廉颇、蔺相如居于同一职位。许历也被提升为国尉。

孟尝君的门客

孟尝君,姓田,名文,他的父亲田婴,是齐宣王同父异母的弟弟。他在战国后期,以好客而闻名于天下。

孟尝君的封地在薛(山东滕县南)。在那里,他招揽四方宾客,一些逃亡有罪的人也都来归附他。孟尝君不惜自己的产业而优待那些宾客。因此,他把天下有一技之长的人都搜罗尽了。他家有食客几千人。孟尝君不管那些人的身份是贵是贱,都一视同仁,和自己一样的看待。有时和宾客坐下谈话,便派专人坐在屏风后面,记录和宾客谈话的内容。他每次都要问宾客的亲属住址,客人走了以后,孟尝君便派人去看望他的亲属,并且送些东西慰问。

孟尝君曾经有一次款待宾客是在晚上,吃饭的时候,有人遮住了灯光,那位客人产生了误会,以为自己吃的饭菜和孟尝君的不一样,很生气,不吃就要走。孟尝君知道他的意思,立即站起来,端着自己吃的饭菜摆在他面前比了一下,那客人感到非常惭愧,立即自刎而死。因为孟尝君能够以诚待人,所以游士说客多来投奔他。而他也从不挑剔,一概收容,并且招待周到。每个食客都认为孟尝君对自己很关心。

秦昭王听说孟尝君很受人们的称赞和仰慕,也想见见他,于是,先派自己的弟弟泾阳君到齐国来作抵押,请孟尝君到秦国去谈谈。孟尝君打算去走一趟,但是,他的宾客没有一个赞成的,都劝他不要去。孟尝君认为秦国既然这样诚恳,不好推托。这时,苏代对孟尝君说:“今天早晨我从外面来,听到一个木偶人和一个土偶人在一起谈话。木偶人说:‘今天下雨,你要失败了。’土偶人说:‘我是从泥土里出来的,就是失败,也仍旧是回到泥土里去,而你却只能在水上漂流了,不知道要漂到哪里为止。’现在的秦国像虎狼一样狠毒,而你却要到他那里去,如果你不能回来,那你不是要被土偶人见笑了么?”苏代是把土偶人比作泾阳君,把木偶人比作孟尝君。孟尝君听了苏代这么说,才打消了去秦国的念头。

公元前298年,秦昭王又派人来请孟尝君。孟尝君见秦王几次邀请,再不好推托,便去了。到秦后,昭王立即任命他为相国。但在这个时候,有人对昭王说:“孟尝君是很有才干的人,又是齐国的王族,现在他做了秦的相国,什么事情必定会先为齐国着想,而后才考虑秦国的利益。这样,秦国就危险了。”昭王觉得这个意见对,于是就免了他的职。为了怕他出走,就把他拘留起来,打算杀掉他,除去秦的一个隐祸。

孟尝君身处险境,为了脱身,便冒昧地派人去请求昭王最宠爱的幸姬帮忙。幸姬说:“我如果能够得到孟尝君那件名贵的白色狐皮大衣,我就想办法解救他。”孟尝君确实有这么一件完全用狐腋的毛做成的白色狐皮衣,价值千金,天下没有能比得上的。可是,在他刚到秦国的时候,早就把它献给昭王了。那怎么办呢?孟尝君真是忧心如焚。和宾客们商量,没有一个能想出法子的。

这时候,有个地位极卑贱的客人,他善于模仿狗的动作而进行盗窃,他说:“我能够替你找到这件衣。”到晚上,他就装着狗的模样,溜进秦王的宫中,找到了衣柜,偷了孟尝君献给昭王的那件狐皮衣回来交给孟尝君,孟尝君立即把它送给了幸姬。幸姬得了这件向往已久的名贵皮衣,非常高兴,在昭王面前为孟尝君说了几句好话,劝昭王放了他。昭王宠爱幸姬,言听计从,果然把孟尝君释放了。

孟尝君获得自由以后,立即驾车飞也似地向齐国逃去。在路上,他改换了通行的照会,变更了姓名,混出了关口。半夜,来到秦的边关函谷关。秦昭王释放了孟尝君以后,马上后悔,派人到客馆去找他,但他已走了。于是,秦王派人骑了驿站最快的马去追赶。孟尝君到了函谷关,无法出去;因为关上的制度,要鸡叫以后才开关门。孟尝君早料到秦王会要后悔来追的,而当时,离鸡叫还早,孟尝君急得满头大汗,搓手捶额。

又是在这个危急的时候,宾客中有个地位卑下的人,他的特长就是会模仿鸡叫。他一叫出声来,周围地方的鸡都跟着统通叫起来了。守关的人以为真的时候到了,按制度打开了关门,验过证件照,将他们放行。他们走出关后大约只有一顿饭长的时间,秦王派出追赶的人果然到达。但不料孟尝君已经出关了。关外,不是秦国的地界,所以也就无可奈何。这样,孟尝君终于化险为夷,平安回到了齐国。

从前,当孟尝君把这两个地位卑贱的人安排在宾客里面的时候,那些宾客都看不起他们,而且感到与这样的人同列是羞耻。等到孟尝君在秦国有了急难的时候,却是靠这两个人才得以脱险,从这以后,宾客便都佩服他们了。

"鸡鸣狗盗"这个成语,就是出自这个历史故事,它比喻不足称道的卑下的技能。

忧国忧民的屈原

屈原出身贵族,同楚王是本家。他从小就表现了极高的政治才能,二十多岁的时候当了楚国的左徒(楚国官名,参加议政,应对宾客诸侯),深得楚怀王的信任,经常同楚怀王一起研究政事,拟定法令,接待各国的使臣。

屈原生活的战国中后期,正是各国之间的兼并战争越来越激烈的时代。屈原意识到,楚国要发展,只有积极在国内进行政治改革才有出路。可是,他的正确主张却遭到那些腐败守旧的贵族的强烈反对。他们嫉妒屈原的才能,明里暗里跟屈原作对。

有一次,楚怀王叫屈原起草一份重要法令。屈原刚写完草稿,上官大夫靳尚来了,就要抢过去看。屈原赶紧把草稿收起来,凛然说道:"这是个草稿,还没定下来,谁也不能看!"

靳尚讨了个没趣,搭讪着走了。一到楚怀王那儿,他就陷害起屈原来了:"大王啊! 您还蒙在鼓里呢!"楚怀王问:"怎么啦?"靳尚说:"大王不是总让屈原起草法令吗？他把这当成炫耀自己的资本呢！每次法令一公布，他就到处说：‘哼，除了我，谁干得了！’”“啊！他还说什么？”靳尚转动着一双金鱼眼说道：“他还说，大王昏庸残暴，目光短浅，大臣们都贪婪自私，愚蠢无能，朝廷大事没他就完了。”楚怀王听了信以为真，火冒三丈，从此就对屈原疏远了。

之后，楚国连续两次被秦国打败，一直受秦国的欺负。秦昭襄王即位以后，对楚国采取又打又拉的政策。秦昭襄王很客气地给楚怀王写信，请他到武关（在陕西丹凤县东南）相会，举行和谈。

楚怀王接到秦昭襄王的信，不去呢，怕得罪秦国；去呢，又怕出危险。他就跟大臣们商量。

屈原对楚怀王说：“秦国向来就像虎狼一样凶狠残暴，咱们受秦国的欺负不止一次了。大王千万别去，一去准上他们的圈套。”

可是怀王的儿子公子子兰却一股劲儿劝楚怀王去，说：“咱们为了把秦国当做敌人，结果死了好多人，又丢了土地。如今秦国愿意跟咱们和好，怎么能推辞人家呢。”

楚怀王听信了公子子兰的话，就上秦国去了。

果然不出屈原所料，楚怀王刚踏进秦国的武关，秦国就派兵截断了他的后路。然后，楚怀王被押送到秦国的都城咸阳。秦王逼着他割地，他不肯，秦王就把他软禁起来。到这时候，楚怀王才后悔没听屈原的忠告。过了一年多的囚禁生活后，楚怀王最后客死在秦国。

屈原听到这消息，悲愤交加。他既对楚怀王昏庸无能、被囚而死感到悲哀，又对秦王奸诈凶狠、背信弃义感到愤慨。他把这种感情抒发出来，写了《招魂》一诗。

楚怀王被扣留在秦国的时候，楚国立太子横为国君，就是楚顷襄王。这个楚王跟他父亲差不多，也是个糊涂虫。他上台后，整天在宫中吃喝玩乐，根本不过问国家大事。国家命运操纵在令尹子兰、靳尚手中，形势越来越混乱，屈原不由得忧心如焚。他连续上了几封奏章，希望国君起用贤人，革新内政，抓紧练兵，以图报仇雪耻。

谁知他这种劝告不但不顶事，反倒招来了令尹子兰和靳尚等人的仇视。不久，屈原被革了职，放逐到楚国长江以南的边疆去了。

楚国的南疆就是现在的湖北省南部和湖南省北部一带，当时还很荒凉。屈原在流放中，仍然时刻关怀着楚国的命运，牵挂着楚王；希望顷襄王召他回国都，以便挽救国家的命运。然而，一年一年过去了，没有丝毫要他回朝廷的消息。屈原内心的悲愤真是难以形容的。

一天，屈原在河边散步，边走边吟诵着自己写的诗歌。一个渔夫认出了他，问：“您不是三闾大夫屈原吗？怎么落到这步田地呀！”

屈原说："天下都混浊，只有我一个人干净；众人都醉了，只有我一个人清醒，所以我被流放到这里来了。"

渔夫又问："你为什么不随波逐流呢？不然，也不会弄成这个样子啊！"

屈原叹口气说："人身上衣服干干净净的，谁肯到污泥里染一身泥呢？我情愿跳进江心，葬在鱼肚子里，也不愿跟那些奸臣一起糟蹋楚国！"

在流放中，屈原有了更多的机会接触下层人民。他看到老百姓缺吃少穿，生活十分悲惨，对他们深表同情。他同下层人民同甘苦，共患难，思想感情发生了深刻的变化，这使他写出了更多更好的诗歌。《九歌》、《九章》等光辉诗篇，都是他这一时期的作品。

公元前278年，秦国大将白起带兵攻打楚国，占领了楚国的郢都；楚国到了朝不保夕的地步。屈原得到这个消息，伤心地哭了起来。他不愿看到楚国沦亡，不愿看到楚国的百姓受秦国的残害和欺压，于是在五月初五那天，抱了块大石头，投进汨罗江滚滚的波涛中。

当地的老百姓得到这个噩耗，都很悲痛，争先恐后地来打捞屈原的尸体。也不知来了多少船，打捞了多少时间，结果都一无所获。有人对着江面，把盛在竹筒里的米撒了下去，算是祭祀屈原。

到了第二年五月初五那一天，当地的百姓想起这是屈原投江一周年的日子，又划船去把盛在竹筒里的米撒到水里，祭祀他。后来，他们把划小船改为赛龙船，把盛在竹筒里的米的改为包粽子。这种纪念活动一直延续到现在，成为中国的传统节日——端午节。

屈原死后留下的一些优秀诗歌，被后人整理为《楚辞》。在他的诗歌里，痛斥了卖国的小人，表达了忧国忧民的心情。他被称为我国历史上第一位伟大的爱国诗人。

乱世逍遥的庄子

庄子名周，宋国蒙（今河南商丘）人，生活的年代约与孟子同时或稍晚，是战国时期道家学派的重要人物。

庄子做过蒙国的漆园吏。他出生于一个没落的小贵族家庭，同时他与楚威王也有过密切的往来关系，后也来往于赵、魏这些大国之间，与这些诸侯交往甚密，但诸侯及其大臣大多都不很重视他，并不能把他当做心腹和知心朋友。

庄子继承了老子学说"道"，并对老子的思想进行了更加神秘的解释和阐发。

他认为，道是永恒不灭的，它存在于蝼蚁、梯稗、瓦壁、屎溺等人类生存的一切事物之中。同时，它又是变动不停留的，可以是花草、青苔、蝴蝶、老虎，是马、人，而“人又是顺着道的指引而生存的”。因此，庄子认为，和“道”在空间和时间上的无限性比较起来，人只不过是“道”在其发展的过程中某一瞬间的存在形式。所以，人世间的生老、寿夭、福祸、荣辱，丝毫不值得日夜为之去计较。

庄子的妻子不幸死了，庄子蹲在地上，一面敲着瓦盆，一面唱歌。有个邻居觉得他太无情了，于是把他告到惠子那里。惠子批评庄周说：“结发妻子与你形影相伴了这么多年，你对她的死不悲伤反而幸灾乐祸，这很不对！”

庄子回答惠子说：“宇宙间本来就没有生，也无所谓形和气，以后从虚无中孕育而有气，气变而有形，形变而有生，生又变而到死，这就好像春夏秋冬四季的交替一样。现在，我的妻子正安然地回到宇宙这个大房子中去，我为啥为她伤心痛苦呢？”

惠子哑口无言。

一次，庄子在濮水上钓鱼，来了两个楚王的使者请他去做官。庄子对使者说：“我听说楚国有个神龟，死了三千多年了，楚王把它珍藏在庙堂之上。就这个龟来说，是愿意死后使它的骨甲得到珍重，还是愿活着拖着尾巴在泥涂中爬行呢？”

使者回答说：“宁愿曳着尾巴在泥涂中爬行。”

“你们回去吧。”庄子说：“我宁愿做个曳着尾巴在泥涂中爬行的龟。”庄子就这样回绝了楚王的盛情。他这种视生不如死，视富贵不如在泥涂中曳尾爬行的思想，以及对生死、贵贱的看法，似乎很超脱，其实是他在现实斗争中失败后无可奈何的哀鸣。

庄子家境贫寒，他曾到监河侯那里借过半斗粮食，但却视权贵如粪土，不追求功名利禄。

一次，庄子去见魏王，翻遍衣柜也没找出一件能看过眼的衣服穿，于是穿着其中一件最新的衣服去见魏王。魏王看到他衣服上的补丁说：“先生怎么这么狼狈？”庄子回答说：“处在现在这样一个上昏下乱的时代，怎能不狼狈呢？”对魏王进行了有力的讥讽。

庄子把万物视为起源于同一的“道”，他认为，生死、富贵与贫贱、长与短、老与少等这些，都是“道”在其发展过程中的一个小小的环节，从而否定了那种把一切事物看成是有意志的“天”所创造所安排的、固定不变的观点，这是庄子学说中哲理的核心。

但是，庄子却忽视了事物间质的规定性，只看到事物的不断互相转化的相对性，从而使他学说中的辩证观点沦为诡辩论。他的保守立场，倒退历史的想法，使他严重地脱离了现实，使他否定了人的主观能动性。

庄子说：“一个人，要想日有所乐，那么，他应该无所作为，一切顺其自然，这样就可以使自己的天性得到施展、舒张，人才能真正地快乐。”这些观点起着消极遁世的作用。

正因为这样，庄子的观点尽管没有任何直接的强国之法，甚至对统治者进行了猛烈的批判，但仍然得到历代统治者的优容甚至提倡。

荀子曾批评庄周说："只能用这个'道'来欺骗上天，却不敢让天下有识有志之士去真正地思考，只是骗人的道理。"

庄子在广泛传播自己的"无为"思想，自己生活贫困交加的情况下，为后世留下了一部巨著——《庄子》。这部书在我国学术思想史上有着深远的影响，而且其文字优美、生动、绘声绘色，在古代文学史上也占有突出的地位。庄子在这部著作中，阐述了自己的思想精华，对"道"的观点、态度，以一个个小故事加以阐发。其文笔优美，想象丰富，比喻生动，善于用讲故事的形式来阐明一个深刻的道理。成语"庖丁解牛"、"东施效颦"、"朝三暮四"等即出于此书。

鲁仲连义不帝秦

公元前 259 年，秦国在长平大败赵国，赵括战死，四十万赵军被坑杀。接着，秦军包围了赵国都城邯郸，长达一年多。这时，楚国春申君黄歇和魏国大将晋鄙分别率领本国人马来援救赵国。秦王闻讯大怒，派人威胁魏王说，谁敢派兵援救赵国，灭掉赵国之后，它就是秦军的下一个目标！

魏王听说后吓得魂不附体，连忙派人通知大将晋鄙停止前进，屯兵汤阴。同时，他又派将军辛垣衍潜入邯郸，想通过平原君赵胜劝说赵王尊秦王为帝。辛垣衍见到赵胜就说："从前秦王与齐王一直为争帝而战，现在齐国国力衰弱，只有秦国雄踞一方，势力强大。这次秦国围攻邯郸，无非是想称帝。赵国如能尊秦王为帝，秦王一定非常高兴，自然会撤兵而去。"

赵胜听后，心中一时犹豫不决，不知该如何是好。

恰在这时，齐国人鲁仲连游历赵国，正好在邯郸。他听说这件事后，马上求见赵胜，问道："事情怎么样啦？"

赵胜满面愁容，苦笑着说："我哪里还敢谈论这样的大事！不久前我损失了四十万大军，而今秦军围困邯郸，我又不能使之退兵。魏王派将军辛垣衍让赵国尊秦王称帝，眼下此人还在这里，我哪里还敢谈论这样的大事！"

鲁仲连听后宛然一笑，说道："以前我认为您是天下的贤公子，现在才知道其实不然。魏国的使者在哪儿？我去为您责问他并且让他回去。"

于是赵胜带鲁仲连去见辛垣衍。三人见面施礼完毕后，辛垣衍对鲁仲连说："我看留在这座围城中的都是有求于平原君的人，而今看先生的尊容不像是有求于平原君的人，为什么您还逗留围城之中不离去呢？"

鲁仲连回答道:“世上人一直认为鲍焦没有博大的胸怀而死去,这种看法错了。其实是,一般人不了解他耻居浊世的心意。秦国是个穷兵黩武、不讲信义的国家,如果让它恣意称帝,统治天下,那么我宁愿蹈海而死,决不做秦国的顺民。这次我来见将军,是想帮助赵国。”

辛垣衍不屑地问:“先生怎样帮助赵国呢?”

鲁仲连解释说:“我要请魏国和燕国帮助它,齐楚两国本来就帮助赵国。”

辛垣衍反问道:“我相信燕国会听从先生的,至于魏国,我就是魏国人,先生怎么能让魏国帮助赵国呢?”

鲁仲连回答说:“魏国之所以袖手旁观,没帮助赵国,是因为还没看清秦国称帝的祸患。如果看清了秦国的野心,魏国就一定会帮助赵国。”。

辛垣衍不解,连忙询问鲁仲连秦国称帝的祸患。

鲁仲连不慌不忙,振振有词说:“从前齐威王奉行仁义,率天下诸侯朝拜周天子。当时周朝贫弱,各路诸侯都不去朝拜,而惟有齐国去。过了一年多,周烈王逝世,齐王奔丧去迟了,周显王很生气,派人到齐国责难。齐威王听了勃然大怒,用周显王母亲原先是个婢女的事辱骂周显王,最终被天下传为笑柄。齐威王之所以这样做,其实是无法忍受新天子的苛求。那些做天子的本来如此,也没什么值得奇怪的。”。

辛垣衍说:“先生难道没见过奴仆吗?十个奴仆侍奉一个主人,难道是力不胜而智不如吗?不,是因为他们害怕主人啊。”

鲁仲连问:“唉!魏王和秦王相比魏王像仆人吗?”

辛垣衍说:“是。”

鲁仲连说:“那我就让秦王烹煮魏王,把魏王剁成肉酱?”

辛垣衍忍不住笑了,说道:“先生也太危言耸听了。”

“这可不是危言耸听。”

鲁仲连说,“当年九侯、鄂侯、周文王是商纣王时期的三公。九侯有个女儿长得十分漂亮,为讨得纣王的欢心,九侯就把女儿献给纣王。后来纣王不喜欢他女儿,就把他做成肉酱。鄂侯竭力为九侯申辩,纣王就把鄂侯做成肉干。文王知道后,只因长叹一声,纣王就把他关押在库房里,长达一百天。秦、魏都是大国,眼见秦国打了胜仗魏国就要尊秦为帝,这不是等于把自己放到被做成肉酱、肉干的位置上去吗?”接着,鲁仲连引用典故,详细分析了为什么不能尊秦为帝的道理。

辛垣衍听后心惊肉跳,他急忙离座,向鲁仲连拜谢说:“先生不愧是天下高士。我马上回国,决不再提尊秦为帝的事啦!”

邯郸解围后,平原君赵胜多次想封赏鲁仲连,他都坚决不肯接受。他说:“天下名士最看重为人排忧解难,别无所求,否则,不就和商人一样了吗?”

后来,鲁仲连婉言谢绝了平原君的好意,飘然离去,从此再也没见过赵胜。

信陵君窃符救赵

信陵君魏无忌是魏王的弟弟，赵国平原君的舅子。他为人仁义，礼贤下士，在家中收养了三千多门客。

魏国有个隐士叫侯嬴，他非常清高，有谋略。当时他已经七十多岁了，在魏国都城大梁当守门的小吏，家中生活贫困潦倒。信陵君素来仰慕他的才能，一心要结交他。

有一天，信陵君在家中大摆酒宴。等到宾客全都坐定后，他告诉大家要去请个朋友。

说完，他让仆人备好车马，空出左边的座位，去接侯嬴。按当时的习俗，马车上驾车的人居中，左边是主人的位置。客人一看这样子，就知道他要接的是一位尊贵的客人。

见到侯嬴，信陵君说明来意。侯嬴不加谦让，就毫不客气坐在了马车左边的位置。车行到半路，侯嬴突然要求信陵君绕道去集市，看个朋友。信陵君毫不迟疑吩咐马夫调转车头去集市。进了集市，侯嬴下车去找他的朋友屠夫朱亥。他故意久久地站在那里和朱亥谈话，不时斜眼扫视信陵君，只见信陵君始终谦和地在车上等他，丝毫没有不耐烦的样子。

到了信陵君的家里，客人们正等得心焦，一看贵客竟是个穿着寒酸的老头，都非常吃惊。而信陵君却满不在意地把侯嬴让到上座。

公元前258年，秦国兴兵包围了赵国都城邯郸，赵国形势危急。赵国平原君的夫人曾多次派人送信给自己的弟弟信陵君，向魏国求救。在信陵君的劝说下，魏王派大将晋鄙率领十万大军援赵。由于受到秦王的恫吓，魏王最终命令晋鄙停止前进，屯兵汤阴。平原君见魏国救兵按兵不动，十分着急，接连不断地派出使者，指责魏无忌无情无义，见死不救。但当时信陵君迫于王命，也是心急如焚。尽管他多次请求魏王命令晋鄙进军，并派能言善辩的门客游说，但魏王也是固执己见的。信陵君被逼无奈，最后只好聚集门客，乘坐一百多辆马车，准备奔赴赵国去抗击秦军。经过城门时，他下车向侯嬴道别，没想到侯嬴只是淡淡地说："公子好自为之吧，恕臣年老不能前去。"

走了几里后，信陵君忍不住拨转马头，又率众返回城门。侯嬴见到他，笑着说："臣知道公子会回来的。公子率领几百人迎战秦军，就好比用肉打虎，结果是什么呢?"

信陵君闻言，连忙跳下车，虚心地向侯嬴请教破秦之计。侯嬴说："臣只能和公子一个人谈。"

信陵君让身边的人退下后，侯嬴压低声音对他说："我听说调兵的兵符放在魏王的卧室里。魏王宠爱如姬，公子曾为如姬报过杀父之仇，只要公子一开口，如姬就能帮助公子把兵符拿到手。"

信陵君按照侯嬴的话去做，果然拿到了兵符。临行时，他向侯嬴辞行，侯嬴又劝他说："将在外，君命有所不受。假如晋鄙见到兵符不肯交出兵权，向魏王请示，那就麻烦了。"

魏无忌焦急地问："我该怎么办？"。

侯嬴回答说："我的朋友朱亥是个勇猛的大力士，他可随公子一道前往。到时晋鄙如执意不交出兵权，可让朱亥把他打死。"于是，信陵君又去邀请朱亥。

到了汤阴，晋鄙听说信陵君前来，就亲自出帐迎接。

信陵君向晋鄙说明奉旨接替他统率军队的情况后，就取出兵符交给晋鄙查验。虽然他的兵符和晋鄙手中的兵符相合，可晋鄙仍然满腹疑云，不肯交出兵权。朱亥见状，突然从袖中抽出一个四十斤重的铁锤，挥臂向晋鄙砸去，晋鄙随即倒地身亡。其他将领见此情景，大惊失色。信陵君喝道："晋鄙不服从君命，罪不可赦，与众将无关。"

随后，他开始部署军队，传令军中："父子两人都在军中的，父亲可以回去；兄弟两人都在军中的，兄长可以回去；独子可以回家奉养父母。"

安排停当之后，信陵君就率魏军前往邯郸援赵。后来，赵国在楚军和魏军的帮助下，大败秦军，解了邯郸之围。

毛遂自荐

毛遂是战国时期赵国平原君赵胜的门客，是个有智谋有胆略的人。他当了三年门客，一直未被重用，因此默默无闻。

公元前258年，秦国攻打赵国，重兵包围了赵国都城邯郸，形势十分危急。赵王非常着急，就派他的弟弟平原君向楚国求救。平原君打算带二十名文武双全的门客跟他前去。可挑来挑去，三千多门客中符合条件的只有十九个人，还差一个。赵胜颇沮丧。

这时，毛遂求见，他向平原君推荐自己说："听说您要到楚国去讨救兵，现在随员中还缺少一位，我愿凑个数，跟着前往。"

赵胜对毛遂很陌生，便惊异地问："先生到我门下多久了？"

门客回答说："来这里已经三年了。"

赵胜上下打量他，见他貌不出众，不免大失所望。他摇摇头说："一个有才能的人活在世上，就好比把锥子装进口袋里，立刻可以看见它的尖儿从口袋里冒出来。先生来我家已三年了，但我从未听说先生有什么才能。”

毛遂微微一笑，争辩着说：“那是因为今天我才请求把锥子装进口袋里。如果早把它放进口袋，它早就脱颖而出了，哪里只是露出个尖儿！”

那十九个门客你看看我，我看看你，都忍不住笑起来。赵胜倒很佩服毛遂的胆量和口才，决定用他充二十的数。

赵胜到了楚国，就在楚国朝廷上和楚王讨论南北联合抗秦的问题。毛遂等二十个门客在台阶下等着。可从早晨谈到中午，赵胜把嘴皮子都磨破了，楚王说什么也不肯出兵。

门客们等得实在不耐烦，可又无计可施。这时，毛遂站出来，手按佩剑，三步并作两步，登上台阶，大声对平原君说：“赵楚两国联合起来抗秦的事，三言两语就可以解决，怎么从早晨说到太阳当头，还没有结果？”

楚王见毛遂没有命令就擅自走上台来，已很生气，又听到他这番话，分明在指责自己，不免勃然大怒，呵斥毛遂说：“我跟你主人商讨国家大事，你算干什么的！”

毛遂按着剑，从容跨前一步说：“大王敢这样当众呵斥我，是仗着楚国兵强马壮。可现在，大王和我只有十步的距离，楚国纵然有千军万马，大王也依靠不了。大王的性命就攥在我的手心里。”

毛遂的凛然正气，楚王被吓坏了。他大惊失色，连忙语气和缓的对毛遂说：“先生有什么高见，请讲吧。”

毛遂清清嗓子，不慌不忙地说：“堂堂的楚国，地方方圆五千里，拥有军队一百万，这是建立霸业的资本。凭楚国的势力，天下无敌。可在秦国面前，竟胆小如鼠。从前秦将白起，不过是个毛头小子，只带着几万军队攻楚，一战就攻下你们的国都，再战竟火烧你们祖宗的陵墓，这是何等的奇耻大辱，就连我们赵国都替你们感到羞愧，没想到大王却毫不在意，不知道复仇。老实说，今天我的主人来商量赵楚联合抗秦的事，并非为了赵国，倒是为了你们楚国。大王在我主人面前随意骂我这算什么？”

毛遂的这一番话说得楚王面红耳赤。楚王连忙满脸赔笑地说：“先生说得对，说得对。寡人愿拿运用全部国力和赵国结盟。”

于是毛遂回过头，吩咐楚王的侍从马上拿鸡血、狗血、马血来，装在铜盘里。然后，他捧着铜盘跪在楚王面前说：“大王请先歃(shà)血，我们两国就此订立盟约。”

于是楚王与平原君当场歃血为盟。根据盟约，楚王立即任用春申君黄歇做大将，率领八万大军援救赵国。不久，赵国在楚国和魏国的帮助下解了围。

事后，平原君感慨地对人说“毛先生以三寸之舌，强于百万之师，他一到楚国，我们赵国的威望就大大提高了。我发现的人才也算多了，但竟错看了毛先生”。从此，平原君就把毛遂尊为上宾，并且再也不敢以貌取人了。

韩非遭妒

公元前234年，秦国都城咸阳王宫内，秦王嬴政坐在大殿上，正在聚精会神地阅读着一个名叫韩非的人写的文章。读着读着，秦王被文章中透辟的说理与劲峭的气势所感染，不由得用力一拍桌案，大声说道：“这真是一部好书啊！作者真是一个有才能的人，可惜我没有与作者生活在同时，否则能和这位作者见上一面，也不枉活了这一辈子！”他还以为作者韩非是一个已经故世的古人呢，说完之后连声叹息。

站在一旁侍奉的丞相李斯见秦王对韩非这么叹赏，就讨好地笑着说：“大王，韩非这个人我认识，是我的同学，他是韩国的贵公子。他还活着，现在居住在韩国。”

秦王听了十分高兴，连忙放下手中的竹简，问道：“真的吗？我一定要把他弄到秦国来。”

李斯说：“大王您求贤若渴，秦国又强盛无比，天下有才能的人谁不愿来投奔您呢？您想得到韩非，并不是难事。只是如果韩国国君知道了，他就不会放韩非到秦国来了。”

秦王冷笑了两声，脸上顿时露出杀气，很果断地说：“只要我想得到的，没有人能阻拦我！韩国不放人，我就派兵去攻打韩国，逼着韩王把韩非送来。”

秦王办事向来雷厉风行，没过多久，他果然派出大军去攻打韩国。韩国国小兵弱，打不胜秦国，接连失去了几座城池，情况危急。韩王平时并不重用韩非，这时急得没了办法，只好把韩非请来，让他作为出使秦国的使者，去游说秦王，让秦王退兵。

韩非是韩国的公子，头脑聪明，性格峻急，他与李斯一道拜当时的著名学者荀子为老师。韩非既聪明又好学，进步非常快，就连自认为有才的李斯也自叹不如。但韩非有一个毛病，说话口吃，不善言辞，与人辩论，性子急了，就结结巴巴地说不出话来。可韩非脑子灵，思维敏捷，写起文章来洋洋洒洒，气势逼人，堪称当时的大手笔。凡是读过韩非文章的人，没有不佩服他的才学的。

韩非与李斯成了饱学之士，就告别老师，出来干自己的事业。李斯去了秦国，韩非回到韩国，想用自己学到的本领报效韩国，帮助韩王完成统一天下的大业。他曾经多次上书，要韩王利用法（法治）、术（权术）、势（势力），在韩国实行法治，使弱小的韩国强盛起来。但韩王瞧不起韩非，根本不听他的建议。韩非见韩王无能，韩国弱小，自己的建议又不受韩王重视，心中怨愤不平，就发愤著文，表达自己的思想。

韩非在韩国不被重用，也想到其他国家去游说。见韩王要他到秦国去做说客，正合自己的心意，立即答应下来，动身到秦国去见秦王。

秦王听说韩非到来，心中大喜，连忙在朝堂接见了韩非。他对韩非说：“先生

的文章我已读过，知道您是当今奇才，今天能见到您，实在是三生有幸。”

韩非对秦王的恭维似乎无动于衷，他不卑不亢地对秦王说：“我是奉命来秦国做说客的，只希望大王不要进攻韩国。”

秦王有些不高兴地说：“先生来到秦国，就是专门为韩国做说客的吗?”

韩非回答说：“我这次来秦国，不单是为了劝阻大王进攻韩国，而且还要向大王进献称霸天下的计策。”

“唔？先生有什么计策，寡人正要请教先生。”秦王来了兴趣。

韩非说：“大王进攻韩国实在不是明智的行为，韩国追随秦国几十年，是秦国友好之邦。大王如果放着虎视秦国的楚国、赵国等国不打，反而去攻打弱小而友好的韩国，就会让天下人耻笑，更会失去韩国这个朋友，把它推向敌对国家一边。如果其他国家联合起来对付秦国，秦国的处境就危险了，这是为攻打一个小小的韩国而失去了天下啊！请大王三思。”

秦王听了韩非的话，点头不语，沉思起来。

韩非见秦王沉默，知道秦王的心已被他说动，就继续对秦王说：“以大王的英明，秦国这么强大，天下没有哪一个国家能够比得上，但为什么大王至今仍不能称霸天下呢?”说到这里，韩非故意停了下来，看着秦王。

秦王被韩非说中了心思，正等待着韩非说下去，他急不可待地催促道：“请先生继续讲下去。”

韩非接口说道：“我认为主要原因是大王周围的谋臣对您不够尽忠。”

“啊!”秦王听了韩非的话，心中吃了一惊。站在朝堂上的李斯、姚贾等谋臣听了，心中又惊又怕，无不用怨恨的眼睛瞪着韩非，心中想：“这个韩非怎么这么狂妄，竟然当着秦王的面说我们不忠，实在可气。”

韩非好像没有看到李斯等人，径直对秦王说：“大王，您如果能采纳我的计策，以秦国这么强大的国力，严刑峻法，号令天下，我保您一举称霸天下。如果不能灭掉赵国、韩国，使楚、魏、齐、燕等国臣服，我愿意大王把我的头砍掉，用来惩戒对大王不忠的人!”韩非因为说得过于激动，口吃的毛病又上来了，顿时结巴起来，急得脸上泛红。

秦王连忙对韩非说：“先生果然有超人的见解，请您不要急，慢慢说与我听。”

于是，韩非就逞起胸中的才学，向秦王述说了他帮助秦王称霸天下的主张，只听得秦王不断点头称赞，李斯与众位大臣一个个垂首无语，心惊胆战。

秦王喜爱韩非的才华，就把韩非留在秦国，给以优厚的待遇。

李斯、姚贾嫉妒韩非的才能，惟恐韩非受到秦王的重用，把自己排挤下去，于是他们就寻找机会，在秦王面前说韩非的坏话，中伤韩非。一次，李斯趁别人不在时，对秦王说：“韩非虽然有才，但他终究是韩国的公子，总是处处为韩国着想。他不让大王攻韩国，就是袒护韩国，这也是人之常情。我担心韩非最终会回到韩国去，帮助韩国来对付我们秦国，那么大王要称霸天下就困难了。”

秦王听了，觉得李斯的话有道理，就问李斯：“依你说该怎么办？”

李斯恶狠狠地说：“如果放韩非回国，是纵虎归山，如果把他长期留在秦国，也是一个心腹大患，不如趁早把他杀了，以免后患。”

秦王听信了李斯的话，命人把韩非抓了起来，投进牢狱。但秦王爱惜韩非的才能，还不忍心杀他，只是把他关在牢中。到底对韩非是该用、该放，还是该杀，他还没拿定主意。

韩非正准备尽自己的能力，帮助秦王称霸天下，自己也好借此大显身手，万万没有想到会突然被投进牢狱。他怨愤不已，也百思不解。他要求见秦王陈述自己的冤屈，但没人给他传达；他上书给秦王，陈述自己的治国计划，也没有人给他转送。他整日在阴暗潮湿的牢狱中，孤独地思索，愤愤地叹息。最后，他在狱中写了《说难》、《孤愤》等文章，抒发自己心中的忧愤之情，描写了作为说客的艰难。

李斯见秦王没有杀韩非的意思，担心秦王悔悟过来，把韩非放了，就心生毒计，派人送给韩非一包毒药，并传话给韩非：“你作为一个韩国的贵族公子，跑到秦国来帮助秦国灭韩，是韩国的罪人。你用谎言骗说秦王，被秦王识破，投进牢狱，不久就会被斩首示众，你活着还有什么意思？不如自行了断，还能落个囫囵尸首。”

韩非知道自己难以出狱，随时有被杀头的危险，想到自己空有满腹才学却无法施展，如今身陷囹圄而难见天日，顿时产生一种绝望感。他对天长叹一声，然后服毒自杀了。可怜一代奇才，就这样冤死狱中！

不久，秦王果真后悔了，他觉得韩非毕竟是个人才，应该放他出狱，并打算重用他。他派人到牢狱去赦免韩非，可是已经迟了，派去的人回来告诉秦王：韩非已经在狱中自杀了！秦王听了，怔了一阵，说不出话来。

王翦破楚

秦始皇即位后，加快了统一六国的步伐。大将王翦统兵灭掉了赵国，终于完成了白起未竟的事业。随后，又平定了燕国、魏国。这时，南方强大的楚国开始成为秦国的下一个攻击目标。

秦将李信，年轻气盛，作战勇敢，曾经在攻占燕国的战役中率几千军队活捉了燕太子丹，立了大功。秦始皇很赏识他，就问他：“我想要攻灭楚国，在你看来，需要多少兵力才够呢？”李信说：“二十万人就够了。”秦始皇又去问王翦，王翦说：“非要六十万人不可。”

秦始皇说：“王将军怕是年纪大了吧，怎么这么胆怯！李将军说二十万人就够了，看来破楚还是交给他吧。”于是派李信率领二十万大军向南攻打楚国。王翦见意见没有被采纳，便托病辞职回到家乡养老去了。

李信的军队一开始打了几个胜仗，他开始骄傲起来，对部下说：“你们看，我李信只要二十万人就足以打败楚国，王翦居然说要六十万人，真是老不中用了。”就在李信得意轻敌之时，楚军的大部队突然展开猛攻，秦军措手不及，纷纷败退。楚军在后面猛追了三天三夜，秦军损失惨重。

秦始皇听到这个消息，非常吃惊，亲自坐着马车飞奔到王翦的住处，向王翦道歉说：“我因为没有采纳将军的计策，果然使秦军遭受惨败。现在听说楚军正在向西挺进，还望将军出山抗敌！”王翦推辞道：“老臣身体多病，脑子糊涂，还是请大王您另选良将吧。”秦始皇再次道歉之后说：“好啦，将军您就不要再推辞了！”王翦说：“如果大王一定要任用我，那非得给我六十万人的兵力不可。”秦始皇说：“一切都听从将军的部署吧。”

于是王翦率领六十万军队出发了。秦始皇亲自给他送行。临别前，王翦要求秦始皇赏赐给他许多良田美宅。秦始皇说：“将军放心去吧，何必担心日后享不成荣华富贵呢？”王翦说：“我想趁大王现在还信任我的时候，多为子孙谋一点产业。”秦始皇听了大笑。王翦到了前线后，又接连五次派使者回朝廷请求赐给良田。部下有人说：“将军这样急于请求赏赐，也太过分了吧。”王翦说：“你不懂。秦王脾气暴躁，不信任人，现在把秦国军队的绝大部分都交给我统领，肯定有点不放心。我向他请求多赐给田地住宅留作子孙产业，是向他表示我的忠心，否则，他就会无缘无故地怀疑我的一举一动。我还能放开手脚打仗吗？”部下听了，都赞叹王翦考虑事情周到。

楚国听说王翦增加了军队前来进攻，于是也把国内的军队都动员起来抗击秦军。王翦到前线后，就修筑工事固守阵地，不肯出战。楚军多次在阵前挑战叫骂，秦军始终按兵不动。王翦让士兵每天吃好，睡好，还亲自和士兵一起用餐。过了一段时间，他派人到己方的军营里去探看。等探看的人回来了，王翦问他：“士兵们都在做什么呢？”探看的人回答说：“他们都在玩儿呢！他们玩得很快活。”王翦说：“好，这说明他们身体状况很好，士气很高，可以派他们出战了。”这时，楚军因为屡次挑战而秦军不出战，便向东方撤退。王翦趁势出动军队追赶楚军。秦军因多日养精蓄锐，打起仗来锐不可当。楚军大败。楚军主将项燕被杀。秦军顺势攻入楚国。一年多以后，俘虏了楚王，楚国于是最终灭亡了。王翦在这一过程中起到了举足轻重的作用。

后来，王翦的儿子王贲（bēn）和李信等又平定了齐国以及其他小的诸侯国。公元前221年，秦始皇终于统一了天下，秦朝成为我国第一个大一统的封建帝国。

可惜好景不长。秦朝推行暴政，天下百姓都怨恨不平。秦始皇的儿子秦二世在位之后的第三年，秦朝即被风起云涌的人民起义推翻了。

汉　书

刘邦斩蛇起义

秦始皇统一中国后，以暴政统治天下，导致社会阶级矛盾激化。秦二世继位后，更加昏庸、残暴。农民土地流失，徭役繁重，处于水深火热之中，一场大的农民风暴即将到来。

公元前 209 年，泗水亭长刘邦押送一群民夫到骊山服劳役。路上不少民夫开了小差。刘邦眼见民夫大量逃跑，怕到骊山后受到责罚，一时间心急如焚。这一天，他们一行人走到丰西的沼泽中，刘邦让大家停下来饮酒休息。到了晚上，他对民夫们说："你们都走吧。"

众人你看看我，我看看你，不相信这是真的。有人问："我们一走，岂不是连累了刘亭长吗？"

刘邦笑道："我也要逃命啦！你们快走吧！"

众人渐渐散去，只有十几个年轻力壮的汉子愿意跟随他。刘邦大喜，当下又和这十几个人席地而坐，开怀畅饮。

夜深了，刘邦醉意蒙眬带领大家继续在沼泽中赶路，忽然，前边有人禀报前面有一条巨蛇挡去道路，建议绕道而行。刘邦听后便呵斥道："大丈夫行路，无所畏惧！你们都给我闪开！"说完，他手提佩剑，径直走到巨蛇身边，一剑劈下，将巨蛇砍成两段。于是，一行人跨过死蛇继续往前走。走了几里地，酒劲涌上来，刘邦就倒在路旁睡了。

有一过路人经过斩蛇的地方，发现一位老妇人抚蛇痛哭，好生奇怪，便上前讯问。老妇人哭诉说："我的儿子是白帝的儿子。他现身为蛇，盘踞路间休息。不想遇见赤帝的儿子，认为他挡道，把他砍成两段。"过路人觉得老妇人满口胡言乱语，正想责骂她几句，一眨眼，老妇人竟然消失得无影无踪。

过路人追上刘邦一行时，刘邦刚好醒来。他便把老妇人的话一五一十地说给刘邦听。刘邦听了心中暗喜，众人也认为刘邦不同凡响，对他更加敬重。

刘邦带着这十几条汉子隐藏在芒县和砀(dàng)县一带的深山中。自从他一到,那一带也常常出现怪异的现象。于是,关于刘邦上应天界的种种传说不胫而走,越传越神,闹得沛县中的年轻人都想来投奔他。

陈胜、吴广在大泽乡起义后,各地纷纷响应,沛县县令也打算举城响应,可一时又拿不定主意。于是他请来萧何、曹参等人,共同商议。

萧何为难地说:"身为秦朝官吏,却要背叛朝廷,恐怕没人听从。"

县令愁眉不展地问:"那我该怎么办?"

曹参说:"如果把逃亡在外的人都召回来,再利用他们胁迫众人,就没人敢不服从号令了。"

县令听从了曹参的建议,就让屠夫樊哙去传召刘邦。当刘邦率领手下一百多人浩浩荡荡来到沛县城下时,县令又后悔了。他担心刘邦入城后发生变故,就下令关闭城门,严守城池,又下令逮捕萧何、曹参,准备处死他们。

萧何、曹参闻讯十分惊恐,偷偷翻出城墙,投奔刘邦。为不战而胜,顺利入城,刘邦就用绢帛写了一封信,又用箭射到城上,送给沛县的父老,向他们陈述利害关系。沛县百姓立即行动起来,杀死县令,打开城门,迎接刘邦入城。刘邦占领沛县以后,萧何、曹参等人为他招兵买马,没过多久,起义的队伍就扩充到三千多人。沛县人一致拥立刘邦为沛公,在他的带领下,展开声势浩大的抗秦斗争。

项氏叔侄起兵

陈胜、吴广发动农民起义,点燃了各地反抗秦朝的大火。在南方的会稽郡,项梁和他的侄子项羽也打着恢复楚国的旗号乘机掀起了更大的反秦风暴。

项梁是原楚国大将项燕的儿子,本是下相人,因为杀死了一个仇人,便带着他的侄子项羽逃到会稽郡吴中。吴中的士大夫见他身出名门,能文能武,都很佩服他,将他当成老大哥。项梁见项羽聪明伶俐,就送他去读书,可项羽只学了几年,就不愿学了。接着,又送他去学习剑术,他刚学了几个套路,又不肯学了。项梁对此非常生气,一天瞪起眼睛训斥他说:"你这也学不好,那也学不会,将来有什么出息?"

项羽不以为然,撇撇嘴说:"读书识字有什么用处,学会了顶多只能记个姓名罢了;剑术学会了,也只能抵挡一两个人,没什么了不起。要学,我就学那种可以抵抗万人的本事。"

项梁见项羽小小年纪就胸怀大志,心里暗暗称奇。从此以后,项梁就亲自传授兵法给他。项羽喜出望外,认真地学习起来。然而,当他略通兵法以后,又不肯继续钻研了。

几年之后，项羽长大成人，身高魁梧，力大无比，才器过人。有一次，秦始皇到会稽游玩，横渡浙江时，项梁和项羽也挤在人群中看热闹。项羽突然说："那个人我可以取而代之。"项梁吓得连忙伸手捂住他的口，因为这话要是被人听到了，是要灭族的。

再说陈胜、吴广起义的消息传到吴中后，会稽郡郡守殷通想发兵响应。他想让项梁和桓楚做自己的部将，指挥兵马。然而，当时桓楚正逃亡在外，杳无音讯。项梁想乘机叫项羽除掉殷通，自己好取而代之，于是他故意骗殷通说："除了项羽，没人知道桓楚的下落。"

殷通听说后非常高兴，就命项梁将项羽叫来。

项梁去了不久便带来项羽，让他持剑在外面等候。然后项梁进去向殷通禀报。听说项羽来了，殷通就马上传唤召见。不一会儿，项羽就雄赳赳地走进门来。这时，项梁向他使了个眼色，说："可以行动了！"话音未落，说时迟，那时快，项羽从腰间拔出佩剑，一剑就斩下了殷通的头。然后，项梁提着殷通的人头，带着郡守的官印，大步走出屋外。殷通的侍从、卫兵见此情景，不禁大惊失色，纷纷舞动兵器向项梁扑去。项羽见状面无惧色，挺身而出，挥剑与众人拼杀。只见他手中宝剑舞得霍霍生风，无人能够靠近。只一会儿的工夫，他眼前就倒下一百多人。府中官吏见项羽这般神勇，纷纷吓得扔下武器，跪下求饶。

随后，项梁召集他从前熟悉的精干官吏，向他们讲明自己这样做的目的。接着，他又征调吴中的军队，并派人招募下属各县的壮丁，不久就凑齐了八千名精兵。见时机已到，项梁便自任会稽郡郡守，任命项羽为大将，镇抚下属各县。后来，项梁、项羽带着这八千子弟兵渡过长江、淮河，南征北战，所到之处不断有起义队伍加入进来，渐渐成为一支强大的反秦起义军。

郦食其献计

公元前 207 年，沛公刘邦进军关中途中准备攻打陈留。在城外安营扎寨后，刘邦时常向一位家在当地的手下打听县中有哪些豪侠贤士。

一天这位手下回家省亲时，有一个叫郦食(yì)其(jī)的人找到他，请求他向刘邦引见自己。这个郦食其是陈留高阳人，他生性喜欢读书，放荡不羁，待人狂傲，因家境贫寒，难以糊口，才在县里谋了低贱的门吏差事。县中贤士豪侠看不惯他的行为，就给他送了个叫"狂生"的雅号。以前项梁起兵后，许多将领经过陈留，郦食其听说他们喜好烦琐的礼节，且各怀私心，听不进气度恢弘的言谈，便闭门不见这些人。这次，他听说具有雄才大略的沛公刘邦来到这里，就愿意投奔他。刘邦的手下听完郦食其的来意后，就讲述了刘邦如何如何不喜欢读书人的例子，但郦食其并未知难而退，依然请求他引见。这位手下没办法，只好答应他。

这位刘邦的手下回营后，就向刘邦推荐了郦食其。

不过几天，郦食其前往刘邦军营拜访刘邦，卫兵进帐通报。刘邦当时双脚正伸在水盆里洗脚，他漫不经心地问："来人什么样？"

卫兵说来人穿着长衫，戴着冠帽，像读书人。刘邦听后，就回答说："替我回绝他，就说我正忙于天下大事，没空见儒生。"

卫兵出来转达了刘邦的意思。郦食其听后，圆瞪双眼，手按剑柄，大声吼道："快去！再进去告诉沛公，我不是儒生，是高阳酒徒。"

卫兵一惊，手中的兵器都丢落在地。他赶紧进去禀告刘邦说："这客人是天下的壮士！他大声一喝，吓得臣手中的兵器都掉了。"

刘邦听后，就叫卫兵带郦食其进帐。郦食其昂首阔步，走进帐里，只见刘邦伸开两腿坐在床边，身边两个女子忙碌着伺候他洗脚。郦食其拱手作揖，但没有下拜，开口责问："足下是想助秦攻打诸侯呢，还是要率领诸侯破秦呢？"

刘邦斥骂道："没用的儒生！天下苦秦太久，才相继揭竿反秦，怎么说助秦攻击诸侯呢！"

郦食其不慌不忙，争辩道："如果想集合百姓征讨惨无人道的秦王朝，就不应这样倨傲地接待长者。只从外表判断一个人，就会失去天下贤能之士。我估计足下的智勇都不如我，却不想见我，真替足下遗憾。"

刘邦听完来人说话口气，心中不免惊叹，便立即擦干双脚，理正衣襟，请郦食其在上手就坐。他连忙道歉说："刚才只听报先生的容貌，现在明白了先生的内心本意。"

接下来，二人攀谈起来。郦食其滔滔不绝地畅谈六国合纵连横的历史，听得刘邦大喜，马上让人端上饮食。他迫不及待地询问攻秦的计策。

郦食其便建议刘邦，占据陈留，利用这里交通便利，粮食充裕的优势，广招兵马。等军队强大的时候再攻秦。刘邦听后，欣然同意。

为了减少战火殃及百姓，郦食其同时请求，自己回去先劝说陈留县令投诚，若无法说服，再和刘邦内应外合夺取陈留。刘邦答应了他的请求。

于是郦食其连夜回到城中，劝说县令。结果县令拒绝了郦食其的劝告，却好心地让郦食其留宿府中。半夜时分，利用夜色的掩护，郦食其砍下了县令的头颅，悄悄地翻墙出府，直奔刘邦的营地。这时城中兵丁听说县令已死，群龙无首，已是慌成一团。刘邦见状立即率兵攻城。不久，陈留人只好打开城门归降刘邦。

后来，刘邦封郦食其为广野君，让他驻扎陈留。在三个月中，郦食其替刘邦招兵买马，使兵力很快达到数万人。郦食其的弟弟郦商听说后也聚集四千多人马投奔刘邦，刘邦就任命他当了将军。

早年的韩信

韩信是淮阴人，自幼家境贫寒，一直过着饥一顿饱一顿的苦日子。他品行不好，不求上进，四处游手好闲，不时到别人家里蹭口饭吃。为此，乡里人都瞧不起他，很讨厌他。

有一段时间，韩信常常在下乡南昌亭的亭长家里吃喝。亭长心怀仁厚，念他生活穷困潦倒，也没说什么。可是，几个月过去了，亭长的妻子却受不了了，她再也不想做饭让韩信白吃了。

一天，她天不亮就爬起来，升起炉火做好早饭，早早吃饱饭，随后立即洗了碗筷，收拾干净灶台。

到往常吃饭的时间了，韩信兴冲冲地跨进亭长的家门。亭长的妻子冷冷地斜了他一眼，一声不响地干着手里的活。

韩信纳闷今天和往常怎么不一样了，他默默地坐着，耐心地等待开饭。空空的肚皮里咕咕叫唤，他饿得头发晕，眼前金星飞舞。可是亭长的妻子一点没有做饭的意思。

韩信明白了这无声的逐客令。他转过身，迈着沉重的脚步，离开了亭长的家。

此后韩信一直是居无定所，到处游荡。由于乡里人都鄙视他不务正业，游手好闲，蹭吃蹭喝，没有一户人家愿意留他吃饭。当时，他已经几天没吃上饭了，腹中空空如也。为了填饱肚皮，他就到河边去钓鱼。在河边，他手握渔杆，心绪不宁，一想起自己受到的种种遭遇，便长吁短叹，感慨世态炎凉。这时耳边突然传来一阵喧闹声，韩信抬头望去，只见一群老婆婆在河边洗衣，有说有笑。

这时日当正午，已是吃午饭的时候了。只见那些老婆婆们围坐岸边，拿出带来的饭菜，吃了起来。闻着扑鼻的饭香，韩信饿得心里一阵阵发慌。

其中一位老婆婆注意到不远处的韩信，见他脸色苍白，衣衫不整，身体非常虚弱。这老婆婆便站起身，走到韩信身边，将手中的饭菜递给他。

韩信惊讶地看着这位老婆婆，老婆婆那满是皱纹的脸上充满了慈爱。韩信用颤抖的手接过饭碗，他狼吞虎咽，一会儿就碗底朝天。他满足地擦擦嘴，好久没有吃到这么香的东西了。

第二天，他又来到河边，洗衣的老婆婆还在辛苦地干活。那位老婆婆看见韩信过来，又将自己的饭菜分给他一份。

一连几十天，老婆婆们洗衣，韩信也跟着吃了几十天。

最后一天，老婆婆们干完了活。临别前，韩信感激地对赐他饭的老婆婆说：

“倘若来日我飞黄腾达，一定要加倍报答老妈妈。”

一听这话，老婆婆往日慈祥的笑脸不见了，她满脸怒气，厉声说：“男子汉大丈夫怎么能说出这种话呢？你年轻力壮的，竟不能养活自己，我是见你可怜才给点便饭，难道我是贪图得到报答吗？”

韩信听了，满脸通红，羞愧不已。

一天，韩信身着佩剑在街上闲逛，被几个年轻人迎面拦住。其中一个身体健壮、屠夫模样的人向他挑衅说：“喂！你小子个头儿挺高，总佩带刀剑，好像本事不小，其实是个胆小鬼。”

韩信对他不屑一顾，正要离开，屠夫却变本加厉，竟当众羞辱他说：“你敢用剑杀了我吗？你要真的不怕死，就来刺我。你要是怕死，就从我的胯下爬过去。”

韩信紧紧握着剑柄，怒目而视，久久没有动手。终于，他强压住心头怒火，手松开剑柄，俯下身子，从屠夫的双腿间钻了过去。当时惹得满街看热闹的人哄然大笑，人们都认为他胆小如鼠。

多年后，韩信因辅佐刘邦平定天下，被封为楚王，于是他荣归故里。在这期间，他召见那个屠夫。大家都以为屠夫必死无疑，韩信却让他担任中尉，并向部将解释：“这是一位壮士。当初他侮辱我的时候，我难道不能杀了他吗？可那有什么意思呢？就因为我能忍辱，才有今天啊。”

萧何月下追韩信

项梁率兵渡过淮河，北上抗秦后，韩信身佩长剑前去投奔，在项梁营里当个了小兵。项梁战死后，项羽见他比一般士兵强，就让他当了小军官。期间，韩信多次给项羽献计，项羽都没有采纳。一气之下，他又投奔了汉王刘邦。

可是他到了刘邦那里，仍然没被重用，只是做了个小官。为此，韩信郁郁不得志，心里很不是滋味。

有一次，韩信犯了法，被判斩刑，差不多快要被砍头时，他抬头看见了经过这里的将军夏侯婴。他高声嚷道：“汉王难道不想夺取天下吗？为什么要斩壮士？”夏侯婴觉得他的话不同凡响，又见他长得威武雄壮，就释放了他。与他交谈后，夏侯婴非常高兴，又把他推荐给刘邦。刘邦并没有觉出他有什么不同寻常的本事，派他做了个管粮食的官。

后来，韩信与丞相萧何谈话，在言谈中，萧何发现韩信是个了不起的将才。于是就劝刘邦重用他，但刘邦总是不听。韩信见刘邦不肯重用他，很失望，便趁着将士纷纷开小差的机会不辞而别。当时刘邦势力远不如项羽，被项羽封在偏僻的蜀地，前途不明朗，很多将士开了小差。

萧何听说韩信逃走的消息后，来不及向刘邦禀告，就亲自去追赶韩信。

有人告诉刘邦："萧丞相逃走了。"刘邦听了又气又急，好像失去了左右手。

过了两天，萧何来拜谒刘邦。刘邦气呼呼地问他："你为什么逃跑？"

萧何一怔，说："逃跑？臣哪里是逃跑啊，臣是去追赶逃跑的韩信。"

刘邦一听萧何费这么大的劲，只是去追一个管粮的小官，生气地骂道："逃跑的将领有几十个，萧公都不去追，单单去追韩信，这不是骗人的鬼话吗？"

萧何朗声回答道："普通将领容易得到，像韩信这样的将才，上哪儿找去？大王如果只想在汉中称王，那就用不着韩信；要是与项羽争夺天下，除了韩信，恐怕再也找不到能与大王图谋大业的人了。"

刘邦叹了一口气，说："我怎么能老窝在这里，当然要回东边去！"萧何趁势说："大王既然要东进，那就应当重用韩信；如果不能重用他，他迟早还要逃跑的。"

刘邦见萧何如此举荐韩信，就说："那就依萧公，留他做将军吧。"萧何说："像韩信这样的人才，即便是做将军，他也不会留下来的。"

刘邦说："那就拜他为大将军，怎么样？"萧何连忙说："太好了！"

刘邦想把韩信叫来，马上拜他为大将军。萧何劝阻说："大王平素傲慢无礼，授大将军可是大事，哪能像招呼小孩子一样随随便便。真要授大将军，大王就得选个良辰吉日，隆重地举行个仪式才好。"于是刘邦一一答应了。

几天之后，拜大将军的仪式就要开始了，众将领心中暗喜，都以为自己要得到大将军的官职。等刘邦开口宣布韩信为大将军时，众人惊讶地张大了嘴，半天没有缓过气来，他们太意外了，根本没想到这位不起眼的韩信会超越他们，官至大将军。

仪式结束后，刘邦坐下，问韩信："丞相总是称道将军，将军一定有良策开导寡人。"

韩信谢过刘邦，就向刘邦详细分析了楚汉各自的优劣势，建议刘邦乘着人心所向、众望所归的有利条件发兵东征，占据富庶的关中，以此为根据地一定能战胜项羽。

刘邦听了韩信这一番话，喜出望外，赞叹不已，心里直后悔没早点发现韩信的才能。这以后，刘邦按着韩信的建议向将领们部署讨伐楚军的任务，至此为期四年的楚汉之战拉开了序幕。

四面楚歌

秦朝灭亡后，项羽与刘邦为争夺天下，进行了长达四年多的拉锯战争。开始，项羽占优，但由于刘邦善于用计谋，知人善用，又能联络各路诸侯，因此势力渐渐强大。到了公元前202年十二月，刘邦转守为攻，对西楚霸王项羽发起了总反攻。最后，项羽被迫到垓(gāi)下，陷入了汉军大将军韩信设下的十面埋伏，被围得水泄不通。

项羽的军队伤亡惨重，粮草消耗殆尽，孤立无援。楚军只能龟缩在营垒里，无法出战。

这天夜里，北风呼啸，寒气逼人。项羽刚刚躺下，忽然听到四面八方都唱起了楚地歌曲。那歌声如泣如诉，催人泪下。他仔细听一听，歌声分明来自汉军营垒。他猛地坐了起来，惊叹道："这么多楚人！难道刘邦已经把楚地全占领了？难道……难道我就这么完啦？"

他心情烦躁，爬起来坐在案几旁。烛光摇曳，帐中晃动着他孤独的身影。他斟酒消愁，慷慨悲壮地唱道：

力拔山兮气盖世，时不利兮骓(zhuī)不逝。

骓不逝兮可奈何，虞兮虞兮奈若何！

唱着唱着，他的眼泪扑簌簌地掉下来。身边的侍卫从未见过项羽这样难过，也都跟着低头抽泣。突然，项羽站起来，骑上乌骓马，带着剩下的八百名江东子弟兵，趁着夜色向南突围。

天大亮时，汉军发现楚营已经空了，将军灌婴带着五千名骑兵立即追赶。

等项羽渡过淮河，回头看时才发现身边只剩下一百多人。他想回到彭城，整顿兵马后卷土重来。可是，走着走着，他迷了路，就向一位农夫问路。农夫骗他往左走，项羽就往左走，却陷进茫茫的沼泽地里。等项羽调转马头，再绕出沼泽地时，汉军已经追赶了上来。

项羽又向东奔走。一路上且战且退，随行的士兵不断伤亡。等到了东城境内，他发现追上来的几千汉军蜂拥而至，再看身边只剩下二十八名骑兵。这时他才意识到自己难以脱身，便对骑兵们说："我从起兵到现在已经八年，经历战斗七十多次，从来没打过一次败仗，这才成为天下的霸主。如今我被围困在这里，这是上天要灭亡我，并不是我不会打仗。今天我愿为你们痛痛快快地打这最后一仗，一定要突破重围，杀死汉将，砍倒汉旗。"

说罢，项羽把二十八个人编成四队，向四个方向冲杀。这时，汉军已将他们重重包围。项羽说："看我为你们斩杀一员汉将！"说着，他大吼一声冲向汉军，一戟杀了一个汉将。汉军一见，吓得四处逃窜。接着，项羽左刺右劈，又斩杀了一名汉军的都尉和上百名汉兵。汉军将士见状远远围着，不敢逼近他。这时项羽把他的骑兵重新聚集在一起，一点人数，仅仅少了两名骑兵。他笑着说："怎么样？"

骑兵们都敬服地说："正像大王所说的一样！"

项羽带着二十六名骑兵杀出重围，来到乌江边上。恰巧乌江亭长划着一只小船在那里等待。亭长催促项羽马上渡江说："江东地方虽小，可方圆也有一千多里，人口几十万，大王还可以在那里称王。这里只有我这一只船，请大王快上船！汉军没有船，无法渡江追赶。"

项羽苦笑了笑，说："老天爷要我死，我还渡江做什么！当年我在会稽郡起兵后带着江东子弟八千人渡江西征，如今没有一个人跟着我回来。纵使江东父老同情我，拥立我为王，我还有什么脸面去见他们?"

眼见汉军又围上来了，项羽就把自己心爱的乌骓马送给亭长，命令骑兵全部下马，手持短兵器与汉军展开肉搏战，项羽越战越勇，仅他一人就杀死几百名汉军，他自己也身中了十几处伤。这时，身边的楚兵一个个倒下了，又有十几员汉将围了上来。项羽看见汉军骑司马吕马童，就大声说："你不是吕马童吗？老朋友在这里相遇了，真巧啊!"吕马童不敢视项羽，他转身对旁边的中郎将王翳说："这就是项羽!"

项羽闻讯冷笑着说："我听说刘邦出千金和封万户侯的赏赐来买我的头，现在我把这个人情送给你吧!"说完，项羽毅然拔剑自刎。叱咤风云的一代枭雄西楚霸王就这样悲壮地死去了，时年仅三十岁。

田横五百义士

公元前 202 年，刘邦称帝，国号汉，定都长安。齐王田横闻讯，害怕遭到刘邦的诛杀，便带领部属五百余人逃到大海中的一座海岛避难。刘邦听到消息，非常忧虑。因为他深知田家数百年来占据齐地，根深蒂固，田横也深受齐人的拥戴，如今藏身海岛，后患无穷，倘若日后有机会，还可能卷土重来。于是他就派使者前往海岛，赦免田横，召他回来。

使者说明来意，田横婉言谢绝说："当初我煮杀了刘邦的使者郦食其，听说他的弟弟郦商现在是受重用的大将，我怕他报复，所以不敢奉诏，只恳求留守海岛做个百姓。"

这里有必要解释一下，楚汉战争时郦食其受刘邦之命去劝降田横，本来已经快成功了，偏偏汉军与郦食其缺乏沟通，此时出兵讨伐田横。田横误以为郦食其出尔反尔，就将其烹杀。

使者回来后，刘邦听完禀报，就召来郦商，并警告他说："齐王田横如果回来，谁胆敢侵犯他的人马随从，处以灭族的处罚!"

接着，他又命令使者手持符节，再去诏田横，并嘱咐使者说："告诉田横，回来后，大则封王，小则为侯；不来的话，就要发兵诛杀他们。"

使者再次进入海岛传达诏令。为了不拖累几百名壮士，田横带着两名随从前往洛阳。不几日，他们来到距洛阳三十里的一处驿站。田横要求沐浴净身再去觐见刘邦，使者也就同意了。随后，他避开使者，悄悄地告诉随从说："我当初与刘邦都称王。现在他是天子，而我却成了逃犯，还要去服侍他，这简直是奇耻大辱。另外，我煮杀了人家的兄长，还要和人家的弟弟共同侍奉一君，即使人家不报仇，我心里能不惭愧吗？刘邦要见我，不过是想一睹我的尊容。刘邦现正在洛阳，假如砍下我的头颅，快马奔驰三十里地，我的面貌还不至于腐败变形，可以观看清楚。"

说完，他突然拔剑就自杀了。随从见状，泪流满面，于是就捧着田横的头颅跟随使者去见刘邦。

刘邦见了人头，沉默良久，叹息一声，说："唉，真是了不起……想当初，他们兄弟三人从平民起家，相继做王，难道不是贤能超群的表现吗？"

刘邦痛心疾首，凄然泪下，随即让田横的两位随从当了都尉，并按王侯的礼遇厚葬田横。

葬礼完毕，众人陆续离开墓地，只有田横的两位随从长跪不起。随后，他们在田横墓边挖了一个大坑，拔剑自杀，陪伴田横。刘邦得到消息后大吃一惊，钦佩的说："这些人都是贤才。在海岛中还有五百人，赶快召他们回来。"

使者又一次登上海岛，看到的却是一处处尸体。原来，田横自尽的噩耗传到这里后，所有的义士都悲痛欲绝，最后全部自杀身亡。

蒯通的辩解

刘邦得到天下后，就开始铲除异姓王。很多以前归顺他的将领见自己性命不保，便开始造反。

公元前197年，阳夏侯陈豨起兵造反，刘邦要淮阴侯韩信和梁王彭越一起去讨伐陈豨。可是两人均借口有病在身，拒绝出征。此间，韩信却暗中派人送信给陈豨，让他尽管发兵，自己在京都相助。刘邦见无法动用两人，无奈之下只得亲自率军前去讨伐。

刘邦离开长安去讨伐陈豨后，有人向吕后告发，说韩信和陈豨通谋，准备内应外合，发动叛乱。

吕后闻讯，颇为震惊，很快就与丞相萧何商议了一个对策，故意放出消息，说陈豨被高祖抓到，要朝中大臣进宫贺喜。韩信刚进宫门，就被预先埋伏的武士捆绑起来，送到长乐宫的钟室杀死了。临死时，韩信后悔莫及，悲叹道："我真后悔当初没有听从蒯通的计谋，结果落得这样的下场，竟然会死在妇人小子的手里，这不是天意吗?”

原来,在楚汉战争中,刘邦依靠韩信打击项羽。到了公元前206年,韩信率领数万人马,沿黄河向东进击。一路上所向披靡,最后夺取了齐地,直接威胁到项羽的生死存亡。当时项羽曾派人游说韩信叛汉归楚,但韩信拒绝了。不久,齐地的谋士蒯通上门向韩信献计,劝说韩信独立,在齐地称王,形成刘邦、韩信、项羽三足鼎立的局面。韩信认为刘邦对自己不错,因此就没有采纳蒯通的建议。这就是韩信所说的不听蒯通计谋的事。

处死韩信后,吕后为斩草除根,就灭了韩信的三族。

刘邦平定阳夏侯陈豨叛乱后,回到长安。他听说淮阴侯韩信被诛杀,既欣喜,又惋惜。他问吕后:“韩信死时说了什么话?”

吕后回答说:“他说后悔没有听蒯通的计策。”

刘邦紧锁眉头略加思索后恍然大悟地说:“那是那位齐国的谋士,快派人将他抓起来。”

很快,蒯通被押解到长安。刘邦亲自审问道:“你怂恿过韩信谋反的吗?”

蒯通神情自若地回答说:“是的,是臣劝他造反。可这小子不听臣的话,所以才丢了性命。假如这小子听从臣的计谋,陛下怎么可能诛杀他呢?”

刘邦怒目圆睁,气得喝令道:“来人,拉出去煮了!”

蒯通大叫:“啊呀,煮了臣那可真是冤枉呀!”

刘邦怒气冲冲地说:“你教唆韩信造反,煮了你还有什么冤枉的?”

蒯通朗声说:“秦朝末年,法纪败坏,政权瓦解,天下大乱。早先被秦国灭亡的六国诸侯,纷纷起兵,霎时间英雄云集。这种情况,犹如秦朝逃失了一只鹿,天下的人都来追逐它,有才能的人必然疾足先得。跖的狗吠尧,不是尧不仁,而是因为他不是狗的主人。当时,臣只认识韩信,不认识陛下,所以臣理所当然地替韩信出主意。况且,当时天底下英雄磨刀霍霍,跃跃欲试,像陛下一样想做皇帝的人很多。后来他们没有成功,只是他们能力不及陛下罢了。难道您能把他们全部烹煮了吗?”

刘邦边听边想,觉得蒯通的话颇有道理,最后就挥手让手下放了蒯通。

萧规曹随

汉高帝刘邦死后,太子刘盈继位,这就是汉惠帝。刘盈继续让相国萧何辅佐他,但萧何因年事渐高,身体也日渐衰弱。

公元前193年,萧何病情严重,卧床不起,刘盈亲自去探视他。目睹萧何衰老不堪的病容,刘盈忧心忡忡,探问萧何由谁来接替他的职务。

萧何不愿表示意见，只是淡淡地说："谁还能像陛下那样最了解臣呢？"

刘盈问他："曹参（shēn）怎么样？"

萧何强撑起虚弱的病体，下床叩头道："陛下已经得到最合适的人了，臣死而无憾。"

不久，萧何去世。他一生谦恭，购置田宅总是选择僻静穷陋之地，没有壁垒森严的围墙与外界隔绝。他说："如果后代贤能，可以学习我节俭的美德。万一缺少贤德，也不会被有权势的人夺走这些陋宅薄地。"

萧何和平阳侯曹参早年都在沛县为官，后来他们跟随汉高祖刘邦一起起兵。当初他们关系密切，等到分别做了将相，便有了隔阂。萧何虽然平素不服曹参的才能，但临死时还是举荐曹参代替他。

刘邦刚平定天下的时候，曹参当了刘邦长子齐王刘肥的丞相，他采取黄老之术，主张清静无为，与民休息。他担任丞相九年，齐地安宁繁荣，人们无不称为贤相。

萧何去世的消息传来，他马上吩咐手下人说："赶快整理行装，我要做相国了。"

果然没过多久，刘盈就命令曹参入朝接替相国的职务。

曹参回京前，叮咛接任他的齐地丞相："齐地的狱政就托付给你了，希望谨慎从事，不要多加干扰。"

新任的丞相不解地问："治理的工作没有比这更大的吗？"

曹参回答说："不是这样。狱政是要善恶并举，如果干扰他们，那奸人何处安置？所以我先告诉你这事。"

曹参接任相国后，采取清静无为的办法，继续沿用萧何制定的一切法规制度，没有做任何变动。他挑选忠厚质朴、言词简单的官吏担任丞相史，辞退那些说话行文刻意深奥、追求虚名的人。他每天只是畅饮美酒，不谈朝廷大事。朝中有些大臣眼见他不理事务，都想劝他，可不等开口，曹参总是以敬酒为名把话题岔开，直到把对方灌醉了方才作罢。另外，有人犯了小错，他总是一味隐瞒掩饰。

渐渐刘盈对曹参不理政事的做法很不满。一天他对曹参的儿子、中大夫曹窋说："相国是不是轻视朕啊？你回家的时候问问你父亲：高帝归天了，皇帝那么年轻，天下大事都要依靠相国处理。可您整日饮酒作乐，却诸事不问，这么下去该怎么办呢？"

曹窋回家后，闲暇时就把刘盈的一席话对父亲说了。

曹参听后勃然大怒，训斥儿子道："你赶快回宫伺候皇上去，国家大事哪轮到你说的。"说完，曹参就动用家法把儿子打了一顿。

刘盈听说后，对曹参越发不满。一天上朝时，他责备曹参说："为什么鞭打曹窋？是我让他劝谏曹君的。"

曹参一听，连忙摘冠磕头谢罪。然后他反问刘盈说：“陛下觉得比高帝圣明吗？”

刘盈回答说：“朕哪敢同先帝相比！”

曹参接着又问：“臣与萧何相比，哪一个更能干？”

刘盈微微一笑说：“曹君似乎不如他。”

曹参回答说：“陛下说得很对。陛下不如先帝，臣又不如萧何。先帝同萧何平定天下，一切法令制定得都很明确、很完备了，现在我们只要遵照过去的做法，保证不会有疏忽遗漏了。”

刘盈虽然不太赞同曹参的说法，但也无法否定他的见解。

周勃安刘

刘邦生前曾杀白马立誓，让群臣谨记：“不是刘氏之人，不许封王；不是有功之臣，不许封侯。否则，天下共诛之。”可是刘邦死后，吕后生了篡位的野心，首先破了这个规矩，大封吕氏为王。但是当时吕后独揽大权，一些忠臣又被排挤，朝中无人敢反对。

公元前 180 年，吕后身体不适，便想去祓祭除病。所谓祓祭就是到长安外斋戒沐浴，据说这种方法可以去病消灾。

祓祭这天，吕产指挥禁卫皇宫的南军一路护送。他知道吕家独揽大权不得人心，怕有人行刺。吕后到了渭水边，很虔诚地跪下，焚香求佛，用渭水洗了洗脸。

当然，祓祭根本治不了病，吕后也知道自己不久就会离开人世。她想：要想让吕氏天下流传万代，就应该给自己的侄儿足够大的权力，以便他们治理天下。于是她下急诏：封吕产为相国，吕平为未央宫卫尉，吕更始为长乐宫卫尉，赵王吕禄为上将军，吕种为中将军。这样，大权又进一步控制在吕家手里。她临死前又再三叮嘱：“你们千万要抓住兵权，什么时候都不能放兵权，我死后，你们不必送丧，小心那帮老臣们暗算你们，一定要保住咱们吕氏天下。”

不久，吕后病死，吕产在内护丧，吕禄在外巡防。二人没有去送葬，而是死守皇宫。他们想发丧完吕后之后，劫持少帝，推翻汉朝，建立吕氏王朝。

吕禄的女儿是刘章的妻子，而刘章则是齐哀王刘襄的弟弟，刘氏兄弟早就对吕氏家族不满，但手中无兵，不敢反叛，只好忍气吞声地活着。刘章对吕禄的女儿十分体贴，吕禄的女儿也十分满意，有什么事都不隐瞒丈夫。她听说父亲要建立吕氏王朝，便对刘章说：“父亲想建立吕氏王朝，不过你也不用伤心，虽然你们刘氏天下灭亡，但你不会做吕氏的驸马吗？！”刘章一听，心里一惊，但是很快平静了下来。他悄悄地把这一消息告诉了哥哥，让他快做准备，除掉吕氏家族。

刘襄一听，知道事情重大，让弟弟速速回去，不要打草惊蛇，并嘱咐弟弟做内应。刘襄立刻给各诸侯王写信，控诉吕氏家族的篡权罪行。

消息一传出，全国一片哗然，各家诸侯纷纷派兵援助，齐哀王得到援助，即率军进攻皇宫。吕产得知齐王已出兵，立即派大将军灌婴前去阻击。

灌婴是一员不可多得的大将，能征善战，被吕后重用，但他还是忠实于刘氏天下的。他心想：我要去攻打齐王，这不是违背了汉高祖杀马宣誓的行为吗？吕家想篡夺王位，我若帮助吕家，岂不是助纣为虐吗？所以，灌婴把军队带到荥阳就屯兵不动了，并派人去通知齐王，说他愿意为推翻吕氏家族而尽力。

城外齐王和各诸侯、灌婴等人合兵一处，声势大振。

而城内，周勃、陈平也在紧锣密鼓地商量推翻吕家的措施。

周勃知道曲周侯郦商的儿子郦寄和吕禄二人关系甚好，情如手足，便把郦商软禁起来，让郦寄去劝说吕禄交出兵权、吕产交出相印。

郦寄见到吕禄后，直截了当地说："老兄，大事不好，现齐王和灌婴联手攻打皇宫，你只有交出兵权，他们才会退出。否则大家都不会太平。请兄长想一想，高皇帝和太皇太后共创大业，而今太皇太后去世，老兄身为诸侯王，不在自己的封国，而是担任上将军，率重兵居住长安，天下人都以为老兄要篡夺皇位呢。老兄不如交出兵权，让吕产交出相权，各自回到封地，以免齐王、灌婴等人进攻老兄啊！"

吕禄一听，认为郦寄的话很有道理，便和吕氏家族的人商量，有的人主张交出兵权、相权，有的人认为：一旦交出兵权、相权，他们就会成为齐王的俘虏。

正在这时，襄平侯纪通交出了进出北军的符节。周勃手拿符节，假传皇上之令闯进北军，让吕禄交出将军印信。郦寄在边上也说："老兄，大势已去，还是赶快交出大印回封地吧！"

吕禄交出了大印，回到了自己的封地。周勃一手拿符节，一手拿大印，马上命令军中将士说："现在吕家想篡夺刘家天下，如果你们愿意跟着吕家的，脱下右臂的袖子；如果愿意效忠刘家的，脱下左臂的袖子。

将士们本来就对吕氏独揽大权不满，一看周勃率领大军讨伐吕氏家族，心里非常高兴，听到周勃这么一说，都脱掉了左臂的袖子。

从此，周勃掌握了北军的兵权。

而这时，吕产还不知道吕禄已交出北军的兵权回封地去呢，还想反抗到底，迟迟不交南军的大权。

周勃命令刘章把守军门，又命令守卫皇宫的武官，不许吕产进入宫门。吕产看形势紧张，想进宫劫持皇帝。他率领人马来到门口，对守城的士兵说："快把城门打开，难道你们瞎了狗眼不认识相国了吗？"

士兵们平时受尽吕产的凌辱，对他都恨之入骨，故意说道："你大胆狗奴才，竟敢冒充相国！"

这下可气坏了吕产，他吼道："你们若不开城，等我到了宫中，一定都把你们斩尽杀绝！"

但无论他说什么，士兵就是不开城门。正当他在城门外徘徊时，刘章突然率领人马包围了吕产。

吕产一见是刘章，更是怒火冲天，说道："好啊，你吕家女婿也敢背叛吕家。"

刘章说道："你们吕家篡夺王位，是背叛天下，我今天代表刘家来收拾你这个反贼，你给我拿命来吧！"

吕产一看刘章的军队如猛虎下山，忙躲进厕所之中，他以为这里很安全呢。没想到刘章早已看见了他，把他从厕所里绑了出来。

吕产知道自己活不了了，仰天长叹："为什么我吕家就不能建立王朝呢？难道天下只能是刘家的吗？"

刘章早就恨透了吕产，心想：都是你帮助吕后在朝中胡作非为，弄得天下如此不太平，许多忠臣和诸侯都死在了你手里，今天我就要让你去抵偿他们。想着想着，他手起刀落，一刀砍下了吕产的人头。

吕产一死，周勃等人一商量：要一网打尽吕家势力，否则后患无穷。

于是他派军队去追杀吕禄。吕禄刚一到封地，周勃派的军队就到了，又把吕禄杀死在封地。接着他们又派人到各地搜捕吕氏家族的人，整整杀了几百人。吕氏王终于又被刘氏王夺回来了。

周勃和大臣们一商议，决定迎立刘邦的儿子代王刘恒为帝，刘恒帝就是历史有名的汉文帝。汉文帝很有胆识，很有才能，汉朝开始出现了盛世。

淮南王刘长之死

大家想必知道《淮南子》这部书，它的编者是淮南王刘安。这里我们要说的是他的父亲淮南王刘长。

汉初，赵王张敖身边原来有一位姿色出众的美人，她深受张敖的宠爱。后来，为了讨好汉高祖刘邦，赵王忍痛割爱就将美人献给了刘邦。几年后，赵相贯高等人设计刺杀刘邦未果后，张敖及亲属都因此事被株连逮捕，那位美人也未能幸免于难。一天，在狱中她告诉狱吏说："我得到皇上的宠幸，已经有了身孕。"狱吏见事关重大，就禀报了刘邦。由于刘邦当时正为张敖的事生气，所以刘邦也就没管这件事。后来那美人的弟弟通过辟阳侯审食其向皇后吕雉说了这件事。吕雉出于嫉妒，不肯替她向刘邦求情，审食其也就没有坚持。那个美人生下一个男孩之后，就含恨自杀。狱吏把他抱给刘邦，刘邦非常后悔，就让吕雉做他的母亲，这个男孩就是刘长。

公元前196年，淮南王黥布因反叛被刘邦消灭后，刘邦就将刘长立为淮南王。随着刘长渐渐长大，他知道个人身世之后，就常常怨恨审食其当年没有努力替自己的生母说好话，才使她惨遭不幸。慑于当时吕后的权威，他只好忍气吞声，不敢怪罪审食其。

后来，高祖去世，汉文帝刘恒即位，刘长自以为是他的兄弟，因此桀骜不驯。到了公元前177年，刘长到长安朝觐刘恒。在此期间，他与刘恒同乘一辆车到苑囿狩猎，他只叫刘恒大哥，而不以君臣相称。有一天，为了报仇，他特意登门拜访审食其，审食其出来相迎。刘长乘他毫无防备，随即掏出藏在袖子里的铁锤向审食其打去。审食其被打翻在地后，刘长又命令随从照审食其的脖子砍上一刀。审食其当即倒地身亡。刘长复了仇，就袒露上身，进宫向刘恒谢罪。

他对刘恒说："我的母亲本不该因赵相贯高谋反的事而受株连，当时辟阳侯审食其能够通过吕后把她救出来，可是他却不力争，这是他的第一条罪状。赵王如意母子都没有罪过，吕后却把他们杀了，审食其也不尽力救助，这是他的第二条罪过。吕后给诸吕封王，想篡刘氏天下，审食其却不争辩，这是他的第三项罪过。我只是替天下诛杀贼臣，为母亲报仇。特拜伏宫门之下向陛下请罪。"

由于刘恒念及兄弟之情，加之很同情刘长替母报仇的事，所以就没有怪罪刘长。

然而没想到的是，刘长竟从此越发骄横起来，一时间朝中大臣，乃至太子，没有不惧怕他的。后来，刘长有恃无恐，得寸进尺，竟将汉朝的律法抛在一边，自行制定实施了一套法令。当时，刘恒的舅舅薄昭在朝中德高望重，刘恒见刘长肆意妄为，想劝他悬崖勒马，就让自己的舅舅写信给刘长，多次进行劝导。可是刘长根本听不进去。

公元前174年，刘长意图谋反，同时还派人勾结闽越、匈奴危害朝廷。事情败露后，刘恒派使者征召刘长回朝。刘长无奈之下来到长安。

当时以丞相张苍等为代表的朝中大臣纷纷联名上书，弹劾刘长，列举他的种种罪状，认为应该将刘长在闹市斩首示众。

可刘恒不忍心依法制裁淮南王，只是将他的王位废除。张苍等人见状，又强烈要求将刘长流放到蜀郡的邛(qióng)莱山。刘恒最后没办法，只好同意了他们的意见，并下诏说，每天给刘长五斤肉、两斗酒，让他曾宠幸的十个美人和侍女随他住在一起。

朝廷将参与刘长谋反的人全部杀掉之后，才打发刘长上路。当时，中郎将袁盎向刘恒进谏说："皇上平时总是娇惯淮南王，没有给他必要的约束，因此才到这种地步。淮南王为人刚强，如今用暴力摧折他，臣担心他受不了路途的苦会在途中死去，到那时陛下会背上杀死弟弟的恶名。该怎么办呢？”

刘恒说：“我只是想让他吃点苦罢了。”

再说刘长坐上囚车，一路上经过了很多郡县，沿途的县令没人敢替他打开车上的封条。刘长为此遭了不少罪，很是郁闷。一天他对侍者说：“谁说我勇猛呢？我怎么称得上勇猛呢？我只不过因为骄傲而听不进自己的过失，以至于到了今天的地步。人生一世，怎能像今天这样郁闷呢？”。此后，他就开始绝食，没过多久他就死了。等到了雍县，县令打开封条，见刘长已经死了，便上报朝廷。

刘长死的消息传到长安，刘恒十分悲痛，他哭着对袁盎说：“我后悔没听袁公的话，终于失掉了淮南王。”

袁盎劝他说：“人死不能复生，请陛下宽心。陛下这次只不过是想使淮南王受点磨炼，让他改过，只是因为防护不周，他才病死的。陛下仁惠，天下人是知道的，淮南王之死并不足以毁掉陛下的名声。”

刘恒说：“我该怎样补偿我的过失呢？”

袁盎说：“将丞相、御史斩首以向天下谢罪。”

刘恒没有那样做，他只是将在路上不为刘长打开封条、也不馈赠食物的县令斩首，并将刘长以列侯的身份埋葬在雍县。

过了几年，刘恒把刘长做淮南王时的国土分给他的三个儿子，让他们分别做了王。

常胜将军卫青

西汉武帝时的大将军卫青，年轻的时候生活贫寒。他是平阳人，父亲本姓郑，在平阳侯家里做侍吏时，与侯家的侍女卫氏私通，生下了卫青。卫青小时候，也在平阳侯家当佣人，后来长大了，回到亲生父亲家，父亲让他放羊，家里其他的异母兄弟都把他当佣人使唤，不拿他当兄弟。

一次，卫青碰到一个囚徒，那人道：“你的面相真好啊，以后一定能当大官！”

卫青苦笑道：“给人家当奴才，不挨打不挨骂就够不错的了，还当大官呢！”

后来，卫青同母异父的姐姐受到了汉武帝的宠幸，还做了皇后，一人得道，鸡犬升天，卫青从此便飞黄腾达起来，真的当了大官了！

公元前129年，汉武帝封卫青为将军，让他带领军队抗击匈奴。他数次与匈奴交战，屡战屡胜。

一次，大军浩浩荡荡，出击匈奴。卫青与匈奴的右贤王交兵。谁知道，右贤王没把卫青放在眼里，以为汉兵还离他很远，无法攻到他，便在军营中喝得大醉。正在这时，卫青率骑兵赶到，一下子将右贤王的军队包围了。右贤王酒醒，大惊失色,自知无法抵抗,便乘着黑夜,只带一位爱妾和数百骑兵,拼命突出重围,向北逃走了。这一仗,卫青大获全胜,俘获大量兵马、牲畜,凯旋而归。

经此一仗,卫青威名远振,汉武帝拜他为大将军,统领各军。还给他很多赏赐,连尚在襁褓中的婴儿也被封了侯。

还有一次,大将军卫青、骠骑将军霍去病各率五万骑兵、数十万步兵,兵分两路出击匈奴。而霍去病所率领的尽是精锐部队,意在擒获匈奴单于。

匈奴探得消息,却故布迷阵,将重兵布在卫青出击的兵力较弱的一路,企图给予卫青迎头痛击。

卫青率大军行出塞外一千余里,忽见远处单于的大军军容整齐,严阵以待!

卫青毫不惊惶,命部下扎好营盘,派出五千骑兵,驰往匈奴阵中求战!

匈奴也派出近万骑兵迎战!

正当两军即将短兵相接之际,忽然大风骤起,无数沙尘和石砾击在人脸上,两军对面,都无法看清对方。两军就在风沙中展开了激战!

卫青派兵分左右两翼,向单于包围过去!

汉军兵又强,马又壮,战斗力远远超过匈奴军。双方战到将近傍晚的时候,单于见大势已去,率数百人冲出重围而去。

在此时,汉兵和匈奴兵伤亡都很惨重。后来汉军从俘虏中得知,单于已突围逃走,便派兵追赶,但没有追上。匈奴兵失了主帅,四下溃逃。卫青的大军获得了决定性的胜利。

在汉初,匈奴一直是汉朝边境上的大敌,双方交战多年,损失都很惨重。到了汉武帝时代,国力强盛,兵精粮足,这也为卫青等人大败匈奴提供了条件。

少年英雄霍去病

霍去病是卫青姐姐的儿子,也就是卫青的亲外甥,他十八岁时便受到汉武帝的宠爱,被封了高官。他善于骑马射箭,跟着舅舅卫青与匈奴交战多次,也立过不少功,被封为冠军侯,取"勇冠三军"之意。这就是今天把比赛中的第一名称为"冠军"的来历。后来,他又被封为骠骑将军。

霍去病因为受汉武帝的宠爱,所以经常能挑选最精锐的部队和他一起出征,其他众将谁也比不上他。但是他也往往敢于深入匈奴腹地,寻找匈奴军队主力作战。而且他运气也非常好,每次出征都没有遇到过困境,全都是凯旋而归。因此,他受到的器重甚至可以和卫青相比。

霍去病多次大破匈奴浑邪王的兵马,总共消灭了数万人,单于非常恼怒,便想杀掉浑邪王。

浑邪王不甘坐以待毙，束手就擒，便暗地里谋求投降汉朝。他先派使臣向汉武帝通报。汉武帝接到了消息，但却疑心他是假装归降，借以偷袭边境，为安全起见，便派霍去病率大军去接应。

霍去病率军来见浑邪王，和浑邪王的兵马遥遥相望。浑邪王的兵将见汉军人多，也惟恐有变，不愿投降而逃跑的人有很多。

霍去病见匈奴兵马混乱，便当机立断，亲自率兵奔入浑邪王大营，和浑邪王相见，使他安心。霍去病还派兵镇压斩杀了那些逃跑的匈奴兵将，多达八千人，他统领着降卒近十万人，安全回到长安，浑邪王受到汉武帝的封赏，霍去病也因招降有功而受到嘉奖。

霍去病少年老成，沉默寡言，但勇气十足，敢作敢为。汉武帝曾让他学习兵法，他却道："只要胸中有韬略，古时候的兵法又有什么可学的呢？"汉武帝还曾经给他建造官邸，让他去看一看，他却说："匈奴还没消灭，哪儿还顾得上家呀！"汉武帝因此就更宠爱他了。

霍去病在少年时就战功赫赫，令人敬佩，但是他有很多短处。他年纪轻轻就做了高官，所以比较孤傲，不大爱惜士卒。他率军出征的时候，汉武帝往往派数十辆装满各类美味食品的大车跟着他，到回师的时候，那些吃剩下来的食物就被倒掉了。霍去病吃喝不愁，他的士兵却往往在打仗的时候挨饿。另外，在出征塞外的时候，军中缺乏粮食，有的士兵饿得快站不起来了，而霍去病却在那里圈地修场子踢球玩，这种事情举不胜举。

霍去病二十三岁就去世了，但他短暂的一生却立下了丰功伟业。

卫青与霍去病，虽然是因为皇亲国戚的身份才得以封为高官，但他们都英勇善战，抗击侵略，从而建功立业，也算得上是应当肯定的历史人物。其中霍去病更是中国历史上著名的少年英雄。

不走运的李广

李广是汉景帝、武帝时期的名将，他多次出击匈奴，战功赫赫，威震漠北。可是他实在不走运，一生都不曾封侯。他的遭遇让后世的人颇感不平，唐代诗人王勃的《滕王阁序》中就有"冯唐易老，李广难封"的句子。

公元前 129 年，汉武帝任命李广担任骁骑将军，让他率军出雁门关攻打匈奴。由于匈奴单于一向佩服李广的才能，因此在战前他就下令手下要活捉李广并将他带回来。在与匈奴兵交战几次后，因匈奴兵力强大，汉军寡不敌众，李广打了大败仗，不幸被俘。

匈奴骑兵俘获李广后，见他受了重伤，就把他放在用绳子结成的网兜里，网兜拴在两匹并行的马中间。走了十多里，李广一直装死。到后来，李广偷偷瞧见，旁边有个匈奴人骑着一匹好马。于是李广用尽全身力气，突然纵身一跃，跳到那匹马上，夺过匈奴人的弓箭，并把他推下马，然后快马加鞭向南奔驰。跑了几十里地，李广遇到了他的残兵，就率领他们回雁门。在路上，匈奴有几百名骑兵在后面追，李广就率领手下兵丁边逃边用弓箭射杀追捕的骑兵，一时间匈奴骑兵纷纷中箭倒地。最后，追赶他们的骑兵，不敢再靠近，李广这才虎口脱险，顺利回到雁门。

李广回到中原后，汉武帝因他攻打匈奴失利，非常生气，就下令要斩首他。由于朝中有人替他求情，他的家人出钱替他赎罪，李广最后才被削职为民，免去一死。

接下来，李广就将家搬到了蓝田的南山脚下，过起了隐居的生活。在这闲居的几年间，他与颍阴侯灌婴的孙子灌强交往深厚，经常一起到山里打猎。有一天晚上，李广带着几个随从外出喝酒，回家的时候路过霸陵亭路卡。当时霸陵县县尉因喝醉了酒，疯疯颠颠，说什么也不让李广过去。李广的随从赶紧上前解释说："这是前任李将军。"

县尉听后满嘴酒气地说："就是现任的将军夜间也不准通行，何况是前任的将军！"李广见状，也就没有争辩，只好在那里住了一夜。

公元前128年秋天，匈奴再次南侵，期间匈奴兵杀死了辽西太守，打败了将军韩安国，汉军节节败退。汉武帝听说后，心急如焚，实在找不出能退匈奴兵的人选。最后汉武帝无奈之下，只好重新起用李广，让他担任右北平太守。

李广赴任前，他向汉武帝提出要求，让那个呵斥过他的霸陵县县尉和他一起去。汉武帝答应了他的请求。到了军中，李广借故就把县尉杀了。事后，他才上书将此事禀告给汉武帝，承认自己的罪过。汉武帝见正是朝廷用人之际，也就没有再追究此事。

李广一生征战拼杀七十余场，胜多败少，却因各种原因总没有得到相应的封赏，手下的将校们被封侯的人已有几十个，而李广自己却依然没有被封侯。一齐出来且能力和声名都远远在自己之下的堂弟李蔡已经身为丞相，位列三公之尊时，李广依然是一个普通将军。为此李广也很悲哀。

有一次，他与善于占卜的王朔私下里聊天。当时李广已经年过花甲，鬓发斑白了。他对王朔说："自从汉朝抗击匈奴以来，我没有一次不参加战斗，不少才能不高的官员，因为抗击匈奴有功被封侯。我没有落在人家的后面，却未能得到封侯的功劳，这是为什么？是我的面相不应当封侯，还是命中注定的呢？"

王朔问他："将军自己回想一下，是否曾经有过让你遗憾的事？"

李广想了想回答说："我曾经做过陇西郡郡守，有一次羌人反叛，我诱使他们投降。当时有八百多人投降，可我怕他们哗变，就在当天又用计把他们全杀了。

到如今大的遗憾只有这一件。”

王朔听完感叹道：“没有比杀降兵再有更大的祸患了，这恐怕就是将军得不到封侯的原因。”李广闻言后悔不已，心中久久难以平静。

当李广年近六十时，依然没能封侯，李广很不甘心。这次，大将军卫青要率大军出击匈奴，李广自然请缨出战，皇帝虽然拗不过他而答应了，却私下里告诫卫青：“李广虽然久经战场，但年老力衰，而且这个人运气不好，千万不要轻易让他出战。”卫青听从了皇帝的告诫，一直不让李广做前锋，总使他作为侧翼，命令李广和另外几支队伍只走旁道迂回攻击敌人，迫于军令，李广只好从侧道进军，因而迷了路。在李广他们陷于迷途时，大将军卫青的主力部队遇上了匈奴主力而开战，虽然后来李广等人会合了大部队，但战斗已经结束，李广非但无功而返还因为失期之罪受了罚。

这一次无功而返，李广格外悲凉，眼见自己六十岁了，还能打几天仗？自己已经大小不下七十多次战斗都没能得功受封，恐怕以后也不会有什么希望了，而且以老迈之躯接受刀笔吏的审讯查问，更是他无法忍受的。这一切都是命中注定啊！想到这里，李广不禁老泪纵横，万分悲愤地拔出宝剑刎颈自杀了。

李广的死，令全军上下，一片悲泣。全国上下百姓，无论认识不认识，也都为李广将军凄凉的结局而惋惜。

伟大的史家司马迁

《史记》是我国历史上一部伟大的文学著作和史学著作，它也位居人们常说的“二十五史”之首。它的作者就是西汉的司马迁。

司马迁是当时的龙门(今陕西韩城)人。他出生于一个书香门第的家庭里，其父司马谈是一个历史学家，在政府里担任太史令的官职。司马迁小的时候，父亲就对他充满期望，希望儿子能够继承父亲的事业，所以家教很严。司马迁十岁的时候，就能诵读《左传》、《国语》、《尚书》等古代流传下来的历史书，在历史学和文学两方面打下了坚实的基础。

司马迁读书，遇到疑难问题，总要反复思考，探究根底。他还喜欢寻访名胜古迹。从二十岁那年起，司马迁到全国各地去游历，往南他到了江淮流域，最远到过会稽(今浙江绍兴市)。据传说他特意到留有禹穴的地方进行了考察。往北，司马迁渡过了汶水、泗水，到过春秋战国时代的齐国、鲁国的首都，实地考察了孔子、孟子当年给学生讲学练武的遗迹。每到一地，凡是古代历史记载或传说中出名的地方，司马迁都要亲自考察游览，访问当地的老年人。他听说战国时代秦国蜀郡太守李冰修建了都江堰，能防洪和灌溉，就特地跑到四川，爬上岷山眺望，到都江堰的离堆上去踏勘。他听说秦灭魏的时候，曾引黄河水去淹魏国首都大梁城，就特地跑到大梁，观察了城墙上当年被水淹过的痕迹，向老年人询问水淹大梁的惨状。他听说屈原怀才不遇，自沉汨罗江而死，就特地跑到长沙，在汨罗江畔凭吊了这位伟大的爱国诗人。经过这次大规模的游历和考察，司马迁开阔了眼界，增长了知识，锻炼了观察事物的能力，积累了大量的原始资料，为写《史记》打下了基础。

司马迁三十六岁那年，父亲司马谈因病去世，父亲生前编写的一本历史书便搁下了。他临死时，拉着儿子的手再三嘱咐说："汉朝兴起以后，海内又统一了，上面有贤明的君主，下面有众多的忠义之士。他们的事迹都很丰富感人，我们做太史令的，如果不能把他们的业绩记载下来，就是失职。我死之后，你一定要继承我的事业，把书写完。"司马迁流着眼泪，连连点头，接受父亲的嘱咐。

过了两年，司马迁接替父亲做太史令，开始着手编写他父亲没有写完的历史书。这时候他接触到了各种宫廷文书档案，知识更加丰富了，搜集到的材料也更多了。

正在司马迁专心写《史记》的时候，不幸的事降临到他的头上，这是他四十八岁那年。司马迁有个老朋友，名叫李陵，被派去征讨匈奴。由于孤军深入，粮尽援绝，被匈奴包围俘虏了，当时有人传说李陵投降了匈奴。汉武帝一生气，把他的全家都杀了。司马迁对李陵比较了解，就在汉武帝面前替李陵辩白了几句，因此，触犯了汉武帝，汉武帝便治了他的罪，按当时的法律规定，是可以用钱赎罪的，但司马迁家里没有钱，最终受了腐刑的处罚，腐刑是使人丧失生殖能力的处罚，虽然不危及生命，但却让人蒙受巨大的耻辱。

受刑以后的司马迁，在人格上受到了沉重的打击，内心十分悲痛，他几次想到了自杀，可是一想到父亲的遗愿还没有实现，又不甘心这样死去。他决心坚强地活下去，把那部历史书写完。从此，他利用已经搜集到的材料，夜以继日地发愤著书。

经过不懈的努力，在五十三岁那年，司马迁终于写成了我国第一部不朽的历史巨著《史记》。这部书共一百三十篇，有五十二万多字。其中包括本纪十二篇，记载帝王的事迹；表十篇，用列表的方式记载大事和重要人物，补充本纪；书八篇，记载重要的典章制度，天文现象，政治设施和社会经济生活；世家三十篇，记载诸侯王和孔子、陈胜等特殊重要人物的事迹；列传七十篇，记载重要人物，少数民族和邻国的历史。其中最重要的是本纪和列传，因此后人称它为纪传体史书。自从《史记》首创了这种纪传体以后，中国历代的正史，即通常所说的二十四史，基本上都是以《史记》作榜样，采用纪传体这种形式来写的。

司马迁著的《史记》不仅内容确信可靠，是一部了不起的历史书，而且文字生动优美，人物写得栩栩如生，因此也是一部了不起的文学著作。鲁迅称赞《史记》是"史家之绝唱，无韵之离骚"。

郭解以武犯禁

西汉武帝时期有一位侠士，名叫郭解，他的性格既有残忍的一面，又有侠义的一面，是一个既让人惧怕，又颇有人格魅力的人物。

郭解是河内轵(zhǐ)县(今河南济源)人。他还是孩子的时候，因自幼丧父，缺乏管教，就品行不端，阴险残暴，为所欲为。只要遇到不高兴的事他就杀人，一时间杀人如麻。除了为自己杀人外，他还常常替别人报仇，窝藏亡命之徒，干一些诸如私铸钱币、挖坟盗墓等犯法的事。长大后，他渐渐明白了事理，就弃恶从善，以德报怨，行侠仗义。做了好事后，他从不炫耀自己，也不要求人家回报。一时间，乡里的年轻人都很仰慕他，将他当成大哥看待。

郭解有个外甥不争气，总是仗着郭解的势欺负别人，一般的人都敢怒不敢言。有一天，郭解的外甥和别人一起喝酒，席间他让人家干杯，人家受不了，他就强行把酒灌到人家嘴里。那人气不过，就用刀把他杀死，然后逃离了乡里。郭解听说后，也没有过问这事。郭解的姐姐见郭解不闻不问，非常生气，就羞辱郭解说："你那样行侠仗义，有人把我的儿子杀了，你竟然至今连个凶手都抓不到。"接着，郭解的姐姐一气之下，就把儿子的尸体扔在路旁，不安葬。

郭解见状，无奈之下只好让人四处探听凶手藏身的地方。凶手最后见无路可走，就自己回来了，并把实际情况都告诉了郭解。

郭解听完只说了一句："你把他杀死是对的，都怪我儿不讲道理。"然后，他就把凶手放了。接着，郭解自己安葬了姐姐的儿子。众人听说后，纷纷称赞郭解的大义。后来，很多人为此更加仰慕郭解的品行，依附他的人越来越多。

郭解深得乡里人尊重，乡亲们见他出门，常常自行回避。但是只有一个人不把郭解放在眼里，他见郭解迎面走来，就故意叉开两腿，坐在门口。对此，门客们非常气愤，想把那人杀死，而郭解却不与计较，劝说门客道："住在家乡自己的屋里，却不被人尊敬，这说明我的道德修养还不够。他有什么罪呢?"后来，他让门客打听那人的姓名，并请求乡里的官吏日后免去那人的徭役。

过了几年，轮到那人服徭役了，乡里的官吏果然没找他。这样轮过几次之后，那人也觉得很奇怪，一打听才知道是郭解给他免掉的。见郭解如此以德报怨，深明大义，那人非常惭愧，就袒露上身，到郭解那里去谢罪。一些年轻人听说后，更加仰慕郭解的所作所为了。

公元前127年，汉武帝刘彻为自己修建的陵墓茂陵刚刚落成。这时，朝中有大臣就劝刘彻说："茂陵刚建成，可把天下的豪强、富户和喜欢作乱的人迁到那里，这样，对内可以充实长安，对外可铲除邪恶，这就是人们所说的'不诛而害除’。”刘彻觉得有道理，就采纳了建议，并下令各地官员把豪强和财产超过三百万钱的富户迁移茂陵。当时，郭解家里并不富裕，不属于移民的范围。然而，当地的县吏却把郭解列进迁居的名单里。郭解不愿意迁移，就请当时的好友车骑将军卫青帮忙。

于是卫青就在刘彻面前替郭解求情。刘彻听后笑着说：“一个布衣权势大到能使将军替他说话，这样的人家肯定不穷。”最后，刘彻拒绝了卫青的请求，郭解无奈只好举家迁到茂陵去。他出发时，为他送行的有上万人。

郭解迁入关中后，这里的英雄好汉，无论是否和他相识，都争相和他来往。不久，郭解的侄子杀死了轵县的那名县吏。这家人的亲属就给朝廷上书告状，结果也被人杀死在宫门之下。刘彻知道后，非常愤怒，就令官府抓郭解。几经周折，才把郭解捕获。

得知郭解被抓的消息后，人们非常替他惋惜，而有个轵县的读书人却不以为然，他逢人就说：“郭解专门干那些犯法的事，他被抓罪有应得，有什么可惜的呢?”郭解的崇拜者听说他这般辱没郭解，义愤之下就将他的舌头割断，杀了他。官府在审讯郭解时，问起此事，郭解因确实不知道杀人者是谁，杀人者也不知去向了，所以官府一时也拿郭解没办法。

朝中御史大夫公孙弘知道这件事后，他义愤填膺地说：“郭解作为一个平头百姓凭着侠义为一点小事就滥杀人，真是胆大包天。这个读书人被杀，郭解虽不知情，但他的罪过比自己杀人还要严重。应该判处他大逆不道罪。”后来，武帝就以此罪判处了郭解，杀了他全族。

一个游侠的一生就这样结束了。也许，统治者是觉得这种侠士“以武犯禁”，不利于统治吧。

朱买臣穷困发迹

朱买臣，是会稽郡人，虽读了不少诗书，却家境贫寒，与妻子靠打柴为生。

妻子崔氏见朱买臣那副穷酸迂腐的样子，心中生气看不起他。一天，她把柴草朝地上一扔，回过头去，满脸怒色地指着丈夫骂道：“书呆子！书痴子！你何时才能出人头地？整天见你抱着书读，有什么用？你连打柴的时候也抱着书，我看你是不知道家中的艰难啊。”

“夫人不要发火嘛，”朱买臣就势放下挑子，一边捶背，一边笑嘻嘻地说，“我这是在温习自己的学问功课，孔子曰：‘学而时习之，不亦说乎？’”

“学问？学问值一斤米还是半斤面?”崔氏气哼哼地说。

“哎，卖给你，分文不值；卖给当今的皇帝嘛，可就值钱了！”朱买臣不急不躁地说。“呸！你一日三餐都吃不周全，还梦想当官发财哩！少给我白日做梦吧！”崔氏更火了。

“夫人啊，人不可貌相，海水不可斗量。到时候，你会嫌身上穿戴的凤冠霞帔太耀眼的……”朱买臣自信地劝说着崔氏。崔氏见朱买臣越说越得意，更加怒不可遏：“朱买臣！我没福气等到那一天，就要被你饿死了！从今往后，你要再不好好地给我每天打三担柴卖，我、我就和你一刀两断！”

“这……那我怎么抽得出空来读圣贤之书呢？”朱买臣笑着说，“夫人，我满五十岁后一定会富贵。现在我已经四十多了，你跟我过了很长时间的苦日子，等往后我有了功名，一定好好报答你就是了！”

“哼！我才不相信你会有功名富贵呢。从今往后，你走你的阳关道，我走我的独木桥算了！”崔氏觉得实在不能再和朱买臣生活下去，便气鼓鼓地回娘家去了。

“夫人！夫人！你别后悔啊！”朱买臣见妻子赌气走了，心中也觉得难过，只得无可奈何地摇了摇头。他索性一脚把柴担踢下山沟，坐在道边的青石上，从怀中取出一卷书来，略带伤感地自言自语道：“这样也好，也好。从此，我更能随心所欲地读书学习了……”

崔氏离开朱买臣后，为了生活，不得不改嫁。时隔不久，正值清明节，崔氏随着丈夫去扫墓。来到坟地，看到坟地树林中有个清瘦的人影一边砍柴，一边在高唱着“君子曰”。看他打柴是假，吟书倒是真，砍了半天，连根小树枝也没砍断。崔氏不用猜，就知是自己的前夫朱买臣。

这时的朱买臣比过去更加狼狈不堪了：头发蓬乱，胡子很长，衣服破烂，骨瘦如柴。崔氏念起夫妻旧情，心中不忍，忙把带来祭祀先人的饭菜拿出一半，送给朱买臣吃。

朱买臣正饥肠辘辘，只说了句：“有情后补！”便狼吞虎咽地吃起来。崔氏在一旁看了，又气又心疼，嘲笑地问：“朱买臣，皇帝怎么还没来买你的学问啊？”“这……时不来，运不转，再等等看吧。”朱买臣心平气和地回答。“那，等你交了好运，别忘了告诉我啊！”崔氏又挖苦了他一句，扭头走了。

几年后，朱买臣的同乡严助向汉武帝推荐了朱买臣，朱买臣奉诏来到了京城。这时候，朱买臣的一肚子才学果真发挥了作用，他向汉武帝说《春秋》，谈《楚辞》，如行云流水，头头是道。他还向汉武帝献了平息东越国（今福建省境内）反叛的计谋。汉武帝十分高兴，说：“你既有才又有功，我让你回家乡当会稽郡的太守去吧。你过去吃了苦，如今有了富贵，要是不回家去，好比穿了绫罗绸缎走夜路，家乡人怎么知道啊？”

朱买臣十分感激皇帝，向汉武帝磕头谢恩，辞别出来，直奔会稽郡设在京城里的邸馆。

朱买臣刚到长安时，生活困难，曾经寄居在这里，向看守邸馆的人讨饭吃。

这次被皇帝任命为会稽太守后，他仍然不动声色，穿着原来的旧衣服，把朝廷授予他的会稽太守的绶印揣在怀里，步行来到邸馆。

看守人以为他又是来讨饭吃的，就招呼他到厨房吃饭。朱买臣走进屋里，看到会稽郡的办事官吏们正聚在一起喝酒，众人看到他，连正眼也不瞧他一下。朱买臣像往常一样来到厨房里与看守一道吃饭。吃饭中间，看守偶然发现朱买臣的衣裳里露出了一点黄色的绶带，觉得很奇怪，就趁朱买臣不注意的时候，猛地一扯绶带，竟然扯出了一枚鲜红的印章。看守人大吃一惊，拿过印章一看，惊得大叫起来，原来这枚印章竟是会稽太守的官印。看守人睁大眼睛看着朱买臣，结结巴巴地说："你……你当上会稽太守啦！"朱买臣坐在那里，含笑不语，依旧大口地吃着饭。

看守人连忙跑到屋里，对正喝得兴高采烈的办事官员们大声喊道："你们快别喝了，会稽太守来到了，还不快去拜见！"办事官员们已经喝得醉醺醺的，听到看守人的喊话，也都吃了一惊，忙问道："太守什么时候进来的，你怎么不早告诉我们一声？"看守人说："我也是刚发现的，你们猜太守是谁？就是朱买臣！"

"哈，哈，哈！"办事官员们大声笑了起来，以为是看守人在开他们的玩笑，他们根本不相信每天到这儿来要饭吃的穷书生朱买臣会当上会稽太守，一个个嘲笑着说："你别胡说了，就凭朱买臣那副穷相，能当上会稽太守？"

看守人说："你们不相信，可以自己去看看嘛，他连太守的大印都带来了。"

一个平时最瞧不起朱买臣的人站起身来说："我去看看到底是真是假！"说完就走进厨房。很快他就神色慌张地跑进来说："真的！朱买臣真的当上会稽太……太守了！"在座的官吏们听了，酒都吓醒了，慌忙整理好衣冠，排着队来到厨房门口，恭恭敬敬地齐声说："小的们参见太守大人。不知太守大人驾到，有失远迎，望太守大人恕罪！"

朱买臣慢慢地从厨房里走出来，用眼光扫视了众官吏一遍，大声训斥道："派你们进京办事，你们怎么能这样大呼小叫地吃酒玩乐！"众官吏都低下头去，吓得不敢吭声。

这时，门外传来了人喊马嘶声，原来是迎接新太守上任的官车与随从人员来到了。朱买臣昂首阔步地走出邸馆，上了官车，在众随从的簇拥下，向会稽郡而来。

会稽郡的官员听说新太守要来，连忙从各县征召了很多百姓，洒扫太守的车马要经过的道路，又传令各县的官吏全部集合起来，在太守的来路上迎接。远远地看到太守的车马，各级官吏们便慌忙迎上前去，跪拜在道路两旁。朱买臣衣锦还乡，心中好不得意，他坐在马车上，不断地向路两旁迎接的人微笑着。突然，他在路旁洒扫的百姓中发现了一对夫妻，"那不是自己的前妻崔氏和她的丈夫吗？"他立即命人停下车来，让人把崔氏夫妇唤到跟前。

他问崔氏："你还认得我吗？"崔氏抬起头来，立时呆住了，原来新太守竟是被自己抛弃的前夫朱买臣！她满脸通红，羞愧地低下头，没有说话。

朱买臣说："当日我对你说，我总会有发迹的日子，让你等待我，可你硬是不相信。怎么样？现在你看到了吧，我的话变成了现实，你感到后悔了吧？"崔氏仍然低着头，脸上一阵红，一阵白，无言以对。

朱买臣想，自己如今做了官，应该有做官的气度，不能跟妇人一般见识。再说自己落魄时她毕竟陪自己受了不少苦，何况在离异后，她在清明节还送自己饭吃呢。于是，他对崔氏说："过去的事我们也不必再提了，毕竟我们曾经夫妻一场，我当年说要报答你，现在终于有了机会，你们跟我走吧。"

崔氏感到羞愧，不愿意随朱买臣去。可是朱买臣硬是让人把崔氏夫妇俩拉上了自己后面的一辆车，载着他们来到太守府。朱买臣把崔氏夫妇安置在太守府后边的花园里，供给他们吃穿，有时还过来看望他们。崔氏认为朱买臣是故意在羞辱自己，心里悔恨交加，不久就上吊死了。

崔氏死了，朱买臣也感到很伤心，觉得良心上过不去，就给了崔氏的丈夫一笔钱，让他把崔氏好好地埋葬了。

一年之后，朱买臣奉朝廷的命令，出兵征讨东越，立了战功。汉武帝把朱买臣召回京城，封了高官。可是几年之后，朱买臣卷进一场权力斗争中，得罪了当时得势的政敌，结果又被汉武帝砍了头。

绿林赤眉起义

西汉末年，外戚王莽篡位，进行复古改制。可是他的改制很不成功，再加上一连串的天灾，逼得农民走投无路，纷纷起义。东方和南方都有大批的农民起来反抗官兵。

公元 17 年，南方荆州闹饥荒，老百姓不得不到沼泽地区挖野荸荠充饥。人多野荸荠少，引起了争夺。新市（今湖北京山东北）有两个有名望的人，一个叫王匡，一个叫王凤，出来给农民调解，受到农民的拥护。大家就公推他们当首领。

王匡、王凤就把这批饥民组织起来起义，一下子就聚集了好几百人，还有一些逃亡的犯人也来投奔他们。

王匡他们占领了绿林山（今湖北大洪山）作为根据地，攻占附近的乡村。不到几个月工夫，这支起义军发展到七八千人。

王莽派了两万官兵去围剿绿林军，被绿林军打得大败而逃。绿林军趁势攻下了几座县城，打开监狱，放出囚犯；把官家粮仓里的粮食，一部分分给当地穷人，大部分搬到绿林山。投奔绿林山的穷人越来越多，起义军增加到五万多。

第二年，绿林山上不幸发生了疫病，五万人差不多死了一半。还有一半只好离开绿林山，后来分作三路人马——新市兵、平林（在今湖北随县东北）兵和下江（长江在湖北西部以下叫下江)兵。这三路人马各自占领一块地盘,队伍又强大起来了。

当南方的绿林军在荆州一带打击官兵的时候,东方的起义军也壮大起来。琅琊海曲(今山东日照县)有个姓吕的老大娘,儿子是县里的一个公差,因为没肯依县官的命令毒打没钱付税的穷人,被县官杀害了。这一来激起了公愤。有上百个穷苦农民起来替吕母的儿子报仇,杀了县官,跟着吕母逃到黄海,一有机会就上岸打官兵。

这时候,另一个起义领袖樊崇带领几百个人占领了泰山。吕母死后,她手下的人投奔樊崇起义军。不到一年工夫,就发展到一万多人,在青州和徐州之间来往打击官府、地主。

樊崇的起义军很讲纪律,规定谁杀死老百姓就要被处死,谁伤害老百姓就要受罚。所以,百姓都拥护他们。

公元 22 年,王莽派太师王匡(和绿林军中的王匡是两个人)和将军廉丹率领十万大军去镇压樊崇起义军。樊崇做好准备,跟官兵大战。为了避免起义兵士跟王莽的兵士混杂,樊崇叫他的部下都在自己的眉毛上涂上红颜色,作为识别的记号。这样,樊崇的起义军得了一个别名,叫"赤眉军。"

王莽的军队和赤眉军打了一仗。结果,官兵打了败仗,逃散了一大半。太师王匡的大腿被樊崇扎了一枪,逃了回去;将军廉丹在乱军之中被杀了。赤眉军越打越强,发展到了十多万人。

绿林、赤眉两支起义大军分别在南方和东方打败王莽军的消息一传开,别的地方的农民也都活跃起来。黄河两岸的大平原上大大小小起义军有几十路。有一批没落的贵族和地主、豪强也乘机起兵,反对王莽。

南阳郡舂陵(今湖北枣阳、河南唐河一带)乡的豪强刘縯(音 yǎn)、刘秀兄弟两人,因为王莽废除汉朝宗室的封号,不许刘姓人做官,心里怨恨,发动族人和宾客七八千人在舂陵乡起兵。他们和绿林军三路人马联合起来,接连打败了几名王莽的大将,声势就强大起来了。

绿林军的几支队伍没有统一的指挥。将士们认为人马多了,必须有个首领,才能统一号令。一些贵族地主出身的将军,利用当时有些人的正统观念,认为一定要找一个姓刘的人当首领,才能符合人心。

绿林军里姓刘的人很多,该推谁做首领呢?舂陵兵想推刘縯,可是新市和平林兵的将领怕刘縯势力太大,一定要立一个破落的贵族刘玄做皇帝。刘縯又提出等消灭了王莽、收服赤眉军以后,再立皇帝,也遭到反对。刘縯觉得自己力量不够,也只好同意了。

公元 23 年,绿林军各路将士就正式立刘玄做皇帝,恢复汉朝国号,年号"更始",所以刘玄又称更始帝。更始帝拜王匡、王凤为上公,刘縯为大司徒,刘秀为太常偏将军,其他将领也各有各的封号。此时,绿林军又称为汉军。

后汉书

有志者事竟成

公元 25 年，刘秀自立为帝，宣布重建汉朝，史称“东汉”。他开始剪除各地军阀，巩固自己的政权。

当时，南北各地还存在着许多割据势力。这些割据势力当中，兵力最多、占地最广的有东方齐鲁一带的刘永和张步，西北凉州、陇西一带的隗嚣(kuí xiāo)和西南巴蜀一带的公孙述等。他们这些人也称王称帝，想跟刘秀争夺天下。刘秀从建武二年(公元 26 年)起，依靠手下的得力大将，南征北伐，一个一个地消灭了这些割据势力，重新开创了统一的局面。

张步是琅琊人，当赤眉、绿林等农民军起义的时候，他也聚众数千，攻下了齐地的几座县城，自称为五威将军，成为当地的割据势力。汉朝的宗室梁王刘永当时也乘机起兵，为了壮大自己的声势，他跟张步联合，并且拜张步为辅汉大将军、忠节侯。张步驻扎在剧县(今山东省寿光县)，对刘秀政权形成了很大的威胁。

建武三年(公元 27 年)，刘秀派光禄大夫伏隆去招降张步，拜张步为东莱太守。刘永听说伏隆到了剧县，赶快派人给张步送去许多礼物，封张步为齐王。刘秀、刘永两边都拉拢张步，因为刘永送的礼物多，名号又是“王”，张步决定投靠刘永，就杀了刘秀派去的使者伏隆。刘秀听说伏隆被杀，很是生气，决定派大将耿弇去打张步。

耿弇从扫除叛军外围入手，先是平定了济南郡，然后逐渐威胁张步的腹地。

当时，张步盘踞剧县，以此为都城，派他的弟弟张蓝率领精兵二万人在西安县驻守，令各郡太守集合一万多人守卫临淄，两地相距四十里。

根据这种情况，耿弇就暗中决定进攻位于西安和临淄之间的画中。鉴于西安城固若金汤，兵精马壮，临淄易攻难守，耿弇就故意放出话来，说五天以后会攻西安。张蓝听说后，日夜警戒，不敢怠慢。

到了预定攻城的日子，耿弇半夜时分悄悄传令部队在睡觉的地方吃饭，天亮后攻打临淄城。

护军荀梁等人听说后，极力反对这一部署，劝说耿弇道："攻打临淄，西安一定会派兵援救；攻打西安，临淄却不能救援。所以，不如攻打西安。"

耿弇回答说："不对！西安听说我们要去进攻，日夜戒备，正担心自己的安全，哪有工夫援救别人?！临淄不会想到我们去进攻，一定会惊慌失措。我只需一天的时间，就能攻破临淄。攻下临淄，西安和剧县间的交通就被断绝了，西安就孤立了，要不了多久守军一定会弃城逃跑。这就是所谓的'击二而得二'。如果先攻打西安，不仅不可能很快攻下，而且会付出重大伤亡代价。就算攻破西安，张蓝也会率领军队逃回临淄，和那里的守军会合，观察我们的虚实。我们深入敌人腹地，后面没有补给，一个月之内，不用打仗也会受困的。"众将领听完耿弇的话，都觉得非常有道理。

接着耿弇按原定计划派军队攻打临淄，果然不到半天时间，临淄就将被攻下了。军队进城后，耿弇约法三章，严禁军队抢掠，说要等张步进犯后再掠夺财物，以激怒张步。西安的张蓝听说后，非常害怕，就率领军队逃回剧县。

张步听说临淄被攻下，面无惧色，坚信自己能打败耿弇。于是他联合三个弟弟张蓝、张弘、张寿以及前大肜军首领重异等人的军队，号称二十万，抵达临淄城东，准备进攻耿弇。

看到这种情况，耿弇自信地向刘秀报告说，自己采取深挖战壕，高筑城墙，避实攻虚，以逸待劳的方法迎战，十天之内就能斩获张步的脑袋。

接着，耿弇派都尉刘歆、泰山太守陈俊等人在城下设防。为避开张步军队的锋芒，耿弇故意表现的软弱，以此来助长对方的气焰。然而张步自恃兵强马壮，不等军队休息就与刘歆等人的军队交战在一起。一时间，临淄城下烽烟四起，锣鼓喧天，嘶杀声不绝于耳。

此时，耿弇登上城中高台，观察刘歆等人同张步交战的情况。等时机一到，他就亲自率领精锐部队出城从侧面攻击张步，一鼓作气，大败敌军。期间，有流箭射中了耿弇的大腿，而他毅然用佩刀砍断箭杆，接着投入战斗，直到天黑才下令鸣金收兵。到了第二天早晨，耿弇不顾伤痛，继续率军出城与张步交战。一时间双方战争陷入拉锯，胶着状态。这时，刘秀身在鲁城，听到耿弇受伤的消息后，便火速亲率军队赶往临淄增援。

在战事进行期间，将领陈俊曾劝耿弇，暂时关闭营门，休养士兵，等待皇上驰援。耿弇听后，厉声斥责陈俊说："身为臣子的应当杀牛备酒，恭迎皇上，怎么能把贼寇留给皇上去处理呢！"。于是耿弇继续出兵与敌人交战，从早晨一直战到黄昏，杀伤敌人无数，尸体填满了水沟，再次大败敌军。

耿弇料到张步失利后会撤退，于是就预先在路上设下了埋伏。深夜，张步果然率领军队撤退，在路上受到了伏击，兵马损失惨重，丢下几千车辎重，仓皇逃回剧县老巢。

过了几天，刘秀抵达临淄，亲自犒劳军队，大会群臣。

刘秀激动地握住耿弇的手说："从前，韩信攻破历下，开创了大业的基础。今天将军攻破祝阿，建功立业。两次战役部发生在齐国的西部边界，你们二人的功劳也足以相比较。韩信进攻的是已经投降的国家，将军却独自打败了强大的敌人，建功比韩信更为艰难。"接着，刘秀又说："从前郦食其被田横烹杀，等到田横投降时，高帝曾经下诏，让卫尉郦商不要报仇。张步以前也杀了伏隆，现在他若前来归顺，我也会下诏，化解大司徒伏湛的怨恨。这也是很相似的事情。以前在南阳的时候，将军你订下这个重大的策略。我总觉得计划庞大，难以成功。但现在证明，有志者事竟成啊！"

接下来，刘秀军队势如破竹，不久就攻破了剧县。张步逃奔平寿县，与苏茂率领的一万多人汇合，耿弇则继续率部追击张步残部。为减少军队伤亡，耿弇采取反间计，派使者告诉张步、苏茂说，能诛杀对方并投降的封侯。张步听说后，立即杀死了苏茂，并脱去上衣，袒露臂膀，径直到耿弇的军营门口，向汉投降。后来，刘秀果然效仿历史上刘邦对待田横的做法，以德报怨，封他做了安丘侯，让他与妻儿一起住在洛阳。

"有志者事竟成"，这是刘秀夸奖耿弇的话，从此以后就成了很有名的成语。

岑彭得陇望蜀

平定张步以后，汉光武帝刘秀决定派兵进攻凉州、陇西一带的隗嚣和巴蜀一带的公孙述。

隗嚣是天水成纪人（今甘肃省秦安县），年轻的时候在王莽的朝廷里做官。农民起义军推翻王莽以后，隗嚣的叔叔伯伯乘机起兵，拥戴隗嚣为上将军，打下了陇西、武威、酒泉、敦煌等地，在天水建立了根据地。更始皇帝刘玄进入长安，派人把隗嚣请到长安做官。赤眉军打进关中以后，隗嚣带着几十名骑兵，逃回天水。从此就自称西州上将军，形成了一支独立的军事力量。

建武六年（公元30年）隗嚣看到刘秀的地位日益巩固，怕自己斗不过刘秀，就向占据巴蜀的公孙述投降，两家联合起来跟刘秀争斗。

公孙述是扶风茂陵人，从小就很能干，年轻时候做过小吏。王莽篡汉、刘玄称帝的时候，公孙述到四川去发展自己的势力，很快就组织起来几万人的队伍。

刘秀称帝的那一年四月，公孙述也在四川称帝。刘秀忙着镇压赤眉军和其他割据势力的时候，公孙述进一步招兵买马，势力越来越强大。他在汉中囤积粮草，并且暗地里和陇西的隗嚣联合，准备共同对付刘秀。

建武八年（公元 32 年）光武帝刘秀乘着前两年作战胜利的余威，亲自率领征南大将军岑彭，大司马吴汉等西征陇蜀。岑彭带兵打破了隗嚣的根据地天水，与吴汉会合后，把隗嚣包围在西城（今陕西省安康县西北）。公孙述派大将李育来救隗嚣。李育进兵到上邽（今甘肃省天水县西南）被汉军包围。刘秀看到胜利在望，又听说洛阳附近的颍川发生兵变，京城骚动，就连夜东归。他临走的时候给征南大将军岑彭写了一封信，信上说："西城、上邽两城如能打下，就可乘胜带兵南攻巴蜀。一个人苦于没有知足的时候，既平陇，又望蜀。我为打仗耗尽心血，连头发和胡须也都变白了。"

岑彭看了刘秀的信，领会刘秀的意思是要他赶快平定陇蜀。他设了个计谋，用沙袋堵塞河流，引河水去灌西城，迫使隗嚣不得不放弃西城逃走。可是公孙述的大批援军已经赶到，隗嚣绝处逢生，乘势反攻。汉军因为粮食接济不上，只好退兵东归。

第二年，公孙述派大将任满、田戎、程汎等，率领水军数万人，乘着竹木排，从长江顺流而下，在荆门山与虎牙山之间的江面架起浮桥、斗楼，抗拒汉兵。这时候，岑彭已经转战到荆州，他对任满等几次发动进攻都没有取得胜利，只好作长期打算。岑彭下令制造了水战用的船舰数千艘，于建武十一年（公元 35 年），与吴汉等率领水陆战士六万余人，大举征蜀。岑彭先派人烧毁了蜀军的浮桥、斗楼，然后带兵逆流而上，打败蜀军。蜀军大将任满被杀，程汎被俘，田戎一直退到江州（今四川省巴县）。岑彭乘胜进军，一直打到成都东南几十里的广都。公孙述节节败退，只好采用暗杀手段，派刺客假装投降，在夜间刺杀了岑彭。

岑彭虽然死了，但是他那得陇望蜀的声势和首破荆门的战功，已经为汉军的胜利奠定了基础。隗嚣、公孙述这两支割据势力，因为受到岑彭的严重打击，一蹶不振，最后终于被汉光武帝刘秀所征服。

经过刘秀和将领们的努力，结束了自王莽篡汉以来形成的分裂割据局面，使国家重新统一，社会经济得到了恢复，历史上把刘秀开创的局面称为"光武中兴"。

道教初祖张道陵

张道陵是东汉时期五斗米道的创始人，他的名号——"张天师"，在中国可以说是家喻户晓，妇孺皆知。

东汉末年，干吉创立了太平道，而张道陵则创立了五斗米道。后来张角兄弟利用太平道组织黄巾军起义，随着起义的失败，太平道也随之瓦解了。而五斗米道却在张道陵孙子张鲁的努力下，势力不断扩大。由于张道陵创立了道教史上的第一个教团，因此被奉为道教的祖师爷，不断被神化。

张道陵是沛国丰县(今江苏丰县)人，曾是太学的学生，学识渊博，声名远播，在吴越一带有学生千余人，可是在仕途上却不得志。转眼间，张道陵已经年过半百，而且经常身体不适，不由仰天长叹道："想我一世饱学，竟然对自己的年寿没有半点益处，还不如学些延年益寿的本领!"于是，他决定离家远游，追寻长生之道。

临行前，他向众位弟子告辞，一个叫王长的弟子愿意随他同去。于是，他遣散其他学生，带着王长离开了家乡。

师徒二人游遍名山大川，先后在洛阳北邙山、江西云锦山等处修道。传说他们住在云锦山时，张道陵在山岩上发现了一本异书，他照着书中的指点修炼"龙虎神丹"，炼到一年的时候，红光满室，第二年时，有五色云彩覆盖在鼎上，第三年丹就炼成了，有一条青龙、一只白虎现形空中，张道陵从此成了神仙真人。后来，张道陵的后代就把云锦山改称为龙虎山，山中至今尚存藏经岩、炼丹台等遗迹。

丹成之后，师徒二人又到河南嵩山访道，一住就是几年。一天，有一位白衣使者从天而降，告诉张道陵说，嵩山的中峰有一座石室，藏有三皇内文和黄帝九鼎丹经，依法修炼者可以升仙。张道陵进了石室，脚下的石砖果然发出"空空"的响声，他循声翻开石砖，果然找到了所藏的丹书。

从此以后，张道陵的道法越炼越精，还有了各种神异的功能。道术高超的他此时有了"以道化民"的远大理想。他听说四川有很多名山，自古是神仙真人的聚会场所，加之那里民风纯朴，人民易于教化，于是决定南下入蜀。

一天，张道陵来到一座山脚下。只见此山三面环水，双溪合流，山势起伏活像仙鹤浮于云端。一打听，才知道这山名叫鹤鸣山，是千年仙鹤所化。山上还有一只石鹤，每遇到仙人入山，就会长鸣。张道陵知道这是灵山宝地，打算在这里长住下来。刚住下的当天晚上，石鹤就发出一声长鸣。

张道陵一面研究道法，一面了解蜀中的民情。到鹤鸣山的第三年，他的神丹炼成。望着耀眼的神丹，张道陵心中思忖：若是升仙而去，此刻即可，但是修仙的人，还应该关心百姓的疾苦，兴利除害。于是，他决定待在四川继续教化民众。

传说一个正月十五的晚上，张道陵像往常一样解衣就寝。午夜时分，太上老君率领众仙降临鹤鸣山。老君看见张道陵睡梦正酣，便对众仙说："我准备传他符箓和治身之道，好让他普救蜀地受苦的百姓。"

这时，一个身穿夜光甲、头戴通天冠的仙人走进张道陵的梦中，对他说：“道陵，醒醒，老君正率领众仙降临，等你醒来呢！”

张道陵陡然惊醒，见香花满地，听仙乐阵阵，忙翻身下拜。太上老君让随从仙人取出三洞经书、金丹秘诀、雌雄二剑和一枚都功印，交给张道陵，并正式任命他为天师，让他整顿蜀地的宗教，救渡苦难中的百姓。

得到老君传法之后，张道陵的道法大进。他学会了治身之道，能采药给老百姓治病。这些药在蜀地山中即可采得，又很便于讲授，一时间前来拜师受道的老幼男女竟达到数万人。

张道陵在蜀地的声名大振，他认为自己创教的时机已经成熟，于是参照蜀中原有的宗教区划，取一年二十四节气之数，把全境分为二十四个教区，称为“二十四治”。治中废除了朝廷官吏，取缔了当地的巫教巫师，设“祭酒”为道长，负有政教合一的双重职能。祭酒的职位父死子继，首治阳平治的道长称为“都功”，由张道陵及其子孙担任，具有绝对的权威。从而，形成了中国道教的第一个教团。

在教团内部，他们自称为“正一道”或“天师道”，由于道团规定，教民每年十月一日须向道师缴纳信米五斗，存入“天仓”，以备凶年饥岁和过往行人使用。世人于是称它为“五斗米道”。教派创立后，张道陵宣布老子为教主，以《道德经》为圣典，由祭酒带领教民遵行。为了帮助教民理解，张道陵还写了《老子想尔注》一书，为五斗米道奠定了坚实的理论基础。

传说，张道陵最后带着弟子王长、赵升在四川的青城山升仙而去，天师之位由他的儿子张衡继承。后来，张衡传给儿子张鲁。张鲁把五斗米道发扬光大，建立了割据汉中的地方政权，后来投降曹操。

张鲁去世后，他的儿子张盛将传道中心迁回江西龙虎山，成为道教的正宗。从此，张道陵的子孙以龙虎山为祖庭，世袭“天师”名号。经过历代经营，龙虎山建成了拥有十大道宫、十八座道观、三十六座道院，号称“仙灵都会”的庞大道教圣地。如今，天师道已经传到第六十四代。

糟糠之妻不下堂

在刘秀朝中有一位大司空叫宋弘，他为人耿直，敢于直谏时弊。

一次他推荐沛国人桓谭做了朝廷的议郎、给事中。由于桓谭善于弹奏，于是刘秀经常召他弹琴。宋弘知道后很不高兴，认为皇上长期沉湎享受歌舞，会误国家政事的，于是等到桓谭从宫中出来，他就穿上公服，坐在大司空府中，派官吏去召桓谭。

桓谭到后，宋弘故意不给他让座，责备他说："自己能改正过失吗？还是要我根据法律检控你？"桓谭听完连忙磕头谢罪。过了很久，宋弘才让他回去。

后来有一次，刘秀在朝中与群臣宴乐，就让桓谭弹琴。桓谭看见宋弘在场，紧张得连弹得曲调都走了样。刘秀觉得很奇怪，就问他。宋弘从坐席上站起来，摘下帽子赔罪说："我推荐桓谭，是希望他能以忠义之心辅导君主，而他却让朝廷终日沉湎于靡靡之音，这是我的罪过呀。"刘秀听后非常惭愧。

刘秀有一个姐姐湖阳公主年纪轻轻就守了寡，于是刘秀就想为姐姐寻觅一如意郎君。一次刘秀就和她一起评议朝臣，暗中查探她的心意。谈话中，公主对宋弘的威仪容貌和道德气度赞叹不已，从此刘秀就了解了姐姐的心事。

不久，刘秀找借口召见宋弘，让姐姐坐在屏风后面观察。刘秀劝导宋弘说："地位尊贵了，可以换朋友；财富增加了，可以换妻子。这是人之常情！"

宋弘听完，恭敬地回答道："臣听说，贫贱之交不可忘，糟糠之妻不下堂。"听完宋弘一席话，刘秀无言以对。事后，他对公主说："事情看来办不成。"

"强项令"董宣

汉光武帝刘秀是豪家地主出身，家里拥有大量田产。他在家乡的时候，为了扩充自己的势力，常常结交一些亡命之徒。有些杀了人该判死罪的犯人，只要往刘秀家里一躲，连衙门里的官吏也不敢去要。刘秀的亲戚也都是豪族地主。他的外祖父姓樊，是当地最有名的大地主，有地三百多顷。他的岳父姓阴，有地七百多顷。刘秀起兵以后，赶来投奔他的人，如邓禹、耿弇等，多数也是豪族地主。刘秀建立的东汉皇朝，是为大地主谋利益的政权。东汉政府对于贵戚豪族吞并农民土地的事情，从来不干涉。从东汉政权建立那天起，掌握几十顷、几百顷土地的大地主与日俱增，几乎到处都有。

大地主依仗自己的势力，建立起规模巨大的田庄。一所田庄好像一个独立的小王国，甚至连政府派去征税的官吏都敢抗拒。

由于豪强地主横行霸道，地方政府的许多事情不好办，政府的法令也推行不开，连光武帝刘秀也觉得矛盾重重，有些不好处理。但是，当时也出现了一些执法严明、敢于跟皇亲贵戚、豪强地主作斗争的官吏，他们甚至不怕丢掉自己的乌纱帽和性命，也要维护封建法律的尊严。外号叫做"强项令"的董宣，就是以维护法律尊严出名的代表人物之一。

董宣在北海（今山东省昌乐县）地方做官的时候，当地发生了一件豪强地主随便杀人的案子：有个叫公孙丹的豪强地主，在北海新建了一所富丽堂皇的住宅。房子完工以后,占卜的人说房子盖得虽然好,可是触犯了凶神,住进去一定会死人。公孙丹听了很害怕,他决定牺牲别人的生命来免除自己的灾难。他叫儿子站在门口等着,看到门口过路的人,随便抓几个来杀了,埋在住宅里,用这个办法来祭祀凶神,避免住进去以后再死人的灾难。公孙丹父子随便杀人,当然是犯法的。可是公孙丹是地方上有名的豪强地主,谁都不敢管他。董宣却不怕这些,他认为自己是地方官,应当管。他把情况了解清楚以后,立即派人把公孙丹父子抓来,判处死刑,并且立即就地执行。这样一来,北海地方的那些豪强地主大受震动,从此都不敢再为非作恶、随随便便杀人了。

董宣办理得最出色、因而使他获得"强项令"称号的,是惩办湖阳公主管家的案件。

湖阳公主是光武帝刘秀的姐姐,也是一个出名的豪强地主,她在京城洛阳郊区有占地广大的田庄,在洛阳城里拥有豪华的住宅,家里的奴婢有上千人。有一次,湖阳公主家里的管家在大白天杀了人,触犯了刑律。当时正是董宣在洛阳担任县令的时候,杀人犯害怕董宣治他的罪,就躲在湖阳公主家里,靠着公主的庇护,逍遥法外。董宣知道了这个案件,很是气愤,决心要把杀人犯抓来,依法治罪。

董宣等着等着,机会终于来了。有一天,湖阳公主因事外出,带了一大群家奴同行。那个杀人的管家认为风头已经躲过去了,也混在家奴里面一起外出。董宣听到这个消息以后,赶快带了县衙门的人马,守候在湖阳公主必须经过的夏门亭地方。当公主的车马前呼后拥地走到夏门亭时,董宣突然往路当中一站,挡住了去路。他用刀往地上一指,大声地对公主说:"禀告公主,您的管家横行不法,杀了人,应当判处死罪,请您把杀人犯交出来!"

湖阳公主见董宣拦住她的车马,要她交出管家,觉得自己在众人面前丢了面子,很不高兴。她把脸一沉,斥责董宣说:"董宣!你身为县令,不要随便乱说。我的管家怎么会杀人?你有什么真凭实据吗?"

董宣说:"我当然有凭有据,您的管家杀人的时候,有许多人亲眼看见的。您要不相信,我可以找人来作证!"

公主一看情况不妙,赶快改变口气说:"董宣!你要知道,我的管家是我最信得过的人,就算他真的杀了人,你看在我的面上,就饶了他这一回吧!"

董宣看到湖阳公主居然藐视法律,想要庇护杀人凶手,就板起面孔大声地对公主说:"公主!您家法不严,管家才胡作非为。他既然犯了法,就应当治罪,您不应该替他求情。难道公主家里的管家就可以不遵守皇上的法律吗?"

湖阳公主被董宣一责问,一句话也说不出来了。那个杀人的管家一看情况不妙，赶快往人背后躲，可是董宣早已经认出他来了，命令手下人一把抓住他，拉到路当中，当场就把他斩了。

湖阳公主看到一个小小的县令居然敢冒犯她，当着众人的面杀她的管家，心里非常气恼。她赶快跑到皇宫里去，找到光武帝刘秀，诉说自己的委屈，要求光武帝给她做主。光武帝听说董宣对姐姐这样无礼，也很生气，立刻下令把董宣抓来，要用乱棍把他打死。

董宣听说光武帝要打死他，不慌不忙地说："皇上要打死我，我当然不敢违抗。不过，请您允许我在临死之前讲句话！"光武帝问："你想说什么？"董宣说："陛下英明，所以才复兴了汉朝。如今公主的管家杀了人，公主置皇上的法律于不顾，想要庇护杀人凶手。我无非是公正地执行了法律，却要断送性命。陛下自己制订法律，自己破坏，这怎么能把国家治理好呢？我看您不必打，我自己在这里撞死好了。"说完，就用头去撞宫殿的柱子，头皮撞破了，流了满脸的血。光武帝赶快叫太监把董宣拉住。他仔细一考虑，觉得董宣的话很有道理，但是为了照顾姐姐的面子，他想叫董宣给姐姐赔个罪，把事情了结。他对董宣说："你按照法律办事，的确是有道理的，但是你冒犯了公主，使公主受了惊吓。你现在去给公主磕个头，赔个不是，我就饶了你。"

董宣听说叫他给公主磕头赔罪，很不服气，说什么也不肯答应。光武帝叫人把董宣拉到湖阳公主面前，按着他的脑袋叫他跪下磕头。董宣一屁股坐在地上，用两手撑着地，挺着腰杆，强着脖子，死也不肯低头。

湖阳公主看到董宣的强硬态度，觉得自己实在有些下不了台。她对光武帝说："早先陛下在乡下的时候，专门庇护那些亡命之徒，做官的都不敢到咱们家里来搜查。如今陛下贵为天子，难道连一个小小的县令也处治不了吗？"光武帝苦笑着说："天子和老百姓不同。董宣是个强脖子县令，是为了维护皇家的法律才这样做的。我不能处治他。您再找一个能干的人做管家吧！"说完，他下令把董宣放了，还赏赐他一顿酒饭。董宣把酒饭吃个精光，然后把杯盘全都翻转过来，底朝上地扣在桌子上。

管事的人认为董宣这样做是有意侮辱皇上，又把他扭送到光武帝面前。光武帝听说以后，责问董宣说："董宣！这一次你又有什么可说的呢？"董宣说，"皇上赐给我饮食，我不敢剩下一点儿；皇上叫我办事，我要拿出全部力气，这就是我把酒饭吃个精光，并且把杯盘翻转过来扣在桌子上的意思。"

光武帝听了，点点头说："这样很好！"他下令赏赐董宣三十万文钱。

董宣把这笔钱全都分给了他的手下人。从此，"强项令"董宣的名气到处传开了。

佛教入国

汉光武帝为了巩固他的统治，大力提倡儒家的孔孟之道。他每到一个地方去巡视，一下车，就打听当地有没有熟读四书五经的人。要是有这样的人，他就亲自登门拜访，务必要把这个人请出来做官。当时一些精通儒家学术的人，听说皇帝这样尊崇儒术，就从四面八方背着图书赶到京城里来。光武帝在京城里修了一所太学，设立了五经博士，让那些熟读经书的人在里面讲学。京城里的学术空气浓厚起来了，儒家的忠孝节义等学说，为维护专制统治起了很大的作用。

汉光武帝死后，儿子刘庄即位是汉明帝。汉明帝信仰佛教，用佛教的教义来维护他的统治。永平八年(公元 65 年)，明帝刘庄还派人到印度去取经求佛。

佛教起源于印度，它的创始人是释迦牟尼，姓乔答摩，名字叫悉达多，大约于公元前 565 年出生，释迦族。释迦牟尼，意思是释迦族的“圣人”，是佛教徒对他的尊称。他的父亲净饭王，是今天尼泊尔境内迦毗罗卫地方的一个统治者。因此，悉达多的青年时代过的是养尊处优的日子。但是，这个悉达多王子却不满意自己的生活。他觉得人世间存在着生、老、病、死的痛苦，应当想办法解脱。在二十九岁那年，悉达多离别了自己的双亲、妻儿，出家去修道。他在一棵菩提树下冥思苦想了七年，据说最后终于大彻大悟，进入了一个至高无上的精神境界，成了“佛陀”(即“觉悟者”的意思)。在这以后，他就到印度的恒河流域去招收门徒，传播他创立的佛教。最初有舍利弗、阿难陀等人相信了他的说教，投在他的门下，成了他的第一批信徒。接着，信仰佛教的人越来越多，佛教成了印度的一大宗教。

佛教的重要教义是因果报应的“轮回”学说。根据佛教的说法，凡是有生命的东西，总是像一个车轮似地在那里不断地转动着。从生到死，好像车轮转了一圈。紧接着死而来的就是来世的生。有了生，就又有死，从生到死，就又转了一圈。再紧接着的又是再一世的生。一个人这一世是人，他的前一世或者下一世不一定是人。他的前一世可能是神，因为不修行，这一世就被罚做人了；也可能他的前一世是牛马等牲畜，因为修行了，就让他这一趼升级做人。一个人的下一世做什么，得看他这一世的表现，如果这一世修行了，下一世就可能成为神；这一世不修行，下一世可能降格做牛马等牲畜。这种因果报应的轮回学说自然是唯心的，决不可能真有那么回事，但是它很符合统治阶级的需要，他们可以利用佛教的这种说教，消磨被统治阶级的反抗思想，叫他们这一世忍耐服从，好好修行，把希望寄托于来世。

佛教起源于印度，创始人是公元前6世纪的释迦牟尼。公元前3世纪，也就是相当于中国的战国末期，阿育王统治印度，他规定佛教为印度的国教。从此，佛教逐渐地传播到锡兰（即今斯里兰卡）、缅甸、暹罗（即今泰国）和越南等地。西汉末年，西域有些小国也崇信佛教。

汉哀帝元寿元年（公元前2年），信奉佛教的大月氏王派使臣伊存到长安。西汉的博士弟子秦景宪跟着伊存策浮屠经。从此以后，佛教就逐渐在中国传播开来了。

佛教传入中国以后，一些王公贵族首先信仰佛教。他们吃素念佛，希望来世能够到西方极乐世界去做神仙。汉光武帝刘秀的一个儿子被封为楚王的刘英就是个佛教徒。刘英的母亲许美人没有受到光武帝的宠爱，所以他的地位比较低，虽然被封为楚王，封地却是又小又贫瘠。刘英希望自己的来世能过得比这一世更好，所以就信了佛教，并且还经常把自己知道的一些佛教故事到处宣讲，也讲给他的异母兄弟明帝刘庄听，劝明帝信仰佛教。

永平八年的一天晚上，明帝刘庄做了一个梦，梦见一个又高又大的金人，围绕着金人的脑袋和脖子，有一圈耀眼的光芒，看起来十分威武尊严。明帝一觉醒来，猜不透梦中所见的金人究竟代表什么，自己这个梦究竟是吉兆还是凶兆？第二天上朝，明帝把这个梦讲给文武大臣们听，请他们帮助他圆梦，也就是帮助他分析这个梦。明帝说完梦以后，合朝的文武大臣听了，你望望我，我看看你，沉默了大半天，谁也说不清这究竟是怎么回事。最后还是楚王刘英给做了分析。刘英对明帝说："禀告陛下，您大概梦见佛了。我听西域天竺国来的佛教大师说，佛高一丈六尺，通体都是金黄的颜色，颈项上佩有日月的光辉。这跟您梦见的不是完全一样吗？佛给您托梦，这是吉祥的预兆，希望陛下赶快斋戒沐浴，并且派人到天竺国去取经求佛。"

汉明帝听说自己梦见的是佛，梦见佛又是吉祥的预兆，高兴极了，就赶快斋戒沐浴，郑重其事地派郎中蔡愔（yīn）和博士弟子秦景等人，带了黄色的和白色的上等丝绸，到天竺国去取经求佛。

天竺国就是张骞说的身毒国，也就是现在的印度。据说印度的商人早在西汉初年就跟中国的巴蜀有通商关系，张骞通西域的时候，曾经在西域见到过蜀地出产的布和邛竹杖，那是西域人从身毒国那里转运去的。张骞一度想出使身毒国，但是没有能够实现。

东汉的时候，由于生产的发展，各地之间的交通比西汉时候方便得多了。蔡愔、秦景和他们的随从，经过艰苦的长旅途行，终于到了天竺国，并且找到了佛教大师，向他们介绍了汉朝的情况，转达了汉明帝想要取经求佛的虔诚愿望。佛教的大师们认为汉明帝不远万里地派人去取经求佛，确是出于虔诚的心情，就决定派遣竺法兰和迦叶摩腾两位大师，带着许多写在贝多罗树叶上的佛经，跟随蔡愔、秦景等人到中国来。贝多罗树是天竺生长的一种树，叶子宽阔坚韧，佛教徒用它来写佛经。

竺法兰和迦叶摩腾到了中国，朝见了汉明帝，向汉明帝讲解了佛教的教义。汉明帝认为佛教的教义很符合他加强封建专制统治的需要，就请他们两位带着一些佛教徒，把他们带来的贝叶经翻译成为汉文。竺法兰和迦叶摩腾起初住在汉朝政府招待贵宾的鸿胪寺里。他们希望汉朝政府能按照印度佛教寺院的样子修建一所佛寺，供他们居住，就画出佛寺的图样来交给汉明帝。汉明帝从国库里拨出一大笔钱，并且调来了有名的工匠，在洛阳城里修建了我国的第一所佛寺。因为竺法兰和迦叶摩腾是用白马驮着贝叶经到中国来的，所以这所佛寺就职名为白马寺。

自从汉明帝派人去天竺取经求佛以后，佛教就在中国广泛地传播开了。因为佛教起源于印度，有些教义跟中国的传统思想和风俗习惯不合，后来，有些佛教徒和皇朝的统治者就对佛教进行了部分的改造，把中国道家的黄老思想和儒家的孔孟之道掺和进去，把它变成了既符合中国的风俗习惯，又有利于巩固封建专制统治的一种中国式的佛教。中国封建社会绵延达两千多年之久，封建思想十分顽固地盘踞于人们的头脑之中，这一方面是由于儒家孔孟之道的作用，另一方面也可以说是由于佛教的影响。

跋扈将军梁冀

东汉王朝从汉和帝起，即位的皇帝大多是小孩子，最小的是只生下一百多天的婴孩。皇帝年幼，照例由太后临朝执政，太后又把政权交给她的娘家人，这样就形成了一个外戚专权的局面。有的皇帝死后没儿子，太后、外戚就从皇族里找一个孩子接替皇帝，以便他们控制政权。

但是，到了皇帝长大，渐渐懂事，就不甘心长期当个傀儡。他要想摆脱外戚的控制，可是里里外外都是外戚的亲信，跟谁去商量呢？只有一些宦官，每天在皇帝身边伺候。结果皇帝只好依靠宦官的力量，扑灭外戚的势力。这样，外戚的权力就转到宦官手里。

外戚和宦官两大集团互相争夺，轮流把持着朝政，是东汉后期政治的典型特征。

公元 125 年，东汉第七个皇帝汉顺帝即位，外戚梁家掌了权。梁皇后的父亲梁商、兄弟梁冀先后做了大将军。

梁冀是一个十分骄横的家伙，他胡作非为，公开勒索，全不把皇帝放在眼里。

汉顺帝死去的时候，接替他的冲帝是个两岁的娃娃，过了半年也死了。梁冀就在皇族中找了一个八岁的孩子接替，就是汉质帝。

汉质帝虽然年纪小，还真伶俐。他对梁冀的蛮横劲儿看不惯。有一次，他在朝堂上当着文武百官的面朝着梁冀说：

“真是个跋扈将军！”

梁冀听了，气得要命，当面不好发作。背后一想，这孩子这么小小年纪就那么厉害，长大了还了得，就暗暗把毒药放在煎饼里，送给质帝吃。

汉质帝哪儿知道饼里有毒，吃了饼，马上觉得肚子不舒服。

他叫内侍把太尉李固叫进来。李固看见他十分难受的样子，问他是怎么回事。

质帝说：“刚刚吃了饼，只觉得肚子难过，嘴里发干，想喝点水。”

梁冀在旁边连忙说：“不，不能喝，喝了水就要呕吐。”

梁冀的话还没说完，这个八岁的孩子已经倒在地上，滚了几滚，断了气。

梁冀害死了质帝，又从皇族里挑了一个十五岁的刘志接替皇位，就是汉桓帝。

汉桓帝即位后，梁皇后成了梁太后，朝政全落在梁冀手里，梁冀更加飞扬跋扈。他为了自己享受，盖了不少高楼大厦，把洛阳近郊的民田都霸占下来，作为梁家的私人花园。里面亭台楼阁，应有尽有。他爱养兔子，在河南城西造了一个兔苑，命令各地交纳兔子。他还在兔子身上烙上记号，谁要是伤害梁家兔苑里兔子的，就犯死罪。有个西域到洛阳来的商人不知道这个禁令，打死了一只兔子。为了这件案子，竟株连了十多个人，丢了性命。

梁冀把几千个良家子女抓来作为奴婢，把这种奴婢称做“自卖人”。意思就是说，他们都是“自愿”卖给梁家的。他还派人去调查有钱的人家，把富人抓来，随便给他一个罪名，叫他拿出钱来赎罪，出钱少的就办死罪。有个叫孙奋的人很有钱财。梁冀送给他一匹马，向他借钱五千万。孙奋被他逼得没办法，给了他三千万。梁冀冒了火啦，他吩咐官府把孙奋抓去，诬说孙奋的母亲是他们家逃出来的奴婢，偷去大量珍珠、金子，都要追还。孙奋不肯承认，就被官府活活打死，财产全给没收了。

梁冀这样无法无天地掌了将近二十年大权，最后跟汉桓帝也闹起矛盾来。梁冀派人暗杀桓帝宠爱的梁贵人的母亲。汉桓帝忍无可忍，就想除掉梁冀，可他没有兵权，怎么办呢？自己身边只有宦官靠得住，他就秘密联络了单超等五个跟梁冀有怨仇的宦官，趁梁冀不防备，发动羽林军一千多人，突然包围了梁冀的住宅。单超宣布皇帝的诏书，宣布梁冀的罪行，准备奉命将他逮捕。

梁冀毫无准备，慌里慌张直发抖，等他弄清楚是怎么回事的时候，知道活不了啦，只好吃毒药自杀。

梁家和梁冀妻子孙家的亲戚全都完了蛋,有的被处死刑,有的撤了职。朝廷上下,梁冀的爪牙心腹三百多人全撤了职。

朝廷上的官员差不多一下子全空了。

梁家倒台,老百姓不用提有多高兴了。汉桓帝没收了梁冀家的家产,一共值钱三十多亿,这笔钱相当于当时全国一年租税的半数。被梁家占用作花园、兔苑的民田,仍旧给农民耕种。

汉桓帝论功行赏,把单超等五个宦官都封为侯,称做"五侯"。从此以后,宦官的地位大大提高了,他们认为自己有功,颇为自得。此后,东汉政权又从外戚手里转到宦官手里了。

党锢事件

宦官五侯掌权以后,跟梁冀一样胡作非为。他们把持朝政,卖官卖爵,从朝廷到全国郡县,都有他们的亲信,搞得社会黑暗不堪。

当时有一些有正义感的官员,不满宦官掌权,主张改革朝政,罢斥宦官;还有一批太学生,因为社会腐败,找不到出路,也要求改革。他们批评朝政,对掌权的宦官和附和宦官的人,深恶痛绝。

公元165年,陈蕃做了太尉,名士李膺做了司隶校尉,这两个人都是不满宦官的。太学生都拥护他们,把他们看做是模范人物。

李膺当了司隶校尉后,有人告发宦官张让的兄弟、野王(今河南沁阳县)县令张朔贪污勒索。李膺要查办张朔。张朔逃到洛阳,躲进他哥哥家里。李膺亲自带领公差到张让家搜查,在张家的夹墙里搜出张朔,把他逮走。张让赶快托人去求情,李膺已经把案子审理清楚,把张朔杀了。

张让怀恨在心,马上向汉桓帝哭诉。桓帝知道张朔确实有罪,也没有难为李膺。

这一来,李膺的名气就更大了。一些读书人都希望能见见李膺,要是受到李膺的接见,就被看做很光彩的事,称做"登龙门"。

第二年,有一个和宦官来往密切的方士(搞迷信活动的人)张成,从宦官侯览那里得知朝廷马上要颁布大赦令,就纵容他的儿子杀人。李膺马上把杀人凶手逮捕起来,准备法办。

第二天,大赦令下来,张成得意地对众人说:"诏书下来了,不怕司隶校尉不把我儿子放出来。"

这话传到李膺耳朵里,李膺更加冒火。他说:"张成预先知道大赦,故意教儿子杀人,大赦就不该轮到他儿子身上。"

说完,就下令把张成的儿子砍了头。

张成哪儿肯罢休,他要宦官侯览、张让替他报仇。他们商量了一个鬼主意,叫张成的弟子牢修向桓帝告了一状，诬告李膺和太学生、名士结成一党，诽谤朝廷，败坏风俗。

汉桓帝接到牢修的控告，就下命令逮捕党人。除了李膺之外，还有杜密、陈寔和范滂等二百多人，都被他们写进党人的黑名单。朝廷出了赏格，通令各地，非要把这些人抓到不可。

杜密像李膺一样，也是敢于跟掌权的宦官作对的官员。两个人的名望差不多，人们把他们联在一起，称为“李、杜”。

李膺下了监狱，杜密当然也逃不了。

陈寔本来是个太学生，因为有名望，也被划到党人名单里去。有人劝他逃走。陈寔并不害怕，说：“我逃了，别人怎么办？我进了狱，也可以壮壮别人的胆。”他说着，就上京城，自己投案，进了监狱。

范滂也跟陈寔一样，挺着腰板进了监狱。

捉拿党人的诏书到了各郡，各郡的官员都把跟党人有牵连的人报上去，多的有几百个。只有青州平原相(相，相当于郡的太守)史弼没报。

朝廷的诏书接连下来催逼他，青州还派了一个官员亲自到平原去查问。

那个官员把史弼找去，责问他为什么不报党人的名单。史弼说：“我们这里没有党人，叫我报什么？”

那官员把脸一沉说：“青州下面有六个郡，五个郡都有党人，怎么平原偏偏会没有？”

史弼回答说：“各地的水土风俗不一样。别的地方有党人，为什么平原就一定也有党人呢？”

那官员被他反驳得张口结舌，说不出话来。

史弼又说：“你一定要冤枉好人，那么，平原家家户户都有党人。我情愿死，要我报党人，我可一个也说不上来。”

那官员拿他没有办法，就胡乱把平原的官员收在监狱里，回报朝廷。

被捕的党人在监狱里，宦官对他们进行残酷的折磨。他们的头颈、手、脚都被上了刑具，叫做“三木”，然后被蒙住头一个挨一个地拷打，就这样关了一年多。

第二年，有一个颍川人贾彪，自告奋勇到洛阳替党人申冤。汉桓帝的皇后窦氏的父亲窦武也上书要求释放党人。

李膺在狱中采取以攻为守的办法，他故意招出了好些宦官的子弟，说他们也是党人。宦官这才害怕了，对汉桓帝说：

“现在天时不正常，应当大赦天下了。”

汉桓帝对宦官是唯命是听的，就宣布大赦，把两百多名党人全部释放。

这批党人虽然释放，但是宦官不许他们留在京城，打发他们一律回老家，并且把他们的名字通报各地，罚他们一辈子不得做官。历史上叫做“党锢”事件。

不久，汉桓帝死了。窦皇后和父亲窦武商量，从皇族中找了一个十二岁的孩子刘宏继承皇位，就是后来腐败出了名的汉灵帝。

王允计除董卓

公元 189 年，凉州军阀董卓看到皇室昏弱，就带兵攻入都城洛阳。他废了少帝，立陈留王刘协做皇帝，这就是汉献帝。从这个时候起，董卓自封为丞相，独揽大权。

董卓在洛阳无恶不作，引起广泛反抗，袁绍、曹操等人起兵讨伐他。董卓没办法，只好把洛阳城里的财物洗劫一空，强迫百姓和他一起迁往长安。当然，他也没有忘记带上汉献帝这个政治傀儡。

为了寻欢作乐，他在离长安二百多里的地方，建筑了一个城堡，称作郿坞。他把城墙修得又高又厚，把从百姓那里搜刮得来的金银财宝和粮食都贮藏在那里，单是粮食，足足够三十年吃的。

郿坞筑成之后，董卓十分得意地对人说："大事成了，天下就是我的；即使不成功，我就在这里安安稳稳度晚年，谁也别想打进来。"

董卓在洛阳的时候，就杀了一批官员；到了长安以后，更加专横跋扈。文武官员说话一不小心，触犯了他，就丢了脑袋。一些大臣怕保不住自己性命，都暗暗地想除掉这个坏蛋。

董卓手下有一个心腹，名叫吕布，是一个出名的勇士。吕布的力气特别大，射箭骑马的武艺，十分高强。他本来是并州刺史丁原的部下。董卓进洛阳的时候，丁原正带兵驻守洛阳。董卓派人用大批财物去拉拢吕布，要吕布杀死丁原。吕布被董卓收买，背叛了丁原，投靠董卓。

董卓把吕布收作干儿子，叫吕布随身保护他。他走到哪里，吕布就跟到哪儿。人们害怕吕布的勇猛，就不好对董卓下手。

司徒王允决心除掉董卓。他知道要除掉董卓，先要拉拢他身边的吕布。他就常常请吕布到他家里，一起喝酒聊天。日子久了，吕布觉得王允待他好，也就把他跟董卓的关系谈了出来。

原来，吕布跟董卓虽说是父子关系，但是董卓性格暴躁，稍不如他的意，就向吕布发火。有一次，吕布说话顶撞了他，董卓竟将身边的戟扔了过去。幸亏吕布眼快手快，把身子一侧，躲过了飞来的戟，没有被刺着。

后来，吕布向董卓赔了礼，董卓也表示宽恕他。但是，吕布心里很不痛快。他把这件事告诉了王允。王允听了挺高兴，就把自己想杀董卓的打算也告诉了吕布，并且说："董卓是国贼，我们想为民除害，您能不能帮助我们，做个内应？"

吕布听到真要杀董卓,倒有点犹豫起来,说:“我是他的干儿子,儿子怎么能杀父亲呢?”

王允摇摇头说:“唉,将军真糊涂,您姓吕,他姓董,本来不是骨肉至亲,再说,他向您掷戟的时候,还有一点父子的感情吗?”

吕布听了,觉得王允说得有道理,就答应跟王允一起干。

公元192年,汉献帝生了一场病刚刚痊愈,在未央宫会见大臣。董卓从郿坞到长安去。为了提防人家暗算,他在朝服里面穿上铁甲。在乘车进宫的大路两旁,派卫兵密密麻麻排成一条夹道。他还叫吕布带着长矛在他身后保卫着。经过这样安排,他认为万无一失了。

他哪儿知道王允和吕布早已商量好了。吕布约了几个心腹勇士扮作卫士混在队伍里,专门在宫门口守着。董卓的座车一进宫门,就有人拿起戟向董卓的胸口刺去。但是戟扎在董卓胸前铁甲上,刺不进去。

董卓用胳膊一挡,被戟刺伤了手臂。他忍着痛跳下车,叫着说:“吕布在哪儿?”

吕布从车后站出来,高声宣布说:“奉皇上诏书,讨伐贼臣董卓!”

董卓见他的干儿子背叛了他,就骂着说:“狗奴才,你敢……”

他的话还没说完,吕布已经举起长矛,一下子戳穿了董卓的喉头。兵士们拥了上去,把董卓的头砍了下来。吕布从怀里拿出诏书向大家宣布:“皇上有令,只杀董卓,别的人一概不追究。”

董卓的将士们听了,都高兴地呼喊万岁。

长安的百姓受尽了董卓的残酷压迫,听到除了奸贼,成群结队跑到大街上唱着,跳着。许多人还把自己家里的衣服首饰变卖了,换了酒肉带回家大吃一顿,庆祝一番。

恶贯满盈的董卓被消灭了,但是百姓的灾难并没有完。过了不久,董卓的部将打进长安,杀死王允,赶跑了吕布,长安百姓又一次遭到烧杀抢掠。

白门楼斩吕布

董卓之乱后,东汉王朝名存实亡,各地官僚、豪强乘机争夺地盘,形成了大大小小的割据势力。当时,势力较大的有南阳的袁术、荆州的刘表、吕布等。公元198年,为扩大势力,曹操听从谋士荀攸的建议决定攻打刚刚起兵反叛的吕布。吕布原是并州刺史丁原的部下,他力大无比,善于射箭骑马,十分骁勇。受到董卓收买后,他先杀了丁原,投靠了董卓。后来,他又受司徒王允怂恿,杀死了义父董卓,势力渐渐增强。

吕布听说曹操要来进攻后，决定以逸待劳。这年十月，曹操攻下彭城，然后进军到下评。吕布见状亲自率领部队迎击，结果与曹操交手屡战屡败，只好退守城池，不敢出战。于是曹操给吕布写信，向他讲清楚利害关系。吕布非常害怕，打算弃城投降。

吕布有一个叫陈宫的手下劝阻他说："曹操远道而来，势必不能坚持很久。将军如果率领步兵、骑兵到城外驻扎，我率领剩下的军队守卫城池，如果曹操进攻将军，我就领兵从他们的背后进攻；如果曹军攻城，则将军在城外援救。这样，用不了一个月，曹军的军粮吃完，我们再大举进攻，就可以打败敌人。"

吕布认为他说得对，就准备留陈宫与高顺守城，自己率领骑兵切断曹军的运粮通道。

回家后，吕布的妻子听说此事，就对吕布说："陈宫与高顺一向不和，将军一出城，万一他们俩闹起内讧，谁要是打开城门投降了曹操，将军以后在哪里立足呢？况且曹操对待陈宫，就像父母对待怀里的婴儿一样，陈宫还丢下曹操来归附我们；你待陈宫不如曹操待他那么好，就把全城交给他，把妻儿老小丢在这里，孤身一人率军远出。如果一旦发生变故，我哪里还能再做你的妻子呢？"吕布听了，又打消了原来的计划，偷偷派下属官员许汜、王楷向袁术求救。

袁术曾和吕布订下儿女婚姻。后来吕布与曹操联合，又拒绝了这桩婚事。如今袁术见吕布向自己求援本想袖手旁观。但经不起吕布的说客许汜、王楷多方游说，于是他让军队作好准备，造出要援救吕布的声势。

为讨好袁术，吕布计划夜里将女儿送出城，交于袁术。结果与曹军遭遇，经过短兵相接，仍然无法通过，吕布只好又退回到城里。

再说曹操挖掘壕沟包围下邳城，过了很久也没能攻下，眼见士兵疲惫不堪，曹操打算撤军。谋士荀攸、郭嘉闻听后，就劝曹操乘吕布锐气还没有恢复，陈宫的策略还没有决定，迅速发动猛攻，一举消灭吕布。

曹操认为说得对，就命令曹军开凿沟渠，引来沂水、泗水灌城。

过了一个多月，吕布见情况一天比一天危急，就登上城墙对曹军说："你们不要这样逼我，我要向曹公自首。"陈宫在一旁听到吕布这样说，就极力劝阻他。

一天吕布的部将侯成丢失了他的宝马，幸好不久后又找了回来，将领们一起送礼向他道贺。侯成把礼物里的酒肉分出一份，献给吕布。谁知吕布却大怒，斥责侯成违反戒酒令，预谋算计自己。对此侯成又气又怕，不久就率部下捉住陈宫、高顺等人向曹操投降。吕布听到消息悔恨不已，自知自己到了山穷水尽的地步，于是他登上白门楼，命令手下砍下自己的脑袋，然后投降曹操。手下们不忍心下手，吕布就自己下楼向曹操投降。

曹操本是个心胸狭窄之人，尽管很仰慕吕布的才能想使用他，但是又怕吕布日后背叛他，自己落得丁原和董卓一样的下场，于是就下令处死了吕布。

三国志

刘备隆中求贤

诸葛亮是三国时期著名的政治家、军事家。他在辅佐刘备，建立蜀汉前，曾隐居在襄阳附近的隆中。虽然那时他以耕作为主，但他胸怀大志，常常把自己比做管仲和乐(yuè)毅。当时人们并不了解他，认为他是自吹自擂，只有当时的贤士颍川人徐庶和博陵人崔州平认为他确有管仲、乐毅那样的才能。

官渡之战后，刘备投奔荆州牧刘表。回想自己多年来寄人篱下、颠沛流离的生活，他时常深感身边缺少能辅佐自己的贤才，为此他一直很苦闷。有一天，他把自己的想法向襄阳人司马徽说了，司马徽对他说："一般的儒生俗士，怎么能认清时务？只有俊杰之士，才能认清天下大势。在襄阳，自有卧龙与凤雏。"

刘备听完后急忙问卧龙、凤雏是谁，司马徽笑了笑，说："就是诸葛亮与庞统。"

不久，徐庶在新野遇见刘备。刘备求贤若渴，对他非常器重。徐庶向刘备推荐说："诸葛孔明就是卧龙，将军愿意见他吗？"

刘备一听，十分高兴，连忙说："请你把他带来见我吧。"

徐庶摆摆手，说："孔明是个难得的人才。像他这样的人，怎能随随便便地召唤来，将军应当恭恭敬敬地去拜访他。"

刘备认为徐庶说得很对，就决定亲自到隆中拜访诸葛亮。刘备一连去了三次，才见到诸葛亮。刘备让左右随从都出去，向诸葛亮请教说："当前汉王朝已经衰败，奸臣当道，皇上蒙尘。我虽势单力薄，但一心想为天下伸张正义，完成统一大业。我到现在一事无成。请先生指教，我应当怎样做才能取得成功呢？"

当时诸葛亮只有二十七岁，他见刘备说得入情入理，诚挚感人，就推心置腹地跟刘备谈了自己的想法。他说："如今曹操拥有百万大军，挟天子以令诸侯，您实在不能与他争锋。孙权占据江东，已经历三代，地势险要，百姓归附，仁人志士都为他效力，因此您可以与他结为联盟，不要算计他。荆州地势险要，北有汉水、沔水，可以得到直至南海广大地区的全部物产，东连吴郡、会稽郡，西通巴郡、蜀郡，是个用兵的好地方。可是荆州的主人刘表却保守无为，这恐怕是上天赐给将军的地方。益州是个易守难攻的天然要塞，那里土地肥沃，物产丰富，真是天府之地。益州州牧刘璋昏庸无能，北边还有张鲁与他为敌。虽然百姓富庶，官府丰足，他却不知爱惜和利用，因此，那里有本事、有智谋的人都盼望能有一个贤明的君主。将军是汉朝王室的后裔，以信义著称于天下，如果能占有荆州与益州，据守险要，安抚戎、越等部族，对外与孙权结成联盟，对内修明政治，一旦局势有变化，再向中原发展。那么，统一天下的大业，何愁不能成功！”

刘备听完连连点头称是。从此，他与诸葛亮的关系日益亲密，刘备对诸葛亮言听计从，恭恭敬敬。刘备的部将关羽、张飞见状十分不满，刘备就向他们解释说：“我得到孔明的辅佐，犹鱼得水，你们不要多说了。”打那以后，关羽、张飞不敢再有抱怨了。

华佗之死

华佗是东汉末年的著名医学家，他发明的“麻沸散”，比日本和西方各国发明手术用的麻药要早出一千五百多年。华佗自小熟读医书，长大后他不但通晓养生的方法，而且精通医方与用药。治疗疾病，配制汤剂不过几味药物，就能达到手到病除的地步。

华佗用药从不用称分量，煮熟了就让病人饮服。如果需要扎针，也不过选一两处穴位，下针时告诉病人针应当到达哪里。等到病人说：“已经到了。”随即拔针，病也随着消除。如果病人身体内部有病，需要动手术的，他就让病人服下麻沸散，待病人麻醉后再开刀做手术。完毕后，他将伤口缝合，敷上药膏。四五天后病人的伤口便痊愈了，不再疼痛，病人自己也没有感觉。一个月左右，伤口就会完全长好。由于华佗医术高明，因此找他看病的人总是络绎不绝。

一次，华佗走在路上，见到一个患咽喉阻塞症的人。病人很想吃东西却又咽不下去，家里人正想用车拉着他前去求医。华佗听到那人呻吟，便停车前去看望，告诉病人家人说：“刚才经过的路旁有个饼店，从那里买三升蒜泥和酸醋给病人喝了，疾病自然就会消除。”那家人按照华佗吩咐去做，时隔不久，病人便吐出了一条蛔虫，病就好了。

有一位郡守患病，久医无效，便请华佗诊治。华佗认为这个人大怒一场病就会好，于是收下了他的许多钱财却不给他治病，不久就丢下病人走了，还留下一封信骂他。太守果然大发雷霆，派人要把华佗抓回杀死。太守的儿子知道华佗的用意，嘱咐那些人不要追赶。太守愤怒到极点，吐了几升黑血，病竟然痊愈了。

有一天，李将军的妻子病得很厉害，召唤华佗来医治。华佗诊脉后说："伤了胎，但胎儿没有离开母体。"

李将军说："听说确实伤了胎，不过胎儿已经打下来了。"

华佗摇摇头说："从脉象上看，胎儿还没有打下来。"

李将军不相信。于是，华佗停止诊病，起身离去。华佗走后，李夫人的病情稍有好转。可是，一百多天以后，疾病再次发作。李将军只好又把华佗请来诊治。华佗说："按照这脉象的惯例判断，还有未产下的胎儿。前次应当生下两个婴儿，一个胎儿先生出来，出血很多，后一个胎儿还没有生出来。母亲自己不觉得，别人也不了解，再也没有接生，所以没有生下来。现在胎儿已死，母亲的血脉不再营养胎儿，胎儿必定干枯而附在母亲的脊骨上，因此使母亲的脊骨时常疼痛。现在应当给汤药，并用针扎一个穴位，这个死胎必定会出来。"

华佗同时施用汤药和针扎的方法，李夫人腹中登时剧烈疼痛，好像临产时一样。华佗又说："这个死胎干枯已久，不能自己产出，应当让人把他掏出来。"助手按吩咐去做，果然掏出一个已死的男婴，手足齐全，颜色发黑，体长一尺左右。

那时候，位重权高的曹操患有头痛病，每当发作，心乱眼花，痛苦不堪。听说华佗医术高超后，他便派人将华佗召到自己身边。华佗为他作了仔细检查之后，就用针扎他的膈腧穴，片刻之后曹操的头就不再痛了。后来，曹操当了丞相，便留华佗在相府专门为他治病，但华佗以解除众人病痛为报负，不愿只为一位权贵治病。于是，他借故暂回故乡，从此不愿再回曹操相府。没过多久，曹操的头痛病又发了，其他医生没法治好。曹操屡次写信相召，但华佗都以妻子有病相推托。为此，曹操勃然大怒，派人前去查看。他对前去调查的人说："如果华佗的妻子果然病了，就赐给他四十斛(hú)小豆，并放宽期限；如果华佗说谎，就拘捕他，并把他押送回来。"结果，使者一查，华佗的话就露了馅，他被立即关进了监狱。

侍中荀彧(yù)得知此事后，向曹操请求说："华佗的医术确实高明，能救人性命，应当宽恕他。"

但曹操余怒未消，不以为然，还是传令处死华佗。华佗临死时，拿出一卷自己写的医书交给狱吏，希望他带出去，传于后世。可是狱吏害怕犯法，不敢接受。华佗见状也不勉强，叹了口气，要来火就把书全部烧了。

华佗死后，曹操的头风病始终没有治好。但曹操始终不肯承认自己做了错事，他对左右侍从说："华佗是成心不治好我的病，如果我不杀这小子，他也不见得会为我除去这个病根。"

后来，曹操的爱子曹冲病危，却没有人能医治，最终去世了。曹操痛惜不已，叹道："真后悔当初杀掉了华佗，现在只能眼睁睁地看着这个孩子死去。"

管宁割席

东汉末年，中原大乱，当时公孙度管理的辽东地区远离战火，却相对平静。为躲避战乱，中原的一些人士，很多人都举家迁到这里，归附公孙度。其中，有名的人士有北海人管宁、邴原和王烈等。

管宁与华歆早年是同窗好友。有一次，他们一起锄地种菜，看到地上有一块金子。管宁继续锄地，视金子如同石头瓦块一样。华歆却把黄金捡了起来，端详了一会儿才扔掉。人们从这件事上，就看出管华二人的品格优劣。

还有一次，管宁和华歆一起在屋里读书。这时窗外响起车马的喧闹，原来是达官贵人的仪仗经过这里。华歆听见了，就放下手中的书，在窗前羡慕地观看。管宁生气地说："你不是我的朋友。"就把坐席一分为二，不与华歆同席。

邴原也是一位贤士。一次他去远方游学，要过八九年才回来。老师和朋友们以为他不会喝酒，所以只用米和肉为他送行。邴原说："我本来会喝酒，因为怕荒废学业才戒掉的。现在要远行了，可以痛饮一番。"于是他就和大家坐在一起尽情喝酒，喝了一天也没醉。

再说公孙度听说他们来到辽东后，礼贤下士，就腾出舒适的房间，让他们来住。但管宁在拜见过公孙度之后，却在山谷中自己搭建小屋。当时来避难的人大多住在郡城以南，只有管宁住在郡城以北，表示他没有重返家乡的念头。后来人们也逐渐在他房子的周围落户，不到一个月，这里就形成了村庄。

安顿下来之后，管宁经常与公孙度一起聊天，话题只是谈儒学经典，不谈论时事。管宁回到自己山里的住处后，就讲授《诗经》、《尚书》，研究古代祭祀的礼仪，只会见学者，不见其他的人。公孙度见管宁是个贤人，不问政治，对自己没有威胁，也就安心了。受到管宁的耳濡目染，住在附近的老百姓们也渐渐被他的德行所熏陶了。

与管宁不同，邴原是个性格刚直的人，他喜欢评头论足，分析各种现象。对此，公孙度的手下心里对他很不满。管宁听说后，就劝导邴原说："隐藏的龙，不被别人看见，才能成就德行。不合时宜地发表意见，会招来灾祸。"邴原听了管宁的劝解，就偷偷逃回到中原。公孙度知道后，也没有派人追赶。

王烈为人宽宏大度，学识过人，年轻的时候名声比管宁、邴原还大。他善于教导别人，在乡里很有名望。一次乡里有人偷牛，被牛的主人抓住。偷牛贼请求说："我甘愿受刑罚，只是请求不要告诉王烈。"王烈听说后，派人去向他道谢，还送了一匹布给他。当时有人问原因，王烈说："偷牛贼害怕我知道他的过失，表明他还有羞耻之心。既然知道羞耻，就能够生出善心。我送布给他，是为了鼓励他从善。”

还有一次，一位老人在路上丢失佩剑，被一位行人看到，这位行人就一直守在路边等失主来领取。到了傍晚，失剑老人回来了，找到了丢失的剑。老人非常惊奇，就将此事告诉王烈。王烈派人去调查，原来守剑的人，就是从前的那个偷牛贼。

百姓之间发生争执，一般都要去请王烈裁决。有的人走到半路，有的人刚看到他的住宅，就都退回去，自愿表示让步，而不愿意让王烈知道他们有过纠纷。

公孙度非常欣赏王烈的才能，一度想任命王烈担任长史。但王烈淡泊明志，坚决推辞不肯接受。为了让公孙度死心，王烈故意做起了买卖来降低自己的身份，公孙度至此作罢。

曹操大败马超

公元 211 年，丞相曹操派校尉钟繇、征西护军夏侯渊等人率军讨伐占据汉中的中郎将张鲁。由于关中是通往汉中的必经之地，所以偏将军马超、镇西将军韩遂认为朝廷派大军要袭击他们，于是他们就串通关中将领，聚集十万兵马，据守潼关。

曹操听说后，连忙派安西将军曹仁，告诫诸将：“关西军队精锐强悍，你们紧守营寨，不要出战。”

不久，曹操亲自率领大军征讨马超。将领们议论纷纷，有人提醒曹操说：“关西士兵善于使用长矛，杀伤力强，如果不用精兵，恐怕很难对付他们。”

曹操听后微微一笑，说道：“交战的主动权在我手中，而不在敌军。他们的长矛再长，我也会让它无法刺杀，你们等着看吧。”

随后，曹操大军到达潼关，与马超隔关对峙。曹操表面上做出急攻潼关的样子，暗中却派大将徐晃率领步兵和骑兵四千人，偷渡黄河，在马超军队的背后安营扎寨。接着，曹操指挥大军从潼关北面强渡黄河。

马超闻讯，急忙率军前来进攻。曹操带领一百多名武士留在南岸，阻击马超军队。马超的军队来势凶猛，弓箭万箭齐发，曹操的阵地箭如雨下，一时间曹军死伤不少。曹操毫无惧色，坐在折椅上镇定自若地指挥。后来，都尉许褚把曹操扶上小船，自己举着马鞍为曹操遮挡乱箭，右手奋力撑船。正在危急关头，校尉丁斐把曹军的牛马放了出来，马超军队顿时乱作一团，纷纷去抢牛马。曹操这才得以脱身，渡过黄河。

曹操大军到达黄河北岸后，又渡河到了黄河西岸，与徐晃等会师。曹操沿河岸修筑甬道，向南推进。马超见状只得退守到渭河与黄河的交汇口。

为了把军队从渭河北岸运到南岸，曹操命人在河上架起一座浮桥，用来迷惑和吸引敌人，让他们以为曹军主力将要从浮桥过河。夜里，曹军却乘船偷偷渡过渭河，在南岸修筑营垒。马超闻讯，慌忙带兵进攻，被曹军的伏兵击退。曹军全部渡过渭河后，马超几次挑战，曹操都不许应战。马超无奈，只好请求割让土地，并表示愿意送子弟做人质。曹操采用贾诩的计策，假意答应讲和，乘机离间马超等人的联盟。

有一天，韩遂偷偷跑来与曹操相见。因曹操与韩遂的父亲同一年举孝廉，又和韩遂年纪相当，辈分相同，是老朋友，所以两人相见显得很亲热。他们谈了很长时间，谈到过去在京都的亲朋旧事，但没有说到当前的战事，谈到高兴时不禁拍手欢笑。

韩遂回到军营后，马超急切地问："曹操说了些什么？"

韩遂说："没说什么，只是聊聊往事。"

马超对此将信将疑。几天后，曹操派人给韩遂写了一封信，故意在信中圈改涂抹了许多地方，做成像是韩遂涂改的样子。马超见后更加怀疑韩遂。

后来关中将领之间产生了隔阂，曹操见开战时机已到，就与马超约定战期。到了开战那天，曹操先派轻装的军队挑战，与马超等人大战多时，然后才派精锐骑兵进行夹击，把马超打得大败。随后，韩遂、马超逃回凉州。

得胜后，有的将领问曹操："开始，马超的主力据守潼关，渭河以北的道路都空虚无备，曹公为什么不从河东发起进攻，反而屯兵潼关，过些日子才北渡黄河呢？"

曹操说："敌军据守潼关，如果我军进入河东，他们就会分兵把守各处渡口，阻止我们渡过西河。所以，我才把主力集中在潼关，吸引他们的注意力，徐晃才能轻而易举地夺取西河。这样，我军北渡黄河，敌军就无法与我军争夺西河。我用车辆和树木向南修建甬道，既是为了安全，也是向敌军示弱。渡过渭河后坚守不出，是使敌军骄傲自大，因此，敌军未修营垒，只好请求割地。我答应马超的请求，是使他们放松警惕。这样，我们就能以迅雷不及掩耳之势，击垮敌军。战场上变化莫测，决不能执著于一种方法。"

有的将领问他："我见当初敌军中每增加一支军队，你就面露喜色，这是为什么？"

曹操听了，笑道："关中地域辽阔。如果各路将领各自凭险而守，要征讨他们至少也得一两年的工夫。现在他们都集中到一起，虽然人数众多，却彼此不服，又没有统一的统帅，一举便可歼灭。所以我暗暗高兴啊。"

张辽威震逍遥津

公元 215 年八月，孙权趁曹操正在汉中讨伐中郎将张鲁的机会，就率领十万大军围攻合肥。当时，曹军在合肥的兵马才有七千多人。

原来曹操早有预料孙权会带兵进犯，所以在他出征前，就为合肥守军定下了破敌的计策。具体是：孙权来进攻，张辽、李典两位将军出战，乐进将军守城，护军不要参战。

曹军将领们见孙权军队浩浩荡荡，壮兵强马，都认为寡不敌众，开始对曹操的指示有怀疑。张辽却说："主公远征张鲁，如果等他的援兵到来，合肥已破，所以他在信中命令我们趁敌军立足未稳，予以迎头痛击，这样就能摧折敌军锋芒，安定我军军心，然后才有可能拒守。"

其他将领一言不发。因为李典、乐进、张辽三人本来不和，张辽担心他们不肯合作，便说："胜负成败，在此一战。诸位如果有疑虑，我将独自出战，一决胜负。"

李典听了张辽的一番话，感慨地说："这是国家大事，我怎么能因为私怨而损害公义呢！我和张将军一同出击。"于是，张辽连夜组织起八百勇士的敢死队，杀牛设宴隆重犒赏。

第二天清晨，张辽全身披挂，手持战戟，率先冲入敌阵，杀死几十人，连斩孙权两员大将。张辽越战越勇，高喊"我是张辽"，冲破敌军营垒，直逼孙权麾下。孙权大惊失色，急忙退到一座高丘，用长戟抵御。张辽大喊着要与孙权决一死战，孙权惊恐万状。后来，他见张辽兵马不多，就下令将张辽团团围住。

张辽奋力冲出重围，随从的士兵仅剩几十人，没有突围的士兵高声叫喊："将军要抛弃我们吗？"张辽听到后，又返身杀入重围，把其余的人救出。战斗从清晨一直战到中午，张辽奋不顾身，势不可挡的气势，一时间吓得孙权的军队望风而逃，不敢再和张辽拼杀。眼见这一仗，灭了孙权的威风，曹军士气高涨，张辽就下令收兵回城，整顿城防。

接下来的十多天，孙权大军虽然把合肥围得水泄不通，但始终无法破城，眼见粮草不多，孙权只得下令撤兵。孙权的大军陆续上路后，孙权和一些部下将领却落在了逍遥津北岸。张辽从远处望见后，眼见孙权身边兵马不多，就率领步兵、骑兵突然杀到。一时间孙权的军队猝不急防，溃不成军，被张辽的军队团团围住。后来，孙权的大将吕蒙等人拼死抵抗，孙权才得以冲出重围。

接着孙权仓皇向逍遥津桥逃去，等走到桥边才发现桥板已被撤去一丈多宽，无法通过。这时张辽的追兵越来越近，情势万分危急。孙权的部下监谷利见状，让孙权抓紧马鞍，放松缰绳，他在后面用鞭猛抽战马。

战马受惊一跃而起，腾空飞到南岸。至此，孙权才幸免于难，但他当时已吓得魂飞魄散。

后来，曹操得到捷报，对张辽的壮举赞不绝口，就任命他做了征东将军。

曹操是一个文武全才的人，他的几个儿子也颇有名气，曹操、曹丕、曹植在文学上成就很大，是建安时期的重要作家，世称“三曹”。曹彰英勇善战，曹冲聪慧过人，可惜早死。

曹操选太子

曹操的原配夫人是丁夫人，一直没有为曹操生养儿子。后来，曹操纳了刘氏为妾，刘氏为他生了儿子曹昂。等到再纳卞氏为妾的时候，卞氏陆续为曹操生下了曹丕、曹彰、曹植、曹熊等四个儿子。由于曹昂是曹操的长子，所以曹操就让原配丁夫人抚养。过了几年，曹昂在穰城战死，丁夫人为此整天哭哭啼啼，曹操见不得她哭闹，就一气之下休了丁夫人，让卞氏当正室。

曹植从小聪明非凡，酷爱读书，十几岁的时候就已才华横溢，能写很出色的文章。为此，他深受曹操的宠爱。一次，曹操想把女儿嫁给丁仪为妻，但儿子曹丕却因丁仪一只眼瞎，看不起他，就极力劝阻曹操，因而与丁仪结下怨恨。为此，丁仪和他弟弟及丞相主簿杨修故意经常在曹操面前称赞曹植的才干，劝曹操立曹植为太子。

有一年，曹操为立太子的事情，暗中征询大臣们的意见。当时的尚书崔琰并没有因自己的侄女嫁给了曹植，就替他说话，而是在给曹操的信中答复说：“按照《春秋》之义，应立长子，况且曹丕仁厚、忠孝、聪明，应立为太子，我的看法至死不变。”接着尚书仆射(yè)毛玠等大臣也极力推举曹丕。曹操一时间犹豫不决。

曹丕知道此事后，怕自己地位不稳，就听从了贾诩的建议，开始修身养性，早晚孜孜不倦，非常守儿臣之道。一天，曹操暗中询问贾诩，贾诩微笑不答。曹操追问说：“我在问话，贾卿却默不作声，是什么原因？”

贾诩说：“属下正在考虑，所以没有及时回话。”

曹操急切地问：“考虑什么？”

贾诩回答说：“考虑袁本初，刘景升两对父子的事情。”

曹操会意，哈哈大笑。

一天，曹操率兵出征，曹丕、曹植都在路旁相送。曹植不住地称颂曹操的功德，出口成章，旁边的大臣们连连赞赏，曹操也感到自豪。曹丕则怅然若失，低头不语。当时吴质在他耳边低声说："魏王即将上路，将军只流泪哭泣就行了。"

于是果然曹丕哭着下拜向曹操告别，为此曹操很伤感，禁不住也落了泪。这件事使曹操觉得曹丕虽然才华比不上曹植，但是心地老实，对他有感情。后来，再加上宫中的人和曹操的部属大多为他说好话，曹操宠爱曹植的心才渐渐变了。再后来，曹操见曹植做事任性，锋芒毕露，对曹植渐渐不满意起来了，也就打消了立曹植为太子的念头。

到了公元217年冬天，曹操就把次子曹丕立为了太子。

周瑜诸葛斗智

赤壁之战后，曹操退回北方，孙权、刘备得以喘息。刘备以荆州为根据地，不断扩大地盘。刘备的声势大增，这可吓坏了东吴的将领。

虽然火烧赤壁，周瑜、黄盖立下汗马功劳，但是孙权十分佩服诸葛亮的才能，黄盖也是如此，只有周瑜是嫉妒。他们都知道刘备手下有几员大将，关羽、张飞、赵云这几个人能顶得上几千人马，再加上诸葛亮足智多谋，刘备的势力扶摇直上，长此以往，必然会威胁到东吴。

周瑜对孙权说："主公，刘备四处扩张，野心勃勃，我们要趁他还不是太强大之时，要回荆州，否则他势力强大之时，我们想要回荆州就难了，到时候，我们将悔之晚矣！"

孙权说道："公瑾，荆州如今被刘琦占据，我们也答应了他们，只有刘琦去世，才能收回荆州。"

周瑜道："主公，我听说刘琦如今病重，生命垂危。我们要时刻注意他的情况，一旦刘琦去世，我们即刻收回荆州，以免节外生枝。"

没多久，驻守襄阳的刘琦病死，这个消息可乐坏了周瑜。他想：我们马上可以收回荆州了。

周瑜立即把这一消息报告给孙权，孙权派鲁肃前去荆州，以吊丧为名，其实是索要荆州。

到了荆州，鲁肃礼节性地吊丧完毕之后，见了刘备、诸葛亮等人。鲁肃对刘备说道："皇叔，如今刘琦已亡，按照约定，我们应收回荆州，还请皇叔答应。"

刘备一时语塞，不知说什么。诸葛亮道："我家主公还没有攻打下别的城池，你家主公让我们现在归还荆州，我们到哪里去呢？这分明是不合理的要求，我家主公一向诚实守信，一旦我们有了别的城池，立即会将荆州归还你们。"

鲁肃一听，说道："周都督在来之前，再三叮嘱我，无论如何要得到荆州，如果你们不答应，他将率兵前来攻打。"

刘备一听，有些心惊。诸葛亮接着说道："一个小小的周瑜，算得了什么？想当初曹操率百万大军前来，我们都不惧怕，回去告诉周瑜，我们随时奉陪。当然啦，我们都不愿意看到双方再动干戈，那样曹操老贼很可能坐收渔利，我们不如和睦相处，我家主公看在孙将军和你的面子上，不和周瑜计较，我们可以写个文书，签字画押，答应你们如果再攻占了别的城池，立即归还荆州。"鲁肃也没有别的办法，只好答应了。

鲁肃回来交差，周瑜一听，气坏了，说道："那诸葛亮乃是缓兵之计，他根本不会归还荆州的！"

又过了一些日子，周瑜听说刘备的夫人去世了，心想：我们何不利用这个此机会夺回荆州呢！想到此，他便去见孙权。

周瑜道："主公，刘备丧妻，必将续娶。您的小妹，文武双全。我们可以将刘备骗来相亲，然后将他囚禁起来，那时候，诸葛亮为了保住刘备的性命，必然会拿荆州来换。"

孙权点了点头，不过有些顾虑，因为只有这一个妹妹，而且母亲十分疼爱她，但为了夺回荆州，也只好如此了。于是，孙权派吕范去荆州说媒。

吕范见到刘备，说道："我听说你最近没了夫人，我代表我主公向你表示慰问。我家主公有一个小妹，还没有出嫁，貌若天仙，而且端庄贤惠，不知你是否愿意娶我家主公的小妹为妻，如果你们两家成了亲，曹操就不敢再来侵犯了。但是国太吴夫人舍不得自己的女儿远嫁，所以你要到东吴完婚。完婚之后，你们夫妻二人便可回到荆州。"

刘备知道这里边有圈套，没有立时答应，而是找到诸葛亮。诸葛亮一听，便知道这是周瑜的计策，对刘备说道："主公，我们将计就计，你就答应他！"

诸葛亮知道此次前去有一定风险，便叫来赵云，对他说："此次你带五百精兵前去东吴，一定要保证主公的安全，我有三个锦囊妙计，你按上面说的去做就行了。"

刚一上岸，赵云便打开了第一个锦囊，上面写着"拜见乔国老"。众人随着刘备去拜见乔国老，士兵们带着许多礼物，而且故意让城中人都知道吕范为媒，刘备要娶孙权的妹妹。乔国老拜见吴国太，吴国太也听说了此事，气得直骂孙权和周瑜，竟敢用自己的女儿来骗刘备。但是事到如今，满城风雨，不招刘备为婿，定会有损女儿的名声，于是吴国太接见了刘备。一看刘备气宇非凡，吴国太就喜欢上了刘备。

周瑜、孙权弄巧成拙，非常气愤。周瑜写信告诉孙权，要让刘备只知饮酒作乐，从而与其他将领产生隔阂。刘备果然中计，乐不思蜀。

赵云到了年底，才想起了锦囊妙计，立刻打开第二条，上面写着：速回荆州。赵云赶忙去见刘备，说道：“主公，曹军五十万杀向荆州，荆州告急，请您速回！”

孙夫人和刘备二人感情很好。孙夫人知道她哥哥想暗害刘备，便对母亲说：“我哥哥心怀鬼胎，我夫妇二人想回荆州，但不能让哥哥知道。”吴国太点头答应。

赵云带着那五百精兵，保护着刘备和孙夫人悄悄离开了。

孙权得知后，大怒，立即下令：“蒋钦、周泰，你们率三千人马将我妹妹和刘备抓来。”程普道：“郡主深受国太宠爱，恐怕没有人敢得罪她啊！”

孙权立即将自己的宝剑交给蒋、周二将，说道：“取了他们的人头，我去向母亲请罪！”

刘备一行人正快马加鞭，突然被徐盛和丁奉二人截住。孙夫人大声喝道：“你们反了不成，难道不认识本郡主不成，我母亲已同意我离开，你们哪个敢过来？”众人一想：主公是孝子，不敢惹母亲生气，既然老夫人发了话，就让他们走吧！

蒋、周二人根本没有追上，刘备等人早已上了诸葛亮安排好的大船。正在这时，周瑜率人乘船赶到。诸葛亮早有安排，刘备弃船登岸，周瑜等人紧追不舍。突然间，关羽、黄忠各率人马大败吴军。

赵云打开第三条锦囊，立刻让士兵高喊：“周郎妙计安天下，赔了夫人又折兵。”周瑜气得昏了过去。

刘备娶到了孙夫人，又大败了吴军，自然也没有归还荆州。

蔡文姬归汉

曹操自从赤壁失败以来，经过几年整顿，重振军威，自封为魏公。公元216年，又晋爵为魏王。在北方他的威望很高，连南匈奴的呼厨泉单于也特地到邺城来拜贺。曹操把呼厨泉单于留在邺城，像贵宾一样招待他，让匈奴的右贤王回去替单于监理国家。

南匈奴跟汉朝的关系和好了。曹操就想起了他一位已经死去的朋友蔡邕（音 yōng）有一个女儿还留在南匈奴，想把她接回来。

蔡邕是东汉末年的一个名士，早年因为得罪了宦官，被放逐到朔方（在今内蒙古杭锦旗北）去。董卓掌权的时候，蔡邕已回到洛阳。那时候，董卓正想笼络人心。他听到蔡邕名气大，就把他请来，封他做官，对他十分敬重，三天里连升三级。蔡邕觉得在董卓手下，比在汉灵帝时候强多了。

到了董卓被杀，蔡邕想起董卓待他不错，叹了口气。这一来惹恼了司徒王允，认为他是董卓一党的人，把他抓了起来。尽管朝廷里有许多大臣都替他说情，王允还是不同意，结果死在监狱里。

蔡邕的女儿名叫蔡琰(音 yǎn)，又叫蔡文姬，跟她父亲一样，是个博学多才的人。她父亲死后，关中地区又发生李傕、郭汜的混战，长安一带百姓到处逃难。蔡文姬也跟着难民到处流亡。那时候，匈奴兵趁火打劫，掳掠百姓。有一天，蔡文姬碰上匈奴兵，被他们抢走。匈奴兵见她年青美貌，就把她献给了匈奴的左贤王。

打这以后，她就成了左贤王的夫人，左贤王很爱她。她在南匈奴一住就是十二年，生了两个孩子。她虽然过惯了匈奴的生活，还是十分想念故国。

这一回，曹操想起了蔡文姬，就派使者带着礼物到南匈奴，把她接回来。

左贤王当然舍不得把蔡文姬放走，但是不敢违抗曹操的意志，只好让蔡文姬回去。蔡文姬能回到日夜想念的故国，当然十分愿意；但是要她离开在匈奴生下的子女，又觉得悲伤。在这种矛盾的心情下，她写下了著名诗歌《胡笳十八拍》。

蔡文姬到了邺城，曹操看她一个人孤苦伶仃，又把她再嫁给一个屯田都尉(官名)董祀。

哪儿知道时隔不久，董祀犯了法，被曹操的手下人抓了去，判了死罪，眼看快要执行了。

蔡文姬急得不得了，连忙跑到魏王府里去求情。正好曹操在举行宴会。朝廷里的一些公卿大臣、名流学士，都聚集在魏王府里。侍从把蔡文姬求见的情况报告曹操。曹操知道在座的大臣名士中不少人都跟蔡邕相识，就对大家说："蔡邕的女儿在外流落了多年，这次回来了。今天让她来跟大家见见面，怎么样？"

大伙儿当然都表示愿意相见。曹操就命令侍从把蔡文姬带进来。蔡文姬披散头发，赤着双脚，一进来就跪在曹操面前，替她丈夫请罪。她的嗓音清脆，话又说得十分伤心。座上有好些人原来是蔡邕的朋友，看到蔡文姬的伤心劲儿，不禁想起蔡邕，感动得连鼻子也酸了。

曹操听完了她的申诉，说："你说的情形的确值得同情，但是判罪的文书已经发出去了，有什么办法呢？"蔡文姬苦苦央告说："大王马房里的马成千上万，手下的武士多得像树林，只要您派出一个武士，一匹快马，把文书追回，董祀就有救了。"

曹操就亲自批了赦免令，派了一名骑兵追上去，宣布免了董祀的死罪。

那时候，正是数九寒天。曹操见她穿得单薄，就送给她一顶头巾和一双鞋袜，叫她穿戴起来。曹操问她："听说夫人家有不少书籍文稿，现在还保存着吗？"

蔡文姬感慨地说："我父亲生前给我四千多卷书，但是经过大乱，散失得一卷都没留下来。不过我还能背出四百多篇。"

曹操听她还能背出那么多，就说："我想派十个人到夫人家，让他们把你背出来的文章记下，你看怎样？"蔡文姬说："用不着。只要大王赏我一些纸笔，我回家就把它写下来。"

后来，蔡文姬果然把她记住的几百篇文章都默写下来，送给曹操。曹操看了，十分满意。

曹操是一个杰出的政治家、文学家，他把蔡文姬接回来，表明他重视知识，重视人才，是一个很开明的君王。历史上把"文姬归汉"传为美谈。

诸葛亮辅政

公元223年汉主刘备在永安病重，临终前命令丞相诸葛亮辅佐太子，让尚书令李严做诸葛亮的副手。

刘备对诸葛亮说："你的才能胜过曹丕十倍，一定能使国家安定，最终完成光复汉室的大业。我的儿子刘禅如果值得辅佐，那你就辅佐他；如果他不争气，你就取而代之，成为一国之主。"

诸葛亮流着眼泪，哽咽地说："我怎敢不竭尽全力，以忠贞之节相报？"

接着刘备又下诏嘱咐刘禅，让他将来与丞相一起处理政务，要把他当父亲一样来对待。

刘备死后，丞相诸葛亮护送灵车返回成都，任命李严为中都护，留下来镇守永安。

这年五月，经过丞相诸葛亮的扶助，太子刘禅即位，改年号为建兴。刘禅即位后，又封丞相诸葛亮为武乡侯，兼任益州牧。朝中事无论大小，都听诸葛亮的意见。诸葛亮精简官职，修订法制，兢兢业业，治理国家。

一天尚书邓芝对诸葛亮说："现在主上年幼，刚刚登上至尊之位，应该派遣重要使臣再次向东吴申明和好的愿望。"

诸葛亮说："我考虑这个问题很久了，只是一直没有找到合适的人选，今天总算找到了。"

邓芝问："是谁呢？"

诸葛亮说："就是使君你呀。"

于是诸葛亮派遣邓芝以中郎将的身份到东吴重建友好关系。

这年十月，邓芝出使到了东吴，吴国因当时与魏国还没断绝关系，于是吴王担心与汉交好会招致魏国的报复。他在接见邓芝时说："我确实愿意与蜀和好，但是担心蜀主年幼，蜀国疆域狭小，势力不强，一旦被魏国钻了空子，就不能够保全自己啊。”

邓芝回答说：“吴、蜀两国，横跨四个州的地域。大王您是当世的英雄，诸葛亮也是一代人杰；蜀国地势险要、防守坚固，吴国又有长江等天堑。如果把两国的优势联合起来，如唇齿般互相依存，进可以兼并天下，退可以鼎足而立，这是很自然的道理。大王您现在若向魏送礼讨好，魏必定会得寸进尺，上则要求大王到魏朝拜，下则要求太子为人质侍奉，如果大王您不遵从，他们就会以讨伐叛逆为借口兴兵，到蜀国也会顺流而下寻找机会进攻。这样的话，江南这块地方将不再为大王您所拥有了。”

吴王思考良久，最后认同了邓芝的意见。于是就和魏国断绝了关系，一心与蜀汉联合抗魏。

公孙渊出尔反尔

辽东太守公孙渊独霸一方，根本不把魏明帝放在眼里。为了对抗魏国，他打算向东吴示好。

公元233年，魏国的辽东太守公孙渊派手下携带降表前往建业，表示愿意向东吴称臣。孙权知道后非常高兴，下旨封公孙渊为燕王，并准备派太常张弥等人率领一万军队，带上金银珠宝，从海路北上封赏公孙渊。

当时朝中大臣张昭等人极力反对，理由是公孙渊因为背叛魏，害怕被征讨，所以才远道而来请求援助，并不是真心归附。若要封赏公孙渊也不必派遣张弥等人前去。经过一番争执，最后孙权力排众议，还是一意孤行派张弥、许晏去了。

张昭对孙权不采用忠言非常不满，就借口生病不去上朝。孙权也生他的气，就派人用土把张昭家的大门堵住，张昭干脆又从里面用土把门堵起来。

张弥等人到达辽东后，公孙渊自知东吴相隔遥远难以依靠，于是他背信弃义斩了张弥等的首级，送到魏的都城，并把吴国的军械物资、金银珠宝全部据为己有。接着魏王发布诏书任命公孙渊为大司马，封乐浪公，以此进行安抚。

孙权听到这个消息后大怒，准备发兵讨伐公孙渊。但东吴大臣陆逊、薛综等人反复上书，加以劝阻，才使孙权放弃了这个念头。

孙权知道大错铸成，悔恨自己伤害了张昭，于是他就派人向张昭表示歉意，但是张昭就是不领情。孙权没办法亲自出宫，到张昭家门前呼唤张昭，但张昭依然借口病重不出门。接着孙权又让人放火烧张昭家大门，想吓唬张昭，但张昭还是不出来。孙权怕大火烧坏了张昭，于是就让人赶快把火灭了，在门口站了很久。

最后，张昭被孙权的诚意所感动，就在儿子的搀扶下走出了家门。后来，张昭又去参加朝会了。

公孙渊降魏没多久，又起兵反叛，被司马懿杀死。

诸葛亮病死五丈原

公元234年春天，汉丞相诸葛亮发动十万大军六出祁山，北伐曹魏。当时魏明帝曹叡(ruì)派大将军司马懿抗击汉军。司马懿抵达渭河，在渭河北岸安营扎寨。诸葛亮则在渭河南岸的五丈原屯兵。司马懿深知诸葛亮用兵如神，不敢贸然出战，就传令全军只守不战。

前几次诸葛亮出兵北伐都因为粮草供应不上而退兵。为吸取教训，做好长期作战的打算，诸葛亮一方面派人用车辆把大批粮食运到斜谷口囤积起来，一方面派出一部分士兵在渭河南岸开垦了许多荒地，种植庄稼。这些士兵和附近的居民杂居在一起。汉军纪律严明，秋毫无犯，当地百姓也都安居乐业。

诸葛亮多次派人向司马懿下战书，可司马懿就是不予理睬。转眼间，一百多天过去了，汉、魏两军还是只在五丈原对峙，并不开战。

为了促使司马懿开战，有一天诸葛亮打发使者给司马懿送去一套妇女的衣服，还有头巾、钗环、胭粉等物品，故意羞辱他和妇人一样没有血性。司马懿部下见状，纷纷要求出战。但司马懿知道这是诸葛亮的激将法，并不生气。他为安慰部下，就上书曹叡，请求出战。可曹叡马上派了一个大臣制止司马懿出兵。消息传到汉营，蜀汉将士感到非常失望。诸葛亮却说：

"司马懿本来就无心作战，他上书不过是给部下看的。将在外，君命有所不受。他真能打败我们，早就动手了，哪里用得着上书?"

一天诸葛亮又派使者到司马懿军营下战书，司马懿热情款待使者，他不探问军情，反而专门打听诸葛亮的睡眠、饮食和办事情况，就像拉家常一样，使者以为这些无关紧要，就如实回答说："我们丞相起早贪黑地工作，凡是二十杖以上的责罚，他都要亲自审批。丞相的胃口不太好，一天吃的粮食没有几升。"

使者走后，司马懿对部将说："诸葛孔明进食少而事务烦，他能支撑的长久吗?"

果然不出司马懿所料，到了八月间，诸葛亮因操劳过度，便患病不起了，而且病情越来越重。汉后主刘禅听到消息十分焦急，马上派李福赶到五丈原问候诸葛亮。

李福见了诸葛亮，传达刘禅的诏命，并询问了一些军国大事。诸葛亮流着眼泪一一回答。李福回去后，没过几天，他又返来了。这时，诸葛亮已经病入膏肓。李福难过地流下眼泪。

诸葛亮强打精神说："我知道李君肯定会回来。那件事……我可以告诉你，蒋琬合适。”

李福点点头，满怀歉疚地说：“上一次我没敢开口，陛下的确想知道丞相的继任……请问蒋琬之后，又有谁？”

诸葛亮双目微睁，艰难地说：“费祎可以。”

原来，刘禅怕诸葛亮万一有不测，就让李福借探望他的机会，询问接替丞相的人选。由于大臣蒋琬和费祎都忠诚廉直，颇受诸葛亮的信任，为此他就推荐了他们。

本来李福还想再问下去，可诸葛亮却闭上双眼，不再回答了。

几天以后，诸葛亮在军中去世。蜀将遵照诸葛亮的遗嘱，对外严加封锁他去世的消息。然后他们整顿军队，不慌不忙地开始撤退。司马懿听到探子报告诸葛亮已经过世，就亲自率领大军在后追击。蜀将见追兵越来越近，就命令士兵们调转旗帜，使劲擂响战鼓，直向魏军冲杀过去。司马懿没料到汉军会有这么一着，连忙后退。

汉军撤走后，司马懿又率军抄小道追赶。一直追到赤岸，才知道汉军已经进入斜谷，只好收兵回来。后来，汉军进入斜谷后，才排着整齐的队伍，打起白幡，为诸葛亮发丧举哀，并安全地撤回。

卫温下夷州

诸葛亮一死，蜀国不再轻易出兵攻打魏国了。魏国在与蜀国的几次交战中都是大败而归，也不敢出兵侵蜀。孙权治理江东有方，百姓安居乐业，想乘机扩张势力，但几次对魏用兵，结果都大败而归。孙权一想北有魏，侵犯没有成功，西有蜀，诸葛亮虽亡，但多员大将仍在，而且又有盟约，互不侵犯，所以只好向东南方向发展。

有一次，有几个渔民在海上遇险，被东吴的士兵救上岸来，孙权很热情地招待了他们。他们告诉孙权，海中有一个夷州（今台湾），环境幽美，四季如春，而且生长着许多奇花异草，传说那里还有长生不老的仙药。孙权心中一动，但那时正在和魏国交战，无法分心，便送给这些渔民好多财物，让他们离去。

战事停息，孙权便召集群臣，商议此事。将军卫温说：“陛下，我们北有魏，西有蜀，只有东和东南有发展的余地，如果我们发现了夷州，与南部国家处理好关系，我们的实力就会大增，到时候再向北扩展，不就可以灭了魏国了吗？”

孙权道：“将军所言极是，但是大海茫茫，谁能担当此任呢？”

卫温道：“陛下，末将愿意前往，我自幼和父亲出海打鱼，海上航行有一些经验，只要陛下给我一批将士，我们便可启程！”孙权点头答应。

卫温开始准备出航远行，他先派人做了一艘大船。由于吴国四处临水，所以造船业十分发达，这也为卫温下夷州打下了良好基础。这只大船打造得非常结实，长约二十余丈，可以载五百人，而且这只大船抗海浪能力很强。一切准备就绪，士兵带上必备用品，在卫温的指挥下，在海上开始寻找夷州。

公元230年，卫温带领船队从章安（今浙江临海县）起航，东吴将领前来相送。他们按照渔民所说的路线开始南行，一路上，海浪滔天，有好几次大船都险些遇难。但卫温很有经验，指挥着大船行进到侯官（今福建省福州市）。卫温开始下令东渡，这里水流湍急，海浪有十几尺高。

有一天，他们正在一眼望不到边际的大海中航行，忽然有一个士兵大叫一声："前边有岛！"大家顺着方向看出，果然显出一座孤岛，众人一下兴奋起来，加快了航速，岛屿越来越清晰，人们欢呼了。岛上林木葱郁，花草繁茂，到处充满着生机。卫温将大船靠岸，自己带领几员大将登上岛屿。

刚一登岸，土著高山族人以为他们是抢夺食物来的，立即用木棒、石块等攻击士兵。卫温知道一定是他们把自己这些人当成了敌人，所以下令，只能躲闪，绝不能还手。原来这里还过着氏族生活，男的靠捕鱼打猎为生，女子采集，然后共同分配。由于食物少，所以经常发生氏族间的战争，争抢食物。卫温在树林后的高山脚下安营扎寨，没事的时候，就带领士兵上山打猎，由于东吴的弓箭十分先进，所以打的猎物很多，卫温和士兵只留下很少的一部分，大部分都给了土著高山族人。渐渐地，这些人对卫温等人也没有了敌意，他们发现卫温这些陌生人不攻击他们，还帮他们打猎，所以渐渐地开始了友好交流。

卫温把先进弓箭的制造方法教给他们，他们非常高兴，打的猎物增多了，而且能很好地抵抗其他氏族的侵略。可后来，士兵水土不服，卫温只好返航，有许多高山族人一起和卫温来到东吴，还带了一些特产。

孙权亲自迎接卫温等将士，为他们举行了隆重的庆祝仪式。孙权心想：我以后可以向东南方向发展了。为了进一步了解东南各国，他又派聂友等人出航，这些人到达了珠官（今广东省徐闻县）、儋耳（今海南岛）。这些地方的人们对东吴将士也非常友好，与他们互赠礼物，相互交流文化科学技术。孙权又派人到了南海许多国家，与他们友好交往，建立了良好的关系。

司马氏心狠手黑

魏将司马懿握有重兵，他杀死了曹爽兄弟，篡夺了曹魏政权。但他知道朝中有许多大臣都是曹爽兄弟的人，所以开始排除异己。司马懿老谋深算，在装病休养时就已观察到谁是曹爽兄弟的亲信。所以他发动政变之后，毫不客气，陆续将这些人除掉了。

司马懿死后，他儿子司马师继续把持朝政。司马师的独断专行、乱杀无辜，激起了曹氏集团的极大愤怒，夏侯玄、张缉、李丰早就对司马懿的专权很不满。司马师接替后，他们更是看不惯。于是三人一起密谋，想杀了司马师，重新帮助曹芳夺回军政大权。曹芳自然很感激这三人，便决定借召司马师进宫之机，将其杀掉。但曹芳周围有许多司马师的心腹，一听说要谋杀司马师，立即将消息告诉了司马师。

司马师得知消息后，大怒，心想：我没杀你们，你们反而想杀我，我今天就让你们脑袋搬家。于是立即召集人马包围夏侯玄、张缉、李丰的府邸，将三人及其家人都绑来。司马师一声令下，将这些人全部杀掉。他还想借此机会废了曹芳，但他的兄弟司马昭劝道："此时还太早，朝中必有一些大臣不服，我们再等待一下！"司马师这才住手，但他知道张缉的女儿还在，便亲自去捉拿。张缉的女儿是曹芳的皇后，但司马师不顾君臣之礼，直闯后宫。曹芳早已吓坏，便哆哆嗦嗦地说道："将军，饶了皇后一命吧，她父虽有错，可皇后不知啊！"司马师心想：如果杀了皇后，必然会遭天下人唾骂，一定会有许多人不满，不如先留下她一条小命，她一个妇道人家，能有什么本事呢！于是愤愤地说道："饶她一死可以，不过她不能再做皇后了！"曹芳只好点头答应，废掉皇后，将其赶出皇宫。

又过了一段时间，司马师和司马昭哥俩商议，他们认为曹芳对他们极为不满，也要想方设法除掉他们，所以他们想将曹芳废掉。

司马师召集群臣，对大家说道："当今皇上昏庸无能，上次夏侯玄、张缉、李丰三人作乱，就是皇上带的头，皇上上任以来，不理朝政，亲小人远忠臣，如果长期发展下去，魏国的江山恐怕难保啊！我等身为臣子，应为魏国的江山社稷着想啊，我等应另选贤君，治理天下啊！"

朝中大臣有一多半儿是司马氏的心腹，所以这些人都表示赞同；而其他的大臣深知司马师心狠手辣，虽然不满也不敢反对，便都一一签名。曹芳被废掉，司马师选了一个 14 岁的孩子曹髦继位。曹髦是曹睿的堂弟，他只有 14 岁，朝中大权仍由司马师掌握。魏国皇帝在司马师的操纵下，轻易换掉，引起了曹氏集团官员的强烈不满，那些人想利用这次机会除掉司马师。

镇东将军毌丘俭、扬州刺史文钦和他的儿子文鸯，得知曹芳被废，极为不满，三个人一商议，朝中大权落在司马师手中，而且朝中大臣也有大半儿是司马氏的人，我们只有起兵征讨司马师。于是三个人率领大队人马杀奔京城。

司马师一听说有人作乱，立即带领人马亲自去剿灭。两军展开了激战，毌丘俭和文钦的人马还是无法和司马师的人马相比，二人战死。文鸯一看父亲已死，立即带领着军队杀出一条血路投奔吴国了。司马师没有费多少兵马便平息了叛乱。但在回师途中，司马师病死，他的弟弟司马昭又接过了大权，继续独揽朝中军政大权。

镇东将军毌丘俭战死之后，镇东大将军诸葛诞也十分不满司马氏。诸葛诞也是一位老功臣，历经百战，为魏国的天下立下了赫赫战功，而且十分忠诚。他知道司马昭的力量很大，单凭自己的实力根本不是对手，所以他联合蜀军和吴兵，一起反对司马昭，气势浩大。大军直奔京城，但司马昭十分会用兵，一举将三路大军打败。从此再也没有人和司马氏作对了。司马昭比他的父兄更厉害，根本不把皇帝放在眼里，他自己俨然是一个皇帝。曹髦渐渐长大，自然有些不满和不甘心，他想有朝一日铲除司马氏夺回大权。

有一天，曹髦听说宁陵县的一户人家挖井，在井底发现了一条黄龙，曹髦压抑的心情一下迸发了，他随手写了一首《潜龙诗》，抒发自己屈居人下的苦闷。但他没有想到正是这首诗才惹出了一场大祸。

曹髦的诗很快被大臣得知，大臣立即将此事告知司马昭。司马昭读完，大怒，心想：你也太自不量力了，竟敢发泄对我的不满，我要让你知道一下我的厉害。司马昭扬言要质问曹髦。

曹髦心想：你司马昭目中无国君，也罢了。我写首诗，发泄一下，你还要质问我，真是让我无法忍受，我宁可鱼死网破，也要和你一拼。

曹髦找来几个自己比较信任的大臣说道："司马昭独揽大权，目中无君，我想派你们几个去废掉他，只有这样，才能恢复我江山，否则，他迟早有一天会篡权夺位的！不过事关重大，你们千万不可泄露秘密，要是让司马昭知道了，他一定会杀了我们！"

这几个大臣之中，有两三个是司马昭的心腹，他们一听曹髦想谋杀司马昭，立即将此事告诉司马昭。而另几个大臣虽不是司马昭的心腹，但他们知道司马昭一定会知道此事的，如果让他知道了，自己的性命就难保了，于是都来到司马昭的府上，将此事告诉了他。司马昭一听，哈哈大笑，心想：曹髦啊曹髦，朝中都是我的人了，我要让你尝尝我的厉害。于是他召集人马，带领着几员大将将皇宫团团围住。而这时曹髦还蒙在鼓中呢，他看到那些自己十分信任的大臣，刚要说话，却被他们按倒在地，司马昭命人将曹髦杀掉。

曹髦因为这首《潜龙诗》惨死在司马昭手下，但司马昭没有篡位，他怕难服天下，所以又选了燕王曹守的儿子曹奂来继位，但大权仍在司马昭手中。

魏延骄矜取祸

三国时期，蜀汉大将魏延勇猛过人，但他骄矜自傲，与杨仪不和，最终酿成祸端。

诸葛亮在世时，魏延每次随诸葛亮出兵，总是想效仿过去韩信的做法，请求诸葛亮给他一万人马，与诸葛亮分别行军，然后在潼关会合。诸葛亮总是没有应允。为此，魏延常常私下对人说诸葛亮胆怯，并为自己的才干没有得到充分发挥而叹息遗憾。

杨仪是蜀汉的一位文官，他干练机敏，善于筹划。诸葛亮每次出兵，杨仪常常负责后勤调度等事务，处理得井井有条，让诸葛亮很放心。

魏延生性骄矜高傲，当时大家对他都避而让之，只有杨仪对他不加忍让。为此，二人如同水火互不相容，魏延很怨恨他。由于非常爱惜二人的才干，诸葛亮不想因为偏袒一方而使另一方遭到埋没。

一次，蜀汉的费祎(yī)出使东吴，吴主喝醉了，问费祎说："杨仪、魏延，牧童一般的小人物，虽然曾经立下过鸡鸣狗盗一类的功劳，但是既然已经任用他们，势必不能再让他们受到轻视。如果一旦诸葛亮不在了，他们一定会引发祸乱。你们真糊涂，不知道对此考虑防备，难道这也要留给子孙去解决吗？"

费祎回答道："杨仪、魏延二人关系不好，完全是私人间的恩怨，他们决没有像黥布、韩信那样的反叛之心。如今正是扫除强敌，统一中原，光复汉业的时候，我们需要这样的人才。如果舍弃他们这样的人才不加以重用，而预防他们将来引发祸患，这就好比本来要防备未来刮风起浪，结果却舍弃舟楫，这不是个好办法。"

后来诸葛亮在五丈原病危的时候，向杨仪、费祎等人叮嘱自己死后军队撤退的安排时，打算让魏延断后，如果魏延不服从命令，大军就自行出发。

诸葛亮去世后，杨仪秘不发丧，让费祎去找魏延，打探他的心思。魏延说："丞相虽然去世，但我还在。相府自己的官属，就可以将遗体送还安葬，我可在这儿继续统帅各路军马攻击魏军，为什么因为一个人的去世而废弃北伐大业呢！何况我魏延是何等人，怎能受杨仪约束，作断后的将军呢！"费祎见魏延很固执，真是拿他没办法。魏延私自和费祎一起作了撤退和留下的安排，并和费祎一起共同亲笔签名，传告手下将领。

完事后，费祎骗魏延说："我回去向杨仪解释。杨仪是个文官，不熟悉军事，他一定不会违背您的意思。"费祎走了。

魏延派人打探到杨仪打算按照诸葛亮定下的计划撤兵，大怒，抢在杨仪还没有出发之前，率领部将径自南归，每经过一个地方就把栈道烧坏。

魏延和杨仪都上表陈说对方反叛，蜀汉后主刘禅就此事询问臣属，朝中的董允、蒋琬等人都表示不怀疑杨仪，倒是魏延可能怀有二心，目前都城空虚，魏延领兵率先南下，恐怕有所企图。

杨仪命人砍伐山林，打开通道，日夜急行，紧随魏延。魏延先到一步，占领南谷口，派兵迎击杨仪。杨仪派何平攻打魏延。

两军阵前，何平责问魏延的部众："诸葛公尸骨未寒，你们怎么可以反叛？"魏延的部众知道魏延理亏，不肯为他卖命，都逃散了。魏延和他的儿子几个人逃往汉中，杨仪派马岱追击，斩杀魏延，后来又诛灭魏延三族。

魏延刚愎自用，与文臣失和，落得如此下场。

晋书

魏晋士人的气质

汉朝衰落后，儒家思想丧失了过去的权威，时代思潮开始发生转变。儒家、道家思想经过重新分化组合，开始形成魏晋玄学。与此同时，汉末名士针对时弊的清议开始转变为魏晋务虚的清谈。玄学和清谈，标志着打开了思想界的新局面。这样，魏晋风流——代表这一时期特殊风格和思想的字眼出现了。其中，最能体现这一风格的当然要数竹林七贤和风流宰相谢安先生。

竹林七贤是阮籍、嵇康、山涛、刘伶、向秀、阮咸、王戎七个人。他们生活在司马氏集团与曹魏集团激烈斗争的时候。他们采取了消极反抗的办法。他们常常聚在一起，到有竹林山水的游玩、喝酒、写诗。

刘伶喜欢饮酒，经常驾着一辆小车，带一壶酒，边走边饮。他还派一个仆人扛着锄头跟着自己，说："我若死了，你就就地把我埋了吧！"

他们对生活的态度大都豁达如此。这七贤当中，为首的属阮籍和嵇康。

阮籍性情豪放，脾气古怪。他对现实不满，就用酒来麻醉自己，喝得醉醺醺的，然后就跑到山野荒林去长啸，发泄胸中的闷气。人们不能理解他的心情，背地里都说他有神经病。其实阮籍很有政治才能。曹魏末年，阮籍被任命到东平去做官。他骑着一头小毛驴去上任，到任后，下令把衙门前面的屏障全部拆除，使衙门内外能够互相看得见。这样，老百姓见到衙门自然就消除了恐惧心理，官民之间距离缩短。不到十天功夫，阮籍就把东平地区治理得井井有条。

嵇康是一个脾气更古怪的人。他长得一表人才，学识极其渊博，不但善于弹琴做诗，还有一身好力气，擅长打铁，算得上是个文武全才。嵇康看不起司马氏集团那帮人，常常对他们冷嘲热讽，并且坚决拒绝司马氏集团的收买。

有一次，司马昭的心腹钟会因羡慕嵇康的博学，去向嵇康请教，想借此抬高自己的身价。那天，嵇康正在打铁，远远地看到钟会来了，就继续挥臂举锤打铁，理都不理他。钟会站了一会儿，自觉没趣，只好灰溜溜地打算转身走了。在钟会要走的时候，嵇康冷冷地问道："想打听什么来的？见到了什么走了？"钟会无可奈何地回答："想听到应听到的而来，见到了所见到的才走。"钟会受了奚落，从此对嵇康恨之入骨。

竹林七贤虽然都是些聪明能干、才华出众的人，但他们只是在司马氏的高压政策下，暂时聚集在一起的，他们并没有共同的理想和奋斗目标。很快，在司马氏集团的威胁利诱下，竹林七贤开始分化，各奔前程去了。山涛、王戎相继被收买，做了司马氏政权的大官。只有嵇康和阮籍能够同对强权，坚持不合作精神。

阮籍虽然也做了司马氏集团的官员，却整天借酒来装糊涂，逃避为司马氏做事。有一次，司马昭替儿子司马炎向阮籍家求婚，阮籍不愿意，就故意喝得烂醉，装聋作哑，一直醉了六十多天，终于躲了过去。

嵇康坚持不合作到底，并且针对司马氏统治下的虚伪、残酷的政治，作了无情的揭露和批判。山涛叛变后，也想让嵇康出来同流合污，替司马氏集团效劳。嵇康坚决拒绝，还特地写了一封与山涛绝交的公开信(《与山巨源绝交书》)。在信中，嵇康痛骂山涛，责怪他不该违背当初的志愿，做了司马氏的官，更不该想把别人也拖下水。

嵇康的无情揭露，对司马氏集团是一个沉重的打击。很快，嵇康被捕了。关了些日子，嵇康被押到刑场。就义之前，嵇康要了一把琴，从容不迫地弹了一曲《广陵散》。曲调悠扬雄壮，听者无不落泪。这样的情景，这样的气氛，正好为烈士送行。刽子手手起刀落，嵇康的鲜血直喷上天。就这样，嵇康被杀了。

嵇康被杀后不久，阮籍也病死了，"竹林七贤"的时代结束了。但竹林七贤的精神，特别是嵇康和阮籍不出卖知识分子的良心，坚持跟虚伪、残酷的统治者不合作的精神，是值得后代的人学习和赞颂的。

"江山代有才人出，各领风骚数百年。"竹林七贤的风流过去了，东晋宰相谢安的风流又来了。

大家一定还记得淝水之战，谢安就是全盘指挥淝水之战的东晋宰相。谢安不仅是东晋的一位杰出的政治家，而且博学多才，风度优雅，是当时名士的领袖。

谢安精于清谈，当时的名士都佩服他。谢安的文学修养也很高。在闲居时，他常与子侄们论文作诗，成了当时的文坛佳话。谢安喜爱音乐，还工书善画。总之，谢安是当时最有风度的人物。

淝水之战刚刚获胜，谢石、谢玄赶紧派飞马往建康送捷报。这一天，谢安正跟一个客人在家里下棋。他看完了谢石送来的捷报，不露声色，随手把捷报放在床上，照样下棋。

客人知道是前方送来的战报，忍不住问谢安道："战事进展如何？"谢安慢吞吞地回答道："小孩子们已经把敌人打败了。"

这样一件事，可能会有故作镇静的嫌疑。可是，谢安的风度，谢安的举重若轻，是让人望尘莫及的呀！

谢安的风流神采，不仅是个人的修养问题，而且对当时的社会风尚也有潜在的影响。谢安有鼻炎，读书的时候，声音浑浊浓厚。当时的士人们听了他的读书声，都羡慕得不得了，甚至有人捏着鼻子模仿他的浊音。

谢安是当时东晋的风流领袖，他的一举一动，甚至达到了左右当时社会风气的程度。谢安有一位同乡，在地方上做官回来，捎带了五万把蒲扇回京城想卖个好价钱。同乡给谢安送了一把蒲扇。大家一见谢安使用这种蒲扇，纷纷模仿。京城里不论当官的，还是平民百姓，都纷纷去抢购这种蒲扇。结果，不到一个月，五万把蒲扇销售一空。

魏晋士人的超凡脱俗、风韵雅趣，具有很强的时代特征。南朝刘义庆编著的《世说新语》，收集了很多名人雅士的遗事，蔚为大观。

《广陵散》自此绝矣

与其向权贵屈膝，不如挥锤打铁。一位硬骨铮铮的男儿，用自己的信念和生命，弹出了一曲绝响……

安徽蒙城县东北隅的一座小山，四面环水，绿荫满地。由于三国时竹林七贤之一的嵇康曾隐居于此，此山称为嵇山，后人为纪念这位文学家、音乐家，还曾在山上建亭，亦称嵇康亭。

消灭蜀汉以后的第三天，司马昭病死，他的儿子司马炎重演曹丕代汉的把戏，迫使魏帝曹奂"禅位"，自己当了皇帝，建立晋朝。这就是晋武帝。由于定都洛阳，历史上把这个朝代称为西晋。

司马昭父子俩早就有心代魏，因此，在晋朝成立之前的一段时期，特别注意社会上各种人士特别是那些官位较高、名气较大的文人的态度。如果这些人不和司马氏合作，就有杀头的危险。嵇康就是一个不愿和司马氏合作的文人。

嵇康(224—263年)，字叔夜，谯郡(今安徽宿县西南)人，写下了许多不同凡响的作品，名气很大。当时，和嵇康齐名的有阮籍，还有山涛、向秀、王戎、刘伶、阮咸等，因为他们七个都隐居在山阳，又喜欢在竹林里游玩、饮酒、写诗作文，因而被世人称作"竹林七贤"。

嵇康不仅擅长文学，而且喜欢绘画，尤其酷好弹琴。

据传，嵇康年轻时去洛西游玩，夜宿华阳亭。云淡月明，雅兴勃发，他便弹起琴来。不知不觉已是三更天了。他正要收琴，忽见一位老者，正专心致志地听他演奏，便随口说道："请老人家指点我的琴艺有哪些不够的地方。"

老人摸着灰白胡须悠悠地说："一支悲壮的古曲，相公弹得过于婉转柔和了。"嵇康万没想到这位其貌不扬的老人会一针见血指出他的毛病，稍顷，即诚恳地请老人家弹上一遍。

老人并不推辞，让嵇康点起一炉紫檀香，自己净了手，盘膝坐好，闭目沉思良久，才从容地拨动琴弦。初时，只听桐琴发出阵阵沉闷的声响，仿佛黑云压城，令人感到压抑、窒息，片刻，又奏出铿锵有力的旋律，犹如云开月朗，使人感受到一种搏击黑暗的勇气和争取光明的力量。从老人手指间流泻出的弦音变化万千，时如海浪击岸，时如喁喁私语，继而是悲壮、凄凉的哀调，连亭外的湖水似乎也在呜咽。

嵇康听得如痴如醉。待琴声戛然而止，再看老人，只见他两目晶明，神采奕奕。他佩服得五体投地，恭恭敬敬地恳请老人家把这绝技传授给他。

老人先给他讲述了古曲的来历。原来这支古曲名为《广陵散》，描写的是勇士聂政刺杀韩国奸相侠累的故事。讲完来历，老人沉默片刻，又说："弹琴，单靠指法的熟练是不够的，还要理解曲子的内容和精神，让自己的感情渗透到曲子里，弹出的琴音才能动人。"

得到老人的指点，嵇康将这首古曲弹得极为出色，名闻全国。

"竹林七贤"在司马氏集团势力的威胁、利诱下，渐渐分化瓦解。阮籍和嵇康都对司马氏诛除异己，杀害"名士"，标榜儒家礼法非常蔑视和不满。由于不便从政治上反抗，就采取抨击名教和蔑视礼法的行为，表示对司马氏的抗议。当时，阮籍都讲些不着边际的话，别人想找他的罪名也不易找到。嵇康尽管在朝廷当了个只拿薪水不做实事的挂名官员，却始终不肯阿附司马氏势力。每当心情苦闷时就以吟诗作画解忧；诗画不足以解忧闷，就弹琴；铮铮琴声仍不足以解忧愤，就愤愤地举起铁锤，狠狠地打在锻铁上。这位琴师，竟成了一位铁匠。

司马氏有一个亲信叫钟会，想和嵇康拉上关系，提高自己的名分。他写好一篇文章给嵇康送去，到了嵇康家门前，又怕遇到难堪，就将文章卷成一卷，扔进嵇康家中。钟会总不见嵇康回音，从此便对嵇康怀恨在心。

有一天，嵇康正在打铁，钟会来了。嵇康只管叮当打铁，连看都不看他一眼。钟会也不肯立即就走。双方就这样僵持了很长时间，钟会终于忍不住火，掉头走了。嵇康这时开了腔："何听闻而来？何所见而去？"钟会回头答道："闻所闻而来，见所见而去！"一席对话，短短四句。嵇康话里充满了骄傲与鄙视，钟会的话里溢出了恼怒与愤恨。

公元 261 年，山涛给嵇康写了一封信，让嵇康出山做官。嵇康在回信里故意说自己没学问，不能干大事，根本不配和山涛这样的人相提并论。文章语句尖利，讽刺深刻，实际上表明了自己对司马氏专权的痛恨。司马昭看了这篇文章，十分震怒，下决心要除掉嵇康。

就在这时发生了一件事情：嵇康有一个朋友叫吕安，被哥哥诬告造反。司马昭立即下令把吕安抓了起来。嵇康从中调解。钟会乘机陷害嵇康，说嵇康和吕安勾结，司马昭又把嵇康抓了起来，以"言论放荡，害时乱教"为由，判成死罪。

嵇康下狱以后，许多朋友向司马昭求情，几千个太学生集体请求免除嵇康的死罪。司马昭非但不同意，还乘机把许多不顺从自己的人抓进牢中，判了刑罚。

在刑场上，嵇康想起勇士聂政的除奸义举，深悔自己未能除掉奸臣反遭权奸所害。他要了一张琴，盘膝坐好，闭目沉思片刻，才弹起那曲《广陵散》。激昂、悲壮的琴声，撼人心魄，许多围观的人都为之垂泣洒泪。他收住琴，昂天长叹："吾死不足惜，只恨《广陵散》要失传了！"

嵇康被杀害时只有四十岁，葬于今安徽涡阳县城东北的石弓山南麓。

所幸的是，在嵇康死去以后，《广陵散》仍然悄悄辗转于琴师们的手口之间，历经九百余年后，又被一位有心的音乐家记录在《神奇秘谱》一书中，成为今日得见的最长的古曲之一。

古曲虽在，可像嵇康那样以生命去拨动琴弦奏出的琴音却已绝响。

洛阳纸贵

左思，字太冲，今山东淄博人，是西晋著名的文学家。他出身寒微，长相丑陋，年少时又笨得出奇。学习书法，字写得歪歪扭扭；学习操琴，弹奏不出一个完整的曲子。父亲对他失去了信心，一次，对一位来访的朋友说："这孩子天性迟愚，跟我小时候简直无法相比。"

左思知道自己脑子笨，决心多下功夫学习。他一面留心辞章，虚心向名家学习，一面坚持写作，后来，整整花费一年时间写了一篇《齐都赋》。

赋兼有诗歌和散文的性质，讲究文采、辞藻和韵节。长篇的赋气势宏大、铺排华丽，写好很难。

左思的妹妹被送入宫廷以后，左思举家迁居洛阳。当时，三国已灭，左思决心写一篇关于蜀都成都、吴都建邺、魏都邺城的赋，名叫《三都赋》。

三国的都城被废弃后原貌已不可见。左思就广泛阅读前人的有关著述，走访故老，进行调查、考证。齐王司马冏曾任命他为记室督，被断然拒绝。为完成《三都赋》创造条件，左思又请求做朝廷的秘书郎，以便扩大和丰富自己的见闻。

正在左思酝酿写《三都赋》的时候，一位才华横溢、文章冠世的江南名士陆机来到洛阳。他想写篇都城赋来夸示自己渊博的才识。当听说左思已经准备写《三都赋》时，不禁拍手大笑，提笔将这件事写信告诉弟弟陆云，准备把左思写出来的文章作为下酒的笑料。

左思听到这些冷嘲热讽的话，既不气馁，也不反击，而是愈加刻苦学习，发愤努力。他广泛地收集资料，凡准备写入赋中的山川、城郭等地名，都一一对照地图查考；凡要提到的鸟兽虫鱼、花草树木名称，也都同地方志一一对证；至于各地的风俗、歌谣、音乐、舞蹈等各种见闻，更是一丝不苟，言之有据；构思时往往长夜不眠，苦苦思索，反复推敲。他的室内、厅堂、庭院以及厕所里都备有纸笔，只要头脑中闪出一个精彩的词句，就随手写下来。

十年过去了。左思终于写成了《三都赋》。赋分为三篇。《蜀都赋》与《吴都赋》，分别称颂蜀都与吴都的山川地貌，丰富的物产以及华丽的宫室等。《魏都赋》则是盛赞魏都的建设、魏国的政治措施。赋中对曹操统一北方的功业多有歌颂。《三都赋》的主旨在于强调剑阁虽高，洞庭虽深，但是，单凭天险立国的都要灭亡。国家兴旺的根本，在德，在政治措施。

《三都赋》辞采秀丽，气象宏大。当时的文人名士众口一词，予以好评，有的写序，有的作注。陆机看到《三都赋》也深为叹服，他知道自己无法超过左思，原准备动笔的《都城赋》也搁笔了。

左思的文章引起洛阳纸贵，但当时的社会实行九品中正制，按等级选拔人才。出身低的人，很难被选拔出来，一般的老百姓更加没有希望。所以当时流传着一句俗话，叫："上品无寒门，下品无士族。"左思出身寒微，只能是仕途坎坷，不被重用。

晚年，左思带着怀才不遇的悲愤迁居冀州，过起隐居的生活。他一边躬耕，一边做文，作品内容和风格都发生了很大的变化。附风阿世的颂歌随时光流逝了，却留下了许多满怀激愤的《咏史》诗歌。左思诗作的成就和艺术特色，成为西晋一代诗歌创作的代表作品。

周处除三害

西晋初年，有个正直而又肯干实事的义兴人叫周处。年轻时他身材魁伟，臂力过人。因年幼丧父，他自小无人管束，不肯读书，成天游手好闲，到处生事。义兴的乡民都很害怕他。有一年，义兴的南山里出现了一只白额虎，经常祸害附近的百姓和牲畜，当地的猎户也无法制服他。另外，在当地的长桥下，时常有一条大蛟龙出没，也不时骚扰乡民。一时间，当地百姓闹得人心惶惶。义兴的百姓每当闲谈时，总是将周处与南山白额虎、长桥大蛟龙联系起来，并称为义兴"三害"。一天，周处闲来无事，在乡间游荡，路上看到一群乡民在谈论什么，显得闷闷不乐。他见状觉得奇怪，就走上前询问其中的一位老人说："今年风调雨顺，收成不错，人们为什么还愁容满面呢？"

老人叹着气说："三害不除掉，哪里能够开心？"

周处纳闷地问："三害是什么？"

老人没好气地回答说："南山的白额虎，长桥的蛟龙，再加上你，就是三害了。"

周处听后既震惊，又惭愧，好久没有说话。沉吟了一会儿，他说："如果所担忧的只有这三害，那我就能将它们除掉。"

于是，周处进山搜寻老虎，将老虎射死；然后跳到河里，与蛟龙搏斗，杀死蛟龙。接着他决心弃恶从善，便离开家乡找到当时著名的文学家陆机、陆云求学。在这里，他刻苦读书，磨炼操守与德行，渐渐得到当地人的称赞。过了一年，州郡的官府纷纷征召他去作官。

后来，东吴被晋朝灭亡以后，周处成为晋朝的大臣。在晋惠帝时他担任御史中丞，不畏强权，敢于仗义执言，秉公执法，就连有一次梁王司马彤犯法，他也照样按律弹劾他。

到了公元297年十一月，朝廷任命周处为建威将军，与振威将军卢播一同隶属安西将军夏侯骏，讨伐齐万年。当时，司马彤为征西大将军，统管雍、凉二州军务。

中书令陈准上朝的时候进言说："夏侯骏和梁王都是皇亲贵族，都不是将帅之才，他们进不求名誉，退不怕罪责。而周处是吴人，忠诚耿直，勇敢果断，有仇人而没有后援。应当命令积弩将军孟观，率领一万精兵作为周处的前锋，一定能够消灭敌人。不然的话，梁王就会让周处担任前锋，并且不加救援，以陷害他，那么周处就一定会失败。"朝廷没有听从。

齐万年听说周处率领军队前来，说道"周府君曾经担任新平太守，文武全才。他如果是不受制约而来，那就不可抵挡；如果他受制于人，这次就会被我擒获"。

第二年正月，齐万年率领七万人驻扎梁山。梁王司马彤、夏侯骏派周处率领五千士兵前去攻击。周处辩解说："军队没有后续部队，一定失败。这样不仅是我个人丧命，也会给国家带来耻辱。"司马彤、夏侯骏不理他，硬逼着他出发。

一天，周处、卢播的军队在六陌与齐万年相遇。当时周处的士兵还没有吃饭，司马彤就急着催促他们进攻。战斗从早上一直持续到晚上，非常残烈，敌军死伤很多。最后周处军队的弓箭都射完了，形势非常严峻，可司马彤还是没派救兵来。

见到这种情形，周处身边的人劝他赶紧撤退，但周处按着长剑斩钉截铁地说："这正是我舍命效忠的日子。"说完他继续投入战斗，直到战死。后来，朝廷虽然为此事埋怨过司马彤，但最终也没有治他的罪。

石崇骄奢亡身

晋武帝司马炎统一全国后，以他为代表的朝廷贵族官僚开始奢侈腐化，政治日趋败坏。

当时后军将军王恺是司马炎的舅父，卫尉石崇是司徒石苞的儿子，二人都是巨富。虽然二人地位、权势无法同日而语，但他们却经常攀比斗富。如果王恺用糖膏刷锅，石崇就用蜜蜡当柴烧。王恺用紫色的丝绸做四十里长的步障，石崇就用锦缎做五十里长的路屏。王恺用赤石蜡涂墙，石崇就用花椒粉和泥装饰房屋。一时间二人为比富斗得不可开交。

晋武帝司马炎听说二人比富后，十分感兴趣，就经常资助王恺。有一次，他赐给王恺一株二尺多高的珊瑚树，王恺得意忘形，就令人抬着珊瑚树给石崇看。不想，石崇见到只是冷笑，并不惊讶。听到旁边的人大加赞赏，石崇见案上有把铁如意，就随手抄起将王恺的珊瑚树砸得粉碎。王恺以为石崇是嫉妒他的珍宝，不禁大动肝火。石崇却笑着说："不值得生这么大的气，我马上赔你。"于是，他让手下人把家中的珊瑚树都拿出来，让王恺挑选。其中三四尺高的有六七棵，至于和王恺那棵相同的就不计其数了。王恺看着这么多的珊瑚树，心中怅然若失，这才知道自己的财富比不过石崇，只得灰溜溜地认输了。

石崇有个女伎名叫绿珠，她不但长得窈窕多姿，妩媚动人，而且善于吹笛子，很受石崇宠爱。有一年朝中重臣贾谧因事被杀头后，石崇因牵连被免了官职。这时相国司马伦的亲信孙秀因早就对绿珠垂涎三尺，见自己现在大权在握，他就趁火打劫向石崇讨要绿珠。

当时石崇正坐在花园的凉台上，观赏院中清澈的流水，身边簇拥着一群妖冶的女人。听了孙秀使者的述说，石崇满不在意地把手一摆，把他的几十个婢妾全叫出来。这些婢妾身着罗裳，芳香四溢，一个个如花似玉。石崇说："请随意挑吧！"

使者被眼前的众多美女弄得眼花缭乱，他不由得赞叹说："您的女人的确都很艳丽，不过，我受命要的是绿珠，不知哪一个是呢？"

石崇一听，勃然大怒，说："绿珠是我的最爱，这个不行！"

使者威胁道："你博古通今，察远照近，还望三思而行。"

石崇毫不犹豫地说："别来这一套！"

使者见石崇说什么都不答应，就回去禀报了孙秀。

孙秀没想到会在石崇身上碰钉子，不由得火冒三丈。为了报复石崇，他就劝说司马伦诛杀石崇。石崇得到消息后，就和外甥等人鼓动淮南王司马允和齐王司马冏(jiǒng)兴兵讨伐司马伦和孙秀。谁知事情走漏了风声，司马伦抢先一步，假借晋惠帝司马衷的名义，下令逮捕石崇等人。

当气势汹汹的官兵拥进石崇的宅第时，石崇正在楼上与众多美女喝酒。他见到这种情形，无奈地对身边的绿珠说："我为了你要遭罪了。"

绿珠哭着说："我要死在官人前。"

说完，她便跳楼自杀了。

武士抓住石崇时，他满不在乎地说："我不过流放交州、广州罢了。"等囚车把他拉到刑场时，他才意识到大事不妙。他悲哀地叹道："这些奴才是贪图我家的财产。"

行刑的人对他说："知道钱财是祸根，为什么你不早些散发出去？"

石崇听完无言以对。最后，石崇连同他的家人一共十五口都被杀死。

陆机陆云之死

西晋时期吴郡人陆机、陆云两兄弟不仅同朝为官，而且都是当时著名的文学家，人称"二陆"。他们都死于八王混战时期。

公元303年，晋朝大将军、成都王司马颖联合河间王司马颙(yóng)一起兴兵讨伐太尉、长沙王司马乂。当时陆机在司马颖帐下当幕僚，深受司马颖赏识。这次讨伐司马乂，司马颖一下子把陆机提拔为前将军、前锋都督，负责统领中郎将王粹等人的二十多万军队，进逼洛阳。对此，司马颖的部将王粹等人心里很不服气。

十月初九，司马乂与陆机在建春门展开激战，最后陆机的军队惨败。

在司马颖宠爱的人当中，还有一人那就是宦官孟玖。一次孟玖想让他父亲做邯郸的县令，当时其他官员都不敢反对，惟独陆云坚决不同意。对此，孟玖十分怨恨陆云。

孟玖有个弟弟叫孟超，他是统领万余人的小督。一次由于他放纵部下抢掠，陆机就拘捕了带头的人。对此孟超十分不满，就带领一百多名全副武装的骑兵冲到陆机麾下，侮辱陆机，并夺走了犯人。陆机的部下孙拯眼见不平，劝陆机杀掉他，陆机没有听从。本来事情已过去了，可不曾想孟超却不依不饶。他到处宣扬，陆机想要叛变。接着他又写信给自己的哥哥孟玖诬告陆机有叛变之心，并将军队不能迅速取胜的原因归咎于陆机。

这年十月，陆机率军与司马乂在建春门展开激战。由于孟超临阵不听陆机的指挥，冒险偷袭司马乂，结果中计全军覆没，自己也搭上了性命。

孟玖听到消息后，怀疑陆机杀了孟超，就对司马颖进谗言，诬陷陆机与长沙王勾结才吃了败仗。司马颖开始不相信，后来因为孟玖一手提拔的将军王阐、郝昌等人一起做伪证，司马颖这才相信孟玖的话是真的。于是司马颖勃然大怒，就派人去抓陆机。

参军王彰听说后，极力为陆机开脱，劝司马颖不要听信谗言，但司马颖根本听不进去。

陆机被司马颖派去的人杀了之后，司马颖又拘捕了陆机的弟弟陆云、陆机的部下孙拯等人，把他们都关进死牢。

蔡克、枣嵩等人听说后，为陆机两兄弟鸣不平，他们共同上书，请求司马颖认真调查陆机谋反的情况，不要立即处死陆云等人。为了劝谏，蔡克还专门进入王府，到司马颖面前叩头说情，把头叩得流血不止。司马颖见状一时犹豫不决。

后来，为炮制罪证将陆云等人置于死地，孟玖指使狱吏严刑拷打孙拯，把孙拯打得两脚的踝骨都露出来了，但孙拯始终不屈服，坚持说陆机是冤枉的。

孟玖见酷刑不能使孙拯屈服，就命令狱吏伪造了孙拯的供词。司马颖见到孙拯的假供词后，就下令杀死了陆云、孙拯等人。可怜一代奇才陆机、陆云两兄弟最终含冤而死。

王衍清谈误国

晋惠帝时期，一些朝廷士族官员不务正事，经常三五成群聚集一起胡乱吹牛，浮夸连天。他们谈的话题多是不着边际，荒诞无稽的事情。这种谈话当时比较风行，人们称它为“清谈”。

王衍当时在朝中任尚书令，他经常与河南尹乐广凑在一起清谈。一时间他们在社会上的名声很大，朝廷内外的人都争相效仿他们。王衍与弟弟王澄，喜好品评人物，当时的人都以他们的评价作为标准。

王衍神态聪明，容貌秀美。他小的时候，山涛见到他，赞叹了很久，说：“什么样的妇人，竟然生下这样好的孩子！但是危害天下百姓的，未必就不是这个人。”

乐广性情淡泊简约，与世无争。他每次谈论，总是用简略的语言辨析事理，

使人感到内心满足。而对于他所不知道的事情,他就保持沉默。他议论别人,一定先称赞这个人的长处,那么这人的短处不用他说,也就自然而然地显现出来了。

王澄以及阮咸、阮咸的侄子阮修、泰山人胡毋辅之、陈国人谢鲲、新蔡人毕卓等人,都以任性放纵为通达,甚至他们喝醉了酒发狂裸体,也不觉得有什么不对的。

胡毋辅之一次痛饮,他的儿子胡毋谦之见到了,厉声叫着他的字说:“彦国,你是上了年纪的人,不应该做这样的事了!”胡毋辅之听后放声大笑,叫他进来一起喝酒。

毕卓曾经担任吏部郎,一次他的邻居酿造的酒熟了,毕卓就借着酒劲,趁夜跑到隔壁去偷酒喝,结果被看管的人捆绑起来。第二天早晨,邻居才发现是吏部郎毕卓。乐广听说此事后取笑他说:“名教之中自有欢乐之处,何必这样呢?”

当初何晏等人继承老庄学说,提出了新的观点。他们认为:“天地万物,都以‘无’作为根本。所谓‘无’,就是滋生万物,成就万事,无论到哪儿都存在的东西。阴阳依赖它而变化相生,贤者,依赖它而成就德性。所以‘无’所到之处,没有爵位也照样富贵。”

对何晏的学说,王衍非常认同。朝廷中的士大夫知道后,就都把虚浮放诞看做美好的行为,而荒废了正业。

侍中裴頠认为崇尚虚无,有害无益,于是他就写了一篇论文《崇有论》,来纠正虚无思想的误导。然而当时那种崇尚虚无的风气已经非常盛行了,裴頠的论文也就无法进行纠正了。

到了公元 311 年四月,东海王司马越在项县去世,太尉王衍等人一起扶奉司马越的灵柩回东海郡安葬。途中,石勒率领轻装骑兵追击司马越的灵车,在苦县宁平城大败晋军,消灭了十几万护送的晋朝军队。

石勒擒获太尉王衍等人后,让他们坐在帐幕下,向他们询问晋朝的事情。王衍详细陈说了祸患衰败的原因,声称计策不是自己制定的,并且说自己从小就没有当官的欲望,不参与俗世的事务。又借这个机会劝石勒称帝,希望自己能因此得到赦免。

石勒听完后冷笑着说:“您年轻力壮的时候就已在朝廷当官了,身居要位,名声响彻海内,凭什么说自己没有当官的欲望呢?你把天下搞得一团糟,不是你又是谁呢?”说完,他命令部下将王衍架了出去。

石勒对部下孔苌说:“天下我去过的地方多了,还不曾见过这种人,你看这种人应不应该留?”

孔苌说:“他们都是晋朝的王公大臣,终究不会被我们所用。”言下之意很明显。

石勒说:“那就杀了他们。不过为了表示尊重,就不要让他们死在刀刃之下了。”

于是当天晚上,石勒就派人推倒墙壁,将王衍等人压死了。

西晋永嘉之乱

晋武帝司马炎开国建立西晋王朝后,认为魏朝灭亡的原因在于没有给皇室子弟权力,使皇室孤立了。于是,他在即位后先后册封了二十七个同姓王。由于这些诸侯王都拥有自己的地盘,拥有自己的军队和文武官员,到后来为抢夺地盘和权力,他们经常进行混战,这样就直接导致了西晋政权的不稳固。到了晋惠帝时期,持续十六年之久的“八王之乱”,极大地削弱了西晋的政权基础,八王中只有东海孝献王司马越幸存下来。这时,北方的匈奴贵族也乘机独立,反对晋朝,建立了刘汉王朝。

公元311年三月,东海孝献王司马越在项县去世,太尉王衍等人一起扶奉司马越的灵柩回东海郡安葬。四月,刘汉王朝皇帝刘聪派大将石勒率骑兵追击司马越的灵车,追到苦县的宁平城,消灭了十几万护送的晋朝军队。

五月,刘聪派始安王刘曜、大将军呼延晏等人进攻西晋都城洛阳。洛阳的军民奋勇抵抗,但是终因寡不敌众,洛阳城被攻陷。刘汉军队攻入洛阳后,烧杀抢掠,无恶不作,他们总计杀死了三万多名没有逃走的官员和百姓,并俘虏了来不及逃走的晋怀帝司马炽。后来,刘曜认为天下还没有平定,洛阳四面受敌,不可以据守,就命人放火焚烧了洛阳。

京城失陷被焚,皇帝被抓后,晋朝全国一下子陷入混乱状态。这时各少数民族也纷纷入侵,中原的士人百姓为避战乱,也纷纷南渡长江,迁移到相对安定的江东去。

这次变乱发生时正是晋朝永嘉年间,所以历史上把这次事件称之为“永嘉之乱”。

为了避难,晋臣纷纷渡过长江来到江南。很多人投奔了琅琊王司马睿。当时司马睿势单力孤,让晋臣很失望,认为他难以担当复兴的重任。

从前的骑都尉桓彝也过江避乱,见到司马睿后,他对镇军长史周顗(yǐ)说:“我因为中原动荡,所以来这儿苟且求安。谁知这儿力量如此弱小,看来想成就大事也难啊。”等到他见了王导,一起谈论天下大事,他才兴奋起来。他对周顗说:“刚才我见到了管仲,不用再担心了!”

一天名士们一起登上新亭游玩,周顗坐在中间直叹气,他触景生情说:“风景没有什么差别,只是举目看去有长江黄河的不同。”众人听后,不禁感伤国事,潸然泪下。

王导看到大家这样，变了脸色，痛心地说："大家应当共同为王室尽力效忠，恢复中原故土，为什么要像被系住脖子的楚囚一样相对而哭呢！"大家听完都忍住哭泣，连忙向王导道歉。

饱经屈辱的末代皇帝

公元 311 年，刘汉皇帝刘聪派遣大军进犯洛阳。一月之后汉军攻进洛阳，冲入皇宫，抓住了想逃奔长安的晋怀帝司马炽。司马炽被送到刘汉都城平阳后，刘聪就让他做了特进左光禄大夫，封平阿公。

在与司马炽谈话时，刘聪说："你过去当豫章王，我与王武子拜访你。王武子向你介绍我，你说久闻大名，送给我柘木做的弓和银制砚台，你还记得吗？"

司马炽颤声说："臣下我怎么敢忘记呢？只是遗憾当时没有早点认出龙颜。"

刘聪接着问："你家骨肉为什么自相残杀到这个地步？"

司马炽讨好地说："大汉顺应天命，所以我们自相残杀，为陛下扫清道路。这是天意，不是人所能决定的。况且我家如果能谨奉武皇帝的大业，家人和睦，陛下从哪里得到天下呢？"

刘聪听完非常高兴，就把小刘贵人赐给司马炽做妻子。

公元 313 年正月，刘聪在光极殿宴请群臣，让司马炽身穿青衣为大家倒酒。宴席上庾珉、王隽等晋朝的遗臣看了不胜悲愤，禁不住放声大哭。刘聪看到晋朝的遗臣对司马炽这样有感情，非常厌恶。于是刘聪一发狠，以庾珉等晋朝遗臣阴谋叛乱为名，杀了他们，司马炽也未幸免。司马炽死后，在长安的晋朝官员就拥立司马炽的侄子司马邺继承皇位，这就是晋愍(mǐn)帝。

公元 316 年十一月，刘聪的大军攻下长安，晋愍帝司马邺投降。刘聪任命司马邺为光禄大夫，封怀安侯。

一天刘聪出去打猎，让司马邺临时充当车骑将军，穿上军服手持画戟作为先导。看见的人指着他说："这就是过去长安的皇帝。"大家都赶过来看，西晋遗老中有的人也流下眼泪。

这时太子刘粲对刘聪进谏说："过去周武王哪里会喜欢杀纣王呢？正是担心恶人聚集，酿成祸患呀。现在聚众起兵的人，都打着司马邺的旗号，不如早点把他除掉。"

刘聪回答说："我以前杀了庾珉等人，但民心仍然这样。我不忍心再杀司马邺，暂且等等，先看一看吧。"

这年十二月，刘聪在光极殿举行宴会，让司马邺倒酒洗杯子。过了一会去厕所,又让他拿盖子。一些晋朝遗臣见到了,很多人都流下眼泪,有的甚至哭出声。尚书郎辛宾按捺不住竟然站起来,抱着司马邺大哭不止。刘聪见状大怒,就令人把他拉出去斩首。

过了不久,晋朝的大将赵固进攻刘汉的领地河东,刘汉大将刘粲率领军队迎战。赵固扬言要活捉刘粲,用他赎回晋愍帝司马邺。

刘粲听说后就向刘聪上表说:“司马邺如果死了,晋朝的百姓就没了盼头,就不会再被赵固利用了,这样一来他们就会不攻自灭了。”刘聪觉得刘粲说得有理,于是就在平阳杀害了司马邺。这样,维持了五十年的西晋王朝终于灭亡了。

王敦叛乱

西晋经过“永嘉之乱”灭亡了。公元317年,司马睿在大将王导、王敦兄弟的辅佐下在建康即位,重新建立了晋朝,史称东晋。这以后,王敦重兵在握,日益骄横专权,根本不把晋元帝司马睿放在眼里,动不动就兴兵建康来要挟司马睿。

过了五年,晋元帝去世,他的儿子司马绍继位,这就是晋明帝。司马绍虚心纳谏,行事果断,既有文韬,又有武略。这时大将军王敦阴谋篡夺皇位,便派人暗示司马绍征召他入朝。司马绍无奈只得照办,于是王敦就领兵向建康进发。

到了半路,王敦突然得了重病。在病中,他对心腹钱凤说:“我死后,不如放下武器,归顺朝廷,免遭灭门之祸,这是上策。退兵回武昌自保,按时给朝廷贡奉物品,这是中策。趁我还活着,调动全部兵力去攻打京都,寄希望于侥幸取胜,这是下策。”

钱凤回来后对参军沈充说:“王公所说的下策,其实是上策。”二人商定,只要王敦一死,便统领军队进攻建康,继续作乱,

司马绍派温峤、卞壶同守石头城,并征召苏峻、刘遐率军来救援京都。司马绍自己则率军驻守建康。

当时,司马绍得知王敦病危,便下诏令说:“王敦将死,钱凤、沈充、王含为首恶。有能诛杀三人向朝廷献首级的,封为五千户侯。其余僚属,一律不追究罪。麾下士兵,可自愿还乡。”

王敦见到诏书,勃然大怒,决定发兵攻打建康。但因自己病体沉重,只得让钱凤和哥哥王含带兵前往。钱凤问王敦:“如果攻进建康,怎么处治天子?”

王敦说:“他才即位几天,还没有南郊祭天,哪里配称天子!你们随便处治好了。”

王敦对出战信心不足,便召来郭璞为他占卜。郭璞说:“将军的大事不会

成功。”

王敦早就怀疑郭璞暗中和朝廷勾结，听到郭璞说卦呈凶兆，便不怀好意地问郭璞：“你看我的寿命能有多长？”

郭璞说：“由刚才的卦象推算，将军如果起兵，灾祸不久将至；如果退居武昌，享年长不可测。”

王敦冷笑着说：“你再算算自己能活多久？”

郭璞平静地回答：“今天正午毙命。”

于是王敦下令处死了郭璞，并让钱凤和王含率领军队向建康进发。

过了不久，王含和钱凤率领水军和步兵五万人到达秦淮河南岸，当时京都告急。温峤急忙调兵驻扎到秦淮河北岸，烧毁了秦淮河上的浮桥进行阻截。司马绍听说温峤擅自毁桥，非常生气，打算处罚温峤。温峤却辩解说：“京都卫戍军队人数少，兵力弱，征召的援军又没有到来，如果贼寇渡过秦淮河，连祖庙都保不住，哪里只是一座桥！”司马绍无言以对。

接着，司马绍率兵出城驻扎在南皇堂。当天，司马绍让将军段秀率领刚招募来的一千名勇士强渡秦淮河，突袭王含和钱凤的军队，结果大获全胜。

王敦听到王含战败的消息后，生气地说：“我这个哥哥真是个笨蛋，看来大势已去了。”他想勉力起身亲自率兵出战，但因身体过于虚弱，只得又躺下。几天以后，王敦死去。

司马绍听说王敦已死，便派人去劝说沈充归顺朝廷，并许诺他担任司空一职。沈充对来人说：“三司是众人仰慕的要职，我难以胜任。人生在世，各为其主，我不愿意背叛王敦。”于是他率领留守姑孰的一万人马去增援王含和钱凤。

过了几天，苏峻和刘遐应召率领的一万精兵到达建康，司马绍大喜，连夜抚慰犒劳将士。但此时沈充和钱凤的军队夜里却乘机发起进攻，一直攻到宣阳门，拔除防御栅栏，就要进入建康。这时，刘遐和苏峻从南塘侧面突然杀来，沈充和钱凤一时措手不及，急忙率兵后撤。退到秦淮河边，将士们争相渡河。刘遐和苏峻在后面追杀，沈充和钱凤的部下淹死了三千多人。

司马绍听到官军大胜的消息后，就下诏让苏峻追击逃到吴兴的沈充，让刘遐追击逃亡江宁的王含和钱凤。接下来，官军乘胜追赶，王含、钱凤、沈充等人在逃跑途中先后被杀，朝廷终于将这场叛乱镇压了下去。

“武侯”王猛

王猛是十六国时期前秦帝国的宰相。他是个诸葛亮式的传奇人物，博学多才，文武双全，善于谋略和用兵。王猛辅佐苻坚十八年，任职期内，在军事、政治、经济、文化等各个方面都有建树，为辅佐苻坚统一北方，做出了重大贡献。

王猛从小丧父，家里很穷，跟母亲相依为命，靠贩卖畚箕（běn jī）维持生活。穷苦的生活磨炼了他的意志，激励了他的求知欲。他刻苦读书，手不释卷，渴望将来能有所作为。他的志向很大，有人想请他去前秦的官府里做个小吏，他没有答应。当时前秦刚刚建立，东面的燕国还很强盛，北方是群雄割据的局面。王猛每每以管仲、诸葛亮自比，但一时找不到合适的辅佐对象，干脆在华阴山隐居了下来。

公元354年，桓温第一次北伐，连连得胜，很快打到灞上。隐居华阴山的王猛得知这一消息，心下大喜，想：这可是个好机会，说不定桓温是个可以辅佐的“刘备”。于是，他披着一件粗麻布短衣去拜见桓温。

宾主双方坐定。王猛侃侃而谈，把南北双方的政治经济形势分析得一清二楚，见解十分精辟，桓温听了，心里不禁暗暗佩服。王猛一面谈，一面把手伸进衣襟里，抓出一个虱子，挤死了。桓温左右的人见了，差一点笑出声来，但王猛从容沉着，旁若无人。桓温知道此人不是一般人，便问道：“这次，我奉皇上的命令，率领大军北伐，为民除害。可是，关中地方的豪杰为何至今还不来见我呢？”王猛淡淡一笑，回答道：“你不远千里而来，深入敌人腹地。但现在长安近在眼前，你却不渡过灞水攻下长安，大家不知道你心里打什么主意，所以没有来见你。”

王猛这一番话，正道破了桓温的心事。原来桓温北伐，只是想树立他在东晋的威信，捞取政治资本。他驻军灞上，不急于攻长安，正是想拥兵自重。

桓温知道王猛是个难得的人才，想收为己用，便再三邀请王猛南下，还封他一个不小的官职。王猛见到桓温大军的情形，知道桓温是个奸雄，不足以成大事，就拒绝了桓温的邀请，仍旧回华阴山去了。但这样一来，这个扪虱而谈的读书人开始有了大名。

此后，定都长安的前秦帝国开始逐渐兴盛起来。前秦创始人苻健死后，他儿子苻生继位。苻生十分残暴，杀人如麻，人民怨声载道。很快，苻生的堂兄弟苻坚起来推翻了苻生的统治。苻坚是个想要大干一番的人物。他即位以后，到处搜罗人才。有人向他推荐了王猛。

苻坚派人去请王猛。王猛应召而至。俩人一见如故，谈起历史上的兴亡大事，见解完全相同。苻坚大喜，认为自己得到王猛，就像刘备求得诸葛亮一样。他立刻把创建大业的希望寄托在王猛身上。

当时，前秦的始平地方（陕西兴平、武功一带）社会秩序很乱，地方豪强横行霸道，强盗小偷胡作非为。苻坚决定派王猛去治理整顿。王猛一到任，立刻颁行法律，并微服私访，了解民间疾苦。很快，他查明了当地作乱的首恶分子。他采取果断措施，按照法律，处决了这个首恶分子。当地的邪恶势力很快就造谣中伤，诋毁攻击王猛。苻坚收到检举报告，信以为真，当即下令抓王猛来治罪。王猛被押回长安。苻坚道："朕听说为政的要道是爱民，当官的应该以德化为先，教育老百姓弃恶从善。你刚刚到任，就大行杀戮，这岂不是太残酷了？"

"回禀大王：臣听说太平盛世，当以礼治天下，而治理乱世，则当严刑峻法。现在陛下不以臣不才，委以重任，臣敢不尽忠？臣现在才杀了一个不法之徒，还有许多没杀呢！陛下如果责备臣不能杀尽凶徒，臣甘愿领罪。陛下如果责备臣杀一个凶徒即为残酷，臣不能领受！"

"哈哈哈哈！"苻坚大笑，"真是朕的诸葛孔明！"说完，亲手为王猛松绑。从此，苻坚开始完全信任王猛。

第二天，苻坚降旨升王猛为吏部尚书左仆射、咸阳内史、京兆尹。没过多久，王猛又升官。一年之内，三十六岁的王猛升迁五次，朝野震惊！

王猛做了京兆尹（京兆尹是管理首都的官员），与性情耿直的御史中丞邓羌同心协力，整顿首都长安的秩序。强德是皇太后的弟弟，喝醉了酒在京城里横行霸道，抢劫财物，强奸妇女，坏事做尽。王猛得知，铁面无私，当即下令逮捕强德，不等苻坚知道，就把强德斩首示众。接着，与邓羌一道，在几十天内，连续处决了违法的贵族豪强二十多人。一时间，百官害怕，奸猾震惊，社会风气大变，路不拾遗。苻坚看到长安的社会秩序变得井井有条，不禁感叹说："我现在才知道治理天下必须有法！"

前秦是我国古代少数民族氐（dī）族建的政权，王猛作为一个汉人，受到如此重用，引起前秦贵族强烈不满。有个氐族大臣樊世，是跟着前秦的创建者苻健一起打下关中的元勋。他想摆一摆老资格，见到王猛，顿时怒不可遏，高声骂道："我们耕种好土地，你小子倒来吃白饭。"王猛回敬他道："你们不但为我耕种，还要给我做饭呢！"樊世气得跳脚大骂："王猛小子，你听着：老夫不把你的狗头挂在长安城门上示众，就誓不为人！"王猛赶紧把樊世的话向苻坚禀告。苻坚大怒，说："不杀樊世这条老狗，就不能弹压群臣！来人，带樊世来！"樊世被带到，见到王猛在苻坚面前，气得浑身发抖，当下拼了老命冲过来要打王猛。苻坚见状，勃然大怒，一拍龙案："拖出去斩了！"樊世死后，群臣见到王猛都毕恭毕敬，再也不敢说一句不是。

王猛在苻坚的支持下，除了镇压豪强，还大刀阔斧地进行改革。他注重选拔德才兼备、廉洁奉公的人做郡县的官吏；重视恢复和发展农业生产，奖励垦荒，兴修水利，提倡改进耕作技术。在王猛的治理下，前秦的国力越来越强。不久，前秦先后灭掉了前燕、代国和前凉三个国家，统一了中原地区。

前秦灭掉前燕后，苻坚非常优待前燕王室慕容氏家族。苻坚封前燕的小皇帝慕容韦为新兴侯，任命前燕重臣慕容评为给事中。总之，燕国的故臣、贵戚都被封了官：有的当了尚书，有的当了太守，有的当了将军……这些前秦的仇敌，竟成了长安城里的新贵。苻坚这样做，是想表示自己的宽宏大量，又想让东晋政府看一看，他苻坚是如何地优待俘虏。苻坚的做法是很愚昧的。当时居留长安的鲜卑贵族慕容垂，久怀大志，根本就不是甘居人下的人物，可苻坚对他竟没有丝毫防备。

王猛看在眼里，心里着急，连连向苻坚进谏，请苻坚提防慕容氏家族。可苻坚统一北方之后，已被胜利冲昏了头脑，变得刚愎自用起来，根本就听不进王猛的忠言。

王猛没有办法，心里常常忧愁。当时，长安城里，到处流传着“鱼羊要吃人，吃个干干净净”的预言。这里的“鱼”、“羊”合起来就是鲜，指的是鲜卑慕容氏家族要重新崛起，发动变乱。

公元 375 年，日日夜夜为国事操劳的王猛病倒了。苻坚心里十分难过，经常前去探望病情，还向天地祈祷王猛早日康复。无奈，王猛的病一天天沉重下去。

这一年的七月，苻坚最后一次去探望王猛。他见王猛已瘦得脱了形，知道他已不久于人世，便强忍悲痛，握紧王猛的手说：“朕与卿，名为君臣，实同手足。你有什么嘱咐就说吧。”

王猛断断续续地说：“东晋虽然偏居江南，但终归是正统所在，何况现在上下安和，还不到灭亡的时候。臣死之后，愿陛下不要急于攻打东晋。鲜卑、西羌，是我们大秦的世仇，纵容他们，终将成为大患，愿陛下赶紧除掉他们，以利大秦的江山社稷。至于统一天下，望陛下一定要作长远打算……”说完这些话，他闭上眼，鼻息渐弱。

王猛死了，终年五十一岁，被谥为“武”。诸葛亮死后，曾被谥为“武”。史称诸葛亮为“武侯”，王猛也是“武侯”。

王羲之仙风道骨

王羲之是东晋时期著名的大书法家。他小的时候有些木讷，不被人注意。长大后，他不仅口才出众，而且以性情耿直而著称。王羲之非常喜欢书法，经过勤学苦练，博采众家之长，他的书法达到了很高的境界，几乎是诸体兼精。尤其是他的隶书，那笔势飘若浮云，矫若惊龙，堪称古今一绝。在当时，世人都称他为“书圣”。

王羲之出身士族之家，先后做过秘书郎、参军、长史等职，很受征西将军庾亮的器重。庾亮临终时，特地上书朝廷推荐他。这样，他又升任宁远将军、江州刺史。王羲之当时虽年轻，但他才华横溢，名声远播，朝廷公卿一时都很喜欢他的才气。为此，朝廷曾多次征召他担任侍中、吏部尚书，他都不肯受命。不久朝廷又任命他为护军将军，他又坚决推辞。后来在扬州刺史殷浩的劝说下，他终于接受了护军将军的官职。没多时间，他又请求到宣城郡任职，但朝廷批准，却任命他当右军将军、会稽内史。

当时扬州刺史殷浩与征西大将军桓温不和，王羲之写信劝告他，他不听。他要举兵北伐，王羲之认为北伐必败，又写信劝阻他。他还是不听，结果被平北将军姚襄击败。

王羲之很喜欢服食养性，不喜欢在京都生活。在会稽任职后，他见到这里的名山秀水非常喜欢，一有空就邀朋友一起游览湖光山色。会稽是名士荟萃的地方，这里有谢安、孙绰、李充、许询、支遁等当时文章冠世的名士。这些人与王羲之志趣相投，十分要好。一天他们聚集在会稽山阴的兰亭举行宴会。众人把酒临风，赋诗咏志，非常尽兴。最后为了纪念这次宴会，大家推举王羲之作序，于是王羲之当场挥笔，就写下了著名的《兰亭序》。

据说王羲之生性非常喜爱鹅。他在会稽任职时，听说有个独身的老妈妈养了一只鹅，很善于鸣叫。王羲之就想买她的鹅，但她说什么也不肯答应。于是他就时常带着朋友去参观。后来，老妈妈为防止王羲之造访，就把鹅杀了，煮了一锅肉。王羲之听说后，为此叹惜了好几天。山阴地方有一个道士，他也养了一群好鹅。王羲之参观了一次后，十分中意，就想买几只。道士早就仰慕他的书法，便说："给我抄一部《道德经》，我把这群鹅全部奉送。"王羲之欣然提笔，把《道德经》抄写一遍，然后把鹅都装进笼子里，带回家去。

王羲之的书法影响极大，引人争相摹仿，许多人把他写的字都当成宝贝。有一次他到他的门生家去，见几案十分滑净，随即就在上面写了许多字，真草各半，当时这个门生见了真是如获至宝一般。后来，这个门生出门，他的父亲见几案脏了就将字迹洗去了，门生回来后为此懊恼了好几天。

还有一次，王羲之在路上看见一个老妈妈提着一堆六角竹扇在叫卖，可过路的人前来问津的极少。为此，他就很同情老妈妈，就在扇面上各写五个字。起初老妈妈还不高兴，王羲之便对她说："你只要告诉买扇的人，说上面的字是王右军写的，每把扇子就可以要价一百钱。"

老妈妈将信将疑，就按他说法做了，结果一时间买扇的人趋之若鹜。

在当时与王羲之齐名的，还有骠骑将军王述，但王羲之很看不起他。王述原先任会稽内史，因为母亲去世，由王羲之代理内史。王羲之只去王述家吊唁一次，就不再登门了。王述每次听到吹角声，就以为王羲之必然来看望他，马上洒扫庭院，等候王羲之的光临。然而，每一次他都失望了。一连几年都是如此，而王羲之竟然无动于衷，王述心里十分恼恨。后来王述升任扬州刺史，他在出发前，遍行郡内，就是不拜访王羲之。直到要上路了，他才和王羲之一别而去。

由于王述的晋升，王羲之感到自己蒙受了耻辱，就派使者到朝廷，要求把会稽分出来，单设越州。使者在陈述时，措辞不当，引起朝廷官员的大肆嘲笑，王羲之为此更感到羞愧。后来，王羲之忍受不了王述的羞辱，就称病辞职。

王羲之辞官后，不问世事，每天游山玩水，弋鸟钓鱼，过着逍遥自在的生活。后来，他又和道士许迈一起修炼丹药，并不远千里，四处采集药石。五十九岁时，王羲之去世。

陶渊明南山采菊

东晋时代，有一位大诗人叫陶渊明，因为看不惯当时政治腐败，所以在家乡隐居。他的曾祖父是东晋名将陶侃，虽然功名显赫，但却不是士族，因而后代无法得到重任。于是到了陶渊明这一代，便家道中落了。

陶渊明从小就怀有远大志向。他兴趣广博，且善于作诗词文章；性格既聪颖洒脱、放荡不羁，又质朴自然，不矫揉造作。因此家乡人都很尊敬他。

陶渊明曾经写过一篇《五柳先生传》，借以叙说自己的生平状况。传中写道："有一位先生，不知道他的姓名，也不知道是怎样一个人。只知他家屋旁有五棵柳树，因而自号为五柳先生。他不羡慕名利，也不爱说话，喜欢清静，喜爱读书，又不穷究书的旨义；所以每当领会书中乐趣时，便高兴得忘记了吃饭。他天性嗜酒。由于家里穷不能常常有酒喝，所以亲朋好友知道这种情况后，常常摆酒款待他。只要他一去，就一定会将酒喝得一干二净，而且一定要喝得酩酊大醉才肯罢休。喝醉了就走，不会拘束自己。

先生屋里家徒四壁，房子破漏得没有办法遮风蔽日。家里人穿的也是乡民般打了补丁的破烂短衫；吃的常常是有上顿没下顿。虽然如此，先生还是经常写点文章，自得其乐，抒发自己的志向抱负。并以此忘怀世事人情之得失，度过自己的一生。"

《五柳先生传》自序就是这样写的。当时的人们都说，这其实是陶渊明生平的真实记录。

因为双亲年迈，家里穷困，陶渊明曾屈就做了州学祭酒。然而由于不能忍受官场应酬规矩，他很快便辞职回家。后来，州刺史又想征召陶渊明为主簿官。陶渊明没有答应，他在家乡亲自耕种田地，并以此养家糊口。不久，陶渊明由于太过于消瘦，患上了疾病。于是只得重新再做官，担任州镇军，建威参军这种寄人篱下的职务。为此，他曾对亲朋好友说："我想用弹琴唱歌的办法，作为我乡居生活的维生手段，你们说行吗？"州刺史听说这件事后，就任命陶渊明为一方之主的彭泽县(今属江西)令。

到任后，陶渊明下令将作为薪俸的公田全部种上可以酿酒的糯高粱。他说："如果我能常常饮酒酣醉，就心满意足了。"他的妻子不同意他的做法，坚持要种稻谷。于是陶渊明只得把一顷五十亩种糯高粱，五十亩种稻谷。

陶渊明一向自尊自重，不喜欢对上司溜须拍马。有一次，郡守派遣督邮（官名。汉晋各郡重要属吏，代表太守督察县乡，宣达教令，兼司词讼。）到彭泽县视察政务。按官场规矩，县属官员应整冠束带拜见。对此，陶渊明感叹地说："我怎么能为区区五斗米的薪水俸禄卑躬屈膝，毕恭毕敬地侍奉这乡野鄙夫！"东晋安帝义熙二年（公元406年），陶渊明最终封印辞官。为此，他特地作了篇赋名为《归去来兮辞》。

不久，朝廷征召陶渊明为著作郎，可是他拒绝了。乡邻张野及好友羊松龄、宠遵等准备好酒菜邀请陶渊明去吃喝。总之，只要有人邀请喝酒，即使与主人不熟识，陶渊明也从来都很高兴地接受而不会拒绝。喝醉后便回家。平常，陶渊明也很少去拜访别人。他经常去的地方，就只有地里、家里或到庐山游观而已。

东晋恭帝元熙年间（公元419—420年），王弘任州刺史，他非常敬慕陶渊明。因此，登门造访。陶渊明听说王弘来拜访，便以有病为推辞，拒见王弘。事后，陶渊明对人说："我天性不善于为人处世。现在因病休养在家，幸而不是为了贪慕廉洁的虚声。所以哪里敢以王弘屈尊就驾来抬高自己呢？倘若有人指责我不礼重贤人君子，像建安七子之一刘桢一样，这个罪名可不小啊！"

虽然遭到陶渊明拒而不见的待遇，王弘却不以为意，经常派人打探陶渊明的去向。有一次，使者回报陶渊明正前往庐山。王弘立即派人请陶渊明的故友庞通之等人带着酒，先在半路上拦住陶渊明。陶渊明看见酒后，便与朋友在一个野亭中喝起来，高兴得忘记了自己是要到庐山游观的。这时，王弘才出来与陶渊明相见。于是大家痛快地喝了一整天。此后，王弘想见陶渊明，总是在山林湖泽间等候他。

陶渊明遇上生活上的困难，王弘也不时地给他资助。

亲朋好友遇到喜庆事情，也常常带着酒菜前来造访，陶渊明从不加以推辞。每一次喝醉，陶渊明不知有多么的高兴。闲居后，陶渊明自己不从事生计劳动，一切生活家务事情全都交给儿子和仆人处理。陶渊明从来不曾大喜大怒，然而遇酒必饮；有时无酒，就不停地咏诗作赋。他曾说："在夏日空闲的日子，躺在室内北窗之下的凉床上，享受着不时吹来的凉爽清风，我就像是一位神仙。"

陶渊明不懂音律，但却藏有一张琴坯。琴坯上弦和徽（琴具用以分隔琴弦的木条）都没有。然而每次朋友置酒高歌时，陶渊明却总要在空空如也的琴面上抚弄唱和。他说："只要懂得弹琴是为了助兴抒发感情，何必一定要使琴弦发声呢？"

南朝宋元嘉年间（424—453年），陶渊明辞世，享年六十三岁。

北朝四史、南朝五史

鲜卑雄主拓跋珪

西晋末年，在北方有匈奴人建立的前赵、后赵，氐族人建立的前秦等政权，严重地威胁着晋的统治。此时，鲜卑族的一支，拓跋部强大起来。

他们原来生活在东北嫩江流域兴安岭附近，过着游牧生活，那里气候寒冷，靠游牧和狩猎生活，生活非常艰辛。不久，他们开始往南迁移，翻山越岭，终于到了长城北部。这里气候温和，水草丰美，适合发展游牧业。由于内部分歧，拓跋部分裂成东西两支，其中，东边的一支逐渐发展成一个较大的部落联盟。

前赵经常派兵骚扰晋朝北部边境，西晋为了限制前赵向南扩展，便拉拢拓跋部对付前赵。西晋拓跋部的酋长猗(yī)卢做代公，几年后，西晋王朝又封猗卢做代王。

猗卢死后，他的侄孙什翼犍做了代王，公元376年，前秦王苻坚攻打代国。当时，拓跋部非常混乱，人心涣散，什翼犍很快战败。他的儿子为了早夺王位，杀死什翼犍。国中无主，前秦乘机灭了代国。

尽管代国被灭，可是代国有个忠臣燕风，他为了代国东山再起，怕前秦王把代国王室斩草除根，便千方百计把什翼犍的孙子拓跋珪保护起来。

虽然拓跋珪年纪很小，却非常聪明伶俐，是代国复兴的惟一希望。他不忘代国被异族所灭的耻辱，每天天不亮就起来练刀弄棒，白天与伙伴一起骑马射箭，才二十几岁，练就了一身好武艺。他身高体壮，眼睛又黑又亮，十分有神。人们跟他很合得来，很快，在他的周围，聚拢了许多文才武将，他们日夜商量如何尽快复兴代国，打败前秦，雄踞北方。

西晋政治越来越腐败，国力空虚，匈奴人刘渊趁机攻进西晋都城洛阳，西晋灭亡。西晋王室及大臣逃往建康，在那里建立政权，史称东晋。

公元386年，前秦王苻坚，倚仗自己强大的实力，带兵八十万，与东晋谢石、谢玄率领的军队在淝水展开激战。由于前秦长年争战，人民流离失所，前秦军队的士兵厌烦打仗，汉族士兵都希望东晋军队能够取胜。这样，苻坚很快被东晋打败，逃回北方。拓跋珪认为这是一个难得的良机，便在牛川（今内蒙呼和浩特市东）称王，重建代国。不久，他就改国号为魏，为了区别于三国时期的魏国，史书称之为北魏。

拓跋珪复国以后，他又雄心勃勃，想扩大疆域，发动战争，攻打雄居于北方的后燕，取得黄河两岸的很多地方。

他知道要想打败对方，必须兵精粮足，没有一支坚强有力的队伍，没有足够的军粮做供应，很难取得军事上的胜利。因此，他首先要解决的是军粮问题。他令鲜卑人也开垦荒地，同汉人一道进行农业生产，改变以畜牧业为主的生活方式。这样，汉族人愿意与鲜卑游人和睦相处，接受鲜卑贵族的统治，各少数民族与汉族人民共同劳动，发展农业生产。

他为了激发人们的生产热情，他亲自来到郊外的田间，参加生产劳动，累得满身是汗，文武大臣干得更卖力气。人们对这位国王十分钦佩。认为国王都投身于生产劳动，自己更应该努力生产。就这样，生产的粮食越来越多，既满足了人们的生活需要，也解决了军粮的需求。

拓跋珪为了鼓励士兵的作战士气，制定了很多奖励措施，只要在战争中打了胜仗，对立功的将士，按功劳的大小，分给他们从战争中获得的财物；对有特殊贡献的将士，要破格提拔录用。同时，拓跋珪还规定了严明的纪律，这样，拓跋珪手下的军队不但军粮供应有了保证，军队的作战士气也大大提高了。

他率领自己的军队发动了多次战争，队伍所到之处，许多部落，败的败，降的降。只用几年的时间，拓跋珪打败了北方强国后燕，从此，北魏的领土扩大到黄河两岸。

公元398年，拓跋珪把都城迁到平城（今山西大同）。此时，北魏已经成为黄河流域最强大的封建国家，同年，拓跋珪正式称帝，他就是魏道武帝。

拓跋珪不但能带兵打仗，在治理国家方面也有超人的才能。一个少数民族的皇帝，勇于任用汉族的儒生做官，他对直接求他要官的汉族读书人，都热情地接见，并按照他们的学问、能力及意愿三项结合起来，任命官职，对汉族官员与鲜卑贵族同等对待。这样，他们都愿意为国家献计献力。

为了给国家培养更多的人才，他在都城设立了太学，任用汉族儒生做教师，不论是少数民族，还是汉族人，都可以到太学去学习。拓跋珪为了提高太学生们的文化素质和管理国家的本领，他下令郡首县令到民间搜集各种汉文书籍供太学生学习。

拓跋珪的一系列政治、经济、文化措施，使北魏的国力迅速强大起来，军队的战斗力大大提高，为他的孙子拓跋焘统一北方奠定了雄厚的物质基础。

刘裕建宋

刘宋的开国皇帝刘裕出身贫寒，但他长得身材魁梧，风骨奇特。

早年，他在乡间的时候，有一天，一个要好的朋友来找他，说："东晋大将谢玄正在京口（今江苏省镇江市）招募军队，你练就一身好武艺，何不去报名试试？"刘裕听了很高兴，这正是他梦寐以求的心愿，这对他来说是个好机遇，如果能在军中捞个一官半职的就能很好地养活他的继母，也不辜负死去父亲对他的希望，于是他赶快回到家，辞别了继母来到京口。

京口北府兵的将领刘牢之见来了一位青年壮士，身材魁梧，五官端正，很有气魄，问过之后，让他练了一下刀、枪、剑、戟，还有马上功夫，刘牢之感到很满意，便把他留下来做自己的部下，又给他个小官衔，刘裕真不负众望，他爱兵如子，军纪严明，训练了一支高素质的队伍，每次出兵十有九胜，他的名声很快在晋军中传开了。

一日，刘牢之将晋兵主将召集一起，告诉他们："荆州刺史桓玄已封锁了长江，现在建康正在闹灾荒，军粮接济不上，皇帝昏庸，我们干脆与桓玄兵合一处，打进建康，推翻皇帝。"众将面面相觑，没敢作语，只好顺从了他，在刘牢之的配合下，桓玄很快攻下建康。发动政变，逼白痴皇帝晋安帝司马德宗退位，他自己做了皇帝。

刘裕心想，桓玄夺东晋天下，是大逆不道的，是不忠，违背天意。他要替天行道，讨伐桓玄，恢复晋室。于是他与军中有正气的军官联合起来共同反抗桓玄。当桓玄得知刘裕率大军逼近建康，急忙组织精锐部队阻击，但是由于刘裕军队准备充分，人心所向，士气高昂，而桓玄的人马做贼心虚，人心向背，很快被刘裕大军打败，撤出建康。尽管他几次集军反扑，都没挽回局势，只好逃往益州（今四川省）。当地百姓知道此事，气愤已极，杀了桓玄。

桓玄败出建康以后，在刘裕扶持下，晋安帝又回到建康，重登帝位。此时的刘裕，劳苦功高，是权倾朝野的重臣，皇帝感恩不尽，把东晋军队大权全部交给了刘裕，又封他扬州刺史，兼代理尚书，可以说是青云直上了，远远地超出了他当初的当兵赡养继母的心愿。

刘裕并没有就此停止脚步，他清醒地意识到，对于一个昏庸无能的皇帝太忠心，是对天下百姓不负责任，因此他开始雄心勃勃，要自己称帝，重新整治天下，还给天下百姓一个安定幸福的生活。

然而，北方还有鲜卑人建立的南燕，还有后秦两个政权，他必须先灭南燕和后秦，才能称帝，建立一个统一的新王朝。

南燕地盘并不大。由慕容氏家族统治着的今山东一带，他们不重视农耕生活方式，不为当地的百姓着想。他们只知道抢掠财物、美女和壮丁。男的被迫当兵，女的充进后宫，百姓恨不得南燕政权早日垮台，过上太平生活。这种形势对刘裕征服南燕十分有利。刘裕看时机已经成熟，把朝中大事安置好了，自己亲自带领几万人马北上，直抵琅琊（今山东省临沂市北）。琅琊百姓见是东晋官兵，非常欢迎，有的还给晋兵带路。南燕的官兵一看，晋军队伍整齐，士兵个个气势高昂，他们丧失了信心，放弃琅琊逃走了。南燕统治者慕容超怕都城广固（今山东益都县西北）丢失，马上派人，一边向后秦救援，一边向刘裕求和。后秦生怕自己损兵折将，便潜使臣去刘裕那进行恐吓，同时，也是为了试探虚实。后秦使臣来到刘裕军营，一看晋宫，旌旗招展，阵容整齐，士兵们持器而待；再看刘裕身穿战甲，右佩战刀，目光咄咄逼人，他们的将军怎能与他相比？再回想刘裕打败桓玄，扶晋安帝重新登位之事，心中暗暗称赞，不愧是东晋的顶梁柱。他勉强振作精神，壮了壮胆说："我们秦军比你们多几倍，马上到洛阳，你们要不退，我们将直捣你们的老窝建康。"刘裕高声说道："好大的胆，快回去告诉你们的皇帝，不出三年，捣毁你们老窝的是我，你们竟敢送上门来？"

秦使臣当时吓呆了，后秦皇帝听使臣回来禀报，没敢出兵救南燕，南燕的官兵人心惶惶。有的弃城逃跑，有的投靠了晋军，百姓都前来声援，就这样，刘裕很快攻下了南燕城广固，生擒慕容超，南燕灭亡。消息传到建康，朝廷上下，无不欢欣鼓舞，东晋的地盘又扩大了，实力也增强了。

当时有人建议刘裕马上回师攻打后秦，刘裕不同意。他以为尽管后秦没有东晋强大，但是他们据有关中，地势险要，那里易守难攻。况且，晋军刚灭南燕，人困马乏，军备不足，光有士气还不行，必须对部队加强训练，晋士兵能以一挡十，才能有胜的希望。这样，晋军养精蓄锐整整六年，正值后秦皇帝姚兴死。刘裕见东风已到，时不可待，于是他率领五路晋军进兵关中，屡败秦军。公元 417 年，攻占长安，后秦灭亡。

灭了后秦，刘裕见时机已到，回师江南。皇帝封他为相国，可他并不满足，公元 420 年，他废掉末代皇帝晋恭帝，披上了皇袍，自己做了皇帝，改国号宋。

宋文帝耕田

宋文帝刘义隆即位那年，他才十八岁。父亲刘裕新丧，哥哥刘义符平庸，贪玩，不会治国，即位两年就被大臣杀了。面对父亲留给他的一片旧河山，要完成

先帝没有完成的大业，要对得起天下黎民百姓，万钧重担，落在了他一个人身上。

为了治理好国家，他给自己约法三章。首先要正人先正己。自己是一国之君，凡事要以身作则。二是杀奸臣，整顿吏治。他即位不久，就杀掉了害死哥哥的两位大臣。第三必须让天下百姓有饭吃、有房住。他每天都以此来省察自己。

宋文帝生活很俭朴。按理说身为皇帝，天天山珍海味，不知稼穑辛苦。可他总想着那吃不上穿不上的穷苦百姓，自己怎能忍心住在富丽堂皇的宫殿里，吃着美味佳肴呢？大臣们知道了此事，都非常佩服，纷纷效仿皇上。

宋文帝非常关心百姓疾苦。先父在位时，经常告诫他："做皇帝不能光顾自己享受，要为天下百姓着想。他们连饭都吃不上，那皇帝的宝座也就不长久了。"全国局势刚刚稳定，农民很穷，没有种地的工具，连种籽都买不起，欠官府的租税总也还不上。宋文帝下令农民的租税一律减半。如果秋后农民还欠租，次年种地困难，就免除欠官府的所有租税。农民听到官府的减税命令，都非常高兴，他们种地的积极性大大提高了。

为了鼓励农业生产，他不但下令全国的官吏带领农民种好地，还亲自带大臣们到城郊耕地。有一天，宋文帝手拿鞭子，亲自扶犁，大臣们在后面点种。他们尽管是农民的打扮，但根本不像农民。一个好事的人问个仔细，才知道是皇帝在帮他们种地。当地的农民激动得眼泪都流下来了。此事迅速地传开，农民们知道了这位重视农业的皇帝，都积极开垦土地。全国几乎没有荒芜的土地，农业生产很快得到恢复，政府的收入也增加了。

宋文帝对农民的关心，胜过了对自己的亲人。有一次，一个大臣手里拿着奏表没敢念，直接递给皇上。宋文帝打开一看，当时气得虎目圆睁，手拍龙案："来人，把南梁郡太守刘遵考抓回京城。"大臣们一听，个个吓得浑身冒汗。这可是武帝的堂叔啊！他当年跟随武帝刘裕北伐中原时，浴血奋战，屡立战功。刘裕称帝后封他为南梁郡太守，武帝都尊让他三分。没想到宋文帝不给他留一点情面。原来，南梁郡发生了旱灾，几乎是颗粒无收。太守刘遵考禀报了皇上，皇帝当时下令拨调粮食几万石救济灾民。可令皇帝没想到的是，这么多粮食全部被郡守侵吞了。灾民们不得已逃荒要饭，饿死了不少人。他们去官府告状，喊冤，却被关进了大牢。百姓们知道郡守是皇上的叔叔，不好告倒他。可他们真是忍无可忍，成群结队来到京城告状。没想到宋文帝真是大义灭亲，将刘太守削职为民，给百姓们做了主。

这件事以后，不管是哪里闹灾荒，官吏们都马上报告皇上，拨给的救济钱、粮，再也没有敢私自侵吞的了。有一次，江南闹旱灾，因为江南是水乡，种的都是水稻。这一下水稻种不上，宋文帝却别出心裁，下令种小麦，这样就解决了农民的吃粮问题。同时，宋文帝怕大地主利用灾荒吞并土地，把农民变成庄园里的农奴。他下令清查户口，给农民和他们的土地登记造册，按土地多少收税。这样，既可以防止地主对土地的侵吞，同时也减轻了农民负担，增加了国家的收入。

宋文帝非常注重官吏的治理。他深知治理一个国家，光靠他一个人是不行的，必须依靠下级的官吏。如果是平庸的官吏或者是贪官，那老百姓可就受苦了。因此，他十分重视官吏的选择工作。他制定选择官吏的标准是德才兼备，二者缺一不可。同时他还派专人到地方上去考察政绩，回来报告给他。对政绩好的给予鼓励和提拔，对政绩差的则给予降级和免职，而对那些贪官污吏则严惩不贷。

一天，宋文帝把刘义季召进宫里，让他担任荆州刺史。荆州是长江中游的重镇，先帝刘裕在位时，规定荆州刺史必须由皇室人员担任，按旧制规定应该轮到南谯王刘义宣了。但这刘义宣虽然人品不错，可能力不行，挑不起这个担子。与其让他做刺史，不如荆州没刺史。事关江山社稷，宋文帝打破常规，让刘义季去担任此职。他之所以要重用刘义季，不光是因为此人有政治才能，而且有知错就改的良好品德。刘义季喜欢春天打猎，为了追赶猎物，时常踩坏地里的庄稼。因为他是皇家人，没人敢说他。主要是他忽视了这个问题。有一次，一个放羊的老头儿看见他又从地里经过，对他说："夏朝时太康爱打猎，为了打猎他不理朝政，不爱惜农民地里的禾苗，结果被后羿夺取了政权，失去了国家。现在正是禾苗生长季节，你一意打猎，不怕影响百姓的收获吗？"

刘义季听了老人的劝告，感到很歉疚。从此以后，再也不在春季打猎了。宋文帝听说了这件事，对刘义季这种知错就改的精神很是欣赏，认为如派他前往荆州，一定会不负众望的。果然，刘义季到荆州后，励精图治，关心百姓疾苦，解决百姓难题，天天训练军队，把个荆州治理得安定繁荣。从此，宋文帝更加器重他了。

宋文帝在位期间，天下太平。他取消了徭役，租税也很轻。农民和国家的粮仓都装得满满的。全国的人口增多了，社会秩序安定，家家夜不闭户。时人都称他为"清明皇帝"，至今为后人所传颂。

宋魏三战

公元450年春天，北方大地已冰雪消融。北魏太武帝拓跋焘春风得意，率领十万大军南下，攻打刘宋。魏军第一个攻打的目标是悬瓠城（今河南汝南县）。拓跋焘从东、北、西三面攻城。宋军早有准备，主师指挥得当，双方激战了四十二天，魏军死伤惨重，未能攻下悬瓠城。只好暂时撤兵。

魏军撤回以后，宋文帝刘义隆调兵遣将，也想趁机北伐，实现统一。他把宋军分成三路。宁朔将军王玄谟是宋军主帅，率主力部队进文滑台；建威将军柳元景率军攻打弘农（今河南三门峡市西南）；建武将军薛安都带兵攻打陕县。

王玄谟的主力部队包围滑台以后，滑台周围黄河、洛水沿岸的人民都非常高兴。他们争着给宋军提供粮食和武器，同时还有很多青年要加入宋军作战。王玄谟贪婪成性，想在打仗的时候捞一把，满脑子私利，那些投靠他的青年根本没有得到他的重用，大失所望，不久就都逃走了。

其实王玄谟根本不懂得如何用兵。本来城内草房多，部下建议用火箭射去，把房屋烧毁，城中人心慌乱，魏军不跑也难守了；然后，宋军趁势攻城，这样就垂手可以拿下滑台了。而王玄谟却怕火攻会把城中的财物烧毁，自己什么也捞不到，他就没有采纳部下的意见。结果城中的军民早已警觉，他们拆毁房屋，钻进挖好的地洞。好机会过去了。

魏太武帝听说滑台被围，心里非常恐慌。他以为宋军兵多将广，滑台城内基本都是汉人，怕百姓倒戈，他马上带兵援助。他先派人到滑台城去探听宋魏两军的情况。探者向他汇报了情况，他非常高兴。王玄谟根本不会用兵打仗。于是便传令下去，军队很快渡过了黄河，大军发动了急冲锋。王玄谟被魏军的鼓声、呐喊声吓得魂飞魄散。他下令部队马上撤退。宋军这一退，魏军猛追，结果死伤很多，物资和武器都留给了魏军。

宋军主力大败，而魏军却精神大振。他们像一阵风一样，攻打彭城和盱眙（xū yí，今江苏盱眙东北），攻打不下，便绕过二城，直抵长江北岸，要过江攻打刘宋都城建康。

建武将军薛安都率宋军多次攻城，但由于陕县城池坚固，魏军守卫得力，并有几万援军，所以久攻不下。薛安都对着手下喊道："死也要把城拿下来！"于是他甩掉头盔，脱下战甲，手持长矛，像一只下山的猛虎，冲入敌阵，逢人便刺。宋军见主帅拼命冲锋陷阵，个个精神大振，摇旗呐喊，像潮水一样一拥而上。魏军见宋军如此勇猛吓得连连败退，躲进城内，不敢出城应战。

第二天，魏军壮着胆子出城应战。双方杀得正酣时分，一路宋军从魏军后面杀过来。魏军腹背受敌，乱了阵容，他们不听从指挥，一路远逃。宋军乘胜而追，杀死了魏军主将，就这样，宋军攻克了陕县。柳元景率领部队攻打弘农进展得很顺利，攻下弘农之后，抽出二千精兵援助薛安都。他们兵合一处，大战魏军。

魏军阵列长江北岸，夜里，只见魏军营中灯光火把，鼓声阵阵。宋文帝命令将士将长江封锁。所有的弓箭手都排列在长江南岸，注视着魏军的动静，只要魏军一过江，他们就万箭齐发。长江南岸的百姓听说魏军要过江攻打都城，他们自备武器和粮食，纷纷赶来助战。宋朝军民携手在敌人的对岸筑成一道牢固的封锁线。

魏太武帝夜不能寐，他站在长江岸上，望着波涛滚滚的长江之水，心潮起伏，当年曹操为了统一中国，曾发兵几十万南下，与孙刘联军在长江之滨赤壁激战。终于因北方士兵水土不服，水军的作战技术又赶不上孙刘联军，曹操的军队损失过半，带着残兵败将逃回北方，他的愿望没能实现。眼下宋军全力以赴，还有百姓前来助战，人心齐泰山移。莫非长江这道天设之险将使我征服刘宋的愿望成为泡影吗？魏太武帝又征询了手下的意见。他们一致认为魏军过江会损失惨重，与其像曹操那样大败而归，不如暂时退回北方，待条件成熟时再兴兵南下，收复建康。于是魏太武帝下令将军队全部撤回。

魏军撤退途中，宋盱眙守将臧质知道魏军必须经过盱眙。他预料到魏太武帝没敢过长江，目的没有达到，回师时再骚扰盱眙。于是臧质传令盱眙全城军民，做好迎敌准备，决不能让魏军进城。果然不出臧质所料，魏军很快到了盱眙。魏太武帝命令魏军将盱眙重重围住，准备把城内的军民全部杀死，再抢夺财物，烧毁全城。臧质知道，魏军人多，他对手下将士说："我们要誓死保卫盱眙，否则我们将难逃此劫！"宋军面对来势汹汹的魏军，越战越勇。双方激战了一个多月，盱眙也没有攻下。魏军的尸体堆积如山，魏太武帝怕宋军援兵到来，决定不再恋战，要保存实力，退回北方。

宋魏这场战争，双方都没有达到征服对方的目的。南北仍处于两个政权对峙的局面。人民饱受战乱之苦，他们时时渴望国家的统一。

宗悫少年意气

刘宋将军宗悫(què)，小时候就很聪明，胸怀大志。

他的叔父宗少文是个很有学问的人。小宗悫常到叔父的书房里去，见叔父在看书，自己也拿起一本书，学着叔父的样子，一边看，一边问这问那。叔父见他如此聪明可爱，就教他念书习字。他很喜欢读有关历史人物方面的书。他对东汉时期的班超特别崇拜，他决心要像班超那样，弃笔从武，为保卫国家的疆土和人民，去驰骋疆场，杀敌立功。因此他并不是一心只顾读书，每天都起得很早，在后院舞刀练剑。他用了十年的时间，练就了一身好本领。

宗悫出生于南朝刘宋初年，那时，出现南北朝两个政权对峙的局面，社会仍然动荡不安，官场十分黑暗。他的叔父虽然满腹经纶，却非常清高，不想涉足于官场。他关心侄儿的前途，又不想让他去做官。

一天晚上，叔父和侄儿闲聊起来。他问宗悫长大以后想干什么，宗悫不假思索笑着说："我愿乘长风，破万里浪。"叔父听完这句话十分高兴，拍了拍他的肩膀说:“你将来想干一番大事业,好大的志向,但千万可别往混浊的官场里钻。”宗悫微笑地看着叔父,并不言语。他想有朝一日,身披战甲,手握长剑,指挥千军万马,冲锋陷阵,报效国家。

宗悫十五岁那年,江夏王刘义恭思贤若渴,派人四处寻访人才。一天,他的手下对他说:“有一个叫宗悫的少年,年方十五岁,智慧过人,武艺非凡,此人值得重用。”刘义恭就叫人马上把宗悫请来。他见宗悫一双大眼睛又黑又亮,谈古论今振振有词,是个智勇双全的人才,他把宗悫留在自己的府里,当名中级军官。宗悫曾多次与刘义恭一起行军作战,立下了许多战功。

有一次,淮南地区的几个地方官在那里策划一起反抗朝廷的战争,宋文帝得知后,忙派江夏王刘义恭前去讨伐。岭南地区炎热潮湿,森林里有许多大象,那里的人根据大象体大皮厚,刀剑不容易扎透的特点,组织了一场象战。为此,刘义恭伤透了脑筋,愁眉不展。他深知,宗悫熟读兵书,很有作战经验,于是派人找来宗悫,问他有何退兵良策。宗悫沉思了片刻说:“有了,对方利用象战,我何不以毒攻毒,利用动物对付动物。狮子本是兽中之王,我要用狮子去破对方的象战。”

刘义恭一听,宗悫果然智慧过人。便让人做了几头假狮子,把它们带入敌阵,双方刚一开始,对方的大象十分凶猛地向宋军冲来,可大象一看到狮子,转身便跑。敌人的队伍也被象群冲散了。宋军没费一刀一剑,便取得了战斗的胜利,刘义恭高兴得一下子把宗悫提升到将军,此时,他还不到二十岁,宗悫的名声在南朝广泛地传开了。

公元453年,太子刘劭为了早日继承皇位,谋害了父亲宋文帝。这在当时可以列为十恶不赦大罪之首。宋文帝是刘宋最有作为的一位皇帝,他的死,使全国上下痛心疾首,纷纷指责刘劭大逆不道。刘骏是文帝的第三子,任江州(今江西九江)刺史。他接到父亲被害的消息,立即起兵讨伐刘劭。

为了迅速打败刘劭,收复建康,刘骏任命宗悫为讨逆大将军,与柳元景一道,率领主力部队,直捣建康。刘劭知道自己的行为会遭到很多人的反对,于是他派兵严守建康城。宗悫和柳元景分水陆两路进攻建康,驻守在其他各地的将领也都纷纷起兵奔向建康,愤怒讨伐刘劭。

宗悫见建康的守军奋力抵抗,便对他们喊道:“刘劭为了争做皇帝,加害了父皇先帝,这种行为连禽兽都不如,你们不要蒙在鼓里,这样的人做了皇帝,人民要遭涂炭,你们应掉过头来配合我们共同讨伐这个无道的败类。”守城的官兵一听,才如梦初醒,他们很多人都放下武器,迎接宗悫和柳元景进城。刘劭听说自己的手下与刘骏一道包围了台城,自知孤立无助,性命难保,他抛弃他的妻子儿女,自己躲藏在皇宫后的枯井中。宗悫命士兵把他从井中弄出来,当着众人的面把他杀死。

刘劭死后，刘骏做了皇帝，他就是宋孝武帝。因为讨逆有功，宗悫被任命为左卫将军，封为洮阳侯，不久又被提升为豫州（今河南省东部、安徽省西部一带）刺史。此时的宗悫，真正实现了他“乘长风，破万里浪”的愿望，他已成为刘宋朝廷里最有名望的一位大将军。然而他并没有忘记叔父的教诲，皇帝赏给他豪华的府第、金钱和财物，他都没要，并对皇帝说：“陛下，我今生的一切努力，并非为了博取豪华富贵，只求得保国家太平，人民安居乐业，我愿与千千万万的百姓过着一样的生活。”皇帝和大臣们听了宗悫的这番话，都赞叹不已。

宗悫“愿乘长风，破万里浪”的豪言壮语，一直激励着历代的仁人志士，为实现自己的理想而努力。

鲍照献诗

鲍照是刘宋时期的著名诗人，他与当时的谢灵运齐名，其实诗才应在其上。

有一年，据说浑浊的黄河水变清了。听说这事儿，鲍照一夜没能睡好觉。黄河是母亲河，她滋润两岸的土地，她变清了，有一种象征意义，作为一个诗人，鲍照为之动情。天赐良机，他要为黄河作赋。情由景生，他构思了好几天，终于写出一篇脍炙人口的《河清颂》。人们都抢着看这篇《河清颂》。这时候，鲍照的好友就把这篇文章送到了临川王刘义庆那里，因为临川王刘义庆是宋文帝的弟弟，位高权重。鲍照心想，如果临川王欣赏这篇文章，他就有被提拔重用的可能。若真是那样，他也就到了出头露日，施展才能的时候了。

临川王起初没有把它当回事，就搁在了一边。后来闲着没事就拿起来看看。没想到他越看越觉得这篇文章写得不错，于是派人把鲍照请来，当面夸奖了一番。言谈之中，临川王发现鲍照非等闲之辈，有治国安邦的才能。于是临川王当时就把鲍照留下来，在他的府上做他的助手。没多久又升他为秣陵县（今江苏南京）的县令。官职虽不算太大，但依鲍照的出身，他只能把他升到这种位置。

后来，宋文帝知道了这件事，把鲍照宣进宫，将他写的《河清颂》看了一遍，对鲍照的文采极为推崇。宋文帝高兴之余，破格提拔他为中书舍人。这在当时没有实行科举制度选拔人才的时代，靠献诗升为中书舍人官职，已经很难得了。这下，人们都知道鲍照是位很有才气的大诗人。

鲍照为什么靠献诗求官呢？鲍照出身贫寒，小时候就给人家干活，靠自己挣的钱去读书。他特别喜欢诗，写出来的诗情、景、文并茂。但在南北朝时期，门阀制度盛行，想做官看出身，不看学问。只要是出身世代大官家庭或是高门望族子弟，有没有学问都能做大官。若出身于寒门庶族（祖上没有做过大官的家族），有天大的学问，也做不上官。正因为这样，鲍照为了实现他的报国之志，才不得不献诗求官。

然而，靠献诗做官仍被士族出身的官僚看不起。鲍照为了抨击这种不公平、不合理的社会现实，把自己所有的悲愤写进《拟行路难》的诗里。

对案不能食，拔剑击柱长叹息。
丈夫生世会几时，安能蹀躞(dié xiè)垂羽翼？
弃置罢官去，还家自休息。
朝出与亲辞，暮还在亲侧。
弄儿床前戏，看妇机中织。
自古圣贤多贫贱，何况我辈孤且直！

诗的意思是：对着满桌的美酒佳肴，我吃不下去，拔剑起身击打柱子，心气难平，长长地叹息。大丈夫在世上能活多少年？怎能小鸟一样垂着翅膀去屈己事人？还是辞官回家休息去吧。每天与亲人相守，与儿女嬉戏，看妻子织布。自古以来圣贤都过着贫困生活，更何况像我这样出身卑微而性格又耿直的人呢？

鲍照的诗，不只抒发个人的忧愤，还有很多抒发爱国激情的诗篇，诗中寄予了他个人的雄心壮志。在《代出自蓟北门行》一诗中就表现了这个思想。

羽檄起边亭，烽火入咸阳。征骑到广武，分兵救朔方。
严秋筋竿劲，虏阵精且强。天子按剑怒，使者遥相望。
雁行缘石径，鱼贯度飞梁。箫鼓流汉思，旌甲被胡霜。
疾风冲塞起，沙砾自飘扬。马毛缩如猬，角弓不可强。
时危见臣节，乱世识忠良。投躯报明主，身死为国殇。

这首诗的意思是：边境的烽火突起，告急的文书飞快地送到京城。朝廷迅速地征调骑兵到广武，以防敌人的入侵。又分兵救援朔方的前线，迎击敌人的进攻。秋寒肃杀，敌人弓劲箭利，兵强马壮，来势汹汹。天子手按宝剑，雷霆震怒，果断地发布命令，派往前线的使者络绎不绝。我军队伍阵容严整，像雁行鱼贯一般的整齐。通过陡峭崎岖的山路，跨过凌空飞架的桥梁。震耳的军鼓，奏出了将士们的心声。旌旗和铠甲，蒙上了北方的秋霜。疾风狂起，沙砾漫天飞扬。战马在瑟瑟寒风中蜷起身体，马毛直立如刺猬一般，战士们手中的弓箭也被冻得难以张开。但是越是在这种危难时刻，越能显示出忠臣志士的气节。混乱的世道最能识别忠良奸佞。既然已立志报国，哪怕牺牲生命也在所不惜。

鲍照一生写的诗有十卷之多。其中不乏有抒发个人忧愤、同情穷苦劳动人民和热爱祖国的篇章。他与谢灵运、颜延之被世人称为“元嘉三大家”(元嘉是宋文帝年号)。他的诗对后世诗人影响很大，比如李白就很喜欢鲍照的诗，并继承了鲍诗的风格。

齐高帝训子

在一个乞巧节（农历七月十日）的晚上，皇宫里不像往日那样戒备森然，保护皇帝刘昱（yù）的禁卫军，经皇帝允许，多数到外面去看牛郎织女星。这时有一个人闯入皇宫，抓住皇帝，举剑就刺，十五岁的皇帝刘昱吓成了一滩泥，问："你要干什么？"那个人说："因为你杀人太多，连自己的亲兄弟都不放过，这样的皇帝是国家的祸害，萧公萧道成特意派我来杀你。"说完那人便把刘昱刺死。

当初，宋明帝刘彧（yù）刚即位不久，便被自己的兄弟所杀。他的儿子刘昱即位，刘昱深知刘宋皇室中为了争夺皇帝兄弟互相残杀，他怕自己的皇位坐不稳，于是求助大将萧道成，把他认为要和他争夺皇帝的兄弟，还有那些对自己不满的大臣全都杀掉了。

萧道成认为，刘昱这样残酷无情，又是一个贪图吃喝玩乐、平庸无能之辈，于是派人把他杀死，以便给自己当皇帝创造条件。

皇帝刘昱死后，萧道成日夜和大臣王敬则密商。王敬则认为萧道成应该马上称帝，改国号。萧道成认为，时机还没到，恐怕会有很多人反对，现在称帝有点名不正、言不顺。于是萧道成上演了一出"禅让"的把戏。"禅让"就是前一个帝王，自愿地把自己的王位让给别人，这与传统的王位世袭制不同，传说黄帝、尧、舜、禹时期实行这种"禅让"制度。

萧道成在朝中比其他大臣的势力大，于是推举刘昱的弟弟刘准做皇帝。朝中大臣虽不满意，也没有敢言语的，刘准才十三岁，对朝中大事可以说什么也不懂，于是拜萧道成为骠骑大将军，后来又封为太尉、相国。太尉是专门负责管理军事的，这等于皇帝把军政大权都交给了萧道成，朝中所有大事都是萧道成说了算，皇帝有什么事情还得同他商量，征得他同意。实际上，刘准完全是个傀儡皇帝。

一天，萧道成派王敬则去皇宫，逼刘准交出皇帝的大印。从此刘宋王朝结束了，萧道成改国号为齐，史称南齐，他就是齐高帝。

萧道成在朝中多年，他亲眼目睹刘宋皇室为了争夺皇帝而子杀父、兄杀弟的残酷场面，也亲眼目睹了皇帝日夜饮酒作乐，不事国事，荒淫无道，人民都生活在苦难之中。他认为之所以刘宋王朝灭亡，是因为皇室为了争夺皇位互相残杀，把自家力量消尽，外姓趁机而起。另一原因是皇帝无所事事，昏庸误国。皇帝必须有才能，没有才能怎么能治理国家？同时，皇帝不能奢侈、腐化。若当皇帝就是为了吃喝享乐，不顾人民死活，这样的皇帝是国家和人民的祸害，他的统治不会长久。

萧道成总结了刘宋亡国的教训，为了巩固自己的统治，把国家治理好，让人民过上好日子，他的治国方法与刘宋王朝的历代皇帝都不一样。

他特别重节俭，他常对臣下说："皇帝不节俭，大肆铺张浪费，他们也会跟着我学，讲排场，求享乐。我们吃的、穿的、喝的、戴的都是老百姓用血汗换来的，大家必须珍惜。当我们大摆酒宴的时候，要看看民间有没有吃不上饭的，当我们住上富丽堂皇的深宅大院的时候，听听百姓草房里有没有漏雨的声音。我们从皇帝到臣下，都靠百姓养活着，我们必须为百姓着想，不能凡事都为自己打算。

大臣们听得那么认真，都为皇帝的一席话所折服，于是大臣们都按皇帝所说的行事。他们从吃的到住的都很简朴，从不摆阔气，不修豪宅大院；他们上朝时，不穿绫罗绸缎。皇帝见了高兴地说："让我治天下十年，要让黄金与泥土同价。"而他本身更是以身作则。他反对皇帝佩戴玉制的装饰品，以象征高雅、富贵和权威，他以为它是诱惑人们追求奢侈享乐的根源，叫人们禁止使用。同时皇帝座驾上华盖也不用镶金装饰品，他还下令人们不要用金铜制的器皿和装饰品，认为这是浪费财物。他的这种俭朴的生活作风，是古代帝王中少有的。

萧道成是南齐最有作为的皇帝，可惜的是，他只做了四年皇帝就死了。临终前，他嘱咐太子萧赜(zé)："三国时期，为什么曹丕的后代没能保住魏国，反而叫司马炎篡夺了王位呢？最主要的原因是曹丕及其后人对手足杀的杀、流放的流放，造成朝中没有曹家自己的人，大权落在异姓人手里，致使司马炎夺取了曹家天下。同样，刘宋皇室若不手足相残，我当时能建立齐国，取代刘宋吗？我死后，你千万要保护好萧家的人，不要为皇权大开杀戒，重蹈覆辙，连自己的骨肉亲情都不顾的人，他当上皇帝能为天下百姓造福吗？"

齐武帝萧赜吸取了萧道成的遗训，在治理国家和爱护同室兄弟方面都做得很好，国家政治稳定，经济复苏很快。萧赜死后，其堂弟萧鸾夺取了帝位，就是齐明帝，他一登上皇位，就开始屠杀同族，他的儿子萧宝卷也步他的后尘。到公元502年，雍州刺史萧衍夺取了政权，改国号为梁，他就是梁武帝。

江郎才尽

南朝时期，由于社会经济的发展，文学艺术也逐渐繁荣起来。尤其在诗歌领域，成就最大。刘宋时期的诗人谢灵运、颜延之和鲍照，被称为"元嘉三大家"。南齐的时候，最有名的诗人是谢朓。他们都给后人留下了许多脍炙人口的诗篇。而江淹是梁朝时的诗人，"江郎才尽"的传说即出于此。

江淹出生在济阳考城(今河南兰考县)一贫苦的农民家庭。几岁的时候就失去了父亲,跟母亲相依为命。他非常勤劳,白天种地干活,早晚上山砍柴,勉强维持生活。母亲知道他很聪明,鼓励他刻苦读书,长大后好出人头地,不受别人的歧视。

有一天,江淹做了个梦。他梦见明亮的太阳在他的头顶上照着,总也不动,这时候有人进门来送给他一支彩色的笔。醒后他把梦的整个过程对母亲说了一遍。母亲很迷信,高兴地说:“太阳当空照,预示着你将要出人头地啦;别人送你一支笔,证明你会成为一个文人,这可是好梦啊!”

江淹听母亲这么一说,也信以为真。从此,他更加勤奋。他每天把砍的柴挑到集市上去卖,换来的钱大部分买了书籍,有《诗经》、《春秋》、《史记》等。他喜欢看谢灵运、鲍照的诗篇。他每天废寝忘食地学习,渴望像西汉时期的司马相如一样,写出的文章令汉武帝赏识,令才女卓文君动情。他还要像谢灵运那样,流连于山水之间,情致上来,就能写出几首好诗来。

由于他的刻苦用功,很快就能写诗、作赋,常常是下笔千言,一挥而就。不久,他在远近有了点名气。很多志同道合的人和他来往,他们吟诗作赋、互相唱和。人们都夸他文采过人,从而也就得到了一些地方官的赏识。

建平王刘景素非常喜欢有才气的文人。他听说江淹有点名气,便派人请他去做客。席间他们谈得很投机,而且江淹才思敏捷,出口成章,还精通历史。刘景素很高兴,当时就提拔他做了官。

齐高帝萧道成灭刘宋以后,南齐急需精通历史知识的官吏。萧道成听说江淹对历史有很深的造诣,便派人把江淹及其好友檀超一起请来做史官,专门负责编写南齐的历史。从此,他和檀超每天除了编写史书以外,就是喝酒、娱乐,很少谈论诗赋的事。政治地位的改变,使江淹变得越来越世俗,进取心也大不如从前。渐渐地,他已把他热爱无比的诗文抛到九霄云外了。

齐武帝萧赜即位后,经常找江淹谈古论今。有一次他问江淹:“为什么秦朝只在中国历史上存在短短的十五年?”江淹回答说:“论功绩,秦朝对中国历史的发展贡献最大。它是中国历史上第一个统一的封建国家。它灭亡的主要原因是秦始皇和秦二世的暴政。秦朝的法律太严酷,一人犯法,灭门九族。同时,大兴土木,劳民伤财,人民不堪忍受,纷纷揭竿而起,像著名的陈胜、吴广起义,这直接导致了秦朝的灭亡。还有一个原因就是奸臣当道。秦二世时期,宰相赵高不学无术,陷害忠良,独揽大权。而胡亥却很信任他,这也加速了秦朝的灭亡。”

齐武帝听见江淹的讲述,不住地点头称是,从中也悟出了一些治国之道:皇帝要勤于政事,为百姓着想;大臣要对皇上尽忠。他也从此对江淹信任有加,赏给他豪华宅院和钱粮,江淹的生活越来越奢侈。

到萧衍灭齐建立梁朝的时候,萧衍把佛教立为国教。他曾私下问江淹:“佛教是否利于国家和百姓?”江淹回答说:“佛教从来利君不利民。它只是君主统治人民的一种工具,只能麻痹百姓,不能挽救百姓。”这些话正合萧衍的心意。萧衍又封他为梁朝的金紫光禄大夫,也就是皇帝的高级顾问。后来,皇帝又封给他很多土地,江淹由一个穷诗人变成了官僚地主。

每逢盛大节日,梁武帝萧衍要把江淹请来。宴酣之时,便让他作诗助兴。而此时的江淹已远离诗赋多年,文采大不如从前,作出的诗赋平庸无奇。有人替他惋惜之余,还给他编了个美丽传说:据说有一天晚上,江淹在凉亭上睡觉,忽然梦见了东晋的文学家郭璞。郭璞走到他跟前说:“我的一支彩笔放在你这儿多年了,你应该还给我了。”江淹随手把这支笔递给郭璞。从此以后,江淹再也写不出好的诗篇了。

“杀之成其名”

公元479年,刘宋大将萧道成握有重兵,被封为齐王。当时宋顺帝刘准才十三岁,是一个小孩子,萧道成想接替帝位。

这年四月,在萧道成的授意下,刘准颁布诏令,把皇位禅让给齐王萧道成。举行禅位仪式时,小皇帝刘准什么也懂,他看到自己周围的人都在哭,还觉得莫名其妙。他问将军王敬则:“你们,你们要杀死我吗?”

王敬则安慰他说:“不杀,只是给你换一个宫殿住。”

“为什么非要这样?”

“也不为什么,以前你们家取代晋朝司马氏时,也是这样。”

小皇帝哪里懂得这是一场政权斗争呢。

谢朏(fěi)是著名的学士,当时任侍中,他非常有气节。他眼见宋顺帝被迫退位,臣子萧道成忤逆篡位,非常愤慨。在萧道成受禅即位那天,谢朏正好当班。按惯例,侍中负责解除前代皇帝的玉玺授予后帝。谢朏却佯装不知。中使下达诏书通知谢朏,谢朏故意问:“有何公事?”

中使说:“请侍中解玺授齐王。”

谢朏反唇相讥说:“齐朝有齐朝的侍中。”

说罢,他拖过枕头,躺下就睡。

中使见状一时吓坏了,不过,他只想息事宁人。于是,他婉转地说:“谢侍中一定是身体不爽,我去禀报就是了。”

谢朏听言一下子从床铺上跳起来,大声说:“我没病!我没病……”

话没说完,他就把朝服穿好,快步走出东掖门,坐车回家了。

萧道成听说谢朏拒绝履行侍中的职责，无奈之下只好让左长史王俭担任侍中来解玺。

事后，萧道成的长子萧赜（zé）为此事要求诛杀谢朏。萧道成听罢只是摇摇头说："杀了他反使他成了名，我看还是不理睬他的好。"

祖冲之求圆周

祖冲之，出生在刘宋时期一个士大夫家庭。他的祖父曾任朝廷里的大匠卿，负责主持全国的土木建筑工程，懂得和掌握很多天文、历法和科学技术等方面知识，这种家庭环境，对少年时代的祖冲之产生了深刻的影响。他爱好学习，努力搜集和阅读了大量的科技书籍和文献资料，并经常进行精密的测量和仔细的演算。

祖冲之博学多才，勤于实践。宋孝武帝亲自派他到华林学省里去从事学术研究工作。他把汉代张衡、刘微等人的科学著作搜集一起，进行了认真的研究，不"虚推古人"，敢于怀疑并提出自己的见解，这就是他敢于攀登科学顶峰的精神力量。他在天文历法、数学机械方面都取得了重大成就，而对人类贡献最大的应是他对圆周率的精密计算。

圆周率就是圆的周长和圆的直径的比例数。在祖冲之以前，古希腊、印度和我国汉代都对圆周率有所探索，东汉刘徽就把圆周率推算到了 3.14。因此，人们在生活中，要做一个圆形木盆或木桶，要把一块块弧形的木板拼起来，若问其计算根据，木匠师傅说："三尺之圆一尺径"就是说圆的周长三尺，它的直径就是一尺。这是一种粗略的圆周率，要制成精密的圆形器具，靠这种粗略的圆周率是难以做成的。

祖冲之有信心在前人的基础上，攻破这一难题，他每天起得很早，以小竹棍为筹码，把许多小筹码摆在桌子上。他口念口诀，手挪动筹码，得出一个数值就用笔记下来；翻来翻去地计算，有时竟忘了吃饭和睡觉。就这样，他不知算了多少次，终于算出了比较精确的数值，他把圆周率确定在 3.1415926 和 3.1415927 之间，这个精确的数值，在前人的基础上，又向前迈出了巨大一步。

祖冲之成为世界上把圆周率的数值精确到小数点后七位数字的第一个，比欧洲数学家算出这个数值早一千多年。后人为了纪念他的这一贡献，把圆周率命名为祖率，这是中华民族的骄傲。

祖冲之另一大成就是制定出一种新的历法。在宋元嘉年间用的是何承天所制的历法，祖冲之认为天象是时刻都在变化的，历法也是随天象的变化而变化。

何承天的历法正随着时间的推移不符合天象了，有许多错误。祖冲之的历法是根据太阳、月亮运行规律的推算而制定的，这在当时是最为科学的历法。这部新历法，以孝武帝的年号命名，叫《大明历》。

孝武帝不懂历法，在决定是否使用的问题上，皇帝召集大臣讨论此事，以戴法兴为首的守旧派也不懂历法，为了逢迎皇帝，故弄玄虚，说太阳每到冬至都回到原来的位置，这是永远不变的，而历法又是古代圣贤创造的，圣贤创造的历法不可以随便改变。祖冲之又根据司马迁对月食的四次记录推算，太阳每年冬至并非回到上一年冬至的位置上，天象在变，历法也要变；不变，历法和天象之间就会有差错。戴法兴在祖冲之论述的科学理论和确凿的事实面前被驳得瞠目结舌。两年以后，孝武帝宣布改年号的时候开始采用新历法，不料，就在这一年孝武帝死去，直到梁武帝在任时候《大明历》才开始采用，这时祖冲之已经去世了。

祖冲之还是一位爱国忧民的政治家。在他初任长水校尉期间，北方的魏孝文帝经过政治经济改革，国力一天比一天强盛，积极准备发兵南下，夺取“偏安江南”的南齐政权。而齐统治集团内部为争夺皇位，抢地盘，互相争斗，不顾百姓生死，人民生活痛苦，国力空虚。对这种内忧外患的局面，祖冲之忧心忡忡，在他年近七十时，写出了一篇《安论》，献给齐明帝。他认为国家应该统一，不能分裂，分裂是不符合人民的愿望，南北对峙局面不能持久下去。但是，目前南齐无力北伐，只能先巩固江南，再图进取，若南齐不励精图治，富国强兵，待北魏大兵压境，必将亡国无疑。

为了达到增强国力的目的，祖冲之认为首先必须要巩固国防，安定边境，建设淮河一带到长江北岸的军事设施。为了保证军粮供应，应该仿照汉武帝的办法，在边疆实行屯田制。士兵们一边耕地一边打仗，他们既是士兵又是农民。同时，还从其他地方招募百姓，到荒凉已久的江淮地区开垦土地，发展农业生产，增强南齐抵御北魏的力量。

齐明帝看到这篇卓有政治远见的奏文，非常高兴，准备派他到各地巡行，兴办一些有利于国计民生的事业。由于战事连绵，祖冲之的建议未能实现。

公元 500 年，祖冲之，这位我国古代杰出的爱国忧民的科学家，离开了人间，然而，他推算出来的精确的圆周率的数值，在世界数学史上具有深远的影响。

冯太后执政

公元 465 年，北魏文成帝病死，他的儿子拓跋弘即位，他就是献文帝。此后冯皇后成了皇太后。

献文帝很年轻，凡事都依靠文成帝的宠臣丞相乙浑，乙浑乘机独掌朝中大权。文成帝在时，他依仗皇帝对他的偏爱，排挤那些刚直不阿的文武大臣，侵吞了国家很多财物，朝上朝下，对他十分不满。献文帝即位后，乙浑更加肆意横行，无恶不做。他为自己的兄弟、儿子封公加爵，让他们把持地方大权，在那里招兵买马，欺压百姓。在朝中，谁要想升官，必须向他送礼；谁要是不服从他的命令，轻则免职，重则被杀。有许多忠臣都死在他的手里，人们对他恨之入骨。

冯太后年轻貌美，是后宫里最受文成帝宠爱的人。依北魏风俗，人死要行火葬。在文成帝火化的那天，她哭得死去活来，扑向火堆，想为皇帝殉葬，被人们劝止了。她对管理朝廷大事很有经验。如今乙浑权倾朝野，残害忠良，令冯太后非常不满。她认为照这样继续下去，拓跋家的江山迟早要断送在他的手里。她决定帮助献文帝除掉他。

有一天，乙浑要求贾秀封他的妻子为公主。贾秀是掌管封赏大权的文臣，为人坦率公正。他认为获取"公主"的称号非皇帝的姐妹女儿莫属，大臣的妻女若被封为"公主"岂不是乱了朝纲。于是，他拒绝了乙浑的非理要求。乙浑就在皇帝面前说贾秀的坏话，陷害贾秀。后来，乙浑不满意自己丞相的权位，想发动宫中政变，废掉献文帝，自己当皇上。东阳王拓跋丕闻讯报告了冯太后，冯太后马上秘密地召集贾秀等一些文武大臣商议此事。大家一致同意，杀掉乙浑，于深夜包围了乙浑府，杀死了他全家。从此，朝廷的军政大权落到冯太后手里。

献文帝认为自己仍是傀儡皇帝，于是把自己的皇位传给了五岁的儿子拓跋宏，即孝文帝，他成了太上皇，想掌管朝中大事。冯太后认为，献文帝没有治国能力，还想排挤她，不久就将献文帝毒死，她成了太皇太后，整个朝政大权都归她掌管。这样，她以太皇太后的身份直接行使皇帝的权力，施展她的治国才能。

冯太后执政以后，她根据社会上存在的许多弊端，着手实行了一些重要的政革措施。她亲眼看到地方上豪强地主大量兼并农民土地，那些农民为了免交赋税和服徭役，他们愿意受大地主的剥削，成为没有户籍的"荫户"。这样，他们为大地主创造了大量财富。然而，国家的收入一天比一天减少，国库越来越空虚，农民越来越贫困，社会矛盾日益尖锐。在这种情况下，冯太后采纳了大臣李冲的建议，实行"三长制"，就是五家组成一邻，五邻组成一里，五里组成一党。邻设邻长，里设里长，党设党长，检查户口、征收赋税和徭役的事都归三长负责。这样就可以禁止大地主兼并农民的土地，禁止农民逃避纳税和服徭役，增加国家的财政收入，增强国家的实力。

冯太后就这一治国方案，征集了很多朝中大臣的意见，有的人出于自身的利益，持反对态度。认为实行"三长"制会遭到许许多多地主阶层的反对，一旦实行，他们势必会犯上作乱。冯太后驳斥道："现在国家已经到了关键时刻，地主大量兼并土地，农民逃税，国库空虚。这样，你们得不到俸禄，对朝廷不满；军队的钱和粮得不到及时供应，影响将士们行军作战的情绪；各地若闹旱涝灾害，农民得不到赈济，他们会起来造反，这是对国家的最大不利。你们不能总是按老路走，考虑少数有钱有地人的利益，置国家安危于不顾。我们要抛弃旧的陋习，实行'三长制'，收税有标准，政府收入有保证，这样并地逃税的现象就可以避免了，对国家和百姓都有好处，应当立即实行！"

那些大臣见冯太后如此坚决果断，他们也就不敢再坚持反对了。"三长制"实行不到半年，全国查出来的隐瞒户口达到几万户，以后，国家就按照现有的人丁和户数征收赋税征发徭役，国家的财政收入比以前增加了几倍。

"三长制"实以后，北魏政府的收入猛增，冯太后决定官吏一律实行俸禄制，即按照官职大小，分给他们相应的禄米、田地、布帛和劳力。自从北魏建立以来，官吏始终没有俸禄，全靠贪污和抢夺来满足他们的生活。俸禄制实行后，官吏们就不敢贪污犯罪了。谁敢到底层去敲诈勒索，不论皇亲国戚，只要被发现，冯太后要亲自过问，该罢官的罢官，该判刑的判刑，最严重的要杀头示众。官吏们感到冯太后公正无私，不敢以身试法，贪污之风很快被刹住了。

北魏是鲜卑族建立的政权。他们原来是游牧民族，北方统一以后，北魏对农业生产仍然没有足够重视。为了彻底改变鲜卑族过去那种游牧生活方式，适应汉族的生活方式，冯太后决定实行均田制。政府把荒地分给农民耕种。每个男子可以领到种庄稼的田地四十亩，女子减半，人死后还给政府。每个男子可以领到桑田二十亩，死后可以传给子孙。不宜种桑而适应种麻的地方，每个男子可以得到麻田十亩，女子减半，死后归还政府。均田制的实行，北魏地主吞并农民土地的现象已经不复存在了，农民都有地种。这样，既解决了他们自己的衣食来源问题，同时，上缴赋税，国家的财政收入有了保证，农业生产很快地发展起来。

公元490年，冯太后去世。她是我国历史上第一位杰出的女政治家，她在北魏执政二十年来，敢于冲破封建陋习和男权的束缚，锐意改革，对发展北魏社会政治和经济，起了积极的促进作用。

成淹智胜齐使

冯太后是北魏杰出的女政治家，她为北魏的经济发展和社会进步，做出了巨大的贡献。公元490年，冯太后去世，孝文帝拓跋宏非常悲痛。他深知没有太皇太后，也就没有他的今天，国家也不会如此强盛。为了表示对她的哀悼，孝文帝日夜守在冯太后的灵前。朝中文武大臣和地方州郡官吏都前来吊孝。

有一天，有两个人骑着马来到魏都城。他们身穿红色的衣服，朝冯太后的灵堂走来。卫士急忙拦住了他们，便问："你们是什么人，竟敢穿着艳服前来吊丧？我们的皇帝会砍你们的头的。"说着，要把这两个人抓起来，要皇帝处罚他们。那两个人回答说："我们是南齐使者，奉我朝皇帝之命，来为冯太后吊丧，如果贵国不欢迎，我们只好返回本国，向皇帝交令。"卫士说："你们不穿孝色服装，休想踏入灵堂半步。"而南齐使者始终坚持穿南齐的朝服，这从礼仪上讲，是行不通的。

这两位使者，年长一点的，叫裴昭明，是裴骃(yīn)之子。他父亲给《史记》做过注释。年轻的是谢竣，出身于谢氏望族。二人都是学识渊博的历史学家和能言善辩的外交家。虽然北魏和南齐经常打仗，可是齐武帝仍然按照世俗常规，也是为了暂时缓和两国之间的紧张关系，决定派裴昭明和谢竣为使者，前往北魏，为冯太后吊丧。

北魏朝廷闻知世事，认为南齐二位使臣前来吊丧，是尊重魏国，但是他们身着艳服，分明是想羞辱魏国，有损国家的尊严。因此尚书李冲，派著作郎(修史书的官)成淹前去与裴昭明辩论此事。

辩论会上，裴昭明假装气愤地说："我们千里迢迢来贵国为太皇太后吊丧，没想到你们因为我们身穿朝服，把我们拒之门外，这成何体统？"成淹反问道："孔夫子在《论语·乡党篇》提到穿紫羔皮衣服和戴黑色礼帽吊丧是对亡者和他的亲属不尊重的表现。两位使者熟读诗书，又身为贵国外交使臣，难道连这礼节都不懂吗？"

裴昭明说："有礼不还非礼也。既然你们对礼仪常规知道这么多，那么我朝高帝驾崩之时，为什么你朝使者李彪还身穿朝服前去吊丧？我们当时并没有表示反对，而你们却为此小题大作！"

"朝和夕不能相比，齐和魏也不能相比。我朝皇帝对祖国十分孝敬，所以他要严格遵守古代的礼仪，不管谁来吊丧，都要身穿孝服。"成淹接着说："当初李彪前往贵国吊丧，是身穿朝服，但是齐朝的君臣上下，不也是衣着华丽，没穿孝服吗？李彪一个人，怎敢身穿孝服？是你们没有遵守古代礼仪，与我们无关。"

谢竣补充说："夏商周时礼节并不相同，哪个朝代的对，哪个朝代的不对，谁也说不清。"成淹反问谢竣："如此看来，虞舜行义尽孝道是不对的。"谢竣一时无话可说。裴昭明抢过话头说："虞舜行义尽孝，又是圣人，谁敢说他不对？"

成淹见裴昭明也是搭讪(shàn)的口气，便一针见血地说："早知现在，何必当初，你们赶快换套孝服吧。你们齐朝的皇帝是个开明君主，你们按礼仪行事，他不但不会怪罪你们，反而会夸奖你们；如果他怪罪你们，说明他不懂礼节。"就这样，裴昭明和谢竣不由自主地换上了北魏事先准备好的丧服，然后走进冯太后的灵堂去吊丧。

北魏举办完丧事以后，孝文帝对成淹舌战裴昭明的行为感到非常高兴。成淹为国争了光，这是北魏外交史上的一次胜利。为此，孝文帝给成淹官升两级，鼓励他继续为国争光。

不久，孝文帝派去外交家李彪出使南齐，对南齐为冯太后吊丧表示高兴。齐武帝萧赜得知北魏派使臣李彪出使齐国，便想借机侮辱李彪，以雪裴昭明去魏国吊丧时所受到的羞辱。他派人到建康城外去迎接李彪。李彪自知南齐因使臣在北魏受辱而寻机报复，他早有思想准备。齐武帝为欢迎李彪的到来，为他举行了盛大宴会，并为他请来了乐队，演奏乐曲。

李彪见状，忙起身辞谢，说："我朝太皇太后新逝，皇帝极度悲哀，我朝文武大臣、黎民百姓都沉浸吊丧悲痛之中，我们怎敢在国丧时期寻欢作乐呢?"南齐大臣刘浍说："你们的皇帝如此孝敬太皇太后，为什么他不能像平常百姓那样守孝三年呢?"李彪回答说："皇帝守孝三年，朝政大事由谁来管?"刘浍说："丞相和其他大臣，不能办理吗?"李彪回答说："三皇五帝的时候，臣子不如君主圣明，君主执管国家主权，所以天下太平，百姓与君主一样欢乐。战国时期，臣子比君主聪明，大权掌握在臣子的手中，所以，天下大乱，战争频繁，民不聊生。我朝皇帝像三皇五帝那样圣明，我们作为臣子的，谁有能力代替皇帝管理国家大事呢?"

齐武帝看到刘浍没能难住李彪，为本朝没有李彪这样的能臣而懊丧，他命令手下，赶紧撤走乐队，并向李彪探讨古代礼制知识。齐武帝对李彪的外交才能极为欣赏，李彪回国的时候，他专门为李彪举行了欢送仪式。

李彪这次出使南齐，再一次赢得了外交上的胜利，他极力颂扬孝文帝的圣明。回国后，受到孝文帝的褒奖。从这件事也可以看出，北魏虽然是鲜卑人建立的国家，但也和南朝一样，是尊崇汉文化的。

河阴之变

河阴之变，发生在北魏末年，是由尔朱荣发动的一场血腥大屠杀。屠杀的对象上至临朝听政的胡太后和小皇帝元钊，下至北魏的几千名大小文武官员，无一幸免。这次变乱的发生标志着统一的北魏帝国开始四分五裂。

事情的起因是这样的：

公元 499 年，孝文帝病死，儿子宣武帝元恪继位。从此，北魏帝国开始走下坡路。没几年，元恪也一命呜呼了，年仅六岁的儿子孝明帝继位。由于孝明帝年纪太小，北魏的大权落入他母亲胡太后的手中。按照北魏的惯例，皇太子的母亲是要杀掉的。可是胡太后运气好，开了不杀皇太子母亲的先例。

胡太后在妹夫元义和太监刘腾的帮助下，开始临朝听政。胡太后聪明机智，

也非常喜欢读书写作，办理政事也有才干，可她是个专横奢侈的人。

她崇信佛教，在洛阳城内建起一座气势宏伟的永宁寺。寺里供奉的佛像有用金子塑的，也有用白玉雕的，最大的一座高一丈八尺。在佛寺的旁边又建造了一座九十丈高的九层宝塔。每当夜阑人静的时候，风吹动塔上的铃，发出的声音，十里之外都听得清清楚楚。据说从佛教传入中国后，还从来没有过这样宏伟华丽的佛寺。这佛寺虽然宏伟华丽，可全都是人民的血汗堆起来的，自然要引起人民的极大不满。

在胡太后的带动下，整个国家的官员贪污腐败成风，弄得民不聊生，人民忍受不住，终于起来反抗了。

那时候，在北魏的北方边境设有六个镇。这六个镇相当于六个边防军区，都是专门对付北方柔然的侵犯的。公元523年，六镇之一的沃野镇军民由于不堪忍受上级克扣军饷，终于发动了起义。随后，其他五镇的军民纷纷响应，起义军的声势越来越大。后来，由于北魏勾结北方柔然人共同镇压，六镇人民的起义失败，但是，北魏仍然处于风雨飘摇之中，从此再也没有太平日子可过了。同一年，南方的梁帝国也出兵北伐，节节获胜，占领了北魏的不少领土。

正当北魏拓跋氏帝国的统治岌岌可危的时候，胡太后还在宠幸和她私通的郑俨等人，完全不把国家大事放在心上。这时，孝明帝已经长大成人，知道自己的母亲生活不检点，心里很是怨恨。胡太后害怕了，哪里还管他是自己的亲生骨肉，公元528年，胡太后和她宠幸的郑俨等人合谋毒死了自己的亲生儿子——孝明帝，另外立了一个三岁的元钊做皇帝，想继续把持朝政。

这时，河阴之变的主角尔朱荣出现了。尔朱荣的家族原来本是匈奴的一个部落，后来北魏拓跋氏兴起，建立帝国，就投靠了拓跋氏。尔朱荣的祖辈们被安排在秀容川（今山西朔县北）经营畜牧业，他们以此为根据地，发展自己的势力。到尔朱荣当部落酋长的时候，手下已经拥有八千多家的部落人民，而且还积累了大量的财富。时值北魏六镇大起义爆发，政局不稳，尔朱荣觉得有机可乘，就把自己的钱财散发出去，招兵买马，结交天下豪杰，准备大干一番。接着，尔朱荣靠镇压秀容川一带的人民起义起家，很快爬到了车骑将军的位置，并且兼任六个州的剿匪头领。随着尔朱荣势力的扩大，连北魏朝廷也感到了威胁的存在。

这一次，胡太后毒死了自己的儿子孝明帝，可给了尔朱荣起事的借口。尔朱荣对自己的得力助手元天穆说："皇上去世时，已经十九岁了，可天下人都还把他当做小皇帝看，现在胡太后立一个还不会说话的婴儿来统治天下，要想求得国家的长治久安，怎么可能呢？既然如此，我打算率领骑兵到国都为皇帝举哀，除掉那帮小人，重新立一个年纪大一点的皇帝，你看怎么样？"元天穆恭维他说："您真是商朝的伊尹、汉朝的霍光再生啊！"

事情就这样决定了。尔朱荣又跟元天穆密谋，立谁做皇帝好呢？他们想来想去，还是觉得长乐王元子攸人品好，声望也高。于是，他们派人去跟元子攸联络，说明尔朱荣的计划。元子攸答应了。尔朱荣这才起兵，进军首都洛阳。

很快，尔朱荣的大军到达洛阳附近。尔朱荣派人把元子攸偷偷地从洛阳城接过来。元子攸跟尔朱荣见了面，将士们都高呼万岁。这样，元子攸算是当上了皇帝，他就是孝庄帝。

尔朱荣有孝庄帝作为旗帜，很快打到洛阳。胡太后宠幸的郑俨等人，早已丢下太后溜回自己老家去了。胡太后现在成了孤家寡人，哪里还能跟尔朱荣对抗。胡太后很识趣，马上把后宫的大小妃嫔们召集在一起，命令她们都出家为尼，太后自己也削发为尼，表明自己要忏悔余生了。尔朱荣带着孝庄帝，在洛阳文武百官的隆重迎接仪式中，进了洛阳城。不过，尔朱荣并没有放过已当尼姑的胡太后，他一进城，就派人把胡太后和小皇帝元钊抓起来，送到了河阴(今河南洛阳东北)。胡太后见到尔朱荣，痛哭流涕，讲了许多求情的话。尔朱荣等她说完，拂袖而起，当即命人将胡太后和小皇帝沉入黄河之中。

尔朱荣溺死胡太后和小皇帝，正志得意满之际，一个谋士匆匆赶来，向他进言。原来，尔朱荣虽说已经进入洛阳，控制了局势，但手上实力并不很强。谋士说："您兵力不到万人，很快就打到洛阳，是因为没遇到什么抵抗。现在您进了城，文武百官很快就会知道您的虚实。那时候，他们肯定会起来反对您。不如您先下手为强，干掉他们，否则就后悔莫及了。"这话说到尔朱荣的心里去了。他马上向另一个谋士慕容绍宗咨询。慕容绍宗说："胡太后荒淫无道，致使小人专权，天下混乱不堪，所以您才起兵整肃朝廷。现在却要无故杀戮许多官员，并且不分忠臣奸臣，这恐怕会令天下人大失所望啊！这决不是上策，请您三思而行。"

杀胡太后并不错，可现在尔朱荣刚刚开始掌管朝政，正是用人之际，怎么能大开杀戒呢？可是，尔朱荣鬼迷心窍，竟决心采纳屠杀群臣的建议。难怪他以后会落得个被杀的命运。

几天后，尔朱荣请孝庄帝沿黄河向西来到一个地方祭天。尔朱荣又率领文武百官来到皇帝行宫的西北。文武百官来齐了，突然，出现一大队骑兵，把他们团团围住。这时，尔朱荣骑在马上，义正词严地指责文武百官说：天下大乱，孝明帝突然死去，都是他们这些人贪赃枉法，不能有效管理国家造成的，所以他现在下令部队诛杀他们。这样，官员无论大小，不论忠奸，统统被杀死。在这场大屠杀中，一共死了两千多人，可以说是血流成河了。

孝庄帝元子攸目睹了这血淋淋的一幕，知道自己已经落入野心家的手中了。从此，他格外小心，加倍提防。两年后，孝庄帝经过精心策划，终于除去了尔朱荣这个野心家。然而，北魏陷入了更深的动乱之中。最后，北魏的实权，落在两员大将高欢和宇文泰手中。他们分别找元氏的后代做傀儡，建立了东魏和西魏。北魏分裂了。随后，北方的历史又进入了北齐和北周对峙的时期。

雄伟的石窟艺术

南北朝时期，佛教大盛，由此产生了灿烂的佛教艺术。著名的云冈石窟和龙门石窟就开凿于北魏时期。

云冈石窟始于北魏文成帝在位时期，当时负责监造石窟的是名僧昙曜（tán yào），他是文成帝的父亲拓跋晃的好朋友。文成帝即位不久，就把昙曜请到皇宫，尊称他为法师，请他负责云冈石窟的营建工程。昙曜经过精心筹划，叫工匠先开凿了一个七丈多宽、六丈来深的大佛洞，然后在洞口筑了四层高的大楼阁，楼阁中心雕刻了一尊五丈多高的巨型佛像。佛像的脚有一丈四尺长，脚的中指长七尺，比一个普通的人还要大。大佛的脸上和脚下都嵌有黑石。这些黑石是按照文成帝身上的黑痣部位镶嵌的。昙曜造这样一个大佛，是为了说明文成帝是佛的化身，把皇帝的统治地位加以神化。

按照昙曜的设计，在大佛的周围，工匠们又雕刻了许许多多大小不一的佛像。这些佛像一个比一个矮，紧紧地围绕着大佛，是群臣的象征。另外，还配有许多更矮小的人像，象征民众和奴隶。洞顶上刻着姿态不同、凌空飞舞的众仙女，把大佛衬托得更加雄伟庄严。这一切，明明象征着皇帝至高无上的权位，象征着人世间统治者和被统治者的关系，哪里像佛教所宣扬的，是什么“看破红尘，脱离人世”呢？

昙曜总共开凿了五个石窟，被人称为“昙曜五窟”。后人又在周围继续开一些石窟，直到隋唐时期，云冈石窟还在不断地扩建。保留到现在的，共有四十多个石窟。每个石窟里，都雕刻着大大小小的佛、菩萨和天仙，还刻有各种飞禽走兽、楼台宝塔和树木花草。第八号石窟中，刻有一只口衔小珠、趾爪雄健的神鸟，形状有点像孔雀，在佛经中叫“那罗延夫”，是印度人民想像中的神灵怪物。石匠雕刻这只神鸟，采用了秦汉以来我国固有的雕刻手法，使中国的传统艺术与外来的艺术巧妙地结合起来，在艺术成就上达到了很高的水平。

公元 494 年，魏孝文帝迁都洛阳以后，石窟艺术也从平城转移到洛阳。在洛阳郊外伊阙的龙门山上，开凿新的石窟。龙门山在洛阳城南二十五里，两座石峰东西对峙，远看是一道天然的门户。伊水像条矫健的游龙从这里流过，所以叫做龙门，又叫伊阙。

龙门石窟分布在龙门山东西两岸的崖壁上，共有佛像九万七千三百零六尊，主要是北魏时期开凿的。后来的东魏、北齐时期，继续开了不少石窟。一直到唐代，又总共凿了几千个佛龛。最大的石窟是古阳洞和宾阳洞，宾阳洞又分为北、中、南三个大窟。

这些大大小小的佛像，造型优美，呈现出百态千姿，有的雍容大方，有的慈祥和蔼，有的眉目凝神，有的面带微笑。宾阳中洞那尊主要佛像，清癯(qú)的脸上含着微笑，仿佛想要人和他亲近。龙门石窟的佛像和云冈石窟的佛像，在造型上有所不同。云冈石窟的佛像，一般都显得气势磅礴，姿态雄健，凛然可畏。这种佛像造型上的变化，反映了北魏统治力量从强到弱的变化。

宾阳中洞洞口内壁两侧，有两幅大型浮雕，表现魏孝文帝和皇后礼拜佛祖的场面，叫"帝后礼佛图"，刻得异常精美。

古阳洞左边的洞壁上，有一个房屋形状的佛龛，它反映出北魏时期房屋建筑的特点。佛座前的一头石狮子，显得威武雄壮，肌肉强韧，野性毕露，表现了北朝石刻艺术粗犷的风格。

在龙门的许多石窟里，还刻有大量的文字，说明立佛像的原因，无非都是些迷信的道理。然而这些文字的字体，都苍劲挺拔，端庄凝重，是珍贵的书法艺术遗产。后来有人把它们拓下来，编辑成碑帖，题名《龙门十二品》，作为学习书法的范本。

云冈石窟和龙门石窟，称得起是世界上两座石刻艺术的宝库，是我国古代劳动人民辛勤劳动和伟大智慧的结晶，也是我国珍贵的文化遗产。可惜的是，一千多年来，这两座艺术宝库遭到了自然和人为的破坏，特别是近百年来，不断被国内外文物贩子、不法之徒盗窃，损失严重。石窟的自然损坏也很严重，当地风沙大、空气干燥，使石窟风化得很厉害。

郦道元与《水经注》

长江三峡自来是浪高水深、风光秀美。早在一千五百年前就有人在书中这样赞美三峡的风光：

自三峡七百里中，两岸连山，略无阙处；重岩叠嶂，隐天蔽日：自非亭午夜分，不见曦日。

至于夏水襄陵，沿溯阻绝，或王命急宣，有时朝发白帝，暮到江陵，其间千二百里，虽乘奔御风，不比疾也。

春冬之时，则素湍绿潭，回清倒影。绝巘多生怪柏，悬泉瀑布，飞漱其间。清荣峻茂，良多趣味。

每至晴初霜旦，林寒涧肃，常有高猿长啸，属引凄异，空谷传响，哀转久绝。故渔歌者曰："巴东三峡巫峡长，猿鸣三声泪沾裳！"

这段文章中描写的三峡山高水急、四时风光如诗如画，让人读了宛如身临其境。这篇文章出自《水经注》，它的作者就是北魏时期的郦道元。

郦道元，字善长，是我国北魏杰出的地理学家、文学家。他曾当过很长时间的官，最高官职做到御史中尉。郦道元非常正直，为官清正廉洁，执法严明，当时的豪强地主和官僚都很害怕他。后来雍州刺史萧宝夤谋反怕他从中反对，就派人把他杀了。但是让郦道元名垂千古的不仅仅是他为官清正，更主要的是他用毕生精力创作的一部水文地理书《水经注》。这篇著名的描写三峡的文章就是《水经注》中的文章。

《水经注》的意思，就是对《水经》的注解。《水经》是记述我国古代河流水道的一部地理书，相传是西汉时桑钦所作（也有人说是三国时人作）。是我国第一部水文地理书，书上描述的江河水道非常简略，还存在着许多错误。

郦道元年少时非常好学，博览群书，尤其喜爱山川风貌方面的书籍，他还喜欢大自然，年轻时就游历了许多名山大川，他在看了《水经》之后，发现了书上的记载有许多疏漏，就想这本书如果写的再详尽一点就好了，我走过许多的名山大川，何不为《水经》作注让人更充分地了解我国的山川风貌呢？

从此，郦道元在外出游览的时候，就特别留意，各地的河流分布、流域情况，向当地人了解河道变迁，开始为写《水经注》做好准备。

郦道元决定先从《水经》上记载的名川大山访起，作实地考察，他随身带着笔墨纸砚，每到一个地方都要详细记录下这个地方的大小河流的分布、河道走向、分支、河流名称的变更、地形、矿藏，甚至物产、风俗、史事和传说都记录下来。郦道元为做到让材料尽量准确，常常向当地的老人询问，向他们了解情况，与各种资料上的说法再逐一印证，直到准确为止。晚上累了就借宿在农夫家里，常常执笔写到半夜。

郦道元历尽千辛万苦，十几年来，他的足迹遍布了黄河流域和长江流域的大部分地区，终于完成了一部三十万字共四十卷的长篇巨著《水经注》，共记载了一千二百多条河，几乎是原书的十倍，文字是原书的二十倍。

《水经注》中不仅记载了河流的地理情况，而且连河流流域的物产、风俗、历史、传说都有详尽的描述。

有一回，郦道元正在考察渭水，听说传说中的姜太公钓鱼的地点就在渭水的支流磻溪，他马上沿磻溪逆流而上，在沿途不断向当地老百姓了解情况，直到确定下准确地点才开始下笔记录。又有一次他在长安游历汉朝皇宫旧址时，专门走访了皇宫旁的仓池。这个仓池很有名，原来西汉末年王莽就是在这里被绿林军追杀而砍头的。郦道元就把这段史事也写在《水经注》中。

郦道元不仅是个地理学家，而且还是个文学家，他在准确详实的记录地理情况时，还非常注重文学艺术，比如上文提到的关于三峡的文章，三峡的风光描写得如诗如画。

《水经注》的内容丰富、记叙详实，不仅是一部优秀的水文地理书籍，并且对研究古代的历史、风俗都有重要的参考价值，也是一部生动的文学著作。

綦毋怀文的灌钢法

北魏分裂为东魏和西魏后，双方为了吞并对方，经常发生战争。有一次，西魏丞相宇文泰率领军队与高欢率领的东魏军队在洛阳城外的河桥展开激战。他们对峙了两个来月，高欢巧破了宇文泰的围攻，然后进军邙山。他刚要命令部队强渡洛河，听见有人传报："丞相，营外有个叫綦毋怀文（綦 qí，綦毋是复姓）的人有要事见丞相。"高欢摆了一下手说："请他进来。"

工夫不大，只见一个中年打扮的道人走进帅营。他见到高欢，便自报身份说："丞相，我乃匈奴人，名叫綦毋怀文，是常年在深山里炼丹的道人。听说您正在与西魏开战，我想助您一臂之力。"高欢听后，忙说："莫非你有击退宇文泰的良策?"綦毋怀文解下了随身佩带的宝刀，呈给高欢，说："这是我新造的宝刀。有了它，丞相就会很快打败敌人。"高欢接过这把宝刀，只见它寒光闪闪，心想："这宝刀果真有威力?"于是他想试一试宝刀锋利的程度。他让手下拿来两副铁甲，把它倒放在一起，叠了大约有三四十层厚，然后亲自举起手中的宝刀，对着铁甲砍下去。只听那铁甲"喀嚓"一声被砍成两段。高欢与在场的人都惊呆了，齐声喊到："好刀！好刀！"高欢心想："我要把它变成几万把，杀死所有敌人！到那时，统一北方就胜利在望了！"就这样，高欢把綦毋怀文留在了自己的身边，命令他组织工匠，制造宝刀。

其实，綦毋怀文是个炼丹师。他从小就读过老子的《道德经》，是道教的信徒。长大后，他厌烦官场，经常住在人烟稀少的深山里修道炼丹。他时刻不忘祖父遗传下来的炼钢之法，亲自实践，终于制造出锋利无比的宝刀。

早在南北朝以前，我国就已经发明了炼钢法。那时候实行的是木炭锻熟铁块的办法：先把熟铁块放在炉灶上，在其周围装满木炭，用鼓风炉把熟铁烧红，再取出来锤打。就这样，熟铁才炼成钢。按照这种方法，把它烧红十几次，每次烧红后，取出锻打，反反复复，才能炼成钢。这就是我们常说的"百炼成钢"。

綦毋怀文的祖父也是信奉道教的炼丹师。他也会制造宝剑，但他的造剑方法是传统的炼钢法。他造剑的时候，綦毋怀文常在旁边观看，问这问那。祖父把造剑的道理和经过都告诉了他，綦毋怀文细心地观察、听讲，再用笔记录下来。他把这些知识积累起来，与古书记载的炼钢之法相对照、比较，发现了传统炼钢之法的弊端。他决定采用一种新的方法炼钢。

他想到了用生铁炼钢。以往的刀、剑都是由熟铁炼成钢后制造的，他想用生铁炼钢后造剑会比用熟铁造剑更锋利。于是，他把生铁烧成铁水，然后把熟铁块投入铁水中，再加温，待熟铁化成铁水后，与生铁混合在一起。经过数次混合冶炼，炼出的钢比传统方法炼出的钢要坚硬得多，用这种钢制造的宝刀就更加锋利。他献给高欢的那把刀就是用这种钢制成的。

高欢问起綦毋怀文制造宝刀的经过时，他故意蒙上了一层神秘色彩。他对高欢说："丞相，您听说过古代干将铸剑的传说吧，我铸剑的方法与其相似。必须用广平郡干子城的土，还用牲畜的尿和油脂淬火才能造成。"高欢问他为什么？綦毋怀文回答道："干将之所以用广平郡的土铸剑，是因为那里的土含银量高，能使宝剑闪闪发光，这种光亮能产生一种逼人的寒气，令人心惊胆战。用牲畜的尿和油脂淬火，主要是使剑更加坚硬，有韧性，更锋利，使它能削铁如泥。"高欢听完，觉得这把刀更神秘了。

高欢为激励将士的士气，尽快打败宇文泰，吞并西魏，他下令招募一些有力气的青年人，并让綦毋怀文带领这些青年人在邺城炼钢铸剑。綦毋怀文带领这些人昼夜不停地干着，不到半年，他们就制造出几千把这样的宝刀，但比献给高欢的宝剑要短一些。所有的将军，每人佩带一把，个个精神抖擞，斗志昂扬。高欢也常用一句话来激励自己："有了干将剑，洛阳就沦陷。"这虽然是一种精神上的自我安慰，但在当时却起到了鼓舞士气的作用。然而东魏与西魏的数次战争中，东魏虽然取得了一些胜利，但其胜利的主要原因并非因为将士佩带这种宝刀，而是天时、地利、人和等多种原因所致。

綦毋怀文靠他献的这把宝刀，得到了高欢的重用，他在北齐做了高官。这其实并不值得人们的称赞，但綦毋怀文达到了自己的目的。他做了官以后，大力推广新的炼钢法。从此，灌钢法在全国各地广为流传，灌钢法炼成的钢在生产、生活中开始推广使用。綦毋怀文的名字也被广泛地传开了。

高傲的士族

在两晋南北朝时期，社会上层地主中存在着一个特殊的等级：士族。士族享有很多特权，比如：别人必须负担赋税和徭役（就是为官府出劳工），而士族人就不用负担；别人做官需要经过选拔，而士族子弟只要到了一定年龄就可以直接做官。即使同样的官职，士族的俸也要比别人优厚，而且工作轻闲，提升也快。士族的官位还可以世代相传。

因为享有特权，士族子弟都不读书，不习武，整天穿着华丽的衣服，坐着高大的马车，无所事事，四体不勤、五谷不分，走路要人扶持，是一群十足的社会寄生虫。也正是因为享有特权，士族人总是高高在上，无论是朝中重臣还是皇帝国戚都不放在眼里。

那么，士族是怎样产生的呢？原来，早在东汉时期一些世家大族因权势很大，他们对出身寒微的人轻视排挤，被人们称为士族，也叫世族或势族高门。而士族以外的官僚、地主被称为庶族。在曹魏以前士族力量还不很强大，但自曹魏以后，也就是两晋时期由于政治腐败，朝廷评定官员的品级，不是看才能的高下和功劳的大小，而是看他出身是否高贵是否有财有势。这样，士族人往往被评为上品，世世代代做上大官，而真正有才能的庶族人却得不到重用，只能当个小官，能做上大官的人很少。时间长了，国家政权逐渐被士族人把持，在南朝时，士族力量非常强大，连皇帝都得靠他们支持。

士族人为了保持自己特殊的地位，非常注重门第身份，他们与庶族有着严格的界限，不与庶族通婚，不与庶族社交往来，甚至跟庶族坐在一起，都认为降低了自己的身份。庶族人呢，他们对士族的歧视非常痛恨，但又非常羡慕士族，很多庶族人总是梦想着加入士族的行列，千方百计地跟士族拉关系、套近乎，结果往往得到一场羞辱。在南朝刘宋时期就发生过这样的事。

宋文帝时有个士族的领袖名叫张敷，很有名气。他常瞧不起庶族，待人很傲慢。如果他哪天心情好跟庶族人说了几句话，庶族人都认为荣幸无比。当时朝中有两个机要大臣，秋当和周赳，他们官职都很高，也深得皇帝信任，只是都出身庶族，让他们觉得总是低人一等。有一次，秋当约周赳去拜访张敷，周赳摇摇头说："不行的，张敷不会见我们的。"秋当不信："我们都做了这么大的官，皇上又这么信任咱们，张敷虽是士族，却只是个小官，怎能不接待我们呢？"不管怎么说，周赳就是不去，秋当很生气，就跟周赳打赌说："你不去就算了，我自己去，张敷一定会欢迎我的，如果不欢迎，我就把自己最喜爱的那匹马雪花雕送给你！"

于是秋当独自去拜访张敷，到了张家，正好主人不在，张家的仆人就在张敷的床榻前放了把椅子，请客人坐下，秋当正暗自高兴，张敷回来了，见到秋当坐在自己床榻附近，马上训斥仆人说："你是怎么做事的，让庶族人离我这么近，不是坏了士族的规矩吗！"秋当听了，非常羞愧，后悔没听周赳的话，自取其辱，回到家后，只好派人悄悄把那匹雪花雕送给了周赳。

士族人虽然不学无术，但因握有军政大权，皇帝对他们很害怕，凡事只好容让三分。宋武帝时，有个士族大家叫王僧达，人很骄傲。官员路琼之出身庶族，有一次他到王家去，王僧达傲慢地对路琼之说："过去我家养马的仆人路庆之是你爷爷吧，他现在干什么呢？"路琼之听了虽然很生气，却不敢说什么。路琼之走后，王僧达马上让人把他刚坐过的床烧掉。路琼之知道后很气愤，把这件事告诉了自己当时贵为太后的妹妹，请求惩罚王僧达。宋武帝听了路太后的哭诉后叹了口气说："告诉我又能怎样呢？琼之也真是，没事到王家干什么！"

南朝皇室虽然变换频繁，但无论哪朝皇帝都得依靠士族的支持才能站稳脚跟，士族的力量始终很强大，士族与庶族间的对应情况一直没能改变。

南朝齐武帝很会用人，他欣赏有才能的人并委以重任，当时有个叫纪僧真的大臣非常能干，字写得又好，在齐高帝萧道成在位时就已经做到相当于宰相的大官了，并掌管军，握有实权，到齐武帝时更是倍受信任，经常跟他在一起探讨国事，谈论经道，荣宠无比，但士族仍歧视他，说他出身寒微，不足为伍。因此纪僧真很苦恼，总是千方百计地要加入士族。

有一天，纪僧真与齐武帝谈论书法，他摹仿齐武帝的笔迹非常的像，跟真的一样，齐武帝赞叹地说："你写的实在太好了，应该奖励你点什么，你说，希望我封你什么官呢？"纪僧真心想何不趁此机会，让皇上准许我进入士族呢？于是回答说："我出身微寒，今天却做了这么大的官，都是先帝和陛下您对我的信任，我什么也不要，只求陛下让我做个士族吧！"齐武帝听了很为难地说："士族不是封的，我也做不了主啊！"

这种状况一直持续到南朝后期。隋唐以后，士族的势力就衰弱了。隋唐时期不以出身论文，大兴科举选拔人才，使很多下层的人也能凭才能进入上层，这是一种很大的进步。

佛乱北朝

佛教起源于古印度，西汉末年通过丝绸之路传到我国，东汉末年开始在我国广泛传播，到了南北朝时期，佛教在中国空前繁盛起来。

佛教认为，人的肉体可以死亡，而灵魂却是永生的，能够转生来世。人生是极大的苦难，只要诚心信佛，在今生中忍受一切苦难，死后他的灵魂就能进入"极乐世界"。这种教义实际上就是让人们放弃人间的各种理想，一心信佛，老老实实地听统治者的话，对苦难逆来顺受，不得反抗，并把希望寄托在虚幻的来世，即谁也没有见过的所谓"极乐世界"。

皇帝要想统治人民，让人民听他的话，佛教的教义正合他的心意。如果老百姓都信了佛教，百依百顺，皇帝就可以放心地骑在人民的头上作威作福了，而不必担心人民的反抗了。北朝的很多皇帝都大力提倡佛教，宣扬佛教的因果报应，说人的生、老、病、死都是前生注定的。皇帝之所以能当皇帝，是上天安排的；劳动人民之所以受苦受难，是要赎前世的罪孽（niè）。只有在今生虔诚地信佛，认真地赎罪，忍受一切苦难，来生才能得到幸福。

北朝的历代皇帝都不惜巨额资金，开凿石窟，建造佛寺、佛像，供养僧人，佛寺遍地都是。一时间，佛教盛行，人们纷纷投身于寺院，做起了和尚和尼姑，天天吃斋念佛。

在北朝崇信佛教的统治者中，比较突出的要算北魏的文成帝和胡太后。

文成帝即位以后，他为了巩固自己的统治，宣传君权神授的思想，在公元460年，命令著名的高僧昙曜在平城（今山西大同市）附近的云冈的悬崖断壁上开凿石窟，按照自己的想象，雕刻佛像。

昙曜是个出色的设计师。他指挥工匠开凿出最大石窟，然后在石窟中雕刻了一尊巨大的佛像。这尊佛像高五丈多，它的脚就有一丈四尺长。如果一个人躺在它的脚上，还没有它的脚趾长。这尊大佛正是对文成帝的神化。

在大佛的周围，又雕刻了许多大小不一、形象各异的小佛像，它们紧密地围绕着大佛，象征着皇帝身边的文武大臣。洞顶上雕刻着各种姿态、凌空飞舞的众仙女，她们在为皇帝开心取乐，这一切都象征着皇帝至高无上的权威。

公元494年魏孝文帝迁都洛阳以后，又在洛阳龙门山东西两岸的崖壁上，雕刻了九万七千三百零六尊佛，到东魏和北齐时期又开凿了不少石窟。

云冈石窟和龙门石窟是北朝时期劳动人民智慧的结晶。然而，它却耗费了无数人力和物力，百姓的生活更加贫穷。

公元515年，孝文帝的儿子元恪（kè）即宣武帝去世，年幼的太子元诩即位，朝中的大权落到了他的母亲胡太后的手里。胡太后在很小的时候就信奉佛教。她嫁给宣武帝以后，很受宠爱。宣武帝受她的影响，也信了佛教，并在皇宫旁边修建了一座寺院瑶光寺，专门供他们烧香拜佛之用。

胡太后听政以后，她荒淫无道，残暴成性，又独断专行。尽管她胡作非为，阴险毒辣，却总喜欢以“善人”自居，是个“最好”的佛教徒，总想通过信佛来减轻自己的罪过。因此，她建完瑶光寺以后，又开始大兴土木，修建永宁寺。

永宁寺占地上百亩，光是僧尼住的房间就有一千多间。佛殿修得像皇宫一样富丽堂皇，巍峨高大。寺中的最大佛像有一丈八尺高，用几万斤黄金铸成的。大金佛的周围有一人高的金佛十尊、玉佛二尊。寺内还修了一座宝塔，高一百丈。塔顶上的风铃时常传出清脆悦耳的声音，远近的人们听到这种声音就感到烦恼和恐慌。

建造永宁寺用了十来年的时间，征发数十万人来做工，花费了大量的钱财。国库的钱用光了，胡太后就下令横征暴敛，搜刮百姓。田地荒芜了，百姓吃穿不上，流离失所。胡太后看在眼里，仍然不管不顾，继续修建寺院。大臣李崇很正直，看到国家日益衰败，十分着急。于是就劝胡太后说："我朝向来都重视发展农业生产，而现在农民吃不上饭，土地荒芜，连朝廷办的太学都荒废了，培养不出人才来。还是停止建造瑶光寺和永宁寺，把建造佛寺用的钱用来发展教育，恢复生产吧！"可是胡太后根本听不进去，反而对李崇极为不满，以后上朝就不太理他了。老百姓都气愤地说："胡太后说修寺院行善事，可她把老百姓都逼死了，她比那恶人还要坏上十倍！"

北朝的崇信佛教，使佛教文化发展很快，但是给人民带来了沉重的负担。寺院拥有皇帝大臣封赏的土地，可以不交赋税，不服徭役，僧尼们成了新兴的寺院地主。他们收取农民的地租，放高利贷，还私设监狱。人们被迫纷纷投奔寺院出家，连服徭役和当兵的人都没有了。这样，国家和百姓却越来越贫困，社会各种矛盾更加尖锐，边镇的人民起义时常发生。佛教不仅没有巩固北朝历代的政权，反而使北朝的政治更加腐败。只有到周武帝宗文邕执政的时候消灭了佛教，才使北周走上了富强之路，从而为隋朝统一中国铺平了道路。

玉壁之战

公元 543 年，东魏大将军高欢率领军队与宇文泰率领的军队在邙山展开激战。由于东魏兵多将广，军队训练有素，而西魏的军队实力远不及东魏，他们激战不到一个月，宇文泰率领的西魏军被东魏打得落花流水。当时东魏的将军陈元康主张乘胜追击，直捣西魏首都长安，灭掉西魏，高欢被这次胜利冲昏了头脑。他认为西魏主力部队已被消灭，大势已去，那些残兵败将追与不追都没什么意义了，于是决定班师回朝。这样，西魏获得一条生路。

一天，高欢心血来潮，让皇帝召集文武大臣讨论攻打西魏之事。所有大臣都主张趁早灭掉西魏。如果宇文泰喘息过来，复邙山之仇，将贻误战机，后果不堪设想。高欢也同意这些人的观点。公元 546 年，高欢率领二十万大军向西魏前沿阵地玉璧城（今山西省万荣县西）挺进，想攻下玉壁后，再直捣长安，一举消灭西魏。

东魏再度攻打西魏，这是宇文泰预料之中的事，但他没想到来得这么快。邙山之战惨败后，宇文泰深知自己的实力差，于是他积极推行苏绰制定的六条诏书，侧重发展粮食生产，为部队准备充足的粮草。在军事上，推行府兵制。就是在地方征壮丁当兵，不向他们征收赋税，免除他们的徭役。壮丁到农忙时种地、收秋；农闲时练习作战。打仗的时候，把他们组建成军队，让地方上有声望的人担任指挥官。这样军队的战斗力大大增强，西魏也随之强大起来。

玉璧城的守将是韦孝宽。他从小就熟读《孙子兵法》，在守城方面可说是胸有成竹。面对东魏这突如其来的二十万大军，他镇静从容，命令自己的手下忠于职守，奋勇杀敌，宁可以身殉国，不可缺半寸土地。士兵们个个斗志昂扬，严阵以待。

高欢的军队将玉璧城重重包围，切断了城里的粮水供应。高欢令人在汾河的上游筑起大坝，将水拦住。韦孝宽知道水源已被切断，便命士兵连夜打井，取地下水，以解燃眉之急。

玉璧城城门紧锁，城墙又高，怎么攻进去呢？高欢率兵在城外筑起一座土山，想居高临下，占据有利地形，这样攻城就容易了。哪知韦孝宽却高他一筹。玉璧城除东、西、南、北、中五个城楼外，还有东南、西北、东北、西南各一个城楼。韦孝宽命士兵在每面城墙上架起一道桥梁，桥梁的高度是城墙的两倍。这样西魏军站在桥梁上，以高制高，一支支利箭射向土山，东魏的军队根本无法靠近。

高欢见此计不行，命士兵将城外的树木砍掉，做成木梯，搭在城墙上，命令士兵爬梯攻城。还没等爬上去，西魏士兵便在长绳的一端拴上铁钩，抛下去再往上一挂，梯子全部倒下，上面的人摔死在城下。

韦孝宽早已预料到东魏士兵从上面攻不进去，会从城墙底下挖地道往里钻。便叫士兵在城内四周挖三米深的壕沟，守在那里。果然东魏士兵夜里在城墙外挖了几十个地道。东魏士兵的头刚从地道口里探出来，守兵便将他们砍死。同时，城内的百姓又把壕沟内填满干柴，点着了，敌人爬进来就会被烧死。高欢的地道战又失败了。

高欢见玉璧城的城门是木制的，便又叫士兵夜里去烧城门。哪知韦孝宽早有所料，提前命士兵在四个城门上面准备了很多水。底下一点火，上面的士兵马上泼水下来，还往下扔石头、瓦块，东魏的士兵很多被砸死。

高欢是用尽了办法也没能攻下玉璧城，于是派手下将领祖珽（tǐng）前去劝降韦孝宽。祖珽在城下喊道："你们的城池再坚固，粮食再充足，顶多能守二个月，难道还能守半年吗？不如早点投降，只要投降东魏，打开城门，我们元帅有话，皇帝会封你丞相一职。"韦孝宽回答道："我们能守到你们死的时候，我们西魏的官兵不吃饭，喝西北风就能守城，你回去吧。谁不喜欢自己的国家，却做敌国的臭丞相？你去做吧，趁早滚开！不然的话，便会死在城墙下。想让我韦孝宽投降，做你的梦去吧！"

韦孝宽的计策是想尽一切办法阻止敌人的进攻，迫使他们放弃攻城。到那时，敌人一撤，西魏军队伺机反攻，就会取得战争的胜利。

正如韦孝宽所想的那样，高欢计策用尽，两个月时间都没攻下玉璧城。士兵死伤过半，人心涣散。弄得高欢日夜忧愁，郁闷成疾。他下令军队停止攻城，返回邺城。

宇文泰早已得知韦孝宽坚守玉璧城两个半月，且多次挫败敌人的进攻。他非常高兴，派人告知韦孝宽：他已在东魏军队的后方布下埋伏，待他们撤退时，来个两面夹击，高欢必败无疑。

东魏军刚一撤退，韦孝宽率玉璧城守军出城追击。一时间，喊杀声，擂鼓声响成一片。高欢见韦孝宽的兵马追来，下令部队快撤，自己亲自率一部分士兵抵抗。这时早已埋伏的宇文泰率队杀过来。东魏军顿时乱作一团，死的死，逃的逃，溃不成军。高欢见大势已去，带领一部分残兵败将，夺命狂奔。

玉璧之战，以西魏的胜利而告终。东魏军队死伤近三分之二，从此一蹶不振。西魏也从此变弱为强，势力越来越大，超过东魏。

高洋建齐

高洋是东魏大将军高欢的次子。他从小就聪明伶俐，父亲十分喜欢他。哥哥高澄比他大三岁，他们兄弟姐妹几人经常玩帝王将相的游戏。姐姐和妹妹扮演公主，弟弟扮演丞相，惟独高洋总和哥哥争着扮演皇帝。高欢见了，总是笑个不停。

父亲高欢掌握着东魏的大权，玉璧之战以后，高欢因为打了败仗，郁闷成疾，不久病死。长子高澄趁机掌握东魏的大权。他比高欢的野心还要大，一心想当皇帝。可他知道弟弟高洋聪明有才，又想起儿时游戏之事，渐渐对高洋有了戒心。于是他千方百计地排挤高洋，朝中的重要大事都不让他参与。

高洋为了不让哥哥看透他的心事，开始装疯卖傻，从不谈论政事，总是躲着事走。他尽量不与高澄闹矛盾，哥哥让他做什么，他就做什么。但是高澄对他还是不放心。有一天，高澄故意试探说："二弟，父亲因玉璧之战失败而死，这回我要带兵征讨西魏替父报仇。朝中大事都交给你啦，你看如何？"高洋知道哥哥的用心，又故意装疯卖傻说："朝中有什么好玩的事都交给我，可是玩不好你可别怪我呀！"高澄听后，暗自高兴，心想："这我就放心了。"从此以后，皇帝、大臣们更不拿他当回事了。

有一天，高澄正和一些心腹密谈谋取帝位之事，他厨房里的下人兰京借给他送饭的机会，从盘子底下抽出一把刀，向他刺来。当时把这些人吓得四处逃散，只有大臣陈元康保护高澄。由于刺客人多，高澄被杀死。

高洋听说哥哥遇刺，忙命手下人将刺客抓住，然后杀死。此时的高洋不再装疯卖傻了。东魏孝静帝见高澄死去，非常高兴，这回自己可以独揽大权了。可是他万万没想到，“傻子”高洋立刻控制了军政大权。他被迫封高洋为丞相、大都督等官职，哪知高洋根本不屑一顾。公元550年，高洋发动了政变，他把孝静帝赶下了皇帝宝座，自己当了皇帝，改国号为齐，史称北齐，他就是北齐的文宣帝。

高洋做了皇帝后，知人善用，从不任人唯亲。有一次，他发兵攻打契丹，有人推荐他的弟弟淮阳王高海为主将。这时他手下的一位将军周正请缨出战。这周正虽官职不大，打起仗来可谓是行家高手，在攻打柔然族的战争中，曾屡立战功。而高海根本不懂军事，于是高洋任命周正为大将军攻打契丹。周正不负众望，出兵不到一个月，就打败了契丹人的进攻。从此，北部边境安定下来。

高洋称帝之初，执法非常严格，不论皇亲国戚还是平民百姓，都同等对待。有一年国都邺城大旱，百姓无粮可吃。高洋得知此事，命皇后李氏的弟弟李长林打开国库，赈济灾民。然而半年以后，邺城的老百姓还是饿死了很多，他们四处逃荒，却敢怒不敢言。后来一位正直的大臣不顾自己的安危，把李长林克扣赈灾粮一事上奏给皇帝。高洋一听，勃然大怒。待原因查明后，下令将李长林斩首示众。后经许多大臣们的求情，留他一条命，但仍将他削职为民。从此，再有灾荒，没在一个人敢克扣赈灾粮食了。

高洋还改革了官制。他看到地方上的官吏太多，人浮于事，又加剧了农民的负担。于是他采纳一些大臣的建议，削去州、郡建制。这样，全国的官吏一下子就减少了几万人，贪污腐化的现象大大减少，农民们的负担也减轻了很多。

为防止北方少数民族的进攻，高洋还加固长城。每到农闲季节，他就调民工修长城，这对边疆的稳固起了很大作用。经过一系列的改革和发展，齐国慢慢地强盛起来。

随着齐国的富强，高洋就一天天的奢侈起来。他每天在宫里吃喝玩乐，不理朝政。他还学秦始皇修阿房宫的样子，征收几十万民工修建邺城的三台宫殿。这些劳工吃不饱、穿不暖，有很多人被累死、饿死。百姓暗地里骂他是昏君。

高洋还制定了残酷的法律。他规定：一人犯法，牵连九族。有一次，一个劳工因不堪重负，逃跑回家，被抓回宫内。残暴的高洋竟使用了镬刑。镬（huò 无足的鼎）是用来烧开水烫人的工具，大镬里足足能站五十人，里面的水是滚开的。那个劳工被人架着把双腿放进水里，当把双腿抬出来的时候，真是惨不忍睹。他的双腿残废了，再也不能行走了。而高洋看完后却哈哈大笑：“有意思，有意思。”

大臣李集劝他说：“陛下，他是你的子民，你用这样的酷刑惩罚他，不是和夏桀和商纣一样残酷吗？”高洋一听，有人敢责骂他，恼羞成怒，当即叫人把李集吊起来，用烧红的铁锉烫他的手脚和胸部。每烫一下，高洋便问："我到底像不像夏桀和商纣？"李集大声回答说："你比夏桀和商纣还要残暴！"高洋命人继续烫。李集几乎被烫死，但高洋始终没有听到他想要听到的那句话。

这个变得残暴、荒淫的昏君只做了九年皇帝。他临死前，把六弟常山王高演叫到床前说："我的儿子太小，你想做皇帝可以，但不要杀我的儿子。"他死时年仅三十一岁。他死后不到一年，高演就杀死了他的侄子高殷，夺取了皇位。

陈霸先抗齐

公元552年，陈霸先、王僧辩率领军队打败侯景，收复建康。同年，梁武帝的第七子萧绎在江陵称帝，他就是梁元帝。

萧绎的侄子萧詧见萧绎称帝，他也想当皇帝，但是他实力不行。想来想去，终于有了好计策，借助西魏的力量打败萧绎。他知道西魏为了扩大地盘，时时想灭掉梁国。而梁国经历侯景之乱，国力大衰，因此，他趁萧绎还没站稳脚，派人前往西魏联系，双方一拍即合。西魏派出几万大军，到长江中游地区。公元555年，魏军与萧詧里应外合，攻下江陵，杀死萧绎，萧詧被封为梁王。

西魏认为恢复江南的时机来到，于是就在江陵大肆烧杀抢劫。他们抢走了城中所有的金银珠宝，掠走妇女、劳工数万人。萧詧所拥有的只是一座空城。次年，他自称皇帝，历史上称后梁。

西魏攻打江陵的时候，阵霸先正镇守京口，王僧辩镇守建康石头城。他们得知元帝被杀，萧詧自称皇帝，非常气愤。他们不承认萧詧这个自封的皇帝，便在建康拥立萧绎的儿子萧方智为皇帝，他就是梁敬帝。

北齐的高洋也时刻想把领土扩展到江南，灭掉梁国。这时，他看到梁朝空虚，便把东魏俘虏的萧渊明送回梁朝做皇帝，以伺机征服梁国。高洋派人与王僧辩联系。王的条件是：要想拥立萧渊明为帝，他最低得做丞相。到那时，他就大权在握，为所欲为了。双方达成一致，王僧辩答应了北齐的要求，接回萧渊明，废掉梁敬帝，立萧渊明为皇帝。

陈霸先闻知此事，十分不满。他认为立萧渊明为皇帝，一方面对国家不利，另一方面对自己不利。因此，多次劝告王僧辩取消萧渊明这个皇帝，而王僧辩却置之不理。陈霸先决定除掉王僧辩这个祸国殃民的奸贼，他从江口起兵，进攻建康。

王僧辩的本意是先稳定一段时间，然后联合北齐消灭陈霸先。可令他没想到的是陈霸先抢先一步，攻打建康。他听到城外震天的杀声："杀死王僧辩。"吓得他浑身发抖，忙命手下人前去应战，再让一部分人保护他从南门逃走。而此时陈霸先的人马正攻破北门，直逼王僧辩的住处，当场将其抓获。王还想保住一条性命，忙跪地认错求饶，陈霸先却抽出宝剑，要了他性命。当天晚上，陈霸先又杀死萧渊明，复立萧方智为皇帝。

陈霸先认为这里的局势已稳定了，于是带兵到义兴（今江苏浙江两省太湖两岸地区）去平定叛乱。实际上这里的叛乱也是王僧辩的手下指使的，其目的是把陈霸先调离建康，然后勾结北齐，占领建康。

陈霸先接到建康被占的消息后，自知中计，他火速绕道返回建康。他先派兵到长江沿岸，堵住齐军的退路，然后包围石头城，切断城内齐军的粮草供应和水源。石头城被围两个来月，齐军缺粮断水，又被分割包围，无力反攻，只好向陈霸先求和，并保证从此以后，不再入侵梁国。

陈霸先明知这是齐军的缓兵之计，也深知自己的实力处境。于是他来了个将计就计，派人到北齐要皇帝高洋的手谕，保证其以后不再侵犯梁朝。高洋为了保存北齐的力量，答应了陈霸先的要求，于是，陈霸先命令放弃围攻石头城，同时下令消灭王僧辩的残余势力。

陈霸先知道高洋是个反复无常之人，他不会遵守承诺的。于是抓紧扩充军队，训练作战技术，鼓励士兵勇敢杀敌，同时还规定了严明的纪律。

果然不出所料，齐、梁双方言和不到一年，高洋就撕毁和约，派五万大军攻打梁朝。好在陈霸先准备充分，尤其是水军作战，更是训练有素，勇猛异常。当齐军的大船过江时，梁朝水军就万箭齐发，雨点般射向齐军，齐军死伤无数。高洋把齐军分成几路进攻建康，陈霸先沉着应对，也把人马分成几股。每股用一小部分人牵制对方，其主力部队绕到敌人身后，乘其不备，打击敌人，双方激战一个月，打得齐军狼狈不堪，没能靠近建康城。

由于齐军没有房子住，他们只好在泥泞的野地里过夜。粮食接济不上，士兵只有饿着肚子打仗。而建康的百姓为了保卫都城，他们都把家里最好吃的东西送到前线去，慰劳将士。士兵们士气高扬，同时建康城里的百姓自动组织起来，与军队共同打击齐军。

这样，北齐的军队已失去了进攻的力量，阵霸先率军开始猛攻。齐军仓皇逃跑。阵霸先的水军就在长江南岸等待疲惫的敌人。齐军在前堵后追的夹击之下，渡江逃回北方的齐军不到一万人，这场战争以陈霸先的胜利而告终。

陈霸先打败了北齐的军队，保卫了江南的国土，受到了江南百姓的称赞。他的威望越来越高，梁敬帝萧方智封他为陈国公，总揽朝中大权。

周武帝灭佛立道

西魏丞相宇文泰去世后，他的儿子宇文觉废掉皇帝，自己做了皇帝，改国号为周。由于朝中大权掌握在宇文觉的堂弟宇文护手里，公元570年，宇文护立宇文觉之弟宇文邕为皇帝，他就是周武帝。两年后，周武帝杀了宇文护，独掌朝中大权。

周武帝即位时，社会仍然动荡不安。从西魏到北周建立，由于战事不断，很多壮丁都死于战乱之中，种地的人越来越少。自然界的洪涝灾害，更加剧了百姓的苦难，他们只好以野菜、草根充饥。就是这样，官府的苛捐杂税却照收不误。农民们被迫流离失所，逃荒要饭。那些寺院里的和尚、僧侣，他们不但不当兵，不纳税，不赈济灾民，反而趁机吞并农民土地。这些不劳而获的寄生虫，使农民的生活更加困苦，也严重威胁着北周政权。周武帝觉得改革政治、取消佛教势在必行。

有一天，一个叫卫元嵩的和尚，千里跋涉来到长安。他向皇帝上书说："陛下，在尧、舜、禹和西汉时代，没有佛教，人民生活富足，社会安定。而到了南朝的齐、梁和北魏时期，佛教盛行。大江南北，寺庙林立，从朝廷到百姓，吃斋念佛，上荒朝政，下变生产。和尚、尼姑不劳而食，成为新的地主阶层。这几个朝代在短短的几十年里灭亡了。眼下关中大旱，人民流离失所，可僧侣、地主都趁机吞并土地，大发横财。为了您的江山社稷，为达到佛教所宣传的真正的'众生平等'，我看对僧侣、地主和平民百姓一样看待，必须向国家交纳赋税、服兵役。有钱的和尚不服兵役，国家要收纳免役费，这样既增加了政府的财政收入，也解决了战争的兵源问题。"

周武帝听了卫元嵩的建议，十分高兴。对众位大臣说："卫元嵩说得很好，正合我意。这段时间，我一直在考虑这个问题。佛教对人民和国家不利，要采取措施限制佛教的发展。"于是，周武帝采纳了卫元嵩的建议，着手消灭佛教。同时还令卫元嵩还俗，并封他一个很高的官职。卫元嵩同意还俗，却拒绝接受官职。

就在卫元嵩建议取消佛教的同时，始州(今四川省剑阁县)官吏向周武帝报告，当地村民王鞅聚众造反。王鞅是始州的一个村民。那年始州发生旱灾，颗粒无收，当地村民只好向寺院里的僧侣借粮。可僧侣们借口村民到期还不上粮食，强迫他们离开家乡，要在那里建造佛塔。当地村民不走，僧侣们就把村民的房屋拆毁，抢走了他们仅有的一点粮食。村民们忍无可忍，于是在王鞅的带领下，开始造反。他们见到僧侣和官吏就打、就杀，见到寺院就放火烧毁。他们高呼："杀死所有贪官污吏，杀死假装慈悲的和尚、尼姑。”

周武帝知道了始州民众造反是被僧侣和地主逼迫所致，但他为了避免爆发大规模的农民起义，违心地派兵前往镇压。不到半个月，就把王鞅领导的村民造反镇压下去了。此次暴动，尽管规模不大，但周武帝从中看到人民的巨大力量，担心他的政权会被农民起义所推翻。同时，也看清了佛教的发展，的确是祸国殃民。这样，他就下定决心，取消佛教。

周武帝从小就喜欢读书。他对《老子》、《庄子》等道家学术的书深有研究，他还经常和一些有威望的道士打交道。道家相信“道”是宇宙的本源；奉太上老君为至尊天神；相信神鬼、天界、仙境、地府；相信生道合一，长生久视。周武帝认为道教不烧香、不念佛，不需像佛教那样大规模修建寺院、庙堂，也不会像佛教那样滋生成千上万的、不劳而食的僧侣和尼姑。道教与佛教相比，对他的统治是有利的。他还想象拆毁全国各地的寺院、庙堂，就不再有烧香、念佛的现象了，也不会有不劳而食的僧侣了。政府让和尚、尼姑都回家种地，让适龄的和尚去充军，把寺院里的铜像、铜钟，都炼成铜钱和兵器。这样，既可节省开支，又能增加财富。

公元574年，周武帝召集文武百官、和尚、道人等，共同讨论佛、道二教的优劣，目的是为取消佛教找借口。辩论会上，和尚、道士互相攻击。道士认为佛教宣扬的因果报应是骗人的；和尚、尼姑遍地都是，他们不劳而食，成为寄生虫；各地修建的寺院、佛塔，耗费了国家大量的财物。长此下去，国家必会灭亡。和尚认为道教所说的修仙炼丹、吃丹药、长生不老、画符念咒，纯属胡编乱造，愚弄好人。这样，他们佛、道二教的弊端全被揭露出来。

周武帝见道士抓住了佛教的要害，便对和尚们说：“自从南朝、北魏以来，佛教盛行，各个朝廷投入很大的人力、物力修建寺院、庙堂。朝臣百姓吃斋念佛，非但没能挽救百姓，反而坑害了国家。百姓们饥寒交迫，僧侣们都成了地主，积聚了大量的财富。你们念‘阿弥陀佛’，实际上都见死不救、趁火打劫、祸国殃民。从现在起，取消佛教。和尚、尼姑一律还俗，你们所有的土地归还农民，所有的财产一律充公，你们与农民一样，回乡生产，自食其力。”

同时，周武帝下令设立通道观。通道，就是和尚尼姑通过学习变成道士。他指令和尚和道士一起学习《老子》、《庄子》、《周易》，学成后，传播道教。通道观的建筑规模非常小，都建在远离人烟的深山里。不烧香、不念佛、不募捐，道士的生活非常简朴。修仙炼道的人并不多。因此，道教对社会生产、人民生活及国家发展没有影响。周武帝就这样消灭了佛教，树立起道教。一个胆大的和尚对周武帝说：“佛是救世主，施恩布道，陛下取消佛教，不怕受到惩罚吗？”周武帝回答说：“只要百姓幸福，国家兴旺，我宁可受尽苦难！”

在周武帝的号召下，不到一年，很多地方的寺院、庙宇被拆毁。坐享其成的和尚尼姑纷纷还俗，那种香烟缭绕、吃斋念佛的现象很难见到。农民的土地、劳力及国家的兵源逐渐增多，人民的负担越来越轻，国家的实力大大增强。这为北周灭齐、统一中国奠定了雄厚的物质基础。

北齐灭亡

高纬即位以后，北齐皇室骨肉相残的事时有发生，政治越来越腐败。这位齐后主，是个不学无术、不务政事的昏庸皇帝。他每天都和后妃、宫女在一起厮混，只顾吃喝玩乐，十天半月不上一次朝。在他的心里，从来就没有“国家”和“百姓”。哪个大臣劝他勤于政事，他轻则罢官，重则被杀头。那些阿谀奉承的人，有的四处给他物色美女，有的为他修建富丽堂皇的宫殿，供他游乐。这样的人都得到了他的提拔和重用。他在位不到十年，豪华的宫殿建了十几处，邺城里的寺院比他父亲高湛在位时多了将近一倍。有一次大臣们有重要事情向他上奏，走了很多寺院才找到他。底层已是民不聊生，上层却一天比一天腐败。整个国家已经到了随时就被吞并的地步，可他并不知觉，竟然与那些不懂人语的禽兽玩耍来打发自己的无聊。

雄心勃勃的周武帝，看到齐后主高纬已昏庸到了极点，齐国的百姓困苦不堪，心想，一定要抓住这个大好时机。在他灭佛的第二年秋天，周武帝在大德殿里召集所有文武大臣，商讨灭齐大事。他对大臣们说：“现在高纬日日不理朝政，文武百官人心不齐，上下一片混乱，百姓怨声载道。这是上天赐给我们灭掉北齐的大好时机，我想趁此良机，挥师东进，攻打北齐，统一北方。众位爱卿意下如何?”众大臣见皇帝有如此雄心，语意非常坚决，便齐声说：“陛下英明！我们愿意随陛下一起讨伐北齐，扩大疆土，一统中原。”

周武帝非常高兴，他决定用武力和外交两手对付北齐。他一面将周军分成几路，进攻北齐，一面派使者前去与南朝陈国联合，要求南陈发兵北上，配合周军攻击北齐。南陈与北齐战火不断，他们都想吞并对方，但是都力不从心。陈宣帝见北周请求自己出兵，恨不得立即打败北齐，扩大自己的地盘。陈宣帝派出二万大军，进攻淮南。这样就牵制了北齐的很多兵力。

公元575年七月，周武帝率领六万精兵，从长安出发，分六路进攻北齐。齐后主高纬正在宫中与宫女们饮酒作乐，忽然有人闯进宫来报告周军进入齐国境内，占领洛阳，连克数城，陈军急速北上，攻占了很多州县。高纬这才觉得情况紧急，慌忙之中，兵分几路，应付周军和陈军。

周武帝没有想到自己途中生病，于是撤兵回国。周武帝病好后，为了鼓励将士的作战勇气，他亲自到军中慰劳士兵，让他们奋勇杀敌，消灭齐国。为立功的将士晋级行赏，并大摆宴席，宴请有功劳的军官。北周官兵都高呼："我们愿意孝忠皇帝，为国而死！"

第二年，周武帝命隋国公杨坚带兵攻打北齐的军事重地晋州（今山西省临汾市）。由于周军气势高昂，作战勇猛，他们很快占领晋州，周武帝命梁士彦为晋州刺史，坚守晋州。齐后主接到晋州告急的文书时，正在野外打猎，他亲自率领军队去解晋州之围。他没有作战经验，只能依靠兵多将广，想与周军决一死战。周武帝把主力撤出晋州，想诱敌深入，一举歼灭齐后主的援兵。齐后主见周武帝率兵急速撤离，以为周军人少自危，于是派兵紧追周武帝。当齐军追上周武帝之时，周军两员大将宇文宪、宇文忻（xīn）率兵从后面和右翼冲杀过来。齐军主将深知自己中了调虎离山计。他拼命抵抗，周军越战越勇。一时间，齐军死伤无数，齐军主将想逃命，周军将他团团围住，宇文宪一刀将他人头砍下，齐兵见状，吓得魂飞魄散，四处乱逃。

周武帝听说齐后主已围困晋州，守城主将梁士彦率领士兵奋勇杀敌，多次打退敌人的进攻，他率周军十来万人去解救晋州之围。到达晋州后，周武帝对周军主要将领说："晋州是我们通向北齐的主要门户。只要在晋州打败齐军，占据晋州，齐军大势已去，人心涣散，那时我们将会顺利进攻齐国主要州县，然后攻下邺城，捉住齐王高纬，消灭北齐。"紧接着，周军将领又按皇帝的旨意，去慰劳前线士兵，鼓舞士气。

一天下午，周军的一个将领对着齐军喊："北齐的昏君高纬快到我们的皇帝面前谢罪称臣吧，这样还能保住你的性命，不然的话，你要丧生于我们的马蹄之下，死无全尸。"

齐后主一听勃然大怒，他下令要率兵出战，丞相高阿那肱（gōng）建议说："陛下，我们人少，士气低落，周军士气旺盛，作战勇敢，我们不能争一时之气，不如以退为进，退守高粱桥，那里易守难攻，待周军久攻不下，锐气大挫，我们再趁机反攻，打败周军。"齐后主没有主见，犹豫不决，这时，齐后主的宠臣对齐后主说："周主劳师远来，进犯我国疆土，陛下是主，他是客。他竟然敢冒犯于您，我们为何不出兵应战，捉住周天子，以除后患？"齐后主认为这话很有道理，不能在周主面前丢了身为一国之君的面子，于是他自不量力，下令将挖好的壕沟填平，准备带兵迎战。周武帝见时机已到，没等齐军出击，马上发动猛攻。周军杀声震天，冲过战壕，直奔敌阵。齐军顿时乱作一团，他们没有反击之力，齐后主见势不好，上马逃走。齐军自此像潮水般溃退。

就在齐军撤退的时候，陈军也开始向齐国都城邺城挺进。高纬逃回邺城后，见周、陈两国军队夹攻齐国，齐国危在旦夕。他本想去慰劳那些卫国的将士，鼓舞将士的斗志，可是当他来到齐军前，却一句话也说不出来。齐军非常气愤，他们很多人都离开邺城，回到家乡，有的直接投奔周军。这样，齐军失去了战斗力，再也没有进攻的力量了。

当周武帝率领大军到达邺城时，齐后主为逃命，忙把皇位传给八岁的儿子，他逃到青州（今山东省益都县）时，被追赶来的周军所俘，自此，北齐灭亡，中国的北方被周武帝重新统一。

梁武帝出家

一个深秋的上午，建康城郊外的野地上，树叶纷纷地随风飘落下来。这时梁武帝萧衍似乎匆忙而又悲伤的样子，带着几个文武大臣赶来，他看见地上横竖躺着几百具尸体。死者的家属们哭声震天，行刑的人们手持大刀和斧头，杀气腾腾。

梁武帝站在死者旁边，口中反复念诵着："阿弥陀佛，罪过，罪过。"他念叨的同时，还流下了几滴眼泪，大臣们也在他身后附和着："阿弥陀佛，罪过，罪过。"

这位皇帝，看起来多么慈悲善良。可是，他念叨的同时，那些嘶声痛哭的人们都恨死他了，只是敢怒不敢言。他们知道，他是最凶狠、残暴的皇帝，他就是刽子手。然而他又非常善于伪装，那几滴眼泪是为了掩饰他的罪恶来表示他的善良，同情人民，实质是在欺骗人们。

自从他称帝以后，为了他的子孙永世继承他的帝业，他制定了苛刻的法律来镇压百姓。规定一人逃亡，全家判刑。每年都有好几千人被判刑，监狱是装得满满的。他们受到严刑拷打，白天被赶着去做苦工，人们对他怨声载道。

梁武帝靠法律维护他的统治的同时，还利用佛教加强对人们的精神上的统治，他认为佛教所宣传的因果报应最容易麻痹百姓。佛教宣扬人们要吃斋念佛，循规蹈矩，老老实实地为统治者效力，死了以后就可以住进"天堂"，享受荣华富贵。若不信仰佛教，就是不遵守皇上制定的法律，就是犯上作乱，死后就会下"地狱"受尽种种痛苦和折磨。他规定把佛教作为国教，让人们忍受统治者给他们带来的痛苦，把幸福、欢乐的希望寄托于来世。这样，人们可以俯首帖耳地听从他的摆弄。

梁武帝让全国百姓文武大臣和地方官吏都信仰佛教，提倡人们忌荤吃素，烧香念佛。就是大臣上朝时，皇帝和大臣的头一句话都是"阿弥陀佛"，然后，才是所要说的话，可以说梁朝实际上已成为一个佛教的国度。

因为皇帝信仰佛教，他每天都到寺院里烧香拜佛，大臣们为了阿谀他，在建康城修建了几百所佛寺，全国各地的佛寺近万所。寺院的和尚和尼姑数十万人，他们不参加生产劳动，靠老百姓捐来的钱和粮食养活他们。梁朝每年拿出朝廷收入的三分之一用在兴建寺院和供养和尚尼姑上，而老百姓已经达到吃不上穿不上的地步了。他们越信佛越痛苦，越痛苦越信佛。

梁武帝看到人们对佛教这样虔诚还不满，为了进一步提高佛教的威力，也为了愚弄人们，让人们相信，做皇帝不是好事，他假惺惺地表示不愿意当皇帝，曾经四次出家当和尚，到同泰寺去舍身，就是把身体献给佛，佛能让他死后升天国，到天国去寻欢作乐。他的真正目的是麻痹人们，让人们不要争夺他的帝位；让人们相信他真正超尘脱俗，他是佛家弟子，而不是皇帝，要尊重他，不要反对他。

有一天，大臣们吃完早饭，上朝去朝拜皇上，但他们没有看见皇帝的身影。他们等了好半天，仍不见皇帝出来，后来听说皇帝到同泰寺"舍身"去了。"舍身"佛教上讲就是出家的意思，大臣们这下可吓坏了，朝中不可一日无主，若皇帝出家当和尚，那朝政谁管？

于是朝中推荐两个有名望的大臣到同泰寺去，请皇帝"还俗"。他们一进同泰寺，说是来找皇帝的，寺院里的住持说："寺院里只有和尚和尼姑，没有皇上。"大臣们把详细情况说了一遍，那主持说："皇帝已经剔发更衣，舍身于佛门，成为佛家弟子，他说他已经看破红尘，不问世事，他已经许诺不再做皇帝，苦恼太多，你们都请回吧！"

主持这番话实际是皇帝教他这么说的。这两位大臣没能见到皇帝。第二天又来了两个大臣，说明来意后，坚持非要见皇帝不可。梁武帝见火候已到，便接见了两位臣子。他们两个跪在皇帝面前再三恳求，若皇帝不答应回去，他们就不起来。梁武帝见这两位大臣对他如此愚忠，就答应他们回去。但他又对两个臣子说："国有国法，寺有寺规，寺院里怎能随随便便，说来就来，说走就走？这里有个规矩，想还俗得拿钱来赎身，况且我又是皇帝，影响太大。因此，赎身钱要多，至少得一万万。"大臣们心想："只要你回来，我们就有荣华富贵可以享受，至于钱，管它多少，反正都从百姓身上出。"

就这样，大臣们把梁武帝从同泰寺里赎了回来。他出了四次家，每次"还俗"时都兴师动众的，有很多大臣去请，还得很多赎金。为了赎身，朝廷共拿出四五万万钱给同泰寺，这下，肥了同泰寺的住持、和尚和尼姑，他们个个吃得肥头大耳，油光铮亮。

梁武帝"还俗"以后，为了表示他对佛的虔诚，为了进一步愚弄敲诈百姓，他下令一个县城至少要修一座大寺院，要百姓自愿捐献，捐献不够再按户按人均摊，这样一来肥了地方官吏，他们趁机大发不义之财。和尚和尼姑越来越多，从事农业生产的人越来越少。老百姓的骨髓几乎被榨尽了，他们暗地里骂他是昏君，是“口念弥陀，心如毒蛇”的人间猛兽，他的罪恶越来越大，人们都诅咒这个王朝早日灭亡。当时民间流传这样一首歌谣：“梁朝佛寺满人间，和尚尼姑赛神仙。谁言佛教能救国？百姓哭地又叫天。”

梁武帝后来在“侯景之乱”中，被侯景软禁，直至活活被饿死。他死后不到十年，即公元557年，陈霸先废掉梁朝最后一个皇帝，自己做了皇帝，改国号为陈。

范缜论无神

南朝时期，佛教信仰风靡全国各地，上至皇帝，文武大臣，下至地方官吏，平民百姓，都信仰佛教宣传的因果报应，精神不灭的思想。各地寺院、庙堂林立，香烟缭绕，“阿弥陀佛”之声时时都可以听见。人们都把佛教当做一种精神支柱，认为只要能够忍耐现实的痛苦，顺从统治阶级的统治，死后就可以升到天国，到极乐世界去享受，这样，佛教就变成了统治者用来统治人们的一种工具。

然而，范缜从来就不信佛教的因果报应和精神不灭的荒谬的思想。范缜出生在南朝齐梁间舞阳（今河南泌阳）一个贫苦的家庭，他从小就喜欢读书，非常勤奋，遇到问题从不人云亦云，非弄个水落石出不可。他还善于辩论，只要自己有理，一定得把对方驳倒，使对方心悦诚服，人们对他十分敬畏。

有一天，范缜出游到一个县城，看到小小的县城里修了好多寺庙，堂皇壮观，去寺庙里烧香拜佛的人接连不断。其中多数是达官贵人，他们跪在佛像面前，口中念念有词。临去时，还留下很多钱，以表示自己的善良和对佛的虔诚。也有贫困的百姓前来膜拜，他们宁可不吃不喝也要把钱送到这里来。

此情此景，令范缜不禁失笑，又黯然伤悲。他想：“谁是佛？佛是谁？什么是因果报应？人们兴师动众地去崇拜这种看不见、摸不着、不存在的东西有何意义？这简直是自己捉弄自己。”

于是，他逢人便说不要信佛，世上没有佛，佛是人们按自己的想象造出来的，人只能靠自己拯救自己，怎能靠一种虚无的信仰去求得永生呢？他还告诫人们，世上没有因果报应。如果有因果报应，为什么有那么多心的善良、做了很多好事的人还在受苦受难？

南齐有个竟陵王萧子良，信仰佛教。他知道范缜不信仰佛教，就向范缜灌输佛教前世今生的说教：人只要前世行善，今生就荣华富贵，享乐终生；前世行恶，今生就卑贱贫穷，苦海无边。这就是人间为什么有的人富贵，有的人贫贱，有的人善始善终，有的人却无故死于非命的根源所在。

范缜反驳道：“人生好比树上的花，被风无意地卷走。有的飘落到华丽的大厅上，有的却飘落到厕所里。同一棵树上的花，一样香，一样美，却境遇不同。难道这是因果报应吗？这正如一对孪生兄弟，他们同年同月同日生，成长的环境相同，可后来一个考了状元做了大官，一个却是在家种地的平民百姓，莫非这相同的身世和不同的境遇也要和因果报应扯在一起吗？”范缜这席生动形象的言论，说得萧子良哑口无言。

范缜深知，佛教带给人们的不是光明和幸福，而是愚昧、顺从和无知。他要从灵魂深处去拯救那些受苦受难的人们，唤醒他们摆脱佛教的深渊。

他针对佛教思想核心——人死神不灭的说法，写下了一篇警世名著《神灭论》，他在文中切中要害地批驳了人死神不灭的谬论。他说肉体好比土地，精神是土地的禾苗，只有土地存在，禾苗才能生长，离开了土地，它就会枯萎至死。肉体和精神的关系也是同样，只有人的肉体存在，才有精神，肉体死了，精神也随之消灭，如果人的肉体死了以后，他的精神还存在，这个世界将由人间和阴间两部分组成，只要有阴间存在，那么活着的人谁也不愿意痛苦和受罪，都愿意离开人间，到阴间去享受在人间享受不到的快乐。这样，人们都求死，谁也不再贪生了，事实上，这种假设是不存在的。

他在论述佛教的祸害时说：为什么统治者宁可把钱用在寺院建筑上，而无视黎民百姓那难以遮风挡雨的草房？为什么宁可把大批的粮食钱财捐送给无所事事的和尚和尼姑，也不肯去救济那些流离失所的男女老幼？为什么他们带头烧香念佛，大肆宣扬神不灭的谬论呢？

他们的目的就是为了利用神不灭的“神”这座金桥，把人们死后引渡到“天国”这个世界，任其享乐；以因果报应来愚弄人们顺从压迫，别造反。这样人们的思想麻木了，也就乖乖地顺从他们的统治。

他还认为，一个国家在香烟的笼罩下，在“阿弥陀佛”凄迷之声里，当官的不体恤百姓，当兵的不心系边陲，农民也盲目地往寺庙里奔，结果是富贵者依然富贵，贫穷者更加贫穷，最后导致民不聊生，危机四起，太平国家不太平。

《神灭论》发表了，在当时引起了很大轰动。很多信仰佛教的上层人物都发表文章指责范缜，说他疯了、他无知、他是叛逆，应该惩治他。同时，也有很多人为范缜的《神灭论》而喝彩，他们认为《神灭论》像一把锋利的剑刺进了佛教的骨髓里，让所有盲从佛教的人感到害怕。

朝廷担心《神灭论》的影响扩大，妨碍佛教的传播，便急忙派王融去劝说他收回《神灭论》。王融威逼的口气之中掺杂着利诱的手段，他说：“你坚持《神灭论》的思想，长久下去将会对你不利，识时务者为俊杰。你若能迷途知返，悬崖勒马，像你这样德才兼备的人，还愁做不到中书郎这样的高官？”

范缜听了便哈哈大笑，说：“好一个中书郎！如果我想当官，像宰相这样的大官早就当上了，何止当个中书郎呢？我是为了把人们从迷信的深渊里拯救出来，怎么能为当官而出卖自己的灵魂为代价呢？什么官职能与我的《神灭论》的价值相比？”弄得王融不知如何回答才好。

梁武帝萧衍即位后，信仰佛教之风日盛。不久，佛教便成了国教。他害怕范缜的《神灭论》妨碍佛教的传播，借机把他流放到边远的岭南地区。

陈后主井下藏身

陈朝末年，陈后主陈叔宝昏聩无能，政治腐败，不思治理，境内田园荒芜，赋税繁重，百姓流亡，他却依然纵情享乐。就在陈朝日趋没落的时候，北方的隋朝渐渐强大起来，决心消灭南方的陈朝。公元588年隋文帝造了大批战船，派大将贺若弼等率领五十万大军，渡江进攻陈朝。到了第二年正月，隋朝军队渡过了长江，军纪松弛的陈朝军队或不战而降，或闻风而逃，一时间不堪一击，溃败如潮。

当时建康城里陈朝只有十几万人军队，朝廷的军机大事都掌握在中书舍人施文庆手中。施文庆嫉贤妒能，经常在陈叔宝面前诬陷其他将领，因此各路将帅的建议大都不能获准。隋军进攻战略要地京口时，骠骑将军萧摩诃(hē)请求趁隋军立足未稳领兵迎击，陈叔宝不同意。隋军挺进到钟山时，萧摩诃又建议，隋军孤军深入，我们出奇兵袭击，一定会取胜。陈叔宝仍然不同意。直到隋军兵临城下，陈叔宝才慌了手脚，但他不知如何抗敌，只是日夜哭泣。

这天，陈后主把萧摩诃和镇东大将军任忠召进宫中商议对策。任忠建议固守建康城，同时分兵把守水路，切断隋军各军之间的联系。他请求说：“请陛下给臣一万精兵和三百艘快船，臣顺流而下突袭六合镇，挫伤他们的锐气，然后和淮南军队一起佯装进攻徐州，断敌退路，这样，隋军会不战自退。等到雨季到来，江水上涨时，上游军队一定会顺江而下前来增援。”

陈叔宝生性懦弱，不懂军事，他不知如何是好。赶紧看施文庆的眼色，一见施文庆没有表态，他就反对说：“这不行，这不是良策。”

任忠竭力争辩说：“兵法上讲‘客贵速战，主贵持重’。我军不能轻举妄动。”

陈叔宝不耐烦地挥了挥手：“不要再说了，都给朕退下！”

群臣走后，陈叔宝又觉得六神无主，心烦意乱，夜不能寐。

第二天，他再次把众人叫到宫中，宣布说：“和隋军长期对峙实在让人心烦。萧摩诃，请为朕率领军队与隋军决一胜负！”

萧摩诃回答道：“臣一直是为了国家和自己作战，今天臣还要为臣的妻子和子女而战！”

陈叔宝立即拿出许多金银财物给各路军队做奖赏。任忠苦苦请求不要出战，陈叔宝就是不理睬。

几天后，陈朝军队摆下长达二十余里的阵势，准备在白土冈和隋军一决雌雄。

其实当时，军中主将萧摩诃心里却另有主意。他早就知道陈叔宝和他妻子私通，但碍于君臣的面子，他只好强压怒火，装着不知。为此，他不打算真心为陈叔宝卖命。

两军交战后，萧摩诃部将鲁广达拼死作战，四次打退隋军进攻，隋军大将贺若弼差一点命送黄泉，要不是靠着烟火掩蔽，根本就无法摆脱险境。这时，萧摩诃要是能助一臂之力，陈军就有可能大获全胜，但他只是坐山观虎斗，有意坐失良机。等隋军重整旗鼓，卷土重来，再一交战，陈朝军队就全线溃败了。

任忠见隋军大败，快马加鞭，直奔建康城，告诉陈叔宝决战失利，随后辞别道："陛下，请多保重，事情到了这个地步，臣已无能为力。"

陈叔宝见状连忙拿出两袋金子，上前扶起任忠说："你千万不要离开朕！这些请拿去招募兵马，抵御隋军，朕一定听从你的计策。"

任忠当时去意已定，但怕拒绝了陈叔宝遭到迫害，便假意宽慰他说："陛下赶紧准备船只，暂且到上游去，臣一定拼死保护陛下。"陈叔宝见没有别的办法，只得答应。接着陈叔宝命令宫中侍从整理行装，只等任忠回来便出发。他万万没有想到，任忠出宫后，便率领部下归降隋军，并带领隋军攻进朱雀门。陈朝守军本要殊死抵抗，后来在任忠的劝说下，守军们纷纷扔掉手中兵器，脱去铠甲，四散而走。接着，隋军长驱直入，打进了皇宫。

听说隋军入宫，这时陈叔宝身边的侍从纷纷偷着逃了，陈叔宝无计可施，只得跑到后宫，跳进一眼枯井里躲藏。不久，隋军兵士找到后宫，发现院里有一枯井，隐约看到井里有人，就大声对井里呼喊。连呼几次，见没人答应，有人就建议："扔块石头下去试试。"

话音未落，井下就传出呼喊声来。士兵们找来一根绳子抛入井中，向上拉人，想不到特别沉重。大家都很惊异。等到把绳索拉上来一看，众人顿时忍俊不禁，原来是陈叔宝和他的两个妃子三个人同时拼命抓着绳索在挣扎。

贺若弼听说生擒陈叔宝，便叫人把他带来。陈叔宝惊魂未定，汗流浃背，立刻跪下叩拜，不敢抬头直视贺若弼。贺若弼笑道："小国君主见了大国朝臣，应该跪拜。你归附隋朝，可以做归命侯的，何必如此惊慌？这实在有失你的身份。"陈叔宝听后满脸羞愧。

至此，隋朝灭亡了南朝的最后一个王朝陈，结束了中国长达二百七十多年的南北分裂局面，使国家重新走向统一。

隋书、旧唐书、新唐书

李渊太原起兵

太原留守李渊是唐朝的开创者。他起兵反隋，镇压了当时风起云涌的农民起义军，建立唐朝。在这场斗争中，他的儿子李世民是他的重要助手。

李渊的祖父李虎是西魏和北周最高军官八柱国之一，死后追封唐国公。李渊七岁便继承了唐国公的爵位。大业十二年(公元616年)，隋炀帝任命李渊做太原留守。尽管李渊镇压农民起义很卖力气，但是隋炀帝还是不信任他，另派自己的心腹王威、高君雅做太原副留守，监视他。李渊敢怒不敢言，整天饮酒度日。

李渊有四个儿子：李建成，李世民，李玄霸，李元吉。其中李世民最有政治眼光，他分析了当时的形势，认为隋朝的统治不会长久，只有趁天下大乱的机会，夺取政权，才能保住家族的地位和利益。

当时，有个地方官叫刘文静，因为和李密是亲家，被隋炀帝免了职，关进监狱。李世民认为刘文静这个人很有头脑，对自己有用，就到监狱里探望他，并感慨地对他说："像您这样正直的人也被关进监牢，这世道真是忠奸不分哪！"刘文静说："如今还有什么忠奸可言！除非有汉高祖、光武帝那样的英雄人物，不然，天下是安定不了的！"李世民说："怎么知道没有这样的人物？只怕是一般的人发现不了。今天我来这里，就是想和您商讨天下大事，听听您的高见。"刘文静十分高兴，笑着说："我到底没有看错公子。现在天下大乱，烽烟不断，皇上只顾在江南游玩，这是个好机会。太原城里有的是豪杰，唐国公手下有八九万军队，只要振臂一呼，杀出关去，用不了半年，天下就可以到手！"李世民说："只怕家父不同意，怎么办？"刘文静想了想，附在李世民耳边说了几句话，李世民点头微笑。

第二天，李世民就派自己的亲信，擅长赌博的高斌廉带着几百万钱财去找晋阳宫监裴寂赌博。不一会儿，高斌廉就把带去的钱全输给裴寂了。裴寂眉开眼笑，请高斌廉喝酒。高斌廉说："您知道您赢的钱是谁的吗？"裴寂很诧异。高斌廉附在裴寂耳边说了句什么。裴寂面露喜色，说："公子是难得的人才啊！"过了几天，李世民请裴寂喝酒，随后裴寂又回请李世民。一来二去，两人的关系就非常密切了。

一天，他们两人正说得高兴，李世民突然发起愁来。裴寂问："公子有什么为难的事吗?"李世民叹了口气说："皇上把我们李家看做眼中钉，肉中刺，真是朝不保夕啊！看来局势早晚将有大变，我很想乘机干一番事业，只怕我父亲不同意，您看怎么办呢?"裴寂和李渊的交情很深，他听李世民这样说，想了想，说："公子不必着急，我自有办法。"

裴寂想起，不久前李渊曾收下了他送去的晋阳宫的两个宫女，便在这件事上作起文章来。一天，他请李渊喝酒，两人喝得醉眼蒙眬的时候，裴寂说："都是我害了您，我送您两个宫女的事，怕要传出去了……"李渊大吃一惊，酒醒了一半。私留宫女，是灭门之罪，这可如何是好？裴寂说："二公子世民怕事情败露，招来大祸，正在招兵买马，网罗人才。我看先下手为强。守着小节，危在旦夕，起兵反隋，也许成功。"李渊低头沉思一阵，无可奈何地说："事到如今，也只好如此了。"李渊走后，裴寂忙派人把这个情况告诉了李世民。

从这以后，李渊一想起宫女的事就发愁，吃不好，睡不安。偏巧又传来突厥入侵，边将失利，派去助战的高君雅也连吃败仗的消息，李渊更加焦躁，正在屋里踱来踱去，突然闯进一个少年，说："大人，您不当机立断，还待何时?"李渊一看是李世民，就问，"你有什么主意?"李世民说："大祸就要临头了。您不如顺民心，举义兵，转祸为福，夺取天下。"李渊大吃一惊，说："你怎敢说出这种话来，我今天就把你送进监牢!"李世民说："我观察了天下大势，才敢这样说。您一定要告发我，我只好听命。"李渊这才说："我哪里忍心告发你，不过，你千万小心谨慎，再不要说这种话!"第二天，朝廷命令李渊出兵去镇压农民起义军。李世民劝李渊说："大人不要再犹豫了，平不了盗贼，是您的罪过。平了盗贼，只会增加朝廷对您的猜忌。您还是当机立断吧。"李渊这才下定决心，起兵反隋。

李世民已经悄悄地把刘文静放出了监狱。李渊让刘文静拟了一道征兵文告，说是皇帝命令。文告上写道：为了攻打高丽，太原、西河、雁门、马邑一带的百姓，凡年龄在二十到五十岁之间，一律要应征。务必在年底前到河北涿郡集合，违者处死。老百姓见到这个文告，大骂不止。一时间，山西一带，人人思反，只差有一个人出来领头了。

接着，李世民又想出一条公开招兵的妙计。当时，地方割据势力的头子刘武周，反叛隋朝，占据了汾阳宫。李渊借口讨伐刘武周，召集太原副留守王威、高君雅商议。李渊说："凡有大事都必须禀报朝廷。现在盗贼近在眼前，而天子却远在三千里之外，不知如何是好。"王威、高君雅说："事情紧急，留守是一方大员，为了平定盗贼，可以自行决定。"李渊见他们这样说，就名正言顺地打着"讨贼"的旗号，派李世民、刘文静到各地去招兵。又暗地里派人去河东通知李建成、李元吉，到长安去通知女婿柴绍，都赶到太原相会。

不到半个月，就有近万人应征。王威、高君雅见李渊把招来的新兵都分派给他自己的亲信统率，便起了疑心。两人商量以后，决定杀掉李渊。恰巧，太原地区干旱，三天以后李渊要到晋祠祈雨，他们便命令晋阳乡长刘世龙带领乡兵，埋伏在晋祠里，伺机动手。可是，刘世龙表面答应，暗中却报告了李渊。李渊和李世民决定先下手，除掉隋炀帝这两个耳目。

第二天，李渊升堂议事。右有高君雅，左有王威。忽然开阳府司马刘政会跑了进来，说有机密事要报告。李渊让王威接过状子，刘政会不给，说："我要告的就是副留守，只有唐国公可以看。"李渊故作惊讶地说："哪里会有这样的事！"说着，接过状子来，念道："王威、高君雅阴谋引突厥入寇。"高君雅没等听完，勃然大怒，绾起袖子大骂道："这是恶人先告状，谋反的人要杀我们！"说着抬腿要走。李世民事先布置好的十几个士兵一拥而上，把王威、高君雅捆起来，关进了监牢。

事情也真凑巧，过了两天，几万突厥兵真的来攻打太原城。李渊布置裴寂等人率领军队四面埋伏，然后让人把城门全部打开。突厥兵不知虚实，不敢进城，转了一圈，退走了。这一来，太原官兵都确信王威、高君雅通敌，突厥兵是他们勾引来的。李渊乘机下令杀掉了这两个监视他的人。

接着，李渊宣布起兵。这时候，瓦岗军已经包围了东都洛阳，关东一带的隋军主力已被农民起义军击溃，起义军又攻占了长安外围的许多据点，李渊在这种有利的形势下，率领大军向长安进发。隋朝大将宋老生率军驻守霍邑，阻止李渊西进。这时候，大雨下个不停，军粮也不多了，李渊就想退兵。李世民劝阻说："我们本来是兴义军拯救百姓，现在一遇挫折就后退，军心不是要散了吗？我以为决不能退兵。"他身先士卒，率领军队攻打霍邑，果然取胜，宋老生被杀死。此后一路顺利，渡过了黄河，在秋天攻进了长安城。李渊为了收揽人心，下令开仓济贫，废除了隋朝的一些苛刑峻法，深得百姓拥护，只几个月，军队就发展到二十万人。

李渊攻进长安以后，立隋炀帝的孙子十三岁的代王杨侑(yòu)做皇帝，就是隋恭帝，尊隋炀帝(当时还没死)为太上皇，自己做大丞相。这样，他既取消了隋炀帝的帝位，又可以利用杨侑这块招牌去招降隋朝的文武官员，把全部大权操纵在自己手里。

大业十四年(公元618年)，隋炀帝在南方被绞死了。李渊废掉隋恭帝，自己当上了皇帝，建立唐朝，他就是唐高祖。短命的隋朝灭亡了。

瓦岗军大败刘长恭

隋炀帝是我国历史上最残暴、最奢侈的皇帝之一。他在位十四年，曾经三次下江南，四次北巡，三次出兵东征。他为了东征高丽(今朝鲜)，一次征兵就有三百四十万人。他还征调民工修造船只，工匠们被逼迫着站在齐腰深的水里不分昼夜地干活，腰部以下全部腐烂，蛆虫在烂肉里乱爬。民工死后也不埋葬，尸体腐烂后臭气熏天，人们只得掩鼻而过。

大业七年(公元 611 年)，王薄率先在山东长白山(今山东邹平一带)率众起义，拉开了隋末农民大起义的帷幕。以后，各地民众起义风起云涌，席卷了整个中原大地。

各地的义军逐渐汇合起来，有三支义军的队伍最为强大，一是翟让领导的瓦岗军，一是窦建德领导的河北起义军，一是由杜伏威领导的江淮起义军，其中以瓦岗军的力量最为强大。

李密本是贵族，继承父亲的爵位为蒲山公，他原在礼部尚书杨玄感的手下为将，杨玄感起兵反隋失败，李密在逃亡时被擒获。在押往高阳(今河北高阳)的途中，他设法逃脱。

当时天下大乱，群雄并起，李密观察了各地的义军领袖，认为只有翟让的军事力量最为强大。被逼得走投无路的李密下决心上了瓦岗寨。

他出身将门，又曾在官军中为将，作战经验丰富，目光远大，虽为翟让出谋划策，但只是以宾客的身份寄居于翟让大营。

大业十二年(公元 616 年)十月，官军猛将张须陀率军向瓦岗军发起进攻。翟让屡次被张须陀击败，打算率军躲避，李密为翟让设下计谋，击败了官军，杀死了张须陀。

翟让命李密建立自己的大营，由于李密的名气大，威望高，军队迅速发展壮大起来。以后两人分道扬镳，翟让率军东行，李密领兵西进。翟让不久就后悔了，回军追随李密。

第二年春荒期间，李密向翟让建议道："如今百姓挣扎在死亡线上，而洛口仓的粮食却堆积如山。如果向洛口仓发起突袭，那里距东都洛阳有百里之遥，官军一定来不及救援；洛口仓位于朝廷腹地，防卫松懈，夺取它易如反掌！我们将洛口仓夺到手，放粮救济贫苦百姓，远远近近的百姓谁不归附！百万大军，很快就能集结起来。我军有了粮食，便可养精蓄锐，以逸待劳，敌人攻来，定能打得他个有来无回。我们再发出文告号召四方，招揽天下英雄豪杰，推翻隋王朝，完成自己的大业!"

翟让犹豫了片刻，说："如此大事，恐怕在下不能胜任，但我愿意听从将军的指挥，竭尽全力与敌人作战。请将军领兵先行，我担任将军的后卫。"

二月九日，李密、翟让率领七千精锐从阳城(今河南登封)北出发。为了避免让敌人觉察，他们从偏僻的小路进军，翻过方山(今河南蒙阳西北)，迅速向洛口仓附近的罗口(今河南巩县西南)插去。

李密将义军组织好，立即向洛口仓发起迅雷不及掩耳的进攻。洛口仓的守军少，又无防备，一下子被突然杀到的义军击溃，洛口仓落入义军手中。

粮仓的大门打开了，由百姓任意取粮。消息立即传遍了四面八方，各地的饥民扶老携幼纷纷前来，道路上到处都是面绽笑容运粮的百姓。

李密的这一次行动深得人心，许多贫苦百姓前来参军，一些英雄豪杰也纷纷来投奔，义军的队伍迅速得到壮大。

留守东都洛阳的越王杨侗闻讯大惊，急忙派刘长恭等人率大军镇压。李密、翟让挑选出勇猛善战的健儿，在官军的必经之地设伏，然后派出小股部队正面迎击官军。

官军见义军人少，便大军压上，义军且战且退，渐渐进入山谷。

就在这时候，山谷中锣鼓齐鸣，埋伏的义军冲了出来，将官军拦腰切为两段。官军首尾不得相顾，立即乱了套。这时候，翟让指挥往后退却的义军又冲杀上来，与敌人战在一处。

官军行了一夜军，又没吃早饭，经过一番厮杀，已经筋疲力尽，现在又遇上义军的埋伏，心慌意乱，渐渐不能抵御。义军却越战越勇，终于将敌人的阵脚冲乱。

官军失去了指挥，官兵们一个个扔下武器抱头鼠窜，义军紧紧追杀，将敌人的官兵杀死一半以上。

刘长恭逃向东，遇上义军的堵截，逃往西，又被义军追杀，只听得四处在呐喊："不要放跑了刘长恭！不要放跑了刘长恭！"

刘长恭吓得魂飞魄散，不知如何是好。忽然有人在喊："那个穿着锦缎战袍的是刘长恭，千万不能放跑了他！"

他明白过来，由于自己穿着与众不同的醒目战袍，所以才到处受到围堵。他急忙脱下战袍，往地上一扔，混入溃逃的士兵中，才算逃脱了义军的追击。

刘长恭没命地往后跑，好不容易才逃离战场。看看身边只剩下寥寥几个人。刘长恭惶惶如丧家之犬，垂头丧气地逃回洛阳。

敌人将武器、辎重扔得遍地都是，义军花了好长时间才将这些军用物资收拾干净。李密、翟让彻底击溃官军的消息不胫而走，他们的名声传遍了中原大地。

玄武门之变

在隋末动荡中，太原留守李渊和他的儿子李世民也乘机起兵反隋，逐渐壮大了自己的力量。后来，他们平定了各地的起义军，建立了唐朝。

唐朝建立以后不久，李世民和皇太子李建成之间，就为争夺皇位展开了激烈的斗争。

本来，唐朝的建立，李世民出力最多，功劳最大，他又网罗了尉迟敬德、秦叔宝、徐世勋、李靖这些著名将领，广泛结交知名人士，像房玄龄、杜如晦等著名的十八学士，都成了他的谋士。所以，他的势力无人能比。李建成在太原起兵之后，也统领一支军队，打过一些胜仗，虽然没有李世民那样雄厚的实力，但是，他有太子这个合法的身份，使得一大批皇亲国戚聚集在他的周围；他长期留守关中，在京城长安一带有坚固的基础，甚至宫廷的守军（玄武门的卫队），都在他的控制之下。他还把齐王李元吉拉拢过去。总的说来，李建成和李世民是势均力敌，旗鼓相当。

但是，形势对李世民越来越不利。唐高祖李渊昏庸无能，他见李世民威信一天比一天高，十分不满。一次，李世民把一块好地分给了淮安王李神通，得罪了高祖宠爱的妃子张婕妤，被高祖训斥了一通。唐高祖另一个宠妃尹德妃的父亲尹阿鼠，无缘无故地把李世民的谋士杜如晦痛打了一顿，还恶人先告状，说李世民唆使部下打他。唐高祖听了以后，不问青红皂白，就把李世民叫来，骂道："你手下的人对我宠爱的妃子的父亲都这样凶狠，对老百姓更不知道要多么厉害呢！"从此，唐高祖就疏远了李世民。李建成乘机加紧和李元吉、张婕妤、尹德妃勾结，想暗害李世民。

有一次，建成、世民、元吉跟随唐高祖到城外打猎。唐高祖让他们骑马比箭。李建成故意让李世民骑他的一匹难以驯服的烈马。李世民刚骑上马，马就狂蹦乱跳起来。李世民急忙跳下，等马安静了，再骑上去。谁知刚一上去，马又蹦跳起来。这样反复了三次，李世民才制服了这匹烈马。他骑在马上，对旁边的人说："有人想用这匹马害死我，岂不知，死生有命，怎么害得了呢？"李建成听了，就添枝加叶地对张、尹二妃说："秦王太狂妄了，他说天命在他身上，一定要坐天下的人，不会轻易死掉！"张、尹二妃又把这话告诉了高祖。高祖立即召见李世民，责备他说："天子是上天规定的，不是你要点手段能当得上的！我还没死，你为什么那么心急呢！"李世民再三解释，高祖不听，拍着案子发脾气。正在闹着，外面送来情报，说突厥入侵。高祖要靠李世民打仗，所以马上改变了态度，笑着说："算了，算了，还是商量一下怎样对付突厥吧！"

李建成一计不成，又生一计。一天夜里，他请李世民喝酒，想用药酒毒死李世民。李世民毫无戒心，拿起酒杯一饮而尽，突然感到胸口疼痛难忍，接着就大口吐血。幸好淮安王李神通在场，把李世民背回西宫。

李建成还用金银财宝收买秦王府的武将，又鼓动高祖把李世民的心腹谋士一个个调到外地。眼看矛盾就要由明争暗斗发展到兵戎相见的地步。

李建成和李元吉策划，利用抵御突厥入侵这个时机，先夺了李世民兵权，等出征的时候再把他杀掉。李建成在唐高祖面前推荐李元吉代替李世民北征。高祖答应了。李元吉又请求将秦王府的尉迟敬德、程咬金、秦叔宝等猛将归他指挥，并调李世民部下精锐士兵充实自己的部队，高祖也都一一同意了。李建成以为自己安排得十分周密，其实，这消息很快就传到了李世民那里。李世民急忙找来长孙无忌、尉迟敬德等人商量对策，大家都主张立即动手，先发制人。

唐高祖武德九年(公元626年六月)的一天，李世民上朝去控告李建成和李元吉，揭发他们在后宫胡作非为以及与张婕妤、尹德妃的暧昧关系。高祖大吃一惊，说："竟然有这样的事?"李世民说："不但如此，他们还几次想谋害我。如果他们得逞，儿就永远见不到父皇了!"说完哭了起来。高祖说："你讲的事情，关系重大，明天我要亲自审问!"

当天夜里，李世民调兵遣将。第二天一早，他亲自率领长孙无忌等人，埋伏在玄武门附近。张婕妤听到了风声，马上派人报告李建成。李建成找李元吉商量。李元吉说："我们应该赶快把兵马布置好，称病不去上朝，观察一下动静再说。"李建成说："怕什么？内有张、尹二妃照应，外有自家军队守卫玄武门，能把我们怎么样？我们一起上朝去，看看情况再说。"说完两人骑马进入玄武门。

守卫玄武门的将领叫常何，原来是李建成的心腹，但是已经被李世民收买过去了。李建成和李元吉走到临湖殿，发现情况异常，立即掉转马头，往东宫跑。只听有人喊道："太子、齐王，为什么不去上朝?"李元吉回头一看，不是别人，正是对头李世民。他急忙取弓搭箭，一连向李世民发了三箭，都没射中。李世民对准李建成回射一箭，只听嗖地一声，李建成从马上摔下来，断了气。李元吉急忙向西逃去，迎面碰上尉迟敬德，又掉转马头往回跑。忽然一阵乱箭射来，李元吉趁势滚下马鞍，往附近的树林里钻，正巧遇见李世民。仇人相见，分外眼红，李元吉骑到李世民的身上，夺下了弓，动手去扼李世民的头颈。就在这万分危急的时候，尉迟敬德骑马赶到了。李元吉放开李世民拔腿就跑，尉迟敬德一箭把他射死了。

这时候玄武门外，人喊马嘶，原来是东宫的大将冯翊(yì)、冯立，齐府的薛万彻带着两千多人，正在攻打大门。只见大力士张公瑾一个人用身子顶着门，外面的人没能攻进来。守卫玄武门的敬君弘、吕世衡两位将军挺身出战，先后战死。东宫、齐府的士兵又去攻打秦王府，情况十分危急。这时候，尉迟敬德提着建成、元吉的脑袋赶来，大喊道："奉圣旨讨伐二贼，你们看，这就是他们的头，你们还为谁卖命?"东宫、齐府官兵见两颗血淋淋的人头，果然是建成、元吉的，就一哄而散。

三弟兄火并的时候，唐高祖正带着大臣、妃子在海池中乘船游玩。忽然看见岸上有一个全副披挂的将军，匆匆赶来，就问："来的是什么人?"只见那位将军跪在地上说："臣就是尉迟敬德。"高祖又问："你来这里干什么?"尉迟敬德说："太子、齐王叛乱。秦王恐怕惊动陛下，特地派臣来护驾。"高祖大吃一惊，忙问："太子、齐王现在何处?"尉迟敬德说："已经被秦王杀死了。"高祖十分难过，吩咐游船靠岸，回头对裴寂等人说："想不到会有今天这样的事发生，你们看怎么办？"左右的大臣听到建成、元吉已死，旁边又有一个这样凶猛的将军手拿兵器守候着，也就顺水推舟做个人情。萧瑀、陈叔达说："建成、元吉本来就没有大功，秦王功德盖世，深得人心，理该立为太子。"高祖说："我本来也是这样想的。"尉迟敬德忙说："外面还没有完全平静，请陛下降旨，要各路军队都接受秦王指挥。"高祖立即派人传旨结束了这场政变。

三天之后，唐高祖宣布立秦王李世民为太子，国家大事，一律由太子处理。这年八月，唐高祖被迫让位，自称太上皇。李世民当了皇帝，就是唐太宗。第二年，改年号为贞观。历史上把这次政变，叫做"玄武门之变"。

李世民的功臣们

唐太宗不但善于纳谏，而且善于用人。所以，他能够团结许多有才干的人为他效劳。

尉迟敬德是唐太宗最得力的武将，他本来是隋朝大夫。刘武周叛变隋朝，任命他做偏将。后来，刘武周被李世民打垮，尉迟敬德便和隋朝将领寻相一起投降唐朝。不久，寻相等降将又叛唐。唐朝一些将领怕尉迟敬德也叛变，就把他抓了起来，想杀掉他，以免留下后患。李世民不同意，下令释放了尉迟敬德，还把他请到自己的住处，安慰他说："大丈夫意气相投，竭尽忠心，这些小事不必计较，我不会听信谗言，随便怀疑好人的。"说完，还送给他许多金银，尉迟敬德深受感动。

李世民当皇帝以前，太子李建成想暗杀李世民，便送给尉迟敬德一车金银，请他帮忙，并且说事成之后，另有重赏。尉迟敬德断然拒绝。他说："秦王把我从罪恶中救了出来，我怎么能忘掉他的恩德？如果我接受殿下的礼物，那就是二心。一个见利而忘义的人，殿下要他有什么用呢？"李建成恼羞成怒，就派刺客去暗杀他，又到高祖那里陷害他。尉迟敬德一直没有屈服。后来，他和长孙无忌首先建议李世民发动玄武门之变。在这次事变过程中立了大功，被李世民封为吴国公。

有个叫马周的，本来是山东一介布衣。他在州里教书，屡次被地方官斥责，以至于不得不辞职；在州县游历，途中又受到县令侮辱；住在驿舍中，驿舍主事人见他衣衫褴褛瞧不起他，把他冷落在一边。就是这样一个出身低微的人，唐太宗居然让他做了大官。

这事是怎样发生的呢？贞观三年(公元 629 年)唐太宗下诏让官员们议论国家大事，提出建议。马周正好在中郎将常何家里作客。常何是个武将，没读过书，提不出什么建议，马周就替他写了二十条建议。唐太宗看了常何的奏章，很奇怪：常何识字不多，奏章怎么能写得这样好，提的建议又这样头头是道呢？便问常何是怎么回事。常何只好老实说是他的朋友马周替他写的。唐太宗听罢，非常高兴，马上派人去请马周。马周一时没到，唐太宗坐立不安，一连四次派人去催。等和马周交谈之后，发现他的确有治理国家的才能，更加高兴，就任命他做了监察御史。后来又任命他做中书令，主持朝廷大政。

唐太宗反对靠亲戚关系、靠资格用人。他常对大臣们说："君主一定要大公无私，才能使天下人心服。官员不论大小，都应当选用贤才。不应该按关系的远近、资格的深浅来决定官职的大小。"唐太宗登基后论功行赏，把房玄龄，长孙无忌、杜如晦等五人评为一等。唐太宗的叔父淮安王李神通很不服气，他对唐太宗说："太原起兵的时候，臣第一个响应，赴汤蹈火，不辞辛苦。房、杜二人不过舞文弄墨，从来没有冲锋陷阵，功劳却比我大，官职比我高。这实在不公平！"

唐太宗听了之后，就把李神通过去怎样被窦建德打败，全军覆没，后来又败给刘黑闼仓皇逃跑的事实，一件一件地摆了出来，说："叔父是国家的至亲，我怎么能不信任呢？但是，治理国家不能以私废公！"说得李神通满脸通红，低头不语。还有一些将领，原来是唐太宗早年做秦王时候的老部下。唐太宗当了皇帝，他们没能得到高升，很不满意，吵吵嚷嚷地说："我们这些人多年来鞍前马后，出生入死，今天反倒不如李建成手下的人！"唐太宗对这些人说："选拔人才，不能分新旧、先后，新人贤明，旧人愚笨，我只能用新人，不能用旧人。你们发怨言，是因为你们没有为国家着想。"

贞观十七年(公元 643 年)，唐太宗为了表彰为国家做出杰出贡献的人物，下令把长孙无忌、杜如晦、魏征、房玄龄，尉迟敬德、李靖、秦叔宝、程知节等二十四名功臣的像画在凌烟阁上。这就是历史上传为美谈的"凌烟阁画像"。画成以后，唐太宗经常去观赏，表示对功臣的赞赏和纪念。

在这许多有才能、有卓识(高明的见识)的文臣武将的辅佐下，唐太宗不但平定了中原，降服了边境的夷狄(少数民族)；而且实行了一系列重大的改革。

首先，他恢复了"均田制"，十八岁以上的男子分田百亩，其中八十亩为"口分田"，二十亩为"永业田"。这就在一定程度上，满足了农民对土地的要求，促进了农业生产的发展，保证了国家赋税的收入，并多少限制了豪强对土地的兼并。"均田制"为唐朝前期的富强提供了物质基础。

其次，唐太宗推行了"府兵制"。府兵叫卫士，由政府从民户中点集，二十一岁应征，六十岁免役。卫士平日务农，农闲时集中到一处受训。服役的时候，要自备兵器资粮，分批轮流守卫京城或边境。一旦发生战争，由朝廷下令征集，交给大将统率。战争结束以后，大将回朝廷，兵士回兵府。这种兵制叫做"寓兵于农"，就是从农民中征召，兵源比较有保证，把部分军需品转嫁到农民身上，减轻了国家的军费负担。同时，由于兵将不能长期相守，避免有野心的将帅拥兵割据。

此外,他还注意减轻赋税和徭役,提倡节俭,不大兴土木。

由于采取了这些有力的措施,在唐太宗在位的二十多年中,唐代社会的政治经济都发展到了空前的盛况。国内一派繁荣景象,“路不拾遗,夜不闭户”(丢失在路上的东西没有人拾,夜里睡觉不用关门)。边境以外的一些部落都来归附,各国商旅来往,更是络绎不绝。这时候的中国已经发展成为当时世界上最富强昌盛的封建国家,历史上把这种情况称为“贞观之治”。

唐太宗选太子

李世民在起兵建唐、统一全国的战争中,功劳最大,超过哥哥李建成和弟弟李元吉,但他身为次子,在按嫡长子继承的社会里,是不能当皇帝的。可他不肯久居人下,最终靠发动“玄武门之变”,杀掉自己的亲兄弟,逼父亲唐高祖李渊退位,登上了皇帝的宝座。

李世民统治时期,史称“贞观之治”,一直是人们交口称誉的封建治世的榜样。在历代帝王中,像唐太宗李世民这样广开言路、从谏如流、选用贤能、依法办事的英明君主是不多见的。但他在晚年好大喜功,两次征伐高丽,犯了不少错误,给“贞观之治”抹上了一层重重的阴影。

在唐太宗的晚年,他也像父亲李渊一样陷入了选择接班人的烦恼之中,但在感情与理智的冲突中,李世民最终做出了英明的决策……

太子称为储君,是皇位的继承者,立储是封建国家的一件政治大事。唐太宗一生共有 14 个儿子,其中长孙皇后生的嫡子有三个:长子承乾、四子泰、九子治。李世民即位不到两个月,就根据皇位世袭嫡长子制原则,立李承乾为皇太子,李承乾这一年八岁。

幼年的李承乾聪明敏慧,深得李世民的喜爱。可承乾生长在深宫之中,过着养尊处优的生活,缺乏父亲那种接触民间、目睹动乱的社会阅历,长大后难免目光短浅,见识不远。加上太子地位的无比尊贵,使他染上了奢侈腐化的不良习性。当唐太宗发现了李承乾的劣迹后,并没有放弃培养他成为一块好料的希望,还选择了德高望重的大臣李纲、张玄素、于志宁、孔颖达等人做太子的老师。然而太子不但不听教导,反而迫害自己的老师,他曾派人差点把张玄素打死。

后来,李承乾的脚有病,成了个跛子,不能朝见唐太宗,太宗对他的教训、督责也就放松了。而李承乾也更加放纵自己了。他的嬉戏越演越烈,发展到嗜好突厥的尚武风尚的地步。他喜爱突厥穿着,住突厥人的帐篷,并以像突厥人一样列队打斗取乐。他喜欢突厥人的习俗,常对左右说:“我假装是可汗,现在翘了辫子，你们仿效突厥的风俗，来办丧事。”说完就像死人一样躺在地上，左右人等于是一起放声大哭，骑到马上，环绕着“尸体”奔走，并仿照突厥风俗，用刀割破自己的脸。他还口出狂言：“如果我有朝一日统治帝国，，就带领数万骑兵，去给突厥人当头领，完全按照突厥人的方式生活。”贵为大唐国的太子，却说出甘心当突厥可汗麾下的头领的话来。这与唐太宗以“天可汗”的身份统率诸族君临天下是背道而驰的。

唐太宗立国以来，思贤若渴，一旦发现贤才，必定马上礼贤下士。可承乾则与父亲完全相反，他疏远贤人，亲近小人，整日过着声色犬马的生活。为了巩固“贞观之治”的政治成果，唐太宗必然按照自己的模式来确立合乎他理想的接班人。承乾也就理所当然地被疏远。

与此同时，魏王李泰多才多艺，受到李世民的宠爱与日俱增。李泰很有文采，李世民支持他在魏王府设立文学馆，听任他招揽人才。李泰的这种特殊待遇，跟李世民当年做秦王时的待遇相当。李泰看到哥哥李承乾的脚有病，暗中也有夺嫡的企图。他对待知识分子，特意显得态度谦恭，用来博取舆论的称赞。李泰的亲信黄门侍郎韦挺和工部尚书杜楚客都帮他穿针引线，大量结交政府官员。杜楚客甚至代表李泰送金银财宝给当权贵官，宣传李泰天纵英明，是最适合的帝位继承人。政府的文武官员也分成两派，一派归附李承乾，一派靠拢李泰。唐太宗在语言和行动上都暗示可能立李泰为太子。太宗的这一态度，使双方的斗争逐渐进入了紧锣密鼓的阶段。

虽然唐太宗为李泰谋立太子的态度很鲜明，可却遭到了当时重要大臣的反对。有一次，唐太宗声称：“假如太子去世，则他的同母弟弟可以继立。”暗示魏王李泰可以取代李承乾。魏征当即表示不敢苟同，说：“商代社会很朴质，王位继承有兄终弟及的做法。可是从周代以来，王位继承都是实行的嫡长子继承制。这是杜绝庶子觊觎大位，防止国家发生祸乱的根本制度啊！”对于“立嫡以长”的皇位继承原则，李世民并不敢公开反对，可他本人是以嫡次子夺嗣继位的，所以仍不时打着废太子、立魏王的主意。然而，他坚持主张立李泰，并非出于立贤，而是出于立爱。这就与玄武门之变是夺嗣立贤有所不同。李泰既没有昔日秦王李世民的功业，也没有深孚众望的美德，相反却有许多失德之处，当然不能在大臣中树立高大的形象。尽管李世民想依靠行政命令给他树立地位，可起的作用只能适得其反。唐太宗的偏爱李泰，被重臣们坚主立嫡传统不放所抵消，废立太子陷入了持久的争议之中。

大概经过重臣们的苦谏，李世民回心转意，放弃了废立太子的打算。为了匡正李承乾的君德，他诚心邀请“良佐”魏征出任太子太师，并向群臣宣示：“现在的大臣之中，没有人的忠贞正直超过魏征，我派他做太子的老师，天下人再也不用疑心我会废太子了吧！”

尽管李世民做出了最终的明确表态，可这种宫闱内部的斗争有如捉迷藏，谁也不能摸清事态发展的真实趋向，未来对于每一方都还是未知数。李承乾和党羽们决定效法李世民发动玄武门之变的做法，加紧策划宫廷政变。同谋的人都割破手臂，用绸缎擦血，烧成灰烬，和在酒里饮下，发誓同生同死，准备率军攻入皇宫。恰好这时发生了齐州都督李祐未遂的叛乱，李承乾趁机对心腹纥干承基说："太子宫的西墙，距皇宫只不过二十步，我们才能共创大业，李祐怎能跟我们相比？"

事情很凑巧，纥干承基跟李祐有勾结，暴露了，被关在监狱里，罪当死。为了免自己一死，纥干承基检举太子谋反。李世民大为震骇，赶紧派人调查。情况属实，谋反证据确凿，李承乾被废为平民，他的党羽被斩杀。一场酝酿中的政变还没来得及爆发就被扑灭了。

皇位继承人的问题怎样解决呢？事变刚刚结束，魏王李泰每天进宫侍奉李世民，李世民当面允许立他为太子。形势对李泰似乎极为有利。李世民对侍从官员说出李泰的一个奇怪许愿："昨天，青雀（李泰的乳名）投到我怀里说：'我到今天才终于成为你的儿子，真是我的再生之日。我只有一个儿子，到我逝世的那一天，一定为陛下的缘故，把他杀掉，传位给弟弟晋王李治。'人，谁不爱自己的儿子，听他这样说，我心里不由充满怜爱。"谏议大夫褚遂良说："陛下这话说错了。请再三思考一下，天下哪有陛下千秋万世（逝世）之后，魏王李泰君临天下，却肯杀他的爱子，传位给弟弟？陛下如果要立李泰为太子，就请先安置好晋王李治，才能安全。"这话说到了李世民的心里，玄武门之变的惨剧还让他记忆犹新。他深知这次处理不慎，又会重演宫门喋血的悲剧，不利于皇族子孙。

前面说过，李治是唐太宗的第九子。他只有十五岁，从小就柔弱怕事，但口碑很好，获得了仁爱孝顺的名声。按照常理，李治被立为太子的可能性是很小的。可是，他有一个有利条件，那就是舅舅、司徒长孙无忌坚决请求封晋王李治为太子。原来，贞观晚年，长孙无忌的权势日隆，他为了巩固既得的权益，当然喜欢扶植一个听话的外甥，以便将来操纵政权。所以，长孙无忌极力美化李治，将李治的柔弱赞扬为仁孝。

李世民面临两子争立，按感情来说，他一贯倾向李泰；从理智来说，他又不能不择取李治。因为李泰的党羽多是不肖的功臣子弟，他们年龄较轻，阅历较浅，不是成熟的国家治理者。而李治有长孙无忌等重臣的支持和辅弼，可以保证"贞观之治"的政策继续贯彻和推行。

态势逐渐明朗，李世民最后下诏，封李治为太子。李世民对随从官员说："如果让李泰当太子，表示太子这个位置，可以用谋略夺取到手。从今以后，如果太子无道，亲王钻营，处理的办法就是两人同时罢黜。而且，李泰当太子，李承乾和李治都会送命；李治当太子，李承乾和李泰都可平安。"

从隋文帝开始，中经唐高祖，至于唐太宗，宫廷中连续发生了三次废立太子的重大事件。前两次事件的结局是隋文帝被杀、唐高祖被逼退位，惟有唐太宗成功地处理了这一事件。历史实践证明，唐太宗的选择是英明的。唐高宗李治在长孙无忌的辅佐下，把贞观盛世继续推向前进，避免了唐朝像隋朝那样成为短命王朝。

初唐名臣欧阳询

欧阳询，字信本，潭州(今湖南长沙)人，唐代著名大书法家。欧阳询的祖父是曾在南北朝时任陈朝大司空的欧阳頠。父亲欧阳纥，在陈朝任广州刺史，因谋反罪被朝廷诛杀。欧阳询差一点受父亲牵连被处死，幸亏，当时陈朝尚书令江总因是欧阳纥的旧友，便收养了欧阳询，并教他书法等。欧阳询绝顶聪明，读书一目十行，博览经史。到隋朝时，他做官为太常博士。唐高祖李渊那时还没有发迹，欧阳询就已经是他门下的宾客了。待到李渊推翻隋朝，建立大唐，便委任他官职，官至给事中。

唐高祖武德七年(624 年)，欧阳询与裴矩、陈叔达等奉旨撰修《艺文类聚》，共一百卷。欧阳询是唐代当时著名书法家，其书法初学王羲之，后变化其体，渐渐自成一家。《唐人书评》称他书法的特点是"若草里蛇惊，云间电发，又如金刚瞪目，力士挥拳"。史籍中称他的书法"笔力险劲，为一时之绝"。所以，当时人得其书信、文字之类，均将它当做练习书法的模本。其书名甚至传到朝鲜等国，他们曾专门派使者来学习欧阳询的书法技巧。

欧阳询去世的时候，已经八十岁了，可是他的儿子欧阳通年龄尚幼。欧阳询之妻徐氏这时便承担起养育儿子的重任，除维持生活外，还教他书法，要他向父亲学习，继承父亲的书艺。徐氏教子可谓煞费苦心，为了更好地激励儿子，她想出了一个办法，常常给儿子钱，用钱来教育孩子。给钱时，她总是要对欧阳通说："这是卖你父亲的书法作品得来的钱。"欧阳通见人家如此看重他父亲的书法作品，更加钦佩他父亲的书法大家的名声，于是学得也就更加刻苦了，不分白天黑夜，丝毫不见松懈倦怠。

日积月累，欧阳通的书法果然也大有成就。

欧阳询在书法史上的地位很高，其作品世称"欧体"。他与虞世南、褚遂良、薛稷四人并称书法"唐初四大家"，后世将其书法作为临摹学习的范本。欧阳通书法也很精湛，但和他父亲相比，书风稍逊博大。他们父子被称为"大小欧阳"，在书法史上占有显著的地位。

徐敬业讨伐武则天

公元683年，唐高宗死了，皇后武则天把持朝政。第二年，武则天废掉中宗李显，另立豫王李旦为帝，同时大力封赏武氏亲族。面对这种情况，朝中一些大臣和宗室人人自危，非常愤慨。

当时担任眉州刺史的徐敬业和他的弟弟徐敬猷以及长安主簿骆宾王、魏思温等人，都因事被武则天贬官或免职。这些人不满武则天专权，就齐聚扬州，准备以恢复庐陵王李显的帝位为名阴谋叛乱。

魏思温是其中最主要的谋划者，他指使监察御史薛仲璋请求出使江都，让雍州人韦超到薛仲璋处报告有变乱，说“扬州长史陈敬之谋反”。薛仲璋于是把陈敬之抓了起来，关进监狱。

过了几天，徐敬业到达扬州，他假称奉武则天密旨要发兵讨伐阴谋叛乱的高州酋长冯子猷，于是他命人打开府库，让手下接管铸钱作坊，驱逐囚徒、工匠，发给他们盔甲。

接着，徐敬业将扬州长史陈敬之斩首示众，扬州一带的官吏中没有人再敢反抗。于是整个州的兵力被调动起来。徐敬业在扬州设置了匡复府、英公府、扬州大都督府等三府，自任匡复府上将，统领扬州大都督，不到十天就聚集起十几万人士兵。

随后，徐敬业命令骆宾王起草了檄文，发布到各州县。与此同时，他又找了一个长得很像前太子李贤的人，骗众人说：“李贤没有死，逃亡到城里，命令我们起兵。”于是侍奉他以号令天下。

魏思温劝徐敬业说：“您用匡复社稷为口号，应当率领大军，大张旗鼓地进军，直接向东都洛阳进发，那么天下人都知道您是为了援救天下，四方都会响应。”

薛仲璋说：“金陵有帝王气象，又有长江天险，足以固守。不如先夺取常、润二州，作为霸业的基础，然后再向北夺取中原。这样向前可以取胜，后退也有立足之地，是最好的计策。”

魏思温说：“崤山以东地区，豪杰们因为武氏专制，愤怒不满，听说您起事，都自己蒸了麦饭做干粮，拿着锄头做武器，等待南方军队到达。我们不乘此形势建功立业，反而退缩不前，自己修建巢穴，让远近的人知道了，还有谁不离散呢?”

对于魏的建议，徐敬业没有听从，而是派唐之奇驻守江都，自己率领军队渡过长江，进攻润州。这时武则天派大将军李孝逸率领三十万士兵，前去讨伐。又追削徐敬业的祖父和父亲的官爵，掘开坟墓，劈开棺材。

徐

徐敬业听说李孝逸前来讨伐,便从润州回师抵抗。在几次交战失利后,李孝逸听从部下的计策对徐敬业军队实施火攻,最后徐敬业大败,士兵死伤不知其数。

战败后,徐敬业等人带着妻子儿女逃出润州,准备走海路投奔高丽。不想走到海陵地界时,被大风阻挡,他的部将王那相乘机砍下徐敬业、徐敬猷和骆宾王的脑袋向李孝逸的军队投降。接着唐之奇、魏思温等人先后被擒获斩首,徐敬业的叛乱也从此失败了。

娄师德以忍闻名

武则天当政时期,朝中有个大臣叫娄师德。他性格沉稳,为人厚道,以谨慎忍让闻名于当时。据说即使有人冒犯了他,他也毫无怒意。

有一次,娄师德的弟弟奉命戍守代州。临行时,向娄师德来辞行。

娄师德反复嘱咐弟弟,在外做事,凡事都须忍耐。

他的弟弟点头答应说:“如果有人往我的脸上唾口水,我也不恼怒,至多是自己擦去。”

娄师德听后,连忙摇头说:“不可以这样,擦掉会使那人更加生气,你应该让口水自己干掉。”成语“唾面自干”就是这么来的。

娄师德除了有谨慎忍让的美德,他还有勇于为朝廷推荐贤才的良好品质。他听说当时任复州刺史的狄仁杰,办事公道,执法严明,很有才能,深受百姓爱戴。于是,他就向武周皇帝武则天推荐了狄仁杰,但当时狄仁杰本人并不知情。

狄仁杰当上宰相,主持朝政后,一直从心里看不起娄师德,甚至于将娄师德排挤到边远地区任职。有一天,武则天有意问狄仁杰:“狄公,你看娄师德的品德才能怎样?”

狄仁杰不知道武则天的用意,便直截了当地回答说:“他是镇守边疆的好将官,至于品德才能,臣说不太好。”

武则天微微一笑,紧接着问道:“狄公知道他很善于识别人才吗?”

狄仁杰摇摇头,说:“臣从未听说过他还会识别和推荐人才。”

武则天笑了。她说:“狄公,朕是怎么知道你的,你清楚吗?”

狄仁杰老老实实地说:“一无所知。”

武则天接着说:“朕能发现你这个人才,全靠娄师德推荐。”

狄仁杰听完一怔,感到十分内疚,觉得娄师德为人质朴敦厚,自己不如他。于是他禁不住自语道:“娄公真是品德高尚!我长期得到他的宽容,可我竟连一点儿也没看出来。唉!真是鼠目寸光。”这以后,狄仁杰也努力地在各地物色人才,并随时向武则天推荐。

武则天退位

在宰相狄仁杰的大力举荐下，张柬之等一批人才被武则天重用起来。其中，张柬之后来还被武则天提拔为宰相。到了公元705年，武则天的病情越来越重，当时在她的身边只有麟台监张易之和春官侍郎张昌宗兄弟二人陪伴左右，而其他朝廷大臣已有几个月没见到她了。

眼见武则天来日无多，张柬之便伙同崔玄暐、敬晖、桓彦范等人秘密策划发动兵谏，除掉张易之和张昌宗，推翻周王朝，恢复唐王朝。为此，他们积极地行动起来。

一天，张柬之问大将军李多祚说："将军今日的荣华富贵，是谁给的?"

李多祚流着眼泪哽咽着说："是高宗。"

张柬之看李多祚动了感情，便因势利导地说："先帝的儿子受到张易之和张昌宗的威胁，将军难道不想报答先帝的恩惠吗?"

李多祚明白了张柬之的用意，立即对天发誓，答应为报效国家不惜生命。

紧接着，张柬之积极联络禁军中的将军，由于其中大多数的将军都是张柬之提拔任命的，所以他们都很支持张柬之的计划，并与张柬之一起，具体商定了兵谏的时间和行动计划。

没过多久，张柬之见时机成熟了，就派人到东宫接太子李显，并指挥五百多名羽林军将士在玄武门聚集。当时李显犹豫不决，迟迟不肯出宫。后来，在驸马都尉王同皎、右散骑侍郎李湛的极力劝说下，他只好走出东宫，一同来到玄武门。接着，张柬之一声号令，将士们砍断门闩，冲进宫中。张易之、张昌宗兄弟听见喊杀声，来不及逃跑，就在迎仙宫的走廊上被杀死。随后，张柬之、李显等人来到了武则天的身边。

此时武则天正靠在床榻上闭目养神，她听见军队的冲杀呐喊声，慌忙起身，吃惊地问道："出了什么事？是谁在作乱?"

张柬之上前答道："张易之、张昌宗兄弟阴谋造反，我们已奉太子的命令杀了他们。怕走漏风声，事先没能向陛下禀报，让陛下受惊了，请恕罪。"

武则天这才发现李显也在人群中，就问道："是你让他们干的？看不出，你的胆子还不小呢！好啦，先回去吧！"

桓彦范劝阻道："太子不能回去！当初天皇把太子托付给陛下，如今太子都五十岁了，还待在东宫。希望陛下将帝位传给太子，以顺应上天和下民的心愿！"武则天沉吟良久，无可奈何地说："事已至此，只好按你们的意思办了。"

第二天，武则天就下诏去掉武周的帝号，将帝位传给了太子李显。从此武则天称帝的周朝结束了，李唐皇统又重新掌权了。

太平公主的悲剧

太平公主是武则天的女儿,因她冷静沉着,聪明而有谋略,武则天认为她很像自己,所以在众多的子女中特别喜爱她。武则天经常让她参与政事谋划,然而她畏惧武则天的威严,不敢招揽权势。

宰相狄仁杰去世后,武则天非常宠信张易之、张昌宗两兄弟,这两个人的权力大得不得了,在朝中骄横无比,满朝文武官员见到二人,无不让他们三分。后来,武则天病重时,他们与武则天侄子武三思相互勾结,把持政权。太平公主趁机联合宰相张柬之等人,夺取禁卫军军权,将二张杀了,迎接唐中宗复位。唐中宗复位后,他的妻子韦后掌握朝政,重用武三思,把朝廷弄得混乱不堪,于是太平公主又和李隆基一起诛灭了韦氏,拥立睿宗复位。由于太平公主几次建立大功,她的地位更加尊崇,唐睿宗经常与她商量朝政大事,每次她入朝奏事,都坐着谈很久。有时候没去上朝进见,睿宗就让宰相到她的家里询问她的意见。

宰相每次上奏,睿宗动辄询问他们:“与太平公主商量过吗?”又问:“与三郎(皇太子李隆基)商量过吗?”然后才会批准。

太平公主想做的事,睿宗没有不同意的。朝中群臣自宰相以下,无论是升官还是贬职,都由她说句话决定。渐渐她的权势甚至超过了睿宗皇帝,到她家里拜访的人一时间络绎不绝。

太平公主比较忌惮太子李隆基,于是她经常在睿宗面前挑拨,让他废掉太子。睿宗生性淡泊,又喜好道术,他汲取以往宫廷变乱的教训,听了太平公主的话,反而打算让出帝位,以避免灾祸。

公元712年,睿宗颁下诏书,将帝位让给李隆基。随后不久,李隆基正式即位,这就是唐玄宗。玄宗尊奉睿宗为太上皇,凡三品以上官员的任命,以及重大的刑狱政务由太上皇决定,其他事务都取决于皇帝。这以后,太平公主倚仗太上皇的势力,继续专擅朝政,与玄宗经常发生冲突,朝中七位宰相之中,有五位出自她门下,超过一半的文臣武将依附于她。

随着太平公主与唐玄宗的矛盾日益尖锐,她就与同党们一起谋划,想要废掉玄宗。公元713年七月,侍中魏知古告发了太平公主准备作乱的阴谋,玄宗于是与岐王李范、薛王李业等人紧急商定对策,决定抢先诛杀太平公主。

随后,玄宗调集三百多名禁卫兵,逐一逮捕诛杀了贾膺福、李猷等太平公主的党羽。接着玄宗找到太上皇,让他颁发诰命将军政国事、刑赏教化的决定权交给自己。

看到叛乱失败,太平公主慌忙逃进山中寺庙躲避,过了三天才出来。后来,唐玄宗下旨赐她在家中自尽,太平公主的儿子及她的党羽共几十人也同时被处死。从此，唐朝结束了中宗时期以来的混乱局面，唐王朝在李隆基的治理下重新出现了兴盛的景象。

奸相李林甫

有比较明白国事的君主，又有贤能正直的宰相，是政局清明的重要条件。贞观之治有唐太宗和魏征，开元之治也有唐玄宗和姚崇、宋璟。但是，靠政变上了台的唐玄宗毕竟比不上马背天子李世民，开元盛世日子久了，这位昔日藩王府的公子哥儿终于骄傲懒散起来，听不进逆耳的意见，信任起一些奸猾奉承之徒，朝政慢慢变得混乱起来，终于种下了大唐全盛期急剧衰败的祸根。

唐玄宗第一个信用的奸臣，便是当时人都称之为“口有蜜，腹有剑”的李林甫。李林甫表面上装得待人和善，十分厚道，实际上一肚子的坏水，谁得罪过他，他总要千万百计设法陷害，使用的方法又十分阴险，让人防不胜防；哪个才能超出他，或者不肯跟他同流合污，他不把人家踩翻在地绝不肯罢休，使起坏来杀人不见血。

李林甫讨好唐玄宗，一步步往上爬，靠的是巴结唐玄宗身边的嫔妃宦官。他知道玄宗最宠爱的是武惠妃，宫中最亲近的宦官是曾参加过政变的高力士，便在这两位身上下足了功夫，让他们在唐玄宗面前举荐自己，就这样逐渐取得了玄宗的信任。

唐朝的宰相虽然有的特别受皇帝的重用，但当时朝廷里可以有好几个宰相。李林甫往上爬的时候，宰相中最有威望的应该是张九龄，唐玄宗便来听张九龄的意见，能不能提拔李林甫当宰相。张九龄毫不客气地说：“李林甫为人不正派，他当宰相只会给朝廷带来祸患。”唐玄宗没听张九龄劝告，终于在公元735年，他上台后的第23年，把李林甫提拔到宰相的位置上，这就种下了李林甫陷害张九龄的祸根。

唐玄宗有好几个儿子，大儿子李瑛已经立为太子。后来，玄宗宠爱武惠妃，对武惠妃生的儿子李瑁便也另眼相看。武惠妃于是生了异心，在玄宗面前造谣说太子和两位皇弟结成朋党，在背后说了皇上许多坏话，还要陷害她母子。糊涂的玄宗听了，大发雷霆，要废了太子。张九龄表示反对，他说：“太子一向没离开宫廷，也没有什么过失，总不能凭一些没根据的话就废了他吧？自古以来，废太子总会招来祸害，隋文帝听独孤皇后的话废太子的教训，陛下可不能忘了。假如陛下一定要废太子，臣下可不敢听命。”一旁的李林甫盯着屋顶一言不发，以后又偷偷对宦官们说：“这种事是皇上的家事，皇上作主就行，何必去问外人呢。”唐玄宗听到这话，觉得正符合自己心意，虽然一下子不敢废了太子，对敢于反对自己的张九龄不觉疏远了许多。

李林甫一计得逞，立刻加紧在唐玄宗面前说张九龄的坏话，唐玄宗终于削了张九龄的权，只给他留了个徒有虚名的右丞相的职务，把李林甫提拔起来，顶替张九龄的职位。

李林甫为了独揽朝政，找了个大字不识的武将牛仙客当宰相，张九龄当然反对。可这时候唐玄宗只听得进李林甫的话了，居然把牛仙客调到宰相位置上。

听到这个消息，有位叫周子谅的监察御史上书说牛仙客不学无术，不能当宰相。唐玄宗大怒，当场把周子谅打得死去活来，把他贬到蓝田去了。这时候，李林甫立即对玄宗说："周子谅这狂妄的家伙，原本是张九龄举荐的人，陛下是不是知道？"唐玄宗怒火未息，立即把张九龄也贬到荆州去当了个小小的长史，不久，张九龄便病死在荆州。

张九龄一死，就有人密告太子李瑛谋反。玄宗问李林甫该怎么办。李林甫还是那句话："这是陛下的家事，不是臣下能够干预的。"一句话，无疑置太子于死地。于是唐玄宗把太子李瑛和另外两位皇子李瑶、李琚统统贬为庶人，紧接着又把他们杀了。这时候，李林甫才又来提议让李瑁当太子。唐玄宗一时裁决不下，便听高力士的意见。幸亏高力士头脑还算清醒，建议立年长的李亨为太子，这才避免了宫廷内另一场惨剧。

对于李林甫来说，张九龄一死，他就可以为所欲为了。他有一次把御史们都找来，对他们训话："当今圣上英明仁惠，当臣子的顺从都来不及，怎么能说三道四呢？列位看到宫内仪仗队的马匹没有？它们每天吃三品草料，待遇不能说不高了，可是，哪一匹敢乱叫一声，就会被淘汰出去，到那时后悔就来不及了。"以后，有位"不识相"的谏官还敢上书言事，第二天就被李林甫罢了官，到外地当了个七品县令。从此，御史们个个哑口无言，唐玄宗跟李林甫更可以肆无忌惮了。

跟李林甫一同当宰相的，还有位李适之。李适之办起事来非常认真，从未有什么过失。只因为他才学高出李林甫，李林甫便设了个圈套陷害了他。

有一次，李林甫假装知已地跟李适之说："听说华山有金矿，开采出来朝廷就更富足啦。可惜天子还不知道。"李适之一时疏忽，在向玄宗奏报时把这件事顺便禀报了。玄宗这便问起李林甫。李林甫回答说："这件事臣早就知道了，但是华山是我大唐的根本，挖山会动摇皇气，所以一直不敢上奏。"唐玄宗听了，觉得只有李林甫爱护自已，便把李适之找来训斥一通，告诉他今后上奏些什么，一定要跟李林甫商量。李适之这才知道上当受骗，吃了哑巴亏。不久便辞去宰相职务。

李林甫对李适之还不放手，又在制造冤案时把他卷了进去，李适之被远远地贬到宜春当太守。不多时，李林甫又派出御史到各地查办被贬官员，一路上杀害了许多人。李适之不愿受污辱，服毒自杀了。到了这步田地，李林甫还不肯放过他，听说李适之的儿子要把李适之的棺木迎回洛阳，又派人诬告李适之的儿子，在河南府用一顿乱棍把李适之儿子打死了。

李林甫一共当了十九年宰相，就在这十九年中，唐王朝江河日下，局势一发不可收拾。天宝十一年，李林甫终于病死在家中。可是，他尸骨未寒，由他一手提拔的杨国忠勾结安禄山，诬告李林甫跟阿布思谋反。结果李林甫被开棺剥去官服，全家也被流放到岭南。这时候，离安史之乱爆发，只有不到三年的时间了。

杨氏兄妹风光一时

晚年的唐玄宗不仅重用坏人，而且特别贪恋女色。他最宠爱的妃子武惠妃，在天宝三年死了，他就把他儿子寿王的妃子杨氏霸占过来，取名太真，封为贵妃。接着又给杨贵妃的父亲、叔父、两个堂兄都升了大官，把杨贵妃的三个姐姐接到京城长安居住。

杨贵妃还有个堂兄叫杨钊，原先在四川当县尉(县令的助手)。有一年，杨钊受四川地方长官的委托，带了大量名贵特产，进京结交杨贵妃一家。杨氏姊妹引着杨钊来见玄宗，玄宗便把杨钊留在皇宫里当差，不久就把他提升为禁军的参军(相当于现在的参谋)。从此，杨贵妃全家受到唐玄宗无比的恩宠，一个个都成了显贵的人物。

有了杨贵妃陪伴，唐玄宗更加纵情享乐，过着异常奢侈豪华的生活。他们吃一顿饭，山珍海味总要有几十盘菜。一盘菜的价钱，等于十户中等人家的产业。那些皇亲国戚，都争着向皇帝和贵妃进献价值最昂贵的食品，一次进献也是几十盘、上百盘的。皇宫里设立了“检校进食使”的官职，专门负责评比各家食品的精美程度。有一次，一位公主进食，从公主府第到皇宫的路上，几百个少年拿着棍棒在前面吆喝开路，军官们骑着马在两旁警卫巡行，差役们抬着一个个食物盒子，列队行进。老百姓和一般官员们见了，得赶快让路、躲避，不然，就要挨棍棒，受处罚。唐玄宗把杨贵妃住的地方叫做“贵妃院”。专门给贵妃院制作衣料的丝织匠和绣花匠，就有七百人之多。

官员们把从老百姓身上搜刮来的奇珍异宝、名贵服饰和新奇玩意儿，源源不断地运到长安，贡献给杨贵妃和唐玄宗。凡是贡献最多最好的人都升了官，或者从地方上调到长安来做京官。

杨贵妃想要什么东西，玄宗一声令下，就得想尽一切办法弄来。有一年夏初，杨贵妃忽然想吃生荔枝。荔枝产在岭南(今广东省)和川东(今四川省东部)，离长安几千里路，那时候最快的运输工具是马。这命令一传下去，地方官员就派出最善于骑马的人，骑上最快的马，从生产地带着生荔枝，一站一站地换人换马，接力传送。生荔枝很快被送进了长安皇宫里面，剥开一尝，颜色和味道都还保持着新鲜，一点没变。至于浪费了多少钱财，累坏了多少人，跑坏了多少马，唐玄宗自然不会计较的。

自从杨贵妃进得宫来，唐玄宗没日没夜地吃喝玩乐，一刻也离不开她。有一天早晨，杨贵妃因事触犯了玄宗，玄宗一气之下，叫人把她送到了她哥哥家里。可是这一来，玄宗立刻显得六神无主，丢魂失魄，吃不下饭，也没心思玩了。想把杨贵妃接回宫来，又不好意思。大宦官高力士摸透了玄宗的心思，提出把贵妃院里储存的东西，统统装车送到杨贵妃哥哥家里去，给杨贵妃使用。玄宗一听，正好下台阶，就欣然同意，并且亲自把自己吃的“御膳”分出一部分，派人一起送给贵妃吃，表示和好。到了晚上，索性把杨贵妃接回宫里。打这以后，唐玄宗对杨贵妃，更是百般顺从和宠爱。他的皇后、妃子一大群，宫中美女几千人，他都一概不理，心中只有一个杨贵妃，真是“后宫佳丽三千人，三千宠爱在一身”啊！

唐玄宗把杨贵妃的三个姐姐，分别封为韩国夫人、秦国夫人、虢国夫人，对她们也是十分宠爱。他甚至打破君臣之间的规矩，不叫她们的名字，亲昵地称她们为“姨”。她们可以自由出入皇宫。在她们面前，连公主也不敢坐。杨家的势力压倒了满朝的人。凡是杨氏兄弟姊妹要办的事情，官员们不敢说半个不字。那些吹牛拍马想向上爬的人，都争先恐后地到杨家送贿赂，杨氏各家的门口像市场一样热闹。送贿赂必须五家（杨贵妃的两个哥哥、三个姐姐）一起送，多少都得一样，不许有轻有重。唐玄宗给赏赐，也是五家一起赏，赏得一样多。

杨家兄弟姊妹，在京城里建筑了许多豪华的府第，一个比一个建筑得富丽堂皇。光是盖一个厅堂，就要花费千万钱。当时，一担米还不到二百钱呢。一次，虢国夫人看到一条街上有处地方，位置特别好，想要在这里建造一座府第，可别人已经在这里盖上了房子。她就带领一帮人闯进这户人家，拆毁了这所房子，然后盖上自己的新房。杨氏一家仗着唐玄宗的宠爱，就是这样为非作歹、横行霸道。

杨贵妃的堂兄杨钊，因为亲属关系比较远一些，所以开始的时候，唐玄宗只让他担任个不大的官职。可他精于赌博，又很会迎合唐玄宗的心意。每逢玄宗玩赌博游戏的时候，他就在一旁计算输赢，管理筹码，做得分毫不差。唐玄宗越来越喜欢他，打算提拔他。杨钊乘机讨好说，自己的名字“钊”字，是由“金”“刀”二字组成的，这“刀”字有些冒犯皇上，请求改个名字。玄宗一听满心欢喜，更认为杨钊对自己一片忠心，就让他改名叫杨国忠。杨国忠到长安的第三年，玄宗提升他当了京兆尹（首都的最高长官）、御史大夫（中央最高监察官），还兼了二十多个其他的重要职务。

杨国忠当了高官，大权在握，就放肆地胡作非为起来。谁要是对他吹牛拍马，跟他一条心，他就给谁好处，谁要是不附和他，不奉承他，他就排挤，打击。有一年，关中地区接连发生了水灾和旱灾，大部分农作物都死了。消息传来，唐玄宗也有些发愁。杨国忠却叫人拔了些长得好的禾苗拿给玄宗看，他说：“虽说有些灾害，可没什么关系，您看，这些庄稼不是都长得挺好吗？”玄宗信以为真，再也不过问灾情了。然后，杨国忠又反过来诬陷发生天灾是京兆尹李岘(xiàn)的责任，把李岘贬到外地去了。另外一个地方官说了点水灾的真实情况，杨国忠就来个杀鸡给猴看，问了这个官员的罪。这一来，朝廷上下，谁也不敢谈论灾害的事了。

有一年，唐玄宗要发兵去攻打西南边境的南诏国(在今云南省境内)，杨国忠推荐自己的亲信鲜于仲通担任统帅，带兵八万去跟南诏打仗，结果唐军牺牲了六万人。杨国忠却谎报军情，把失败说成胜利，欺骗唐玄宗，还替鲜于仲通邀功请赏。接着，他又派了另一个将领统率七万唐军去征伐南诏，结果也吃了大败仗。杨国忠又假传捷报，说是打了大胜仗。就这样，一次接一次地对南诏用兵，唐朝军队先后一共损失了将近二十万人。对这种不义的战争，奸臣们都附和杨国忠，跟着他弄虚作假，正直的臣子十分气愤，却敢怒而不敢言。为战争出钱出力牺牲性命的老百姓，都怨声载道。喜欢炫耀武功而又一直被蒙在鼓里的唐玄宗，还真的以为唐军打了许多胜仗呢。

杨国忠还是个贪得无厌的财迷。他残酷地剥削着老百姓，聚敛了成千累万的巨额财产。他家里光是用双丝织成的细绢，就有三千万匹。要是按当时全国人口均分，每人能分到半匹多呢。

对杨国忠这样的人，唐玄宗越来越宠爱和信任。天宝十一年(公元752年)，李林甫一死，玄宗立即提升杨国忠当了宰相，还兼任四十多个其他的职务。

由于出了一个杨贵妃，杨氏一家煊赫一时，真是"一人得道，鸡犬升天"。当时，民间流传着两句歌谣："生男勿喜女勿悲，君今看女作门楣。"封建社会本来是重男轻女的，这歌谣却说，生了男孩子且莫喜欢，生了女孩子不用悲叹，你们看，杨家不就是因为有了个女孩子，才门庭光大了吗?

安禄山包藏祸心

唐玄宗宠爱杨贵妃，又重用杨国忠，自己沉溺在享乐之中，对国事很少过问。唐朝统治越来越腐败，终于酿成"安史之乱"的大祸。

"安史之乱"，是安禄山和史思明发动和进行的叛乱战争。安禄山是混血胡人(胡人是古时候汉族人对北方和西北少数民族的统称)，年轻时候，投奔到幽州节度使(管辖今北京市一带地区)张守硅部下当兵。他为人残暴，经常带领几名骑兵，跑到北边的契丹、奚等少数民族的部落里，施用阴谋诡计，活捉一些人回来，报功请赏。张守硅很赏识他，封他为"捉生将"。安禄山对上司惯于溜须拍马，逢迎谄媚，遇有朝廷派人到边镇来办事，他就送上重重的贿赂。这些人回去以后，自然要在唐玄宗面前称赞安禄山。就连"口蜜腹剑"的李林甫，也不得不跟着说安禄山的好话。唐玄宗听了，认为安禄山是个人才，提拔他当了平卢节度使，随后又让他兼任范阳节度使和河东节度使。这三镇节度使管辖着现在的北京、河北、山西和辽宁、山东、河南部分地区，统率着重兵十八万多人。当时唐朝的边镇军队共有四十九万人，安禄山一人就掌握了三分之一还多。

安禄山不满足于已经得到的权位和势力，还想爬上更高的位置。他就挖空心思来进一步博得唐玄宗的欢心，取得唐玄宗的信任。

安禄山是个大胖子，肚子特别大，自称有三百斤重。一次，唐玄宗指着他的肚子，开玩笑地问他："你这里面装了什么东西，竟有这般大？"安禄山一本正经地回答说："没装什么东西，只有一颗对陛下赤诚的心。"唐玄宗听了，觉得他忠诚可爱。又一次，玄宗叫他来见太子。臣子见了太子，照规矩应该下拜。可安禄山不拜。左右的人叫他下拜，他只是拱手站着，说："我只知道有皇上，不知道有太子。"玄宗见他对自己这样忠心，更喜欢他了。安禄山知道唐玄宗一心宠爱着杨贵妃，竟然不知羞耻地拜杨贵妃为母亲，当她的儿子。每当晋见唐玄宗和杨贵妃的时候，他总是先拜贵妃，后拜玄宗。玄宗问他为什么，他回答说："我们胡人是先母后父。"唐玄宗越发觉得他憨厚可爱，叫杨氏五个兄弟姊妹都认他做兄弟。

安禄山深知玄宗好战喜功，就多次用阴谋诡计，诱骗和坑杀了成千上万的奚人和契丹人，或者把他们押送到京城献俘，或者割下他们的脑袋去报捷。为了迎合唐玄宗和杨贵妃奢豪享乐的欲望，安禄山把从各地搜刮来的奇禽、异兽、珍宝、玩物，络绎不绝地派人送到长安的皇宫中。

安禄山的心思果然没白费。天宝九载（公元750年），唐玄宗封安禄山为东平郡王，这是唐朝开国以来封给胡人的最高爵位。玄宗还下令在京城里给安禄山建筑了极其豪华的府第。一切陈设用具，都是用最名贵的材料做成的，连炊具都用金银装饰，或者全用金银制作。有一年安禄山生日，玄宗和杨贵妃赏他许多价值昂贵的衣服和宝器。到第三天，杨贵妃私自把安禄山召进宫来，用锦绣做成的大襁褓裹着安禄山，让宫女用彩轿抬着他，在皇宫里游玩。说是"替禄儿洗三朝（zhāo，婴儿出生的第三天叫三朝：这一天要给婴儿洗澡、去脐带，众亲友要送礼贺喜，主人家要备酒饭招待宾客，这些活动就叫洗三朝）"。玄宗知道了不以为羞耻，竟然也去看热闹，还赏赐给杨贵妃"洗儿金银钱"，赏给安禄山大量财宝。从此，安禄山随便进出皇宫，和杨贵妃对坐饮酒作乐，甚至通宵达旦地在一起鬼混。而唐玄宗竟当做没这回事！

就在这种种活动中，安禄山对唐玄宗的荒淫昏聩，对唐王朝政治上的腐败，军事上的虚弱，了解得十分清楚。他那向上爬的欲望，就一步步发展成为发动叛乱，起兵灭唐的野心。

早在天宝六载，安禄山就把一个心腹部将留在长安城里当坐探，随时把朝廷中的动静密报到范阳，为叛乱进行准备。除了掌握着十八万军队以外，安禄山把同罗、奚、契丹等部族的降兵降将八千人，加以特别训练，组成"壮士营"，作为发动叛乱的基本队伍。他用心腹胡将三十二人代替不服从他指挥的汉将。畜养了几万匹战马，收集和打造了大批武器军械。派人到各地掠夺和购买了大批资财货物，作为军需，还缝制了大批的绯袍、紫袍和鱼袋(唐代官员佩戴的证明身份之物)，准备事成之后，给他的部下加官晋爵之用。他还从部将中提升了五百多人任将军，两千多人任中郎将，用这种办法来收买人心，培植叛乱的爪牙。最后，他从亲信当中挑选了史思明、严庄、高尚等二十来人，充当谋士和心腹，作为指挥叛乱战争的核心力量。这些人当中，最重要的是史思明。

史思明也是个混血胡人，和安禄山同乡同岁，两人自幼成为密友。后来因为欠了官债，史思明逃到奚族的部落里，差点儿被奚王杀了。他使出阴谋诡计，诱骗坑杀了三百个奚族士卒，抓住一个奚人将领，来见幽州节度使张守硅。张守硅认为他有功，让他当了将军。有一次，他进京奏事，被唐玄宗看中了，叫他改名为史思明。后来，玄宗任命他为平卢兵马使(节度使的副职)，兼任北平太守、卢龙军使。

安禄山叛乱的迹象逐渐明显起来，朝廷的一些大臣和其他一些节度使也逐渐地觉察到了。他们多次提醒唐玄宗，要玄宗采取措施，加强防范。杨国忠因为跟安禄山结了仇，所以他也多次奏明唐玄宗，说安禄山要谋反。可是唐玄宗怎么也不相信，反倒说："安禄山这个人，我推心置腹地对待他，他哪能反叛我呀。咱们东边和北边的边境，还要依靠他来镇守，你们不必多担心。"

经过十年的经营，安禄山从各方面进行了充分的准备，认为已经具备了打垮唐朝的力量，只等时机一到，就举兵发难。天宝十四载(公元755年)十月，安禄山派到京城奏事的一个官员从长安回到范阳，向安禄山密报朝廷的情况。安禄山和严庄、高尚等人经过一番密谋之后，召集部将们，欺骗大家说，唐玄宗给他下了密旨，叫他带兵入朝，讨伐杨国忠。将领们听了大吃一惊，互相瞧着，可谁也不敢说话。十一月初一，安禄山以讨伐杨国忠为名，发兵十五万，号称二十万，在范阳举行反叛，向南进军，准备大举进攻中原地区，打到长安去，推翻唐朝，自己当皇帝。

天宝年间，唐朝统治腐败，军队战斗力锐减，加上这一带本来就是安禄山直接统治的地区，因此当叛军打来的时候，黄河以北二十四郡的文官武将，有的开城迎接叛军，有的弃城逃走，有的被叛军擒杀，叛军没遇到什么抵抗，很快席卷了这一大片地区。叛军得逞的消息接二连三地传到长安，这时候，唐玄宗才相信安禄山是真的反叛了。他匆忙调兵遣将，增募军队，部署平定叛乱。可是这临时凑起来的军队，仓促上阵，哪里是叛军的对手？叛军打过黄河以后，向西、南、东三面继续攻城略地，一路势如破竹。在安禄山的放纵下，叛军每到一个地方，奸淫掳掠，残害百姓，无恶不作，给人民带来了深重的灾难，给社会造成了巨大的破坏。

叛军很快攻占了东都洛阳，直抵京城长安东边的"大门"——潼关。接着，安禄山在洛阳自称"大燕皇帝"，任命大臣，委派官吏，建立起一个割据政权。

潼关天险失守

潼关山高塞险,是长安的门户。潼关再往西,长安就近在眼前了。安禄山兵临潼关,玄宗十分着急。那儿要有一位镇得住军心的人去把守,究竟派谁去守关?唐玄宗想起了赫赫有名的大将哥舒翰。

哥舒翰是位突厥人,长期守卫在河西,年轻时十分勇敢善战。打起仗来,他骑上战马,扛枪在肩,常常飞马追到敌将身后,才大喝一声;敌将大吃一惊,回头看时,哥舒翰的长枪已然出手,一枪捅穿敌将咽喉,然后举枪把敌将挑于马下。

有几次哥舒翰被敌将团团围困,有一次连他的战马都陷在河里,但哥舒翰毫无惧色,大叫一声,抡起长枪,终于把来将击败,取得战斗的胜利。

读者一定知道这首诗:“北斗七星高,哥舒夜带刀,至今窥牧马,不敢过临洮。”这就是赞美哥舒翰的。他担任过陇右和河西两镇的节度使,青海一带的吐蕃人闻听他的威名,都不敢贸然跨过近界,侵犯中原。

哥舒翰还是安禄山的死对头。早在四年前,安禄山野心初露时,有一次跟哥舒翰一同在长安喝酒,当着高力士的面跟哥舒翰拉关系:“我父亲是胡人,母亲是突厥人;将军父亲是突厥人,母亲是胡人。你我出身大抵相同,为什么不能亲近亲近?”哥舒翰回答说:“狐狸朝着窝叫不是好事,因为它忘了本。”安禄山以为他讥讽自己,大骂哥舒翰“突厥贼”。幸亏高力士从中相劝,一场争吵才避免。从此以后两个人的嫌隙更加深了。

可是,当潼关告急的时候,哥舒翰已经不再担任军职,因年老多病而在长安家中休息。唐玄宗任命他当天下兵马副元帅,他感到事情实在难办,一再以年老多病的理由辞官。唐玄宗这时已经没有其他选择,从各地凑集了十几万军队,配上几员大将,硬是把哥舒翰调到了潼关。

哥舒翰看到七拼八凑的部队,知道战斗力很差,打不起大仗,便把前沿指挥的大权交给另外两位将军,自己只下了个命令:能守住潼关就行了,只能以守为攻。那两位大将虽然能力一般,但仗着潼关天险,守还守得住,战事便陷入了相持状态。

这时候,杨国忠忍不住了。他听说有人曾劝哥舒翰上表唐玄宗,杀了自己向天下谢罪,哥舒翰不肯乱了朝廷,没有同意。杨国忠觉得让哥舒翰拥着重兵,对自己终究是祸害。他向唐玄宗建议:在潼关后方,一定要驻扎一支后续部队。唐玄宗也有点责怪哥舒翰不出关作战,便让杨国忠招募了上万人马,由杨国忠的亲信杜乾运率领,驻扎在坝上,名为支援,实际是监视哥舒翰。

杨国忠的这一手,哥舒翰怎会不清楚?他奏明唐玄宗,说坝上的军队理该由潼关统一指挥,玄宗无法反对,只能听他的。于是,哥舒翰把杜乾运召到潼关述职，找个借口把杜乾运砍了，这便解除了后顾之忧。

杨国忠见一计不成，心里更是害怕，便千方百计要哥舒翰出关与安禄山作战，他可以从中渔利。正在此时，潼关外的陕县出现了一支只有四千多人的叛军，由一位叫崔乾佑的叛将率领，到处向潼关守军挑战，日子久了，四千多人显得疲惫不堪。杨国忠认为抓住了哥舒翰的错处，立即上奏玄宗，要玄宗下令哥舒翰出关歼敌。

使者到潼关，传达了玄宗的命令，哥舒翰却不以为然。他回答使者："安禄山善于用兵，崔乾佑出动疲兵是想诱我出关，我们真的出击，正中了他们的诡计。目前，叛军就要速战速决，而我们只有采取坚守的办法拖垮叛军，然后寻找有利战机出击。"

使者回到长安，把哥舒翰的话一说，唐玄宗反而恼怒起来。前几日，远在河北的唐军将领李光弼、郭子仪也曾上书，打算乘河北空虚，攻打范阳安禄山老窝，奏文中也要潼关采取守势，千万不要轻举妄动，以便牵制叛军的主力部队。他们不谋而合，却加剧了杨国忠的疑虑，唐玄宗早站在杨国忠一边，于是便接二连三派人去潼关，下旨让哥舒翰出关作战。

哥舒翰被逼进了两难的境地：再不出战，有违圣上旨意，正好给杨国忠抓住陷害自己的口实；出关蛮干，只会招致失败，弄得前功尽弃。无可奈何之下，哥舒翰拍着胸膛大哭了一场，只得选择出关作战这条路。

哥舒翰率兵来到灵宝，正遇上崔乾佑的部队。崔乾佑把散兵游勇分列在几十里长的险要地段。唐兵看到那些叛军散乱零落，有的进有的退，都笑着放松了警惕。

谁知崔乾佑引诱唐兵出关，早就把精兵埋伏在山上，唐军到了山下，叛军将擂木滚石砸下，打了个唐兵措手不及。哥舒翰指挥掩盖毛毡的战车冲锋，崔乾佑又在山间点起了烟火，阻挡了战车前进的道路。唐兵们被烟熏得双目难睁，都以为叛兵就躲在烟雾后面，于是乱箭齐发，白白折损了无数箭矢。天快晚了，唐军才知上了当。

这时候，崔乾佑的精兵才出动，一下子切断了唐军的后路。叛军前后夹击，十几万唐军望风而逃，一路上尸横遍野。等哥舒翰逃回潼关，只剩下八千残兵败将。一次本不该打的仗，就这样以唐军的彻底失败而告终。

崔乾佑很快攻下了兵力薄弱的潼关，哥舒翰还准备收集残兵作战，他在关西驿招集部队收复潼关，可是他手下一位蕃将带领一百多骑兵包围了驿站，逼着哥舒翰投降安禄山。哥舒翰不答应，他们就用绳子把哥舒翰绑在马上，押着他来到了叛军营中。

哥舒翰被押解到了洛阳，安禄山借他的名义招降河北各地将领，可是河北各地将领都不肯投降。安禄山便把哥舒翰囚禁起来。后来唐军攻打洛阳时，安禄山终于杀了哥舒翰。

潼关一仗，大唐朝廷内纷争不停。杨国忠只顾一己私利，唐玄宗昏庸乱指挥，不仅白白害苦了哥舒翰，而且丧失了平定安禄山叛乱的机会。杨国忠和唐玄宗离末日已经不远了。

睢阳保卫战

安庆绪杀了老子安禄山登上皇位之后，严庄替他大封部将，好不容易稳定了内部。接着，叛乱的“大燕国”又开始想继续扩大地盘了。他们的第一个目标，依然是物产丰饶的江淮平原，而通往江淮的咽喉要道睢阳城，成为叛军攻击的第一个目标。

公元757年二月，安庆绪的大将尹子奇率领着十三万大军朝睢阳扑来。睢阳太守许远见形势危急，便向张巡求救。这时候的张巡，在唐军中名气更大了。自从上次在雍丘靠三千兵马击溃令狐潮四万大军之后，张巡又统兵北上河南宁陵，歼灭了另一支叛军，现在看到许远的求援信，立即带兵到睢阳跟许远会合，两支部队加起来虽然只有六七千人，但像一颗钉子，牢牢地钉在尹子奇南下的道路上。一场睢阳攻守恶战势在难免了。

张巡不愧是位名将，他带士兵到睢阳之后，率领全体将士昼夜在城头奋战，硬是用几千守军的力量，顶住了尹子奇十七万大军的轮番进攻，十天之中，活捉敌将六十余人，消灭叛军两万多，大长了守城唐军的威风。许远身为太守，地位比张巡高，看到这种情景，对张巡说：“我不大懂指挥作战，您却智勇双全，从今以后，请您担任睢阳太守，代替我指挥战斗，我负责调集军粮，修造兵器，保证军需供应。”两人从此紧密合作，牢牢地守住了睢阳。尹子奇看到自己讨不了好，在这里只会损兵折将，便连夜撤围而去。

这年五月，尹子奇增调了援军，又包围了睢阳城。他满以为张巡兵少，只会像上一次一样，固守城池，不会出城迎战。把睢阳包围住以后，他就安心地准备攻城器械了。

谁知就在当天夜里，张巡命令士兵点起火把，竖起战旗，擂响战鼓，一派出城袭营的架势。尹子奇听到鼓声，立即聚集部将，安排阵势，准备迎敌。没料到睢阳城战鼓响了一夜，待天色放亮时，却又突然偃旗息鼓，一点出城作战的意思也没有了。紧张了一个通宵的尹子奇下令升起飞楼，从空中窥探城内情况，见到城里头平静异常，才放心地下令手下士兵解甲回营休息。

张巡等待的就是这一刻。当叛军斗志完全松懈之后，他立刻命令南霁云、雷万春等部将，各率五十名骑兵，分成十几队，大开城门，突然对叛军营寨发动了猛攻。

张巡身先士卒，带着一队骑兵在敌营中横冲直撞，搅得敌营乱作一团，好多敌将连盔甲都没穿戴周全，便成了刀下之鬼。不一会儿，张巡和他的骑兵就杀了五十多名叛军将领，叛军士兵乱作一团，死伤五千多人。

这时候，张巡已经带头冲到了尹子奇的大帐前，他张弓搭箭，四处搜寻叛军主将，可惜他从未跟尹子奇照过面，找不到发箭毙敌的机会。张巡灵机一动，悄悄找到南霁云，让他在一旁埋伏起来，自己折了一根蒿秆削成箭的模样，往人群里一位敌将射去。

那位敌将见张巡的箭飞速朝自己射来，吓得魂不附体。等到箭射上身子，却一点不觉疼痛，捡来一看，却是根蒿秆。他以为张巡身上的箭已经用完，急急跑去报告主帅尹子奇。这一下，尹子奇的身份立即暴露。

尹子奇听到部将报告，还没清醒过来，南霁云发出的箭已经扑面而至，他来不及躲避，那箭簇射入他的左眼，痛得他几乎从马上摔下来。唐军官兵齐声呐喊，朝尹子奇猛冲过去，尹子奇顾不了许多，伸手把插在眼眶的箭杆拔出来，连左眼珠也拔出了眶外。他又痛又气，急急带着部下撤兵而去。

吃了败仗又丢了只眼睛，尹子奇怎能善罢甘休？不久，他又增招了数万兵马，重新包围了睢阳城。睢阳城经过两次战争，已经今不如昔。许远积聚的粮食，被强迫征调去一半，城里军粮开始短缺，守城的士兵每人每天只能分到一把米，混合着树皮树叶填肚子。原来城中有近七千名战士，由于接连作战，死伤极大，到这时只剩下一千六百名饥羸士卒，已经很难支撑守城的战斗。而尹子奇却有源源不断的军粮运到，损失的士兵又很快得到补充，于是，尹子奇把睢阳围了个水泄不通，日夜不断地攻城，睢阳到了最危急的关头。

尹子奇变着法子，使用各种各样的器械攻城，张巡随机应变，连连打退了攻城的叛军。尹子奇的云梯，被张巡的木竿钩住，点上火烧掉；叛军一点点往城边堆土，想沿着土坡冲上城头，张巡便让士兵往城下扔松香、油脂，尹子奇刚想攻城，城上的火箭射将下来，点燃了土堆前的军械，大火烧了二十天，尹子奇只得罢手。

这样的攻守拉锯战又持续了许久，睢阳只剩下六百名士兵了，张巡只得派南霁云出城讨救兵。南霁云率领三十名骑兵刚出城，叛军便像潮水般涌上前来，南霁云居中勇往直前，左右骑兵边奔驰边射箭，他们冲出了重围，只牺牲了两名战士。

但是，当南霁云一行来到临淮叩见河南节度使贺兰进明时，这位拥兵自重，不顾他人死活的高官，居然对南霁云说："现在睢阳不知是存是亡，派兵去有什么用处？"反而想招揽南霁云这位勇将到自己帐下效命，摆出酒宴请他入席。南霁云看清他只想保存实力，又对张巡起了妒忌之心，知道无法说服贺兰进明出兵，便在贺兰进明的盛宴上边淌着泪边说："现在睢阳军民断粮已超过一个月，我即使想吃这酒肉，也无法下咽！大人身拥重兵却见死不救，这难道是忠臣义士该有的作为吗？"说着，当场砍断一截手指，又说："这断指就算我南霁云到过临淮求救的见证，我这便回去报告这次求援的结果！”在座好多将军听了，都淌下同情的泪水。回睢阳路上，宁陵城守将不顾贺兰进明的命令，带了三千人马跟他一同攻回睢阳。他们在城下边战边进，到达城内，也只剩下一千人左右了。

睢阳最黑暗的那天来到的时候，全城只剩下四百名残兵，他们个个不肯投降，宁肯死后化作厉鬼杀贼。睢阳城被攻破了，张巡、许远、雷万春、南霁云都被尹子奇抓住，他们同被俘的三十几名将军，一齐被尹子奇杀害在睢阳。临刑前，这几位义肝忠胆的豪杰，个个脸不变色，意气扬扬，就像平日一般。睢阳一战历时九个月，歼敌一万二千，他们扼守睢阳，对后来平定安史之乱做出了很大贡献。

肃宗的谋士李泌

安史叛军攻陷长安后，唐玄宗仓皇南逃，往蜀中避难。在逃亡途中，将士们发动兵变，要求处死杨国忠和杨贵妃。唐玄宗只好照办，然后，他宣布退位，将帝位传给太子李亨。

不久，李亨在灵武（在今宁夏）即位，这就是肃宗。他刚即位的时候，身边的文武官员不满三十人，那个临时建立的朝廷，什么都乱糟糟的。一些武将，也不大肯听指挥。肃宗要想平定叛乱，多么需要有个能人来帮助他啊。

这时候，他想起他当太子的时候的一个好朋友李泌（音 bì），就派人把李泌从颍阳（在今河南省）接到灵武来。

李泌原是长安人，小时候很聪明，读了不少书。当时的宰相张九龄看到他写的诗文，十分器重他，称赞他是个“神童”。肃宗当太子的时候，李泌已经长大了，他向玄宗上了奏章，对国家大事提了一些意见。唐玄宗看了很欣赏，召见他，想给他一个官职。他推说自己年轻，不愿做官。玄宗就要他和太子交个朋友。以后，他经常到东宫去，太子也特别喜欢接近李泌，把他当做老师看待。

后来，李泌看不惯杨国忠掌权，曾经写诗讽刺杨国忠。为了这个，他被杨国忠排挤出长安。他看到政局混乱，不愿受这个气，索性跑到颍阳隐居起来了。

这一回，唐肃宗来请他，他想到朝廷正遭到困难，就到了灵武。唐肃宗看见李泌，真像得到宝贝一样高兴。那时候的朝廷，不那么讲究礼节。唐肃宗跟李泌就像年轻时候一样，进进出出，都在一起，大小事情，全都跟他商量。李泌有什么主意，唐肃宗没有不听从他的。

唐肃宗想封他当宰相，李泌可不愿意。他说：“陛下待我像知心朋友一样，这就比当宰相的地位还贵了，何必非要我挂个名不可呢？”

肃宗见不能勉强他，也就算了。李泌在乡间隐居的时候穿的是布衣，到了灵武，还是那件旧的布褂子。

有一次，李泌陪唐肃宗一起骑着马巡视军队，兵士们在后面，指指点点说：“那个穿黄袍的是皇上，穿白褂子的是山里来的隐士。”

唐肃宗听到兵士们的议论，觉得这样太显眼了，就给李泌一件紫色的官服，硬要他穿上。李泌没办法，只好穿上。肃宗笑着说：“你既然穿上了官服，还能没有个官衔？”说着，从袖里拿出一份诏书，任命李泌为元帅府行军长史（相当于军师）。

李泌还不肯答应，唐肃宗说：“现在国家困难，只好暂时委屈你一下，等平定叛乱之后，还是听你自由。”

那时候，郭子仪也已经到了灵武。朝廷要指挥全国的战事，军务十分繁忙，四面八方送来的文书，从早到晚没有间歇的时刻。唐肃宗命令把收到的文书，一律先送给李泌拆看，有特别紧要的，才送给肃宗。宫门的钥匙，由太子李俶（音chù）和李泌两人掌管。李泌忙得连饭也顾不上吃，觉也没能好好睡。

唐肃宗一心想回长安，问李泌说：“敌人这样强大，我们怎么办？”李泌说：“安禄山发动叛乱，真心帮他出力的是少数，其余都是被迫参加的。照我的估计，不出两年，就可以把他们消灭。”接着，他又给肃宗定了一个军事计划，暂缓收复长安，派郭子仪、李光弼分两路进军河北，攻打叛军老巢范阳，叫叛军成为无本之木，无源之水，进退两难，再发动各路官军围攻，把叛军消灭。

果然，第二年春天，叛军发生内讧，安禄山的儿子安庆绪杀了安禄山，自己称帝。要消灭叛军，这本来是个好机会，但是肃宗急于回长安，不听李泌的计划，把郭子仪的人马从河东调回，强攻长安，结果打了一个败仗。后来，郭子仪借了回纥的精兵，集中了十五万人马，才把长安攻了下来。接着，又收复了洛阳，叛乱头目安庆绪逃到河北，史思明也被迫投降。

唐军收复了长安和洛阳，唐肃宗觉得心满意足，用骏马把李泌接到长安。

唐肃宗的宠妃张良娣和宦官李辅国，嫌李泌权大，早就互相勾结，想把李泌除掉。太子李俶发现张良娣他们想害李泌，就告诉了李泌。李泌说：“不打紧。我和皇上有约在先，等收复京城，我就归山，就没有事了。”

这回，李泌见唐军收复两京，算是了却一个心愿，决心离开朝廷。

一天晚上，唐肃宗请李泌喝酒，并且留他一起睡。李泌趁机会就对肃宗说：“我已经报答了陛下，请让我回家再做个闲人吧！”唐肃宗说：“哎，我和先生共了几年患难，现在正想跟您一起享受安乐，怎么您倒要走了呢？”

李泌恳切地说：“我和陛下结交太早，陛下太重用我，信任我。就是因为这些缘故，我不能不走。”唐肃宗说：“今天先睡吧，隔天再说。”

李泌说：“今天我跟陛下坐在一个榻上谈话，你不答应我。将来到了公堂上面，就没有我说话的余地了。如果你不让走，那就等于杀我了。”

唐肃宗虽然不愿让李泌离开，但是经不住李泌一再请求，只好同意了。李泌到了衡山(在今湖南省),在山上造个屋子,重新过他的隐居生活。

李泌走了以后,唐肃宗身边少了一个正直的大臣,李辅国等一批宦官的权力就大起来了。

永王李璘谋反

公元755年安禄山见唐朝政治腐败,内地兵力空虚,在范阳发动叛乱。很快,叛军攻下洛阳,直逼潼关。见形势危急,唐玄宗李隆基就到四川避难。在汉中郡,他任命永王李璘为山南东路及岭南、黔中、江南西路四道节度采访等使,并兼江陵大都督。李璘接到任命后,经过襄阳,到达江陵。他看到江陵一带土地肥沃,物产丰富,不由得起了异心。

永王李璘是唐玄宗李隆基的第十六子。李璘幼年生母去世,他的异母兄长李亨见他可怜就收养了他,并对他百般疼爱。

话说李璘有了谋反的心思后,他就私自招募了数万人的军队,指令部下李台卿等人准备趁乱揭竿而起,独霸江淮。这时已在灵武登基称帝的唐肃宗李亨下诏让他返回西蜀,他根本不理睬。三个月后,李璘迫不及待地擅自率领车马舟船挥师东下,他还派部将浑惟明、季广琛等人率兵袭击广陵。

闻讯李璘的叛军来进攻广陵后,吴郡采访使李希言和淮南采访使李成式等人合兵一处,迎击叛军,逼李璘就范。可是这一仗李璘大获全胜,李希言和李成式的军队一败涂地。

就在这时,李璘的部下发生了内乱。李璘的心腹季广琛和诸将一起割臂盟誓背叛了李璘,他带领六千步兵投奔广陵。李璘闻讯派人追赶。季广琛说:“有感昔日大王的恩情,所以才不愿决战。如果大王硬要逼我,我就不能不与大王决一死战了。”使者把他的话转告李璘,李璘气急败坏,却也无可奈何。接着,部将浑惟明也趁机逃到了江宁。

李璘眼见部将纷纷离开自己,深知自己成了笼中孤鸟,他只能咬咬牙背水一战了。当天傍晚,江对岸燃起熊熊篝火。为了迷惑李璘,唐将李铣命令每个士兵手举两支火炬,加上映在江中的倒影,隔江望去,李璘只看到一片火海,他以为朝廷援兵已经赶到了,吓得带着儿女及亲信连夜逃遁。天明以后,接到李璘逃跑的消息,江北大军齐头并进,招募敢死勇士二十人率先奔赴新丰。

李璘听说追兵到此,忙让他的儿子带着部将奋力抵挡,一时城中大乱。敢死勇士奋力拼杀,一片混乱。李璘带着少数人马趁乱南逃。

后来,经鄱阳、余干、大庾岭,快要到达岭外时,李璘被追兵赶上,后被杀死。他的儿子也死于乱军之中。

“盛唐的歌者”李白

唐朝是中国历史上鼎盛的天朝盛世，出现了许多名扬千古的风流人物，李白就是其中最重要的一位。李白，字太白，他的祖先在隋朝末年因为犯罪被流放到西域的碎叶城。神龙初年（公元705—706年）举家逃回，居住在当时的巴西（今四川阆中）一带。

据说，李白降生的时候，他的母亲梦到了天上的太白金星，所以就给他取了“李白”这个名字。李白从小就显示出过人的天赋，十岁就通晓诗书。长大以后，又到岷山的荒野丛林中隐居，终日饮酒读书，吟诗作赋，好不逍遥自在。他所在州县荐举他为有道之士，他不屑一顾，没有应征。苏颋做益州长史的时候，读了李白的诗文，十分惊异，认为“此人天才出众，学业略微增进，就可以同司马相如媲美了”。然而，李白却不是那种“学而优则仕”的人。他洒脱豪迈，喜欢战国时纵横家的学术，爱弄刀舞剑，为人仗义，好打抱不平，视金钱如粪土，经常周济他人。后来，他又客居任城，与孔巢父、韩准、裴政、张叔明、陶沔等人在徂徕山上结庐为舍，纵酒豪饮，吟诗颂歌，号称“竹溪六逸”。

天宝初年，李白游历到会稽（今浙江会稽）一带，与当地道士吴筠十分要好。当吴筠被朝廷召用时，李白便随吴筠一路风尘来到长安。他慕名去拜访大诗人贺知章，贺知章读了李白的诗，看到他外表是那样的洒脱飘逸，禁不住感叹道：“你简直是谪居世间的仙人！”贺知章向玄宗推举李白，于是玄宗在金銮殿召见李白，李白同玄宗谈论当代之事，进献颂一篇。玄宗赐给李白饮食，并亲自给他调羹，下诏让他到翰林院供奉学士。李白好喝酒，每天都喝得大醉。

有一次，玄宗坐在沉香亭里，心有所感，想让李白为他写歌词，于是召李白入宫。谁知李白已喝醉，直到玄宗左右的人用冷水给李白敷面，李白才醉意略消。他拿起笔来一蹴而就，文词婉转华美，精致贴切，诗思毫不迟滞。玄宗便愈发喜爱李白的才能，多次在清闲的时候召见他。

有一次，李白侍奉玄宗，喝醉了酒，让大宦官高力士为他脱靴子。高力士素来地位尊贵，多年来一直侍奉皇帝，没有人对他如此不尊敬。他以此为平生大耻，记恨李白。于是常曲意摘选李白的诗句，在杨贵妃耳边进谗言，挑起杨贵妃对李白的不满。玄宗曾想让李白做官，贵妃每每加以阻止。李白自知不被玄宗的左右所容，便更加放任，也不修身，与贺知章、李适之、汝阳王李琎、崔宗之、苏晋、张旭、焦遂结为“饮酒八仙人”。后来，李白恳求玄宗让自己回山隐居，玄宗于是赐给他黄金放他回山。这以后，李白浪游四方，曾有一次趁月色明亮之际与崔宗之乘船自采石矶到达金陵，李白穿着宫中特制的锦缎长袍坐在船上，旁若无

人，潇洒倜傥。

安禄山造反期间，李白辗转奔波于松滋、匡庐两地，恰巧，永王李璘征召他为幕府佐吏。谁知李璘意在起兵反叛，李白遂逃回彭泽；李璘兵败而死，李白则受到牵连当处死罪。起初，李白游并州，见到郭子仪，郭子仪认为他才能超群。那时，郭子仪曾犯法，李白加以援救，使他得以免罪。到李白落难时，郭子仪请求解除自己的职务以弥补李白的罪过，于是天子下令将李白流放夜郎。流放李白的船只行至白帝城时，遇到天子大赦，李白便回到浔阳，后又因事犯罪被关进监狱。当时宋若思率领吴地士兵三千赴河南，路经浔阳，将李白从狱中放出，征聘他为参谋。没多久李白又辞去官职。代宗即位，征召李白任左拾遗，而李白当时已去世了。相传李白是在长江边的采石矶（今安徽当涂）饮酒时，赏月落水而死的。

世称李白为“谪仙人”，不仅是因为他豪放不羁、率性而为的洒脱气度，更是因为他的诗作奇特瑰丽、雄浑壮阔。他的诗为后人所推崇，在中国文学史上占有重要的席位。

“人民的诗人”杜甫

杜甫，字子美，盛唐大诗人。原籍湖北襄阳，生于河南巩县。因曾居长安城南少陵，在成都被严武荐为节度参谋，检校工部员外郎；后世称之为杜少陵，杜工部。

年轻时，虽家境贫寒，但意气豪迈，有“致君尧舜上，再使风俗淳”的宏伟抱负。他热爱生活，热爱人民，开元盛世时，他周游吴、越、齐、赵等地，写下了许多优美的诗篇，诗中充满了浪漫主义色彩，被人们广为传诵。《望岳》诗可为代表。“会当凌绝顶，一览众山小”，正流露了诗人的雄心壮志。当时，游齐赵时，杜甫曾先后和苏源明、高适、李白等人交游，打猎取乐，登高怀古，饮酒赋诗，并和李白惺惺相惜，结下了深厚的友谊。

天宝十三载（754 年），唐玄宗到大清宫朝献，拜乡庙，行郊祀，杜甫瞅准这个机会向玄宗皇上献上了他写的三篇赋。玄宗看后，十分欣赏，便下诏让杜甫到集贤院住下来，然后命宰相考核杜甫，考核结果令人满意。杜甫被提拔为河西尉，还未任职，又改任右卫率府参军。

安禄山叛乱之时，玄宗逃避进入蜀地，杜甫也逃到三川避乱。肃宗即位时，杜甫身穿贫贱人的衣着，想奔往肃宗所在的地方，结果被叛军捉住。至德二年，杜甫逃到风翔晋见肃宗，被任命为左拾遗。杜甫同房琯是贫贱之交，感情很深。房琯带兵讨伐叛军，在陈涛斜打了败仗，被免去了宰相的职务。杜甫怀着一腔义气，为老朋友打抱不平。他上疏给皇帝说：“房琯的罪过很小，不该免去他的职务。”皇帝看后，十分震怒，下诏令三司拷问杜甫的用意。在一旁的宰相张镐劝阻，肃宗才罢，但从此就不大理睬杜甫了。

当时，正值安史之乱，安禄山的军队到处烧杀抢掠，杜甫的家人居住在鄜州（在今陕西富县），穷困潦倒，他的几个孩子都冻饿而死。噩耗传来，朝廷批准杜甫回家料理后事。不久，杜甫带着满腹的忧伤和家眷回到京城。一路上，他目睹了地方官府奢侈腐化的风气，再联想到自己死去的孩子及千百万个受苦受难的家庭，心中百感交集，产生了《兵车行》、《丽人行》、《前出塞》、《后出塞》、《自京赴奉先县咏怀五百字》这样的不朽名篇，还提笔写下了“朱门酒肉臭，路有冻死骨”这样的名句。此期流传下来的诗大约一百首，其中大都是五七言古体诗。

后来，他出任华州司功参军。因关辅地区闹饥荒，他再也无心做官，便离开华州，开始周游四方。他来到了秦州（今甘肃天水一带），就在这个地方安顿下来。他亲自登高伐木，还走进密密的丛林，去采集橡子野果充饥，过着自在的生活。漂泊之中，杜甫流落到剑南（今四川一带）一带，在成都西郊结草为庐，过着一种与世隔绝的隐居生活，这就是后来名传千古的杜甫草堂。

大历年间，杜甫出瞿塘峡，沿长江东下到江陵，又逆沅水、湘水而上，登上了衡山，客居于耒阳。有一次杜甫游岳祠，忽然发大水，有十天弄不到吃的，耒阳县令备下小船迎接他，才得以回还。他生活的最后二年，居无定所，漂泊于岳阳、长沙、衡阳、耒阳之间，时间多在船上度过。公元 770 年冬，杜甫死于长沙到岳阳的船上，当时他五十九岁。

杜甫年轻时与李白齐名，时人称为“李杜”。杜甫多次经历盗贼作乱，都能坚守节操，无所玷污；作诗，忧念时世，俯就弱者，情不忘君，人们爱慕他的忠诚。

杜诗现存一千四百多首。这些诗深刻地反映了唐代安史之乱前后二十多年的社会全貌，生动地记载了杜甫一生的生活经历；把社会现实与个人生活紧密结合，达到思想内容与艺术形式的完美统一；诗文精密深远，长的到上千言而笔力不稍衰减，世人称为“诗史”。韩愈从不会随便认可别人的文章，但他却非常推崇李杜的诗歌，曾作诗：“李杜文章在，光焰万丈长。”

段秀实痛击朱泚

安史之乱虽然平定了，可是一些节度使拥兵自重，形成藩镇割据的局面，严重威胁唐王朝的统治。唐德宗时期，朱滔、田悦、王武俊和李纳等四个藩将联合起兵，反叛朝廷，历史上称为“四镇之乱”。接着，淮宁节度使李希烈也开始反叛，朱滔的哥哥朱泚（cǐ）占据长安称帝。无能的唐德宗仓皇逃出长安。

在平息叛乱的过程中，涌现了很多著名的人物，例如唐朝大将马燧、李晟(shèng)、段秀实、颜真卿等人。我们这里要讲的是段秀实。

段秀实早年在镇守西北的唐军中，当过下级官吏。安史之乱爆发，唐肃宗在灵武即位以后，他随主将到了内地，担任筹集军需粮饷的留守官员。后来，他立了功，升为泾州刺史。当时，郭子仪的儿子郭晞当了尚书，屯兵在邠州(bīn，今陕西省彬县一带)。郭晞部下的军士横行不法，大白天成群结伙地在街上乱窜，到店铺中强拿人家的好东西，把那些不值钱的东西，像锅、盆、碗、勺之类，扔得满街都是，还动手打人，甚至把孕妇也撞伤了。邠宁节度使白孝德怕得罪郭子仪，不敢管。段秀实听说，从泾州跑来向白孝德说："您知道百姓受害，怎么不管呀？要是在边镇闹出大乱子来，那怎么得了呢？"白孝德问他："你有什么办法吗？"段秀实回答说："您如果能授权给我来管理治安，我就有办法制服这些人。"于是，白孝德委派段秀实为都虞候。

不久，郭晞的军士十七人，又到市上向商人要酒，用刀刺伤了一个卖酒的老翁，砸坏了酿酒的器具和酒瓮，酒都流到街上来了。段秀实下令把这帮家伙抓起来杀了，把人头悬在酒店门外。郭晞的军士们知道以后，立刻骚动起来，有的穿上铠甲，准备干仗。白孝德吓坏了，问段秀实："怎么办？"段秀实说："您别着急。让我亲自去跟他们讲道理。"说完，他解下身上的佩刀，骑着马，特意选了个年老瘸腿的马陪着他来到郭晞的军营。郭晞部下那些披甲的军士跑了出来，堵在门口。段秀实笑着对军士们说："杀一个老卒，还用得着披甲吗？我顶着我的脑袋来了啊！"军士们见段秀实两手空空，什么武器也没拿，身上连佩刀也没挂，不禁吃了一惊，你瞧瞧我，我瞧瞧你，不知说什么好。段秀实严肃地对他们说："尚书(指郭晞)亏待你们了吗？副元帅(指郭子仪)亏待你们了吗？你们为什么要胡作非为，败坏郭家的声誉！"这时候，郭晞走了出来。段秀实拱拱手，对他说："副元帅为国家建立了巨大的功勋，你应当珍惜这份荣誉。如今你放纵军士们在外横行霸道，要是在边镇上闹出了大乱子，敌人乘机打了进来，朝廷就会归罪于副元帅，郭家的功勋岂不毁于一旦！"这番话像浇在郭晞头上的一盆凉水，使他清醒了。他感到万分惭愧，忙对段秀实说："幸亏您来教导我。我一定把军队整顿好，严惩那些行凶作恶的人！"从此以后，郭晞的军队果然都遵守军纪，不再横行不法、欺压百姓了。

段秀实为官清廉，办事公正，多次建立了军功，不久升为节度使。可是到后来，由于得罪了一个宰相，他被夺去兵权，调到朝廷里当了司农卿，管理农业方面的事情。当朱泚在长安反叛的时候，段秀实没来得及逃走。朱泚心想，段秀实一向威望很高，目前被夺去了兵权，对朝廷一定有怨恨，何不拉拢他跟我一起反唐呢？因此，他派了马匹，随从，准备把段秀实强行接来。段秀实对朱泚的反叛行为非常愤恨，料想这一去凶多吉少。他向家人嘱咐了几句，就随着来人到了朱泚那里。

朱泚十分高兴，对段秀实说："您来了，我的大事就成功啦！"这时候唐德宗已经从长安逃到奉天。朱所说的"大事"，是指他将要在长安称"皇帝"。段秀实假装没领会朱泚的意思，回答说："您的职责，不就是扫清宫室，迎接皇上回来么？"

朱泚愣了，一时答不出话来，只好默不作声。段秀实没立即戳穿朱叛国的阴谋，暗地里却和几位唐朝的将军商量除掉朱泚的计划。

朱泚为了偷袭奉天，劫杀唐德宗，派部将韩旻（mín）带上三千骑兵，声称到奉天去把唐德宗接到长安来。段秀实知道以后，假造一份调兵的文书，盖上司农卿的大印，又从一位将军那里弄来半个兵符，派人带上这些东西，追上韩旻，说是朱泚临时改变主意，调他立即返回，和大军一起去攻奉天。

段秀实清楚，只要韩旻一回来，他和那位将军就都活不成了。因此，他对那位将军说："我决定直接击杀叛贼朱泚。要是不能成功，就请你跟着动手。"

第二天，韩旻还没有回到长安，朱泚找段秀实等人去议事，在座的还有源休等朱泚手下的几个亲信。段秀实内穿铠甲，外罩战袍，坐在源休旁边。当亲信们谈到朱泚准备如何即位称帝的时候，段秀实突然站起来，从源休手里夺过象牙笏（hù，古代臣子上朝时手中的奏事板），冲到朱泚跟前，向他脸上吐唾沫，一边大骂："狂贼！我恨不能把你碎尸万段！难道能跟你一起反叛？"一边用象牙笏朝朱泚打去，一下就打中了朱泚的脑门。朱泚血流满面，倒在地下，狼狈地爬着逃走了。

由于事情发生得太突然，朱泚的亲信和卫士们吓呆了，站在旁边都没敢动。段秀实事先相约的那位将军是个怕死鬼，在这节骨眼上，没有跟上来一起击杀朱泚。

朱泚的亲信和卫士们一清醒过来，就立刻围上来逮住了段秀实。段秀实大义凛然，高声呼喊："我绝不跟你们一起反叛！你们为什么不杀了我！"就这样，段秀实被杀害了。

在这次叛乱中，德高望重的太师颜真卿也惨遭杀害。他奉命去劝降淮宁节度使李希烈，被李希烈扣留，他大义凛然，坚决不与李希烈合作，慷慨就义，当时他已经七十多岁了。

柳公权德高望重

柳公权是中晚唐时期的大书法家，他自幼聪敏好学，十岁便能够写诗作赋，尤其喜爱书法。柳公权学习书法，起初师法东晋大书法家王羲之，后来他又认真钻研当世书法大家的作品，摄取众家之精华，融于一炉，创立了气势雄健俊美，刚劲有力的“柳体”，形成了自己独特的风格。当时，他与唐代的另一书法家颜真卿齐名，并称为“颜筋柳骨”。由于公卿士大夫非常喜欢柳公权的书法，所以他们墓志碑刻时争着要柳公权的手笔，如果他们不这做就会被世人认为是不孝。另外，边地夷人到朝廷入贡时，一般都要购买柳公权所写的字书，带回去送人。

唐宪宗李纯时期，柳公权担任夏州掌书记。有一次他在佛寺中看到了朱审的山水画，他一时心血来潮，文思涌来，便在寺院墙壁上写下了：“朱审偏能视夕岚，洞边深墨写秋潭。与君一顾西墙画，从此看山不向南。”诗句。后来，这首诗被众人所传唱，此寺也以柳公权题字而备感荣幸。到了唐穆宗时期，柳公权先后担任了右拾遗、右补阙、司封员外郎等职。

唐文宗李昂在位时期，有一年夏天，李昂率领众学士到长安西明寺避暑游赏。由于西明寺中保存有钟繇、王羲之、欧阳询、虞世南、褚遂良、陆羽等人的墨宝，寺僧们都以此为豪。在游赏中，李昂和众人一起对诗，当时柳公权随口对了一句：“薰风自南来，殿阁生微凉。”李昂认为此诗难对，于是就让柳公权把诗题写在寺壁上。李昂看到柳公权的字后，赞不绝口地说：“纵使钟、王复生，也无法与此相比。”自此而后，西明寺僧人又增加了一项骄傲的资本。

柳公权为人正直，从不邀宠恣意，总是忠言直谏，以匡国正君为己任。一天，李昂在便殿召见学士，谈及汉文帝刘恒崇尚朴素节俭时，李昂举起自己的衣衫，颇为得意地说：“朕这件衣服也已洗过三次了。”在座的学士纷纷上前，称赞李昂是一代圣贤之主，不求奢华，以身作则，必将一改时代之风等等。当时李昂听着这些恭维的话不由得眉开眼笑。而在一旁的柳公权此时却缄默不言。李昂见此，心中有些不乐。散朝以后，李昂特意把柳公权留下来讯问因由。柳公权说：“皇帝应当选贤良之士，退不肖之臣，广纳谏言，赏罚分明。至于穿洗过的衣服，只不过是做皇帝的应做的一件小事罢了，不值得如此宣扬。”当时在场的学士周墀(chí)听了这话，吓得两腿不住地颤抖，而柳公权却容色不改，泰然自若。李昂听完以后，转怒为喜，对柳公权说：“我原本以为你不适合做谏议之臣，如今看你进言论事，颇有诤臣之风。”第二天，李昂便下诏任命柳公权为谏议知制诰，学士身份依旧。

到了唐宣宗时期，柳公权被任命为太子少师。一天他入朝谢恩，唐宣宗李忱素知柳公权为一代书法大家，想亲眼看他如何妙笔生花，于是让军容使西门季玄捧砚，枢密使崔巨源过笔。柳公权一气呵成，连书三张。李忱看后，连连称好，急忙派人找名家装裱，妥善保存，并赐给柳公权锦彩、瓶盘、金银器物等物。从此以后，李忱对柳公权倍加赏识和看重。

柳公权不仅擅长书法，而且他对《左传》、《国语》、《尚书》、《庄子》等也颇有研究，基本是篇篇能做到耳熟能详。另外，他还通晓音律，但从来不轻易演奏乐曲，认为经常听音乐能使人骄纵懈怠。公元865年，柳公权去世，享年八十八岁。

永贞革新的夭折

昔日曾经强大昌盛的大唐帝国，经过安史之乱那场浩劫，已经一蹶不振，只留下一个徒有虚名的中央政权，四分五裂的割据一方的大大小小的藩镇。从唐肃宗、唐代宗到唐德宗的几十年间，昏庸的皇帝们不思进取，却只顾自己享乐，完全不管百姓的死活。特别是唐德宗在位的那二十多年，外有吐蕃入侵，内有奸臣当道，藩镇作乱，他却毫不在意，反而加紧敛财，要地方官和节度使们每天"日进"、每月"月进"钱财，一年里掠夺的钱财，总有几十万贯。

从唐德宗开始，长安宫廷的禁军，都让宦官掌管，恶劣的先例一开，潜伏下宦官篡权的隐患。那些宦官实权在握，除了在朝廷里颐指气使，还在长安开了"宫市"。所谓宫市，就是皇宫里要用什么，都派"宫使"到集市中购买。几百名宫使进了市场，就好比庄稼地里飞来一批蝗虫，他们爱什么，伸手就拿，临走前只随便扔几个钱就算了事，实际上是公然地掠夺财物。

朝政荒废，必然让不法之徒得逞。当时长安的地方官是一位叫李实的贪官污吏。李实原先在外地做官，因为克扣军饷，激怒了军士们，军士们自发组织起来，准备把李实杀了。李实吓得连夜逃出官衙，用绳子从城墙上吊下逃走。就是这么一个人人痛恨的家伙，因为善于搜刮民脂民膏，把自己敛聚的昧心钱进奉给唐德宗，反而得到皇上的信任，担任了京兆尹。

在长安，李实可是个翻云覆雨的能手，从来不顾百姓的死活。有一年发生了天灾，连久居深宫的唐德宗也下令减收赋税。命令传达到李实那儿，李实却拒不执行。百姓们无法纳税，只得卖了青苗，拆了房子，凑钱上税。一时间长安的房价大跌。一位伶人气不过，写了首诗讽刺李实。李实大怒，派人把伶人抓来，当众杀害了。

不但百姓倒了霉，朝廷里的官员也要受李实欺压。有一次李实走在路上，正好跟一位御史大夫劈面碰上。照理说，御史的职位比李实高出好多级，两官相遇，该李实退到路边让道才是。可是李实一点儿不肯买账，跟御史抢道而行，事后还禀报唐德宗，把那位御史撤了职，赶出了长安。天子脚下，长安城里，居然出现这种怪事，真让人觉得朝纲已乱。

这种昏天黑地的状况，理所当然地要引起社会上有识之士的痛恨。一些从中下层升上来的朝臣，因为跟百姓接触的机会多，更了解局势的严峻，想改革朝政的决心也更大，王伾、王叔文就是其中的佼佼者。

王伾和王叔文原来是太子李诵的侍从官，王伾擅长书法，王叔文是下棋高手。他们发觉太子并不像德宗那么昏聩，不时流露出要改革时弊的意思，便常常向太子讲一些民间的疾苦，渐渐成为太子的亲信。

贞元二十一年(公元 805 年)，唐德宗病死了，李诵继位当上了皇帝，这就是唐顺宗。可是，当了皇帝的李诵已经得了中风的毛病，连话都说不成，于是李诵便提拔王伾、王叔文主持朝政，实行一系列的改革，因为唐顺宗登基的年号是永贞元年，这场改革便被称做“永贞革新”。

王伾、王叔文联络了一批志同道合的中下层官员，其中有柳宗元、刘禹锡、韦执谊、韩泰。他们大刀阔斧地对朝政进行改革，得到了朝廷内外，特别是长安百姓的拥护。

这一年，唐顺宗发布了一系列命令，废除了百姓积欠官府的部分租税，降低了盐价，取消了宫市，停止了地方官对朝廷的进奉，还释放了一部分宫女。这就大大减轻了百姓负担，老百姓从革新中得到了好处。

王叔文知道百姓最痛恨贪官污吏，便果断下令撤了京兆尹李实的官职，把他放逐出长安。消息传出，长安的百姓们人心大快。李实被放逐的前一天，市民们暗地里做了准备，许多人在衣袖里揣上了石块瓦片，打算第二天在出城的街道上拦截李实，痛打他一顿。这一次，李实又得到了消息。他故伎重演，没等天亮，就偷偷溜出了长安。

革新派最关心的，当然是朝廷最为头疼的藩镇割据问题。在这方面，王伾、王叔文也采取措施，限制和削弱藩镇的势力。李诵登基不久，西川节度使韦皋派刘辟到长安，告诉王叔文：“您如果答应把四川和湖北三川之地都划归韦皋，我们一定竭尽全力帮助您掌权，要是不答应，我们也有办法对付。”王叔文听了，十分恼怒，下令要捕杀刘辟，吓得刘辟一溜烟逃回西川去了。

王叔文等人的革新，对百姓、对朝廷都是有利的，却损害了贵族官僚和藩镇的利益，因此，他们内外勾结，千方百计攻击王伾、王叔文，要把这场刚刚开始的革新扼杀在摇篮里。

第一个反对革新的是宦官集团。本来，王叔文已经任命老将军范希朝担任禁军统帅，并派韩泰协助他接管宦官的兵权。宦官的头子俱文珍立即下了手令，叫禁军将领们别听范希朝的。范希朝和韩泰到奉天点兵，禁军将领一个也不来听点。没有兵权，王叔文的改革便走上了绝路。

大官僚们接着又施出了杀手锏。他们借口唐顺宗体弱多病，要求太子李纯出面主持朝政，后来索性要顺宗退位。这一着釜底抽薪，确实击中了改革派的要害。王叔文只得叹着气诵读杜甫的名句：“出师未捷身先死，长使英雄泪满襟。”短促的改革，眼见就要走完全程。

唐顺宗在公元 805 年正月即位称帝，到了八月，就被迫退位，把皇位传给了太子李纯。唐宪宗李纯立刻站在宦官和大官僚一边，把王伾和王叔文贬逐外地。王伾到外地不久便死了。第二年，王叔文在渝州被贬寓所又接到诏令，皇上下令赐他死，王叔文只得含恨自尽。

跟二王一起革新的八位朝臣，也一律被贬出京城，其中就有著名的文学家柳宗元、刘禹锡等人。开始还给他们刺史的官职，半路上又把他们降职为司马，而且地点也改为远远的险恶地区。这就是历史上所称的“二王八司马”。短短的一百四十六天，以王叔文为首的革新集团确实给腐败的唐皇朝带来一股清新的空气。可惜这只是昙花一现，很快便夭折了。从此唐王朝越发不可救药。

刘禹锡二游玄都观

上文说到的“八司马”当中，有两个是有名的文学家，就是柳宗元和刘禹锡。柳宗元擅长散文，刘禹锡善于写诗，两个人又是很要好的朋友。这一回，柳宗元被派到永州(今湖南零陵)，刘禹锡被派到朗州(今湖南常德)。

永州和朗州都在南边，离开长安很远，那时候还是荒僻落后的地区。要是换了一些想不开的人，心情是够难受的。幸好他们都是很有修养的人，他们相信自己的作为是正直的，失败了也不那么懊丧。到了那里，除了办公以外，常常游览山水，写写诗文。在他们的诗文中，常常抒发自己的政治抱负，也反映了一些人民的疾苦，像柳宗元的《捕蛇者说》就是在永州写的。

两个人在那里一住就是十年。日子一久，朝廷里有些大臣想起他们来，觉得这些都是有才干的人，放在边远地区太可惜了，就奏请宪宗，把刘禹锡、柳宗元调回长安，准备让他们留在京城做官。

刘禹锡回到长安，看看长安的情况，已经发生了很大变化，朝廷官员中，很多新提拔的都是他过去看不惯、合不来的人，心里很不舒坦。

京城里有一座有名的道观叫玄都观，里面有个道士，在观里种了一批桃树。那时候正是春暖季节，观里桃花盛开，招引了不少游客。有些老朋友约刘禹锡到玄都观去赏桃花。刘禹锡想，到那里去散散心也不错，就跟着朋友们一起去了。

刘禹锡过了十年的贬谪生活，回到长安，看到玄都观里新栽的桃花，很有感触，回来以后就写了一首诗：

紫陌红尘拂面来，无人不道看花回。
玄都观里桃千树，尽是刘郎去后栽。

刘禹锡的诗本来就挺出名，这篇新作品一出来，很快就在长安传开了。有一些大臣对召回刘禹锡本来就不愿意，读了刘禹锡的诗，就细细琢磨起来，里面到底有什么含意。也不知道哪个说，刘禹锡这首诗表面是写桃花，实际是讽刺当时新提拔的权贵的。“刘郎去后栽”，不就是说这些新人是刘禹锡走后新提拔起来的吗？

这一下子可惹了麻烦，唐宪宗对他也很不满意。本来主张留他在京城的人也不便说话了。刘禹锡又被派到播州（今贵州遵义市）去做刺史。刺史比司马高一级，似乎是提升，但是播州地方比朗州更远更偏僻，那时候还是人烟稀少的地方呢。

刘禹锡家里有个老母亲，已经八十多岁了，需要人伺候，如果跟着刘禹锡一起到播州，上了年纪的老人受不了这个苦。

这可叫刘禹锡太为难啦！

这时候，柳宗元在长安也待不住了，朝廷把他改派为柳州刺史。柳宗元得知刘禹锡的困难情形，决心帮助好朋友。他连夜写了一道奏章，请求把派给他柳州的官职跟刘禹锡对调，让他到播州去。

柳宗元待朋友一番真诚，使许多人很受感动。后来，大臣裴度也在唐宪宗面前替刘禹锡说情，宪宗总算答应把刘禹锡改派为连州（今广东连县）刺史。以后，刘禹锡又被调动了好几个地方。过了十四年，裴度当了宰相，才把他调回长安。

刘禹锡重新回到京城，又是暮春季节。他想起那个玄都观的桃花，有心旧地重游。到了那里，知道那个种桃的道士已经死去，观里的桃树没有人照料，有的被砍，有的枯死了，满地长着燕麦野葵，一片荒凉。他想起当年桃花盛开的情景，联想起一些过去打击他们的宦官权贵，一个个在政治争斗中下了台，而他自己倒是顽强地坚持自己的见解。想到这里，他就又写下了一首诗，抒发他心里的感慨，诗里说：

百亩中庭半是苔，桃花净尽菜花开。
种花道士归何处？前度刘郎今又来。

刘禹锡的一些政敌听到他写的新诗，认为他又在发牢骚，挺不高兴，在皇帝面前说了他不少坏话。过了三年，又把他派到外地当刺史去了。刘禹锡一生就这样颠沛不平。

甘露之变

从唐穆宗以后，唐朝的皇帝都是由宦官拥立的。这样一来，宦官的权力就更大了，连皇帝的命运都掌握在他们的手里，还有谁敢跟他们作对呢？

唐文宗李昂（穆宗的儿子）即位的第二年，各地推荐的举人到京都应试。有一个举人叫做刘蕡（音 fén），在试卷里公开反对宦官掌权，认为要国家安定，应该排斥宦官，把政权交给宰相，把兵权交给将帅。

这份考卷落在几个考官手里，考官们传来传去地看，赞不绝口，觉得不但文采好，而且说理精辟，是篇难得的好文章。但是到了决定录取的时候，谁也不敢表示态度，因为录取了刘蕡，得罪了宦官，他们的位子也就保不住了。

结果，跟刘蕡一起来投考的二十二人都中了，刘蕡却落了选。刘蕡是大家公认的杰出人才，这次因为说了些正直话落选，大家都觉得委屈了他。中选的举人说："刘蕡落选，我们倒中了榜，太叫人惭愧了。"

唐文宗在宦官操纵之下过日子，自己也很气恼，他一心一意想除掉宦官。有一次，唐文宗生了一场病，急于找医生。正好宦官头子王守澄手下有个官员叫做郑注，精通医道。王守澄把他推荐给唐文宗治病。文宗服了他的药，果然病一天天好了起来。唐文宗很高兴，召见郑注，发现郑注口齿伶俐，像是个有才干的人，就把他提拔为御史大夫。

郑注有个朋友李训，原是个很不得志的小官员，听到郑注受到朝廷重用，就带了一些礼物求见郑注。郑注正好想找个帮手，就请王守澄把李训推荐给文宗。李训也得到文宗的信任，后来，竟被提升为宰相。

李训、郑注两人取得了唐文宗的信任，文宗把自己想除掉宦官的心事告诉他们。他们就跟文宗秘密商量，想法削弱王守澄的权。他们打听到王守澄手下有个宦官仇士良，跟王守澄有矛盾，就请文宗封仇士良为左神策中尉，带领一部分禁卫军。

接着，李训又解除了王守澄的兵权。王守澄失了兵权，就容易摆布了。最后，唐文宗给王守澄一杯毒酒，把他杀了。

去了王守澄，接下来就要除掉仇士良了。李训经过一番策划，联络了禁卫军将军韩约，决定动手。公元835年的一天，唐文宗上朝的时候，韩约上殿启奏，说禁卫军大厅后院的一棵石榴树上，昨天夜里降了甘露。

原来，封建王朝是最讲迷信的，天降甘露被认为是好兆头。李训当即带领文武百官向文宗庆贺，还请唐文宗亲自到后院观赏甘露。

唐文宗命令宰相李训先去察看。李训装模作样到院子里去兜了一转回来说："我去看了一下，恐怕不是真的甘露，请陛下派人复查。"

唐文宗又命令仇士良带领宦官去观看。仇士良叫韩约陪着一起去。韩约走到门边，神情紧张，脸色也发白了。仇士良发现这个情况，觉得奇怪，问韩约说："韩将军，您怎么啦？"

正说着，一阵风吹来，吹动了门边挂的布幕。仇士良发现布幕里埋伏了不少手拿明晃晃武器的兵士。

仇士良大吃一惊，连忙退出，奔回唐文宗那里。李训看到仇士良逃走，立刻命令埋伏的卫士赶上去。哪知道仇士良和宦官们已经把文宗抢在手里，把他拉进软轿，抬起就走。

李训赶上去，拉住文宗的轿子不放，一个宦官抢前一步，朝李训劈胸一拳，把他打倒在地。仇士良趁机扶着文宗的软轿，进内宫去了。

李训预谋失败，只好从小吏身上讨了一件便衣，化装逃走。仇士良立即派兵出宫，大规模逮捕一些参加预谋的官员，把他们全都杀害。李训东奔西逃，走投无路，在路上被杀。郑注正从凤翔带兵进京，得到消息，想退回凤翔，也被监军的宦官杀死。

唐文宗和李训、郑注策划的杀宦官的计谋彻底失败，在这次事变后受株连被杀的一千多人。历史上把这个事件称为“甘露之变”。

从这个事件后，宦官把唐文宗严密监视起来，唐文宗的日子更不好过，过了五年得病死去。仇士良立文宗的兄弟李炎即位，这就是唐武宗。

朱全忠篡唐

唐末黄巢起义失败后，唐王朝的中央政权已经名存实亡。各地藩镇在镇压起义过程中，乘机扩大势力，争夺地盘，成为大大小小的割据力量。其中，朱温因在黄巢起义的危急关头带兵叛变，投靠唐朝，为唐王朝镇压起义立了大功，被唐王朝封为梁王，赐号“全忠”，一时间成为最大的势力。

当时河北各藩镇全都归服他，只有幽州刘仁恭、沧州刘守文父子不肯归服。于是朱全忠就兴兵大举讨伐他们，想以此坚定各藩镇的归服之心。不久，驻守潞州的昭义节度使丁会叛变，朱全忠烧毁营寨撤回，威望大受损害。朱全忠恐怕内外因此离心离德，于是就想赶快接受唐昭宣帝退位禅让来震慑他们。

公元907年正月，朱全忠进入魏州，因生了病，就在节度使府中休养。魏博节度使罗绍威担心朱全忠住的久了会危害自己，于是进见朱全忠，动员他赶快灭唐。

朱全忠虽然没有应允，但心里却认为他说得有理，于是急忙起程返回大梁。到了二月，在朱全忠的授意下，唐朝的一些大臣联名上了奏折，请求昭宣帝退位。昭宣帝被迫之下下诏，命令宰相率领百官劝请梁王即位，朱全忠却假意派遣使者辞退了他们。从此以后，朝中大臣、各地藩镇节度使、乃至湖南的马殷、岭南的刘隐，都相继上呈奏文，劝请朱全忠即帝位。接着，唐昭宣帝颁下诏书让位给梁王，任命使者率领文武百官准备皇帝车驾仪仗前往大梁。

朱全忠的哥哥朱全昱听说朱全忠即将即位称帝的消息后，对他说：“朱三，你可以做天子吗?”后来一次朱全忠与亲戚在宫中饮酒赌博，酒喝得差不多的时候，朱全昱忽然把骰子扔到盆里去，斜眼望着朱全忠说：“朱三，你本来是砀山的平民，跟随黄巢做了强盗。天子任用你做四镇节度使，富贵到了极点，你为什么一下灭了唐朝三百年的社稷，自己称起皇帝来？这种事应该满门抄斩，还玩什么赌博?”朱全忠听了很不高兴，大家不欢而散。

时间一晃到了这年三月初四，朱全忠才登上金銮殿，接受唐朝的文武百官称臣，自称寡人。后来他又改名为朱晃，下令除去唐年号，改国号为大梁。于是大叛徒朱全忠就成了梁太祖，统治了将近三百年的唐王朝从此就宣告结束了。

旧五代史、新五代史

李存勖杀叔

公元907年，朱全忠灭唐建梁。从此，中国历史进入五代十国的时期。即梁、唐、晋、汉、周五代，因前朝年号有与此相同的，后人在此五代前加一个“后”字以示区分。同时并存的十国分别为：前蜀、吴、闽、吴越、楚、南汉、南平、后蜀、南唐和北汉。五代十国时期，军阀割据混战，朝代更替频繁。

在朱全忠建立梁王朝的时候，在我国北方还有两个较大的割据势力，一个是幽州的刘仁恭，一个是河东的晋王李克用。

公元908年正月，晋王李克用头上生了毒疮，病倒了。他深知自己活不长久了，就让他的弟弟振武节度使李克宁、大将李存璋等人，扶立他的儿子晋州刺史李存勖为继承人。李克用在临终前，嘱咐李存勖说：“李嗣昭被敌人重重围困，我是见不到他了。等到丧事办完，你和周德威等人立即竭尽全力赶去救他！”接着他又嘱托李克宁等人好生照管李存勖。话一说完李克用就死了。

李克宁长期统管兵权，有兄长死了自己取而代之的势头。当时，上党的围困还没有解除，军中认为李存勖年纪太轻，很多人私下议论，人心很不安定。李存勖听说后非常害怕，就找到李克宁表达了想把王位让给他的意思。

李克宁听后心中高兴，但慑于王命不敢有非分之想，于是就假意推托。李存勖见李克宁不肯即位，就在李克宁那里伤心哭泣，久久不肯出来。

大将张承业是拥护李存勖的，他见这情况就劝李存勖：“不要哭了，继承父亲的遗志，好好干吧。”

就这样，李存勖继位为河东节度使、晋王。接着，李存勖就把军府事务全部委托给李克宁。

当初，晋王李克用收养许多军中勇猛的士兵为养子，像对待亲生儿子一样宠信。等到李存勖继位，各养子的年纪都比他大，而且手握兵权，心里郁闷不服，有的借口生病不出门，有的进见新王却不叩拜。

李克宁的权力重，地位高，很多人都归心于他。养子李存颢、妻子孟氏等人屡次暗中劝说李克宁废了晋王取而代之。由于李克宁性情怯懦，每天被大家的言语蛊惑，时间长了渐渐也动了心。

李克宁一向与张承业、李存璋失和，为了给李克宁扫除继位的障碍，李存颢暗暗谋划想趁着李存勖到家里拜访李克宁的机会，借故杀死张承业、李存璋，拥奉李克宁为节度使，并计划将整个河东九州的土地送给后梁，拘捕李存勖及太夫人曹氏而后押送到大梁。

太原人史敬熔曾经侍奉过李克用，颇受李克用信任。为打听王府中的情况，李克宁召见了史敬熔，并将计划告诉他。史敬熔听后非常震惊，假装答应帮助他，出来后赶紧入晋王府报告太夫人。

太夫人闻讯大惊，急忙召来张承业，指着李存勖对他说："先王把这孩子托付给你们，你们如果听到外边有人谋划要背叛他，我只希望您找个地方安置我们母子，不要把我们送到大梁，其他的事都不敢烦劳您。"

张承业听后惶恐地说："老奴以死奉先王遗命，您这是从何说起？"

接着李存勖就把李克宁的阴谋告诉了他，并且说："至亲之间不应该自相残杀，我如果让位，就不会发生变乱了。"

张承业回答说："李克宁想要把大王母子送入虎口，不除掉他，就无法保全你们。"于是他火速召见了李存璋、吴珙及养子李存敬等人，让他们暗中做好除掉李克宁的准备。

到了二月的一天，李存勖在王府宴请诸将，事先埋伏好士兵。等宴席开始后，他命人将李克宁、李存颢逮捕。接着当天，李存勖就下令杀死了李克宁与李存颢。

李存勖为父报仇

朱全忠和李克用长期争霸，矛盾很大。朱全忠建立后梁之后，首先进行讨伐的，就是坐镇山西的李克用。

当初，李克用带兵追剿农民义军路过朱全忠驻守的汴州时，粮草不足，前去相借。不料，言语冲犯了朱全忠，险些被他用大火烧死。从此二人结下了冤仇。李克用听说朱全忠当了皇帝，改名朱晃，心中又急、又气、又恨，便决定出兵讨伐，但又怕兵力不够，反弄巧成拙被朱晃吞掉。想来想去，就想到了北方契丹族首领耶律阿保机。

契丹族属游牧民族，善骑射，骁勇善战。李克用觉得如与之联合，必能打败朱晃，灭了后梁。忙派人前去说服耶律阿保机。当时契丹族已经统一，耶律阿保机早有南犯之心。一听李克用要与自己联手攻打后梁，满心欢喜，当即表示同意，还亲自前往李克用处与之商谈此事。二人一见，甚为投机，结为兄弟，不久，约好一起进攻梁朝时间，各自回营准备。

令李克用意想不到的是，耶律阿保机回营后，朱晃便派人对其进行利诱。耶律阿保机一则被朱晃所送礼物引诱，二则细想之下觉得朱晃势力强大，即使自己与李克用联手也未必能胜，竟然背弃前盟，反与朱晃结成联盟。李克用得到消息后，急火攻心，卧床不起。

不久，李克用就觉得自己大限已到，不由得悲愤不已。李克用有一个儿子名叫李存勖。此子骁勇无比，又很有军事头脑。这一天，他来探望病中的父亲。李克用一看到威武强健的儿子，眼中闪了闪，心中升起一股希望，拉住儿子的手，语重心长地说道："孩子，为父之所以如此，全为三人所致。一个是朱晃，其中原因，我不讲你也清楚；一个是现在朱晃手下的刘仁恭；还有一个就是契丹首领耶律阿保机。刘仁恭我对他有恩，曾保举他做官，谁知这个狼心狗肺之辈居然投靠了朱晃，公然与我为敌；耶律阿保机曾与我结为兄弟，誓杀朱晃，不想此人也是见利忘义的小人，被朱晃所诱，投他而去。为父自知大限已到，不过，胸中这三口恶气不出，我死不瞑目啊！"

说到这，他停下来，喘了口粗气，命人取来三枝利箭，亲手交给儿子。这才继续说道："儿啊！为父知你英勇善战，一定会给为父报仇。今日，为父亲给你这三枝利箭，你一定牢牢记住那三个人便是你杀父的仇人，有朝一日，用这三枝箭亲手射杀此三人！"

李存勖见到父亲说完这几句话，眼神都已散乱，早已泪流满面。他"扑通"一声跪倒床边，双手恭恭敬敬接过三枝箭，哽咽着说道："父王，您放心，孩儿一定手诛此三人。不报此仇，誓不为人！"李克用闻听，嘴角露出一丝微笑，慢慢闭上了眼睛。

李存勖见父亲死了，悲痛欲绝。身旁一个老家人流着泪劝道："少爷节哀，保重身体要紧。哭坏了身子，如何给老爷报仇啊！"李存勖闻听，心里一惊，想道：是啊，哭有什么用？又不能将父王哭转回来，又想起父亲临终遗言，忙擦干眼泪，暗下决心，一定要在最短的时间内除掉李家这三个不共戴天的大仇人，以慰父亲在天之灵。

料理完丧事，李存勖继承了父亲李克用的晋王位。为报父仇，他开始加紧操练人马。李克用本就很有指挥才能，给他打下了良好的基础。再加之李存勖青出于蓝而胜于蓝，既有乃父之风，又有自己领兵作战的一套，很快就把自己手下

这支沙陀族骑兵训练得纪律严明，英勇无敌。

不久，李存勖便决定出兵。他第一个攻击的目标就是朱晃。出征前，李存勖前往家庙里祭拜，祈祷父亲在天之灵保佑自己。同时他将供奉在家庙里父亲所赠的三枝利箭恭恭敬敬地取出来，装进随身而带的丝套里，这才向朱晃的老巢进发。

朱晃率五十万大军迎击，两军展开了惨烈无比的战斗，直杀得风云变色、天昏地暗。李存勖虽受伤不敌朱晃，但他的骑兵将士个个骁勇善战，以一顶十。又加上每次作战，李存勖都身先士卒，冲杀在前，这极大地鼓舞了士气。因此，朱晃军兵虽众，却屡战屡败，狼狈不堪。李存勖每次取胜，还刻意将朱晃羞辱一番。特别是揭穿他曾为农民军、出身低贱，且做过背叛投降、寡廉鲜耻之事。朱晃羞愧气恨交并，竟一病不起，呜呼哀哉了。

李存勖气死朱晃，又一鼓作气，攻破幽州，杀死了刘仁恭父子，报了第二个仇。之后回师休整。

李存勖知道，要杀耶律阿保机，与杀刘仁恭不一样，不能仅凭一时之气，要有足够的实力。他养精蓄锐，卧薪尝胆，九年之后，兵力大增。李存勖率军出击，大败南下的契丹兵，把耶律阿保机赶回老家。从此之后，李存勖雄霸中原。

但是，他还有一个心腹之患，那就是朱晃儿子朱瑱(zhēn)。朱瑱继位后，还想为父报仇，统一北方，李存勖成为他的劲敌。两人兵戎相见十年。到公元923年，朱瑱终因不敌李存勖，宣告失败。后梁从朱晃建国到朱瑱亡国，不足十七年，其兴也勃焉，其亡也忽焉。

李存勖灭了梁朝之后，又率军统一了北方。自己登基称帝，国号为唐，史称后唐。李存勖则为庄宗皇帝。

庄宗宠信伶人

李存勖征战沙场十余年，终于报了父仇。在沙场上，他不愧为一个顶天立地的男子汉。但是当他统一北方，做了皇帝之后，却失去了奋斗的目标，没能成为一个好皇帝。

做了皇帝的李存勖，见到自己大功告成，敌人死的死、逃的逃，已构不成威胁，便以为中原从此平安无事，他自己也应该享乐几天了。

第一件事应该干什么呢？他在后宫自己一人想了一整天，最后决定，组织一支全国最好的戏班子。原来，李存勖是个戏迷。他从小就特别喜欢看戏，也愿意演戏。他们晋王府，当时就有一个戏班子，专门给晋王府演戏。李存勖那时就经常与那些优伶混在一起，还时常混充其中，跑个龙套啥的。由于他看戏太入迷，经常忘记练武习文，对他管教颇严的父亲李克用为此还对他施用过家法。以后，他就只好专门练武习文，较少去看戏了。即使去，也要悄悄的，背着李克用。长大后，李克用不再管他，但他又忙于征战没有时间看戏，李存勖一直将此事引以为憾。现在自己当了皇帝，说干什么就干什么，第一件事当然是组织一个戏班子。

朝中大臣闻说此事，有贤良之臣便出来反对，对李存勖进言道："国家初建，百废待兴，还望陛下以国事为重。"李存勖听了很不高兴。有善于察言观色、阿谀逢迎的见状忙趋前上奏："陛下为万圣之尊，这点小乐子也不能找吗？况且陛下南征北战十余年，现在也该歇歇，享乐一下了。"李存勖闻听非常高兴，立即派此人去办此事。

不久，戏班子就组建好了。李存勖把国家大事丢在一边，一心和戏班子混在一起，到后来甚至连早朝都不上了，整天涂脂抹粉，身着戏服，上台演出，与一帮优伶不分你我，称兄道弟，还给自己起了个艺名，叫"李天下"。这些优伶见李存勖迷戏若此，索性在他面前也无所顾忌，日渐放肆起来。

一日，众人在台上演戏。庄宗李存勖连喊两声艺名"李天下"。不料，一个优伶忽然走上前去，扇了他两个耳刮子，李存勖一时愣住了。旁边的人见状大惊失色，惟恐皇上怪罪。一个稍微灵活点儿的上前揪住那个优伶质问。那优伶不慌不忙，笑道："治理天下者，唯有皇上一人，你连喊两声'李天下'，那个人是谁呀？"

众人闻听这才舒了一口气。庄宗李存勖也知那人是与自己闹笑话，并不追究，继续演戏，但是这无异于纵容了这些优伶。他们在宫中受到庄宗李存勖的宠幸，在一起平等相处，便日益狂傲起来。他们不仅自由出入皇宫，甚至还控制朝中大事，欺侮重臣。许多官员对此敢怒不敢言。

在众多的优伶中，有一个人最善机巧，他叫景进。景进经常在庄宗李存勖面前要乖弄巧，逐渐成为庄宗最宠信的人，将他当成心腹。景进颇有心机，经常去外边了解情况，然后根据自己的评判标准，在庄宗面前数说朝臣是非，以达到不可告人的目的。庄宗很听他的，他说谁好，谁就升官；他说谁不好，谁就遭贬、获罪。朝中大臣不敢惹景进，只好处处讨好景进。一个优伶使用这么简单的手腕，竟然达到了祸乱朝政的地步，真是让人感到荒唐可笑。

庄宗李存勖渐渐不满于与众伶人在后宫演戏了，他甚至要让这些伶人做官。不久，他就决定封两个优伶为刺史。消息传出，朝中重臣纷纷进谏相劝，都认为新朝刚刚建立，许多跟随李存勖南征北战、出生入死打下江山的有功之臣尚未封赏，如今却让优伶出任刺史，未免让众将心寒。

庄宗李存勖却颇不以为然。他心中道，就算他们不服，又能怎样呢？最终坚持让那两个伶人做了官。这下可给他带来了杀身大祸。

这两个伶人本就是无才无德之辈，一朝掌权，便作威作福，祸乱朝纲。他们自认为有皇上在后撑腰，有恃无恐。许多当年跟随李存勖征战的将士心中不平，觉得皇上不公。仅仅几年，后唐朝廷内乱频仍，大将郭崇韬被杀，李嗣源也险些被害。

李嗣源可不是一般人物。他武艺高强，胆识过人。当年，朱全忠火烧驿馆，谋害李克用，李嗣源正在李克用身边。那时，他只有十七岁，但却临危不惧，挥舞一只长枪，左拼右杀，以一当十，最终保护李克用冲出重围，立下大功，被李克用收为养子。

李嗣源对李家可谓忠心耿耿，战功赫赫，就是李存勖连报三仇，直至统一北方，也多亏有他从旁辅佐。可是这样的有功之臣，并且也算是与皇上兄弟相称，非但得不到重用，反遭猜忌迫害，让将士们的心都凉透了。他们纷纷跑到李嗣源府中，要求他起兵反唐。李嗣源也忍无可忍，又见有众将热烈拥护，便决定发兵，讨伐戏迷皇帝李存勖。他选择进攻的第一目标便是汴京。

庄宗皇帝在洛阳正排演新戏，闻听李嗣源起兵反叛，也不由得大吃一惊。他深知李嗣源厉害无比，绝非等闲人物，便立即动身亲自赶往汴京督战，行至途中，就又得到消息，李嗣源已攻下汴京。而且各地将领纷起响应支持李嗣源。李存勖一屁股坐在地上，喃喃说道："朕此时处于孤立无援之境，除了我的戏班子，我是一无所有了……"

庄宗李存勖虽明知自己已经完蛋了，但还要负隅顽抗到底。他赶回洛阳，命令亲军指挥郭从谦组织兵力抵抗。

郭从谦原来也是个优伶，但此人与景进等人并非一流。他为人正直，好求上进，曾认大将郭崇韬为叔叔。郭崇韬被景进一伙进谗言，蒙冤而死。郭从谦恨透了这帮人，同时他觉得庄宗也是个昏庸之辈，早就有心除之，无奈兵力不足，只得忍耐一时，相机而动。此时见李嗣源率大军讨伐庄宗，便觉机会来了。他发动亲军造反，冲入皇宫。庄宗李存勖始料不及，他万万没想到自己连宫中优伶也没有完全笼络住。他纵有一身武艺，也抵挡不住强健勇猛的亲军一起围攻。而他身边那些伶人，特别是景进之流，早已各自逃命去了。这个只做了四年皇帝的李存勖最终死于非命。不知他到了阴间，还想不想唱戏。

庄宗死后，李嗣源继位做了后唐的第二位皇帝，即唐明宗，时值公元926年。

钱镠经营吴越

当中原地区的梁、唐、晋、汉、周改朝换代的时候，在南方和北方也相继建立了十个国家。这些国家立国的君主，都是唐朝末年割据一方的藩镇，或者镇守一方的武将,其中一多半还是中原人。其中吴越国偏安东南,长期没有战事,集中精力搞建设,出现了经济繁荣的景象。

吴越的立国者钱镠(liú),是杭州临安(今浙江省临安县)人,小时候聪明,很有胆量。他家的大门外有一大片空地,空地上立了一根大木头,木头下面有块大青石。钱镠和邻居的小朋友们,常常在空地上一起玩耍,在大木头下面做游戏。别的小朋友喜欢玩老鹰抓小鸡啦,捉迷藏啦,可钱镠喜欢领着小伙伴们练操。他往大青石上一站,指挥小朋友们集合、整队、操练,有板有眼,俨然像个将军。小朋友们都乐意听从他的指挥,大家玩得很高兴。

可是他长大以后变成个无赖汉,不愿意生产劳动,常常偷了人家的盐去卖,作了不正当的私盐贩子。后来他学习武艺,善于射箭,使一把长矛,勇敢善斗。唐朝末年,他参加镇压黄巢起义,立了功劳,先后升任刺史、节度使,被封为越王、吴王。后梁太祖朱晃封他为吴越王。这时候,他已经占领了十几州土地,当上了一个小国的国王。

钱镠当上国王以后,就摆起阔气来,在临安城里盖起了豪华的府第。他经常带着车马随从出外游览,前呼后拥,好不威风!他的父亲对钱镠的这些做法很不满意,每次听到钱镠出游,就有意避开。钱镠不知道是什么缘故。有一次,他不坐车,不骑马,也不带随从,步行到父亲的住处,问父亲为什么回避他。

老人说:“咱们家世世代代靠种田打鱼为生,没有出过达官贵人。你现在占有十三州的地盘,可是三面受敌,人家会要跟你争夺利益啊!我怕将来招惹祸害,所以不想见你。”钱镠听了,表示一定要记住父亲的嘱咐,保住自己的土地。

吴越拥有现在浙江全省、江苏南部和福建北部一些地方。它的北边和西边是南唐,南边是闽国,东边靠海。南唐的地盘比吴越大得多,实力也比吴越雄厚。钱镠知道自己的处境危险,生怕南唐来攻打,不敢疏忽大意。他晚上都不敢安稳地睡觉,叫人用小圆木做了个枕头。要是睡得太熟,脑袋一翻动,就从圆木枕头上掉下来,惊醒了。他把这枕头称为“警枕”。他在卧室里放了个盛着白粉的盘子,晚上想起了什么事,就随时写在粉盘里,免得忘记。他还让侍从通宵值班,外面有人要来议事,就让值班的人把他叫醒,以免误事。

钱镠不但自己保持警惕,对他的将士要求也挺严格。在他住宅的周围,夜里都有兵卒打更巡逻。有一天晚上,打更的兵卒蹲在墙根打起盹来。忽然,从墙那边飞来几颗铜弹子,正好掉在兵卒身边,把兵卒惊醒了。兵卒们后来知道铜弹子是钱镠打过来的,往后打更,再也不敢疏忽大意了。

又有一天夜里,钱镠穿了便服,要从北门进城。城门已经关闭了。钱镠在城外高喊开门,看管城门的小吏不理他。他说:“我是大王派出去办事的,现在要急着回城。”小吏说:“夜深了,别说是大王派的人,就是大王亲自来,也不能开城门。"钱镠在城外绕了半个圈子,从南门进了城。第二天,他把看管北门的小吏找来,称赞他办事认真,并且赐给了赏钱。

这些事情,都表现出钱镠振作有为的精神。

钱镠主持修建了钱塘江海堤和海塘。钱塘江的入海口十分宽阔,海潮倒灌,常常冲上江岸,威胁着杭州城的安全。钱镠下令征召大批役夫、工匠,凿石填江,修筑了一道坚固的石堤,保卫杭州城;把江中的巨石炸平,好让舟楫航行,便利了海上交通;建造了龙山、浙江两座闸门,阻止海潮内灌;还在许多河渠上建造了堰闸,可以蓄水泄洪,不怕旱涝。江浙平原的土地本来十分肥沃,气候温和多雨,加上有了这许多水利工程,灌溉便利,因此农业生产得到发展,庄稼连年丰收,米价便宜,每石(dàn)只值五十文钱。民间送给钱镠一个外号——"海龙王",称赞他在兴修水利方面的贡献。后来有人赞美吴越国"百事繁荣",是"地上天宫"。

在兴修水利的同时,钱镠也大兴土木,把杭州城扩大成周围三十里的大城。在杭州城里和海塘中的石基上,建筑了不少亭台水榭。他还把自己的府第修建得富丽堂皇,简直像海底龙王的宫殿。人们叫他"海龙王",也包含了对他那穷奢极侈的讽刺。

吴越国赋税繁重,苛捐杂税极多,除了大宗的田赋以外,像打鱼,养鸡,母鸡下蛋,孵小鸡等,都要交税。穷人交不起税,被捉到官府就要挨打。挨多少板子,要看欠了多少税。欠税多的人往往要挨几十板到一百多板,打得老百姓叫苦连天。

钱镠本来没读过什么书,可喜欢作诗,也留心搜罗有名的文人。他对当时的著名诗人罗隐等人,都很优待,常常和他们在一起吟诗,互相唱和。可是他也光凭文字就杀害无辜。他做节度使的时候,有人给他献诗,诗中有"一条江水槛前流"的句子。"前流"和"钱镠"同音,钱镠认为这诗讽刺了自己,派人把献诗人暗杀了。

对百姓横征暴敛,严刑苛法,也做了些有益的事情,钱镠就是这么一个半明半暗的君主。

当时的十国一般都存在了几十年时间,最短的是前蜀,二十三年,最长的是吴越,七十二年。其中,吴、闽、楚被南唐所灭,前蜀被后唐灭亡;剩下的南平、后蜀、南汉、南唐、吴越和北汉,都是在北宋建立以后逐渐被消灭的。

宋 史

陈桥兵变

宋朝开国皇帝赵匡胤是接受禅让当上皇帝的。这种情况在五代时期不足为奇。

赵匡胤是河北涿郡人,年轻时候就投身郭威军中,跟随郭威南征北战,立下无数战功。当后周的主要军事力量禁军成立之后,他逐渐登上了殿前都点检的职位,掌握了后周的军事大权,还兼任着宋州归德军的节度使,负责防守都城汴京。

周世宗柴荣在北征契丹的过程中得病死后,皇位传给了七岁的儿子柴宗训。

赵匡胤不甘心臣服在一位七岁的孩子手下,于是,他跟自己的弟弟赵匡义、心腹幕僚赵普商量秘密策划一场军事政变,推翻柴宗训,夺取皇位。

在那个时代,五个朝代的国君走马灯似地轮换着,赵匡胤可以参照执行的先例实在太多了。赵匡胤左不学、右不学,偏偏选择了当初郭威登上皇位的故伎,用到了郭威儿子的身上。

后周显德六年(公元960年)春天,后周的君臣们还在庆贺新年,河北镇州和定州的守将突然派人到开封告急,说北汉的第二位儿皇帝刘承钧和辽国联合,正挥兵南下,敌军声势浩大,地方上无力抵御。

担任宰相的范质,没去调查消息是否属实,立即决定派兵前往河北。带兵的人,当然只能是赵匡胤。于是,赵匡胤带着禁军,从开封出发,刚走出不远,就在开封东北边一个叫陈桥驿的地方停了下来。

这一晚,赵匡胤宴请部下,他喝了点酒,早早进帐睡下。他手下那些亲信,却因为喝了酒睡不着觉,聚在一起议论朝政。你一言我一语地扯了一阵,就有人主张:“现在主上年幼,主持不了朝政。我们冒死替国家出征,有谁会理解我们呢?不如立点检当天子,然后北征也来得及。”

一时间,满营里群情汹汹,将士们拥到赵匡义的营帐,向他报告大家刚才的决定。赵匡义和赵普表面上劝了几句，但只是火上加油，根本无法改变将士们的决心。赵匡义和赵普便顺水推舟，一方面让拥立赵匡胤的将士在帐外等候，一方面派人回开封，联络禁军将领石守信和王审琦，让他们作内应。

第二天黎明，陈桥驿四周呼声大起，群情激奋。赵匡胤刚从帐中出来，将士们立即一拥而上，把一件黄色皇袍披到他身上，一起下拜，齐声喊起“万岁”来。

这一场拥立皇帝的把戏，跟当年赵匡胤他们拥戴郭威上台时的状况如出一辙。当年郭威也是借口抵抗外敌，领兵出征，中途发起兵变的。不同的是，当年郭威身上披的只是一面撕开的黄旗，而赵匡胤却是早已准备好的黄袍。一前一后，惊人相似的兵变相去不到十年。

赵匡胤照例总要推辞，将士们也绝对不答应。于是，赵匡胤便说：“你们贪图富贵，要立我为天子，那么，我的命令你们愿不愿听从？”在一声声“愿听命”声中，赵匡胤发布了兵变的命令：“皇帝和太后，我曾经侍奉过；满朝大臣都是我的平辈兄弟，你们绝不能冒犯。过去新天子登基时，士兵们总要在京城抢掠，你们这次绝不许这么干，违命的一律严惩不贷！”

发布命令后，赵匡胤不再提起北上抵抗外敌的事，带着部队回到了开封。开封有人作内应，赵匡胤进城就像回家一样方便。京城里开始乱了一阵，等赵匡胤派兵弹压了乘机抢劫的歹徒之后，秩序很快恢复了平静。后周的大臣韩通听说发生了兵变，想组织人马抵抗，刚走到半途，便被赵匡胤的部将王彦升杀了。整个开封一下子完全控制在赵匡胤手中。

一切都安排妥了，连即位的诏书也早已写好。赵匡胤带着一群将校进了皇宫，宰相范质一群人正不知所措地等着他。见了范质等人，赵匡胤说：“我受大周天子深恩，今日受将士们逼迫，无奈做出这样的事，真不知如何是好，你们说我该怎么办呢？”

一旁的禁军将领们再也按捺不住了。赵匡胤的部将罗彦瑰带剑走上前来，挥着拳大声喝道：“我们今日一定要立点检作天子！”他大声呵喝，吓得范质等一批人脸色都变了。他们知道，现在只要稍有不慎，就会成为后周的殉葬品，这未免太不值得了。五代十国那个年代，忠君观念淡薄，人们对朝秦暮楚的事情早已习以为常。有一位叫冯道的人，甚至能在五代中的四个朝代当大官，好几次代表石敬塘去契丹拜见“父皇帝”，居然还称自己为“长乐老”，说是自己只有侍奉新主子的乐趣，从来没有亡国之恨。现在范质他们当然毫无心理负担，一起拜伏在地，高呼起“万岁”来。

改朝换代就这样和平地进行着。正月初五，赵匡胤举行了登基大典。崇元殿上，文武百官齐崭崭地分列两边，主持仪式的官员当众宣读了以柴宗训名义写的诏书，宣布把皇位禅让给“众望所归”的新天子赵匡胤。群臣们接着向这位新君主朝贺，新的朝代便这样正式开始了。

因为赵匡胤担任过宋州归德军节度使，他决定把国号改为“宋”，仍旧把开封作为都城，历史上称这个公元960年成立的王朝为“北宋”，把赵匡胤叫作宋太祖。

赵普罢相

从宋太祖取得政权开始到平定南方，赵普是主要的谋士，立了不少大功。宋太祖拜赵普为宰相，事无大小，都跟赵普商量。

赵普出身小吏，比起一般文臣来，他的学问差得多。他当上宰相以后，宋太祖劝他读点书。赵普每次回家，就关起房门，从书箱里取出书，认真诵读。第二天上朝处理政事，总是很娴熟。后来，家里人发现，他的书箱里藏的不过是一部《论语》。于是人们就流传一种说法，说赵普是靠“半部《论语》治天下”的。

宋太祖信任赵普，赵普也敢于在宋太祖面前坚持自己的意见。有一次，赵普向宋太祖推荐一个人做官。接连两天，宋太祖没有同意。第三天赵普上朝的时候，又送上奏章，坚持要求宋太祖同意他的推荐，这下可触怒了宋太祖。宋太祖把奏章撕成两半，扔在地上。

赵普趴在地上，不慌不忙地把扯碎的奏章拾起来，放在袖子里。退朝回家以后，赵普把扯碎的奏章粘接起来，过了几天，又带着它上朝交给宋太祖，宋太祖见赵普态度这样坚决，只好接受了他的意见。

再有一次，赵普要提拔一名官员，宋太祖不批准。赵普就像前次一样坚持自己意见。宋太祖说：“我就是不准，你能怎么样？”赵普说：“提拔人才，都是为国家着想，陛下怎能凭个人的好恶专断！”

宋太祖听了，气得脸色变白，一甩袖就往内宫走。赵普紧紧跟在后面。宋太祖进了内宫，赵普站在宫门外不走。宫门前的卫士见宰相站在门口不走，只好向宋太祖回报。这时候宋太祖气已经平了，就叫太监通知他，说皇上已经同意他的请求，叫他回家。

赵普做了十年宰相，权力很大。日子久了，就有人想走他的门路，不时有人给他送礼物来。

宋太祖经常到赵普家里去，事先也不派人通知。有一次，吴越王钱俶(chù)派个使者送信给赵普，还捎带了十坛“海产”。赵普把十坛“海产”放在堂前，还没来得及拆信，正好宋太祖到了。

宋太祖在厅堂里坐下，看到这十只坛，就问赵普里面是什么东西。赵普回答说：“是吴越送来的海产。”

宋太祖笑着说：“既然是吴越送来的海产，一定不错，把它打开来看看吧！”

赵普吩咐仆人，打开坛盖，在场的人一看，都傻了眼。原来坛里放的不是什么海产，而是黄灿灿的瓜子金。

宋太祖向来怕官员接受贿赂、滥用权力，看到这情况，心里窝了一肚子火，脸色也就沉了下来。

赵普满头大汗，惶恐地向宋太祖请罪，说："臣没有看信，实在不知道里面是什么东西，请陛下恕罪。"

宋太祖冷冷地说："你就收下吧！他们以为国家大事都是由你们书生决定的呢。"

打这以后，宋太祖对赵普就有点猜疑起来。不久，又有官员告发赵普违反禁令，贩运木料。原来，当时朝廷禁止私运秦、陇（今陕西、甘肃一带）大木。赵普曾经到那里运木料为自己造住宅。他的部下趁机冒用赵普名义，私运一批大木到东京贩卖。这件事牵连到赵普。宋太祖大怒，要治赵普的罪，尽管其他大臣为他说情，宋太祖还是撤了赵普的宰相职位。

金匮之盟

赵匡胤登基后，尊奉自己的母亲杜氏为皇太后。

第二年，杜太后病重，赵匡胤在床边侍奉汤药，左右不离。过了不久，杜太后病危，她就火速召宰相赵普进宫记录遗言。

杜太后缓缓地对赵匡胤说："你知道赵家夺得天下的原因吗？"

赵匡胤回答说："这都是祖辈和太后的福荫。"

太后无力地说："不是这样的。主要的原因是周皇帝年幼，小孩子掌天下就要失败。如果周有年长的国君，这天下就没有你的份儿。你百年之后，要把王位传给弟弟光义（即赵匡义，后改名为光义），光义传给光美，光美再传下去。"

赵匡胤眼含热泪说："一定按太后的教诲办。"

接着杜太后回头对赵普说："你和陛下在一起听到了我的话，要把它记录下来，千万不可违背！"

于是赵普认真记录了杜太后的遗嘱，并在杜太后遗言后边写明"臣普记"，藏在金匮之内，密封宫中。

太后去世后，赵匡胤牢记太后的遗言，极力扶持弟弟赵光义、赵光美和皇子赵德昭，让他们在朝中都担任了要职。

公元 976 年，赵匡胤病重，他召见赵光义嘱托后事。后来，赵匡胤去世，赵光义做了皇帝，改名为赵光义。接下来，他任命赵光美为开封府尹，封为齐王；任命赵匡胤的儿子赵德昭为永兴军节度使，封武功郡王，并下诏让自己的子女与赵匡胤、赵光美的子女一样享受皇子、皇女的待遇。

公元979年,宋太宗赵光义为完成统一北方的事业,他带领赵德昭率军队攻打北汉都城太原。有一天晚上,部下忽然找不到赵光义,整个军营大为恐慌,甚至有人提出立赵德昭为帝的建议。不久,赵光义回来了,听到这件事,很不高兴。灭掉北汉后,赵光义班师回京,很久没对三军论功行赏。为此,赵德昭提请此事,赵光义大怒说:“等你自己主政的时候再赏也不晚!”

赵德昭听后,感到受了奇耻大辱,一时想不开,就回家拔刀自杀了。赵光义闻讯,追悔莫及,赶到赵德昭家中,抱尸痛哭说:“傻孩子,你为什么这么想不开呀!”后来,赵光义追赠赵德昭为中书令,追封他为魏王。

又过了三年,赵光义多次得到赵光美企图谋反、篡权的消息,于是他将赵光美全家发配到房州安置,还派人去监视他的举动。对此,赵光美是又气又恨,忧郁成疾,不久就病死了,死时才三十八岁。

事后,为掩人耳目,赵光义假惺惺地对朝中大臣说:“光美从小刚愎自用,脾气大,成年后更是凶狠,甚至要谋反作乱。念在他是我亲弟弟的份上,我不忍治他的罪,就让他住在僻远的房州,望他能静心思过。本来我想马上赦免他的罪过,恢复他原来的职位、爵号,没想到他却死去了,真让人痛心啊!”后来,赵光义又下诏追封赵光美为涪王。

吴越王献土归宋

宋太祖赵匡胤建立宋朝后,偏安东南的吴越王钱俶派使者与他交好。宋太祖对他的使者说:“朕已经在城南建造好了离宫,赐名‘礼贤宅’,用来接待南唐主李煜和你主,谁先来朝见就赐给谁。”

后来,宋朝为统一全国,出兵攻打南唐王朝,钱俶也帮助宋军出征。当时李煜写信劝钱俶说:“今天没有了我,明天难道还会有钱君吗?一旦宋朝用换地的方式酬劳,大王也不过是汴梁的一名布衣而已。”

钱俶对此并不理睬,还把李煜的信送去给赵匡胤看。到了第二年,赵匡胤派人告诉钱俶,等到平定江南以后,想让他来相见,并许诺一定不会让他久留汴梁。钱俶看了赵匡胤的信后,不敢推辞,就带着妻儿来朝见赵匡胤,于是赵匡胤就让他住进了礼贤宅。为了讨好赵匡胤,钱俶进献了大量丰厚的礼品,对赵匡胤毕恭毕敬。而赵匡胤为了笼络他,让他与自己的弟弟以兄弟相称。相处时间长了,赵匡胤见钱俶没有野心,就让他回到吴越。此后钱俶又多次到汴梁晋见赵匡胤。

公元978年,钱俶正式纳土归宋,吴越灭亡。宋太宗赵光义封钱俶为汉南国王,三年后钱俶又被改封为南阳国王。为了减少宋太宗的猜忌,期间钱俶先后四

次上书推辞国王的封号，最后得到了宋太宗的批准。

由于长期生活在战乱的年代，钱俶时常居安思危，处事谨慎。生活上他十分俭朴，从不张扬；对人他谦和礼让，因此很少迁怒于人。虽然他贵为藩王，但每次接待朝廷使臣，他都极其谦恭，礼数周到。每次向朝廷进贡，他都派人精心挑选上好的绸缎、器玩，并在启运前，将上贡的东西罗列于庭，亲自焚香叩拜。

钱俶喜欢读书，每日坚持读书到深夜，此外，他还崇信佛教，擅长草书。有一次，赵光义派使者前来求字，钱俶就写了两幅字送给赵光义。赵光义见后非常喜欢，就特赐玉砚、红绿象牙管笔、龙凤墨等物给钱俶。

又有一次，太监赵海醉醺醺地闯进府邸求见，当时钱俶因眼病在家静养。赵海拿出几个药丸对钱俶说："这药专治眼病，希望大王即刻服下。"钱俶当即接过就服了。赵海走后，家人都担心服了药后会发生意外。

钱俶却不以为然地说："这人不过喝醉了而已，何必怀疑？"

几天后，赵光义听说这件事，就将赵海收捕入狱，判杖刑并流放海岛。

到了公元 988 年八月，一天钱俶过生日，朝廷特地派使节赐他生辰器物礼品。钱俶一时高兴就大摆宴席，与使者痛饮到晚上。席间，众人忽见一颗流星坠落在正殿前，红光照亮庭院。当晚，钱俶突发疾病去世，享年六十岁。

雁门关前杨家将

公元 979 年，宋太宗赵光义亲自北征契丹，以图收回幽云十六州。可是，高粱河一仗，赵光义损兵折将，丢失粮草器械无数，也彻底失去了收复幽云十六州的信心。从此以后，北宋对辽国轻易不敢主动进攻，采取以守为主的战略。

但是，辽军却不肯罢休，他们派军队不断南侵，反而占了上风。在这种情况下，山西代州的雁门关，就成了宋辽两国的必争之地。辽军只要夺下雁门关，就打开了从山西直达开封的门户；宋军守住了雁门关，就能把辽军挡在云州地面上，整个黄河两岸，才有真正的安全可言。

在整个宋太宗和宋真宗年间，守卫雁门关一带，抵抗辽国不断入侵的，是著名的杨家将。杨业和杨延昭父子，在保卫国家的边界战争中，做出了重大的贡献。

杨家将的第一代名将是杨业。杨业本是北汉的猛将，深受北汉天子重用，赐名叫刘继业，跟北汉最后一个皇帝刘继元排名。北汉灭亡以后，他恢复了杨业的本姓名，很快成为北宋抵御辽军南侵的中流砥柱。他担任代州刺史，因为英勇善战，人们就给了他一个响亮的称号，叫作"杨无敌"。

公元 980 年三月，辽国出动十万大军，进犯雁门关。镇守代州的杨业深知责任重大，便把大部分守军留在关内，扼守要冲；自己却带领少量骑兵，穿山间小道绕到了雁门关北面埋伏了起来。

辽军在进犯雁门关路上，没有遇到任何抵抗，暗中正在高兴。谁知军队来到关前，背后山里突然传出阵阵呐喊之声，只见尘土飞扬，也不知道有多少宋兵抄了自己的后路。辽军远离驻地，怕的就是宋军抄了后路，跟守关宋军前后夹击。辽军官兵吓破了胆，立即四散逃命。杨业乘机猛攻辽军，杀了辽国的驸马侍中萧咄李，俘获都指挥使李重诲。辽国大军只得匆忙北撤，一场战祸终于消除。

打败辽军的胜利消息传到开封，宋太宗十分高兴，特地升了杨业的官。杨业的威望迅速提高了，一些官员便心生嫉妒，不断在宋太宗面前说杨业的坏话，甚至说杨业是降将，实在不堪重用。幸亏宋太宗对杨业十分信任，他把别人说杨业坏话的奏本，统统封好送给杨业，表示自己对杨业的支持。太宗的做法，暂时掩盖了杨业和其他将军的矛盾，但也种下了祸根。

几年之后，辽景宗耶律贤死了。即位的辽圣宗耶律隆绪才十二岁，辽国的大权落到了萧太后手里。宋太宗以为辽国必定大乱，又萌生了收回幽云十六州之心。公元986年，太宗派曹彬、田重进、潘美分兵三路北伐，杨业当了潘美的副将。

潘美和杨业兵发雁门关，一路上势如破竹，连克关外四州。但曹彬率领的主力深入歧沟关，被辽军大败，退回易州。宋太宗一朝被蛇咬，十年怕草绳，立即下令全线撤退，要潘美、杨业撤回代州，并负责把已经攻克的四州百姓护送入关。

由于敌强我弱，杨业建议派兵佯攻，吸引辽军主力，并派精兵埋伏在要道上，掩护军民安全后撤。但是，潘美却要杨业大张旗鼓地摆开队伍行军，还嘲笑杨业胆小怕事，说什么“杨无敌”的威名是徒有虚名。杨业无可奈何，决定率士卒打头阵，并要求潘美在陈家峪派兵接应。

杨业出兵没多远，果然遇到辽兵的伏击。他边战边退，来到陈家峪时，天色已晚，没料想潘美早把伏兵撤回关中去了。失去了接应，杨业只得回兵跟辽军拼一死战。激烈的战斗持续了一段时间，杨业身边只剩下一百多士兵。杨业要士兵突围，士兵们都不愿离开主帅。辽军的后续部队越来越多，杨业的儿子杨延玉、将军王贵先后战死，杨业也身受十数处创伤，最后战马被飞箭射中，跌倒在地，被辽军俘虏。他在敌营绝食三天，终于为大宋献出了生命。

从此以后，北宋王朝对付辽军的策略完全变成了“守内虚外”，从河北保定到沧州，利用大河湖泊、古代长城，筑成了一道防线，阻挡辽军南下。守卫这道防线的，就是来自代州前线的杨业之子——杨延昭。

公元999年，杨延昭刚刚奉命来到保州担任沿边都巡检使，就遇上辽军大举南侵。这年九月，萧太后及辽圣宗耶律隆绪相偕率二十万大军渡过易水，全力进攻两国边界军事要地遂城。杨延昭一边派人到河北大帅傅潜那儿求救，一边来到遂城固守。

傅潜怯懦无能，不敢发兵出战；萧太后却挥兵把遂城围了个严严实实，她本人亲自来到遂城城下督战，恨不得一口把这个只有三千守兵的小小绊脚石一下子抹平。

看到辽兵漫山遍野而来，城内军民开始慌乱起来。杨延昭却镇定自若，他把城内所有壮丁都召到城上，自己顶盔披甲，日夜在城上指挥，一次又一次击退了辽军的进攻。从九月一直坚守到十月，让辽军在整整一个月内，无法往南多迈出一步。

这一年，强大的寒潮来得特别早，北风刮起，气温骤降，有人担心会给守城带来困难，杨延昭却认为机会已到。夜里，他命令全城军民提水上城墙，将冷水从城头往墙下浇灌，水很快冻成了冰。一夜间，整个遂城变成了一座滑溜溜的冰城。

第二天，辽军还想攻城，看到遂城变作如此模样，只得叫苦不迭。别说要攀上城墙，就是在城墙前行走，也要滑跌，摔个脸朝天。萧太后无奈，只能放弃遂城，绕道去攻打河北泰州。

这时候，杨延昭看到辽军军心涣散，乘辽兵从遂城城下撤退时，突然开城冲进辽兵队伍之中。辽兵毫无防备，仓皇逃散。杨延昭大获全胜，缴获了大批兵甲器杖。这就是历史上著名的遂城大捷。

杨延昭从此威名大振，成为河北一线边防线上的名将。他统率着当地的宋军，直接受朝廷的指挥。他所驻防的高阳关、瓦桥关、益津关，地处抗辽最前线，兵力也大大超出其他地区。

尽管杨家将英勇善战、功不可没，但宋军在对辽的战争中一直处于守势。宋朝收复幽云十六州的愿望一直没有实现。宋朝为了防止唐末藩镇割据的局面，大大加强了中央集权，将领的自主权很小，常受中央牵制，因此宋军战斗力弱，边防也相对薄弱。

贤惠的大长公主

荆国大长公主，宋太宗之女。大长公主幼时不好嬉戏游玩，足不出户。宋太宗为了试一试自己女儿的天性与志向，曾经打开藏金银珠宝的库房，让她们自己随便选取，大长公主却一无所取，表现得淡泊轻财。

大长公主十分谦和，她嫁给驸马都尉李遵勖为妻，从不以公主的身份压人。按过去的朝廷制度，驸马的父亲(即大长公主的公公)不能与天子平辈，必须要降低辈分，变成驸马的兄弟辈。但是，李遵勖的父亲李继昌过生日，荆国大长公主仍然以媳妇的身份去为公公拜寿。宋太宗知道后，悄悄给女儿一些衣服、宝带、钱财之类，让她去给公公祝寿。

荆国大长公主虽贵为帝女，却非常恪守妇道，常以一个贤妻良母的身份出现在家庭生活中。她的丈夫先于她去世，从此她便一心为丈夫服丧，不再穿华丽的衣服。有一次在宫中赴宴,宋太宗爱自己的女儿,亲自为她戴花,她委婉拒绝,不肯戴花,说:“自从丈夫去世后,我就再也不戴花、不穿华丽衣服了。”平时,她对待下人也十分宽厚。

有一次,大长公主沐浴时跌倒在地上,摔伤了右肱骨,宋太宗知道后,派宫中内侍向侍候的下人问罪,公主却说:“是我自己年老体弱,不小心摔了一跤,不是下人的过错。”在她的保护下,下人们才得以免祸。

荆国大长公主能作诗,又喜欢读史书,更为可贵的是,她身为帝王之女,却精于女红,常亲自劳作。她十分重视对子女的教育,常告诫他们说:“你们各自都要以忠义自立,不要老想着依赖我,这样只会遭来灾祸。”

她年老时得了眼疾,当时的皇帝宋仁宗赵祯和皇后、妃子等都去探视她。仁宗见这位长辈生了眼疾,心下难过,探病之外,又问她子孙们有没有需要办的事,想要些什么。大长公主回答说:“怎么可以因为母亲生了病就借机为儿女邀赏呢?”最后,什么也没有替子孙们要。

等到晚年,荆国大长公主因眼疾而双目失明,她平常总是凭几而坐,心境恬淡。她教育自己的儿子说:“当年你们的父亲去世,曾经留下遗嘱,吩咐他的棺木中不要以金玉等贵重物品陪葬,只要给几件平时穿的衣服就行了。我死以后,也要这样办。”宋仁宗皇祐三年(1051 年),她便去世了,死时六十四岁。

丁谓小人得志

北宋太宗时期,有个叫丁谓的进士,他精明机敏,文章绝伦,读书常常能过目不忘,耳熟能详。当时寇准非常赏识他的才干,于是就在平章事李沆面前屡次举荐他,但李沆却一直不使用丁谓。后来寇准觉得很奇怪,就去问李沆:“丁谓是个人才,你为什么不给他一个机会呢?”

李沆有些不屑地说:“你看看丁谓的为人,能让他处于上位吗?”

寇准说:“像丁谓这样的人,你怎能老是让他居于下位呢?”

李沆说:“你以后后悔时,就会明白我说话的道理。”

几年之后,到了宋真宗年间,寇准担任平章事(即宰相)。这时丁谓已是参知政事(相当于副宰相)。因为他知道是寇准的举荐使自己获得重用,因此他对寇准是毕恭毕敬。一天,中书省官吏在一起饮酒,寇准的胡须上沾了些汤汁,丁谓见状连忙站起,小心翼翼地替寇准擦掉。

寇准见丁谓如此阿谀奉承自己,感觉非常不好,就在众人面前嘲笑他说:“参政是国家重臣,竟然也会替长官擦拭胡须?”

当时丁谓当众下不来台,心中非常恼怒,从此便忌恨上了寇准。后来,二人在共事中，经常因一些事务意见发生分歧，故此两人的怨恨越来越深。

又过了几年，宋真宗赵恒因中风在后宫休养，于是朝廷的大事多由刘皇后来决定。寇准和平章事李迪对此深为忧虑。

一天，寇准上奏赵恒说："愿陛下以宗庙社稷为重，把权力交付于皇太子，选端方正直的大臣辅佐，以竟大业。丁谓、钱惟演等人都是奸佞之徒，不可重用，要让这些人远离太子。"

赵恒听完，觉得寇准的话有道理，就答应了他的请求。

于是，寇准密令翰林学士杨亿起草请太子监国的奏章，并准备举荐杨亿辅佐太子。

但是，由于寇准那天酒醉失言，这些话被丁谓知道了。

过了几天，赵恒在朝中召见大臣，丁谓马上上奏说："寇准主张太子监国，一旦陛下圣体康复，如何处置这种局面呢？"

李迪反驳他说："太子入则监国，出则抚军，这是古已有之的制度，有什么不可以的呢？"

丁谓一再在赵恒面前诬告寇准，赵恒病中糊里糊涂忘了与寇准相约的事，竟将寇准罢了相，任命他为太子太傅。

在此之前，赵恒还跟左骐骥使周怀政商议过让太子监国之事。寇准被罢相后，丁谓也不准周怀政接近赵恒了。周怀政感到危险临近，就准备尊奉赵恒为太上皇，立太子赵祯为皇帝，阻止刘皇后干政，杀死丁谓，仍迎寇准为相。但不幸的是，这件事泄露了风声，又被丁谓知道了，于是丁谓就与刘皇后商议，在赵恒面前诋毁寇准，并揭发周怀政。

赵恒听完大怒，下诏将周怀政处死，还想处置赵祯。

李迪上奏称："陛下有几个儿子，还要这样做？"

赵恒一想也是，就不再追究太子。他又追究周怀政事件，罢免了寇准的太子太傅之职，并准备将他外放到一个小州。

后来，丁谓在起草皇帝诏约时私自篡改了赵恒的话，多加了一个"远"字，于是成了"给他一个远小州"，将寇准贬至相州任知州，不久再贬到道州。因此事的牵连，与寇准关系亲近的官吏也一一被贬到外地。

晏殊为官清正

晏殊是北宋抚州临川人。他自幼聪慧，七岁就能写文章，被当时的人称为神童。宋真宗年间，右正言张知白在江南任职时，听说晏殊的名气后，就极力向朝廷举荐他。后来，真宗赵恒召晏殊与几千余名进士一同参加廷试。在考试中，晏殊神情自若，挥笔立成。赵恒大喜，赐他同进士出身。两天后，朝廷加试诗、赋、论等科目。

晏殊听说后，就向真宗禀报说：“我曾私下练习过这个赋题，请改试其他题目。”

赵恒当时非常欣赏晏殊的诚实可靠。等文章诗赋写完后，赵恒读了晏殊的试卷，称赞不已。后来，晏殊被赵恒任命为秘书省正字。赵恒派直史馆陈彭年去考察晏殊的人际交往情况，凡是同他交往的人都对他称赞不已。

第二年，晏殊因才学出众，深得赵恒的赏识。他先后被提拔担任太常寺奉礼郎、左正言、尚书户部员外郎、翰林学士等职。在这期间，赵恒每次向晏殊征询事情的意见时，晏殊都用方寸小纸细细书写自己的见解，禀奏时，总是连同底稿一起加封呈上。赵恒对晏殊如此谨慎、保密的态度很是满意。

宋仁宗赵祯即位后，刘太后在朝听政。当时左仆射（yè）、同平章事丁谓、枢密使曹利用各自都要求单独晋见奏事，没人敢否定他们的意见。对此，晏殊建议说：“群臣向太后奏事，太后垂帘听奏，群臣都不准单独晋见太后。”就这样定下了太后听政的礼仪。不久，晏殊上书说开封人张耆不能做枢密使，触怒了刘太后。刘太后指责晏殊陪侍赵祯游幸玉清昭应宫而持笏迟到。晏殊大怒，将笏板抛掷在地。御史为此弹劾他，晏殊被罢相，贬出京都任宣州知州。

几个月后，他又改任应天知府，他延请范仲淹来教授书生门徒。自从五代以来，天下各处学府多被废弃，而大力兴学是从晏殊开始的。

不久晏殊又被召入朝任枢密副使，后改任参知政事。当时陕西正值用兵抵御外敌入侵之际，为此晏殊向朝廷建议：一是停止派内臣充任监军，干扰军事指挥；二是朝廷不再把布阵图分授前线诸将，允许他们根据战场局势变化随机决定军事行动；三是大量招募弓箭手，严加训练，加强战备；四是请求出售宫中珍宝器物等，补充军费。这些建议均被朝廷采纳。

晏殊在从政的同时，平时喜好交结贤士，当时知名的贤才都出自他的门下，如范仲淹、孔道辅等。担任宰相后，他更加注重举荐贤士入朝。范仲淹、韩琦、富弼等一大批人才都是经由晏殊的举荐，才在朝中先后担任要职，甚至登上相位，成为一代名臣。

晏殊生性刚强俭朴，知人善任，富弼、杨察是他的女婿，都是一代贤士名臣。晏殊和富弼曾经同在枢密院供职，为此，晏殊请求辞去兼职以避嫌，但宋仁宗没有答应。仁宗在位时期，立志振兴朝纲，他接受晏殊的举荐，集中了一批人才革新朝政，对奸佞小人则不予重用。为此，晏殊触怒了一批奸臣，自然免不了这些人的打击报复。

公元1054年，晏殊因病去世。宋仁宗亲临致祭，为自己没有及时亲临探视晏殊病情而抱恨不已。为此，他特下令罢朝两日，并追赠晏殊为司空兼侍中，谥号为元献。

文彦博临危不乱

公元1056年正月的一天，宋仁宗赵祯在上朝听政时，突然得了疾病，被紧急送到后宫治疗。事情来得太突然，当朝宰相文彦博怕影响社稷稳定，决定先探听消息，就招来皇帝的侍从史志聪讯问赵祯病情。

史志聪却说："内宫秘密不敢泄露。"

文彦博怒斥他说："你们出入内宫，却不让宰相了解天子起居情形，你们想干什么？从今天起，皇帝病情的轻重变化，一定要向我禀报，否则按军法处治你们。"

随后，文彦博与大臣刘沆、富弼商量在大庆殿举办大型坛祭，为皇帝祈福。当夜就在殿中留宿了。

史志聪见状就说："这是史无先例的。"

文彦博辩解说："此时难道是说什么先例不先例的时候吗？"

就在当夜，开封知府王素想入宫，向文彦博禀告可能发生事变的事，但禁军没有放他入宫。第二天早上，有一个禁军士兵又向文彦博告发都虞候妄图作乱的事。当时大臣刘沆听说此事，想即刻将都虞候逮捕治罪。但文彦博连忙制止他，叫来都指挥许怀德，向他了解都虞候的为人，许怀德声称愿为他作保，他决不会作乱。

听完许怀德的陈述，文彦博对他说："虽然你愿为他作保，但怨恨、告发他的人实在是太多了，现在只有将他立即斩首才能平息众人的不满。"

于是许怀德只好将都虞候斩首了，这样京师才安定了下来。

在这事之前，富弼决定从澶州的商胡河挖一条六漯渠，引水入横垅旧河道。北京留守贾昌朝一向与富弼不合，这时便暗中勾结内侍武继隆，指使两名掌管天文地理的官员，在宰相们聚会时，到大殿上进言，说富弼下令在北方挖水渠才导致皇帝龙体不安。文彦博知道他们这样做的目的是针对富弼，但未加制止。又过了几天，武继隆再次指使这两名官员进言，请求皇后与皇帝同时听政。

文彦博对这两名官员说："你们今日还想说什么吗？"他们说："是有话说。"文彦博说："天文异变，是你们分内事，该说的。但你们为什么以此为借口干预国家大事呢？该判你们灭族之罪！"二人听后大惊，脸色骤变。接着文彦博又说："我看你们只是太狂妄、太痴愚罢了，不忍治你们的罪。你们从此不许再这样。"

过了不久，宰相们商议勘定六漯渠的方位，当时派去负责此事的官员正是那两名进言的人。这两名官员到了六漯，怕又犯什么错误，就改口说六漯在京师东北方，并不在正北。

后来赵祯病体康复，文彦博才从殿中搬回家居住。这一阶段，京师谣言四起，人心惶恐，全仗着文彦博、富弼勉力维持，精心理政，才使民众安定下来。

一天，刘沆向赵祯密报说："陛下龙体欠安时，文彦博擅自斩杀了谋反的人。"

文彦博听说后，将当时的判状呈送给赵祯，上面也有刘沆的署名。赵祯才解除了猜疑。

赵祯病重时，文彦博、富弼曾请求立皇太子，赵祯也答应了，只是后宫有位嫔妃就要生产，事情就搁置下来。

后来，宋英宗赵曙继位。一天，他召文彦博入宫进见。

赵曙说："朕能继位，是你的功劳。"

文彦博惶恐万分，回答说："陛下即位是先帝之意，又有皇太后协助策划。臣出了什么力？而且陛下登基时，臣正在外为官，全靠韩琦等秉承圣意接受顾命，臣并未参与。"

赵曙说："你首先提议立太子，对朕是有恩的。"

文彦博十分谦逊，不肯居功。

后来，文彦博被任命为侍中，不久又当上了枢密使。

出身寒微的将军

仁宗时候，狄青是一名治军严明、作战英勇的将领，他长年在边塞镇守，是北宋的坚强柱石。狄青出身寒微，完全靠自己的努力走上将军的位置，并当上了枢密使。

狄青是山西汾州人，自幼爱习武，练就一身骑射绝技。成年之后，他到处流浪，最后来到开封，投身行伍，成为宋王朝官吏的侍从。宋王朝时候，凡是以普通士兵身份投军的人，都要在脸上刺字，就好像流放的囚犯一样，防止士兵开小差逃跑。狄青的脸上，当然也少不了那个人人引为耻辱的记号。

别人怎么想的，狄青全然不顾，他有自己的想法。狄青名挂军籍、脸上刺字的那天，正是开封科举发榜的日子。春风得意的新科进士们，从狄青他们守宫士兵们身旁经过。别人都在哀叹：同是新人，状元郎跟新兵命运悬殊，真有天壤之别哪！狄青却不以为然："今后如何还很难说，得看各人才能如何呢。"狄青这句话，曾是人们嘲笑他的材料，但这句话却正是他此后一生奋斗的动力，也成为他从行伍升至枢密使的一生写照。

施展自己才能的机会终于来到了。西夏建国，骚扰宋朝边境，朝廷不得不派兵增援陕西边境州郡。狄青也随一些宫廷卫士来到了延州，担任指挥使，在他麾下，有一支大约五百人的士兵队伍。

从开封到延州，别人都不认为是升官，反当作一种变相的流放。在边境的战争中,宋军吃的败仗太多了,将士们大都产生了畏敌的消极心理。而狄青当时的心态却完全不同,他在这里找到了表现才能的机会。

每次作战,狄青总是披散了满头长发,戴上青铜面具,只露出一对炯炯有神的眼睛。他横枪跃马,身先士卒,冲进西夏军阵,所向披靡,无人能挡。在延州四年,经历二十五战,建城寨,破敌阵,八次负伤,却坚持战斗。有一次大战于安远,狄青身负重伤,偏偏西夏士兵大举反扑,他立即挣扎着重上战马,带领士兵击退来犯之敌。正因为狄青如此英勇,西夏士兵都称他为"天使"。狄青出阵,西夏士兵人人胆寒,避之惟恐不及。

狄青自己是行伍出身,对手下士兵嘘寒问暖,共劳苦同饥寒,深得士兵爱戴。同时,他治军严格,赏罚分明,带兵艺术高明,边界上的各级将帅都视狄青和他的部队为抵抗西夏兵进犯的主力。

后来,韩琦和范仲淹到了延州主持军政。当地的经略判官尹洙向范仲淹推荐了狄青。范仲淹跟狄青一见如故,连声称赞说:"这是一位能成为良将的人材!"他特地送狄青一部《左氏春秋》,开导狄青说:"当将领的不仅要勇敢善战,还应该通晓古今。"劝狄青认真读书,吸取历史的经验和教训。

狄青深受感动,从此利用战斗间歇刻苦阅读古代史书,把秦汉以来各次大战过程、各位名将的兵法都研究了一遍。他们的成败得失,狄青都烂熟于胸,成为一位既能冲锋陷阵又精通兵法的将领。一颗新星终于升起在西北的天空。

当狄青升任秦州经略招讨副使的时候,他的名声传进了宋仁宗的耳朵。这位皇帝大感兴趣,召狄青进京,问他守边方略。狄青到开封的时候,正遇上西夏兵进攻甘肃渭州。狄青奉命绘制渭州图形,上奏击退西夏的办法。狄青对地形熟悉,对敌我双方了如指掌,又掌握了兵法要领,他的分析深得宋仁宗赏识。从此以后,他总是被朝廷调到战事最吃紧的地方去,从陕西到甘肃,从河北到四川,到处都出现过狄青的身影,他都取得了辉煌的战果。

这位行伍出身的大将终于被任命为朝廷的枢密副使,成为全国军队的副帅。就在他刚刚上任的时候,岭南传来了侬智高攻掠两广的紧急战报。狄青毅然放弃了京都优裕的生活,自请带兵南下,平定这场给两广百姓带来深重灾难的动乱。

出征之前,宋仁宗打破惯例,不派文官牵制武将,由狄青统一指挥岭南宋军。狄青选拔了一批善战的西北士兵;拒绝了京都一些权贵的子弟,不让他们借机混得一官半职;还力主宋军单独出征,否定了联合交趾共同对付侬智高的提议,杜绝了可能带来的各种后遗症。他的这些措施,被后来发生的事实证明是十分明智的决定。

公元1053年,狄青带兵来到了广西宾州,立即下令,岭南各部不得妄自出兵,一切行动必须在屡败的宋军恢复士气以后进行。可是,广西宋将陈曙为了抢头功,擅自率兵出击,在昆仑关大败而归。狄青为严肃军纪,毫不留情地处决了陈曙等三十名负有责任的败将。一时间，本来军纪散乱的岭南宋军大为震动，军事形势发生了根本性的变化。

此时，狄青并不急着出兵，他下令全军休整十天，还放出风去，说宋军粮草不足，十天之后还要筹集军粮。这一消息传到侬智高耳朵里，侬智高立刻放松了警觉。

正月十五前夕，侬智高以为狄青不会进攻，在邕州张灯结彩，准备欢度元宵佳节。可就在十五清晨，狄青突然下达了进军昆仑关的命令。当天晚上，狄青身穿普通将士服装，带队顶风冒雨到达了昆仑关下。第二天，宋朝大军就打下昆仑关，直扑侬智高的老巢邕州。

正月十七日，邕州城外，两军发生了激烈的战斗，宋军在归仁铺左右迂回，包围了侬智高的军队。侬智高见大势已去，不得不弃城而走，逃进大理国，最后被大理国王杀死，首级被送到了开封。狄青得胜回朝，升任枢密使，成为惟一一名从士兵升任全国军事长官的将军。

直到这个时候，狄青的脸上，还留着当初钤刻的士兵的印记。别人劝他想法把印记磨去，他却说："留着它也好，它能让所有士兵都明白，即使是人人视为低贱的士卒，也有可能建功立业，升任为执政大臣。"

正因为狄青用自己的经历，向只重门第的封建制度进行了一次有效的挑战，撕开了封建门阀的一个小小的缺口。他最终还是遭到了暗算。那些别有用心的官僚开始中伤狄青，甚至提醒宋仁宗，要宋仁宗警惕，别让狄青成为周世宗部下的赵匡胤。宋仁宗出于自己的根本利益，果然解除了狄青枢密使的职务，让他出任河南陈州的地方官。狄青郁郁地来到陈州，不到半年就病死了，一代将星过早地殒落了。

布衣宰相范纯仁

范纯仁，字尧夫，苏州吴县(今江苏苏州)人，是北宋名臣、文学家范仲淹的儿子。他天资聪颖，八岁就能对所读之书进行讲解。宋仁宗皇祐元年(1049 年)中进士，后一直做官，官至吏部尚书、尚书右仆射兼中书侍郎(相当于副宰相)。

范纯仁是在父亲范仲淹的严格管教下长大的，所以言行均深受其父亲的影响。范仲淹门下有很多贤士，如胡瑗、孙复、李觏等，范纯仁平时总是跟从他们，读书非常刻苦，常常夜读至深夜，由于长时间将灯放在帐中看书，以至帐顶被灯烟熏得墨黑。

在范仲淹的严格管教下，范家始终保持着俭朴的门风。不仅如此，范纯仁受父亲的影响，也乐于帮助贫穷之人。

范仲淹在睢阳任官时，有一次，让儿子范纯仁到苏州去运一船麦子。那时候，范纯仁年纪还很轻，麦船返回时，暂停在丹阳，见到了熟人石曼卿。范纯仁问他为什么停留在此，石曼卿回答逢亲之丧，无力运灵柩回家。范纯仁听了，便自作主张将一船麦子全送给了石曼卿，让他作回乡的费用。范纯仁只身回到家中，因为送掉了一船麦子，不好向父亲交账，在父亲身旁站立良久，始终未敢提起此事。

范仲淹问儿子："你这次到苏州有没有碰到新老朋友？"范纯仁回答说："我看到石曼卿因为亲人的丧事，耽搁在丹阳，没有钱运灵柩回乡。这时又没有哪个人能像前代郭震那样勇于救人于危难，所以真是求告无门。"

范仲淹立刻对儿子说道："为什么不把麦船送给他呢？"范纯仁听父亲说出这话，心里一阵轻松，回答范仲淹道："我已经送给他了。"仅凭这件事，就可知范仲淹的家风已经传给了他的儿子。

尤其值得称道的是，范纯仁继承父风，始终克守俭朴之道。他和司马光同在洛阳做官时，两人均十分好客，但家中却都很贫困，于是互相约定，倡设"真率会"，宴客仅有粗米饭，酒过数巡即罢。尽管如此，洛阳士人却多将此会当做盛事。

范纯仁从布衣一直到宰相，其廉洁俭朴始终如一。做官得来的俸禄，大多用来扩大父亲当时创设的救济贫苦人的义庄。他去世的时候，其幼子和五个孙子都还没有出来做官。范纯仁常常对子孙们说："我平生所学到的'忠'、'恕'两字，一辈子都受用不尽。就是在朝为官、接待同僚、亲朋和睦，也没有一刻离得开这两个字。"观其行为，也确实如此。他在朝中有时受到排挤打击，不仅自己不说政敌的坏话，也不准儿子们说对方的坏话。

范纯仁常常教育子弟说："即使是再愚蠢的人，对别人提出要求的时候，也往往是看得很清楚的；即使是再聪明的人，容忍自己错误的时候，也往往是很糊涂的。如果能用苛求别人的心来要求自己，用宽恕自己的心来宽恕别人，就不怕做不成圣贤！"他又常常告诫说："六经所记载的，都是圣人之事，你们知道了一个字的涵义，就要去按这个字的涵义去实行。即使在艰难困苦、颠沛流离之际，也能时时处处按六经所说的去做，那就真可以称作有为者了！"

范纯仁处处以俭朴和忠恕教育子弟，同时也这样劝导自己的其他亲属。有这样一件事，有个亲属来请教范纯仁如何处世，范纯仁告诫这位亲友说："只有俭朴才能铸成廉洁之风，只有宽恕才可以成就好的德性。"亲属认为这句话说得很对，便将这两句话当做自己的座右铭。

有一则轶事可以从侧面反映出范纯仁的俭朴家风。范纯仁在朝廷做官时，有一次，留自己的同僚、秘书监晁端在家中吃饭。晁端吃过饭回去后，郑重其事地对旁人说："可惜啊，范丞相家的家风败坏了啊！"听到的人都不太相信这话，忙问他是怎么回事，晁端回答说："平时他们家吃饭，菜总是咸菜、盐豆腐之类。这次他家留我吃饭，咸菜、盐豆腐上面，居然放了两小簇肉，这不是他家的家风败坏了吗？"从晁端所说的范家的食谱，可见范纯仁家中平时生活俭朴到了何等程度。

王安石行新法

宋仁宗当了四十年的皇帝，行过“新政”，用过包拯，开始倒不是不想挽回宋王朝的日趋没落。但是，他决心不大，善疑多变，最终还不敢正式触动成规。他死后没有儿子，只能选一位皇族子弟当皇上，这就是宋英宗。宋英宗只做了四年皇帝，就病死了。英宗的儿子赵顼继位，历史上称赵顼为宋神宗。

老皇帝死得早，接位的皇帝便年轻。赵顼登基时才二十岁，还是位想有所作为的青年。他看到土地兼并使农业萧条，朝廷赋税减少，各种开支却成倍增长，特别是每年必须向辽国、西夏捐输的绢银，给国家财政造成巨大困难。他有心摆脱这种危机，改变宋王朝垂危的局面。

宋神宗要改变现状，必须找一位主张变法的人当宰相。可是，他找遍朝廷，看到的都是因循守旧的老臣。就连当年跟范仲淹一道实行“庆历新政”的富弼，也变得小心谨慎，不敢有任何非分之想了。

宋神宗想起了王安石。赵顼当太子的时候，他身边的官员韩维常常说出一些很出色的治国方略，赵顼十分欣赏，对他大加赞扬，而韩维却禀报说，这些主张都是一位叫王安石的朋友说的。王安石当时在三司度支当判官。于是，按照惯例，宋神宗先调王安石出京当江宁知府，不久又把他调回京城。

王安石是江西临川人，二十二岁中了进士之后，一直在地方任官。二十多年的地方官，使他看到王朝内部存在的弊病，他思考过如何改革现存法度，也在任职地区做过试验。

任浙江鄞县知县时，他看到当地河道淤塞，经常发水灾。发生了灾荒，农民们无法维持生活，只得向债主借高利贷，生活就变得更困难。灾荒和高利贷成了普通农民项上的两条绳索，扼得农民喘不过气来。于是，王安石首先发动百姓，兴修水利，防止灾难，发展生产。到了春天青黄不接的时候，他把官仓的存粮借给农民，允许农民到秋后用新粮还债，只收微薄的利息。农民免去了高利贷，官仓里年年存新粮，一举两得，深受当地百姓欢迎。

现在，宋神宗看中了王安石，把王安石调回开封不久，就亲自召见了他，询问他治理国家该从何处入手。王安石的回答很干脆：变风俗，立法度，是当务之急。于是，熙宁二年（公元1069年），宋神宗任命王安石担任副宰相，掌握朝政，实行变法。

当时，朝廷有四位宰相，其余三人又老又病，无法跟王安石一同改变法度。王安石另立了一个机构，称为三司条例司，直接指挥变法的事务。

王安石的新法，主要内容有五条。兴修水利和青苗法，他当年在鄞县已经实施过,现在推广到全国。另外,他还实施了免役法、方田均税法和保甲法。免役法把朝廷各种劳役折算成免役钱,天下户口无论大小,只要交纳免役钱,就可以不亲自去参加劳役,由地方官衙雇人代作。农民缴了钱就能安心在自己田里劳作,生产时间有了保证,原来不必服役的官僚、贵族,也要缴免役钱,朝廷收入有了保障,百姓负担得以减轻。方田均税之后,大量兼并的土地也要纳税,贵族豪强受到抑制。地方上实行以保甲为最基层的组织形式后,既加强了治安控制,又训练出一批壮丁,国家一旦有事,壮丁们便成为军队的后备力量。

实施新法后,生产得到了发展,百姓得到了好处,朝廷增加了收入。只有贵族、官僚、大地主的利益受到了损害。他们群起而攻之,攻击变法,咒骂王安石。

这时候,国内发生了旱灾,有的地方发生了地震。本来这是极普通的事,北宋自赵匡胤建国开始,自然灾害就从未间断过。但是,反对改革的人就说,这是王安石搞变法,老天震怒,才用这个方法来警告天子的。他们还画了幅流民图呈给宋神宗,要他停止实行新法。

一时间,流言蜚语四起,弄得宋神宗没有了主张。宋神宗就这事询问王安石,王安石根本不理会,他指出,天变不足畏,人言不足恤,祖宗之法不足守,坚定地表示了继续变法的决心。

那些反对变法的元老重臣们,搬出了宋神宗的皇后和皇太后。太后和皇后也坚决反对变法,日日夜夜朝宋神宗哭泣,硬说是王安石扰乱了天下,搅得宋神宗逐渐动摇起来,对王安石并不像以前那样言听计从了。

王安石看到这种情况，只得提出辞呈，要求回江宁养病，宋神宗只好让他暂回江宁休养，变法实质上受阻。第二年，宋神宗又从江宁召回王安石继续执政。王安石本以为躲过一段时间，对新法的反对会减轻一点。不料过了几个月，天空中又出现了彗星。按照封建社会天人合一的观点，彗星难得一现，是一种天灾的标志。反对派又找到了反对王安石的理由，这一次，气势汹汹，似乎理由更为充分。

宋神宗这一次完全垮了。他犹犹豫豫，无法再像以往一样，站到王安石和新法一边。王安石坚持了几个月，看到实在无法再贯彻自己的主张，只好再次辞职，又回江宁去了。这一年，是公元 1076 年，王安石的变法前后实施了六七年，终于被强大的守旧势力扼杀了。

九年后,宋神宗死了。高太后上台执政,任命坚决反对新法的司马光担任宰相,新法便一条一条被明令废除,北宋王朝失去了一次十分难得的“中兴”机会,以后只经历了哲宗和徽宗两代君主,便迅速地灭亡了。

王安石变法及其失败,体现出封建守旧势力的强大,反映了一条道理,整个封建制度,不是修修补补可以解决它本身痼疾的。但是王安石还不失为当时有远见的政治家,虽然他身后遭到百般攻击,但他的改革措施,确实是当时比较明智的办法。

但王安石也有很大的缺点,最大的问题是任用了一批政治投机分子,有名的奸臣蔡京,就是靠积极参与变法起的家,等到司马光上台,他又摇身一变,变成反对变法的重要人物。这批人最后成为徽宗时代人人痛恨的奸臣,不仅给王安石的变法抹了黑,也彻底断送了本来就软弱的北宋王朝。

苏轼与“乌台诗案”

神宗年间,苏轼因为看到王安石主持的变法不尽如人意,因此反对变法。当时变法派势力很强,他们看到苏轼竟然反对变法,就对他大加排挤。

公元1079年,苏轼由徐州知州改任湖州知州。由于在徐州期间,他兴修水利,减轻赋税,提倡生产,为百姓做了大量有益的事,因此深受百姓的拥戴。在他离开徐州时,当地百姓从四面八方涌来,拜倒在他的马前,向他敬酒送行。

苏轼满怀对徐州百姓的留恋去湖州上任了,但是他无论如何也想不到,朝中主张变法的大臣正在罗织罪名,对他群起而攻,一场灭顶之灾就要降临到他的头上。

苏轼到达湖州任职后不久,监察御史何正臣首先向他发难,他弹劾苏轼给宋神宗赵顼的谢恩表是“愚弄朝廷,妄自尊大”。没过几天,另一个御史又从苏轼所写的诗文中摘出几句话,诬陷他诽谤朝廷,大逆不道。接着,曾因母亲去世借故不服丧而受到苏轼批评过的御史中丞李定见报复的时机到了,也上书攻击苏轼。一时间弹劾苏轼的奏折纷纷被摆到神宗皇帝的案前。

这些人之所以能抓住把柄,有恃无恐地攻击苏轼,原因在于苏轼所写的诗上。原来苏轼在外任官期间,目睹了新法推行过程中出现的许多扰民害民问题,他看不惯,就写了一些诗来讽刺这些事,意在希望引起朝廷重视。这些诗中以《山村五绝》这组诗最有代表性。没想到这些诗竟被李定等人指控为包藏祸心、讥讽朝政的罪证。苏轼还有一首描写桧树的诗,这样写道:

凛然相对敢相欺,直干凌空未要奇。
根到九泉无曲处,世间唯有蛰龙知。

这首诗主要是描写两株桧树“凛然相对”、“直干凌空”、树根深入九泉、挺拔无曲的雄姿,借以抒发自己耿直不屈的性情,却也被随意曲解。那些爱搬弄是非的政敌说,皇帝是飞龙在天,而苏轼却向地下的蛰龙寻求相知,有对皇帝不恭之意。于是朝廷派人前往湖州逮捕苏轼,押赴京都,关入御史台监狱。御史台又称乌台,因此这个案子被称为“乌台诗案”。

此事在朝野上下引起了强烈反响。李定等人想置苏轼于死地,有的人生怕自己受到牵连，避之惟恐不及。但敢于出来替苏轼求情辩解的人也不少。苏轼的弟弟苏辙当时在南京任判官，他请求用自己的官职为哥哥赎罪，结果被贬为筠(jūn)州负责盐酒税务的小官。

此案的审讯持续了很长时间，久久不能定论。苏轼在监狱中足足呆了一百多天，受尽了折磨。后来神宗赵顼因爱惜苏轼的才华，认为实在算不上大事，就把他贬到黄州当团练副使。

接下来的三年，苏轼在黄州度过了最失意的日子。因薪俸微薄，他生活常常需要朋友接济。后来，苏轼找到了一块名叫东坡的坡地，自己种起了庄稼，盖上了几间草屋。他给自己起了一个别号叫"东坡居士"。

在此期间，他的生活虽然贫苦，但他常常游览山水，写作诗词，来抒发自己的情感。其中那首著名的词作《念奴娇·赤壁怀古》就是他在游长江边的赤壁时，想起三国时期赤壁大战时的情景，触景生情，有感而作的。

章惇老死睦州

章惇(dūn)是北宋神宗、哲宗时期人。他博闻强记，文章绝伦，为人性格豪爽，处事很有胆魄。在他年青的时候，一次他与宋朝著名的文学家苏轼同游南山，到了仙游潭，潭下绝壁万仞，一棵大树生长在绝壁之外。当时章惇想请苏轼在绝壁上题字留念，但苏轼见是悬崖峭壁，不敢去写。章惇却沉稳地走上前去，在横出的树干上拴牢一根绳索，捆在腰际，悬吊着身体，下到绝壁正面，用大笔饱蘸黑漆，在石壁上题写"苏轼、章惇来"几个大字。写完，他攀绳而上，仍然神态自若。

苏轼拍着他的肩膀说："章君往后肯定能杀人。"

章惇不解地问："为什么？"

苏轼说："今日章君能这样不怕死，肯定能杀人。"

章惇听罢，哈哈大笑。

神宗时期，章惇做了参知政事，非常跋扈。一次他的父亲在家乡建州强夺民田，当地百姓上告章惇，章惇不问青红皂白，就把告状的人抓了起来，送到开封府治罪。

神宗死后，高太后执掌朝政，她全面否定王安石的变法。过了八年，神宗的儿子哲宗赵煦开始亲政，重新起用变法派。当时，章惇趁势投机，被提拔为宰相。

他上台后，以恢复王安石变法为国策，把持朝政，全面废弃了高太后执政时期的政策。他先后提拔了蔡卞、林希等一批新人，使他们居高位、任谏官，并与他们勾结在一起，对高太后执政时期受宠的官员大肆报复，许多人因此获罪，甚至家中妻儿老小都不能幸免于难。

后来,他们公开诋毁高太后,说她当时是"老奸擅国",还提出要挖司马光、吕公著等已死老臣的坟,破棺暴尸。但赵煦没有答应。

没过多久,章惇又提出孟皇后是元祐年间高太后所立,劝赵煦将她收捕,由掖庭秘狱审问,诬蔑她以旁门左道的妖术祸乱内宫,废去皇后名号,打入冷宫。事后,赵煦很是后悔,忿忿地说:"是章惇坏了我的名节。"

后来,赵煦去世,章惇主张立简王赵似为帝,想继续把持朝政。但因向太后坚决反对,最后就立了哲宗的弟弟端王赵佶(jí)为帝,这就是宋徽宗。为了将赵煦的灵柩运送到皇陵安葬,徽宗就让章惇负责此事。不想,在运送途中,赵煦的灵柩陷入了泥沼,为此耽搁了一夜,章惇因此被弹劾,贬官为雷州司户参军。

章惇到雷州后,没有官舍居住,就向当地百姓租房,但百姓却说:"前次苏公来租房,被章丞相诬告,我也险些家破人亡。今日你来租房,绝对不行。"原来,章惇当宰相的时候,苏辙被贬到雷州,章惇不许苏辙住官舍,苏辙只得租赁民房。接着,章惇又诬蔑苏辙强夺民宅,责成州府将苏辙治罪,但因苏辙有租赁契约,罪名未能成立。现在章惇也尝到了落难时的滋味,真是害人终害己啊。

在雷州任上没过不久,章惇又被贬到睦州,在那里他整天郁郁不乐,后来一病不起,死在那里。

沈括出使契丹

自从宋真宗以后,宋朝一直依靠每年送大量银绢,跟辽朝维持了几十年暂时妥协的局面,但是辽朝欺宋朝软弱,想进一步侵占宋朝土地。公元1075年,辽朝派大臣萧禧到东京,要求划定边界。

宋神宗派大臣跟萧禧谈判,双方争论了几天,没有结果。萧禧坚持说黄嵬山(在今山西原平西南)一带三十里地方应该属于辽朝。宋神宗派去谈判的大臣不了解那里的地形,明知萧禧提出的是无理要求,又没法反驳他。宋神宗只好另派沈括去谈判。

沈括,杭州钱塘人,原是支持王安石新法的官员。沈括不但办事认真细致,而且精通地理。他先到枢密院,从档案资料中把过去议定边界的文件都查清楚了,证明那块土地应该是属于宋朝的。他向宋神宗报告,宋神宗听了很高兴,就要沈括画成地图送给萧禧看,萧禧才没话说。

宋神宗又派沈括出使上京(辽朝的京城,在今内蒙古自治区巴林左旗南)。沈括首先收集了许多地理资料,并且叫随从的官员都背熟。到了上京,辽朝派宰相杨益戒跟沈括谈判边界,辽方提出的问题,沈括和官员们对答如流,有凭有据。

杨益戒一看没有空子好钻，就板起脸来蛮横地说："你们连这点土地都斤斤计较，难道想跟我们断绝友好关系吗？"

沈括理直气壮地说："你们背弃过去的盟约，想用武力来胁迫我们。真要闹翻了，我看你们也得不到便宜。"

辽朝官员说不服沈括，又怕闹僵了，对他们没好处，只好放弃了他们的无理要求。

沈括带着随员从辽朝回来，一路上，每经过一个地方，都把那里的大山河流、险要关口，画成地图，还把当地的风俗人情，调查得清清楚楚。回到东京以后，他把这些资料整理好，献给宋神宗。宋神宗认为沈括立了功，拜他为翰林学士。

沈括为了维护宋朝边境的安全，十分重视地形勘察。有一次，宋神宗派他到定州（今河北定县）去巡视。他假装在那里打猎，花了二十多天时间，详细考察了定州边境的地形，还用木屑和融化的蜡捏制成一个立体模型。回到定州后，沈括要木工用木板根据他的模型，雕刻出木制的模型，献给宋神宗。这种立体地图模型当然比绘制在纸上的地图更清楚了。

宋神宗对沈括画的地图和制作的地图模型很感兴趣。第二年，就叫沈括编制一份全国地图。但是不久，沈括受人诬告，被朝廷贬谪到随州（今湖北随州）去。在那里，环境虽然很困难，但是他坚持绘制没有画完的地图；后来，他换了几个地方的官职，也是一面考察地理，一面修订地图，坚持了十二年，终于完成了当时最准确的一本全国地图——《天下郡国图》。

沈括不但在地理研究上做出了出色的成就，而且是个研究兴趣很广泛的科学家。他在天文、历法、音乐、医药、数学等方面，都十分精通。他很早就研究天文历法。后来，他担任司天监的工作，发现在那里工作的人，不少是不学无术的人，不懂得用仪器观测。他到司天监以后，添置了天文仪器。为了观察北极星的位置，他一连三个月，每天夜里用浑天仪观察，终于计算出北极星的正确位置。

沈括晚年的时候，闲居在润州（今江苏镇江）的梦溪园。他把一生研究的成果记载下来，写了一本著作《梦溪笔谈》。在那本书里，除了记载他自己研究的成果以外，还记录了当时劳动人们的许多创造发明，其中特别有名的是毕昇的活字印刷技术。

印刷术是我国古代四大发明之一。在北宋之前，已经有了雕版印刷术。但是雕版花工夫大，而且刻好一块木板后，要改动一个字，就要全部重刻。沈括在他钱塘老家看到一位老工匠毕昇，用一种很细的粘土，做成许多小块，刻上字后放在窑里烧硬，成为一个个活字。用这种活字排版印刷，比雕版印刷方便多了。沈括看到这件新鲜事，十分感兴趣，就进行详细的观察和了解，还把毕昇的发明，记载在他的《梦溪笔谈》里，后代的人读了他的书，才知道活字印刷术的来历。

赵佶喜好黄老

宋徽宗赵佶即位后，不思治理朝政，专门寻欢作乐，尽情追求享乐腐朽的生活。有一年，他迷信上了道士，一时间不惜人力、物力，在各地寻访知名道士，大造道观。后来，有位官员为他引荐了温州人林灵素。这个林灵素年少时先学佛为僧，因被长老斥骂鞭打，不堪其苦，就改学道术做了道士。

见到赵佶后，林灵素大话连篇，他说天上有九霄，最高一层叫神霄。神霄宫里有个玉清王，是上帝的长子，他主管南方。徽宗就是上帝长子下凡。另外，神霄宫里还有八百仙官，蔡京、童贯等人就是仙官在世。这一番胡言乱语，居然把徽宗哄得心花怒放，他赐林灵素"通真达灵先生"之号和大量金银财宝，并天天请大批道士在宫中讲道。

自那以后，林灵素借助赵佶之力，命令官吏及百姓入宫拜受神霄玉清王的秘籍。那些官迷心窍的官员，一时间趋之若鹜。宫廷内经常大设斋祭神坛，靡费钱财无数，叫做千道会。赵佶亲赴神坛，坐在专设的帷幕之内。林灵素则端坐神坛中央，接受官吏的跪拜祝祷。林灵素大放厥词，滔滔不绝，也没有什么新鲜内容，倒是夹杂着不少诙谐嘲讽的话语，逗引人们大笑不止。后来，林灵素的门徒达到了两万人，他们个个都是锦衣玉食，享受荣华富贵。

由于林灵素深受赵佶信任，他的权力越来越大，地位越来越高。有一年，他被任命为温州应道君节度使，可随意出入禁宫，并有仪仗开路，一路呼喝鸣锣，气势逼人，诸位王公大臣也只能退避三舍。

又过了几年，北宋都城发生了水灾。赵佶就让林灵素作法，以道术治平水患。当林灵素受命率领门徒登上城头，准备作法时，却被守城的官兵围住，一顿乱棍猛打。幸亏当时林灵素跑得快，才免了一死。赵佶听说这事后，才知道林灵素已成为人们的眼中钉、肉中刺。从此，赵佶心中开始对林灵素有些不满意了。

在京城的四年中，林灵素横行无忌，作恶多端，怙恶不悛，甚至狂傲到遇见皇太子赵桓都不主动行礼或避让。对此，赵桓非常气愤，入宫向徽宗赵佶告状。赵佶大怒之下，就贬林灵素为太虚大夫，遣返回原籍，并让温州通判对他进行监管。后来，温州通判发现林灵素的宅第违制，有僭越之罪，就上奏了朝廷。不久，朝廷下诏将林灵素发放到楚州。时间不长，林灵素就在那里死了。林灵素死后，赵佶下诏以侍从的身份将他下葬。

“六贼”之首蔡京

蔡京(1047—1126年),字元长,兴化军仙游(今属福建)人。熙宁三年(1070年)考中进士,开始踏入官场。当时,王安石变法正方兴未艾,蔡京的弟弟蔡卞是王安石的女婿,蔡京凭着这种关系混进了变法派的行列。

神宗去世后,司马光执掌朝政,要把变法派制定的免役法废除掉,而恢复原来北宋施行的差役法,限定各个主管官员在五天内办好。大臣们都认为时间太紧迫了。这时,蔡京正任开封府的长官,他非常迅速地恢复了差役法,没有一个人敢于违抗他。然后他马上跑到司马光所在的政事堂去报功,司马光一听非常高兴,拍着蔡京的肩膀说:“如果人人都像你这样奉公执法,还能有什么事情做不了呢?”

宋徽宗赵佶即位后,在当时的宰相曾布的坚持下,蔡京被贬官,在杭州任提举杭州洞霄宫的职务。这本来是蔡京仕途上一次大的挫折,但是随着形势的变幻,这反而为蔡京在仕途上的飞黄腾达提供了非常好的机会。

蔡京被贬到杭州不久,宋徽宗的亲信宦官童贯也到了杭州。童贯到杭州是专门为宋徽宗访求古玩字画而来的。蔡京遇上了宋徽宗身边的这个大红人,怎么能放过巴结的好机会呢?于是一连一个多月,蔡京都与童贯交游,不分白天黑夜。蔡京本来就擅长书画,据说他的书法字势豪健,沉着痛快,自成一家,有很高的成就。宋徽宗比较欣赏他的书法,曾经以两万钱的高价收买过蔡京为两个小吏写的团扇。蔡京这下可发现了讨好当今皇帝的途径。他不断地让童贯把自己所画的屏障、扇面等送给宋徽宗,而且还让童贯在奏折中写上表扬他的话。同时宫妃、宦官等也都得到了蔡京所写的条屏、扇面之类。在童贯的竭力推荐和宫妃、宦官的一致赞誉下,宋徽宗决定重新起用蔡京。崇宁元年(1102年)七月,蔡京升任右相,第二年的二月又任左相,北宋从此开始了以宋徽宗、蔡京为首的腐朽统治集团的黑暗统治。

蔡京一上台,马上打着继承宋神宗改革事业的旗号,狠毒地打击保守派。他把司马光等一百二十人列为奸党,宋徽宗亲自书写他们的名字,然后刻在石碑上,称为党人碑,立在宫城的南门端礼门。凡是被列为奸党的人,活着的都被贬官,死去的被削去官职,连他们的书也被毁掉了。蔡京虽然标榜自己是王安石变法的继承人,但他的所作所为却与王安石的变法背道而驰。他的所谓“新法”实际上就是搜刮民脂民膏。

宋徽宗的人生哲学是:“太平无事多欢乐。”蔡京就迎合他的心意,提出了“丰亨豫大”(就是丰盛、亨通、安乐、阔气的意思)的口号,来引导徽宗尽情享乐。于是徽宗大兴土木,建造园林宫殿。政和三年(1113 年)春,蔡京认为原来的皇宫不够宽敞,就在宫城北门外,又修造了规模略小于皇宫的延福宫。政和七年(1117 年),又在京城东北部修筑规模更大的阳华宫,在北宋灭亡之前,一直都在修筑,国库财富的花费像流水一样。

蔡京任宰相期间,过着极其骄奢淫逸的生活。他的宅第非常宽敞,园内树木参天,装饰华丽,家里养着成群的姬妾。每年过生日的时候,各地官员都要给他送大宗礼物,称为“生辰纲”。他贪污勒索得到的金银财宝无数,比朝廷府库里的财物还要多。一次,蔡京请僚属们吃饭,仅蟹黄馒头一项就花掉了一千三百多贯钱。平时吃一碗羹,就要杀死几百只鹌鹑。他家里的厨师分工特别细,竟有人专职做包子馅里的葱丝。

蔡京把持朝政多年,权势熏天。他大量任用亲党、门生做各类官职。如果有谁不合他的心意,马上就会受到排斥。像曾受过蔡京举荐的中书舍人吴伯举,有一次蔡京找他办事,他想按照朝廷的制度来办,惹得蔡京勃然大怒,说:“已经做了好的官职,还要做好人,怎么能两者都兼顾呢?”当即把他贬出了朝廷。在宋徽宗统治的二十多年里,蔡京由于遭到别人的反对,曾先后三次被罢免。一被罢免,他就跑到皇宫,跪在宋徽宗面前苦苦哀求,不顾一点廉耻。为了不至于被罢免,他甚至称自己的儿子蔡攸为“公”,被天下人传为笑谈。

蔡京的所作所为,加上宋徽宗的荒淫无耻,使社会风气极为堕落;贿赂公行,见利忘义,也使徽宗时期成为北宋王朝最腐朽、最黑暗的时期。到了徽宗后期,朝廷公然卖官鬻爵,京城流传着这样的歌谣:“三百贯,值通判;五百贯,值秘阁。”

当金兵南下的时候,从繁华梦中惊醒的宋徽宗为了逃命,慌忙把帝位传给了宋钦宗,自己称太上皇,连夜离开京城逃到南方避难。蔡京见军情危急,就与儿子蔡攸、童贯等以扈从徽宗南巡的名义,携带着金银细软,离开了京城,这引起了朝野上下广泛的不满。太学生陈东首先上书,称蔡京等六人为“六贼”,其中蔡京是“六贼”之首,要求把他们杀了以谢天下。宋钦宗虽然受过蔡京的保护,却也没有办法,只好把蔡京贬到儋州。

蔡京在去儋州的途中,沿路的店家,一听说是蔡京来买东西,都不肯卖给他。甚至许多人把他围起来,狠狠地骂他。依靠州县官吏的强制驱逐,蔡京的车轿才得以继续前行。蔡京哀叹说:“没想到我失去人心竟然到了这种程度!”他认为这是因为自己贪恋荣华富贵,才到了今日这步田地。

靖康元年(1126 年)七月,蔡京到了潭州(今湖南长沙),病死在一家寺院里,这年他八十岁。

徽宗时期的中书侍郎侯蒙曾说:“如果蔡京能够心术端正,即使古代贤良的宰相也比不过他啊!”蔡京的才能、智商确实是非常高,只可惜没有用对地方,不但没有为国家做出什么贡献,反而造成了巨大的危害。

赵构偏安东南

公元1125年,金国的完颜宗翰、完颜宗望率领大军南下攻宋。徽宗吓得六神无主,赶紧把皇位让给他的儿子赵桓,这就是钦宗。钦宗不重用李纲等主战派,导致国都被金兵攻破。1127年,金兵俘虏了宋徽宗、宋钦宗两个皇帝和皇族、官吏二三千人,满载着搜刮来的财物,回北方去了。这就是历史上有名的“靖康之变”。

宋徽宗和宋钦宗被押回金国,囚禁在五国城(在今黑龙江)。金兵在开封扶植了投降派头子张邦昌当傀儡皇帝,还给了他一个国号叫“楚”,想利用他来统治宋朝的百姓。

这时候几乎所有的皇室成员都被押到金国去了,只有康王赵构不在开封,避免了被俘的灾难,于是,一批北宋的官员决定拥立赵构,让他登基继承皇位。

赵构是宋徽宗的第九个儿子,是妃子所生,在王室中地位不高。因此,当金兵要王室人员去金国当人质的时候,他被选上了,不料金人也瞧不起他,一定要徽宗的第五个儿子到金国做人质,他便侥幸回到了开封。金兵第二次南侵时,到各地组织部队增援开封的苦差事,又派给了赵构。赵构离开了开封,来到河北,想不到这倒让赵构避免了被俘虏的噩运。等到开封沦陷,北宋灭亡,所有的王室子弟之中,只剩下赵构一人留在中原,他理所当然地成为坚持正统思想的北宋朝臣们注目的中心。在人们心中,要选皇帝,除了赵构,就没有第二个人选了。

要赵构登基的呼声一天天强烈,可是赵构本人却还在犹豫不决。他对金兵怕得要死,只担心当上皇帝就会成为金兵对付的主要对象。何况金人还扶植了一个楚帝张邦昌,张邦昌有金人撑腰,也是个得罪不起的人物。

这个顾虑很快便打消了。张邦昌是金人扶植上台的,金兵北撤,他立刻失去了依靠,大臣里面,没有一个支持他。张邦昌眼看当不成傀儡皇帝,便写信给赵构,表示愿意退位,拥戴赵构登基,赵构当然放下了一头心思。

但是,要当皇帝,照例要有老皇帝的诏书任命。两位皇帝都关在五国城,赵构怎能得到他们的同意呢!幸好皇室里边,赵构还有一个长辈没被金人抓走,赵构可以取得她的同意,合法地即位称帝。

这位长辈是宋哲宗的皇后元佑皇太后。元祐太后照理是徽宗的嫂嫂,也就是赵构的伯母,哲宗在位时,她被人陷害,被剥夺了皇后称号,出家当了女道士。

因为她被赶出了皇宫，好多人都把她忘了，所以金兵搜捕皇室成员时，她也躲过了这场灾难。后来张邦昌为了收买人心，表示自己维护赵家正统，记起了她，把她接进了开封。

于是赵构上书给元佑太后，表示要她这位长辈出来垂帘听政。元祐皇太后当久了女道士，不愿再卷入到政治斗争中去，便颇识时务地写了道诏书通告全国，要大宋子民拥护赵构登基称帝，重建宋朝江山。

一切条件都已成熟，赵构经过大臣们一再劝进，终于在北宋王朝的“南京”（河南省内应天府）即位称帝，改年号为建炎。这位宋高宗赵构建立的宋朝政权，历史上称做南宋。

赵构的朝廷是个杂凑成的政权。由于大敌当前，人心所向，赵构不得不任命拥护自己的、德高望重的抗战派人物李纲当宰相，任命宗泽当东京留守兼开封知府，到跟金兵相持的第一线主持抗金斗争。但是，赵构最相信的，还是主张议和的黄潜善和汪伯彦，让他俩主持朝政和掌握军权，就连卖国求荣的张邦昌，也因为让位有功，当上了太师。

这样的一套班子，从一开始就产生了尖锐的内部矛盾。宋高宗和李纲在用人和定都两大问题上，意见很不一致。

李纲认为，高宗应该把以张邦昌为首的投降派统统明正典刑，而高宗却一再保护张邦昌，最后迫于朝廷内外的压力，只是罢了他的太师官职，贬谪到潭州便算了事。

过了不久，高宗想把都城迁到建康，模仿东晋偏安一隅，倚仗长江天险跟金兵对峙。李纲认为不行，指出历代中兴君主，都是立足西北而征服东南的，他主张定都应当首选关中，其次是襄阳，最后才轮得着建康。他还认为，高宗应该出巡开封，拜谒宗庙，安抚人心，招募天下英雄豪杰，打败金兵，迎回徽宗、钦宗，雪洗靖康年间的耻辱。

宋高宗本是个胆小怕事的人，李纲要高宗做“中兴之主”，对他的要求是太高了，他决不肯冒着生命危险去当什么“中兴之主”；至于迎回徽宗、钦宗，更触犯了高宗内心的最大忌讳，迎回了徽宗、钦宗，他就不能再当皇帝，这样的事，高宗当然不会应允。

李纲还像在钦宗时一样，左一个建议，右一个建议，终于建议得宋高宗心烦起来，觉得李纲成为自己执行议和政策的障碍，他公开地责备李纲说：“你天天跟我在这些小事上争论不休，这是为了什么？”

这句话说出口之后，黄潜善、汪伯彦等人立即在高宗面前说李纲的坏话。有的说李纲功高震主；有的说李纲招兵买马，是为了扩张自己的势力；还有的说李纲是金人最痛恨的朝臣，任用了他，金兵总有一天会借口出兵。

这些恶毒的攻击，正好说中了宋高宗的心病，他最怕的是有人会夺他的帝位。于是，宋高宗更加重用黄潜善，并颁布了一份诏书，说李纲狂妄荒诞、刚愎自用、越权伤主，罢免了李纲的宰相职务。只当了七十五天宰相的李纲看到自己一片忠心反被误解，一气之下，连高宗让他当潭州、荆湖南路安抚使的任命也拒绝了，第二年就郁郁病故，他死的时候，才五十八岁。李纲死后，高宗走走形式，追认他为少师。

李纲初被罢相之时，当初在开封府领着太学生大闹皇宫的陈东又忍不住了，再次跟进士欧阳彻等人一同上书皇帝，替李纲打抱不平。他们在上书中，指责皇帝黑白不分、是非不明。李纲是忠臣，不该罢免；黄潜善、汪伯彦奸佞误国，不当任用。宋高宗看了奏章，恼羞成怒，立即下令把陈东、欧阳彻关进大牢，不久把他们杀害了。

从此，投降派在朝廷占了上风，南迁之事再也没人敢反对。两个月之后，金兵并未南侵，前线并不紧张，宋高宗却把朝廷迁到了扬州，后来，再往南迁，搬到了浙江临安，一个偏安东南的小朝廷终于出现了，黄河两岸广大的百姓，成为金人统治的对象，也成为南宋小朝廷苟安的牺牲品。

柔福帝姬之谜

建炎年间，宫廷内发生了一起假冒柔福帝姬的诈骗案件，一时沸沸扬扬，远近传闻，成为一件笑谈。

柔福帝姬小名多富，又名瑗瑗，本是宋徽宗之女。徽宗有女三十四名，瑗瑗排行第二十位，初封柔福公主，政和年间改称帝姬。她锦衣玉食，饫甘餍肥，在宫廷中度过了无忧无虑的童年。倘若没有意外，她本来会嫁给达官显贵，在富贵乡中终老其身的。但是金兵的入侵，给这位少不更事的公主带来了巨大的灾难。她被俘北上，在饱尝了人间辛酸之后，悄然死在北方，待到高宗即位之后，金人才归还了她的尸骨。

靖康二年(1127年)，徽、钦二帝被金人拘押北上。十七岁的柔福帝姬也名列被押送人员之中。这年三月二十八日自汴京启程，一路上凄风苦雨，晓行夜宿，五月二十三日进入上京。她和高宗的母亲韦氏是一批，都被分配到洗衣院，替金朝的达官显贵们浆洗衣服。她们本是金枝玉叶，吃饭穿衣都要人侍候，但是一旦沦为俘虏，除了任人摆布，就只有以泪洗面的份了。

时光如流，转眼到了绍兴五年(1135年)，柔福帝姬芳龄二十有五，在金国已经度过了八个春秋。当初她婷婷玉立，花容月貌，如今却是风鬟雾鬓，蓬首垢面，真是往事不堪回首。和她同来的那些宗室男女,有的被金人强占为妾,有的不堪凌辱,死在荒疆异域,但她却顽强地活了下来。金国统治者也许是出于怜悯,就在这年二月,她被迁往五国城居住。

五国城在上京东北,两地相距有数百里之遥。这里也有许多宋朝官员,他们在金人看守之下,耕耘农田、自种自吃,生活虽然艰苦,但比起柔福帝姬以往的奴役生涯,毕竟胜了一筹。更何况柔福帝姬的父亲——徽宗皇帝也被关押在这里,父女们虽不能朝夕相见,共享天伦之乐,但比起天各一方、颠沛流离的生活,无疑是好得多了。

柔福帝姬在五国城结识了随徽宗北迁的宋朝官员徐还,两人沦落天涯,同病相怜,后来便结成了夫妻。不幸的是,绍兴十一年(1141 年)柔福帝姬突然得疾,虽经医生调治,病情仍然不见好转,终于香消玉殒,撒手人寰,终年三十一岁。绍兴十二年(1142 年)金人归还徽宗赵佶以及郑皇后、邢皇后灵枢,柔福帝姬的尸骨也一并赐还,得以归葬故国。原来金国习俗不用棺椁,多用火葬。徽宗于绍兴五年崩逝于五国城,金人遵从宋朝习俗,用白绢裹葬,到归还灵柩时,尸骨早已不存。而柔福帝姬丧命未久,加上北方天气严寒,竟得以全尸而归。

柔福帝姬已经死在金国,却有好事之徒,冒名顶替柔福帝姬,骗过了高宗,白享了十几年荣华富贵。这个人就是汴京乾明寺的尼姑法静。当时宋金交恶,兵荒马乱,山水辽阔,音息阻隔,这就给法静冒充柔福帝姬提供了绝好的机会。

法静原是汴京人,自幼在乾明寺出家为尼,"靖康之变"时,她也被金人掠入军中,在那里认识了一起被掠为俘的宫娥张喜儿。双方既熟,便无话不说,张喜儿说法静相貌酷似柔福帝姬。法静十分好奇,便仔细询问柔福帝姬的下落,当得知她已被押解北上,至今生死未卜时,不禁心中暗暗高兴。她心想倘若冒称柔福帝姬,真假自然无从辨白,这一桩富贵岂不是从天而降?但是自己从未涉足宫廷,个中情形全然不知,一旦露了马脚,颈上之头就难保了。但转念一想,高宗四处迁移,席不暇暖,未必会纠缠这些琐事;况且柔福帝姬与高宗虽是兄妹,但高宗之母是韦夫人,柔福之母是王婕妤,徽宗有子三十一人,女儿三十四人,平常都不生活在一起,即使兄弟姐妹之间也不熟悉,只要能打听一些宫廷琐事,以供查询质问,便可天衣无缝、万无一失了。她串通好张喜儿,把柔福帝姬孩提时的事拣几件记在心里。从此便四处宣扬,说自己是柔福帝姬。后来她瞅个机会从金国逃回宋朝。法静不仅粗识文字,而且巧舌如簧,她的话竟使许多人深信不疑。管理宫廷事务的大宗正听说柔福帝姬尚在人间,便把她迎入府中,只因高宗四处迁移,萍踪浪迹,无法送往所在之地,事情便耽搁了下来。不久,大宗正患病死去,法静又教乱贼刘忠掠入军中。

建炎三年(1129 年)十一月,刘忠进犯蕲州(今湖北蕲春县蕲春镇),被宋将韩世清击破,法静又辗转落入宋军之手。她见时机已到,便在军中诉说自己是徽宗之女,小名瑗瑗,母亲是小王婕妤。既然是上皇之女,韩世清不敢怠慢,便约会了蕲州守将甄采共同勘问。为了表示慎重,二人身穿朝服,隔帘询问。法静口若悬河,自叙如何沦入金人之手,又如何从金国逃回;如何被大宗正迎入府中,又如何被刘忠掠去,娓娓道来,无懈可击。她怕韩世清不相信,又抛出几件宫中琐事,不由韩世清不信,当下决定把她护送到高宗处。

高宗知道后,便命老宫女察验。老宫女看其相貌确实很像柔福帝姬,用宫中旧事盘问她,也能够答出八九不离十,惟一值得怀疑的是这女子的一双大脚,如何想象金枝玉叶的公主会生就一双天足呢?面对一双双怀疑的眼睛,那女子毫不惊慌,不胜悲苦地解释说:"金人驱逐如牛羊,曾赤脚步行万里路,怎能保持原样?"宋高宗觉得言之有理,尤其是听到这女子能够直呼其小字,便不再怀疑,下诏让她入宫,授予福国长公主的称号,又为她选择永州防御使高世荣为驸马,赐予嫁妆一万八千缗。此后,高宗对她宠爱有加,先后赏赐达四十七万九千缗。

绍兴十二年(1142),高宗生母显仁太后从北方归来,见到高宗,悲喜交加,急急告诉高宗说:"金人都在笑话你呢!说你错买了颜子,柔福早已死了,怎么会自己跑回来呢?"(当年京师有颜家巷,制作的各类器物都以次充好、以假充真,极不坚实,因此时人称冒牌货为"颜子"。)高宗闻言大惊,立即下令将柔福系狱审讯,才真相大白。轰动一时的真假公主案,以法静被诛告终。

然而,法静虽然被诛,民间却流言纷纷。《四朝闻见录》、《随国随笔》等笔记都记载了这样一种说法:假柔福帝姬实际是真公主,因为显仁太后在北方多年,有许多不愿为国人知道的隐事,见柔福逃归,怕她泄露,便说她是假装的公主,为的是杀人灭口。高宗因奉母命,也容不得其辩解,最终使她死于非命。这一说法虽然流传甚广,可惜没有真凭实据,又死无对证,于是柔福帝姬的真伪,也就成了千古之谜。

遗臭万年的奸相秦桧

秦桧,字会之,江宁府(今江苏南京市)人氏,宋哲宗元祐四年(1089 年)生,是南宋劣迹昭著的投降派代表。

宋徽宗政和五年(1115 年),秦桧登第,补密州(今山东诸城)教授,曾任太学学正。北宋末年任御史中丞,与宋徽宗、钦宗一起被金人俘获,卖身投靠金太宗之弟挞懒。女真贵族将他放纵南归后,任礼部尚书,两任宰相,前后执政十九年,为宋高宗赵构所宠信。他以“莫须有”的罪名杀害民族英雄岳飞，贬逐忠臣良将，贪污受贿，是一个不遗余力的投降派，是历史上有名的奸相。

秦桧年少时正值北宋王朝末期，昏庸荒淫的宋徽宗沉迷于酒色犬马，不以国家社稷为意，朝政被蔡京、童贯等权奸把持，他们朋比勾结，排挤正直的大臣，榨取民脂民膏，致使举国上下怨声载道，揭竿而起者风起云涌。

宣和七年(1125 年)，金兵大举南下，兵锋直指宋都汴京(今河南开封)。昏庸的宋徽宗见国事不可收拾，便草草将皇位禅让给长子赵桓，自己做了教主道君，远遁淮、浙，躲避金兵去了。赵桓即位，是为钦宗，次年正月，改元靖康。

不久，金兵直抵汴京城下，要挟宋朝割太原(今山西太原一带)、中山、河间(今河北河间一带)三镇作为退兵条件，意在破除宋朝京畿以北屏障。秦桧猜度钦宗决不会接受这一苛刻条件，于是奏上一书，条陈四事。其一，金人贪得无厌，如三镇轻易求得，日后将会提出更多非分要求，因此朝廷只应割让燕山一路；其二，金人狡诈无信，即使应允其所请，也要提防有变；其三，当此危难之时，不应仅由一、二权臣决断大事，而应广集京官，咨询良策；其四，宋朝为华夏大国，不应以上礼接待金使。此书就割地一事所提意见全属模棱两可之辞，其要旨则在于争得参与政权。书奏上后，因不合钦宗之意，故未被采纳，但秦桧的才思却得到钦宗欣赏。不久，秦桧便被改为职方员外郎，成为尚书省六部之一——兵部中的重要官员。

这时，宋朝割让三镇之议已决。金人既得钦宗割地诏书，又得肃王赵枢为人质，加之宋朝二十万勤王大军渐集汴京外围，形势逐渐有利于宋朝，于是，金人于靖康元年(1126 年)二月开始退兵。南宋派秦桧和程璃为割地代表同金人进行谈判。秦桧在谈判中尚能坚持上述意见，于是又升为殿中侍御史、左司谏。

由于三镇未割，金人于心不甘，加以宋朝北伐之策泄露激起了金人愤怒，于是金人于靖康元年八月再度南侵。这时，以李纲为首的宋朝主战派已受到排斥，抗金力量大为削弱，这更使金兵所向无敌。太原、真定(今河北正定一带)、平阳(今山西临汾一带)相继陷落。短短三个月时间，金兵便再次进逼汴京城下，围攻月余而破之。宋钦宗和不久前从东南返京的宋徽宗先后被拘禁并被废为庶人。金人下令不得复立赵氏之后而授意立宋朝宰相张邦昌为帝。

宋朝留守王时雍秉承金人旨意，召集百官议论废立之事，并率先提议立张邦昌为帝。秦桧持反对态度，他认为张邦昌过去附会有权势者，干的是有损国家利益的事。对此，百姓痛恨他就像痛恨仇敌似的，如果给他地盘，那么，各地的英雄豪杰定会联合起来鞭责讨伐，张邦昌最后也成不了大金的重臣。从秦桧提出对金的意见，割地问题上的主张以及反立张邦昌为帝来看，还没有发现他这时有投降活动的迹象。而他的官位已提到了御史中丞，权威颇高了。

靖康二年(1127年),金人以秦桧反立张邦昌为借口,将他连同他的妻子王氏及侍从等一起捉去,这时宋徽宗得知康王赵构即位,就致书金帅粘罕,与约和议,叫秦桧将和议书修改加工润色。秦桧还以厚礼贿赂粘罕,金太宗把秦桧送给他弟弟挞懒任用。从此,秦桧亦步亦趋地追随着挞懒,逐渐成为他的亲信。

建炎四年(1130年),金将挞懒带兵进攻淮北重镇山阳(即楚州,今江苏淮安),命秦桧同行,因为挞懒想要达到灭南宋的目的,必须诱以和议,内外勾结。他认为只有秦桧是可以作为"内"应的人。而此时秦桧卖身投靠女真贵族的面目,在南宋朝野还未彻底暴露,所以金统治者就把秦桧作为合适的人选了。

秦桧南归后,自称是杀死监视他们的金兵夺船而归的。臣僚们随即提出一连串的问题:孙傅、何粟、司马朴是同秦桧一起被俘的,为什么只有秦桧独回?从燕山府(今北京城西南)到楚州两千八百里,要跋山涉水,难道路上没有碰上盘查询问,能杀死监守人员,一帆风顺地南归?就算是跟着金将挞懒军队南下,金人有意放纵他,也要把他家眷作为人质扣留,为什么能与王氏偕行而南呢?所有这些问题都疑团重重,秦桧卖国之心已经快被人识破了。

他南归后,送给赵构的第一件"见面礼"就是,要想天下无事,就得"南人归南,北人归北"。也就等于把北方土地全部奉献给女真贵族,而且大批不愿降金而南下的北方人士,都得回去受金人统治,这就等于南宋自己解除武装,放弃武力抵抗。秦桧奉送赵构的第二件"见面礼"是一份致女真军事贵族挞懒的"求和书"。昏君赵构不识秦桧险恶用心,还连连夸赞他,于是秦桧便坐上了宰相的宝座。这时昏君赵构已经被秦桧牵着鼻子走了,直到最后秦桧陷害忠良,加害岳飞,葬送宋朝江山。

韩侂胄草率北伐

南宋朝廷到了宋孝宗后期,不仅对外屈膝投降,内部也渐渐腐败起来。一些朝臣见皇帝不理朝政,只知享乐,便结党营私,争权夺利,甚至发展到更换皇帝、独揽大权的地步。宋宁宗赵扩继位后,立崇国夫人韩氏为皇后。因当时朝中大臣韩侂(tuō)胄是韩皇后叔父缘故,从此韩侂胄便仗外戚身份,干预朝政,争权夺势,拉拢党羽,诛逐异己,逐渐形成一人专权的局面。

早年,韩侂胄任汝州防御使。当时韩侂胄认为自己拥立赵扩有功,对防御使之职十分不满,于是他把原因都归结到宰相赵汝愚的头上。许多朝臣看到韩侂胄贪欲过重,必成朝中之患,又见韩赵结怨,都说"祸从此始矣"。

过了不久,赵扩想任命刑部侍郎京镗为蜀中节度使,宰相赵汝愚认为他资历声望尚浅,表示反对。对此,京镗非常忌恨赵汝愚,便开始和韩侂胄勾结在一起。为了和宰相赵汝愚争夺朝中大权,这以后韩侂胄大肆拉拢与宰相赵汝愚结怨的官员,并极力扶植自己的党羽先后当上朝中的言官等要职,完全控制了朝中大臣向皇上进言的权力。眼见自己羽翼丰满,韩侂胄便开始下手逐除异己了。

当时,儒家的"理学"非常盛行,宋宁宗把理学大师朱熹提拔为侍讲,到宫中讲学。朱熹看不惯韩侂胄专权害政,便经常利用讲学的时机,向赵扩恳切进言,列举韩侂胄的罪行。韩侂胄听说后,非常愤恨朱熹,就给朱熹安了"伪学祸首"的罪名,唆使赵扩罢免了朱熹侍讲之职。

后来,韩侂胄仰仗外戚身份,常到丞相议政的都堂走动,连由宰相们处置的事他也要插手。左丞相留正见他这样指手划脚,十分不满,就派小吏对他说:"此处不是韩知阁每日来往之地。"为此,韩侂胄大怒,后来便借留正与宰相赵汝愚在宋光宗陵寝用地上发生争执的机会,向赵扩进谗言,把留正贬为建康知府。

过了不久,吏部侍郎彭龟年接连上书弹劾韩侂胄,赵扩非但没有相信他的话,反而将他罢了官。

韩侂胄见赵扩对他非常宠信,从此在朝廷中更加骄横,于是就将宰相赵汝愚视为下一个打击目标。为此他便与工部尚书赵彦逾和京镗等串通一气,向赵扩进谗言,诋毁赵汝愚结党营私,对宁帝心怀二心。接着,韩侂胄又指使右正言李沐禀奏赵扩,说赵汝愚以皇室同姓而居相位,将不利于社稷,请将他罢黜,以安天下,杜塞奸谋之源。开始时宁宗还不相信韩侂胄等人的话,后来见众人都弹劾赵汝愚,就相信了赵汝愚要谋反的诬告,罢免了赵汝愚的相位。

铲除自己的强劲对手后,韩侂胄的地位更加稳固了,更加炙手可热,他先后被宁宗加封为少傅、太师、平原郡王、平章军国事等要职。当时朝中一些小人见状攀附韩侂胄,纷纷得到了升迁,而韩侂胄靠着这帮家伙的支持独揽了朝廷的大权,更是作威作福,鼻息冲天。他在自己的私宅中置"机速房",文武百官如同上朝一样,每日到他这里报到议事。他还假造御笔诏书,用来发出升黜将帅的命令,朝中之事不分巨细,不禀奏韩侂胄,谁也不敢做主。韩侂胄俨然一国之主,赵扩成了有名无实的皇帝。

过了几年,韩侂胄越来越不满足于既得的权势,他千方百计煽动宁宗组织北伐,想为自己在历史上留下一个美名。为此,他让自己的亲信对北方的金国发动了进攻。开始时,宋军取得了一些小胜利,后来,金国派兵牢牢守住了战略要地,战场上的形势发生了有利于金国的变化。几仗之后,宋军惨败,金国要求宋朝割地、称臣。

这时候,南宋内部反对北伐的势力渐渐强大起来,紧接着韩侂胄的侄女韩皇后死去,韩侂胄失去了倚仗。于是在礼部侍郎史弥远的组织下,朝廷大臣纷纷上书，力陈韩侂胄倒行逆施，招致朝政混乱，边境形势危迫，请诛韩侂胄。当时就连金国皇帝完颜璟也要求宋朝献韩侂胄的人头，方答应归还淮陕之地。

赵扩虽依然庇护韩侂胄，但迫于金国和朝廷大臣的压力，无奈之下只好处死了韩侂胄。韩侂胄死后，他的众多党羽或是被杀死，或是遭贬职，都相应得到了惩处。

杨万里不畏权臣

杨万里是南宋吉州人。高宗年间，他考中进士，先后任赣州司户、永州零陵县丞等职。当时，同平章事张浚被贬到永州，闭门谢客。杨万里素来仰慕张浚的为人，于是就三次前去拜访，但都没有见到张浚。后来，杨万里就给张浚写了一封信，这样，张浚才接见了他。张浚勉励杨万里要“正心诚意”，因此杨万里给自己的书室题名为“诚斋”，后来人们就称他为诚斋先生。

宋孝宗赵昚(shèn)即位后，张浚被重新起用。没过多久，他被任命为右仆射、同平章事兼枢密使，于是他就极力推荐杨万里任临安教授。由于当时正赶上父亲去世，杨万里就没有赴任。

服丧期满以后，杨万里任隆兴府奉新县知县。在任期间，他禁止胥吏贪赃，甚得民心。没过多久，右仆射同平章事陈俊卿和虞允文非常赏识杨万里的才能，就推荐他做了国子博士。

第二年，侍讲张栻(shì)因反对任命外戚张说而被贬官到袁州，当时杨万里主持公道，抗疏挽留。虽然张栻最终还是被贬，但杨万里的言行受到了众人的赞许。后来，杨万里先后任过将作少监、漳州知州等职。在他任提举广东常平盐茶的时候，曾带领军队平定南粤盗匪，被孝宗称赞为“仁者之勇”，并提升他为提点刑狱。

杨万里曾因地震而上书，向孝宗提出许多治国方略，还向右丞相王淮推荐名士朱熹、袁枢等十六位人才。宋高宗赵构去世后，杨万里力争张浚应当配享庙祀，触怒赵音昚，被贬斥出任筠州知州。

宋光宗赵惇即位后，杨万里又被召回朝中，任秘书监。第二年，杨万里奉旨出使金朝。他北渡淮河时，看到沦陷的国土和愁苦的百姓，他抚今追昔，百感交集，深深感慨这亡国之痛。于是他情不自禁，写下大量抒发悲愤情怀的诗篇。

后来杨万里还做过几任地方官，终因政见与权臣不同，请求还乡。到了宁宗年间，韩侂胄依仗韩皇后的权势，渐渐爬上高位，大肆网罗党羽，开始在朝中专权。有一年，他建了一座南园，以答应让杨万里入朝做官为报酬，请杨万里为他这座园子作记。但杨万里为人正直，一向鄙弃韩侂胄的为人，说道："官位可弃，记不可作。"韩侂胄听后大怒，只好改让别人执笔作记。

杨万里拒绝入朝做官的年代，恰是韩侂胄主政期间，他先后闲居在家达十五年之久。他见韩侂胄专权日甚，忧心忡忡，怏怏成疾。后来家人见到他病成那个样子还忧虑朝政，就把关于朝政时事方面的东西收藏起来不让他看。

公元1205年的一天，一位本家侄子忽然赶回家中，说起韩侂胄轻易北伐、挑起兵端之事。杨万里一听，失声痛哭，立刻让人拿来纸笔，奋笔疾书道："韩侂胄奸臣，专权无上，动兵残民，谋危社稷。吾头颅如许，报国无路，惟有孤愤！"接着他又写了一条幅，上面大书十四字与妻子诀别，写完以后，笔落在地下，怀着满腔悲愤死去了。

理学大师朱熹

朱熹是婺源（在今江西）人，宋朝著名的理学大师。他继承前人学说，建立了一个庞大细密的"理学"体系。这一理论成为中国专制社会后期的统治思想，产生过巨大而深远的影响。他一生除有十年多时间做官从政外，其余的时间，主要是讲学和著述。

朱熹少年时，胸怀大志，非常好学，先后拜当时的经学大师胡宪、刘勉之等人为师，学业进步很快。高宗时，朱熹考中进士，被任命为泉州同安主簿。在任期间，他从县里挑选了一批青年作为弟子，每天向他们讲授圣贤修身治民的道理。

宋孝宗继位后，朱熹大胆进言，向孝宗讲了许多古代圣贤之君的治国之道，其中就有强国富民、加强兵备、安抚四夷等方面的内容。过了几年，朱熹负责管理知南康军。当年郡内遭遇旱灾，朱熹一到任就兴利除弊，整顿郡治，开仓赈济，使灾民顺利度过了饥荒。后来，他还奏请朝廷同意，修复了白鹿洞书院，多次在这里讲学。

有一年，浙东地区发生了非常严重的大饥荒，朝廷派朱熹去救灾。朱熹上路赴任，在路上他写信给浙东各郡县官员，要求他们招揽米商，并减免他们的税额，让他们四出籴（dí）米。朱熹尚未到达任所，四处运往灾区的粮食已运到了。朱熹到任后，整顿吏治，经常轻车简从，微服出访，访贫问苦，体恤民情，对于那些不合理的赋税，他予以减免或废除。不久他将这里治理得井井有条，当地官吏敬畏他，百姓爱戴他。这期间，有人诬告弹劾朱熹，但孝宗却说："朱熹政绩确实可观。"

到了光宗时期，朱熹曾任过一段漳州知府。到任后，他上书朝廷，免除了所

属各县的七百万田赋，减轻了当地百姓的四百万缗负担。鉴于当地风俗鄙陋，朱熹恢复了古时丧葬婚嫁的礼仪，命令老者向百姓宣讲，教授给年轻人，风俗渐趋淳朴。当地不少人崇信佛教，男男女女经常聚集在僧舍中传经、做佛事，还有些女人不出嫁却出家入庵为尼姑，朱熹下大力予以劝止。原来泉州、汀州、漳州边界不清，朱熹调查了解历史沿革，找有关人士会商，明确划定界线，上报朝廷批准。而当地豪强地主感到多有不便，大为不满。枢密院事留正是泉州人，他在乡里的族人也认为这种划界不可行。还有一个平民吴禹圭上书说这样划界是无故扰民。朝廷下旨先定漳州边界，其他地区勘界事宜从缓实行。朱熹未及完成此事，便因儿子病故辞官归乡了。

宋宁宗赵扩继位后，朱熹担任侍讲之职，经常借在宫中讲学之机，对朝政多有谏言。

后来，外戚韩侂胄渐渐登上相位，在朝中专权。朱熹就多次上书弹劾他，并多次在讲学中向宁宗进谏，但均没有达到效果。当时，为了排除异己，韩侂胄和他的亲信搞了“伪学”案，朱熹的理学一时间被斥为“伪学”，朝廷对此予以禁止。一时间，读书人战战兢兢，稍有名气的读书人便难以在朝中立足。在如此艰难的岁月中，朱熹仍坚持给学生讲学，对劝他遣散学生的人，他都是笑而不答。

到了公元 1199 年，朱熹因病辞官，第二年就病逝了，享年七十一岁。朱熹死后，当时尚未下葬，他的学生们要为他举行殡礼。有人却扬言说：四方伪学之徒聚会，为伪师送葬，并借机妄议时人短长和朝政得失，敦请守臣严加约束。所以在朱熹的整个葬礼过程中都有人严加监视。直至韩侂胄被杀后，赵扩才追赠朱熹为中大夫、宝谟阁直学士，而这时朱熹已死了七八年了。

在朱熹从政的五十年间，他只当过九年地方官，在朝中担任侍讲、待制才四十天，所以他家一贫如洗。那时从各地来拜他为师的学生络绎不绝，师生只能一起吃豆饭，过着极清苦的生活，还时常靠借贷维持。在从政、讲学的同时，朱熹一生都致力于圣贤经传的研究，为此他为后人留下了《论语集注》、《孟子集注》、《启蒙》、《大学章句》、《中庸章句》等一大批经典著作。

朱熹最有影响的主张是“存天理，灭人欲”。现在看来，这一套克制压抑的思想有不少荒谬可笑之处，不过，我们也应明白，他要人们安于现状、不要起来为改善自己的生活而斗争的思想，最适合中国传统农业社会的统治。从元朝开始，道学成为官方钦定的统治思想，对人们的日常生活、一言一行都有极大的约束作用。后来人看到道学发挥了跟宗教相近的作用，所以就把道学称为“儒教”。

宋军苦守襄阳

在宋金交战的时候，北方的蒙古强盛起来，公元1234年，蒙古灭金。1271年，忽必烈定国号为元。

1267年，忽必烈派大将阿术和南宋降将刘整带兵发动了对南宋的进攻。

这一次，忽必烈改变了以往蒙哥三路分击的战略，单从襄阳、樊城一线进军。樊城和襄阳位于汉水上，是南宋抵挡北方进攻的屏障，如果襄阳失守，元军就会从汉水抵达长江中游的鄂州，然后顺流而下，直达南宋政治中心江南地区，这条路线，确实是攻下临安的捷径。

抵达襄阳城外，阿术采取了刘整的计谋，向襄阳守将吕文德送去大量贿赂，要求在襄阳以北开双方的集市。吕文德贪图小利，上报朝廷后答应了阿术的请求。于是，阿术在两国边界上筑起了一个个土围子，名义上是修集市，实际是在土墙掩护下建筑工事。

吕文德的弟弟、襄阳知府吕文焕看穿了元军的阴谋，向哥哥提议撤除集市，但是吕文德却以为襄阳兵精粮足，守上十年也没问题，要吕文焕不必大惊小怪，听凭元军由点到线，筑起了包围襄阳的工事。

阿术看到陆路的准备工作已经完成，便让刘整打造了五千艘战船，训练出七万水兵。当元兵的船队出现在汉江上的时候，对襄樊的全面包围已经形成，一场旷日持久的围城战就开始了。

开始的时候，吕文德还能支撑，等到忽必烈又派史天泽带兵到襄阳增援，在襄阳筑起一道长长的围墙，在沿墙的山头筑起城堡，派重兵把守，截断了宋兵与南宋地区的联系，形势才紧张起来。他不断派人去临安报急，可是，贾似道却把奏报压住，也不派兵增援，襄阳的守军就越来越困难了。

襄阳被围了三年，宋度宗才知道这件事，便派兵前往襄阳解围。可是，领兵的夏贵两次乘船来到襄阳城下，只跟吕文焕讲了几句话，便从原路退走了，根本不敢跟元军作战；贾似道的另一位亲信范文虎，跟着夏贵又来到襄阳，看到夏贵的水兵被元军打败，吓得回头就跑。襄阳依然在重围中挣扎。

不久，吕文德病死，襄阳没有了主将；围城日久，军需也日渐困难。朝廷调两淮的守将李庭芝前往支援襄阳。李庭芝是南宋著名的将军，坚决主张抗元，他不顾范文虎的牵制，开始准备支援襄阳。

李庭芝看到元军不但从南北两端截断了通往襄阳的通道，而且从东西两面截断了汉江水路。元军重兵防守，硬冲是很难奏效的。他在百姓中了解襄阳的交通状况，得知有一条青泥河直通襄阳，就在河边修造了轻舟百艘，三船并联，中间一艘放军械，两边的船没有船底，招募水性纯熟的勇士，由张顺、张贵率领，半夜里顺流而下，直冲向襄阳。来到磨洪滩元军水兵营栅，张顺领着一批勇士，从两边无船底的船下水，偷偷潜水进入元营，砍断绳索，凿穿敌船船底，搅得元军大乱，张贵乘机杀出一条血路，冲到襄阳城下。

襄阳守军见援军来到，乘机出城，大败元军，把运来的军械接进城中。得到了增援，全城军民无不欢欣鼓舞。这时候，大家才发现少了张顺。几天后，张顺的尸体从青泥河顺水而下，身上重伤四处，箭伤六处，可见他在进城途中搏战的激烈。

这以后，吕文焕又派张贵去联络范文虎派兵，内外夹攻打击元军。张贵带人从河底泅出城，来到范文虎处。范文虎答应派兵攻城，但船队到了龙尾洲，见风急浪大，又退回去了。一支元军乘机假冒宋军接近襄阳，守军误以为援军已到，立即出城夹击，中了元军埋伏。张贵也在这一仗中壮烈牺牲。

襄阳被围五年，元军一直无法攻下这座城池。城里已经缺衣缺粮，守兵们拆了房子，把木料当柴烧，没衣服，便用纸作衣服穿，军民们都急盼朝廷能派援军到来。可是，南宋朝廷里的权臣们，全然不顾襄阳军民的困难，一直没有派出像样的援军。

忽必烈见小小的襄樊攻了五年还未攻克，便广招贤才，征求破城的办法。一位元将献上郭侃造的回回炮，这是当时最具威力的攻城火器，忽必烈立刻把回回炮运到了襄阳城外。

回回炮果然威力无比，在攻樊城的战斗中，几声炮响，樊城的外城墙就被炸开了一个大缺口。元军蜂拥而入，但是，宋军坚守阵地，不肯后退，宋军的援军也过江前来增援，元军被杀败，逃出外城。攻城的元将张弘范也中了宋军一箭。

张弘范受了伤，脑子倒清醒了。他找到阿术，建议说："襄阳和樊城之间，汉江上有一座铁索桥把两地连成一体。我们无论攻打哪一座城，他们都能通过铁索桥互相支援。我们要先分割两城，才能攻下襄阳。"

按照张弘范的办法，阿术集中兵力，乘船从两侧向宋军把守的铁索桥发动了攻击，用利斧砍断铁索，烧掉木板，切断了襄阳和樊城的联系，然后集中兵力攻打汉江以北的樊城。

樊城城门外，元军集中了所有的回回火炮轰击了一阵，城门便被轰开了，大量元军涌进城内，与宋军展开了激烈的巷战。樊城守将范天顺见守了五年的城池被攻破，长叹一声："我生为大宋人，死为大宋鬼，怎能当元兵的阶下囚！"说罢自杀身亡。他的属将牛福带领百名士兵，坚守府衙，全部被烧死在大火中。

和范天顺不一样，襄阳守将吕文焕在元兵转而围攻襄阳之时，受不住元军的引诱，开城投降了元军。至此，襄阳五年的守城战以元军的胜利告终，南宋已到了灭亡的前夜。

谢枋得绝食殉国

元军在南侵过程中，烧杀抢掠，激起了当地人民的反抗，加剧了当时的民族矛盾。

在文天祥、李庭芝、张世杰等坚持抗元的时候，浙江、福建、广东、湖广、江西等地的广大人民群众，也纷纷组织起武装队伍，抵抗元军的进攻。文天祥等人相继失败以后，人民的抗元斗争仍然彼伏此起，持续不断。福建漳州陈吊眼和畲族许夫人的抗元联军，一直坚持到 1283 年。建宁（今福建省建瓯县）人黄华，聚集三万农民抗击元军，很快发展到十多万人，也坚持到 1283 年。

此外，浙江青田的季文龙，龙泉的张三八，宁海的杨镇龙，广东新会的林桂芳、赵良钤（qián）和循州的钟明亮，也都先后发动了抗元斗争。湖广和江西的聂大老（大老就是首领的意思）、蔡大老、唐大老、邓大老等人率领的农民抗元军，到处打击元朝政府派去的官军，使得元朝初年的统治不能很快地安定下来。

在人民群众抗元斗争的浪潮中，一些宋朝遗留下来的官吏和读书人受到很大鼓舞，他们怀念着南宋，不肯投降元朝。有个太学生郑思肖，南宋灭亡以后，一直住在苏州的和尚庙里，终身不出来做官，连坐卧的方向都要朝着南方，还写下了许多充满爱国激情的诗文。曾经做过南宋宫廷琴师的汪元量，跟着宋恭宗和谢太后一起被掳到北方，也坚持不肯为元朝做事；文天祥被关押在大都的时候，他还常常到监牢里去探望。后来汪元量出家做了道士，写下了许多记录亡国痛史的诗词。在这些人的事迹当中，最感人的还是谢枋得绝食殉国。

谢枋得青年时代特别喜欢研究历史，发誓要向历史上的忠臣义士学习。他二十多岁的时候参加科举考试，在试卷上义正词严地指责贾似道的奸邪，结果被发配到兴国军（今湖北省阳新县）去做苦工。直到宋恭宗即位以后，他才被赦，做了信州知州。

不久，谢枋得早年的一个好朋友，当时已经投降了元军的吕师夔（kuí），率领一支元军前来进攻信州。谢枋得听说气愤极了，便招募了以张孝忠等人为首的一批义士，在信州北面的团湖坪狙击吕师夔。张孝忠先打了几个胜仗，后来被敌人的暗箭射死，队伍也被元军打散。接着，信州被攻陷，谢枋得只身逃脱，改姓埋名，逃到了福建建宁的唐石山中。

这时候，临安已经陷落，赵昰（shì）在福州称帝，谢枋得因为住在山里，消息闭塞，只听到临安陷落的消息，没有听说赵昰称帝，以为南宋已经灭亡了。于是他穿着麻衣，每天朝着东方太阳升起的方向哭泣，来寄托国破家亡的哀痛。为了生活，他到建阳市上去算卦和代写书信，维持生活。后来他又陆续听到文天祥、陆秀夫、张世杰等人的抗元斗争都已经失败的消息，心情更加悲痛，日日夜夜地痛哭。有人得知他就是当年在试卷上痛斥贾似道奸邪的谢枋得，便请他去教育子弟，经常把江西、福建、广东等地人民群众的抗元消息告诉他，谢枋得深受鼓舞。从此，他在福建定居，以教书为业，时刻关心着抗元斗争，觉得恢复南宋还是有希望的。

元朝统治者在消灭南宋主要的抵抗力量以后，开始改变政策，用笼络、收买的手段，征召南宋的旧臣替元朝服务，当时在元朝政府里担任集贤学士的程矩夫，向元朝朝廷举荐了二十二个人，谢枋得被列为第一名。谢枋得知道以后，坚决地拒绝了。

过了两年，元朝政府又派人到江南搜罗人才，又有人推荐谢枋得。谢枋得写信给当时担任尚书的留梦炎说："我今年六十多岁了，已经是临死的人，决不再做元朝的官。"后来，元朝派到福建担任参政的魏天祐，想用手段迫使谢枋得出来做官，向元朝皇帝请功。于是他下令绑架了谢枋得，派人押送到大都去。

谢枋得用死来表示抗拒，从出发北上那天起，就开始绝食。绝食二十多天竟然还没死，他决定改变主意，每天吃少量的蔬菜水果来维持生命，以便能够活着到大都，见见被元军俘掳去的谢太后和恭宗，然后再死。

由于旅途上的疲劳，再加上光吃少量的蔬菜水果不能补偿体力的消耗，到了大都以后，谢枋得的身体十分衰弱，终于病倒了。尚书留梦炎下令把他安置在悯忠寺休养，医生派去给他治疗，希望他恢复健康以后能答应在元朝做官。

悯忠寺是一所纪念历代忠臣义士的寺院，墙上镶嵌着许多石碑。谢枋得住的那间屋子里，墙上镶有一块纪念曹娥的碑。曹娥是东汉时候的一个孝女，她为了搭救划龙船的时候失足落水的父亲，自己也淹死在江里。谢枋得看了这块碑以后，痛哭流涕地说："一个年轻的女子尚能为父尽孝，我怎能不为国殉难呢?"从此，他又开始绝食。

留梦炎派医生带着药品和食物来给他治病，劝他吃东西，他愤怒地说，"我想要死，你们为什么非要我活着!"他把药品和食物全都扔在地上，坚决不食不饮。五天以后，谢枋得终于以死殉国了，那年他六十四岁。

辽史、金史、元史

猛将耶律休哥

耶律休哥，字逊宁，契丹人，是辽国名将。休哥少年时就具有三公和辅相的才识和气度。当初乌古和室韦两个部落叛乱，休哥跟随北府宰相萧干征讨他们。辽穆宗应历末年，任惕隐（执掌皇族政教）。

景宗乾亨元年(979年)，宋太宗举军进攻燕州，围困了南京(今北京)。休哥率领五院军，与南院大王耶律斜轸的六院军，前去援救。在高梁河(今北京西直门外)与宋军大部队相遇，他与耶律斜轸分兵为左右二翼，击败宋军，追杀三十余里，消灭了一万多人，休哥负重伤三处。次日清晨，宋军主帅逃去，休哥受伤不能骑马，便乘一辆轻车一路追到涿州(今河北涿州)。

这年冬天，皇帝命令韩匡嗣、耶律沙讨伐宋，以报宋军围困南京之仇。休哥率本部兵马跟从韩匡嗣等人在满城作战。第二天正要再次开战，宋人请求投降，匡嗣信以为真。休哥则劝说他："宋军队伍整齐，兵锋正锐，一定不会轻易屈服，这只是诱骗我们罢了，应当严阵以待。"匡嗣却怎么也不听。

休哥率部登上高处观察敌情，一会儿，大批宋军赶到，击鼓呐喊，快速进击，匡嗣仓促之中，不知所措，士兵们都丢弃了大旗、战鼓，四下逃散，这次战役辽军战败了。休哥指挥一队完整的军队出击，宋军才撤退。皇帝下诏任命他总领南面戍兵，封他为北院大王。

第二年冬，辽景宗耶律贤亲自出征，包围了瓦桥关(在今河北雄县)。宋军前来援救，瓦桥关守将张师率兵突围，耶律贤亲自督战，休哥斩杀了张师，余下的宋兵又逃回关里。宋军在河水南面摆开阵势，以图再战。

将要交战时，耶律贤看到惟独休哥的战马和铠甲都是黄色的，担心被敌军认出，就赐给他黑甲、白马。休哥率领精锐骑兵渡河，一举击败了宋军，一直追到莫州。战斗中，尸首堆满了道路，箭也用光了，休哥还生擒了宋军几员战将进献耶

律贤。耶律贤十分高兴，赏赐给他御马、金盏。

圣宗即位后，太后临朝掌权，命令休哥总督南面军务，并授予他临机处置的权力。休哥合理安排了各地戍兵，设立更休法，奖励农业生产，整治武备，边境一带呈现出一派安定繁荣的景象。

统和四年，宋军再次进攻，派出将领范密、杨业、曹彬等人北进，一度占领固安。当时，北南院、奚部的部队没有赶到，休哥兵单将寡，不敢出战。休哥夜间派轻装骑兵出没于两军交界地带，捕杀单个和老弱的宋兵来威吓其他人；白天则用精锐士兵虚张声势，使宋军忙于应付防守，借此消耗他们的战斗力；又在树林草丛中设下伏兵，阻截宋军的粮道。

曹彬等人因为粮草供应不上，退守白沟，一个多月后，再次赶来。休哥派轻骑兵迫近他们，趁他们临时休息吃饭时，击杀那些离开队伍单独出来的人，一边战斗一边退却。因此宋军自救不暇，就集结成方阵，在队伍两侧边挖战壕边行进。士兵渴了没有水喝，就趴在烂泥塘边喝水，这样行进了四天才到达涿州。

听说萧太后的军队赶到，曹彬等人冒雨而逃。太后增派精锐的士兵，追赶上他们。宋军精疲力竭，就把兵车联在一起依托据守，休哥将他们包围了。晚上，曹彬、米信率数骑逃走，其余的宋军全都溃散。休哥追到易州东边，得知宋军还有数万人马，正在沙河岸边生火做饭，休哥当即指挥部队前往进攻他们。宋军望见尘土飞扬便四处逃散，掉下河岸、相互践踏而死的人超过一半，尸首把沙河水都堵塞住了。太后回师，休哥收殓宋兵尸体，筑成一座大墓，以示军功，随即被封为宋国王。

休哥向圣宗建议，可以乘宋朝衰弱继续进攻，把黄河当做宋、辽的边界线。这一策略奏上后，却没有被采纳。等到太后南下征伐，休哥担任先锋，在望都击败了宋军。当时宋朝大将刘廷让率领数万名骑兵，与李敬源会师，扬言要攻取燕州。休哥听说后，首先派兵扼守住宋军必经的要害之地。等到太后率大部队赶到，休哥与宋军交战，杀死李敬源，刘廷让逃向瀛州。

统和七年，宋朝派刘廷让等人乘夏季的大雨天气前来攻打易州，诸将对他都非常畏惧。只有休哥率精锐士兵在沙河北侧迎头拦击，打死打伤了数万人，缴获辎重不可胜计，进献给朝廷。太后称赞他的功劳，下诏令他今后上朝不必行跪拜之礼，不用称名。此后，宋军不敢北上。

休哥认为燕州的人们穷乏困苦，便减免租赋和徭役，抚恤孤寡人家，告诫戍兵不要侵犯宋朝边境，即使是牛马跑到北面来也要全部送还过去。远近的人们仰慕他的教化，偏僻之地得以安宁。

统和十六年(998 年)休哥去世。这天晚上，天降大雨，树木结冰。圣宗下诏在南京为他立祠。

休哥谋略宏大深远，料算敌情如有神助。每次作战胜利，常常把功劳推让给手下诸将，所以将士们都乐意为他效力。他作战英勇，身经百战，但从不滥杀无辜。

好战的完颜宗弼

完颜宗弼，是金太祖完颜阿骨打的第四个儿子，中原民族都叫他金兀术(zhú)。他是岳飞的主要对手，其实，他是个了不起的大统帅，是一个为金国屡立战功的人，金国能够有那样大的疆土，是与兀术的南征北战分不开的。

当金军的主要作战对象还是辽国的时候，年轻的宗弼就参加了对辽作战。一次作战正酣，他的箭射光了，他奋不顾身冲向辽阵，从辽军手中夺过扎枪，独自杀死八名辽军，还俘虏了五名。

金灭辽后，金太祖阿骨打已死了，金太宗即位后就开始伐宋，宗弼也在军中。在攻打汤阴(即今河南省汤阴市)的时候，先俘虏宋军三千多人。宋军把河桥烧毁后，宗弼只率领七十骑兵涉水过河，又杀死烧桥的宋军五百人。

此后，宗弼在率军对宋军的战斗中，节节胜利。金太宗天会七年、宋高宗建炎三年(1129 年)，宗弼先克青州、临朐等地，逼得宋国的高宗赵构到处逃跑。金太宗下令要追击宋高宗赵构。宗弼接着又破宋军濮州、开德府、大名府等。赵构从扬州逃到江南，宗弼等人又分兵追击，攻占了赵构的临时首都江宁(即今江苏省南京市)、太平州、豪州、句容、溧阳等地。宋太宗赵构逃到越州、湖州，宗弼便追到越州、湖州；赵构逃到杭州，宗弼也追到杭州；赵构逃往海上，宗弼又继续向海上追击。

直到赵构从海上逃到温州后，宗弼才停止了追击。这个过程中，大批宋军被宗弼击溃或向他投降。同时因为金兵是北方游牧民族，不习惯南方的地形和气候，不善水战，作战远离国土，给养不便，使战斗力受到影响。宗弼感到此时应该暂停进攻，回师休整了。

宗弼攻占平江(今江苏苏州)后，又挥师直奔镇江。在这里，宗弼遇到了韩世忠大量水军的抵抗。宗弼虽然夺取了宋军十条较大的船，但自己的船太小，而宋舰比金船大十几倍，金国水军不是韩世忠的对手。两军一在江北，一在江南，边行船边战，宋军在黄天荡(在今南京市东北)包围了金军，并大败金军。

宗弼动员大量兵丁，用一天一夜的时间挖了一条三十里长的水渠通到秦淮河，逃出了宋军的包围圈。这时金将挞懒派来了援军，与韩世忠再战的时候，宗弼使用“火箭”，就是点了火的箭射向宋舰。宋舰上都有五组巨帆，中火箭后立刻燃烧起来，宋军大乱，金国水军总算逃过此难。

宗弼又回师向北，攻占陕西。在河尚原(在今陕西省宝鸡市)一战中，宗弼又几次被宋军打得大败，一年后才攻占了河尚原。岳飞的抗金部队也在北方多次打败金军。

这时，在金国和宋国中都出现了主和派。宋国秦桧为礼部尚书，主张与金议和。金国挞懒等人觉得灭亡宋国已不可能，也主张让出一些已经占领的土地给宋国，换取两国的和平。

金天会十五年(1135 年)，太宗死后，熙宗继帝位。这时，当了俘虏的宋徽宗也死在金国。宋高宗借此机会要求金国归还徽宗遗体，两国不断地派遣使者，并在天眷二年(1139 年)达成和议：宋对金称臣，每年贡给金国二十五万两银和二十五万匹绢；而金则答应归还河南和陕西给宋国，并归还徽宗棺椁。

虽然宗弼也主张议和，但反对把河南和陕西归还给宋国。此时宗弼已经被拜为都元帅。他揭发挞懒接受宋人的贿赂，挞懒一急，就要谋反，被宗弼杀死。于是熙宗下诏：军国之事，决于帅府。宗弼从此取得了军队大权。他要求收回河南和陕西，得到熙宗的同意。于是宗弼背弃和约，分兵四路，再次南下攻宋。

但这次出兵是在宋金两国力量基本平衡条件下发动的，因此并不顺利，特别是遇到了岳飞和韩世忠的顽强抵抗，他们多次大败金军，收复了很多失地。只是宋高宗听了投降派秦桧的谄言，强迫岳飞和韩世忠退兵，并害死了岳飞，金兵才得以顺利地重占河南。

从此，宗弼在金国朝廷内部的地位大大提高，熙宗在新建的首都燕京(在今北京)接见他，拜他为尚书左丞相兼侍中太保，并继续担任都元帅。宗弼还军后，挥师向南，声称要攻伐江南。过了淮河，宗弼给宋高宗赵构写了一封信，对他大加谴责。赵构很害怕，赶忙回书请求原谅。宗弼表示两国只有以淮河为界，才可以答应宋国的要求。于是，宋高宗马上就派端明殿大学士何铸出使金国，递上《誓表》一份。高宗低声下气地表示：同意以淮河为两国边界，还答应把唐州、邓州等割给金国，“世世谨守臣节”，永远当金国的顺臣，每年金国皇帝过生日的时候，奉送银二十五万两，绢二十五万匹。宋高宗又一次出卖了宋朝的利益。

金国皇帝接受了宋高宗的誓表，并“册封”他为宋国皇帝。两国的第二次和议就此达成。宗弼这一仗没有白打，虽然贡献并没有增加，但却多占了大量的土地，宋人也更顺服了。他在几十年的征战中，除了升官之外，没有受到太多的物质奖励。当他第二次攻占河南时，熙宗也只是赏给他一套甲胄、弓箭和两匹马而已。

但当第二次和议达成后，熙宗却给了他大量的奖赏：奴婢一千，牛马各一千，骆驼一百，羊一万；每年从宋国的进贡中给银两千两，绢两千匹。

宗弼上表请求退休，皇帝不允许，在诏书中对他大加褒奖，并赐给他金券。皇统七年，宗弼担任太师，统领三省事，仍然兼任都元帅，领行台尚书省事。皇统八年，宗弼去世；大定十五年，朝廷给他的谥号为“忠烈”。

海陵王南下攻宋

说起海陵王，也许有些读者不太熟悉，但一说到北京的卢沟桥是金国的海陵王在位时修建的，你就会对他留下印象了。

公元1149年，海陵王完颜亮弑金熙宗自立，次年改元天德。1161年，他征女真、契丹、奚诸族壮丁二十四万，又强征汉族壮丁入伍，编为三十二军，另征水手三万充水军，共计五十余万，号称百万，水陆并进南下攻宋。

完颜亮采取声东击西之计，先在当年八月底派遣一支部队从陕西凤翔进攻川陕的宋军，转移宋朝廷的注意力，随即亲率主力大军出寿春向江淮挺进。

南宋君臣尽管了解完颜亮将大举南侵，可是不知道他具体的战略部署，于是在北方前线采取均衡防御的战略，任命刘锜为淮南江南浙西制置使，吴蚧为四川宣抚使，分别统率各路兵马抗击金兵。

完颜亮既在川陕方面发动牵制攻势，仍嫌不足以迷惑宋军，又遣两万兵力佯攻淮阴。刘锜见状，忙率主力军至淮阴设防备战。金军一部进攻信阳，宋朝廷的中军统制赵撙正驻守德安府，听到信阳告急，忙留部将宋奕留守，而亲率骑兵驰援。

金军的这一行动，其实是完颜亮迷惑宋军的计策。金军不等赵撙抵达信阳即转攻蒋州。淮河上游一带的宋军不知金兵将从哪个地方南下，只是被动防御，疲于应付。

在淮河下游，宋军更加被动。完颜亮所遣的二万金军令宋军主帅刘锜大费踌躇。刘锜为抗金名将，而此时重病缠身，不能吃饭，仅能喝点稀粥。他判断金军极可能从淮阴入手，沿运河南下，直趋扬州、镇江，然后从镇江渡长江取宋都临安。因此，刘锜抱病率大军从扬州出发，进援淮阴，同时调战船数十艘至淮阴，布于淮河之中，欲与金军在淮河下游会战。

刘锜的病很重，一天只能走三十里。人在重病之中，神智不可能不受影响。刘锜将主力军调往淮河下游一隅，顿时使中游的广大地域守备虚弱，完颜亮的调虎离山之计初获成功。

到十月初，金军已在川陕、淮河上游和下游一带发起小规模的进攻，惟有淮河中游自寿春至濠州的一段毫无动静。其实，完颜亮主力大军的进攻地点，恰好在这个地方。

完颜亮发现，南宋在淮河沿线的守军主力都被调到了下游和上游，中路空虚，马上率大军从正阳搭浮桥渡过淮河。负责守卫寿春一带的宋将李显忠因为兵少难敌，计划退守庐州，他的参议官刘光辅建议他据山林设下埋伏，见机而动。

李显忠便率百余骑埋伏在山林险要的地方。谁知金军行动太快，先锋军已渡过淮河，掩袭宋军之背，李显忠引军迎战，俘获金兵数人。一会儿听说大批金军来了，自料不敌，于是就撤退渡江。完颜亮的大军便占领了蒋州、寿春。

然后，完颜亮趁宋军还没明白过来，率军急赴庐州、和州。这时，刘锜正在淮阴与二万金兵对垒，时时派小股部队渡河袭击敌人，却不知早已落入完颜亮的算计中。

兵贵神速，完颜亮觉得数十万大军无法迅速进击扬州并渡江直捣临安，于是派大将萧琦率数万轻骑急忙赶到藕塘，由滁州袭取扬州。

完颜亮派遣这一支奇兵急进，战略极为优越：既能乘虚袭取扬州，从侧翼掩护金军主力渡江，又能截断刘铸之军的退路，使宋军处于被两面夹击的艰难境地。

但是大将萧琦并没有领会完颜亮的意图，到了藕塘后，竟休整了好几天，致使刘锜率军先金军一步自淮阴退入扬州，坏了完颜亮的大事。

萧琦休整够了，才派遣百余骑进攻滁州西北的清流关，守关的宋军人少势弱，无法抵挡，金军遂入关，兵临滁州城下。宋滁州知州陆廉弃城逃跑，金军兵不血刃，进入城中，安抚百姓，纪律严明，秋毫无犯。有一个金兵纵火焚烧一间民居草屋，萧琦立刻把他斩杀了，并揭榜以号令诸军。

当初，淮南转运使杨抗曾令各州县在乡村驿路间，每隔十里设置一个烽火台，台下积草数千束，以备点燃；又令乡民各置长枪备战。金军到后，烽火台下数千束草正好充作马的饲料，乡民都弃枪逃跑了，于是长枪也都被金军捡去了。

萧琦占领滁州后，继续麾军东进，进攻真州。真州守将邵宏渊以为西有滁河阻挡，金军全是骑兵，没法渡河，所以不设防。没想到金兵在一个当地人的引导下，迂道滁河上游的竹冈镇，仅仅过了半天就绕到真州城下。当时邵宏渊正在饮酒，没想到金兵突然袭来，仓促应战，大败而逃。

这时，完颜亮也攻取了庐州、和州，进抵采石，计划从此处的杨林渡江。至此，南宋的江淮防线陷入总崩溃。就在完颜亮南侵节节得胜时，金太祖之孙完颜雍在辽阳称帝，把完颜亮废为海陵郡王，并派兵平定黄河以北的广大地区。完颜亮大怒，急欲灭宋北还，治军严酷，结果激起兵变，被部下杀死。完颜雍派使者与宋议和，金兵这才退去。

南宋凭着侥幸，又度过了这次危机，维持了一段时间。

海陵王杀母

海陵王心狠手辣，他为了登上皇位，杀了金熙宗完颜亶(dǎn)。接着，他又把叔侄几百人全杀了。更有甚者，他连他的嫡母徒单皇太后也不放过。

完颜亮父亲的正室徒单氏无子，次室李氏生郑王完颜充，侧室大氏生了三个儿子，长子就是完颜亮。徒单氏将完颜充养为己子，但她不喜欢完颜充，反而宠爱完颜亮。完颜亮弑君，徒单氏与太祖妃萧氏听后，相顾愕然道："皇帝虽然有不对的地方，但做臣子的怎可弑君呢？"完颜亮入宫谒见徒单氏，徒单氏没有祝贺他登基，完颜亮因此对徒单氏怀恨在心。

一次，徒单太后生日，大氏跪着向徒单太后敬酒，正赶上徒单太后与客人说话，让大氏跪了很久。完颜亮恰巧看到，盛怒而去。第二天，他便把所有与徒单太后说话的公主、宗妇全部杖责一通。大氏劝他不能这样，完颜亮说："今天的事情，怎能与以前相比！"从此，完颜亮与徒单太后的嫌隙更深。

金海陵王天德四年(公元 1152 年)，完颜亮迁到中都后，将生母大氏迎去奉养，留徒单太后一人仍居上京。徒单太后非常忧郁，每当中使到来，她都郑重地换上朝服待命。

大氏常对完颜亮说："徒单皇太后待我母子很厚，不要忘了她。"几年后，大氏病重，想见徒单太后。临终时，她对完颜亮说："待我死后，你一定要把徒单太后迎来，和奉养我一样孝敬她。不然，我会死不瞑目的。"葬礼之后，完颜亮遵母遗命，将徒单太后接到中都。完颜亮亲率皇后和百官去迎接太后，命令左右侍从每人拿一根木杖跟随。完颜亮跪在徒单太后面前，向徒单太后谢罪道："孩儿不孝，对太后关心不够，久缺奉养，愿太后痛打孩儿一顿，要不我的心里会不安。"

徒单太后亲自把完颜亮扶起，将持杖的随从斥退，然后说："庶民百姓有克勤至孝的儿子，不过置下百金的产业，父母还不忍心责打，我的孩子能成就帝王之业，又这样有孝心，我怎能忍心责打呢？"

车辇到了中都，完颜亮又率百官迎到郊外，将徒单太后安置在寿康宫。当天，完颜亮又带领后宫、大臣奉酒为徒单太后贺寿，尽欢才罢。

后来，完颜亮要南下伐宋。徒单太后原来对完颜亮迁都燕京就不满意，而对完颜亮进兵江南更是反对。徒单太后多次劝谏，完颜亮不听，每次拜谒太后回来，完颜亮必然生气，别人不知什么缘故。

迁居汴京以后，徒单太后住在宁德宫，她派侍婢高福娘问候完颜亮的起居。完颜亮与高福娘通奸，并收买高福娘去刺探徒单太后动静，凡徒单太后的行言举止，事无大小，高福娘都添油加醋地禀告完颜亮。

枢密使仆散师恭征讨契丹人撒八，向徒单太后辞行。徒单太后与仆散师恭谈了很久。徒单太后道："国家世代居住上京，已经迁到中都，又自中都迁到汴京，现在又要兴兵远涉江淮去伐宋，军队疲惫，我多次劝止他也不听。今撒八又兴兵叛乱，将如何是好？"高福娘偷听之后，禀告完颜亮。完颜亮觉得徒单太后把完颜充收为养子，完颜充的四个儿子都已长大成人，仆散师恭又将兵在外，徒单太后如有异图，将是后患无穷。

他决定杀死徒单太后，以除后患。于是，他派点检大怀忠、翰林待制翰论、尚衣局使虎特末、武库直长习失去杀徒单太后，又让护卫高福、辞勒、蒲速斡带护卫兵四十人跟从。完颜亮授意他们道："你们见到太后，就说有诏，让太后跪受，乘机一下结束其性命，不要让她痛苦。太后的同乳妹安特也一同杀死，不留活口。"完颜亮还点了太后左右侍从数人，让他们全都杀死。

当时，徒单太后正在宫中玩掷骰子的游戏，大怀忠等人鱼贯而入，让徒单太后跪受诏令。徒单太后愕然，刚刚下跪，虎特末从脑后将她击倒，徒单太后挣扎着爬起来，又被击倒，一连几次仍未死去。高福上前用绸带把徒单太后缢死后，在宫中焚烧尸体，然后把骨灰扔进水池里。

张汝弼做宰相

张汝弼，金国人，海陵王正隆二年(1157 年)他参加科举考试，中了进士，但只做到沈州乐郊县的主簿这样一个很小的官职。正隆六年，海陵王完颜亮被杀，完颜雍在辽阳(即今辽宁省辽阳市)即位为帝。张汝弼的姐姐是完颜雍的妃，于是他便去辽阳投奔完颜雍。

果然，世宗不忘亲情，给了他一个名为应奉翰林文字的官当。不久，张汝弼的姐姐被封为元妃，还给世宗生了个儿子，就是以后的赵王完颜允中。有了这层关系，世宗对张汝弼越来越信任、越来越亲近了。

张汝弼做官时，处处小心翼翼，从不轻易得罪人。有一次，世宗把张汝弼叫来，问他说："朕最近任命了一批官员，不知众人的评论怎么样？你应该如实地告诉朕，不必有什么隐瞒。如果这里有的人不可以任用，朕一定改正。"可是张汝弼没说一句话。

但是为了朝廷的利益，他有时也不得不做一两件得罪人的事。熙宗皇统(1141 年)以来，宫内的仓库管理不善，花费和支出都没有定数。那些贪官污吏就利用这一点，从中为奸作弊，为个人捞取好处。张汝弼同宫籍直长(官名)高公穆一起，把宫内仓库物资认真清点建账，分为四个库保管，杜绝了利用宫库管理不善造成的贪污盗窃等弊病。因为张汝弼发现了这些问题并加以解决，原来的内藏库使被打了一百大板，还被降了职，张汝弼和高公穆等人都因此而升了官。

后来，他被拜为参知政事，相当于丞相。皇帝下令迁移一部分猛安谋克户到中都(在今北京城西南)。因为猛安谋克户都是女真人，金朝优待猛安谋克户，他们到哪里都分给他们土地。但这些迁到中都的猛安谋克户却反映，分给他们的土地全是土质很差的薄田，而肥沃的土地都被大户人家长期租用，且慢慢地占为己有了。这时正赶上熙宗打猎从这里经过，这些猛安谋克户便向熙宗反映。熙宗要求把那些被大户占为己有的公田收回来，分给猛安谋克户，并委托张汝弼处理这件事。

张汝弼提出了一个不痛不痒的方案：由官家订个限令，让占田人家自报超过限量的田数。如果所报不实，别人可以举报，举报者有奖。熙宗同意了他这个方案。

张汝弼当丞相，只是揣摩皇帝的想法，皇帝想怎样，他就怎样；皇帝不喜欢，他就避开。皇帝若是责备他，他也绝不会说半个“不”字，绝不会触怒皇帝，连皇帝也知道他“用心不正”。

张汝弼不得罪人，喜欢息事宁人，但他对自己的利益却当仁不让，因此众人很看不起他。

成吉思汗统一蒙古

成吉思汗的名字叫铁木真，本来是蒙古孛儿只斤氏族的首领。他用超人的智慧和勇气，团结部众，统一了蒙古各部，建立蒙古汗国，并被推举为大汗，号称成吉思汗。同时，他又率领蒙古骑兵东征西讨，为建立一个横跨欧亚两洲的大帝国打下了基础。他是蒙古族人民的骄傲，是中华民族的骄傲。

铁木真的童年是在动乱的岁月中度过的。当时，在蒙古高原上有着许多大小不等的部落，蒙古部落只是其中的一个，此外，还有克烈、篾儿乞、塔塔儿、乃蛮、翁吉剌等部落。蒙古部落中，又分若干部，其中之一便是孛儿只斤氏族。由于经济文化不发达，这些部落之间经常发生争斗，相互仇杀。

铁木真的父亲也速该是孛儿只斤氏族的首领。铁木真九岁那年，也速该带他去蒙古翁吉剌部求亲。定亲以后，铁木真遵照当时风俗，留在岳父家里。也速该在返回途中被世仇塔塔尔人毒死。原来依附他们家的族人在邻近的泰赤乌部的怂恿下纷纷离去，连铁木真家的牲畜也被一起赶走了。家里只剩下母亲、铁木真和他的两个弟弟。孤儿寡母，又无家产，日子非常艰难。母亲只好带着孩子摘野梨、挖野葱、捉地鼠、捕河鱼，靠吃这些东西来填饱肚子。

铁木真像一只大漠的雄鹰，艰苦的环境磨炼了他的意志，增强了他的本领。他身体很健壮，箭法非常好，还可以轻快地跃上无鞍骏马，在大草原上奔驰。邻近的泰赤乌部的人担心起来，怕铁木真长大后会团结旧部，和他们作对。他们说：“飞禽雏儿有换羽毛的时候，野兽羔子也有长成的时候啊！”

有一天，他们纠集了一些人马来袭击铁木真的家，高声喊叫说：“只要铁木真，不要别人！”这时候，铁木真正在附近的山坡上遛马，听说仇人要抓他，赶紧飞身上马，逃向山上的密林深处。

仇人看到了他的背影，跟在后面穷追不舍。可是，树林又大又密，要找一个小孩子，可不容易。他们就在林外设下埋伏，等铁木真出来。

铁木真在密林中只能采些野果充饥，熬了十几天，饿得实在受不了啦。他想：与其这样饿死，还不如冒险出去看看。一咬牙，他就牵着马下山了。不料，他刚刚走出树林，就被巡逻的仇人抓住了。铁木真被戴上木枷，拉到各处示众。铁木真并没有垂头丧气，虽然装出一副惊慌害怕的样子，任人摆布，心里却时刻寻找时机，准备逃脱。

一天晚上，泰赤乌部举行宴会，人们都喝酒作乐去了，只留下一个少年看守他。铁木真就故意在里面摔得劈劈啪啪响，又大喊大叫。那少年果然中了计，探头进来，刚刚喝斥一声，就被铁木真用木枷在头上狠命地敲了一下，倒在地上；铁木真跨过他的身体，拼命逃了出去。

经过这次危难，铁木真开始通过两种手段来加快扩展实力：一是寻找和吸引渴望冒险、成功的年轻战士，与他们建立用个人效忠的誓约来约束的伙伴关系，逐渐形成属于他个人支配的中坚力量。二是依凭父亲也速该跟克烈部的首领王汗互为安答（即结义兄弟）的关系，主动依附王汗，发展自己的实力。

他的策略很快发生了作用。不久，铁木真遭到篾儿乞部的突然袭击，被迫仓皇撤退，他的妻子找不到坐骑，被篾儿乞人抢去。王汗闻讯，赶紧派自己的部队来帮他。他们联军攻击篾儿乞部，将其打得溃不成军；铁木真不仅夺回了妻子，还抢到了大批的牲畜、财物和奴婢。

通过这场战役，铁木真既显露了他卓越的军事才能，也建立了自己的第一批军事力量。对篾儿乞部的复仇之战成了铁木真一生事业的开始。此后，铁木真以强大的克烈部为后盾，积极发展自己的势力，经过近二十年的南征北战，终于成了一个强大蒙古部落的首领。

1196 年，金朝进攻塔塔儿部，塔塔儿败退，铁木真率部乘机而动，截击塔塔儿部，取得了胜利，得到大批人力物力，使铁木真不仅壮大了实力，也提高了威望。此后，铁木真又和其他部落发生了四次大规模战争，分别是：1201 年和扎木合的战争；1202 年主动出击塔塔儿部；1203 年和他原先曾认为义父的王汗的克烈部的战争；1204 年和乃蛮部的战争。通过这四次大的战争，蒙古草原各部全都拜倒在铁木真的脚下，再也没有敢与他抗衡的对手。他成就了自己的霸业。

1206 年，铁木真在蒙古部原来居住的鄂嫩河源头、斡难河畔举行了具有历史意义的大会，全体与会者共同推举铁木真为全蒙古大汗，汗号为“成吉思”，以蒙古为国号。

成吉思汗之死

成吉思汗在西征的同时，又向南攻打金朝。因为当时的蒙古族处于金朝的统治之下，蒙古人长期遭受金朝的欺凌，所以，成吉思汗一直在寻找反叛金朝的机会。有一次，成吉思汗把贡品送到净州(今内蒙古呼和浩特市东北)，代表金朝接受贡品的是卫绍王完颜永济，由于成吉思汗没有按规矩行礼，完颜永济大怒，回朝后要求派兵打蒙古，所以成吉思汗痛恨永济，发誓报仇。

公元1208年，完颜永济即位当了金朝皇帝。第二年，金朝派使臣下诏书到蒙古，宣布新皇帝即位，要成吉思汗拜受。成吉思汗问："金朝皇帝是谁?"金使说："卫绍王完颜永济。"成吉思汗面朝南吐了一口唾沫，轻蔑地说："我原来以为中原皇帝是天上人做的，像卫绍王这样的庸人居然也做了中原皇帝，我怎么能给他下拜呢?"说完，就上马挥鞭北去了。

公元1211年，成吉思汗出兵进攻金朝，占领了金朝的中都(今北京市)。公元1217年，成吉思汗为了要打西辽和准备西征，封他的大将木华黎为国王，专门负责攻打金朝。

公元1226年，也就是西征结束后的第二年，攻打金朝的事又提到成吉思汗的日程上来了。他把进攻的目标首先放在西夏上，因为西夏国王不肯派兵去参加西征，又和金朝结成联盟。成吉思汗分兵东西两路发动夹攻，他亲自带领窝阔台、拖雷，率领十万大军为东路，沿着贺兰山南下，一路势如破竹，向西夏都城中兴府(今宁夏回族自治区银川市)进逼。西夏国王德旺惊慌而死。蒙古军队继续南下，越过沙漠，渡过黄河，向灵州(今宁夏回族自治区灵武)发起猛攻。西夏新王李派老将嵬名令公率十万军队迎战，于是爆发了空前激烈的灵州大战。

当时西夏面临着生死存亡的关键时刻，只有拼死一战，才有避免灭亡的可能，因此士气十分高涨，作战非常勇猛。成吉思汗亲自指挥的军队，是强劲的骑兵，也是一支常胜军，锐气正盛。每个士兵头戴皮兜，身穿皮甲，手拿曲刀，跨上战马，凶猛无比。双方在结冰的黄河上摆开阵势。西夏军队虽然英勇抵抗，终究敌不过蒙古的铁骑，结果大量死伤，尸体遍地，还有许多西夏士兵的尸体倒插在战场上。原来蒙古人每杀死一千人，就倒插一具尸体。灵州一战，西夏的精兵被歼灭了，蒙古军队的损失也很惨重。

第二年年初，成吉思汗占领了西夏都城的外围，使它成为一座孤城。夏天，成吉思汗到六盘山(今宁夏回族自治区南部)避暑去了。这时候，中兴府发生强烈地震，房屋倒塌，瘟疫流行，粮食断绝，西夏国王到了山穷水尽的地步，不得不派使臣向成吉思汗投降，说："为了准备贡品，迁移民户，请放宽一个月，到时候亲自来拜见。"成思吉汗同意了，叫使臣回话："西夏王投降之后，我会像对待自己儿子一样对待他的。"

西夏投降以后，成吉思汗又从六盘山移到清水县的西江(今甘肃省清水县境内)避暑。这时候天气酷热，年老体衰的成吉思汗染上了斑疹伤寒，病情一天比一天严重。他估计自己活不了多久，于是在病床上考虑自己死后的两件大事，一是国家的治理，一是汗位的继承。他把窝阔台、拖雷和其他儿子叫到身边，自己撑起身子，用沉重的语气说：

“我的病情很重，眼看无法医治了。你们当中需要有一个人来保持国威和继承帝位，支持这根基坚实的宝座。如果我的儿子们个个都想当大汗，想当帝王，互相不肯谦让，岂不是又像一头蛇和多头蛇的故事?”

这个一头蛇和多头蛇的故事是成吉思汗经常对儿子们讲的：在一个寒冷的夜晚，一条多头蛇为了御寒，想爬进洞去。可是，这条蛇身上的每一个头都要争着先钻进洞口，谁也不肯相让。时间长了，这条多头蛇竟冻死在洞口。而另一条一头蛇却顺利地爬进了洞里，安全地度过了严寒。成吉思汗想用这个故事教育他的儿子们，要同心协力，听从指挥。

窝阔台等人听了成吉思汗的话，都跪在地上说：“我们俯首听您的命令和吩咐。”

成吉思汗又说：“如果你们想过安乐和幸福的生活，享受权力和富贵的果实，那么，要让窝阔台继承我的汗位，因为他雄才大略，足智多谋，在你们当中尤为出众，我想让他出谋划策，统帅军队和百姓，保卫国土。因此，我立他当我的继承人，不知你们对这个想法有什么意见?”诸子异口同声说：“谁有权力反对您的话?谁有能耐拒绝它?”

“既然这样，”成吉思汗接着说，“假如你们的愿望和你们的话是一致的，假如你们的口比着你们的心，你们必须立下文书：我死后你们要承认窝阔台为汗，把他的话当做肉体的灵魂，不许更改今天当着我面决定的事儿，更不许违反我的法令。现在察哈台不在我的身边，也应该让他不生叛乱之心才好。”窝阔台的弟兄们遵照他的圣训，立下了由窝阔台继承大汗位的文书。

成吉思汗的病情愈来愈恶化，临死的时候，他对拖雷和诸大将嘱咐了灭亡金国的方略：“金朝的精兵在潼关，潼关南据华山，北靠大河，难以一下子攻破。如能假道南宋，宋金世仇，必能同意，然后出兵直捣开封。这时候，金朝必从潼关征兵。潼关数十万兵千里赴援，必然人马疲惫，虽能赶来却不能作战，攻破开封是没问题的。”后来窝阔台遵循了这一方略，终于在公元1234年灭亡了金国。

他又嘱咐左右诸将，他死后要严密封锁消息，西夏国王来朝拜的时候，把西夏国王杀掉，再把西夏都城的居民全都杀光。后来诸将都按成吉思汗的嘱咐办了。

公元1227年秋天，成吉思汗在清水县西江去世，终年六十六岁。

成吉思汗诸子和诸将护送成吉思汗的灵柩到达克鲁伦河河源的大帐(大汗居住的地方)，为了不走漏消息，沿途遇到人便杀。来自大蒙古国东西各地的成吉思汗诸子、诸弟、诸王和他们的后代，陆续赶到漠北，举行了隆重的丧礼，成吉思汗的遗体埋葬在鄂尔浑、克鲁伦、土拉三河的发源地肯特山的起辇谷。

元朝政治家脱脱

脱脱是元朝后期的政治家，他注意学习汉族的一些先进制度，进行有益的改革，并缓和民族矛盾，使元朝后期的政局出现了起色。

脱脱是元朝宰相伯颜的侄子，自幼生长在伯颜家里，十五岁的时候，任泰定帝皇太子阿剌吉八的侍卫官，后来又担任了亲军都指挥使。顺帝即位后，随着伯颜的尊贵，他也青云直上，当上了御史台(最高的监察机构)的御史大夫。

脱脱从小跟浙江有名的儒士吴直方读书，吴直方足智多谋，人们把他与诸葛亮相比，脱脱对他很敬重，把他看成是心腹幕僚。脱脱眼看伯颜如此骄横，迟早有一天会有杀身之祸，于是产生了把伯颜赶下台的念头。

他把自己的想法告诉了吴直方，吴直方说："古人说过，大义灭亲，你应该为国尽忠，不要顾虑什么亲属。"脱脱说："万一事不成怎么办？"吴直方说："事不成那是天不帮忙，一死有什么了不起！即使死了，也得到了'忠义'的美名。"脱脱终于下定决心，并向顺帝吐露了真情。

多年来，顺帝在伯颜战势面前敢怒不敢言，见脱脱同情他，也一边哭一边把伯颜埋怨了一顿。脱脱把"大义灭亲"的计划告诉顺帝，顺帝连连点头。

伯颜这时候也在磨刀霍霍，准备寻找机会废掉顺帝。一天，他邀请顺帝外出打猎。顺帝进退两难，还是脱脱出了主意，让皇太子代行。这皇太子就是文宗的儿子燕帖古思，伯颜想趁此机会，挟持皇太子，号召天下兵马，拥皇太子即位。谁知他刚走出京城，脱脱就把京城里伯颜的亲信全部抓了起来，连夜派人把皇太子接回京城，用顺帝的名义下诏书，宣布伯颜的罪状，降他为河南行省的长官。当伯颜接到诏书赶回京城来责问的时候，京城城门紧闭，脱脱在城楼上把他奚落了一番。

伯颜狼狈南下，途中又接到命令，改为发配到南思州阳春县(今属于广东省)，走到江西，伯颜又气又恨，又受不了苦，一病不起死去了。这一年是后至元六年(公元1340年)。

伯颜死后，脱脱的父亲马札儿台出任中书省右丞相，脱脱任知枢密院事(枢密院最高长官)。不到半年，脱脱代替了他父亲的职位。从此他就大刀阔斧地开始了改革，历史上称为"脱脱更化"。主要措施有：

第一，恢复科举制度。在我国封建社会里，从隋唐以来，就采用考试的办法来选拔官吏。元朝建立后直到仁宗的时候才迟迟实行科举制度。但伯颜掌权以后，为了防止汉人做官，下令废止科举。伯颜对顺帝说："陛下有太子，千万别叫他读汉人书，汉人读书好生欺侮人。以往我出门，总有一个侍从牵马。后来这个侍从不见了，我一问才知道去参加科举考试了。这种人竟能参加科举考试，这还了得！”

于是顺帝下令废除科举。这一措施大失人心，许多知识分子垂头丧气，失去了信心。脱脱为了稳定人心，争取知识分子特别是汉族知识分子的支持，第一件事就是恢复科举。

第二，平反昭雪。伯颜掌权的时候，倒行逆施，排斥、打击自己的对立面。例如，郯（tán）王彻彻秃是宪宗蒙哥的曾孙，而伯颜的先世本是宪宗家的家奴，按蒙古人的规矩，家奴称主人为“使长”，而且世世代代是这样的称呼。伯颜十分恼火：“我的地位是大臣中最高的，哪里还有什么‘使长’！”于是就诬陷彻彻秃有谋反企图，把他杀了。脱脱上台后，查明真相，为他平反昭雪，受到大小官吏的赞扬。

第三，减轻剥削，放宽政策。伯颜掌权的时候，大肆挥霍，把民脂民膏赏赐给他的亲信，以致国家财政十分困难，人民负担极其沉重，拖欠了许多田赋和税收。脱脱上台以后，下令免除百姓拖欠的各种税收。伯颜还是一个民族压迫狂。一个巫婆对他讲：“你一定会死于南人之手。”于是伯颜对汉人、南人十分仇恨，下令搜查民间的军器，拉走民间饲养的马匹，防止汉人、南人造反，又制定蒙古人打汉人、南人，对方不得回手等法律。当河南棒胡、广东朱光卿造反的时候，他竟然提出杀掉张、王、刘、李、赵五姓汉人，以为杀了这五姓汉人，汉人就少了一半，造不起反来了。脱脱上台以后，对汉人、南人放宽了政策，例如民间养马，就不再禁止了。

第四，主持编写宋、辽、金三史。中国历来有修前朝历史的传统。元朝建立以后，宋朝、辽朝、金朝三个朝代的历史，一直没有正式编写过。脱脱为了完成这一任务，由他自己牵头，担任“都总裁”，邀请当时最著名的汉、蒙、维吾尔、赏项等族史学家一起参加修史。这三部史书，后来被列入中国传统的正史《二十四史》中，而二十四史中，只有《宋史》、《辽史》、《金史》三部是少数民族宰相当主编的，也只有这三史是汉族和其他少数民族历史学家共同完成的。

脱脱是元朝后期有作为的政治家，在四年多时间的改革中，取得了不少成绩，使元朝末年的昏暗政治渐渐有了起色。人们见他年轻有为，纷纷称他为“贤相”。可是没过多久，脱脱因病辞去宰相职务。过了四年，当他再次做宰相的时候，元朝的统治已经病入膏肓，以脱脱一个人的力量，是无法支撑这摇摇欲坠的大厦的。

明 史

从和尚到皇帝

公元 1328 年 10 月 21 日，在濠州钟离（今天安徽的凤阳）一座破旧的二郎庙里，传出一阵清脆的啼哭声，一个瘦弱的婴儿降生了。他是大家庭里的第八个孩子，属于“重”字辈，父亲朱五四就给他取名朱重八，他就是后来明代的开国皇帝朱元璋。

那时候，正是元朝末年，天灾一场接着一场，不是闹大水，就是闹天旱，加上官府的残酷压迫，老百姓的日子都不好过。父亲一辈子给地主干活，穷得缺吃少穿，朱元璋一出生就得忍饥挨饿。几年后，父亲、母亲和大哥都得病死了，朱元璋就成了孤儿。没吃的，他只好吃草根、啃树皮。连草根树皮也没有了，走投无路的小朱元璋就来到当地的一个寺庙——皇觉寺，出家做了和尚。

从此，每天从早到晚，朱元璋不是扫地、做饭、洗衣服，就是击鼓撞钟、上香上供，忙个不停，什么重活、脏活都干，可还是经常遭到寺里长老和师父们的打骂。他满肚子的委屈没处诉说，只好向那些不会说话的泥菩萨发火。

有一次，朱元璋打扫殿堂，实在太累了，走路都走不稳了，一不小心，被神像的石座绊了一跤，摔得好疼哟！他爬起来，不管三七二十一，就用扫帚把那座神像狠狠地打了一顿。

又有一次，神像前的蜡烛被老鼠咬坏了，一个大和尚怪朱元璋没看管好，把他打了一顿。朱元璋气不过，趁没人的时候，用毛笔在菩萨背上写了“发配三千里”五个大字。意思是说，菩萨是有灵验的，可他却连老鼠都管不住，还算什么菩萨，应该把他发配到三千里外的地方去充军。

朱元璋在庙里虽说受气，可还能吃上饭。谁知才过了五十天，寺庙的租子也收不上来了，长老们自己都没得吃，哪能养活得了大大小小的和尚呢？他们商量了半天，就决定让和尚们出去化缘（求别人施舍）三年再回来。这样，朱元璋只好穿着破衲衣，拿着木鱼瓦钵（和尚专用的饭碗），背着小包袱，云游四方要饭去了。

三年后，朱元璋又回到了濠州。三年中，他到过安徽、河南的好多地方，长了不少见识。这时候，反抗元朝的农民大起义爆发了。红巾军占领了濠州，皇觉寺也被毁了。为了求一条活路，朱元璋只好参加了红巾军。

参加红巾军后，朱元璋十分刻苦，武艺很有长进。每次打仗，他都表现得非常勇敢，还出了不少好主意，显示了卓越的军事才能。红巾军的首领郭子兴看他那么有出息，就把一个姓马的干女儿嫁给他，还让他去当和州(今安徽和县)总管(相当于军区司令)。

身为一方总管的朱元璋，知道自己年纪轻，资历浅，威望低，虽有郭子兴的令牌在手，可他还是担心其他将领不服气。怎么办呢？想呀想，他终于想出来一个好办法。

朱元璋先让人把总管府大厅里原来按地位和主次排列的座位全部撤去，再一左一右地摆上两排凳子。然后，他通知众将到总管府来。

各位将领来到了总管府，按照官职大小，在长凳子上坐了下来，可就是不见朱元璋的影子。大家默默地等了一会儿，才见朱元璋走进大厅，一言不发，坐到长凳子最后一个空位上。众将官一个个傲慢地瞧了瞧他，朱元璋装作没看见，平静地对大家说："今天，我请大家来，是商议如何守城的事情。谁有高见，就直说吧！"

诸位将官你看看我，我看看你，谁也说不出什么来。最后，朱元璋提出了具体办法，决定立即修筑城池，并且按人划定地段，责任明确，限期三天完成。

三天很快过去了，朱元璋就和众将官一起检查验收。检查的结果，除朱元璋承担的一段按质按量完成外，其他地段都没有完工，有的甚至不顾质量，修得七扭八歪，根本不合格。

朱元璋把脸沉下来，让将官们再次来到总管大厅。这一回，朱元璋第一个到来，坐在朝南的总管位子上，拿出郭子兴的令牌，严肃地对将官们说："郭主帅令我做和州总管，责任重大。前次分工筑城，本该各尽其职，如期完成，可你们都耽误了。如果遇到紧急军情，像这次一样，怎么能打胜仗呢？现在说清楚，过去的事都不提了。今后要是再不遵守军令，就加重处罚。到那时候，可别怪我不讲兄弟情分！"

这一席话，说得众将官面红耳赤，只好服从。从此，朱元璋下的命令，谁也不敢不听了。后来，郭子兴病死，大家就推举朱元璋成了这支起义军的元帅。

朱元璋当上军事统帅后，深深意识到自己的实力要发展，就需要各地的人才加盟自己的队伍。所以，他行军作战，每到一处，就派人四处打听当地有没有能人。如果有，就邀请他参加红巾军。时间一长，在他周围就聚集了好些有本事的人，其中最有名的有李善长、刘伯温、宋濂、朱升、冯国用等几十个，这些智囊们给朱元璋出了不少好主意。

有一次，朱元璋问冯国用："你看究竟怎样才能打败元军呢？"冯国用想了想，回答说:“我们虽说打了不少胜仗,可老是今天攻占这里,明天攻占那里,没个固定的地盘,没个明确的目标。这是不行的。”“依你看……”“依我看,金陵(今天的南京)这个地方形势险要,城池坚固,古代好多帝王都在这里建都。如果我们先把它占了,当作立足点,然后再派兵四处征战,那局面就大不一样了。”

朱元璋听完,心里痛快极了,开始有了更大的志愿:先占南京,再统一天下……

朱元璋打仗越来越讲究策略和方法,势力越来越大。公元1368年,朱元璋终于在南京当上了皇帝,建立了明朝。

徐达功高仍谨慎

徐达,字天德,濠州(今安徽凤阳境内)人,是明朝的开国功臣。他身材高大,脸庞棱角分明,颧骨很高,性格刚毅武勇,年少即怀抱大志。当朱元璋还是郭子兴的部将时,徐达就跟随他,两人关系一向相处得非常融洽。

后来,当朱元璋平定定远(今陕西西乡南)时,带领十二位勇将前往,徐达就是其中之一。再后来朱元璋任命他为大将,率领诸将攻城掠地,攻镇江,复池州,克武昌,杀死陈友谅,功勋甚为卓著。朱元璋称吴王时,任徐达为左相国。

朱元璋准备起兵征讨张士诚时,右相国李善长请求暂缓动兵,从长计议。徐达则说:“张士诚品性不好而待人苛刻,他的大将李伯升等辈只知道霸占良家子女、钱财玉帛,这样的人很容易对付。再说,他手下的黄、蔡、叶三个参军,都是书生,不懂天下大计。臣若奉主上之命,以大军逼攻,三吴很快可以平定。”

朱元璋听了,非常高兴,就拜徐达为大将军,常遇春为副将军,命率水师二十万人进逼湖州。敌军分三路出战,徐达也以三军应之,又另外派兵扼住对方归路,从而使敌人战败退却时无法归入城池,大败而还。徐达用众兵围住其城,张士诚派吕珍等带六万兵来救,被常遇春等包围。张士诚亲率众兵来救,也被徐达大败于皂林。张士诚逃跑,他部下五太子、朱暹、吕珍等人都投降,湖州城破。

当时徐达大军从太湖进围平江(今苏州),徐达在葑门扎营,其他一些将士分别在四面安营扎寨,从四面围攻张士诚。他们还在军营中架起木塔与城里的佛塔相等,筑了三层土台,鸟瞰城内动静,并架设弓弩火枪,台上又架大炮,一开炮就可以粉碎城中一切。城里守军非常恐惧。

面对这种情况,徐达自己一向谨慎,也深知朱元璋的个性,便派使者向朱元璋请示进攻计划。朱元璋带信嘉慰他说:“将军一向勇谋绝伦,故而能够粉碎乱谋,削平群雄,现在事事必禀告请命,这是将军的忠诚,我甚为安慰。然而将士在外,君令有所不授。军中的轻重缓急,将军应该相机而行,我不从中制约。”不久,徐达便指挥兵马攻破平江城，活捉张士诚，将其押送到应天府，这次战役共收降敌兵二十五万人。因功勋，徐达被封为信国公。

不久徐达又被拜为征虏大将军，常遇春为他的副将。当时名将，首推徐、常二人。两人才勇相似，都被朱元璋所倚重，常遇春剽悍勇猛，敢于深入敌阵，而徐达则长于谋略，善于排兵布阵。朱元璋曾诏告群将，说统军有纪律，攻战克敌有将军之体者，都不如徐达。

朱元璋称帝后，仍用徐达征讨边疆，每年春天徐达率军出征，暮冬召还京城，成为常例。而徐达则仍然恭谨如故，一回来就把将军之印上呈归还，朱元璋也很高兴，赐他沐浴，设宴欢饮，称他为布衣兄弟，而徐达却更加恭谨。朱元璋曾经很随便地对徐达说："徐兄功劳甚大，还没有好居处，我赐给你一幢旧宅。"所谓旧宅，就是朱元璋称帝前做吴王时所住的地方，但却被徐达坚决推辞了。

后来朱元璋到徐达的家里与他饮酒，强行灌醉了他，把他用被子蒙住抬到原吴王宅中让他睡下。徐达醒来后大惊，急忙奔到台阶下，仆地自求免于死罪。朱元璋因此而大为快慰。

萧何之才李善长

李善长，字百里，定远人，也是明朝的开国元勋，为朱元璋建立明朝立下了汗马功劳。他幼时好读书，长于计谋，尤其精通法家言论，平时谋划占卜预测时事大多应验。朱元璋攻打滁阳（今安徽滁州）时，李善长曾到营中拜见他，朱元璋知道他是当地的士绅俊杰，对他礼遇甚厚，留他在军中掌管书记。

朱元璋曾随便地问他："现在天下四方都在战乱中，相互残杀，什么时候才会平定下来呢?"李善长答道："秦末大乱，汉高祖起于布衣之间，豁达大度，知人善任，杀人有节制，五年就成就了帝业。现在元朝的纲纪已经混乱，天下土崩瓦解，公出生于濠州（今安徽凤阳），与汉高祖起家的沛县相距不远。山川王气，都在公身上。若效法刘邦所作所为，天下不愁不能平定。"朱元璋很赞赏他的话。他随着朱元璋攻克滁州，参与谋划算计，并主持粮饷供给，深受朱元璋器重。

朱元璋威名日盛，前来投奔归降的将领越来越多，李善长负责首先考察他们的才能，再向朱元璋推荐；然后再代替朱元璋款待礼遇他们，使他们都能安心效力。如有人因所管辖事务和任职能力等事情互不相让，产生矛盾，李善长就受命进行调解。

曾经有一段时间，郭子兴听到一些传言和议论，说朱元璋有异心，于是稍稍削弱了朱元璋的一些权力，同时他又想把李善长拉过去辅弼自己，但李善长却坚决推辞了。通过这件事，朱元璋对李善长更是倚重，当朱元璋自己带兵攻击鸡笼山寨时，便留了部分兵力让李善长在本营留守。元将通过谍报知道详情后，便来劫营，但却被李善长设伏打败，由此朱元璋更加钦服他的才能。

李善长为朱元璋策划从采石渡过长江，为了防止将卒们侵扰百姓，就预先张榜示众，因此采石城被攻下后，城内一片肃然，没有出现大的骚动。其后攻打镇江时，朱元璋担忧诸将会纵容士卒扰民，就假装发怒要把一向娇纵的将士予以军法处置，李善长也假装竭力劝解，很多将帅才得以免罪，并做出种种保证，果然镇江城攻下后，没有再发生扰民事件，甚至有的百姓都不知道曾有军队来过。

当朱元璋被立为江南行中书省平章时，李善长也被任为参议。当时宋思颜、李梦庚、郭景祥等都是朱元璋的僚属，然而军机进退、赏罚章程等事，大多都出于李善长之手。

朱元璋称吴王时，曾拜李善长为右相国。李善长熟悉史例，裁决果断，又善于文书辞令。朱元璋的招纳告示，均由他起草并书写。朱元璋每次亲征，都命他居营自守，其状况大有类于刘邦之于萧何。

在李善长的筹划下，将吏们都很帖服，保民居安，保障了后方的安定。吴元年九月，朱元璋论功行赏，封李善长为宣国公。其后，改革官制，以左为上，就任命李善长为左相国。

朱元璋称帝后，追祀祖考及册立后妃太子诸王，都由李善长充任大使。将帅觐见之礼、社稷郊祭之礼、六部官制、官民丧服及朝贺东宫之仪等，都由李善长斟酌制定。朱元璋还命他监修《元史》，编《祖训录》、《大明集礼》等书。天下岳渎神祇封号、封建诸王、爵赏功臣等，事无巨细，朱元璋都委派李善长与儒臣们协调办理。

洪武三年(1370 年)，朱元璋大封功臣，他说："善长虽无汗马的战功，但侍奉朕时日长久，供给军中饷粮，保障后方境民安定，功绩甚大，应该晋封为大国公。"于是授他丞相之职，封韩国公，岁禄四千石，子孙世袭。

当时封公的人，除李善长外，仅有徐达、李文忠、冯胜、邓愈，常遇春及其儿子常茂等六位，而李善长位居第一，后世都把他比做汉时的萧何。

堪比张良的刘伯温

刘基，字伯温，青田(今属浙江)人。元至顺年间，刘基考中进士，授为高安丞，获得廉洁正直的名声。他博通经史，无书不读，尤其精于天文。

朱元璋攻下金华，平定括苍，闻知刘基及宋濂等人才学，于是不惜钱财，予以招用，起初刘基坚决不答应，后经总制孙炎两次写信邀请，刘基才决定出山。到了应天，刘基陈述时务十八策。朱元璋大喜，马上命人建造礼贤馆让刘基等居住，对他们宠爱备至。

当时韩林儿自称朝廷，朱元璋奉其正朔，对其遥相尊奉，礼节甚恭。但刘基却不这样认为，即使朝见韩林儿，也从不予以叩拜，并对朱元璋说，“韩林儿只是一个牧童罢了，尊奉他干什么？”

朱元璋曾向刘基询问征取之计，刘说道：“张士诚只顾保全自己，不值得担心。陈友谅劫主胁下，名号不正，又地掘上游，其心无日忘我，应当先谋取陈友谅，陈氏灭亡，张氏便势孤力弱，一举即可平定。然后北向中原，王业可成。”朱元璋十分高兴地说：“先生有什么好计，都尽管说出来吧！”

当时陈友谅正攻陷太平，谋求东下，势力发展甚速。朱元璋手下开始出现动摇的局面，有的建议投降，有的建议逃往钟山，只有刘基瞪着双眼不说话。朱元璋便将他召入内室，刘基愤然说道：“主张投降或逃走的，应该斩首。”朱元璋便问：“先生有什么计策？”刘基回答：“陈贼气骄，待其深入，伏兵拦击，将其打败，这很容易啊。天道轮回，后来起事的会取胜，取威制敌以成王业，就在此举了。”朱元璋深受鼓舞，就采纳了他的建议，引诱陈友谅军，取得胜利。朱元璋以克敌之功赏赐刘基，刘基不受。

不久，陈友谅军又一次攻陷了安庆，朱元璋打算亲自率军征讨，以此询问刘基，刘基极力赞成，于是朱元璋率军进攻安庆。从早晨一直到暮色降临，仍未攻下，刘基请求直趋江州，直捣陈友谅的巢穴，于是全军西上。陈友谅始料不及，只得带领妻子儿女逃往武昌，江州遂降。其龙兴守将胡美派他的儿子前来表示诚意，请求朱元璋不要解散他的部队，朱元璋面有难色，刘基从背后踢床暗示，朱元璋顿时醒悟，应允了胡美的要求。胡美投降，江西诸郡全被攻下。

刘基丧母时，正值战事紧张，所以一直没敢说，直到这时才请求还乡为母亲举行奠礼。适逢苗军反叛，杀金华、处州守将胡大海、耿再成等，浙东形势动摇。刘基赶到衢，首先为守将夏毅安抚诸属城，再与平章邵荣等谋划恢复外州，于是平定了叛乱。方国珍一向害怕刘基，便致信刘基，对其母去世表示悼唁。刘基给方国珍回信，向他表明朱元璋的威德，方国珍于是向朱元璋进贡。

朱元璋多次写信到刘基家中询问军国大计，刘基逐条地详细作答，均能切中要害。不久，刘基返京，朱元璋正要亲自率军支援安丰，刘基劝说道：“汉、吴都在伺机进攻，我们现在不可轻举妄动。”朱元璋不听，而陈友谅知道后，乘机率军围攻洪都，朱元璋这才说道：“我没听你的意见，险失大计。”然后亲自带兵援救洪都，与陈友谅大战于鄱阳湖，一天交战数十次。

当时，朱元璋坐在胡床上督战，刘基随侍身旁，忽然跃起大呼，催促朱元璋赶快转移到别的船上去。朱元璋仓促转移到另一小船上，还未坐定，飞炮便将他原来所乘御船击得粉碎，站在高处的陈友谅见御船被毁，大喜，而朱元璋所乘之船只进不退，汉军都大惊失色。当时湖中战斗相持了三日，未决胜负，刘基请求移军湖口以扼住汉军出口，在金木相克的这一天与陈友谅军决战。结果，陈友谅战败，在逃跑途中毙命。

其后朱元璋打败张士诚，北伐中原，完成千古帝业，均出于刘基的筹划。

吴元年(1367 年)，朱元璋以刘基为太史令，刘基呈上《戊申大统历》。

朱元璋即皇帝位后，刘基上奏制定军卫法。当初确定各州粮税时，仿照宋制每亩加五合，惟独青田县除外，太祖这么说道："要让刘伯温家乡世代把此事传为美谈。"刘基认为宋、元两朝都因为过于宽纵而失天下，所以现在应该整肃纲纪，于是便下令御史检举弹劾，不要有任何顾忌，宿卫、宦官、侍从中，凡犯有过错的，一律奏明皇太子，依法惩治，因此人人畏惧刘基。

中书省都事李彬因贪图私利，纵容下属而被治罪，李善长一向私宠李彬，故请求从宽发落，刘基不听，并派人骑马速报太祖，得到批准，刘基便在祈雨时，将李彬斩首。因为此事，刘基与李善长开始有隙。太祖返京后，李善长便向太祖告状，说刘基在坛地下杀人，是不敬之举，那些平时怨恨刘基的人也纷纷诬陷刘基。当时天旱，太祖要求诸臣发表意见，刘基上奏说："士卒亡故者，他们的妻子全部迁往他营居住，共有数万人，致使阴气郁结。工匠死后，腐尸骨骸暴露在外，将投降的吴军将吏都编入军户，便足以协调阴阳之气。"

太祖采纳了，但十天过后仍不见雨，故而发怒。此时恰好刘基妻亡，所以刘基请求告辞还乡。太祖正在营造中都，又积极准备消灭扩廓。刘基临走上奏说："凤阳虽是皇上的故乡，但不宜作为建都之地，皇上万万不可轻视。"不久，定西之役失利，扩廓逃往沙漠，从那时起一直成为边患。这年冬天，太祖亲自下诏，叙说刘基征伐之功，召他赴京，赏赐甚厚，追封刘基的祖父、父亲为永嘉郡公，并多次要给刘基晋爵，刘基固辞不受。

后来，太祖因事要责罚丞相李善长，刘基劝说道："他虽有过，但功劳很大，威望颇高，能调和诸将。"太祖说："他三番两次想要加害于你，你还设身处地为他着想？我想改任你为丞相。"刘基叩首道："这怎么行呢？更换丞相如同更换梁柱，必须用粗壮结实的大木，如用细木，房屋就会立即倒塌。"

后来，李善长辞官，太祖想任命杨宪为丞相，杨宪平日待刘基很好，可刘基仍极力反对，说："杨宪具备当丞相的才能，却无做丞相的气量。为相之人，须保持像水一样平静的心情，将义理作为权衡事情的标准，而不能掺杂自己的主观意见，杨宪做不到。"太祖又问汪广洋如何，刘基回答："他的气量比杨宪更狭窄。"太祖接着问胡惟庸，刘基又回答道："丞相好比驾车的马，我担心他会将马车弄翻。"

太祖又说道："这样看来，只有先生你最合适做我的丞相了。"刘基谢绝说："我太疾恶如仇了，又不耐烦处理繁杂事务，如果勉强承担这一重任，恐怕要辜负皇上委托。天下何患无才，只要皇上留心物色就是了。目前这几个人确实不适合担任丞相之职。"后来，杨宪、汪广洋、胡惟庸都因事获罪。

太祖经常写信给刘基，询问天象，刘基都非常详细地逐条回答，然后将其草稿烧掉。刘基大胆预言说，霜雪之后，必有阳春，现国威已立，应当稍微采用宽大政策来治理天下。刘基辅佐太祖平定天下，料事如神。他性情刚烈，嫉恶如仇，经常与人发生冲突。隐居山中后，只是饮酒下棋，从不提起自己的功劳。县令求见，避而不见。后来县令便穿着便服，装成乡野之人去拜见刘基，刘基当时正在洗脚，便让堂侄将他引入茅舍，以黄米饭招待。县令这时才告诉刘基："我是青田知县啊。"刘基大惊，马上起身称民，然后谢罪离去，终不相见。

起初，刘基说瓯、括之间有一块空地，南抵闽界，是盐盗的巢穴，方氏便是由此作乱的，故请设巡检司守卫。时逢茗洋逃兵反叛，官吏都匿而不报，刘基便令长子刘琏将此事上奏，但未先通报中书省。胡惟庸当时正以左丞相的身份主管中书省，对以前与刘基的过节时常怀恨在心，于是便派手下官员攻击刘基，说那个地方有帝王之气，刘基想将它作为自己的墓地，因为当地百姓不答应，刘基便请求设巡检司将百姓赶走。

太祖听说后，虽然没有加罪于刘基，但颇为这些言论所打动，因而剥夺了刘基的俸禄。刘基心中害怕，入朝谢罪，然后呆在京城，不敢返乡。不久，胡惟庸当了丞相，刘基悲叹道："若是我的话不应验的话，那便是苍生之福了。"遂因忧愤交加发病。

洪武八年(1375年)，太祖亲自撰文赐给刘基，并派专人护送刘基返乡。到家后，病情加重，便将《天文书》授给长子刘琏，并说："赶快送给皇上，千万不要让后人学习此书。"又对次子说："为政之事，要宽猛相济。当今之务在于修炼德行，减省刑罚，如此才能祈求上天保佑国运长久。那些战略要害之地，应当与京城遥相呼应，连成一体。我本想上奏一份遗表，但因胡惟庸当朝掌权，这么做毫无用处。有朝一日胡惟庸下台后，皇上必然要想起我，如果他向你问什么话，你便将我所说的密奏皇上。"

回家仅一个月，刘基便去世了，终年六十五岁。

朱元璋很信任刘基，对他委以重任。每次召见刘基，都要避开他人进入内室，单独与刘基长时间密谈。刘基也自认为自己得不世之遇，所以在太祖面前知无不言。每到紧急危难的关头，刘基总是勇气奋发，计策立定，人莫能测，闲暇之时，便敷陈为王之道，而太祖每次都洗耳恭听，常常称刘基为老先生而不叫他的名字，并说："你就是我的张子房啊。"又说："老先生多次以孔子之言来劝导我。"所以，太祖与刘基的帐中密语，世人所知不详，而世间所传为神奇的，大多只是一些阴阳风水之说，并非刘基的至理名言。刘基的文章气势浩大而奇妙，与宋濂同为一代宗师，他的著作有《郁离子》、《覆瓿集》、《犁眉公集》流传于世。

张三丰创建武当派

在元末明初时，有一个“活神仙”名叫张三丰，道号“玄玄子”。他上通天文，下知地理，为人洒脱不拘，终年云游四方，行为古怪诡异，确是一个少有的奇人。

据说张三丰是辽东懿州人，关于他的出生和童年，有一段离奇的传闻。说是他妈妈在生他的那个晚上，做了一个梦，梦见一位神仙召来仙鹤，停在屋上，长啸三声，惊醒了她，很顺利就生下了小张三丰。

张三丰长到五岁，得了一种奇怪的病，双目渐渐失明。这时有位道长见他长得不同凡俗，就对他父母说：“这孩子仙风道骨，只是目前眼睛遭到魔障，不如给贫道做弟子，等他脱了魔障，眼睛复明，再奉还给你们。”父母答应了。从此，张三丰成了一个小道徒，跟着道长住在观里。半年后，他的眼睛果然复明。师父教他学习道家经典，他天资奇高，过目成诵。过了七年，张三丰才回到父母的身边。

成年后，他也曾参加科举考试，求取功名。后来，由于父母去世，他才守丧在家。传说有一天，一位姓丘的道长来拜访他，两人大谈玄理，十分投机。经过这次长谈，张三丰的人生观发生了重大转变。他感到富贵如粪土，光阴似闪电，人生最可宝贵的是寻求大道。于是，他决定放弃功名，撇开势利，去云游四海，拜访明师。

求道几十年后，年近七十的张三丰来到终南山访师，遇到了陈抟老祖的传人火龙真人。火龙真人先教他基本功，再授给他仙丹秘诀。张三丰开始懂得了道的妙谛。

明代初年，张三丰来到武当山，与弟子们在这里搭了草棚修炼。九年后，张三丰得道。此时，他状似疯癫，衣服破旧，被人们取了个外号叫“邋遢道人”。他还经常在山岩间走动，对当地老百姓说，武当山将来肯定会名扬天下。

张三丰的名气越来越大，引起了明朝皇室的密切注意。明太祖朱元璋仰慕他，数次派使者寻访，都没有找到。明成祖即位后，三番五次给张三丰写信，态度非常诚恳，只请求他下山跟自己见一面。可是，张三丰始终避而不见。

我们知道，历代著名的高僧老道，莫不以受到皇帝的召见为殊荣，尽管有人最初藏而不见，那也不过是为了抬高自己的身价，吊吊皇帝的胃口。张三丰则不然，他压根儿就不想见，他有自己的活法，他不求富贵，不要功名，只想逍遥自在地过神仙日子。

明成祖尽管得不到张三丰赏脸，但是却毫无责怪之意，反而觉得“神仙之道，惟诚可达”。那么，怎样来表示他的诚意呢？从永乐十年（公元 1412 年）开始，朱棣派遣工部侍郎主持，征调民工数十万人，在武当山大兴土木，营建宫观。经过十二年的经营，建成了三百处共三十三个宏伟的建筑群，分为八宫、二观、三十六庵堂、七十二岩庙、十二祠、十二亭、三十九桥。从湖北均县县城到武当山的最高峰,建筑线绵延达七十多公里,宫观庙宇两万多间,主体建筑面积达一百六十多万平方米,当时人叹为秦皇汉武以来所未有。竣工之后,朱棣赐名太和太岳山,又派了二十一名六品官员主持各处的庙务。张三丰当年预言武当山会名扬天下,现在果然应验了。

张三丰当年进武当山修道,并没有公开自立门户,只是以游方高道的身份收徒授道。现在,经过明成祖朱棣的宣扬带动,武当山的所有道士都将张三丰奉为武当派的祖师了。

张三丰根据内丹的修炼之法,独创了武当派的内家拳法,成为武当派的最大特色。据说,张三丰是通过观察蛇、鹊相斗,受到启发而创造出来的。有一天,他听见鹊儿在院子里急叫,从窗户往外一看,只见树上一只鹊儿朝地下注视着,神态躁急,再往地下一看,那儿正盘着一条长蛇,蛇头上昂,紧盯着鹊儿。每当鹊儿上下飞啄长蛇,蛇便蜿蜒摇头闪避,使鹊儿每每扑空。蛇鹊相斗,历久不止,难分胜负。张三丰观察良久,忽然悟到太极以静制动、以柔克刚的道理,于是创造了太极拳法。

从此,武当成为武林圣地,与佛教的嵩山少林寺齐名,武术界有"北宗少林,南崇武当"之说。

朱棣怒杀旧臣

燕王朱棣发兵南下,从他侄儿惠帝手中夺取了皇位,史称"靖难之役"。可是,许多大臣誓死效忠惠帝,不承认他皇位的合法性。

御史大夫景清为给明惠帝报仇,隐忍苟活,委屈称臣复仇。一天早晨,景清怀揣一把刀,穿着红色的衣服上朝,他想刺杀朱棣。在此之前,负责观察星象的太史向朱棣禀报,说星象有变,一颗红色的星侵犯帝座星,说明有人要谋害皇帝。为此,朱棣已经怀疑景清。等到这天早朝,朝臣中只有景清穿红衣,暗合星象,进一步引起朱棣的怀疑。于是朱棣派人搜查景清的身体,很快就发现了刀。

当朱棣审问景清为什么怀刀上朝时,景清大声回答说:"我想为先帝报仇!"朱棣听完一时大怒,就以磔(zhé)刑处死了景清,并灭了他的族。由于此案后来辗转牵连了许多人,如瓜蔓蔓延,所以当时的人称它为"瓜蔓抄"。

燕王朱棣率兵进逼南京时,明惠帝的大臣王艮准备以身殉国,不愿向朱棣屈服。于是他在与妻儿诀别时说:"食人之禄,死人之事,我不能再活了。"当时朝中大臣解缙、吴溥、胡靖与王艮一家为邻。在南京城被燕军攻陷的前一天晚上,几个人相约来到吴溥家。谈到目前的危险和个人的出路时,解缙陈说大义,胡靖慷

慨激昂，都决心死节，只有王艮独自流泪不止。当解缙、胡靖、王艮离开吴溥家后，吴溥年幼的儿子吴与弼感慨地说："胡叔能为国而死。"

吴溥说："错了，我看只有王叔能死节。"

话音未落，就听隔壁胡靖在家里大喊："外边很乱，要看好家里的猪，别让它跑了。"

吴溥转过头对儿子说："你听见没有，胡靖连一头猪都舍不得，难道他能为国殉身吗？"

过了一会儿，吴溥听到王艮家里有哭声，原来王艮誓死不降朱棣，已饮毒酒死了。

方孝孺的死也相当壮烈。

方孝孺是宁海人，因博才多学，文章绝伦，在天下名噪一时。明惠帝在位时，很赏识方孝孺，让他担任翰林院侍讲之职。一年后，方孝孺又被升任为侍讲学士，每有大事，惠帝都向他咨询。燕王朱棣攻破南京后，方孝孺却被逮捕入狱。

在这之前，朱棣从北平出发南征时，他的重要谋士姚广孝对他说："方孝孺是天下最有名的儒士，他不仅学问高，人品也好，非常有气节。大王攻下南京的时候，方孝孺肯定不会投降，希望大王不要杀他。如果杀了方孝孺，天下读书人的种子就断绝了。"于是朱棣答应了姚广孝的请求。

方孝孺被抓后，朱棣想让他起草自己的即位诏书。因为朱棣认为只要方孝孺肯起草此诏，天下文人没有不服从的。于是，朱棣派人将方孝孺找来。谁知方孝孺进宫后便为明惠帝大哭不止，哭声响彻大殿。这时朱棣劝方孝孺说："先生不要自寻苦恼，我发动靖难之役，是要效法周公辅佐周成王。"

方孝孺说："成王在哪里？"

朱棣回答："他已经自焚而死了。"

方孝孺说："既然成王已死，为什么不立成王的儿子为君？"

朱棣回答："国家要靠成年的君主来治理。"

方孝孺说："为什么不立成王的弟弟？"

朱棣有些不耐烦了："这是我朱家的事！"

接着，朱棣派人递给方孝孺笔和纸，说："给天下的诏书非先生起草不行。"

方孝孺把笔扔在地下，连哭带骂地说："要杀就杀，士可杀不可辱！我决不为篡位写诏书！"

朱棣大怒，令人在闹市对方孝孺施以磔刑。临刑时，方孝孺面无惧色，慷慨赴死，并写下悲壮的绝命词。

古代的臣子以忠君死节为美德，这种思想不值得溢美。不过，他们这种慷慨赴死的勇气、心怀信念的坚毅还是令人钦佩的。

才子解缙之死

解缙，字大绅，江西吉水人。他从小就十分聪明好学，精通儒家经典，21 岁的时候便考中了进士，进入中央做官，一时间在民间解缙名声大振，大家都希望像解缙那样聪明好学。

解缙到南京做官时正是明太祖做皇帝时期。朱元璋很喜爱解缙的才学，经常让解缙跟随自己左右，以便有事能随时询问。一天，明太祖在皇宫中，突然问解缙："我和你礼仪上是皇帝与臣子，可从恩情上却好比父子。你才学、见解很高，国家有哪些做的不好的，不够的，你一定要知道了就说，不要有所隐瞒。"解缙第二天便给皇帝上了一封一万多字的奏疏，指出了国家在许多方面的不足，语言十分恳切，指出的问题多正中要害，太祖看了很是感动，对解缙的才能见识十分赞赏。

解缙为人虽然才学很高，但他书生气过重，为人性情耿直、刚正，因而常得罪一些官吏，加上他才学高名声大，更易为人嫉妒，因而他也常遭到别人的陷害。

当时的丞相李善长因犯罪要被处死，解缙替李善长上书皇帝请求从轻发落，使朱元璋很生气。他又同另一个官员夏长文向皇帝状告当时的一个高官袁泰，引得袁泰对他怀恨在心。为此，袁泰一直想报复，只是由于明太祖十分宠爱他，一直没能成功。

后来解缙暂时弃官归家，过了八年，太祖朱元璋死了。解缙连忙从家赶到京城吊唁，但袁泰等人竟然抓住这件事大做文章。说解缙的母亲刚刚去世还没有来得及下葬，父亲又已经九十岁了，在这种情况下于礼法是不合适的，应该治他的罪。就这样建文帝下了命令把他发配到边远地区。

解缙自负自己聪明绝世，才学过人，想不到竟落到这步田地，不得已只好低三下四地给朋友、当时深为建文帝信任的大臣董伦写了封信，希望董伦帮助他摆脱困境。于是董伦在建文帝面前极力推荐解缙，于是皇帝让解缙回到南京，在翰林院任职。

朱棣做了皇帝后，进一步重用解缙，让解缙与其他六人组成七人内阁辅佐皇帝，这也是明朝内阁制度的开始。这时的内阁虽然没有什么实际权力，解缙等人官位也不是很高，但一有重要的事情皇帝总会向内阁官员们咨询，社会地位很高，也很受人尊重。

后来，明成祖朱棣任命解缙负责主编了《太祖实录》与《烈女传》，书写成后明成祖十分满意，赏赐给他许多银币，这个时期的解缙可以说是一帆风顺。不久，明成祖又让解缙负责编纂一部巨型图书——《永乐大典》。虽然一开始书编得不好，但后来经过多方面的努力，花了好几年时间终于成功地完成了这部前无古人的巨著。

明成祖看了最后的书稿，高兴得赞不绝口。由此，解缙的才学更为明朝全国所知晓，他的聪明才智也更加被世人所称赞。

明成祖正在考虑选立一个儿子做皇太子。一开始，还没有选定人选。明成祖一次秘密地问解缙："你看选定哪个王子做皇太子合适？""当然是皇长子了。"解缙毫不犹豫地说。"可是有人说汉王朱高煦曾经立过功，应该立他做皇太子。"明成祖说道。"可是皇长子为人仁义厚道，天下人都心服他做皇太子。"解缙回答道。明成祖双眉紧锁，沉默不语。解缙看了看又说："立皇太子应果断，不能拖得太久了。"明太祖点头称是，于是便决定由皇长子做太子。

后来汉王朱高煦知道了这件事，对解缙是又气又恨，发誓一定要将解缙杀掉。一次明成祖要发兵讨伐南方，解缙劝皇帝不要出兵，但是明成祖没有理睬他。结果很快打败了敌人，因而明成祖开始不信任解缙了。

皇长子自从被立为太子后，做的许多事不合朱棣的心意，而汉王朱高煦越来越受到朱棣的宠信，许多场合仿佛他才是太子一样。解缙看不过去，对成祖说："汉王要争皇位，不可以啊！"谁知道成祖听了这话十分生气，说："你这是调拨离间太子与汉王的兄弟之情。"从此便更加不信任解缙了。汉王又先后多次在皇帝面前说解缙坏话，使得成祖终于将解缙调到遥远的广西，做了一个小小的地方官。

1410 年，解缙因为有事到首都南京，正好明成祖带兵北征不在，解缙去拜见了皇太子后就回广西了。汉王知道后就在明成祖面前说："解缙乘皇上不在南京，私自来拜见皇太子就回去了，而不请示皇上，居心险恶而且没有做臣子的礼节。"皇帝听了极其生气，于是随便找了个借口，将解缙抓入监牢。

过了一段时间，又将解缙和其他几个被抓官员联系在一起说他们合伙谋划，对朝廷不忠。另外几个官员很快被处死了，只有解缙一直被关在大牢里，一关就是五六年。

到了 1415 年，明成祖查看囚犯名录，突然发现了解缙的名字，就对监牢官员说："解缙怎么还活着？"于是监狱官员立刻用酒将解缙灌醉，然后埋在积雪中，很快便把他弄死了。解缙死时年仅四十七岁，家也被抄没了，妻子儿女被发配到边疆。

聪明绝顶的解缙就这样聪明反被聪明误，惨死在寒雪之中，实在可惜。

土木之变

明英宗正统十四年（公元 1449 年），明朝北方的边界上崛起了一支强大的蒙古人部族，这支部族号称瓦剌族，族里的首领叫脱欢，被明王朝封为顺宁王。

脱欢在位的时候，瓦剌部族跟明王朝的关系还比较好，等到他的儿子也先继承了王位，双方就开始发生摩擦。明朝的权臣太监王振，本来也想讨好也先，但由于贸易方面的摩擦，激化了双方本就不协调的关系，战争终于爆发了。

这一年，也先派了两千多人跟明朝做买卖，为了多得一点赏赐，也先谎报了贸易的人数。这件事给王振知道了，便说也先欺骗朝廷，单方面削了价，只给也先五分之二的钱，还下令礼部不给来贸易的人吃饭。也先本就找不到发兵的理由，现在终于有了口实。他立即发兵攻打山西的大同，打得明朝的守军节节败退，紧急军情很快传到了北京。

明王朝本来已经派了驸马都尉井源率兵四万去增援大同了，但是王振却还想扩大这次冲突。他的家乡就在大同附近，害怕瓦剌人侵占自己在家乡的田庄，又想趁这个机会，到家乡人面前抖威风，顺便建立奇功，巩固自己的地位，便竭力劝明英宗御驾亲征。

虽说这一年明英宗朱祁镇已经二十三岁了，但他依然像当小王子的时候一样，什么事都听王振这位“先生”的。王振说要亲征，并说瓦剌人不堪一击，他立即信以为真，下令三天后立即出征。朝中官员听到圣旨，吓得在午门外跪了一大片，都说御驾亲征不是儿戏，三个月能不能准备好还成问题，要英宗收回成命。可是，这位似乎永远长不大的皇帝只信王振的，根本不管大臣们的建议，一意孤行地要按原来的命令行事。

七月十七日，明英宗和王振带着五十万临时拼凑起来的队伍出发了。出发前只把北京交给弟弟朱祁钰留守，也不管敌情如何，也不商量作战方略，连后勤保障都没安排好，简直把亲征当作小孩子玩游戏一般。

大军出了居庸关，从怀来往宣化进发。几天来，风雨不断，道路泥泞，人马困乏，军粮不足，明朝士兵成批成批生起病来，尸体抛了一路。一同随行的将军们，一再上表乞求停下休整，劝明英宗别再冒进。可是，王振却执意不肯，一定要按时赶到大同，谁再上表，就把谁绑起来在军营里示众。

疲惫不堪的明军好不容易捱到了大同，全军上下都想喘一口气，好好休整一番，可是命令传来，还要北进。大臣们急了，找王振去论理，王振却一翻双眼，公然说：“再北上打了败仗，也是天意。”根本不听别人一句话。

这时候，前方却传来不幸的消息：也先采取诱敌深入的战略，在大同城北伏击先锋井源的部队，朱瑛和朱冕率兵去救援，也中了也先的埋伏，只杀了半天，两支明军全军覆没，大同城已经暴露在瓦剌军的攻击矛头之下。

听到这消息，明英宗当然惊恐万分，就是方才还气壮如牛的王振，顿时也变得六神无主，立刻从主张继续北进，变成下令迅速撤退。这次撤退，跟出兵一样，根本没有什么准备，一开始就变成了无秩序的溃败。

明军的大同总兵郭登在退兵前建议改道从紫荆关回军，这本来是最安全的路线，可是王振偏不听，逼着大军从原路撤回，还想顺道回到自己家乡去夸耀一番。谁知刚撤到狼山附近，也先的骑兵就尾随着追上来了。

王振慌忙派成国公朱勇率领三万骑兵断后，自己和皇帝仓皇南逃。明英宗的銮驾跑得神速，傍晚时候就到了离怀来县二十里的土木堡。大臣们看到土木堡无险可守，又缺乏水源，劝明英宗进怀来县城，以便防守。可是，这时候王振拖在后面，还没有赶到。缺了王振就少了主心骨的明英宗执意不肯进怀来县城，偏要等到王振来了，才肯动身。王振到了土木堡，却不想连夜赶路，拒绝了兵部尚书邝埜的正确建议，居然决定在土木堡扎营过夜。

也先深知兵贵神速的道理，第一天在狼山消灭了朱勇大队伍之后，连夜奔袭，迅速杀到了土木堡附近。第二天一早，明英宗正想拔营启程，也先的骑兵已经漫山遍野杀了上来，把明军团团围困在土木堡。

内无粮草，外无救兵，明军被也先的部队围了三天，只得拼命往南突围。突围令一下，明军已经毫无阵法，人人只想争先逃命。也先早已在路旁埋伏了骁勇的骑兵，见明军队伍一拉长，立刻从两侧发动了猛攻。

伴随着暴风雨般的马蹄声，也先的士兵一齐高声喊道："解了甲，扔下枪的不杀！"明军士兵早已失去斗志，听了这话，好多人居然解甲下马。也先的士兵又是一声大喊，如雨般的箭矢立刻射向毫无防卫的明军，大部分明军都被当场射死，有的尸体插满了箭，简直像个卷曲的刺猬。

在震天动地的喊杀声中，跟随明英宗出征的大小官员数百人一个个死于乱军之中。罪魁祸首王振正想夺路逃走，护卫将军樊忠气愤不过，冲近王振，大喝一声："我为天下人杀这个奸贼！"手起锤落，只一下就击碎了王振的脑袋。接着挥舞双锤，与也先骑兵展开殊死搏斗，杀了数十名敌兵，最后力竭而死。

只有那位明英宗，在卫士们的护卫之中，一点没有受伤。等到身边只剩下一个太监的时候，他才知无法脱身，便慌忙翻身下马，找了个灌木树丛躲了进去。

也先大获全胜，吩咐瓦剌士兵打扫战场。除了缴获明军大量军械甲胄之外，还意外地抓住了躲在灌木丛里的明英宗。一位瓦剌士兵看到明英宗穿的盔甲特别好，走上前喝令他把衣甲脱下来。明英宗虽然害怕，却想保住皇帝的面子，不肯脱。那位瓦剌士兵正要动手杀人，一旁的士兵见英宗不似常人，就押着他去见也先。

也先让见过英宗的瓦剌人来相认，知道抓的果然是大明皇帝，高兴得就像捡了个宝贝，立即把英宗看押起来。也先以为，有了英宗在手，就可以大大地敲明王朝一记竹杠了。于是他带着英宗这个人质，带兵南下，包围了北京城。

英宗复辟

英宗被俘后，也先对待英宗很客气，没有折磨他，而是把他软禁起来，好吃好喝好招待。也先对英宗如此，主要是想把英宗当做人质从而从明朝取得领土和赔款。

但是也先想错了，明朝中不乏有识之士，他们早已看穿了也先的计谋。为了断绝也先的想法，许多大臣纷纷主张英宗的弟弟朱祁钰继位。但是朱祁钰也有自己的想法：兄长只是也先的人质，如果我仓促继位，兄长回来之后，我是否让位呢？还有如果我在兄长有危险之时，不是前去营救兄长，而是登基，会不会有人不服呢？考虑到这些，朱祁钰一再推辞，不继位。

后来，朝中大臣于谦联合一些要臣联名上书给皇太后，陈述道："国不可一日无君，也先掠走皇帝，无非是想从我大明朝捞取好处，为了断绝其野心，应早立皇帝。臣等愿意为郕王效忠。"皇太后也是明事理的人，她看过奏折后，心想：也只有先让朱祁钰继位，才是上策，也先也未必敢加害于英宗。于是皇太后传旨，朱祁钰做了皇帝。

朱祁钰做了皇帝后，有的大臣主张，应该立即出兵，攻打也先，报土木堡之仇。但是遭到许多大臣的反对，他们认为也先刚刚取胜，士气正旺。如果带兵前去攻打，以疲劳之师与敌人交战，处于劣势，不如养精蓄锐，等待时机。朱祁钰也同意后者，他想：我刚一继位，如果即刻出兵，万一打了败仗，不仅我的尊严全无，而且我明室江山也难保啊！

也先万万没有想到明朝竟然没有派使臣前来交涉，他还想在英宗身上捞取好处呢，没想到英宗成了一个毫无价值的皇帝。也先想杀了英宗，但被手下的大臣劝阻，这位大臣说道："朱祁镇，现在毫无价值，杀了他也没有意义。明朝既然没有派使臣前来，证明朱祁镇对他们来说已经不太重要了，即使杀了他，也不会引诱明军前来作战。我们倒不如退一步，把朱祁镇放了。我们可以想象一下，一国有两位国君，必然会产生矛盾，而朝中一些大臣也各有所向。这样，朝中一定会起内乱，到时候，我们可以乘机攻打明朝领土，夺取他们的江山，那岂不更好！"

也先听后，非常高兴，便派人把朱祁镇带到殿上。也先对他说道："你带大军伐我瓦剌，我们也是不得已而为之，还望你多多谅解，不要因此事而伤了我们的关系。为了表示我的诚意，你可以写一封信，我派使者给你们朝廷送去，让他们亲自来接你回皇宫。"

朱祁镇简直不敢相信自己的耳朵，他做梦也没有想到也先会放自己回去，立刻给自己的兄弟写了一封信。

也先派使者把信送给了朱祁钰。朱祁钰看完之后，他呆呆地愣住了。自己当初的为难之事出现了：如果把自己的哥哥接回来，自己是让哥哥做皇帝，还是不让呢？如果让他重新做皇帝，自己脸面无处放，而且这种"唯我独尊"的生活也一去不复返。如果不让哥哥做皇帝，自己也没有理由可说。朱祁钰左右为难，他的母亲看出了他的心事，对他说道："皇儿，你们毕竟是兄弟，应以国体为重，不能让别人看笑话，还是先把你的兄长接回来再说吧！"朱祁钰点头答应了母后。

朱祁钰派人去迎接自己的哥哥回宫，但他已下定决心，哥哥回宫之后，不让位，而是把他软禁起来。

朱祁镇见到自己朝中来人了，非常高兴，他没有想到自己还可以活着回去。他高兴极了，但是他也想到了，一个国家有两个皇帝，弟弟会让位给自己吗？如果弟弟不让位，我该怎么办呢？

英宗正想着，不知不觉来到了紫禁城的东门，朱祁钰亲自迎接哥哥，二人互跪行礼。朱祁钰早已吩咐好了，吩咐轿夫把轿子抬到南宫。朱祁镇一愣，便说道："我在外已一年多，我想去见一见母后。"朱祁钰答道："兄长远道而来，还是先到南宫去安歇，待养足精神之后，再去拜望母后也不迟。"说完，向轿夫一挥手，便把朱祁镇抬进了南宫。

朱祁镇心想：南宫是皇子们读书的地方，平时无人居住，你让我住这儿，也未免太过分了吧，明日我见到母后，一定向她当面说明。

朱祁镇也确实很疲劳，睡了一个长觉，睁开眼一看，天已大亮。他想出宫，去看望母后和自己的妻儿，可守门的士兵不让他出去。朱祁镇大怒道："你们心里还有没有我这个太上皇？"士兵回答道："我们做臣子的也没有办法，皇上有命令，不允许您出宫，否则会杀了小人的！"朱祁镇听后十分伤心，他没有想到弟弟会如此对待自己。不要说见到母后、妻儿了，除了那几个士兵外，其他任何人都见不到。朱祁镇只好寂寞地住在南宫，整天无所事事，而且没有一点人身自由，他感觉到度日如年的滋味。自己在瓦剌做了一年多人质，而此时回到宫中，却依然被软禁，真是生不如死啊！

朱祁钰为了防止自己的兄长夺去自己的皇位，便派心腹大臣去把守南宫，不让任何人接近朱祁镇。

朱祁钰对待自己的哥哥有些残酷，但是他做皇帝比朱祁镇要强得多。他把朝中的奸臣一一除掉，重用那些有才能的忠臣。在朱祁钰统治的几年里，国势开始有所回升，但是朱祁钰的身体经常生病，而且越来越重。

景泰七年，朱祁钰病情又有所加重，一连好几日都卧床不起。朝中大臣都议论纷纷，有的认为：朱祁钰没有儿子，应立太上皇之子朱见深为皇帝。有的则认为：太上皇朱祁镇回宫之后，朱祁钰就应该让位，如果朱祁钰一死，应该让太上皇重新做皇帝才合理。

众臣心里都有自己的想法，武清侯石亨心里也早有打算。石亨是一个投机分子，他想借此机会捞到好处。

石亨想：现在皇上身体病得厉害，我何不把太上皇朱祁镇从南宫接出来，让他重新做皇帝，我不就是有功之臣了吗？石亨知道单靠自己是不行的，于是又找来两个密友：都督张軏和监军太监曹吉祥。石亨说道："二位贤弟，如今皇上卧床不起，我想他没有几天了，我们何不趁此机会把太上皇接出来呢？皇上即使知道了，他也没有办法，他正病重，根本无心顾及此事，而太上皇在南宫度日如年，如果我们把他保出，他一定会感激我们，我们也可以从中得到许多好处，不知二位贤弟意下如何？不过事关重大，你们不管做与不做，千万不要对别人说，否则我的脑袋可就得搬家啊！"

这二位也都是投机分子，也都是武将，头脑简单，四肢发达，二人立即表示愿意一起干。曹吉祥说道："我还想拉上一个人，此人足智多谋，一定会帮我们出谋划策，他就是徐有贞。"

石亨问道："这个人我有所了解，但是不知可靠吗？"

曹吉祥说道："此人和我关系密切，而且我也十分了解他。他是一个贪图享受的人，是想得功名又不想出力的投机分子，一定会与我们一起干的。"

三个人商议好后，便让曹吉祥去找徐有贞，徐有贞一听有这等美事，立即答应了，而且出了主意，先去南宫接太上皇，随后准备武装力量。

软禁朱祁镇已经七年了，朱祁钰又病重，所以很少有人再过问此事，对朱祁镇的看管也不如开始那么严了。曹吉祥一边掏钱，一边向南宫走去，有钱能使鬼推磨，曹吉祥没有遇到麻烦，就见到了朱祁镇，把事情对太上皇都一五一十地讲了一遍。朱祁镇一听，高兴极了，他早就想离开这里，这里简直是地狱。他生性贪玩，而这里却没有任何可玩的地方，朱祁镇答应下来，曹吉祥起身告辞。

到了夜里，曹吉祥、石亨、张軏、徐有贞等人带着亲兵抬着轿子又来到南宫，南宫的士兵已经睡着了。石亨一把抓住那个把门的士兵，把刀压在他的脖子上，说道："快把门打开，否则你小命就没了！"这个士兵从梦中惊醒，迷迷糊糊地把眼睁开，一看这么多人，吓了一跳，立刻把门打开了。朱祁镇坐上轿，向皇宫行去。

到了东华门，守卫的禁卫军喝道："站住，半夜三更的，干什么去？"朱祁镇把轿帘打开，说道："大胆奴才，连我太上皇也敢阻拦不成？"那个士兵一看真是太上皇，吓得立即放行。

朱祁镇在夜里到了皇宫，又坐上了久别多年的宝座，他心中感慨万分，有一种心酸的滋味。历史上把英宗复辟这件事称为夺门之变。

徐有贞命手下的亲兵去敲景阳钟，钟声一响表示皇上上朝。文武百官心里还在想：今天怎么这么早？等来到殿上，一下都愣了，原来是太上皇坐在宝座上。徐有贞大喝一声："太上皇复位，你们还不快快下拜！"众人跪倒拜贺，朱祁镇又夺回了皇位。

朱祁钰也知道了情况，他没有说什么，因为身体病得厉害，他知道如今斗不过哥哥了。没过多久，朱祁钰病逝，朱祁镇又稳稳当当地做上了皇帝。

于谦与明宣宗朱瞻基

于谦是杭州人，他从小聪明好学，而且很有文采，出口成章，在杭州一带小有名气。

朱瞻基还是太子时，就十分爱惜人才，他四处访查，只要是他认为德才兼备的人，不管你家境如何，不管你官位大小，他都给予重用。

有一次朱瞻基出宫去巡游，路过杭州，听说杭州有一个才子，名叫于谦。他便亲自登门拜访，由于朱瞻基是微服私访，所以已做了小官的于谦没有认出来。朱瞻基一看于谦的书房上挂着两幅字，一幅是岳飞的《满江红》，一幅是文天祥的《过零丁洋》。朱瞻基说自己也是一个爱好诗词的人，得知于谦很有文采，特意前来拜会。于谦也没有多想，因为平时，确实有许多文人墨客前来拜访。于谦便对朱瞻基说道："我最佩服的人就是岳飞和文天祥，岳飞忠心耿耿，精忠报国，文天祥'零丁洋里叹零丁'，誓死不降。我觉得做为臣子的，就应该有这种品质，我写了一首诗，请先生过目。"

朱瞻基接过来一看，是一首七言绝句《石灰吟》：

千锤万凿出深山，烈火焚烧若等闲。
粉身碎骨浑不怕，要留清白在人间。

朱瞻基看后，非常佩服于谦，认为此人不仅忠心耿耿，而且很有骨气。于是，朱瞻基便和父皇说了此事。

朱高炽也是一位明君，礼贤下士，爱惜人才。他也很喜爱自己的皇儿朱瞻基，认为他很有治国之志，而且也有治国之道。朱瞻基四处访贤，每次都和父亲述说情况，朱高炽不仅不认为朱瞻基过早参与朝政，反而认为儿子很有抱负，将来一定会是一位有才有德的明君。朱高炽又派人去考查于谦，得知于谦确实像儿子所说的那样有才有德，而且忠心不二，便破格提拔他做了御史。

于谦这才认识了朱瞻基，连忙谢罪，朱瞻基道："你何罪之有，不知之不为过也。"从此二人的关系更加密切。

朱高炽只做了几年皇帝，便去世了，朱瞻基继承了王位。他像他父亲那样，礼贤下士，重用贤才，而且不拘一格。对于谦更是器重，把于谦升为侍郎。于谦为皇帝出谋划策，呕心沥血。朱瞻基看到朝中有些奢侈，便和于谦商议如何压一压这种风气。于谦建议皇帝亲自到田间体会一下，便可知如何去做了。

朱瞻基并没有生气，而是在扫墓途中，亲自带领文武百官去耕地，一同体会到了农夫的艰辛。

回到宫中，朱瞻基累得腰酸背痛。这时内监给朱瞻基送来了晚餐，饭菜十分丰盛，朱瞻基只吃了一点，剩下许多。朱瞻基刚吃完一会儿，于谦便来求见皇上。于谦对朱瞻基说道："陛下，您和文武百官都已体会到农夫的艰辛，您不如明日盛情宴请满朝文武，我已经调查好了，不仅宫中如此浪费，那些大臣每顿饭也都是好几个菜，甚至还有十几个菜的，明日您给每人十盘菜，让他们都吃掉。"朱瞻基大悦，说道："好主意，好主意！"

第二天中午，朱瞻基宴请百官，这次宴请很特别，每人面前放了十盘菜，还有一碗饭，这十盘菜都很贵重，有燕窝、银耳、鹿肉、雁肉等。

朱瞻基说道："昨日，我们到农间去劳作，各位想必会很劳累吧，但是农民却要成年地劳作，他们也一定很累，可是他们却吃不到这样的好东西，所以说，我们应该对得起老百姓，不能浪费。来，我们开始进餐，我命令大家把这十盘菜都吃掉。"

满朝文武百官你看看我，我看看你，都没有人动菜，朱瞻基带头吃菜。文武百官一想：既然皇帝有令，那就吃吧！于是便开始大吃。

吃了一个多小时了，大臣们实在吃不下去了，朱瞻基也吃得饱饱的。朱瞻基看到大臣们面露苦色但还在往下吞咽，便说道："既然吃不了，就不要再吃了。"话一说完，大臣们都放下了筷子。朱瞻基又说道："大家看一看，自己还剩下多少菜，总共加起来，饭量大的，两盘也就足够，剩下的可就浪费了。农夫们一日复一日地劳作，辛苦是很自然的，我们也都知道。可是我们却如此铺张浪费，我们对得起养我们的百姓吗？我下令：大臣一日三餐不得超过五个菜，一天之中五个菜你可以自己调配，如果有谁敢违背，一定严惩不贷！"

这一办法很有效，把奢侈之风煞住了，朱瞻基得到了天下百姓的拥护，他更加信任和重用于谦了。不久，于谦升为兵部尚书，他仍是兢兢业业，一丝不苟。于谦虽然得到皇帝重用，但他待人谦和，从不颐指气使，因此受到大臣们的敬佩。百姓也都知道于谦处处为他们着想，也都很敬仰这位好官。

朱瞻基是一位好皇帝，正如他父亲所预料的那样，朱瞻基是一位有理想、有才智的明君，但是朱瞻基身体也不好，早早去世。他的长子朱祁镇继位，就是英宗。

英宗被瓦剌人俘虏这件事，就是于谦悲剧的根源。他在英宗被俘之后，主张立英宗之弟为帝，就是代宗，可是英宗又被瓦剌人放回来了，英宗在做了七年的太上皇之后，复辟登位。他怀恨于谦，再加上朝中一些小人早就看于谦不顺眼，一心要将他除掉。

于谦被判为弃市，要在街头暴尸三天，妻子、子女发成边疆，连家人也被流放。

于谦行刑那天，街市都站满了人，有百姓，有朝中的大臣，于谦以“意欲”的罪名被处斩。百姓和文武大臣都眼含热泪，老天似乎长了眼，天降大雨，为于谦哭泣。

后来，都督同知陈逵为于谦收尸，于谦的女婿将于谦的灵柩运回杭州，埋葬在杭州西子湖畔，与忠臣岳飞的坟墓相距不远。

两位忠臣，都被害死，至今人们仍经常到坟前祭奠。

杨一清除刘瑾

土木之变以后，明王朝开始衰落。明英宗以后的几代皇帝，都昏庸腐败，他们没能吸取王振误国的教训，一味依赖宦官，宦官专政的局面越来越严重。明宪宗朱见深（英宗的儿子）在位的时候，宦官汪直专权，在东厂以外，又设了一个西厂，加强特务统治，冤死不少好人。

公元 1505 年，明武宗朱厚照即位。他身边有八个宦官，经常陪伴他打球骑马，放鹰猎兔，为首的叫刘瑾。明武宗贪图玩乐，觉得刘瑾等称他的心意，十分宠信他们。这八个宦官依仗皇帝的势力，在外面胡作非为，人们把他们称为“八虎”。

一些大臣向武宗劝谏，要求武宗铲除“八虎”。刘瑾等得到消息，就在武宗面前哭诉。明武宗不但不听大臣劝谏，反而提升刘瑾为司礼监，又让刘瑾两个同党分别担任东厂、西厂提督。

刘瑾大权在手，就下令召集大臣跪在金水桥前，宣布一大批正直的大臣是“奸党”，把他们排挤出朝廷。

刘瑾每天给武宗安排许多寻欢作乐的事，等武宗玩得正起劲的时候，他把大臣的许多奏章送给武宗批阅。明武宗很不耐烦，说：“我要你们干什么？这些小事都叫我自己办?”说着，就把奏章撂给刘瑾。

从这以后，事无大小，刘瑾不再上奏，他假传明武宗的意旨，独断专行。刘瑾自己不通文墨，就把大臣的奏章全带回家里，让他的亲戚、同党处理。一些王公大臣，知道送给明武宗的奏章，皇上是看不到的。因此，有什么事上奏，就先把复本送给刘瑾，再把正本送给朝廷。民间流传着一种说法：“北京城里有两个皇帝：一个坐皇帝，一个立皇帝；一个朱皇帝，一个刘皇帝。”

刘瑾怕人反对，派出东厂、西厂特务四出刺探；还在东厂、西厂之外，设一个“内行厂”，由他直接掌管，连东厂、西厂的人，也要受内行厂监视。被这些特务机构抓去的人，都受到残酷刑罚，被迫害致死的有几千人，民间怨声载道。

刘瑾还利用权势，敲诈勒索，接受贿赂。地方官员到京都朝见，怕刘瑾给他找麻烦，先得给刘瑾送礼，一次就送二万两银子。有的官员进京的时候没带那么多钱，不得不先向京城的富豪借高利贷，回到地方后才偿还。当然，这笔负担全转嫁到老百姓身上了。

公元1510年，安化王朱寘鐇（音 zhì fán）以反对刘瑾为名，发兵谋反。明武宗派杨一清总督宁夏、延绥一带军事，起兵讨伐朱寘鐇，派宦官张永监军。

杨一清原是陕西一带的军事统帅，在训练士卒、加强边防方面立过功。因为他为人正直，不附和刘瑾，被刘瑾诬陷迫害，后来经大臣们营救，才被释放回乡。这回明武宗为了平定藩王叛乱，才重新起用他。

杨一清到了宁夏，叛乱已经被杨一清原来的部将平定，杨一清、张永俘虏了朱寘鐇，押解到北京献俘。

杨一清早就有心除掉刘瑾，他打听到张永原是"八虎"之一，刘瑾得势以后，张永跟刘瑾也有矛盾，就决心拉拢张永。回京的路上，杨一清找张永密谈，说："这次靠您的大力，平定了叛乱，这是值得高兴的事。但铲除一个藩王容易，内患却不好解决，怎么办？"张永惊异地说："您说的内患是什么？"

杨一清把身子靠近张永，用右手指在左掌心里写了一个"瑾"字。

张永一看，皱起眉头说："这个人每天在皇上身边，耳目众多，要铲除他可难啊！"

杨一清说："您也是皇上亲信。这次凯旋回京，皇上一定会召见您。趁这个机会您把朱寘鐇谋反的起因奏明皇上，皇上一定会杀刘瑾。如果大事成功，您就能名扬后世啦！"

张永心里犹豫了一下，说："万一不成功，怎么办？"杨一清说："如果皇上不信，您可以痛哭流涕，表明忠心，大事一定能成功。不过这件事动手一定要快，晚了怕泄漏事机。"

张永本来对刘瑾不满，经杨一清一怂恿，胆子也壮了起来。

到了北京，张永按杨一清的计策，当夜在武宗面前揭发刘瑾谋反。明武宗命令张永带领禁军捉拿刘瑾。刘瑾毫无防备，正躺在家里睡大觉，禁军一到，就把他逮住，打进大牢。

明武宗派禁军抄了刘瑾的家，抄出黄金二十四万锭，银元宝五百万锭，珠玉宝器不计其数；还抄出了龙袍玉带，盔甲武器。明武宗这才大吃一惊，把刘瑾判处死刑。

刘瑾虽然被杀，但是明武宗的昏庸腐败却是无可救药的。他杀了刘瑾之后，又宠信了一个名叫江彬的武官，在江彬的教唆下，他多次离开北京到宣府（今河北宣化）寻欢作乐，把朝政大权交给江彬，江彬又趁机贪污受贿，排斥好人。

由于明王朝的腐败统治，土地兼并十分严重，百姓的赋税和劳役负担更加繁重，农民起义此起彼伏。公元1510年，北京附近爆发刘六、刘七领导的起义。这次起义延续两年，起义军横扫河北、山东、山西等八个省，四次逼近北京，给腐朽的明王朝一次沉重的打击。

王守仁平定叛乱

明武宗朱厚照是一个非常荒淫的皇帝，他长年深居后宫，不理朝政。于是，有几个不安分的藩王便想取而代之，闹得最凶的，是江西南昌的宁王朱宸濠，他发动的叛乱史称“宸濠之乱”。

其实，朱宸濠比起朱厚照来，也好不了多少。他自小性格轻浮，喜欢享乐，但是，这人善于伪装掩饰，在人前总装出一副文士的派头，广泛地结交社会名流。虽然说真正的名士在跟他接触之后立刻会发现他的虚伪和野心，一些阿谀奉承之徒却乘机簇拥到了他的周围。正德八年（公元1513年），有一位风水先生到了南昌，朱宸濠把他请进了宁王府，这位术士见面就说宁王骨骼相貌不凡，而且告诉宁王，南昌地杰人灵，特别是城东南，隐隐露出一股王者之气。朱宸濠听罢，喜出望外，立即叫人去城东南建了一所“阳春书院”，用来承接所谓的“王气”，从此以后，朱宸濠加快了密谋叛乱的步伐。

朱宸濠纠集的人，都是些江湖浪人，大盗刺客，这些人入了宁王的伙，依旧在外面霸山为王，打劫百姓，官兵更拿他们没办法，对地方上的危害更大，引起了百姓和有识之士的不满。

而宁王这时候一心只想造反，天天跟一位叫刘养正的举人在府里密议。刘养正今天讲赵匡胤黄袍加身，明天说明成祖清君侧靖难，恭维宁王有拨乱之才。他还帮着宁王打造兵器，制作盔甲，俨然成了宁王的“军师”兼“宰相”。

照理说，宁王如此大胆放肆地策划反叛，一向靠“东厂”、“西厂”控制臣属的皇帝不该不知道。如果防患于未然，十个宁王也早已身首异处了。但是，宁王用大量钱财贿赂了明武宗身边的权臣、太监，那些人百般护卫宁王，替他掩饰叛乱痕迹，所以，宁王整整密谋准备了六年，明武宗还蒙在鼓里。

到正德十四年（公元1519年）的夏天，皇宫里两派太监闹窝里斗，其中一派头头张忠才把另一派头头钱宁勾结宁王的实情告知了明武帝。朝廷里的一些大臣也乘机上书皇帝，揭发宁王图谋造反。明武宗这才下令，削了宁王的兵权，在京城抓捕宁王派来的侦探。

宁王在京城确实安排了“侦卒”，一有消息就立即飞报南昌，这时候的侦卒是林华。当御林军去捉他的时候，林华得讯逃出了京城。

这年的六月十三日，宁王府灯火辉煌，宁王正在过生日大宴宾客。漏网之鱼林华匆匆赶来，向宁王报告了京都的剧变。朱宸濠大吃一惊，立刻跟刘养正商定，打算第二天趁地方官进府谢宁王赐宴的机会，把他们一网打尽，立即举兵造反。现在事态如此危急，宁王只得孤注一掷。

第二天，地方官员们果然前来谢宴。进了宁王府，立即被戒备森严的场面吓坏了，不知道为什么会出现这种情况。一会儿，宁王带着他那些山大王们来了。宁王立即宣布："太后有密旨，命我入朝监国！"听到这话，官员们立即闹腾起来，他们知道，所谓监国，就是造反夺取皇位，一两个大胆的官员立即站出来反对。宁王怎肯让别人反对？他立即板下脸来，命人把反对者杀了，随后带着六万兵马顺流而下，占领了南京和九江。一时间，江南震动，各州府官员都提心吊胆，只怕宁王看中自己的所在地，派兵前来。

江西地区，只有一个人立即站出来，坚决反对宁王叛逆，他就是负责赣南军务的都御史王守仁。他向全国发出檄文，声讨宁王罪行，组织地方部队，讨伐朱宸濠。

王守仁是明代有名的学者，一向耿直不阿，当年刘瑾专权，他站出来说公正话，曾被刘瑾打了五十大板，流放云南；刘瑾又派杀手想在途中把王守仁杀了，王守仁只得在杭州写了"绝命诗'，把衣物扔在江边，伪装自杀才逃过一劫。现在看到江南百姓被宁王造反拉入了更苦难的深渊，深感自己责任重大，决心要平息这场叛乱。

七月份，宁王已经结集人马，沿江顺流而下，声称要直取南京，占据江南半壁江山，来和北京抗衡。大军经过安庆，本不想停下，谁知安庆知府却命令士兵登上城墙，对着过城部队破口大骂。朱宸濠大怒，立即停下来，围攻安庆城，双方攻守战持续了好长时间。

这时候，王守仁也组织起各府兵力，正在樟树镇商量去从。有人主张支援安庆，王守仁却主张进攻宁王的老巢南昌。宁王攻下九江等地之后，自以为后方巩固，已经倾巢而出，南昌反而十分空虚。王守仁分兵三路，同时冲击南昌各城门。留守南昌的叛军没料到王守仁会来偷袭，没打多少时候便纷纷开门投降，南昌城被打下，宁王府起火，被烧成一片废墟。

宁王在安庆城下听说南昌失守，不听部下劝阻，回兵跟王守仁决战，双方在黄家渡相遇。第一天，王守仁派知府伍文定设下伏兵，一战歼敌两千，顶住了宁王的反扑。

第二天，宁王把战船结成方阵，准备全力对付王守仁的进攻。王守仁却从四面八方围了上来，利用小股部队，发动了火攻，霎时间，宁王的船阵着了火，船只又一时无法散开，火势迅速蔓延，连宁王的座船也着了火，叛军终于大败，宁王本人成了阶下囚。

平定朱宸濠的战事已经结束，而北京的明武宗却兴致正浓。八月份，他封自已为奉天征讨威武大将军镇国公朱寿，带着大军一路南下，到南京后一边尽情游乐，一边命令王守仁把朱宸濠放回鄱阳湖，让他重整旗鼓，自己这位威武大将军便可以指挥大军，亲自捉拿叛逆。

这种把国家大事当儿戏，以骚扰百姓为快乐的荒唐命令自然而然被王守仁拒绝了，王守仁亲自押解宁王来到南京。但是，明武宗还是不肯退兵，继续在南京寻欢作乐，还派兵去江西搜捕宁王余党，在南昌大掠财物，滥杀无辜。直到五个月后，明武帝游兴已尽，才下令把朱宸濠打入囚车，自己亲自押着，从南京城外进入城内，表示是自己亲自捉到了宁王。

明武帝还把朱宸濠押到北京。大军回到京城，城里的官员百姓排在路旁，明武宗身披战袍，押着俘虏进了城，接受官员和百姓的欢呼，接着还举行了献俘仪式，下令诛杀朱宸濠，仿佛一切都是明武宗的功劳。王守仁依旧在江西当他的巡抚。

没过多久，明武宗病死，新天子上台，才提拔王守仁当了南京的兵部尚书，但依然是个有职无权的官职。这里要说一句，王守仁还是一位非常有影响的哲学家，他晚年隐居在家乡余姚的阳明洞，世称"阳明先生"。

严嵩的倒台

明武宗死后，他的堂弟朱厚熜（音 cōng）继承皇位，这就是明世宗。明世宗刚即位的时候，在政治上采取一些改良措施，像限制宦官权力，整顿税收等，但是后来迷信道教，在宫内设坛求仙，渐渐不大过问朝政。凡是迎合他信道的，就得到重用，大学士严嵩，就是因为他善于起草祭神的文书，逐步取得了内阁首辅（相当于宰相）的地位的。

严嵩，字帷中，分宜(今属江西)人。他身材瘦长，眉目清晰，声音洪亮。孝宗弘治十八年(1505 年)中进士，被选为庶吉士，授编修职，后因病还乡，在钤山读书十年，吟诗作赋，很有清名，病愈还朝后，很长时间才晋升为侍讲，署理南京翰林院事，后又召任国子监祭酒。嘉靖二十一年(1542 年)拜武英殿大学士，进入文渊阁办事，并仍然掌管礼部。当时严嵩已年过六十，但精力旺盛，不异于少壮之人。他早晚在西苑行宫值班，成天不回家。世宗认为他非常勤奋，过了一段时间，请他解除了礼部事宜，专门在西苑值勤。世宗曾赐给他一个银记，上面写着："忠勤敏达"四字，不久升任太子太傅。

严嵩并没有什么才能，他只知道奉承拍马，讨得世宗的欢心。当上首辅后，和他儿子严世蕃一起，结党营私，贪赃枉法，干尽坏事。当时一些没骨气的朝臣都投靠他，有三十多个官员做了他的干儿子。有了这些爪牙，他更加可以操纵朝政了。

严嵩掌权的时候，北面鞑靼部（蒙古族的一支）强大起来，统一了蒙古各部，成为明朝很大的威胁。严嵩不但不想加强战备，反而贪污军饷，让兵士们受饥挨饿。鞑靼首领俺答好几次打进内地，明军没有力量抵抗。公元1550年，俺答带兵长驱直入，一直打到北京城郊。明世宗派严嵩的同党仇鸾为大将军，统率各路援军保卫京城。严嵩怕仇鸾打败仗，指使仇鸾不要抵抗。结果，让鞑靼兵在北京附近掳掠了大批人口、牲畜、财物，满载回去。京城附近十几万明军，竟一箭不发。

过了一年，仇鸾又勾结俺答，准备和鞑靼讲和。这件事引起了一些正直大臣的愤慨，特别是兵部员外郎杨继盛。

杨继盛，保定容城人，出身贫苦。他七岁的时候就失去了母亲，继母待他不好，让他去放牛。杨继盛放牛经过私塾，看到村里一些孩子们在读书，十分羡慕，向他哥哥请求让他读书。哥哥说："你年纪太小，读什么书？"杨继盛回答说："我能放牛，就不能读书？"父亲见他有志气，就让他一面读书，一面放牛，果然上进很快。后来应科举考试，中了进士，在京城里受到不少大臣的赏识。

杨继盛为人正直，看到严嵩、仇鸾一伙丧权辱国的行为，怎么也忍受不了。他向明世宗上奏章，反对议和，希望朝廷发奋图强，选将练兵，抵抗鞑靼。明世宗看了奏章，也有点心动，但是禁不起仇鸾一撺掇，反把杨继盛降职到狄道（今甘肃临洮）做典史。

杨继盛到了狄道，并不灰心丧气。狄道是少数民族聚居的地方，当地人不识字。杨继盛到了那里，挑选了一百多个青少年，请个老师教他们念书。学生家里没有钱，杨继盛把自己的马和妻子的衣服变卖了帮助他们。当地百姓都爱戴杨继盛，称呼他"杨父"。

杨继盛被贬谪后，明朝和鞑靼讲和，互相通商，但是不久俺答就破坏和议，多次进攻边境。仇鸾的密谋暴露，吓得发病死了。这时候，明世宗才想到杨继盛的意见是对的，把他调回京城。严嵩也想拉拢杨继盛，哪知道杨继盛对严嵩更是深恶痛绝。他回到京城刚一个月，就上奏章给明世宗弹劾严嵩，大胆揭发严嵩十大罪状，条条都有真凭实据。他在奏章中还说，严嵩有十大罪，却可以蒙蔽皇上，因为还有"五奸"帮助他，这就是严嵩的特务、爪牙、亲戚、奴才、心腹，都密布在世宗的左右。

这道奏章打中严嵩的要害，严嵩气急败坏，在明世宗面前诬陷杨继盛。明世宗大怒，把杨继盛打了一百板廷杖，关进大牢。

杨继盛被廷杖打得遍体鳞伤，腿肉也打烂了，连狱卒看了也心酸，他却仍然态度泰然，像没事儿一样。亲友们听到杨继盛伤势重，通过狱卒送给他一只蛇胆当伤药。杨继盛推辞不受，说："我自己有胆，用不着这个！"

杨继盛在监狱里被关了三年,实在审不出什么罪状,一些官员想营救他出狱。严嵩同党跟严嵩说:“你不杀杨继盛,不是养老虎给自己留后患吗?”严嵩下个狠心,撺掇明世宗把杨继盛杀害了。

严嵩掌权时间很长,各个关键衙门,他都安置了私人党羽。世宗对他逐渐有些厌烦,而开始亲近徐阶。徐阶特别看重的吴时来、董传策等人上疏弹劾严嵩,严嵩暗地里追究主使之人。

有一次,明世宗请道士蓝道行扶乩(一种迷信活动),蓝道行借乩仙的意旨,劝世宗除掉严嵩,明世宗也有点心动。这件事让御史邹应龙打听到了,觉得这是打击严嵩的好时机,但他想想杨继盛的下场,又有点犹豫,经过周密考虑,决定先从弹劾严世蕃下手。

严世蕃依仗他父亲权势,作恶多端。邹应龙弹劾严世蕃的奏章一上去,明世宗果然下令把严世蕃办罪,充军到雷州,并且勒令严嵩退休。

严世蕃和他的同党是一批亡命之徒,他们没到雷州,而是偷偷溜回老家,收容了一批江洋大盗,还勾结汉奸汪直和倭寇,准备逃亡到日本去,这件事又被另一个御史林润揭发。

昏庸的明世宗看到这份奏章,也大为震惊,立刻下令把严世蕃和他的同党斩首示众,把严嵩革职为民。明朝最大的权奸终于倒台了。

宦官干政和特务机构

明朝的特务政治在中国古代历史上达到登峰造极的程度,从开国皇帝朱元璋到末代皇帝朱由检,无不借助特务机构来加强他们的皇权。

东、西两厂是明朝最重要的两个特务机构。明太祖朱元璋在位时期,吸取历史教训,严禁宦官干政,因此在他统治时期宦官的势力被大大抑制了。等到燕王朱棣为灭掉侄子明惠帝率军南下到达长江北岸时,明惠帝宫中的宦官大多数都逃到燕王军队中,给燕王泄露了不少明惠帝的内情。朱棣认为宦官忠于自己,而像宦官狗儿等人又因军功得到朱棣宠幸。于是,燕王朱棣登基,成了明成祖后,他就把许多军国大事交给宦官去办。比如公元1403年,他派太监李兴访问暹罗国;公元1405年,他派太监郑和率船队下西洋;公元1410年,他将宦官王安等人安置在都督谭青的军营中。此外,朱棣还命宦官马靖镇守甘肃,马骐镇守交趾。

公元1420年,明成祖又设立特务机构东厂,由宦官统领,让他们刺探官民的活动。因机构设在北京城东安门外故而叫东厂。到1477年,明宪宗在位时,担心东厂权力过大就又设立了西厂,规模超过东厂一倍,以限制东厂。

东、西两厂的主要特务奸细都是从军队中挑出后专门培训而成的,但是能掌握东西两厂大权的既不是军中将领也不是朝中大臣，而是皇帝身边最近的人——太监。由于明皇帝对将领、大臣都不信任，设立东西两厂就是为了监视他们，因而将这些特务机构的指挥权交给了太监，从而使得这些太监利用这些特务机构肆意诬告、陷害各级反对他们的官员，并以此来控制朝政，把持大权。

如西厂设立后，有个福建官员叫杨晔，他和他父亲被仇人陷害，诬告他们犯了罪。父子二人很害怕，吓得躲到了北京亲戚家。仇家知道后也到北京，找到一个熟悉的西厂特务，送了许多银子给他，希望他能想个办法将杨家父子抓起来。于是这个特务便向当时主管西厂的大太监汪直汇报说，杨晔带着大笔金银到北京，想向有关官员行贿以平息事态。汪直一听有许多金银，顿时来了精神，忙说："好，立刻查到杨晔的藏身之地，给我把他抓来。""是。"汪直手下齐声答道。"记住，不管用什么办法，一定要给我问出金银藏在哪儿。"汪直吩咐道。于是杨晔父子很快被捕入狱，加以严刑拷打，非要他们交代根本子虚乌有的金银的下落。杨晔受不了这种折磨，胡说金银藏在叔父兵部长官杨士伟家，于是西厂特务不管三七二十一就把杨士伟给抓了。最后，杨晔不明不白的死在了狱中，而杨士伟则被夺去官职。太监汪直由于主管西厂，当时朝廷里大臣人人害怕他。走在路上见到汪直都要躲在一边，让他先走。后来一次一个兵部长官没有让路，汪直回去后便让手下组织罪名，将这个兵部长官的官职给剥夺了。

到了武宗时期，又出现大太监刘瑾把持大权的局面，东西两厂等特务机构又由刘瑾管理。由于刘瑾干尽坏事，1508 年一天，有人在武宗召集大臣时偷偷地送上一封匿名信，上面列举了刘瑾的几条罪状。刘瑾知道后，大发雷霆，借用皇帝的名义，罚朝中三百多名官员跪在皇宫外，并派特务监视。当时正是盛夏，烈日炎炎，不少官员当场中暑昏倒；傍晚这些官员又被全部关入监狱，直到第二天特务们查出写匿名信的是皇宫中的一个小太监，与大臣们无关，才将几百个官员放出来。后来，有个叫韩文的大臣反对刘瑾，刘瑾便派特务秘密地查找韩文的差错。结果偶然发现韩文管理的国家银库里有银子是假的，刘瑾便立即假传皇上圣旨，将韩文革去官职。又如大哲学家、大军事家王阳明，他当时是兵部的长官，因为反对刘瑾，被打了五十大板，并被派往遥远的贵州做个小官。这还不解刘瑾对王阳明的恨，他又派特务在路上跟踪追杀王阳明，王阳明只好在夜里假装投江自杀，才保住了性命。

到了明朝末年，又出现了九千岁魏忠贤专权的局面。大太监魏忠贤也控制了东厂，当时东厂在全国拥有几千个暗探，北京城里许多流氓无赖为了诈取钱财或报私仇也帮东厂侦探，将探听到的情况向东厂报告。然后东厂将"犯人"抓来当场审讯，如果没有证据，就向"犯人"索取一笔钱财，如拿不出钱就要严刑拷打。弄得当时北京城不管是官还是民，人人害怕；家里家外都不敢乱说一句话，生怕一有疏忽，就招来东厂特务，弄得家破人亡。

这个时期东厂对魏忠贤的反对派的镇压是极为残酷的。许多正直官员被东厂特务诬陷，强加罪名，惨死狱中。如当时有名的大臣杨涟、左光斗等人联名向皇上告状，指出魏忠贤的罪行。魏忠贤就随便罗列了一个罪名，将杨涟、左光斗等六人逮捕起来，凡与这六人有关的人全被特务跟踪监视。在狱中，杨涟、左光斗等人受尽酷刑：每五天被拷打一次，每次拷打是棍、杖、铁链等各种刑具轮流用。六人中除一人自杀外，其余五人全部惨死于狱中。尤其是杨涟被打得直不起身，但就是躺在地上，特务们还要拷打他，甚至用铁钉做的刷子在他身上刷，样子惨不忍睹。1626 年，魏忠贤还利用东厂迫害南方的知识分子领袖，逮捕了其中的高攀龙、周顺昌等人，高攀龙投江自杀，而周顺昌等六人则惨死在狱中。

凡此种种，可以说明明朝的东、西二厂这两个特务机构在太监的控制下干尽了坏事。特务机构的存在，反映了明朝统治的黑暗与腐朽。明朝利用特务机构加强对官员、人民的控制，但最终导致官员反叛，人民反抗，走向灭亡的结局。

抗倭名将戚继光

戚继光(1528—1588)，字元敬，号南塘，山东登州(今蓬莱)人，出身将门，深通兵法。青年时代就富有进取精神，他有“封侯非我意，但愿海疆平”的诗句，表达立志保卫祖国海疆安全的抱负。嘉靖二十三年，年仅十七岁的戚继光，袭嗣父职担任登州卫指挥佥事，后升为都指挥佥事，负责山东抗倭的军事，走上了抗倭的战场。

后戚继光到浙江任职，不久，即于嘉靖三十五年七月升任参将，镇守宁波、绍兴、台州一带。

八月，一股八百多人的倭寇窜至慈溪，进掠龙山所。龙山所地势险要，是通往省城杭州的门户。戚继光率军迎敌，数支明军虽有万人之多，但缺乏统一指挥，加上训练不精，战斗力很差，被小股倭寇冲得阵脚大乱，纷纷溃逃。在这紧急关头，戚继光果断地跳上一块高石，弯弓连射三箭，射倒三名倭首。倭众见头目丧命，才仓皇散走。

九月，又有一股倭寇进犯龙山所，戚继光和俞大猷率军追击，三战三胜。明军乘胜穷追，至雁门岭，误入倭寇埋伏圈，遭到敌人夹击。明军各部遭此突袭，纷纷败退，只有戚继光、谭纶部队阵脚不乱，继续战斗，终于把这股倭寇赶过海去。

经过实战，戚继光深感军队素质不佳，战斗力低下，决心组建一支勇敢善战的新军。他见浙江金华、义乌民风强悍，就在这一带招募三千名农民和矿工，加以训练。以后这支队伍不断扩展壮大，成为抗倭的主力。

戚继光练兵，很注意思想教育。他对士兵说：“你们当兵的军饷，都是官府向

明
戚

农民征派得来的。你们家里也是种田的农民,知道种田缴粮纳税的艰难,应当时时想到吃粮不用种田,就是为了要你杀贼,你若不能杀贼保护百姓,那么养你们有什么用?”戚继光重视军事技术训练,他教育士兵:“练习武艺不是为了应付官府的差事,而是为了防身,立功杀贼。你武艺高,就能杀贼,武艺不高,贼就要杀你。”他还谆谆告诫士兵,要掌握真本领,不要学花枪花刀。戚继光练兵,还重视令行禁止,主张将官出口就是军令,士兵要毫不犹豫地执行。

浙江沿海都是丘陵地带,多山多水,道路曲折,不便于列阵作战。倭寇善于设伏,擅长用短兵器近战肉搏。戚继光练兵就从实战出发,根据地形和敌人的特点,创造了多种阵法,其中最著名的就是便于士兵互相配合、组织简单严密、变化迅速的鸳鸯阵。他规定以十二人为一队,用狼筅和盾掩护士兵,阻隔敌人兵刃,用长短兵器配合杀敌。这种布阵方法机动灵活,能发挥近战的威力。戚继光编练的这支兵,在抗倭战争中发挥了很大的威力,人们称为“戚家军”。

嘉靖四十年夏,成千上万的倭寇窜扰宁波、台州、温州、奉化、宁海一带。戚继光领兵阻击,大小十余战,连战皆捷,生擒倭首七人,斩杀倭寇一千多人,残敌大多葬身海底。第二年又有倭寇千余人袭击温州等地,戚继光率军在石桥、坎门樵等地水陆七战,皆获全胜,斩杀倭寇一百七十多人,其余的跳入海中,大多溺死。

侵犯浙江的倭寇遭到戚家军的迎头痛击,夹着尾巴,纷纷南窜到福建,集中在宁德的横屿、福清的牛田和兴化的林墩等地,到处掳掠。福建北自福宁,南至漳泉,沿海千里,都有倭寇的踪迹,形势非常危急。

嘉靖四十一年七月,戚继光奉命率部七千六百人支援福建。

横屿是一座小岛,与大陆隔着十里浅滩,潮来可以通船,潮退一片泥滩,易守难攻。戚继光掌握了横屿的地形,预先作了部署。一天晚上,他利用落潮的时机,命令士兵列成鸳鸯阵,冲向浅滩,每人随身背干草一捆,铺在泥滩上,开出一条路来,艰难地越过浅滩,抵达对岸。岛上倭寇列阵顽抗,戚家军背水一战,士气高涨,无不以一当十,奋力杀敌,倭寇不敌,大败溃逃,戚家军穷追猛打,斩杀倭寇二千六百多人,刚过正午,就收复了被倭寇盘踞多年的横屿岛。

接着,戚继光挥师进抵福清,先了解牛田的地形和敌情,然后布置作战方案:在林木岭设伏兵,以防倭寇抄袭;又屯兵渔溪等地,以断倭寇逃路;自己率兵由锦屏山进攻牛田。出城时,为了麻痹敌人,戚继光故意扬言:“我军远道而来,人马疲劳,需要休整,反正平倭非一朝一夕之事。”倭寇得到消息,果然放松戒备。当夜二更,戚家军连夜出击,倭寇还在蒙头大睡,被戚家军打得措手不及,四处逃窜,大部分逃到兴化府城(今莆田)南二十里的林墩。戚家军乘胜追击,于天亮前进抵林墩,战斗打得十分激烈,双方短兵相接,白刃往还,杀得难解难分。戚家军不怕牺牲,奋勇冲锋,终于全歼顽敌。东方放白的时候，戚家军开进兴化府城，官绅百姓兴高采烈地抬出酒肉，慰劳将士。

戚继光平息福建的倭寇后，就回师浙江。倭寇得知消息，又大肆猖獗起来，到处骚扰，甚至第一次攻破府治大城——兴化府。朝廷为之震动，立即启用谭纶为巡抚，任命俞大猷为福建总兵官，并急调戚继光为副总兵，共同担负抗倭的重任。戚继光等率军收复了兴化，第二年因抗倭有功，被提升为福建总兵官。经过多年的奋战，终于解除了东南沿海的倭患，戚家军名扬天下。

穆宗隆庆元年(1567)，戚继光被调进京，先总理练兵。隆庆三年，任总兵官，镇守蓟州等处。他修长城、筑敌台、立军营、造火器，在镇十多年，鞑靼的土蛮、朵颜等都不敢犯境。张居正死后，戚继光受到排挤，调往广东，后愤而辞官回乡，于万历十五年(1588 年)冬郁郁而逝。

江南才子徐渭

16 世纪的中晚期，在我国的浙江绍兴地区，出现了一位傲视权贵、深受百姓喜爱的天才文人画家徐渭。

徐渭是个孤儿，落地不满一百天，父亲就去世了；十四岁的时候，母亲也去世了。从此，孤苦伶仃的徐渭只得依靠两个同父异母的哥哥，过着寄人篱下的生活。

他从小就聪明过人，多才多艺，不畏权贵。当时，有个大官叫窦光鼐，学识渊博，深得皇帝的喜爱，被赐给一面“天下无书不读”的金牌。每次外出，他都把这块金牌悬于自己的轿前，好借此炫耀自己。

有一年秋试，窦光鼐到浙江绍兴任主考官。他坐在轿子里，威风凛凛地经过绍兴东郭门时，有个光着膀子的男孩躺在官道正中，挡住了他的去路。窦光鼐大怒，马上命人把他叫过来，厉声问道：“你叫什么名字，竟敢如此大胆?”小孩不卑不亢地回答：“我姓徐名渭，字文长。”窦又问：“你为什么睡在路上拦住本官的道路?”小孩笑道：“我哪里是睡觉，我分明是在晒肚皮里的万卷书呀!”窦光鼐一听，分明是在讽刺自己“天下无书不读”的御赐金牌，便傲慢地说：“既然你读过万卷书，我出个对子你能对出来吗?”小孩拱手说：“请讲!”窦光鼐缓缓说出上联：“柳线莺梭，织就江南三月锦。”徐渭心想，这上联说的是江南春景，我必须用塞北秋色来答对才好，于是他对道：“云笺雁字，传来塞北九秋书。”

窦光鼐听了暗暗叫好，又出上联：“南街三学士”，他指的是绍兴南街在明朝曾经出现过三个翰林学士和大学士。徐渭随即对道：“东郭两军门”。窦光鼐一听，东郭对南街，武将对文官，两对三，果然不凡。这时，徐渭指着他轿前悬挂的

"天下无书不读"的金牌不慌不忙地说："我也有一联，请大人对：'书有未曾经我读。'"窦光鼐急得面红耳赤，瞠目结舌，无以为对。徐渭接着自己对出了下联："事无不可对人言"。说罢，扬长而去。从此，这位大官再也不敢挂"天下无书不读"的御赐金牌了。

徐渭到二十多岁的时候，两个哥哥和嫂嫂也先后病故了。从此，徐渭便无依无靠，过着困苦的生活。但是他一直都特别热爱书画艺术，并乐观豪放地把自己的住处称为"一枝堂"，表示自己的安身之处像鸟儿的栖息之地一样。他甘心与平民老百姓为伍，勤奋地用自己的画笔扶弱济贫，傲视权贵，打抱不平，在绍兴一带很有名气。

有一年，有个叫徐煜的人来绍兴任知府。这个人本来是京城里奸臣严嵩的干儿子，平时仗势欺人，坏事做尽，只认钱财，不习诗文。这次来山阴做官，想假装斯文，听说徐渭是当地的大名士，就带上礼物亲自登门，请徐渭给他画张堂画。给这种坏官画画的事，徐渭一向都不做。不过，这次徐渭却破例痛痛快快地答应了。

当徐渭送走知府后，便把这件事跟来家里做客的两位文人画家朋友说了。大家你一言，我一语地议论开了："如今朝廷里虎狼当道，忠良遭殃，我们不如画上一只恶虎，以泄心头之恨！"他们说干就干，铺开八尺长的画纸，画头的画头，画脚的画脚，画腰身的画腰身，各自乘此机会大大地借题发挥了一番。不大一会儿工夫，一幅名副其实的《恶虎图》画成了。这只虎，粗略地一看，张牙舞爪，气势汹汹；但仔细一瞧，那只老虎的尾巴下垂，已经是余威将尽的样子。

当画卷要送去的时候，徐渭又在这只恶虎旁，横写了"文长"两个字。那"文"字的点和横写得既细又小，最后的一捺不但没有写出头，反而写成了一竖，像个单人旁。远远一看，两个字实际上就是一个"伥"字。徐煜得了这幅画，没有看出其中的奥秘，便叫人高挂在堂上，逢人便夸徐渭的画画得好。后来，经别人指点他才知道徐渭这画是在骂他"为虎作伥"，不禁勃然大怒，当即喝令要拿徐渭问罪。

而此时的徐渭早已经离家远游去了。有一天，已经是日上三竿了，徐渭路过一家当铺门前，看见那些专门剥削穷苦人的当铺老板、朝奉们，像饱食终日的猪猡一样，才刚刚起床准备吃早饭。徐渭鄙夷地瞅了他们几眼，心想：穷苦人起早贪黑拼死拼活地干活，却吃不饱穿不暖，而你们这些人，却整天单等着他们上门来当东西，乘人之危坑害他们，这长的是什么心肝呀？徐渭越想越气愤，便随手拿过一支木炭，在这家当铺对面的墙上，先画了一只凤凰，在凤凰的下面，又画上一头又肥胖又肮脏的抬头猪猡。画好之后，过往的行人都来围观这幅奇特的画，经明白人一指点，大家也就看出了其中的道理：这是一幅"猪猡朝凤"即"猪猡朝奉"的讽刺画，是骂那些当铺里的朝奉先生们是猪猡的。穷苦的人们本来就对当铺的盘剥行为非常痛恨，现在看了徐渭这幅画，心里真是痛快极了，大家不由提高嗓门高喊一声："画得好，'猪猡朝奉'！"

徐渭的绘画艺术就是在这样边战斗边学习的艰苦磨炼中逐步成熟起来的。他的画随意挥洒，不拘成法，往往能用寥寥数笔就把人物、花卉、飞禽走兽的神态表现得活灵活现。他尤其擅长花鸟画，正是他把中国的写意花鸟画推向了能够强烈抒发内心情感的高境界，从而成为花鸟画发展中的里程碑。

现在藏在北京故宫博物院里的《墨葡萄》，可以称得上是徐渭的代表作。这幅画构图奇特，藤条错落低垂，枝叶纷披，画面上墨汁淋漓，浓淡干湿恰到好处，尤其是那因无人采摘已干瘪的野葡萄隐现于点点泪痕般的墨叶中，表现了题诗中所说的"笔底明珠无处卖，闲抛闲掷野藤中"的愤懑不平之情。

徐渭的画风对后代绘画产生了重要影响，"扬州八怪"中艺术成就最杰出的画家郑板桥认为自己是"青藤门下狗"，青藤就是徐渭的号。

萨尔浒之战

就在明朝政治日益腐朽，积重难返之际，女真人开始在东北崛起。公元1616年，努尔哈赤终于在赫图阿拉称汗，建立了后金政权。

三十多年来，他从未忘怀的向明王朝复仇的心愿开始抬起头来。在做了两年的准备之后，努尔哈赤于公元1618年的四月十三日，亲自宣布女真人和明王朝的"七大恨"，其中包括明军杀害他的祖父和父亲；在女真人中间制造矛盾冲突；逼迫女真人交出土地；残杀女真族人。还指责明朝皇帝久居深宫，纵容边将"苦害侵凌"边民，号召女真人齐心合力打进抚顺，替无辜被害的亲人报仇雪恨。接着带领二万八千名旗兵，直扑正在开马市的抚顺。

第二天深夜，努尔哈赤已经在抚顺城外做好了进攻的准备，抚顺城里，伪装商人的后金士兵也到达了指定地点。只听得一阵笳声响起，城里的内应发出了信号，顿时，城内外火光冲天，杀声阵阵。到天亮的时候，抚顺的城墙已被攻破，守将李永芳全无准备，只得投降了努尔哈赤。接着，努尔哈赤乘胜追击，占领了抚顺周围的明军据点，前锋占领了另一个军事重镇清河堡。

抚顺和清河的失守，大大震惊了明朝政府。三年前，辽东守将还报告说努尔哈赤对明王朝"惟命是从"，怎么一下子就完全变成了敌人？眼见养虎为患，边事吃紧，明王朝立即下决心，竭尽全力镇压努尔哈赤。

明王朝派出领兵的，是曾经担任过辽东巡抚的杨镐，名将李如柏、杜松、刘铤分三路，领兵十万包围抚顺，另外还征调朝鲜兵一万，叶赫兵数千，从东西两方夹击建州女真。

明军的策略不错，将军不是没有名气，可惜军械不足，粮饷匮乏，朝廷当年一连加了三次赋税，才勉强凑足“辽饷”，到第二年，才得以在沈阳誓师北伐。兵贵神速，明军这般拖拖拉拉，早成强弩之末，实在种下了失败的根苗。

第二年二月，杨镐组织了四路大军，由总兵官马林、山海关总兵杜松，辽东总兵李如松和总兵官刘铤分别从四面合围赫图阿拉，大有把赫图阿拉一口吞掉的气势。

由于明军行动迟缓，努尔哈赤早就探得了所有的军事情报。他看到，东路、南路、北路三支明军由于行军路线上地形险恶，一时无法到达赫图阿拉，只剩下杜松领着的西路军，很快就会经由抚顺到达目的地，便采用“任你几路来，我只一路去”的方案，集中六万多精锐旗兵，全力进击杜松的西路军。

果然不出努尔哈赤所料，杜松的西路军很快来到一个叫萨尔浒的地方扎下了大营。杜松求功心切，派一支队伍先出界凡城，与后金的前锋，努尔哈赤的儿子皇太极率领的部队相遇了。皇太极的骑兵冲向正在渡河的明军，一阵厮杀后，明军伤亡不小，等明军回过神来，想回头包围骑兵时，行动迅速的骑兵却撤回到吉林崖坚守不出。

杜松听说前锋受挫，立刻亲自带兵支援。这时躲在一旁的努尔哈赤，看清了明军的去向，立即带了大部队，分兵两支，一支截断杜松的后路，另一支迅速地冲向萨尔浒，包围了明军在那里的大营。

萨尔浒明军大营的人马不少于两万，但是，主帅在外，其他人都不敢擅自出战，只是用弓矢火炮抵挡后金士兵的猛攻。激战到傍晚时分，努尔哈赤一声令下，明军大营的四周火把一齐点亮了，明军大营仿佛成了火海中的孤岛。守营的明军又累又怕，不久，营垒便被攻破，明军死伤大半。而在界凡吉林崖的杜松听说大营被袭，急急地往回撤退，后路被后金士兵截断，吉林崖上的女真士兵，也呐喊着冲下山来，明军前后受敌，只得往北逃窜，杜松在途中战死。至此，明朝的西路大军悉数被歼。

第二个靠近赫图阿拉的，是北路军。总兵马林听说杜松失败，就在尚间崖挖起好几条壕沟，架起了大炮，只等后金的骑兵攻来，就要开炮杀敌。

正当总兵马林要下令开炮的时候，努尔哈赤追击杜松残兵正好路过这里。努尔哈赤登上山坡，看清双方的形势，知道如果单靠骑兵正面攻击火炮，那将酿成一场惨剧。他立刻带领自己的骑兵，绕到马林炮阵的背后掩杀过去。骑兵行进迅速，又从山坡上往下冲，不一会儿便到了马林炮阵前。大炮来不及转身，近了又发挥不了作用，明兵又都在自己挖成的壕沟里，简直成了瓮中之鳖。马林看到无法挽回败局，丢下军队，只身逃得了性命。

东路明军在刘铤带领下，步步小心，开始还在宽甸打了个小小的胜仗，歼灭了前来拦截的后金部队五百人。当他们迫近赫图阿拉，到达一个叫阿布达里冈前的时候，对面来了一支明军队伍，穿着杜松部下的服饰。来人告诉刘铤，杜松已在赫图阿拉西郊，等候刘铤的东路军前往合围。

刘铤刚获小胜，没想到遇上的明军是后金军假扮的，一时大意上了努尔哈赤的当，立即挥兵通过阿布达里冈往西挺进。努尔哈赤早把大军埋伏在阿布达里冈上，看到刘铤部队进入埋伏区，一声令下，山冈上的后金骑兵漫山遍野冲杀下来。刚刚向刘铤报信的那支后金部队顿时露出真面目，立刻在内部动起手来，明军阵营立即大乱。刘铤拼命厮杀，终因寡不敌众，死在乱军阵中，东路军也被全歼。

坐镇沈阳的杨镐，本想听到四路大军的捷报，不料得到的消息竟是三路人马被歼，他急忙下令南路明军火速撤回沈阳。李如柏接到命令，马上叫后队改作前队，先锋官断后，往南撤退，一路上，后金的骑兵神出鬼没到处骚扰，直吓得李如柏部下风声鹤唳，草木皆兵，队列大乱。明军互相践踏，死了一千多人。

这场被称为“萨尔浒战役”的大战，前后只花了四天，努尔哈赤便集中优势兵力，各个击破，歼灭了明朝三支大军。这一仗后，辽东的局势发生了根本性的变化，原来占优势的明军丧失了主动，被迫采取守势，而努尔哈赤却处处主动，在第二年消灭了帮助明军的叶赫部。后金和明军的战线，也从原来的抚顺附近推进到铁岭一线，以后，他又步步进逼，攻下沈阳、辽阳，战火一点点烧向了明王朝的中心地区。

袁崇焕坚守宁远城

萨尔浒一战之后，努尔哈赤立即乘胜南下，先推进到沈阳以北的铁岭，以后，又趁明王朝神宗、光宗相继去世，朝廷自顾不暇的时机，占领了沈阳、辽阳等辽东重镇，辽东的广大地区落入了后金之手。最后，努尔哈赤定都在沈阳，后金成为明王朝在东北最强大的敌人。

面对强敌，明王朝却找不出对付的好办法，只知道频繁换将。著名的抗后金名将熊廷弼经略辽东有方，却两次因为得罪权贵被撤职，最后被魏忠贤残酷杀害。到明熹宗的时候，由于朝廷指挥失当，山海关外的大片土地已全部落入后金之手，胆小如鼠的明军守将，龟缩到山海关一线，明朝的首都，已经受到努尔哈赤咄咄逼人的威胁。

在这种危急关头，明朝的官员中，出现了一批深知辽东危险，立志保国安民的有识之士。东林党人孙承宗和抗击后金入侵的爱国名将袁崇焕就是其中的佼佼者。

袁崇焕本是一介书生，但从小就有马革裹尸的雄心壮志。天启元年（公元

1621年)山海关外的土地尽失之时，担任福建邵武县令的袁崇焕正在北京考职，因为他政绩卓著，又有一整套的守卫辽东的战略主张，被破格留在京城，当了兵部的主事。

上任不久，袁崇焕就神秘地失踪了一段日子，上司不知他的去向，家人也不清楚。这位有心救国的志士，竟单人独骑，出了山海关，到实地考察一番。回京以后，他自信地宣称："只要给我军马钱粮，我一定能扼守住山海关。"

当时的山海关只有残兵五万，城墙破败，难民众多，确实无法抵挡得住后金的进攻。别的官员视之为畏途，谁也不敢去担任守将，现在袁崇焕自动请战，当然得到朝廷要员的重视。于是，两个月前还是福建小地方七品官的袁崇焕，很快便被提升为五品佥事，到山海关担任了监军一职。

来到山海关，袁崇焕恪尽职守。他整顿军务，追截逃兵；他安置难民，修缮城郭；他与关外的蒙古察哈尔部联系，出关与蒙古首领歃血为盟，联手对付后金。他的这些作为，深得辽东经略、当时主持山海关防务的兵部侍郎王在晋的赏识。

但是，袁崇焕却对自己这位顶头上司很不满意。王在晋只求守关，不图恢复。关外人民起兵反抗后金，王在晋不敢出兵支持；诸将建议在山海关外另建一军事据点，作为山海关的屏障，袁崇焕等人主张建在宁远，王在晋却只敢在山海关外八里铺筑造，显然是怕触犯了努尔哈赤，遭到后金惩罚性的进攻。

于是，袁崇焕两次上书朝廷，要朝廷委任他直接指挥山海关的军务。当时的首辅还是叶向高，东林党人孙承宗还担任着兵部尚书，他们经过实地考察，决定支持袁崇焕。孙承宗还亲自到山海关督师。在他督师期间，袁崇焕得到重用，他们一同开创了辽西战线的大好局面。

在孙承宗的支持下，袁崇焕来到了宁远。这里是山海关外战略要地，东临大海，守军可以通过水道与山海关以及河北诸地联系，得到关内支援。守住宁远，山海关的防务得到了保障。所以袁崇焕在这里高筑城墙，冶炼先进的西洋式火炮，城防坚固了，不仅城内百姓安下心来，辽东的难民也纷纷迁来居住，远近百姓把它视为战火之中的乐土。

在宁远修城后，袁崇焕又刻苦操练军马，辽东明军的战斗素质有了极大的提高。这以后，孙承宗又接受袁崇焕的建议，在锦州、右屯、大小凌河等战略要地，修城屯兵。明军的边防，又从宁远向前推进了百余里，熹宗初年所失之地尽数恢复。

辽东的大好形势，很快便因为朝廷内部的争斗而被冲散。魏忠贤专权，不仅杀了辽东老经略熊廷弼，还撤了孙承宗的职，换来了他的党羽高弟。

这位新任辽东经略比当初的王在晋还怕死，到了山海关就下了命令，要关外明军一律撤进关内。袁崇焕坚决反对，他说："诸城已复，怎能轻撤?"如果锦州、右屯失守了，山海关也失去了保障，他宣布："我是宁远的守将，一定跟宁远共存亡。”高弟拿他没办法，只得把宁远之外的军民都撤进关内，还把十余万石的军粮马料扔给了后金。好不容易建立起来的军威，被高弟此举丧失殆尽。

明王朝的变故，早落入努尔哈赤的眼中。他以为高弟仓皇撤退，关外仅存宁远一城两万守军，已经不能阻挡后金的进攻，要讨伐大明，时机已经成熟。他随即领十三万八旗军向南杀来，很快把宁远围得水泄不通。

袁崇焕早有准备。他把城外的守军撤回城中，在宁远四周坚壁清野，还把早就冶炼好的西洋大炮架上城楼，还准备了许多歼敌守城的兵器。一切准备就绪后，城头上偃旗息鼓，只等后金士兵攻城时，给他们出其不意的打击。

天启六年(公元 1626 年)正月二十四日，后金的八旗兵开始攻城，漫山遍野的后金士兵逼近宁远西南城角。只听一声令下，城头上万箭齐发，八旗兵便推出了生牛皮蒙就的攻城车。攻城车不怕弓箭，推到城墙边后，躲在车中的士兵跳下车来拼命挖城墙，企图把城墙挖穿、挖倒。

城墙下边，是弓箭无法射及的死角。守城的明军便开始利用火攻，把浇满油的柴草点燃，扔到城下。他们还发明了一种叫“万人敌”的武器，在草席和棉被上均匀地洒上火药，然后卷成筒状，从城头扔到后金士兵和攻城车中间，再扔火把点燃炸药。炸药着火爆炸，就能歼灭死角的敌兵。

对在远处的敌人，袁崇焕用上了火炮。他在城楼上看到，一里之外，有一群群八旗兵聚集在一起，便下令火炮向敌群轰击。火炮轰然射击，敌人死伤惨重。努尔哈赤像以前一样，正在攻城队伍中指挥作战，火炮响了，他身边的八旗兵死伤累累，努尔哈赤也负了重伤。从二十五岁起就东征西伐的努尔哈赤从未遇到强敌，这一次无法再坚持下去了，只得带着八旗兵撤回了沈阳，不久便不治去世了。

一场恶战之后，宁远城仍岿然屹立，八旗兵不可战胜的神话终于被打破。努尔哈赤之死，更使明王朝上下欢欣鼓舞。袁崇焕因功升任辽东巡抚，主持辽东防务。后金与明朝的战争，进入了一个新的阶段。

皇太极使反间计

努尔哈赤受重伤死去以后，袁崇焕为了探听后金的动静，特地派使者到沈阳去吊丧。皇太极对袁崇焕窝了一肚子的怨恨，但是因为后金刚打败仗，需要休整，再说也想试探一下明朝的态度，所以，不但接待了袁崇焕的使者，还派使者到宁远去表示答谢。双方表面上缓和下来，背地里都在加紧准备下一步的战斗。

到了第二年，皇太极亲自率领大军，攻打明军。后金军分兵三路南下，先把锦州城包围起来。袁崇焕料定皇太极的目标是宁远，决定自己留在宁远，派部将带领四千骑兵援救锦州。果然，援兵还没出发，皇太极已经分兵攻打宁远。袁崇焕亲自到城头上督率将士守城，用大炮猛轰后金军；城外的明军援军也和城里内外夹击，把后金军赶跑了。

皇太极又把人马撤到锦州，但是锦州的明军守得严严实实，加上天气转暖，后金军士气低落，皇太极只好退兵。

袁崇焕又打了一个大胜仗。可是，魏忠贤阉党却把功劳记在自己名下，反而责怪袁崇焕没有亲自救锦州是失职。袁崇焕知道魏忠贤有心跟他为难，只好辞职。

公元 1627 年，昏庸的明熹宗死去，他的弟弟朱由检继位，就是明思宗，也叫崇祯帝(崇祯是年号)。

崇祯帝早就了解魏忠贤作恶多端，民愤太大。他一即位，就宣布了魏忠贤的罪状，把魏忠贤充军到凤阳。魏忠贤自己知道活不成，走到半路上自杀了。

崇祯帝惩办了阉党，又给杨涟、左光斗等人平反了冤狱，很想振作一番。许多大臣请求把袁崇焕召回朝廷，崇祯帝接受了这个意见，提拔袁崇焕为兵部尚书，负责指挥整个河北、辽东的军事。崇祯帝还亲自召见袁崇焕，问他有什么计划，袁崇焕说："只要给我指挥权，朝廷各部一致配合，不出五年，可以恢复辽东。"

崇祯帝听了十分兴奋，给袁崇焕一口尚方宝剑，准许他全权行事。

袁崇焕重新回到宁远，选拔将才，整顿队伍，军纪严明，士气振奋。东江总兵毛文龙作战不力，虚报军功，不服从袁崇焕的指挥，袁崇焕便使用尚方宝剑，把毛文龙杀了。

皇太极打了败仗，当然不肯罢休，他知道宁远、锦州防守严密，决定改变进兵路线。他做好一切准备，公元 1629 年十月，率领几十万后金军，从龙井关、大安口(今河北遵化北)绕到河北，直扑明朝都城——北京。

这一着可出乎袁崇焕的意外。袁崇焕赶快出兵，想在半路上把后金军拦住，已经来不及了。后金军乘虚而入，到了北京郊外。袁崇焕得到情报，心急火燎带着明军赶了两天两夜，到了北京，没顾上休息，就和后金军展开激烈的战斗。别路明军，也陆续赶到，投入战斗。

后金军突然进攻北京，引起了全城震动。崇祯帝更是急得心慌意乱，不知该怎么办才好，后来听说袁崇焕带兵赶到，心才定了一些。他亲自召见袁崇焕，慰劳了一番，但是一些魏忠贤的余党却散布谣言，说这次后金兵绕道进京，完全是袁崇焕引进来的，说不定里面还有什么阴谋呢。

崇祯帝是个疑心极重的人，听了这些谣言，也有些怀疑起来。正在这个时候，有一个被金兵俘虏去的太监从金营逃了回来，向崇祯帝密告，说袁崇焕和皇太极已经订下密约，要出卖北京。这个消息简直像晴天霹雳，把崇祯帝惊呆了。

原来，明朝有两个太监被后金军俘虏去以后，被关在金营里。有天晚上，一个姓杨的太监半夜醒来，听见两个看守他们的金兵在外面轻声地谈话。

一个金兵说:“今天咱们临阵退兵,完全是皇上(指皇太极)的意思,你可知道?”

另一个说:“你是怎么知道的?”

一个又说:“刚才我就看到皇上一个人骑着马朝着明营走,明营里也有两个人骑马过来,跟皇上谈了好半天话才回去。听说那两人就是袁将军派来的,他已经跟皇上有密约,眼看大事就要成功啦……”

姓杨的太监偷听了这番对话,趁看守他的金兵不注意,偷偷地逃了出来,赶快跑回皇宫,向崇祯帝报告。崇祯帝听了也信以为真。他哪里知道,这个情报完全是假的,两个金兵的谈话是皇太极预先布置的。

崇祯帝命令袁崇焕马上进宫。袁崇焕接到命令,也不知道发生了什么事,匆忙进了宫。崇祯帝拉长了脸,责问说:“袁崇焕,你为什么要擅自杀死大将毛文龙?为什么金兵到了北京,你的援兵还迟迟不来?”

袁崇焕不禁怔了一下,这些话都是从哪儿说起?他正想答辩,崇祯帝已经喝令锦衣卫把袁崇焕捆绑起来,押进大牢。

有个大臣知道袁崇焕平日忠心为国,觉得事情蹊跷,劝崇祯帝说:“请陛下慎重考虑啊!”

崇祯帝说:“什么慎重不慎重?慎重只会误事。”

崇祯帝拒绝大臣的劝告,一些魏忠贤余党又趁机诬陷。到了第二年,崇祯帝终于下令把袁崇焕杀害。

皇太极用反间计除了对手袁崇焕,退兵回到盛京。打那以后,后金越来越强大。到了公元1635年,皇太极把女真改称为满洲;又过了一年,皇太极在盛京称帝,改国号叫清,他就是清太宗。

吴三桂降清

在明政府风雨飘摇的时候,李自成领导的农民军越战越勇,一路东进。1644年,李自成占领了北京,立即宣布天下百姓三年内免征赋税,实现他起义过程中宣布的政策。

但是,起义军士兵众多,官仓早已空虚,军饷从何而来呢?按照起义军的习惯,李自成下令抄没明朝三品以上官员的家产,其他官员,也以官职大小,分等级捐银助饷,并且按捐银的多少任命这些下层官员的职务。

大将刘宗敏和李自成的侄儿李过被指定负责征捐的工作。刘宗敏这些人出身贫寒,对明朝的官员恨之入骨,现在有了机会,便把这些官员统统抓进兵营,强迫他们多多捐银,捐得少的,便用刑拷打。整个北京城里,原来投降了李自成的明朝官员，都感到自己的利益受到损害，对李自成的态度立刻发生了根本性的变化。

这时候，从关外宁远开来的一支明军队伍，还在磨磨蹭蹭地朝北京进发，领头的是宁远守将吴三桂。当李自成的义军迫近北京的时候，崇祯皇帝身边实在无兵无将了，只得调守卫宁远的吴三桂进京，封吴三桂为平西伯，还把吴三桂的父亲吴襄请出来担任北京地区的指挥官。

吴三桂从宁远出发，很快就进了山海关，但他心头十分矛盾：按封建传统，他应该与李自成决一死战，但进关后就听说北京已被攻破，崇祯皇帝在景山自尽，国家已亡，似乎他已没有必要再去北京了。想当初明太祖朱元璋也出身农家，这李自成莫非也是“真命天子”？

吴三桂在路上走走停停，下不了是否投降李自成的决心。他派出细作，到北京城去打探，自己却按兵不动，等待探子回来向他报告，再决定自己究竟何去何从。

在北京的李自成这时候也想到了吴三桂。有人说：吴三桂是吴襄的儿子，何不叫吴襄写封信去劝降？李自成于是派人带了大批军饷，拿着吴襄的信，找到了吴三桂。大约崇祯皇帝从来没有这么慷慨大方过，吴三桂当时倒是想归顺李自成，去当个开国元勋的。

但是，吴三桂派去北京打探消息的人很快就回来了，带来了对吴三桂十分不利的消息：吴襄被刘宗敏抓进了兵营，全家被抄，就连吴三桂留在北京的爱妾陈圆圆也被刘宗敏抓了去，据说当了刘宗敏的侍妾。在北京的降官，大多被逼捐银，有的即使捐了饷银，也因为民愤太大，遭到起义军的拷打或杀害。

吴三桂的开国元勋梦破灭了，对农民起义军的深刻仇恨占了上风，他立即回兵山海关，穿起白衣白袍，宣布替崇祯皇帝戴孝，要跟李自成誓不两立，报“国恨家仇”。

吴三桂知道自己的军队绝不是李自成的对手，马上派人出关，到锦州联络清兵，请多尔衮跟自己合兵一处，攻打李自成的农民起义军。吴三桂这一为报私仇采取的行动，彻底改变了双方力量的对比，也改变了历史的进程。

锦州的多尔衮接到吴三桂的求救信，简直是喜出望外，觉得从努尔哈赤到皇太极多年来梦寐以求的目标，就要在自己手中实现了。他立即封吴三桂为平西王，紧急调八旗兵进关，吴三桂别无选择，死心塌地投降了清朝，带着清兵来跟李自成决战。

公元 1644 年四月二十一日，多尔衮带兵一日一夜行军二百余里，到达山海关外。这天夜里，只听得山海关南，炮声隆隆，响了一夜，这是吴三桂在抵挡李自成起义军的进攻。

第二天一早，吴三桂就突围来到清营，表示愿意归顺清朝，只求多尔衮发兵打败李自成，替明王朝报仇雪恨。多尔衮替吴三桂剃发，当场正式宣布他当平西王，并且安排了当天作战的部署。

四月二十二日，吴三桂的军队好似打了强心针一般，出城与起义军决战。李自成的起义军不仅人数大大超过吴三桂部队，而且长年作战，勇于冲锋陷阵，眼见得吴三桂部队就要支撑不住。

这时候已过了中午，两军厮杀的战场上，突然刮起一阵大风。飓风刮得飞沙走石，打在人脸上，十分疼痛；砂石弥漫在空中，隔开不远就瞧不清楚。这仗打不成，双方只能暂时停战。

等到大风刮过，李自成正想再向吴三桂发动进攻，却发现战场上多出了一支生力军。在吴三桂军阵的右翼，一支骑兵首先呐喊着冲了出来，后边还跟着列阵整齐的步兵。

李自成简直不能相信吴三桂会这么沉得住气，把精锐部队藏到下午才投入战场。果然，当敌兵冲近时，才发觉那支凶猛的部队竟是留着辫子的满清兵。战场上的变化，出乎李自成的意料，他无论如何也没想到吴三桂会引狼入室，满清兵会这么快就进了关，只得命令起义军且战且往北京退。

满清部队在吴三桂的带领下，追击起义军，一直追出四十里地。起义军打了半天仗，人马困乏，又匆匆撤退，一路上伤亡惨重。

直退到永平，李自成才扎下营来，当即杀了带来劝降的吴襄，接着又带兵回到北京城，杀了留在北京的吴三桂全家。泄了胸中的恶气，他才开始考虑起义军日后的行动。

李自成感到，再留在北京已经不行了。这里离清兵的老窝太近，目前起义军绝不是清兵的对手；这里明王朝的势力强大，而且已跟清兵勾结在一起。于是他决定放弃已经夺得的北京，回到起义军发祥地——陕西的西安去。在西安，他有比较坚实的基础，可以重新组织力量，考虑对付清军的办法。

当初来到北京时，李自成本已准备登基称帝，只是因为各种变故，登基的仪式还未举行，现在又要撤走，便匆匆忙忙在四月二十九日举行了登基仪式。武英殿上，李自成接受了部下的朝拜。第二天早上，全军便离开了北京，往西安而去。

清兵接踵而来，两天之后，清军进军到北京城下。北京城里的明朝文武旧臣，一齐到城外迎接。这次多尔衮改变了往昔的策略，打起“替崇祯皇帝报仇雪恨”的旗帜，也不像以往那样抢掠财物。他命令清军驻在城外，没有八旗的标旗不能进北京城。多尔衮的这些做法，完全是为了永久地占领北京。到这一年的十月，小皇帝顺治从沈阳来到北京，清王朝正式在北京建立起来。

史可法舍生取义

崇祯帝在煤山上吊自杀的消息传到明朝陪都南京，南京的大臣们一片慌乱。他们立了一个逃到南方的皇族——福王朱由崧做皇帝，在南京建立了一个政权，历史上把它叫做南明，把朱由崧称为弘光帝。

弘光帝朱由崧是个迷恋酒色、极端荒唐的人。凤阳总督马士英和一批魏忠贤的余党利用弘光帝昏庸，操纵了南明政权。弘光帝和马士英根本没想抵抗清兵，却过起荒淫作乐的生活来。

南明政权的兵部尚书史可法，本来不赞成让朱由崧做皇帝，为了避免引起内部冲突，才勉强同意。弘光帝即位以后，史可法主动要求到前方去统率军队。

那时候，长江北岸有四支明军，叫做四镇。四镇的将领都是骄横跋扈的人，他们割据地盘，互相争夺，放纵兵士残杀百姓。史可法在南方将士中威信高，他到了扬州，那些将领不得不听他的号令。史可法亲自去找那些将领，劝他们不要自相残杀，接着，又把他们分配在扬州周围驻守，自己坐镇扬州指挥，大家就称呼他史督师。

史可法做了督师，以身作则，跟兵士同甘共苦，受到将士们的爱戴。这年大年夜，史可法把将士都打发去休息，独自留在官府里批阅公文。到了深夜，他感到精神疲劳，把值班的厨子叫了来，要点酒菜。

厨子回报说："遵照您的命令，今天厨房里的肉都分给将士去过节，下酒的菜一点也没有了。"史可法说："那就拿点盐和酱下酒吧。"

厨子送上了酒，史可法就靠着几案喝起酒来。史可法的酒量本来很大，来到扬州督师后，就戒酒了。这一天，为了提提精神，才破例喝了点。一拿起酒杯，他想到国难临头，又想到朝廷这样腐败，心里愁闷，边喝酒边掉热泪，不知不觉多喝了几盅，带着几分醉意伏在几案上睡着了。

第二天一清早，扬州文武官员依照惯例到督师衙门议事，只见大门还紧紧地关着。大家不禁奇怪，因为督师平常都是起得极早的。后来，有个兵士出来，告诉大家说："督师昨晚喝了酒，还没醒来。"

扬州知府任民育说："督师平日操劳过度，昨夜睡得这么好，真是难得的事。大家别去惊动他，让他再好好休息一会吧。"他还把打更的人找来，要他重复打四更的鼓(打四更鼓，表示天还没亮)。

史可法一觉醒来，天已经大亮，侧耳一听，打更人还在打四更，不禁勃然大怒，把兵士叫了进来说："是谁在那里乱打更鼓，违反我的军令。"兵士把任民育吩咐的话说了，史可法才没话说，赶快接见官员，处理公事。

打那天起，史可法下决心不再喝酒了。

没多久，清军在多铎带领下，大举南下。史可法指挥四镇将领抵抗，打了一些胜仗。可是南明政权内部却起了内讧，驻守武昌的明军将领左良玉为了跟马士英争权，起兵进攻南京。马士英害怕得要命，急忙将江北四镇军队撤回，对付左良玉，还用弘光帝名义要史可法带兵回南京保护他。

史可法明知道清军压境，不该离开，但是为了平息内争，不得不带兵回南京，刚过长江，知道左良玉已经兵败。他急忙回江北，清兵已经逼近扬州。

史可法发出紧急檄文，要各镇将领集中到扬州守卫，但是过了几天，竟没有一个发兵来救。史可法知道，只有依靠扬州军民，孤军奋战了。

清军到了扬州城下，多铎先派人到城里向史可法劝降，一连派了五个人，都被史可法拒绝。多铎恼羞成怒，下令把扬州城紧紧包围起来。

扬州城危急万分，城里一些胆小的将领害怕了。第二天，就有一个总兵和一个监军背着史可法，带着本部人马，出城向清军投降。这一来，城里的守卫力量就更薄弱了。

史可法把全城官员召集起来，勉励他们同心协力，抵抗清兵，并且分派了守城的任务。他分析一下形势，认为西门是最重要的防线，就亲自带兵防守西门。将士们见史可法坚定沉着，都很感动，表示一定要和督师一起，誓死抵抗。

多铎命令清兵没日没夜地轮番攻城。扬州军民奋勇作战，把清兵的进攻一次次打回去。清兵死了一批，又来了一批，形势越来越危急了。

多铎下了狠心，开始用大炮攻城。他探听到西门防守最严，又是史可法亲自防守，就下令炮手专向西北角轰击。炮弹一颗颗在西门口落下来，城墙渐渐塌下，终于被轰开了缺口。

史可法正在指挥军民堵缺口，大批清军已经蜂拥着冲进城来。史可法眼看城已经没法再守，拔出佩刀往自己脖子上抹。随从的将领们抢上前去抱住史可法，把他手里的刀夺了下来。史可法还不愿走，部将们连拉带劝地把他保护出小东门。这时候，有一批清兵过来，看见史可法穿的明朝官员的装束，就吆喝着问他是谁。

史可法怕伤害别人，就高声说："我就是史督师，你们快杀我吧！"

公元1645年四月，扬州城陷落，史可法被害。

多铎因为攻城的清军遭到很大伤亡，心里恼恨，竟灭绝人性地下令屠杀扬州百姓。大屠杀延续了十天才结束，历史上把这件惨案称做"扬州十日"。

大屠杀之后，史可法的养子史德威进城寻找史可法的遗体。因为尸体太多，天热又都腐烂了，怎么也认不出来，只好把史可法生前穿过的袍子和用过的笏板，埋葬在扬州城外的梅花岭上。这就是到现在还保存的史可法"衣冠墓"。

扬州失守后几天，清军攻破南京。南明政权的官员投降的投降，逃跑的逃跑，弘光政权被消灭了。

多尔衮的“剃发令”

南明小朝廷很快就被清兵灭亡了，满清的八旗兵占领了整个长江中下游地区。为了尽快征服汉族，多尔衮下了“剃发令”，强迫汉族人民改变装束，按满族人的习俗，剃去前额上边的头发，只留头脑后边的长发，编起辫子来。命令限定，十天之内，“留头不留发，留发不留头”。违抗剃发令的，立即当场砍去脑袋。一时间，江南地区的百姓纷纷起义，他们宁愿掉脑袋，也不肯屈辱地改变装束。斗争最激烈的，当推江阴和嘉定两城。

顺治二年(公元1645年)，剃发令下达到江阴，全城百姓立即拥到县衙前，向满人委任的知县方亨请求，留下汉族人的头发，不按满人规矩剃发。方亨的头发早已剃去，他不但不愿替百姓说话，还在县衙大骂请愿的群众，用死威胁百姓。

全城的百姓早已为剃发令而愤怒，听了方亨的辱骂，这愤怒便如火山般爆发出来。几天之后，全城罢市，四乡农夫也拥进城里，一下子集中了十几万人，秀才们在文庙集合，把朱元璋的像挂起来，让大家参拜。当天下午，一百多名乡兵冲进县衙，把方亨抓了起来，斥责他说：“你本是明朝进士，现在却穿上满人的衣裳，还为虎作伥，欺压百姓。束发是汉人祖宗的传统，我们怎能剃发？我们宁可丢了脑袋，也不剃发！”接着，把方亨关进了大牢。

大家推举典史阎应元和陈遇明为首领，准备守城。阎应元把全城百姓组织起来，每户派一名男子上城，把全城的火药和武器都集中在城楼上。每户人家的其他人则负责供应茶饭，制造和修理武器。一时间，江阴城的全体百姓同仇敌忾，准备打退即将来攻城的清兵。

清兵知道江阴百姓起义之后，立即派重兵包围了小小的江阴城。清兵首先从阎应元守卫的北门攻城，炮火轰击一阵之后，一队队清兵推着云梯逼近了城墙，密密匝匝的清兵一个接着一个顺着云梯往城墙上爬。阎应元指挥着军民们先用石块、火把、毒箭打击城下的清兵，接着用大刀、长矛砍杀登城的敌人，然后把云梯烧断。整整一天，攻城的清兵无法前进一步。

激战了一天，清兵们已经筋疲力尽，都在山边的营地里睡觉。阎应元派江阴军民组成的敢死队，用绳子吊下城来，偷偷摸进了清营。清兵十分小看江阴，以为他们不过是乌合之众，军营的守卫十分松懈。敢死队进营之后，一部分人找地方隐蔽，一部分人四散放火。不一会儿，清营里里外外一片火光，火借风势，越烧越旺。伏兵乘机大声鼓噪着冲杀进帐中，清兵们好梦被惊醒，吓得四窜奔跑，自相践踏，死的比敢死队杀的还多。

这以后，清兵每天晚上都睡不好觉。有时候，是江阴城内小股敢死队偷营；

有时候，江阴城楼上突然灯火通明，鼓声隆隆，吓得清兵以为又来了敢死队，急忙列队迎战。可是，江阴城上只不过有一批人在大吵大嚷，使的是阎应元的扰敌之计。几天一过，围城的清兵被弄得像惊弓之鸟，惶惶不可终日。他们从北京一路南下，除了在扬州打过大仗外，还没遭到这样的挫折，想不到江阴这区区弹丸之地，竟有这么勇敢能干的人才。

于是，清军便派人来招降江阴军民，来的是当日跟高杰抢占扬州的刘良佐。这位明军将领本依靠马士英作威作福，清兵一到就投降，剃了发当了清廷走狗。

来到江阴城下，刘良佐便大喊大叫："城头上的人听着，我是阎应元典史的老朋友，请他来，我有话跟他说。"阎应元来到城楼上，刘良佐立刻大声招呼："你我过去关系不差，今天特来劝你几句。现在，福王已经完了，江南已经没有了明朝朝廷，你何苦还要死守小小的江阴？如果及早投降，还有享受不尽的荣华富贵。"

阎应元紧皱双眉，黝黑的脸上露出严肃的神情，对城下喊道："我不过是一个小小的典史，为国而死，死不足惜。你身为四镇将军之一，身负保国安民的重任，却苟延残喘，投降清兵，带兵来攻打江阴，你有什么脸来见我？"刘良佐还想说些什么，阎应元却大吼一声："有投降的将军，却没有投降的典史！"说完，转身进了城楼。江阴城头，立刻万箭齐发。刘良佐又气又羞，急忙带着兵卒逃回了清营。

清军诱降不成，便从别处增调兵马，加紧攻打被围的江阴城。小小的一座江南小县城，清兵久攻不下，先后调来二十多万人马，接连攻打了八十二天，才因为城中军械火药匮乏，粮食也吃光了攻进城去。

阎应元等人见城被攻破，继续与清军展开巷战，直至战到最后一兵一卒。清兵在江阴一战中，先后死了七万五千人，攻下江阴之后，清兵为了报复，下令"杀尽满城军民，然后封刀"。一连三天，清兵杀了江阴十七万居民，全城只有五十三人躲藏得好，才没被清兵发现侥幸留得性命。

和江阴军民一同反对剃发的，还有嘉定城的军民。当地军民在黄淳耀和侯峒曾领导下，举起了"嘉定义师"的大旗。清兵派明朝的降将李成栋前往镇压。嘉定城里，不分男女老幼，一齐上城杀敌，坚持了十几天。后来遇到天下大雨，已经因为清兵攻城而不甚牢固的嘉定土城墙终于被水冲垮，清兵冲进了嘉定。

城破的时候，黄淳耀自缢身死；侯峒曾还在城头指挥，他的两个儿子跑来报告城破的消息，侯峒曾喝道："城破了大不了一死，慌什么？"父子三人又率众抵挡了清兵一阵，终于因为寡不敌众而失败。侯峒曾父子三人，相伴从城头跳进护城河壮烈牺牲。

清军占领了嘉定，大肆抢劫。明军的降将李成栋抢劫的产物，足足用三百艘大船才装得下。抢夺过程中,大批嘉定百姓被杀,清兵发泄尽了兽欲才撤出嘉定城。

清军走后,嘉定百姓继续高举义旗,与清军周旋。过了二十多天,江东人朱瑛自称游击将军,招募从嘉定逃出的义民,重新占领了嘉定城。李良栋卷土重来,又对嘉定进行了第二次大屠杀。

经受了两次屠城之后,嘉定百姓并没有被吓倒,反而激起了更加强烈的反抗精神。当明朝原来的把总吴之蕃起兵反清以后,嘉定人民立即跟他联络,一同反抗清兵。清兵对嘉定城早有戒备,又派出大军攻进了嘉定城内,吴之蕃和起义军全军覆没,清军在嘉定城内烧杀抢掠,进行了第三次大规模残酷的屠城。

嘉定城三次被大屠杀,历史上称之为“嘉定三屠”,跟清兵在扬州的暴行“扬州十日”相提并论。嘉定百姓共有十几万人参加了起义,前后被清兵杀害的有两万多人。

夏完淳誓不降清

弘光政权瓦解以后,东南沿海一带的抗清力量继续战斗。1645 年 6 月,明朝官员黄道周、郑子龙在福州另立明朝宗室——唐王朱聿键继位,历史上称为隆武帝;另一部分官员张国维、张煌言在绍兴拥戴鲁王朱以海监国。这样,就同时出现了两个南明政权。

为了对付抗清力量,清朝廷派了在松山战役中投降清朝的洪承畴总督军事,招抚江南。这时候,在松江(在今上海市)有一批读书人也在酝酿抗清,领头的是夏允彝和陈子龙。夏允彝有个才十五岁的儿子叫夏完淳,又是陈子龙的学生。夏完淳自小就读了不少书籍,能诗善文,在他的父亲、老师影响下,也参加了抗清斗争。

靠几个读书人要组织义军是不行的。夏允彝有个学生吴志葵,是吴淞总兵,手下还有一些兵力。他们说服吴志葵一起抗清,吴志葵答应了,派出一支人马担任先锋队攻打苏州。一开始打得挺顺利,先锋队攻进了苏州城,但是吴志葵临阵犹豫,没有及时增援,结果进诚的义军被围牺牲,吴志葵的主力在城外也被击败。

不久,清军围攻松江,夏允彝父子和陈子龙冲出清兵包围,到乡下隐蔽起来。清兵到处搜捕,还想引诱夏允彝出来自首,但他不愿落在清兵手里,投到河塘里自杀,并留下遗嘱,要夏完淳继承他的抗清遗志。

父亲的牺牲引起夏完淳万分悲痛,也激起他对清朝的仇恨。他和陈子龙秘密回到松江,准备再组织起义军。这时候,他们打听到太湖长白荡有一支由吴易领导的抗清义军，正在重整旗鼓。夏完淳把家产全变卖了，捐献给义军做军饷，在吴易手下当了参谋。他还写了一道奏章，派人到绍兴送给鲁王，请鲁王坚持抗清。鲁王听说上书的是个少年，十分赞赏，封给夏完淳一个中书舍人的官衔。

吴易的水军在太湖边出没，把清军打得晕头转向。但是后来由于叛徒的出卖，义军失败，吴易也牺牲了。

过了一年，陈子龙又秘密策动清朝的松江提督吴胜兆反清，这次兵变不幸又失败了，吴胜兆被杀害，陈子龙也被清军逮捕。陈子龙不愿受辱，在被押解到南京的船上，挣脱绳索，跳河自杀。

夏完淳正在为失去他的老师而悲痛，因为叛徒告密，他自己也被捕了，清军派重兵把他押到南京。

夏完淳在监狱里被关押了八十天，他给他亲友写了许多可歌可泣的诗篇和书信。死亡的威胁并没有使他恐惧，他感到伤心的就是没有实现他保卫民族、恢复中原的壮志。

对夏完淳的审讯开始了，主持审讯的正是招抚江南的洪承畴。洪承畴知道夏完淳是江南出名的“神童”，想用软化的手段使夏完淳屈服。他问夏完淳说：“听说你给鲁王写过奏章，有这事吗?”

夏完淳昂着头回答：“正是我的手笔。”

洪承畴装出一副温和的神气说：“我看你小小年纪，未必会起兵造反，想必是受人指使。只要你肯回头归顺大清，我给你官做。”

夏完淳假装不知道上面坐的是洪承畴，厉声说：“我听说我朝有个洪亨九(洪承畴的字)先生，是个豪杰人物，当年松山一战，他以身殉国，震惊中外，我钦佩他的忠烈。我年纪虽然小，但是杀身报国，怎能落在他的后面。”

这番话把洪承畴说得啼笑皆非，满头是汗。旁边的兵士以为夏完淳真的不认识洪承畴，提醒他说：“别胡说，上面坐的就是洪大人。”

夏完淳“呸”了一声说：“洪先生为国牺牲，天下人谁不知道。崇祯帝曾经亲自设祭，满朝官员为他痛哭哀悼。你们这些叛徒，怎敢冒充先烈，污辱忠魂!”

说完，他指着洪承畴骂个不停。洪承畴被骂得脸色像死灰一样，不敢再审问下去，一拍惊堂木，喝令兵士把夏完淳拉出去。

公元1647年九月，这位年才十七岁的少年英雄在南京西市被害。他的朋友把他的尸体运回松江，葬在他父亲的墓旁。到现在，在松江城西，还留着夏允彝、夏完淳英雄父子的合墓。

清史稿

努尔哈赤不杀壮士

明朝到了后期政治越来越腐败，边防也越来越松弛。这时，在东北地区的女真族的一支却趁机强大起来，这就是努尔哈赤领导的建州女真部落。

公元 1583 年五月，为报杀父之仇，努尔哈赤起兵讨伐图伦城主尼堪外兰，由于当时萨尔虎城主诺米纳没有按约出兵相助，尼堪外兰乘机逃到了甲版。努尔哈赤攻下图伦城后，尼堪外兰又逃到河口台。努尔哈赤闻讯继续追击，当他追到明朝边境时，明朝出兵挡住了努尔哈赤，使尼堪外兰逃到了鹅尔浑。努尔哈赤见有明军保护尼堪外兰就撤了兵。回来后，他查出是五城族人龙敦暗中唆使诺米纳和诺米纳的弟弟奈喀达背叛盟约，并泄露了出兵的日期，于是在盛怒之下，杀了他们二人。

为了改变满洲内部各部族四分五裂、一盘散沙的局面，努尔哈赤南征北伐，开始了统一满洲的大业。

公元 1584 年正月，努尔哈赤攻克五城族人李岱的代佳城，他在城中发现了被龙敦杀害的嘉木瑚城主噶(gá)哈善哈思虎的尸首。六月，努尔哈赤为了替噶哈善哈思虎报仇，讨伐了龙敦的党羽萨木占；随后又在马儿墩寨攻打萨木占的党羽讷申，仅用四天时间便歼灭了敌人。

九月，努尔哈赤率领军队讨伐董鄂部，忽然天降鹅毛大雪，一会儿就积了半尺深，努尔哈赤只好下令回师。当时董鄂部却出城追击，努尔哈赤派出十二名骑兵就把他们击败了。恰在这时，王甲部请求努尔哈赤出兵攻打董鄂部的翁克洛城，于是努尔哈赤回师中途转而进军翁克洛城。战斗开始不久，他们就烧毁了翁克洛城的外城。紧接着，努尔哈赤亲自披挂上阵，他站在屋顶上向城里射箭。在战斗中，一个叫鄂尔果尼的董鄂部士兵，一箭射穿了努尔哈赤的头盔，伤了他的头部，但努尔哈赤忍住剧痛，毅然将箭拔了出来，又射了回去，杀死了一个董鄂部

金
勇

士兵。不料这时又一个名叫罗科的士兵乘机向他射了一箭，此箭穿透铠甲，射中了努尔哈赤的脖子，入肉足有一寸多深。努尔哈赤还是把箭拔了出来，当时箭头连肉都带了出来，伤口顿时鲜血迸溅，染红了战袍。由于伤势过重，努尔哈赤骑着快马返回营寨。

过了几天，努尔哈赤伤愈之后，他再次率兵攻打翁克洛城，经过一番激战，终于拿下了这座城池。努尔哈赤派人找到曾经射伤过他的鄂尔果尼和罗科，二人被带到他的帐中。努尔哈赤上下仔细地打量了他们一番，只见他们两人昂着头，面无惧色，他忍不住脱口赞叹道："壮士！真是壮士！"后来，努尔哈赤因欣赏二人的勇猛，非但没杀死二人，还给他们封了官职。

清兵入关

公元1644年，闯王李自成皇帝在西安正式建立了政权，国号大顺。接着，李自成率领农民起义军挥师北上进攻北京。一路上，起义军势如破竹，无人能敌，很快就攻破了明朝都城北京。当时，明朝的最后一个皇帝明思宗朱由检，见大势已去，便在煤山的一棵槐树下上吊自杀。

当时明朝山海关守将是总兵、平西伯吴三桂。李自成派明朝降将唐通、白广思率军向东攻打滦州，结果被吴三桂击败。李自成见硬攻不成，便胁迫吴三桂的父亲吴襄写信招降吴三桂。在这种情况下，吴三桂只好归顺李自成，同时带兵向靠近北京的滦州进发。就在这时，吴三桂的爱妾陈圆圆被李自成的部将刘宗敏掠去，吴三桂听说后怒不可遏，马上率兵返回山海关，并写信给清朝的睿亲王多尔衮，要求清军与他合兵讨伐李自成。不久，多尔衮同意了吴三桂的要求，亲自率领大军日夜不停地向山海关进发。

再说李自成听说吴三桂起兵后，便亲自率领二十万大军东进，还把吴襄安置在军中。他派兵政部尚书王则尧招降吴三桂，吴三桂却把王则尧扣了下来。四天后，多尔衮进驻连山，吴三桂又派人催促清军火速进军。于是，清军加快行军速度，没几天就到了山海关。吴三桂见清军到了山海关，就亲自出关迎接多尔衮，并把他让进关里，大摆酒宴，与他订立了同盟。

李自成的军队从南面到达山海关后，依山靠海，一字排开，浩浩荡荡，一眼望不到边际。多尔衮见到清军的人数远不及大顺军队，料想不容易对付，就让吴三桂打前锋，叫清军埋伏起来，自己远远站在山头上观战。

吴三桂带兵一出城，李自成的军队从左右两翼合围包抄，把吴三桂的军队团团围住。双方战斗了几十个回合，打得难分难解。这时，突然狂风骤起，战场上一片飞沙走石，咫尺不能辨人。多尔衮见到时机已到，就命令两万骑兵从吴三桂的右侧冲杀出来，直扑向大顺军队的中军。起义军毫无防备，一时间乱了阵脚，溃不成军，直到风停下来，李自成这才发现是清兵。见起义军受到里外夹击，死伤惨重，李自成便带领军队边战边退。

多尔衮见清军大获全胜，便在军前以顺治帝的名义封吴三桂为平西王，并下令关内军民一律剃发，揭开了中国男子在脑后留一根长辫的历史。接着，多尔衮让吴三桂率兵做清军的前锋，追击李自成。他严令诸将说："此行是为了除暴安民，灭贼以安天下。不许滥杀无辜，抢掠财物，焚烧庐舍。违抗命令者，依法治罪！"就这样，山海关以西逃进山谷中的百姓才陆续返回故乡，剃发迎降。

李自成逃到永平，杀了吴襄，使得吴三桂对李自成恨之入骨，追杀得格外卖力。李自成退一城，他攻一城，不给李自成喘息的机会。不久，李自成便逃回北京，一怒之下，将吴襄一家斩尽杀绝。吴三桂悲愤不已，指挥军队拼命攻城。

再说多尔衮率领大军紧跟在吴三桂后面向北京开进。一路上，明朝官吏纷纷投降，多尔衮让他们继续担当原来的职位。没过几天，清军就逼进了北京，大顺军队的将士无不闻风丧胆。李自成知道北京很难守住，便纵火焚烧宫殿，往西安撤军。李自成离开北京的第三天，多尔衮就率领军队到了北京。进京后，多尔衮严令将士，不得闯入民舍，并用皇帝的礼节为明思宗朱由检发丧三日。

公元 1644 年十月，多尔衮把顺治帝从沈阳接到北京，把北京当成了清朝的国都，从此清王朝就开始了在中原的统治。

清朝重开科举

范文程是清朝的三朝元老，他先后受到了清太祖努尔哈赤、清太宗皇太极和清世祖顺治的重用。努尔哈赤在位时期，范文程推行科举，加强改革，壮大了努尔哈赤政权的力量。皇太极在位时期，范文程使满清政权从带有农奴制色彩的割据政权，脱胎换骨成为封建专制的强国。到了顺治时期，他又使清军顺利入关，统一天下。

闯王李自成攻破明都北京后，顺治帝召范文程商议对策。范文程说："李自成是必讨的贼寇。他虽然拥众百万，但他败亡不可避免。其中的原因有三个：一是他兴兵乱国，逼死明思宗，引起天怒；二是他杀害侮辱朝廷官员，劫掠财货，引起士忿；三是他的军队奸人妇女，烧人庐舍，引起民恨。由于有了这三条不得人心的地方，再加上他骄横，只要与他开战一次就能打败他。"接着，他又说，"好生是上天的恩德。自古以来，不曾有靠杀戮得天下的人。皇上如果要统一天下，非安定百姓不可。”顺治听后，连连点头称是。

第二天，范文程就起草了告谕明朝官吏、百姓的檄书。檄书里说：“我们只是替你们报杀君之仇，并非杀你们百姓。我们要诛杀的人只是李自成。凡官吏来归顺的，可恢复官位；百姓来归顺的，可恢复家业。我们大军军纪严明，决不危害你们。”

清军入关后，顺治又采纳范文程的建议，为明思宗朱由检发丧，安抚幸存的百姓，举用被明朝贬斥的官吏，寻求隐逸的人才，甄考文献，更定律令，广开言路，使局势逐渐安定下来。清军平定江南后，范文程又上书说：“治理天下在于得民心。士人是百姓中的优秀人才，士心得则民心得。”不久，在他的提议下，清朝很快就恢复了乡试、会试等科举制度，给当时的读书人提供了一条进取的道路。

黄宗羲潜心学术

黄宗羲(公元1610—1695年)，字太冲，号南雷，学者尊称梨洲先生，浙江余姚人，是明末清初之际著名的启蒙思想家、哲学家、史学家。

他的青年时代正是明末宦官魏忠贤专权，大肆残害忠良，政治最为黑暗的年代。他的父亲黄尊素原是明朝的御史，只因不满宦官魏忠贤的所作所为，上书弹劾他，就被魏忠贤迫害致死。明思宗朱由检即位后，黄宗羲到京都为父亲鸣冤。当时魏忠贤已被处死，黄宗羲就上书请求诛杀魏忠贤的同党曹钦程、李实二人。

在朝廷审讯魏忠贤的另外两个同党许显纯、崔应元时，黄宗羲与他们当面对质。气愤之下，他拔出袖中藏着的锥子刺向许显纯，扎得许显纯浑身淌血。接着，他又殴打崔应元，拔了崔应元的胡须，放在父亲的神位前祭奠亡灵。后来，他还追杀了杀害父亲的牢卒叶咨、颜文仲等人。

魏忠贤的同党李实曾暗中送黄宗羲黄金三千，意思是请他不要再追究了。黄宗羲马上上书朱由检说：“李实现在还在贿赂公行，他的辩解怎么能信呢?”和李实对质时，黄宗羲又拿锥子刺他。案子结束后，黄宗羲带领家中子弟在狱门前设祭，哭声震天，一直传到禁宫里。朱由检感叹地说：“忠臣孤子，甚恻朕怀。”

黄宗羲归家之后，潜心研究学术。他憎恨科举制度束缚人，觉得应改变它。他把家中的藏书全读完了还不觉得满足，就去抄录同里世学楼钮氏、澹生堂祁氏等人的藏书。黄宗羲还专门在南雷建了续钞堂，约自己的同学六十多人创立独立的学说。黄宗羲的弟弟黄宗炎、黄宗会都有异才，世称“东浙三黄”。

明朝灭亡后，黄宗羲参与了南朝政权的抗清斗争，失败后便回乡全身心投入到读书写作中。

康熙年间，朝廷诏征博学鸿儒。掌院学士叶方蔼以诗寓他，敦促他上路，他再三推辞。不久，叶方蔼奉诏和掌院学士徐元文监修《明史》，要征黄宗羲当顾问，督抚以礼聘他，他又推辞了。朝廷只好让人抄下他所著的关于史事的书送入京师，让他的儿子黄百家参与史局事。

清圣祖玄烨(yè)向侍讲学士徐乾学询问有无遗漏的人才，徐乾学举出黄宗羲回答说："他曾经臣弟徐元文上书推荐，可惜年老不能来。"

玄烨说："可召到京师，朕不授给他职位，如果想回去时，可派官员送他。"

徐乾学回答说，黄宗羲只想养老，没有来京的意思。

玄烨叹息不已，认为得到人才太难了。

黄宗羲虽不愿被征召做官，可史局重大的决议必定去咨询他。《历志》部分写出后，总裁便千里寄信，让黄宗羲审订后才定稿。黄宗羲八十六岁时去世。

黄宗羲一生的学问诚意慎独，缜密平实，他撰写了《易学象数论》、《孟子师说》、《明儒学案》等大量著作，对后世影响极大。

顾炎武治学严谨

顾炎武是江苏昆山人，出身于江南大族之家，是明末清初著名的思想家。他与同时代的思想家王夫之、黄宗羲被合称为清初三先生。

顾炎武出生时双目就生得十分奇特，读书时能一目十行。明朝灭亡以后，清军南下，江南各地纷纷掀起了抗清的斗争。当时侍奉母亲王氏在常熟躲避兵乱的顾炎武，听从昆山县县令扬永言的召唤，积极参加义兵抗清。后来，清军兵破常熟，他的母亲绝食而死，临死时告诫顾炎武不能为清朝效力。

母亲去世后，顾炎武自负有经世之才，只是没有机会实现自己的抱负，于是离开了家乡。他先后在长白山下垦过田，在雁门北边、五台东边放过牧，这期间积累了千金家产。随后，顾炎武游历北方偏僻的关塞，多次南下拜谒明孝陵和思陵，在大江南北来回奔波，考察各地的地理形势和风土人情，坚持学术研究。

到了晚年，他到达陕西华阴，他认为：这里的人仰慕经学，重视处士，喜欢清议，是其他地方所不能比的；而且华阴地处关河的要冲，虽足不出户也能见天下之人，闻天下之事，如有志四方，一出关门就有高屋建瓴之便，于是他在那里定居下来。

顾炎武生平精力过人，从小到老从未离开过书籍。在游走四方时，他总带着两匹马、两匹骡驮着书。路过边塞险要的地方时，他总是虚心地向一些老兵询问有关知识。遇上与平时书本上不一样的事情时，他就及时查书勘对。在平原旷野上行走，他也不闲着，总是在马鞍上默诵各种经书。在与朋友交流学问时，凡是涉及国家典制、郡邑掌故、天文仪象、河漕兵农之类的学问，他都要追究清楚缘由，并阐发自己的观点、学说。

顾炎武一生强调“经世致用”的实际学问，在扭转明末清初不切实际的学风方面发挥了重要作用。他身体力行，把书本知识与实地调查相结合，先后撰写了《天下郡国利病书》等许多富有价值的著作。他这种脚踏实地的学风，对清代学者影响很大。

康熙年间，朝廷诏举顾炎武为博学鸿儒，修写《明史》，大臣们都争相举荐他，但他坚决推辞，当时他已六十来岁。公元1682年，顾炎武去世，享年七十岁。

“明朝遗臣”王夫之

王夫之是湖南衡阳人，也是生活在明清之际的一位大思想家。

在农民起义军张献忠攻陷衡州时，王夫之藏匿在南岳，张献忠的部下抓住了他的父亲当人质。王夫之自己引刀刺伤肢体，然后去起义军那儿用自己交换父亲。义军见他受了重伤，就放了他，让他和父亲一起回家。在明朝灭亡，桂王朱由榔建立南明王朝，在西南抵抗清兵入侵时，王夫之受人举荐在桂王的手下当了官。眼见当时国势危急，各大臣却争斗不休，王夫之很是失望。他听说母亲病危后，就辞官回到了乡里。明朝灭亡以后，王夫之更加郁郁不乐，就在衡阳的石船山，修建了一间土房，取名为观生居。在这里，他闭门谢客，潜心著述，学者们都称他为船山先生。

康熙在位时期，有一年平西王吴三桂在衡州造反，有人嘱托王夫之撰写《劝进表》。王夫之听后说道：“亡国遗臣，所欠一死罢了，如今怎么能用这个不祥之人呢！”于是王夫之逃入深山，并作了首《祓禊赋》以表心意。后来，吴三桂的叛乱被平定，朝廷大吏听说此事后嘉奖了他，嘱咐郡守赠送王夫之粟帛等物，还邀请他相见，但王夫之却托病推辞了。不久，王夫之去世，葬于大乐山的高节里，他自题墓碑，上书“明遗臣王某之墓”。

王夫之一生，治学严谨，孜孜不倦，先后撰写了《大学衍》、《思问录》等一大批很有价值的著作。他以汉儒为门户，发展丰富了宋代儒学大师朱熹的学说。

傅山严于教子

明末清初有一位叫傅山的大学问家，他自幼就天资聪颖，能读十三经等经史典籍，当时是众所周知的神童。由于勤奋刻苦，长大后，他博闻强记，学识渊博，不仅通晓经史、诸子、佛道、医药等学问，而且对诗文、书画、金石也很有研究，尤其是在音韵学方面很有造诣。明朝灭亡以后，他厌倦世俗，便戴黄冠，着朱衣，居土穴，奉养老母，从此隐居不出，自称居士、道人。

1654 年，傅山因河南的一个案子被牵连入狱。入狱之后他便开始绝食，一连绝食了九天。当他奄奄一息时，被自己的一个学生用奇计救出，但傅山却深以为憾，认为不如死了痛快。

清朝开科招考之后，傅山拒绝了别人的推荐，不肯入京城应试。一次征召他的官员强迫他，甚至将他连床抬着走，但到了离京城二十里的时候，他还是宁死也不肯入京，别人没有办法，只好代他向朝廷称病告老。其实，傅山之所以这样做，是为了表示他“不事二主”的民族气节。

傅山不仅才华横溢，而且教育子女有方，是个非常有耐心、严慈并济的好父亲。他对待傅眉等几个儿子，要求十分严格。傅山喜欢周游四方，每次出游时，他总是叫儿子们拉着他乘的车子行走。晚上到了旅馆歇息，他总是点上灯督促儿子们读经史。到了第二天早上，他就检验儿子们背书的效果，如果儿子们背不出来，他就用杖责打他们。在这件事上，傅山丝毫不姑息迁就他们。

一次傅眉、傅仁等儿子出门在外，为了督促他们专心学习，傅山就专门给他们写了一封信。在信中，他谈到自己年少时记忆力极强，选取《文选》中五十三篇文章来读，一个早上就能一字不错地全部背出来。傅山跟儿子们说这些，并不是想要夸耀自己，而是想说明这样一个道理：即便年轻时记忆力强，天资再高，也要不断地读书，达到温故知新的效果。精神健旺之时，应该珍惜时光，专心致志地读书。要通过读书结交朋友，修身养性，增加见识，为实现理想打下基础。

在告诫儿子要认真读书的同时，傅山还为儿子详细开列了应读的书目。他要求儿子们除熟读经书外，还要认真读好《史记》、《汉书》、《战国策》、《左传》、《国语》、《管子》等书籍。

通过傅山教子读书这些事情，可见天下父母望子成龙之心可谓良苦啊！

《南山集》引起的文字狱

清初有个著名的文字狱的案件，当时牵连百余人，轰动一时，戴名世就是其中起重要作用的一个人。

戴名世，字田有，安徽桐城人，是清代著名的散文家，世居桐城南山，后人称其为南山先生。他生来能言善辩，为人潇洒豪爽，以教书为生。他起初考取廪生，负责推荐乡间应考童生，检查他们的资格真伪。后来又考取贡生资格，被授予正蓝旗教习职务，负责教授正蓝旗的旗人子弟。后又升任知县，挂官而去。从此往来于河北燕赵之地、山东齐鲁地区、河南和苏杭等地，以卖文维持生活。

戴名世喜爱读司马迁的《史记》，以此考证和研究前人的高风亮节。他常常写文章来抒发自己对时政的忧虑和对清政府的不满，感情一旦抒发便无法抑制。清朝的达官贵人害怕他激烈犀利的言辞，对他恨之入骨。他曾经在京师遇到方苞对他说："我这样四处奔波，并不是要寻找机会得到好处，我正打算要写一本数百卷的书，如果能够写出来的话，我想会与众不同的。但是，如果我无法隐居于深山之中，不具备足够的衣食储备，还有其他负担和拖累在身，就无法完成啊。"说完，长叹一声离开了。

康熙四十八年(1709 年)，戴名世年已五十七岁，这一年他考中了进士，会试第一名，殿试第二名，授任翰林院编修。正是前途一片光明之际，谁知两年后，因为《南山集》一案而引起文字之祸。

原来，他的门人尤云鹗将戴名世的著作《南山集》刻版印刷。书中有一篇《与余生书》，用的是明朝末年南明政权三个皇帝的年号，又引用了方孝标《滇黔纪闻》禁书中的话。当时的清朝，文字狱盛行，稍不留意就要获罪。

都御史赵申乔上奏弹劾《南山集》中有犯上作乱的语言，于是戴名世被朝廷逮捕下狱。那时方孝标早已去世，而方苞与方孝标同宗族，又给《南山集》作过序，也因此受到连累，在狱中关了两年。朝廷九卿再次上书，给戴名世、尤云鹗定了死罪，康熙皇帝却给予宽大处理，免其死罪，又因为大学士李光地上书求情，康熙就赦免了方苞与方氏全族。而赵申乔虽然一生为官清廉，品行也不错，但只是因为他兴起了《南山集》文字狱一案，便受到世人的批评。

戴名世写文章，善于叙事，他还编写了《孑遗录》一书，记载明朝末年安徽桐城地区的兵变事宜，当时也曾被烧毁，严禁流传，但后来还是流传了下来。

小皇帝智除鳌拜

当初顺治皇帝进关建都北京时，只有六七岁，大权全部落在摄政王多尔衮手里。多尔衮先当叔父摄政王，后来当皇父摄政王，把福临压得喘不过气来。七年之后，多尔衮死了，十四岁的顺治才得亲政。过了一年，年轻的顺治再也憋不住一肚子的怨气，削了骑在自己头上这么多年的多尔衮的爵位，抄了他的家，平了他的墓，把他的亲信一一撤职查办，这才建立起自己的皇帝权威。

真叫做无独有偶，顺治皇帝年轻轻的也死了，他指定的继承人玄烨才八岁。

顺治只怕再出第二个多尔衮，临终前指定了四位“顾命大臣”，要他们共同辅佐年幼的康熙皇帝，其中也有让四位大臣互相牵制的意思。不料人算不如天算，四位大臣不久也自相哄斗起来，最后斗得只剩下一个鳌拜。他拉拢了畏惧他的顾命大臣遏必隆，诬陷另一个顾命大臣苏克萨哈，把苏克萨哈杀了。还有位顾命大臣索尼又年老早死，朝廷里便只有鳌拜一人专横跋扈，变成了另一个“多尔衮”。

到康熙六年(公元1667年)的时候，皇帝已经年满十四岁，按规矩可以像顺治一般亲政了，但鳌拜却一点没有还政的意思。小皇帝十分不乐意，一心想除了这位骑在自己头上的大臣，不再当傀儡。于是，一场不可避免的权力之斗开始了。

康熙皇帝自小在宫廷长大，对统治集团内部的明争暗斗十分熟悉，早早地学会了勾心斗角的本领。他知道鳌拜在朝廷里势力庞大，用公开的手段绝对解决不了问题，反会激化矛盾，引来大麻烦。于是他在表面上一再容忍鳌拜，有时甚至装出畏惧鳌拜的样子。

康熙一再加封鳌拜一家，连鳌拜的儿子也当上了太子少师、太师。鳌拜经常称病在家，自己不上朝，可政事都由他在家里处理，朝廷反倒成了摆设，康熙听之任之，从来没有异议；鳌拜一家贪污索贿，结党营私，康熙睁一只眼，闭一只眼，只当没看见；鳌拜借口维护祖宗成法，恢复圈地，其他大臣反对，他就当着皇帝的面大声呵斥其他大臣，康熙只得咬咬牙，忍住不开口。

有一天，鳌拜又称病不上朝了，还托人带口信给小皇帝，要康熙登门探望他的病情。康熙知道鳌拜是在试探自己，不去可不行，就带着人来到鳌拜家。进了鳌拜的卧室，康熙立即觉得气氛不对，鳌拜躺在床上，神色却十分紧张。卫士们也觉察到这一点，立刻有人到鳌拜睡的床上被褥下边搜出一把利刃。

面对皇帝，暗藏利刃，这可是一件涉及到谋反的大罪。皇宫里的卫士们见自己在鳌拜府中，生怕皇帝一声令下要抓人，反而讨不了好，紧张得不得了。鳌拜也更加紧张起来，自己跟小皇帝这么对着干，弄不好吃亏的反倒是自己。

正在剑拔弩张的刹那间，康熙皇帝却镇定自若地发了话:“满族勇士本来就该刀不离身，你们紧张什么?”一句话化解了一触即发的危机，进一步安了鳌拜的心。

其实，小皇帝这是在欲擒故纵。鳌拜却以为玄烨是个娃娃，什么都不懂，放松了对皇帝的监视。康熙这便设下了妙计，要活捉专横跋扈的鳌拜。

在这以前，康熙已经做好了必要的准备。他按照满清皇朝的规定，在满族权贵人家中间，选了一批身强力壮的子弟充当自己的贴身警卫。这些半大的孩子，跟皇帝年龄相仿，平日里天天在一起练习摔跤。有时候鳌拜进宫办事，他们也照样摔跤，玩得热热闹闹。这就给鳌拜一种假象，以为皇帝跟这群孩子一样，淘气得可以，不问国家大事，只知道打闹找乐子。

鳌拜装病试探皇帝的事发生之后，鳌拜按理该入宫答谢，并且向皇帝汇报这几日发生的事。康熙见时机已经成熟，就把平日跟自己一同练习摔跤的卫士们找来，安排好捉拿鳌拜这件至关紧要的大事。

康熙对卫士们说：“你们是怕我，还是怕鳌拜？”这些侍卫平日早被灌输了憎恨鳌拜的思想，便齐声回答：“我们只怕皇上。”康熙接着说：“鳌拜身为辅政大臣，却有违祖先规矩，处处安插亲信，排斥异己，擅杀大臣，实在是太过分了。”说着说着，他禁不住提高了嗓门，“那天的事，你们都看到了，他在被子下边居然藏着刀子，胆敢害到皇帝头上来了。朝廷里的大事，都由他在家里商量好了才启奏，我这个皇帝还有什么可做的？照这样下去，大清什么时候才能富强？”

接着，他又放低嗓门，对侍卫们说：“你们虽然年轻，可都是我的亲信。要除掉鳌拜，只有靠你们！”那话声越说越低，把早已深思熟虑好的计划告诉了卫士们。这批侍卫听了，个个摩拳擦掌，只等着鳌拜前来，可以执行皇上布置好的任务。

鳌拜进宫的时间到了。他依然像往日一般，大摇大摆，一副旁若无人的样子。来到皇帝的住处，只见平日那些孩子侍卫们正准备着练习摔跤，一个个蓄势待发，好像士兵即将出征一般。

“这些娃娃又在闹着玩儿啦。”鳌拜一肚子的不屑。不料那群孩子突然冲上前来，抱腰的抱腰，拧腕子的拧腕子，蹬腿窝的蹬腿窝，一下子跟这位满人里的“巴图鲁”大臣较起了劲。

初时，鳌拜还以为小皇帝跟自己闹着玩，便听凭那些娃娃掰了自己的腕子，揪了那条辫子。待到一群娃娃把他摁倒在地上，他才觉得不大对头，斜着眼去瞧指使他们的皇帝，只见康熙一脸的冰冷，又听得小侍卫们满口的怒骂，方才觉得大事不妙。这时他再要挣扎，已经迟了，鳌拜一下子被捆了个结结实实。

拿了鳌拜，康熙立刻召集大臣，把鳌拜交给他们审理。大臣们早就恨透了这位专横的顾命大臣，一桩桩列举他的罪状，一致要求将他处死。康熙听了，倒没有赞成大臣们的意见，只说了一句：“念他替朝廷效力多年，军功卓著，免死。”死罪可免，活罪难饶，鳌拜被判终身监禁，而他那些死党，则被一网打尽，处死了一批，另一批判了刑。

十六岁的康熙皇帝，不动声色地拿下权臣鳌拜，把大权收归己有，扫除了管理国家道路上的一大障碍，体现出一位杰出的政治家的魄力。从此以后，他精力充沛地开始治理国家。在他统治下，一个个棘手的问题迎刃而解，满清政权开始进入全盛时期。

于成龙为官清廉

清朝康熙年间有一位著名的官员叫于成龙，他为官清廉，广施仁政，深受百姓爱戴。康熙十九年，于成龙担任直隶巡抚之职。一上任，他就整顿吏治，明令禁止各州县私自增加耗银贿赂上司。禁令颁行之后，一些道府官员状告各州县官员贿赂上司的事实，而各州县官员就反驳道府官员将礼尚往来与行贿混为一谈，并强烈要求于成龙明确界定二者的区别，颁布细则加以施行。

宣化府的属地东城、西城以及怀安、蔚州，共有沙滩地一千八百顷，因土地贫瘠，连年旱涝成灾，老百姓深受其害。于成龙的前任官员金世德为此曾经上书请求朝廷免除粮税，但因种种原因终没有如愿。老百姓因广种薄收，赋税沉重，一时间苦不堪言。于成龙到任后，体恤百姓疾苦，便上书请求朝廷免征这里老百姓的粮税，以减轻农民的负担。请求得到朝廷批准后，鉴于这里连年受灾的情况，于成龙又再次上书请求朝廷给予老百姓救济。在改善民生的同时，于成龙在任期间还依法惩治了大贪官青县知县赵履谦。

转眼到了康熙二十年，于成龙奉旨进京。康熙皇帝考虑到于成龙清正廉洁，在召见他时，便称赞他是“清官第一”。在君臣二人叙话期间，康熙皇帝问起于成龙进剿黄州土匪的情况，于成龙回答说：“臣只是宣扬皇上威德，没有其他能耐。”皇上又问他：“在朝廷官员当中还有谁清廉?”于成龙回答说知县谢锡衮、同知何如玉、罗京三人都为官清廉。皇上又称赞劾奏赵履谦很对，于成龙说：“赵履谦犯错而不知悔改，臣不得已才劾奏他。”皇上说：“治政应当懂得注重大体，小聪小察不必崇尚。人所贵的是始终一节，你要好好努力!”随即赏赐他黄金一千两，亲乘良马一匹，写诗褒奖，并诏命户部派遣官员协助于成龙赈济宣化等处饥民。于成龙又上书请求减缓真定府所属五县房租，全部免除霸州本年钱粮，都得到了批准。

这年冬天，于成龙请假为母亲服丧，皇上特诏准许。过了不久，于成龙升任江南江西总督。在上任前，于成龙大力推荐后学，先后为朝廷举荐了直隶守道董秉忠、阜城知县王燮、南路逼判陈天栋、通州知州于成龙(与其同名)等人才。其中，通州知州于成龙，时逢江宁知府任上有空缺，被朝廷提拔补任。于成龙到江南上任后，第一件事就是召集属下所有官员开会，要求他们为官廉政。接着，于成龙大刀阔斧地改革弊政，废除加征摊派，减轻老百姓负担。在任期间，于成龙勤于政事，夙兴夜寐，时常工作到大天亮。他还经常微服私访，深入民间探访百姓疾苦，了解官吏是否廉政等等。在生活方面，他十分俭朴，一日三餐尽是糙米饭和蔬菜之类的东西。

江南自古是鱼米之乡，富庶之地，这里的人们原本有追求奢华的民风。于成龙来到这里当政后，大力反对奢侈浪费，倡导勤俭节约之风。在于成龙的影响下，江南的人们纷纷脱掉锦衣华服，改穿布衣素服。达官贵人之家也纷纷减少车马随从、毁除油漆粉刷等装饰，婚丧嫁娶再也不敢大排宴筵、歌舞伴奏了。有一些土豪劣绅因慑于于成龙的威严，不得不举家外迁。几个月以后，于成龙治理的地方民风大为好转。于成龙的作为虽然深受寻常百姓喜欢，但是他也因此招致了一些有权势的人不满。这些人四处散布流言蜚语，大肆诋毁他。尤其是在奸臣明珠主持朝政期间，明珠十分不满于成龙的作为，就时常找机会与于成龙过不去。

到了康熙二十二年，副都御史马世济督造漕运船舶回京，他借机恶毒地弹劾于成龙，说他年老昏愦，偏信偏疑，用人不当，被中军副将田万侯欺骗蒙蔽。康熙皇帝接奏后，诏命于成龙回奏，于成龙则在奏折不加辩解，只是请求朝廷责罚。康熙皇帝是一位有德的明君，深知于成龙是位好官，就没听信马世济的谗言，继续让于成龙担任原职，将田万侯降职调任。康熙二十三年，江苏巡抚余国柱入朝担任左都御史，安徽巡抚涂国相升任湖广总督，他们命于成龙兼管江苏、安徽两省巡抚。于成龙赴任时，已近迟暮之年，因长期通宵达旦处理政务，不注意休息，加之废寝忘食，终因积劳成疾不久便病逝了。

于成龙一生勤政廉政，两袖清风，在当官期间从不谋任何私利，即使到各地赴任连家眷都从未带过。在他去世时，属下的将军、都统等官员前往居室吊唁，看到他的竹箱里仅有一件绨袍，床头只有几个装盐、装豉的器皿，莫不为他清正廉洁的风范所钦佩、悌泪。听到于成龙去世的噩耗后，老百姓无不失声痛哭，农民放下田间耕作，商人自发罢市，纷纷前往其灵堂进行吊唁，一时间各家各户都设上祭台，摆上香案，挂起于成龙的画像进行祭祀。康熙皇帝接到奏报后，特地下旨厚葬于成龙，并追赐他谥号为清端。于成龙去世后，内阁学士锡住巡视海疆回朝，康熙皇帝询问起他于成龙为官的情况，锡住奏答说："于成龙为官十分清廉，只是因为轻信人，有时会被属下欺瞒。"

康熙皇帝听完后感慨地说："于成龙在江南担任总督时，有人说他蜕化变质了，朕将信将疑，直到他去世，才知道他廉洁如初，深受百姓爱戴。也许是因为他刚正不阿吧，才会有坏人挟仇进谗言诬告他，做官像于成龙这样的，天底下能有几个人呢？"

这一年冬天，康熙皇帝出宫南巡，沿途随处都可以听到当地百姓称颂于成龙的话语。到达江宁后，由于知府与于成龙同名同姓，康熙皇帝便告诫知府说："你只有像前总督于成龙一样正直清廉，才是不负所望。"接着康熙又对随驾的大学士说:“朕广泛听取了众人的评论,都称赞于成龙确实是天下第一清官。”于是,康熙又下旨追封于成龙为太子太保,赐于成龙的儿子入国子监,让朝廷将于成龙的事迹昭告天下,进行传颂。到了雍正年间,朝廷为褒奖于成龙又专门为他修建了人贤良祠。

年羹尧居功自傲

年羹尧,字亮工,号双峰,出生年月不详。年家祖籍安徽怀远县,后来迁到山海关,世代为清朝征战出力,立下汗马功劳,年羹尧的父亲还因功做了湖北省长官。

年羹尧小的时候十分调皮,不肯读书学习,力气很大,不仅欺负同学还敢侮辱老师,没有人敢教他,长到七八岁了还不认识一个字。他的父亲很着急,到处给他找老师,宣称只要能教好他,给多少钱都行。

一天,一个七十来岁的老翁找到年羹尧的父亲,说他能教好年羹尧。年父很惊奇,问:“我的儿子太调皮,先生年纪这么大了,不知道有什么办法教好他?”老翁说:“你要是相信我,就在乡村中僻静的地方修一所花园,里面水池假山,竹木花草都要有,另外还要准备好各种图书、兵器以及日用品。花园里只能有我和孩子两个人,不要仆人,四周围墙一定要高,不要留门,只留一个小洞按时送水送饭就行了。过上三年,我一定把年羹尧教好。”年父相信了他,按他的要求建了花园。

开始时,老翁在花园里只管自己读书,年羹尧干什么他一点都不管,年羹尧开始觉得园子里挺好玩的,他一会儿用土填池塘,一会儿又要搬假山,有时还种种竹子栽栽花,玩得很高兴,从不和老翁说话。就这样从春天过到秋天,园子中的东西都被年羹尧玩了个遍,原来在东边的现在到了西边,原来在南边的跑到了北边。年羹尧觉得厌烦了。

一天吃过午饭,他看见老翁在津津有味地看书,便问:“先生整天看书,这书真的有意思吗?”老翁慢慢说:“书极为有趣,你是体会不到的,还是一边玩去吧!”年羹尧发现被老翁瞧不起,气呼呼地说:“我也可以学读书吗?”老翁说:“你当然可以学了,不过你恐怕不能用心吧!”年羹尧说:“我如果用心读书,你敢教我吗?”老翁笑着说:“只要你肯学我就肯教。”年羹尧一听,大喜过望,忙说:“我以后一定跟着先生好好学习。”然后老翁又给年羹尧讲了许多读书的好处。

年羹尧听了热血沸腾,拿起一支剑砍断身旁一棵树,然后说:“我如果不好好学习,就像这棵树一样。”从此,年羹尧在老先生的调教下,一边学文化一边学军事，晚上还练习武艺，进步神速。三年之后，学有所成，老翁离开年家，年羹尧对老翁依依不舍，很是伤心。

此后的年羹尧一路顺畅，1700年考中进士，入朝做官。他升迁很快，到1709年已成为四川省长官，成为国家重要的地方大员。这个时期是清朝西北边疆多战事的时期，当时康熙重用年羹尧，就是希望他能平定与四川接近的西藏、青海等地叛乱，年羹尧也没有让康熙失望。

在1718年参与平定西藏叛乱的过程中，年羹尧表现出了非凡的才干。他当时负责清军的后勤保障工作，他熟悉西藏边疆的情况，与清军中满族、汉族将领的关系都很不错。虽然运送粮饷的道路十分艰险，但是在年羹尧的努力下，清朝大军的粮饷供应始终是充足的，从而为取胜创造了条件。因此，第二年年羹尧就被康熙皇帝晋升为四川、陕西两省的长官，成为清朝在西北最重要的官员。

这一年九月，青海地区又出现叛乱。这一次朝廷任命年羹尧为主帅前去镇压。出兵前，年羹尧突然下令："明天出发前，每个士兵都必须带上一块木板，一束干草。"将士们都不明白这是为什么，又不敢问。

第二天进入青海境内，遇到了大面积的沼泽地，队伍难以通过。这时年羹尧下令将干草扔进沼泽泥坑中，上面铺上木板，这样，军队就顺利而快速地通过了沼泽。这沼泽本是反叛军队依赖的一大天险，认为清军不可能穿过沼泽，哪想到突然之间年羹尧的大军已经出现在他们面前，一时惊慌失措，很快就被打败。

又一次，夜晚宿营，半夜时突然一阵风从西边吹来，很快便停了。年羹尧发觉后立刻叫来手下将军，命令他带上几百名精锐骑兵，飞速赶往军营西南的密林中捕杀埋伏的敌人。手下来不及多想，带上兵马就去了，果然在密林中发现埋伏的敌人，便将他们全部歼灭了。

手下百思不得其解，问他是如何知道密林中有伏兵，年羹尧笑笑说："那风一阵子就突然没了，应该不是风而是鸟飞过的声音。半夜鸟不应该飞出来，一定是受到了人的惊吓。西南十里外密林中鸟很多，所以我料定敌人在那里埋伏。"手下听了不由暗暗起敬，年羹尧之多谋善断、能征善战可见一斑。

由于年羹尧从小曾在雍正家里呆过，因而一直视雍正为他的主人，而雍正能成为皇帝，年羹尧也立下过汗马功劳，因而即位后的雍正更加信任年羹尧。西北地区的军事民政全部由年羹尧一人负责，在官员任命上雍正也常听年羹尧的意见。雍正不仅对年本人而且对他全家也很关照，年家大大小小基本都受过雍正封赏。

但是，随着权力的日益扩大，年羹尧以功臣自居，变得目中无人。一次他回北京，京城的王公大臣都到郊外去迎接他，他对这些人看都不看，显得很无礼。他对雍正有时也不恭敬，一次在军中接到雍正的诏令，按理应摆上香案跪下接令，但他就随便一接了事，令雍正很气愤。此外，他还大肆接受贿赂，随便任用官员，扰乱了国家秩序。他一出门威风凛凛不算，他家一个教书先生回江苏老家一趟，江苏一省长官都要到郊外去迎接。雍正渐渐对他忍无可忍了。

1726年初，年羹尧给雍正进贺词时，竟把话写错，赞扬的语言成了诅咒的话，雍正便以此为借口，抓了年羹尧，此后又罗列了多条罪状，将他彻底打倒。最后雍正令年羹尧自杀，年羹尧在狱中上吊而死。

曾静反清被诛

清朝建立以后，仍有不少人进行反清复明的努力。

雍正年间，湖南靖州有个诸生叫曾静，他指派门生张熙改名换姓，投书给川陕总督岳钟琪，规劝岳钟琪应当像当年岳飞抗金一样，反抗清朝。

岳钟琪读后，大吃一惊，马上审讯张熙，但张熙却不肯说出实情。

为了问出实情，岳钟琪故意把张熙安置在密室里，然后单独去见他。一见面岳钟琪就埋怨道："先生你太大胆了！如今朝廷耳目众多，我不这样做只怕坏了大事。"。

张熙听完怀疑地说："总督果真有意？"

岳钟琪叹息一声，说道"我怎能忘了先人的遗愿！只是空有满腔抱负，却难觅知音呀！"听了岳钟琪的一顿表白，张熙被他哄得晕头转向，不仅说出了自己的真名实姓，而且把一切都和盘托出。接着，岳钟琪立即派人将此事奏报给朝廷。

雍正皇帝见此事重大，就派刑部侍郎杭奕禄、副都统觉罗海兰奔赴湖南，会同巡抚王国栋逮捕曾静，严加审讯。后来，曾静供认，他是读了学者吕留良的书稿才起心策动岳钟琪造反的。吕留良是明末清初浙江的著名学者，他生前参加过反清复明的斗争，失败后就在家教书写文章，但这些文章从来没有刊印过。当时曾静被抓时，吕留良已死去多年。受曾静一案牵连，雍正帝下令挖了他的坟，逮捕了他的儿子吕毅中和他的两个学生，并连同曾静一起押送京师受审。

曾静在朝廷会审时，自认迂腐狂妄，为吕留良所误，亲手写下供词，供词中盛赞雍正的恩德。接着，雍正帝让他编写了《大义觉迷录》，并令他到江宁、杭州、苏州等地宣讲。因为这一点，他和张熙都被赦免，而吕留良的儿子吕毅中和他的两个学生则全部被诛杀。

乾隆帝即位后，曾静策动岳钟琪造反一案又被重新提起，没过多久曾静和张熙就被处死。

土尔扈特的回归

康熙年间，漠西蒙古中的一支，土尔扈特部落的人民被当地准噶尔部族人逐出了漠西地区。他们逐草而行，一天比一天远离故土，最后在俄国的伏尔加河流域定居下来，依然过着游牧生活。

开始的时候，俄国的沙皇力量有限，对伏尔加河地区还无法全部控制，土尔扈特人在那儿生活，跟当地的民族还算相安无事。游牧民族对生活的要求也不高，只要有块草地放牧牛羊，扎起帐篷，也就悠然自得了。

但是，沙皇俄国的力量一天比一天强大起来，逼着土尔扈特人做他们的臣民，向他们抽取十分沉重的赋税，每当俄国跟其他国家发生战争的时候，还要抽调大批土尔扈特人从军，去当侵略战争的炮灰。

土尔扈特也是爱好自由的民族，忍受不了沙皇俄国的压迫，就起来反抗。他们的骑兵常常攻打伏尔加河沿岸的俄罗斯城市，弄得沙皇政府大伤脑筋。俄国政府看到用武力无法征服土尔扈特人，又想出了另一手。他们要土尔扈特人放弃喇嘛教，改信沙皇的东正教。这种强迫改变宗教信仰的政策当然遭到了土尔扈特人的强烈反对，土尔扈特人开始深深地怀念自己的故土。

这时候，满清政府日益强大，优待漠南蒙古人的消息不断从遥远的东方传来。土尔扈特人的首领，汗王阿玉奇听到这些消息，萌生了派人回故土去察看一番的念头。但是，土尔扈特人的死对头，准噶尔部族的噶尔丹正在漠西和漠北称王称霸，去中原的道路被阻。阿玉奇便要使者绕道西伯利亚，从贝加尔湖以北取道黑龙江流域去北京。使者公元1710年出发，在冰天雪地里长途跋涉了两年多，终于到达了北京。

在北京，使者们深切体会到传统文化的魅力，又到喇嘛寺庙参拜了高僧。特别是康熙皇帝很快就接见了他们，对他们流落伏尔加河流域这么多年，仍旧强烈向往故土的赤诚之心大加赞赏，赏赐了他们许多东西，还答应派使臣随他们到伏尔加河流域去探望阿玉奇汗王和全体土尔扈特人。

不久，内阁侍读学士图理琛作为朝廷的使臣，跟土尔扈特人一同到伏尔加河流域。他们依旧沿西伯利亚的老路返回，又经过了两年艰苦的跋涉，一行人终于回到了伏尔加河畔。

土尔扈特人听说皇帝的使臣来到，都从散居的地方集中到阿玉奇大汗的驻地，前来拜见皇帝的使者。图理琛宣读了皇帝的圣旨，把礼品赠给阿玉奇，并且向阿玉奇他们介绍了喇嘛教在蒙满两族中受到尊崇的情况，还说了西藏的达赖喇嘛进北京朝觐皇帝，受到隆重欢迎的事。图理琛接着介绍蒙族各部被皇帝礼遇的情况，包括喀尔喀人被迫害逃到漠南，被安置在最富饶的草原生活的经过。

阿玉奇真是羡慕极了。当初他迫于无奈，来到伏尔加河畔，多年来受外国统治者的欺凌，跟其他蒙古族人比起来，真有天壤之别呀。可惜路途遥远，整个部族行动不便，否则真想再回故土呢。

图理琛在那里待了十几天，受到土尔扈特人热情的接待。阿玉奇几乎天天为他举行宴会，各地的土尔扈特人换上节日盛装，扶老携幼前来，给他做精彩的射箭、摔跤表演。

图理琛终于要离开伏尔加了。阿玉奇准备了给朝廷的谢表和贡品，他的小儿子还特地送来一支精致的鸟枪，送给康熙皇帝，并祝圣上长命百岁。对故土的眷恋和兄弟般的亲情久久荡漾在异国的土地上。

从这以后，土尔扈特人与故土的联系加强了。噶尔丹部被打败后，从伏尔加到北京，不必再绕道西伯利亚了。土尔扈特人的使臣到北京朝贡土特产，还到西藏去朝拜达赖喇嘛，在漠南的大集镇归化城进行贸易，换取蒙古族人必需的茶、布等传统的日用品。

匆匆又是几十年过去了，清朝已换了乾隆皇帝，土尔扈特人的大汗也换了阿玉奇的曾孙渥巴锡，他领导着伏尔加河两岸十万户土尔扈特人。

俄国沙皇看到土尔扈特人越来越强大，就千方百计地压迫他们。沙皇政府下令限制他们发展，抽调更多的土尔扈特青年去攻打土耳其，用成千上万土尔扈特青年的鲜血开拓疆土。最可恨的是他们从不承认渥巴锡的大汗地位，还要渥巴锡送儿子到彼得堡去当人质。

渥巴锡忍无可忍，他召集土尔扈特人的全体首领开会，对他们说："我们正面临灭族之灾，外国人非把我们逼垮不可！他们要我把儿子送去当人质，就是要我们永远做他们的奴隶。"听了渥巴锡的话，首领们个个义愤填膺，有人主张跟俄国人拼了，有人主张回到故土去。最后，回大漠西故土去的意见得到了大家的同意。会上决定，等冬天伏尔加河一结上冰，北岸的土尔扈特人便到南岸来，一齐东去回归故土。

这一年，是乾隆三十五年(公元1770年)，冬天的天气格外暖和，伏尔加河居然结不上冰。南岸的土尔扈特人正准备东行的消息，又泄露了出去。渥巴锡只得单独率领南岸十七万部众，杀了在部落里监视他们的俄国人，高呼着"子子孙孙永不当奴隶"、"回到太阳升起的地方去"等口号浩浩荡荡踏上了归程。

俄国的叶特琳娜二世女皇知道此事，大发雷霆，要俄国军队拦截住土尔扈特人，不让他们东归。土尔扈特人义无反顾，一路拼杀。他们杀退了尾追的沙皇部队，又冲垮了哥萨克骑兵的拦截，靠饮牲畜血止渴跨越浩瀚无垠的大沙漠，终于在一年后回到了故土。这时候，十七万人只剩下几万，他们个个衣衫褴褛，骨瘦如柴，足见回归的路程是何等艰苦。

乾隆听到土尔扈特人回归的消息，立即下令尽快抚恤安置。大量的牲畜、粮食、茶叶从各地调集来，送到阿尔泰地区。渥巴锡稍事休息，立即带着当年明朝皇帝赐给的土尔扈特大汗王玉印，到承德觐见皇帝。乾隆在承德盛情款待渥巴锡，约他一同围猎，还在承德替渥巴锡修建了一座喇嘛庙，立碑记述土尔扈特人回归的大事。渥巴锡回阿尔泰故土时，乾隆还封他做卓理克图汗，意思是英勇的大汗，让土尔扈特人世世代代居住在阿尔泰山的故土上。

大贪官和珅

和珅，自幼家贫，因是八旗子弟，所以也学会了游手好闲，成了当地有名的无赖。和珅得宠于乾隆是在乾隆三十四年(公元 1769 年)，当时，这位满族正红旗出身的青年才二十岁，在乾隆皇帝身边当杂差，只是个小小的校尉。一天，乾隆正要坐轿出行，也不知是他想起了哪件不如意的政务，还是看到轿上的仪仗没有备齐，就生气地问："虎兕(sì)出于柙，是谁之过欤?"一旁的人听皇帝开口责问，知道他生了气，都吓得低下脑袋，不敢吭一声。惟独和珅在旁应了一句："岂非典守者之过邪?"皇帝要追究责任，用的是《论语》上的句子，和珅回答，也巧妙地用了《四书》中的一句。乾隆很高兴，就把他叫到身边，问了一些话。不久，和珅便当上了仪仗总管，几个月中，和珅渐渐摸透了乾隆的心思，专拣皇上爱听的说，又升官成为侍卫兼副都统。乾隆身边，终于出现了一位飞黄腾达的宠臣。

和珅升官的速度着实让人吃惊，自从乾隆三十四年被皇帝相中以后，第二年就担任了户部侍郎、军机大臣、内务府大臣，又过了五年，和珅成为户部尚书、议政大臣。到乾隆四十五年(公元 1780 年)，和珅未成年的儿子，成为乾隆皇帝最小的女儿的驸马，从此以后，和珅更成为皇亲国戚，朝廷里的大红人。

一朝权在手，和珅便开始了结党营私，贪赃枉法的活动。他最强有力的倚靠，便是皇帝。哪个得罪了他，他就会在乾隆心情不好的时候，开口说那人的坏话，十有八九，那个人便要受到皇帝的惩处。谁要是犯了罪，只要送给和珅厚礼，他就会趁皇帝高兴的时候，说上几句好话，于是大事化小，小事化了，送礼的人便逃过了一次劫难。

和珅是户部尚书，掌着国家财政大权；他又管着内务府，皇家财产也由他经管。国库里的，皇室的财物，他可以随心所欲往家里拿，各地向皇帝进贡的珍宝，只要他看得上眼，便从中扣除了，再向皇宫里送。

有一天，两广总督孙士毅在宫门外等待乾隆接见，和珅正好路过，见他手里捧着件稀罕之物，便上前打量了一番。那是颗鸽蛋般大小的珍珠制成的鼻烟壶，玲珑剔透，价值连城。和珅不禁贪心大起，涎着脸对孙士毅说："这玩意儿就给了我吧！"孙士毅满脸的尴尬，吞吞吐吐说了句："此物已禀报了皇上，我正待旨进献，实在不敢转送大人。"

和珅听了，冷冷一笑，说了声："我跟你开个玩笑，看把你吓的。"就把这事搁下了。过了几天，和珅又遇上孙士毅，他开口就说："我也得了个鼻烟壶，跟你那天的一模一样。"孙士毅一瞧，吓得目瞪口呆，原来和珅手里的那壶，便是自己贡奉给皇上的。孙士毅本以为是皇上恩赐，谁知打听下来，根本没那回事。他知道和珅一定在宫里弄了手脚，偷出那壶，占为己有。

对一件进献皇上的珍宝，和珅都敢这么胆大妄为，对各级官吏，他更是大着胆子索贿受贿。两淮地区的盐政，是当时最肥的缺，谁要谋得这个职位，非给和珅送重礼不可。有一个叫征瑞的盐政官，在任期间就送了和珅四十万两白银。至于各路军队的将军们为了给和珅送礼，不得不克扣军饷。从此，军政各方，贪污之风日盛，和珅把官场搞得乌烟瘴气，几乎到了不可收拾的地步，而乾隆却已老朽昏庸，什么事都交给和珅去办。

照说朝廷里还有谏官，他们的任务就是向皇帝举报违法的官吏。但是，和珅却有杜绝言路的办法——把一帮亲信拉进了御史队伍。和珅让自己的几位老师在朝廷里任高官，有的掌着科举，有的担任御史。最老的一位是两江总督苏凌阿，他当大学士的时候，两眼昏花，连人也辨不清了，走路都要人搀扶，但他跟和珅的弟弟是亲家，居然当上朝廷重臣，成了和珅的"活傀儡"，这种人当然不会出面弹劾和珅。

偶尔也有个把御史气不过，借机会弹劾与和珅有牵连的人，和珅却总能想办法遮掩过去。一位叫曹锡保的御史曾经弹劾和珅的家奴刘全，说他造的屋子超过了规定，这是一件犯禁的大罪。和珅事前知道了，马上派人通知刘全，连夜把太大的房子拆了。到第二天，乾隆派人去调查，一切证据均已毁去，曹锡保反而落了个诬告，受到革职留任的处分。

和珅就是用这样的办法霸住了朝政二十多年，直到乾隆六十年(公元1795年)之后，乾隆退位当了太上皇，嘉庆登基之后，他的罪行才逐渐败露。

和珅是第一个知道嘉庆将继任皇位的人，于是，他立刻捧了一枝玉如意去送给嘉庆，表示自己拥戴嘉庆。但是，嘉庆早就知道和珅是位贪官，一点也没买他的账。只是因为乾隆还在，只得跟和珅敷衍着混日子。

嘉庆四年(公元1799年)正月，乾隆皇帝活到八十八岁终于死了。就在当月，嘉庆突然下令，将和珅捉拿下狱问罪，一面派王公大臣联席审问和珅，一面派人抄了和珅的家。

审讯还没结束，抄家的结果却出来了。查抄出来的东西，除了金银玉器等珍宝以外，还有金银元宝各一千个，沙金二百余万两，赤金四百八十万两，白银九百四十万两。再加上种种银号、当铺、古玩店、田地等折合成银钱，总计约有白银八亿到十亿两，抵得上朝廷十年的收入。

嘉庆皇帝当即宣布了和珅二十条罪状。许多大臣建议，要凌迟处死和珅。嘉庆却以为他毕竟是乾隆的宠臣，罪定得重了，有损乾隆的名声，只下了道命令，让他在狱中上吊自杀。一代典型的贪官就在他四十九岁时走上了末路。

和珅富可敌国的财富，除了一部分纳入国库以外，大部分都被嘉庆收入了内务府，成为皇室的财产。这位中国最大的贪官搜刮到的巨大的财富，最终依然变成了封建帝王的囊中之物，难怪当时的民谣说道："和珅跌倒，嘉庆吃饱。"

郑板桥家风严谨

郑燮，字板桥，生于扬州，是清代乾隆年间著名的书画家、诗人，与金农、汪士慎、黄慎、高翔、罗聘等八个扬州书画家齐名，合称"扬州八怪"。他的诗歌、书法、绘画均有成就，号称"三绝"，名重一时。

乾隆元年(1736 年)郑板桥中了进士，随即到山东潍县(即今山东潍坊市)当知县，他为官清廉，关心民生，政绩不菲，百姓对他的评价也很高。后来，这一地方碰上了灾荒年，他请求赈济灾民，却因此而获罪，便辞去官职回到家中，以卖书画为生。

郑板桥出身贫寒，所以能理解贫苦人的艰辛，从来不以富贵贫贱论人。当他还是个秀才的时候，有时翻翻家中的旧书箱，若见到家中佣人的前辈所签的卖身契据等，就会马上拿去烧掉，他绝不会还给佣人本人，或者自己仔细看看契据的内容，就是怕佣人知道了感到难堪。郑板桥长大自己当家后，雇用佣人的时候，从来不要求对方和自己立契约，佣人自己如果觉得合适，就留下，不然就自由离去。郑板桥的用意，是不想让后世子孙借此逼勒，苛求家中佣人。

郑板桥后来到山东范县、潍县等地做官，他不放心家中，经常写信回家，教育在家中当家的堂弟郑墨。他谆谆告诫郑墨，不要以富贵贫贱论人，要宽厚对待家中的佣人，并将自己当年悄悄烧掉佣人的前辈所订立的契据、从不要求佣人立契据之事讲给堂弟听；又教育郑墨与人为善，要看到别人的长处，不要光看别人的短处。

他给郑墨的信中有这样的话："以人为可爱，而我亦可爱矣；以人为可恶，而我亦可恶矣。东坡一生觉得世人没有不好的人，最是他好处。愚兄平生谩骂无礼，然人有一才一技之长、一行一言之美，未尝不啧啧称道。"郑板桥举宋代苏东坡和自己的例子，告诫郑墨多看别人的长处，话语之中充满着人生的哲理。

郑墨将哥哥郑板桥的俸钱带回家中后，郑板桥特意寄信回家，要弟弟挨家挨户，逐一散给自家的邻居族人，信中说："南门六家，竹横港十八家，下佃一家，派虽远，亦是一脉，皆当有所分惠。无父无母孤儿，村中人最能欺负，宜访求而慰问之。自曾祖父至我兄弟四代亲戚，有久而不相识面者，各赠二金。……徐宗于、陆白义辈，是旧时同学，日夕相征逐者也，今皆落落未遇，亦当分俸以敦夙好。……敦宗族，睦亲姻，念故交，大数既得；其余邻里乡党，相周相恤，汝自为之，务在金尽而止。"郑板桥谆谆嘱咐堂弟将自己的俸钱分送净尽，用以救济亲朋好友、邻里乡党，其用心可谓良苦。

郑板桥又教育郑墨尽心务农，收拾齐备农具及家中生活器具，男耕女织，养成一种"靠田园长子孙气象"，一点也没有轻视农夫的思想。他教育郑墨要体恤贫苦之人，如果人家要借钱，必须要成全；假如不能偿还，也要宽容他。总之，郑板桥总是无论大小事都耐心开导其弟。

郑板桥五十二岁时才得一子，因此对孩子十分钟爱，但不是一味溺爱，而是教之以正道。他在潍县任官，便写信给堂弟，要郑墨在家好好教育其子，让他懂得为善之道，养成忠厚而有同情心的性格，避免形成刻薄急躁等坏习气。他特别关心为儿子延师教育的事，并要求刚刚六岁的儿子礼敬师长，关心同学。

他还特别嘱咐郑墨："吾儿六岁，年最小，其同学长者当称为某先生，次亦称为某兄，不得直呼其名。纸笔墨砚，吾家所有，宜不时散给诸众同学。每见贫家之子、寡妇之儿求十数钱买川连纸钉仿字簿而十日不得者，当察其故而无意中与之。至阴雨不能即归，辄留饭，薄暮，以旧鞋与穿而去。彼父母之爱子，虽无佳好衣服，必制新鞋袜来上学堂，一遭泥泞，复制为难矣。夫择师为难，敬师为要。择师不得不审，既择定矣，便当尊之敬之，何得复寻其短？"

为了更好地教育自己的儿子，郑燮特意抄了四首顺口好读的古代诗歌，让堂弟郑墨教其儿子边读边唱，从中受到教育。

诗曰：

二月卖新丝，五月粜新谷。
医得眼前疮，剜却心头肉。

锄禾日当午，汗滴禾下土。

谁知盘中餐，粒粒皆辛苦。

昨日入城市，归来泪满巾。
遍身罗绮者，不是养蚕人。

九九八十一，穷汉受罪毕。
才得放脚眠，蚊虫蚤又出。

郑板桥书画双绝，而且自成一家，人们最熟悉的是他的墨竹和“难得糊涂”等墨迹。在他的一幅《竹石》画中，有这样的诗句：

咬定青山不放松，立根原在破岩中。
千磨万击还坚劲，任尔东西南北风。

这不正是他人格的写照吗？

火烧圆明园

正当中国的太平天国农民起义浪潮冲击着清政权，战争激烈展开的时候，英国、美国等帝国主义国家又蠢蠢欲动，想趁清政府自顾不暇之际，修改《南京条约》，攫取更大的利益。咸丰六年(公元 1856 年)，中英第二次鸦片战争终于在广州爆发了。

这一年的秋天，广州水师在一艘叫做“亚罗”号的中国走私船上，逮捕了十二名中国人。这本是中国水师逮捕中国罪犯的正常行为，但是，英国领事巴夏礼却横生事端，宣称“亚罗”号在香港领取过通航证，挂过英国的国旗，就是英国船，中国水师无权在英国船上捉人，要两广总督叶名琛立即把十二人释放出来。

其实，亚罗号的英国通航证早已过期，根本称不上是英国船。但是叶名琛被巴夏礼的最后通牒吓坏了，立即派人把十二名罪犯送给了巴夏礼。巴夏礼本是寻事找茬，叶名琛的举动哪里能满足他？于是他又借口送人去的官员职位太低，是对英国不尊重，到九月份，悍然派海军进攻广州的沿江炮台，打响了第二次鸦片战争。

叶名琛不战而逃，英军进入广州，烧了他的总督衙门，他还不许部下备战，并祈请大仙吕纯阳保驾。吕大仙怎能保得了他的安全？广州不久再一次陷落，叶名琛当了俘虏，被押送到印度加尔各答囚禁起来，最后死在了异国他乡。

这时候，参加第二次鸦片战争的帝国主义国家，已经增加到英、法、美、俄四国。他们在广州大肆烧杀抢掠一番之后，移军北上，很快来到天津的大沽口外，攻陷了大沽炮台，然后沿白河一直攻到天津城下，用武力胁迫清政府答应他们的条件，修改条约。

咸丰皇帝无可奈何，派了大臣桂良与英法联军谈判，跟英、法、美、俄分别签订了《天津条约》，除了赔款外，还答应外国公使进驻北京，增开南京、汉口、烟台、营口等十处为通商口岸，允许外国人到中国内地传教和通商，沙俄帝国更是掠夺了黑龙江以东大片的中国领土。这一个丧权辱国的条约立刻引起朝野一片哗然，老百姓更是强烈地反对。

按照咸丰六年（公元 1856 年）订约时候的规定，一年之后，双方将交换批准的条约文本。直到咸丰九年（公元 1859 年）五月，英法联军才派代表去北京换约。与此同时，两千名英法海军开到大沽口外，不肯听从清政府的安排，强行冲进大沽口，炮轰大沽炮台。在天津的科尔沁亲王僧格林沁看不惯英法联军横蛮的态度，下令炮台士兵开炮还击，打沉敌军舰十艘，打死打伤侵略军四百多人，英军舰队司令贺布也受了重伤。侵略军损失惨重，只得退出了天津的大沽口，回到了上海。

英法帝国主义怎肯罢休！第二年，他们又结集了两万人马，再次进逼到天津大沽口外，兵不血刃地从北塘登陆，在新河大败僧格林沁的骑兵，很快占领了天津。

咸丰皇帝一味地患得患失，派了大臣去天津议和，又嫌对方的条件太高；气壮如牛地宣布要御驾亲征，又下令清兵不许得罪外国人。八月份，英法联军在通州八里桥再一次击溃僧格林沁的部队，这时北京已经无险可守，咸丰只得带了后妃皇子，一溜烟逃到了承德，留下北京城听凭侵略军宰割。

英法联军一路烧杀抢掠向北京攻去。他们知道，位于郊外的圆明园是咸丰皇帝平日居住的行宫，便派兵向园内进攻，攻进圆明园后，立即大肆抢掠。

位于海淀以北的圆明园是当时世界最著名的园林建筑群。它始建于康熙初年，雍正、乾隆年间又进行了扩建。爱好山水的乾隆，对此园的建筑十分重视，他每次到江南，看到奇石异峰，立即下令搬运到园内或者仿造。在园内，集中了中国所有的建筑艺术珍品。

除了中式的建筑，圆明园内还有别具一格的“西洋楼”，大凡意大利、法国的著名建筑，清代的帝王都让人在园内仿建，而且与中国的建筑风格有机结合，形成了巧妙的，协调美丽的新型建筑。

圆明园内，还有无数名贵的奇花异木，数不清的珠玉宝器，五光十色的珍宝、历史文物、铜瓷古玩、名人字画、孤本秘籍等，更成为世界独一的博物馆、艺术馆和图书馆，艺术价值极高。

咸丰十年八月二十四日（公元 1860 年 10 月 6 日）英法联军进入圆明园，立即把园内珍宝洗劫一空，拿不走的，便肆意破坏。偌大的一处园林，立即变成了残破不堪、空无一物的垃圾场。侵略军在几天内，犯下了让世人痛心疾首的罪行。

英国公使为了掩饰自己的强盗行径，立即发表声明，宣称圆明园是中国皇帝最喜爱的行宫，为了警告中国皇帝，应当把这个老窝捣毁；同时为了给中国政府深刻教训，有必要烧毁这座宫殿。

他命令米启尔骑兵团再次冲进圆明园，到园内四处点火。刹那间，庄严华贵的殿堂，玲珑剔透的亭台楼阁，统统被冲天的烟焰卷没。世界上最辉煌的建筑群，就这样化作了一片废墟。

烧毁圆明园之后，英法联军又在地坛一带修筑炮台，作出进攻北京的姿态。这一下，留在北京留守的恭亲王奕䜣吓坏了，立即下令大开安定门，让侵略军开进了北京城。进了城，英法联军又把大炮架上了安定门城楼，向清政府提出了最后通牒，宣称如果不接受他们全部条件就要炮轰北京皇宫，像烧毁圆明园那样，把皇宫夷为平地。

在英法联军的军事威胁下，奕䜣代表清政府全盘接受了侵略者的条件，跟英国和法国签订了更加屈辱的《北京条约》，出卖了更多的主权和土地。

《北京条约》除了承认《天津条约》所有条款外，还增加了更多的内容，开放了北京的门户，把天津也列为通商口岸，把九龙割让给了英国。中国更深一步地陷入了半殖民地社会。

韦昌辉血洗东王府

1851年，洪秀全在广西金田发动太平天国运动，从此如燎原之火，蔓延中国南半部。太平军英勇善战，所到之处，官绅无不惊惶，而下层民众无不响应。

太平天国定都江宁后，天王洪秀全志得意满，完全醉心于天父、天兄的神话当中，深居内宫过着豪华的生活，逐渐很少见人。在他临朝的时候，只有东王杨秀清、北王韦昌辉和翼王石达开可以直接觐见，其他的文武官员则只能在大门外按照仪式跪拜，口呼“万岁”。

公元1856年，太平军先后击溃清军的江南、江北大营，打败了清军对江宁的围攻。这年的七月，清钦差大臣向荣忧急成疾，病死在丹阳。江宁城内的太平军闻讯，举杯相贺，并争相为杨秀清庆功。这时候杨秀清也被胜利冲昏了头脑，开始居功自傲，甚至以为他有代天父立言的权力，总揽太平天国的军政大权。这以后，所有军政大事他都要求先报到他的府中，一切刑赏、任免都要由他一人决定。

同时，他已不能平等地对待与他一同起义、战功卓著的韦昌辉和石达开，竟将二人视为自己的下属。

这年八月，杨秀清假借“天父下凡”，用武力胁迫洪秀全到东王府，让洪秀全下轿呼他为“万岁”，交出至高无上的君主权力。对杨秀清的这一行为，洪秀全实在无法忍受，便秘密派人通知正在江西督战的韦昌辉，让他速回江宁议事。韦昌辉接到洪秀全的密令，立即率亲兵赶回江宁。

九月，韦昌辉赶到江宁城下。杨秀清却以韦昌辉在江西督战不力为由，不许他入城。在韦昌辉的再三恳求下，杨秀清才答应放他入城。韦昌辉入城后，直奔天王府，拜见洪秀全。

洪秀全一见韦昌辉，心中暗喜，却假装斥责韦昌辉擅离职守，催促他赶快去东王府请罪。韦昌辉领会洪秀全的意图，就奉命到东王府拜见杨秀清。杨秀清见韦昌辉前来请罪，不明真相，非常高兴，便将自己已被洪秀全封为“万岁”的事情告诉了韦昌辉。韦昌辉一听，装作高兴的样子，立即跪下，呼杨秀清为“万岁”。杨秀清见状，颇为得意，让人摆上酒席，留韦昌辉在东王府欢宴。在酒桌之上，韦昌辉极力奉承杨秀清。

酒过三巡之后，见杨秀清已有醉意，韦昌辉突然拔出佩刀，从坐位上跃起刺向杨秀清。杨秀清毫无防备，被韦昌辉一刀刺穿了胸膛，倒地而死。接着，韦昌辉向杨秀清的侍从出示了洪秀全的诏书，大声说：“东王谋反，天王密令我杀掉他。”说完，他又率人血洗了东王府，将杨秀清的家属全部杀死。一时间，东王府尸首遍地，血流成河，江宁内外人人震惊。这就是令人震惊的“天京事变”。

第二天，韦昌辉又派兵在城中大肆搜捕杨秀清的余党，杨秀清的部下非常恐惧，却又无法出城，只好顽抗，在城中与韦昌辉的部下进行争斗，但终因群龙无首，寡不敌众，死伤惨重，剩下的便在城中躲藏起来。对于韦昌辉滥杀无辜的行为，天王指责韦昌辉做得太过分，要对他进行处罚，准备在天王府前对他施以杖刑，向东王的部下谢罪。为了设计进一步残害东王的部下，韦昌辉假意答应天王接受杖刑，同时建议天王召令东王的部下前来观看。

到了接受杖刑那天，杨秀清的部下果然纷纷到天王府前来观看。这时，韦昌辉事先安排的伏兵四起，对围观的人展开了血腥的屠杀，当时东王的部下全部被杀死。从血洗东王府，到这一次屠杀，残忍的韦昌辉共杀了三万多人。

石达开闻讯后，从湖北赶回江宁，进城后只见血雨腥风，令他震惊。他一见韦昌辉，便责备韦昌辉杀人太多，殃及无辜。韦昌辉一听大怒，就预谋杀掉石达开。当天夜里，韦昌辉率人突然包围了翼王府。因石达开事先有所察觉，早已离开王府，逃出江宁。韦昌辉见没有抓到石达开，就杀了他的全家。

十一月，石达开起兵，要求洪秀全顺从民意，杀掉韦昌辉。洪秀全听到这个消息，也责备韦昌辉做得太过分。韦昌辉因替洪秀全杀了杨秀清，自以为有功，受到责备后，心中很不服气，便率人围攻天王府。这时，韦昌辉已失去了人心。洪秀全便率领江宁的太平军进行反击，两天就打败了韦昌辉。韦昌辉见大势已去，就逃出江宁，结果在江边被巡逻的太平军抓住。于是，洪秀全下令将韦昌辉斩首示众，然后，派人把韦昌辉的人头送给石达开，请石达开回江宁。

石达开魂断大渡河

"天京事变"后，太平天国从此元气大伤。为了安定人心，洪秀全召回翼王石达开主持朝政，人心这才慢慢安定下来。

石达开被封为义王，因为他现在是除天王之外仅存的太平天国开国元勋，而且主持着国事，当然会受到广大将士的尊敬，这件事本来是正常的。但是，经过了杨秀清、韦昌辉事件之后，洪秀全开始疑心重重，看到将士们口口声声只称义王如何如何好，便觉得总有一天这位义王也会变成"东王"或者"北王"，天王开始设法限制石达开的权力。

和所有心生疑窦的君主一样，觉得最可靠的人是自己的亲属，洪秀全也不例外。天王封自己的大哥洪仁发为安王，封他的二哥洪仁达为福王，与石达开共管朝政，还设法剥夺了石达开指挥部队的权力。

如果安王、福王确实能协助石达开搞好朝政，那倒也罢了，可是，洪秀全这两位哥哥不仅无才无能，还倚仗天王的权势，作威作福，倒行逆施。

石达开，这位出身于地主家庭的太平王国将领，终于咽不了这口窝囊气，为了免蹈杨秀清的覆辙，他不顾太平天国整体利益的需要，借口天王"重重生疑心"，在咸丰七年(公元 1857 年)的五月，愤然带了自己十几万部属，从天京出走，准备西行，独立与清军作战去了。他的出走，大大削弱了太平天国的力量。

石达开率领近二十万太平军，在江西流动打击清军和地方团练，所到之处，清军和团练望风而走。洪秀全十分后悔，几次派人去石达开那儿，请他回天京重新执政。但是，石达开一意孤行，始终没肯回天京。

流动作战的范围逐渐扩大，石达开到了福建，进入浙江，来到湖南，影响不小。清廷对此感到不安，立即下令曾国藩带兵去围剿。在清廷看来，石达开既然脱离了南京，歼灭他的可能性应该比较大，而能担当这任务的，非曾国藩莫属。

但是，曾国藩却不愿意把自己的主要精力花在石达开身上。他认为，要剿灭太平天国，正确的途径只有一条，就是从长江上游出发，直捣南京，所以，清廷好几次命令他到其他地域作战，他都拒绝了。曾国藩认为，石达开离开天京，已经失去了原来的目标，只是盲目流窜，绝对成不了大事，没有必要在他身上多花精力，杀鸡何必用牛刀？曾国藩只派了湘军将军李元度去拦截石达开，不让石达开进入自己的根据地。

确实，石达开进入湖南，受到拦截，无法再深入，只得撤兵。咸丰十年(公元1860年)，他把部队拉到了家乡广西，再一次招兵买马，扩大自己的队伍。不久，石达开的部队终于从长期奔袭的疲劳中恢复了过来。

疲于奔命的太平军将士们在休整了一个阶段之后，开始思考这么长的时间里自己所做的一切。他们怀疑，从天京出走是不是妥当。况且，将士们发现，自从由天京出走以来，石达开已经逐步丢弃了太平军原有的规矩，拜上帝会的许多规定已经不再实行，代替的倒是中国社会通常的上下级关系，石达开一个人主持着一切，决定了一切。

将士们开始对石达开产生了怀疑，怀疑他要抛弃太平天国而自立。他们像离开了爹娘的孩子，越来越思念天京，怀念过去那一段光辉的岁月，回天京的呼声越来越高。

太平军的将军彭大顺、朱衣点开始暗中联络志同道合的将士。经过一个阶段的联络，共有六十多名将官赞成回天京。他们秘密召开了会议，打出了“万里回朝”的旗帜，要求回到天父天子的身边去。

拜上帝会的思想在太平军里的影响还是非常大的，彭大顺、朱衣点的口号立即吸引了广大的将士，咸丰十一年(公元1861年)上半年，近二十万将士终于在彭大顺的领导下，摆脱了石达开，北上湖南，开始了回朝的战斗。

从湖南到江西，清军层层拦截，彭大顺他们殊死拼搏，杀出一条血路，终于在当年九月来到江西广信，跟广信的太平军会合在一处，走完了万里回朝的征途。

天京的洪秀全听说大队将士万里回朝，简直喜出望外。他立即派人到广信，授予这支部队“扶朝天军”的光荣称号；从彭大顺开始，到每一位士卒都给封赏。从此以后，这支队伍直接在天王领导下，为保卫太平天国做出了巨大的贡献。

大部分太平军离石达开而去，他身边只剩下几百名亲信。势力大大削弱之后，石达开感到了失望。他心灰意冷，只想从此隐居山林，不再介入朝廷和太平天国的纷争。他手下的那些将士们，也只得转战在广西，很长时间无所作为。

但是，清廷是不肯放过落难的石达开的。广西各地，到处张贴着悬赏捉拿石达开的布告。不仅是清军，就连当地的团练，也处处设防，盘查石达开和他的部下。

石达开忍无可忍，再次召兵举事，凭他的威信，当即有许多贫苦的农民投奔到他的手下，不久队伍就扩大到几万人。这时候，寻常的团练再也不敢寻事，一般的清军也只得避开石达开的锋芒。石达开的人马开始在广西、云南一带展开运动战。

太平天國

石达开知道，长期盘旋在西南山区决不会有什么前途。这时候，他听说四川地区爆发了李永和、蓝大顺领导的农民起义，认为是个大好时机。四川是天府之国，起义军又不属于太平天国系统，自己正好进取四川，建立基地，有了立足之处，便可以再图大业。于是，在同治二年（公元1863年）五月，石达开从云南昭通出发，进入贵州，渡过金沙江，来到大渡河安顺场口，只要从这里过了大渡河，进川的目的就可以达到。

这时候，石达开的部队经过数次突围，伤亡惨重，只剩下七千余人了，粮草也断绝了。石达开走投无路，写信给四川总督乞降。四川总督骆秉章接到石达开的信，在洗马姑军营树起“投诚免死”的旗帜，但当石达开带人投降后，他立刻举起屠刀，一夜之间杀死石达开余部两千余人，石达开也被解赴成都处死。

石达开有出色的军事指挥才能，号召力也很强，但是，作为一支农民军的将领，缺乏先进的思想和高远的目标，只靠长期转战是不可能成功的。石达开的失败，以至太平天国的失败都是必然的。

李秀成三战上海

石达开出走后，太平天国的实力大损。为了主持国家大局，洪秀全大胆提拔了陈玉成、李秀成等一批青年将领，组成了太平天国新的领导核心。

公元1860年四月，英王陈玉成和忠王李秀成在江宁城下联合作战，率太平军一举击溃了清军的江南大营，解除了三年来清军兵临城下的威胁。随后，李秀成率太平军继续东进，连续攻克丹阳、常州、无锡和苏州。五月，李秀成在苏州稍事休整，又攻克嘉定、青浦、松江，直逼上海。在青浦，太平军与美国人华尔率领的洋枪队第一次相遇。

华尔原是美国的一名普通士兵，因犯罪被开除，后来流浪来到上海，被苏松太道（清代江苏省下辖的行政区）吴煦（xù）发现。这时恰好太平军攻占了苏州，上海正在筹备募练新兵守城，所以，吴煦向美利坚领事请求为华尔免罪，得到美利坚领事的同意。华尔非常感激，向吴煦表示愿为清朝廷效力。于是，吴煦便让他组织洋枪队，帮助官军进剿太平军。华尔奉命后，招募几十名外国人，作为前锋，又招募几百名中国人，西服与中国服装混穿，作为后队，组成了洋枪队。在青浦，洋枪队在太平军的猛烈进攻下，被打得大败，华尔也身负重伤，狼狈地逃回上海。

六月，太平军的前锋扮作官军，准备混入上海，被官军发觉，未能成功。随后，李秀成率大队太平军赶到，开始攻城。但由于上海城中准备充足，太平军一时无法攻入城中。这时，停靠在上海黄浦码头的英、法兵舰加入了官军的行列，不断用兵舰上的大炮轰击太平军的营垒，差一点将李秀成炸伤。李秀成见官军得到英、法军队的帮助，一时难以攻克上海，便率太平军撤回苏州，清理江宁的外围，加强江宁的防守。

一直到公元1861年年底，上海一直很平静。在这期间，华尔在松江改组洋枪队，招募了五百名中国人，以欧美人为教官，服装、器械、步伐队列一律效法欧美军队。

公元1862年一月，大学士曾国藩在攻克安庆后，拟派随军启用的福建延建邵道李鸿章去江苏督剿太平军。这时，李秀成率太平军开始第二次进攻上海，江苏的士绅不断向曾国藩请求派官军进入江苏，救援上海。因此，曾国藩一面派江苏布政使曾国荃主攻江宁，浙江巡抚左宗棠主攻浙江；一面派李鸿章回家乡安徽庐州招募淮勇七千人，仿照湘军的模式，组建淮军。李鸿章用总兵刘铭传、游击周盛波、参将张树珊、游击吴长庆，湘军将领总兵程学启，楚军参将郭松林和浙江提督鲍超的部将、副将杨鼎勋带领各营官兵，以举人潘鼎新、编修刘秉璋和他自己的弟弟李鹤章总领全军营务，准备进军江苏去围剿太平军。

这时，长江两岸都被太平军占领，李鸿章如果从陆路去上海，就要经过太平天国的境界，后果难料。于是，他租赁了八艘英国轮船，打着外国人的旗号，从水路行程两千多里，将七千淮军全部运抵上海。他们刚到上海时，衣衫不整，外国人见了都大笑不止。李鸿章则说："兵贵能战，不在衣饰的华美。等我军在战场上小试锋芒，再笑也不迟。"

随后，他便在上海请外国人训练淮军，同时，他又招募外国工匠制造军火，武装淮军。不久，清穆宗载淳任命李鸿章为江苏巡抚。于是，他把华尔的洋枪队也列入自己的指挥之下，让华尔再招募外国人三千名，扩充洋枪队，号称"常胜军"，并派参将李恒嵩做华尔的副手。洋枪队的军饷比官军高一倍。

不久，英、法两国也撕下了中立的面具，派英吉利海军提督何伯和法兰西海军提督卜罗德分别率本国的军队，加入了镇压太平军的行列。

这时候，李秀成已率太平军乘胜直扑上海，连续攻克了奉贤、南汇、川沙，占领了浦东，并将兵力集中在高桥，准备攻打上海城。慕王谭绍光则率太平军由苏州攻克了青浦，与李秀成遥相呼应，对上海形成了合围之势。

三月，李鸿章一切准备就绪，开始对太平军发动反攻。他派华尔率洋枪队与英、法军队为南路军，先后攻克松江、嘉定、青浦、奉贤，派程学启等人为北路军，率官军围攻南汇，太平军被迫全线后退。

四月，李秀成率听王陈炳文等人向官军发起反击，在青浦打败了李恒嵩，一直追到塘桥。随后，太平军又经娄塘攻克嘉定、奉贤，何伯和卜罗德突围而走，逃回上海，华尔逃到松江。太平军打败了李鸿章的南路军，包围了松江。

李鸿章见形势不利，忙派官军驻守法华镇，扼守上海的西侧。

五月，南汇太平军守将吴建瀛、刘二林因屡受李秀成养子的凌辱，投降了官军。李秀成的养子闻讯从金山卫赶来，与川沙的太平军合攻南汇，被官军打败，官军乘势进攻川沙。太平军抵挡不住，由海塘突围而走。于是，官军由川沙增援松江。李秀成闻讯，便分兵进攻泗泾，打败了林丛文的部队，一直追到上海城的北门外。华尔一见，就放弃了松江，率洋枪队回援上海。

不久，李鸿章命令程学启扼守虹桥，分散青浦、松江太平军的攻势，自己率官军进驻新桥，准备向太平军发动反攻。随后，华尔率洋枪队乘夜色在窦福寺、天马山打败太平军，突然攻入松江。松江太平军退入青浦，合力固守。于是，李鸿章率官军包围了广福林和泗泾，刘铭传与何伯、卜罗德进攻奉贤。太平军在奉贤英勇奋战，打死了卜罗德，但终因寡不敌众，退出了奉贤。李秀成见官军来势汹汹，也针锋相对，集中兵力包围了李鸿章在新桥的大本营，同时分兵绕过新桥，直扑上海。李鸿章急忙命令程学启防守新桥，他亲自率领七营官军回援上海。

太平军在新桥填埋壕沟，反复猛攻，都被程学启打退，形成相持的局面。不久，进攻上海的太平军被李鸿章打败，退回新桥。李鸿章随后追击，趁机与程学启里应外合，大败太平军。陈炳文、郜永宽都被官军打伤。李秀成被迫率太平军退入青浦、太仓，准备再攻上海。

这时，官军在曾国荃的率领下，进抵江宁城下，开始进攻江宁。天王洪秀全屡次催促李秀成回援。李秀成被迫留下谭绍光等人驻守苏州，自己率太平军回援江宁，放弃了对上海的进攻。

七月，潘鼎新攻克了金山卫，官军完全占有了浦东。随后，李鸿章率官军乘胜攻克青浦。谭绍光闻讯，担心苏州受到威胁，从湖州赶回苏州，率太平军从西北方向第三次进攻上海。太平军进攻青浦、北新泾失利，便从小路偷袭并攻占了法华寺，抵达上海城下。李鸿章出其不意，急忙命令金山卫、青浦、松江的官军回援上海。

太平军与官军在上海城下大战多日，受到四面围攻，被官军打败，只好撤回嘉定。这样，李鸿章终于在上海站稳了脚跟。经一段时间的休整，他在九月率官军攻克嘉定，开始大举出兵江苏，在苏州、常州一带对太平军展开进攻，声援曾国荃对江宁的围攻。

陈玉成失守庐州

英王陈玉成是太平天国后期优秀的将领之一，谋略甚至超过东王杨秀清，他在关键时刻曾屡次打败官军，与忠王李秀成一起捍卫了太平天国政权。

公元 1862 年，清穆宗载淳下诏任命钦差大臣曾国藩为协办大学士，督率各路官军进攻江宁。于是，曾国藩重新部署，命令江苏布政使曾国荃主攻江宁，浙江巡抚左宗棠仍主攻浙江，江苏巡抚李鸿章率淮军增援上海，主攻江苏，福建水师提督杨岳斌、兵部右侍郎彭玉麟率水师顺江而下，在江上往来策应。另外，他还命令浙江提督鲍超继续围攻宁国，福建按察使张运兰驻防徽州，在江南保护官军的粮道，命令荆州将军多隆阿继续围攻庐州，湖北巡抚李续宜驻防颍州，在江北阻止太平军英王陈玉成与捻军对江宁的增援。就这样，在曾国藩的指挥下，官军对太平天国展开了全面的进攻。

曾国荃临行时对曾国藩说："急攻江宁，长毛一定以全力保护老巢，那么苏杭也就不难攻克了。"他与弟弟曾贞干兵分两路，他沿江北，曾贞干与杨岳斌、彭玉麟沿江南，迅速向江宁进军。

他首先攻打位于巢湖湖口的巢县。巢县上连庐州，下连芜湖，东接江宁，是太平军防守江宁的重镇。曾国荃从东关和运漕二镇出发，连续攻克铜城闸和雍家镇，进而将巢县围困起来，并展开猛攻，在数日内便攻破巢县。接着，他又攻克含山、和州、裕溪口。

曾贞干沿江南向三山峡进发。太平军派兵前来阻截，他乘太平军立足未稳，分路出击，打败了太平军，然后趁势攻克繁昌、三山，进逼鲁港。在鲁港，他与杨岳斌的水师水陆齐攻，夺取太平军的战船一百多艘，迫使鲁港的太平军退回芜湖。接着，他又分兵袭取南陵，他自己率主力包围芜湖。

四月，曾国荃从裕溪口继续东进，与水师联合进攻遏制长江水道的东西梁山。总兵萧孚泗率前锋攻克了西梁山，曾国荃随后率官军攻克太平、金柱关，袭取了东梁山，太平军退走江州。这时候，曾贞干也联合水师攻克了芜湖。江宁上游全部被官军攻占。

与此同时，安徽巡抚李续宜派提督成大吉、总兵萧庆衍率官军渡河救援颍州，在大桥集打败捻军首领张乐行。太平军将领马融和捻军首领张乐行一起退入陕西，被陈玉成派出远征西北的扶王陈得才、增王赖文光已进入汉中，来不及回援，只有投靠太平军的安徽团练首领苗沛霖仍然围困着颍州，在安徽境内声援庐州。苗沛霖原是镶黄旗满洲都统胜保的部下，他知道官军兵强马壮，能攻善战，非常害怕，便扬言说如果胜保前来，他就投降。被围在颍州城内的安徽巡抚下属贾臻听说后，便将这一情况上书载淳。

于是，载淳下诏命令胜保赶赴颍州，暗中招降了苗沛霖，解除了颍州之围。这样，驻守庐州的陈玉成已毫无外援。而且，在安庆失守后，陈玉成受到了天王洪秀全的严厉斥责，因此，他不敢突围返回江宁，只有死守庐州。他的军队士气低落，有不少人甚至想向官军投降。

一天，多隆阿在庐州城外设下埋伏，引诱陈玉成出战，等陈玉成率太平军从城中杀出后，官军的伏兵突然冲出，把太平军杀得大败。陈玉成在混战中已被官军包围，无法回城，便率两千多人杀出重围，向寿州投奔苗沛霖。多隆阿乘势攻入庐州，并派参领穆图善、总兵雷正绾去追赶陈玉成。

陈玉成到达寿州后，受到苗沛霖的热情款待，心中毫不防备，被苗沛霖的部下抓了起来。然后，苗沛霖把陈玉成及导王陈士才、从王陈得、统天义陈聚成、虔天义陈安成、祷天义梁显新、天军主将向士才等二十多人押送到胜保的军营中，献给了官军。陈玉成等二十多人在胜保的营中惨遭杀害。于是，载淳下诏赦免苗沛霖，让他戴罪立功。苗沛霖便率部下十几万人投降了胜保，依附胜保。胜保也想借助苗沛霖的势力，与李续宜和多隆阿抗衡，巩固自己在安徽的地位。

李秀成听到陈玉成被杀的消息，忍不住顿足长叹："没有人能帮助我了！"陈玉成死后，太平军在湖北、皖北的势力已不复存在，使官军得以全力进攻江宁。

太平天国的失败

英王陈玉成被杀后，太平天国的首府江宁失去了保卫，此时太平军还占有苏南、浙北等并不广阔的地区。

公元 1863 年十一月，总兵程学启与江南提督李朝斌水陆齐进，由苏州进攻浙江，连续攻克平望、嘉善，包围了嘉兴，与闽浙总督左宗棠形成前后夹攻之势。江苏巡抚李鸿章命令他的弟弟李鹤章和总兵刘铭传在攻克无锡后，继续进攻常州，声援浙江巡抚曾国荃和浙江提督鲍超在江宁的进攻。

忠王李秀成看形势危急，难以挽回。苦劝洪秀全放弃江宁，再杀回太平天国的发祥地广西，寻机东山再起，但洪秀全却说："我奉天父、天兄之命，为天下万国独立的真主，天兵众多，有什么可惧怕的呢？"

李秀成听后，着急地说："现在江宁的粮道已断，不战死，也会被饿死。"洪秀全却满不在乎。

李秀成的建议他根本不听，太平天国诸王的意见也不统一。驻守杭州的听王陈炳文是安徽人，归王邓光明是湖南人，他们不愿离开家乡去广西，准备死守江南；只有驻守常州的护王陈坤书和驻守溧阳的侍王李侍贤愿意响应李秀成，杀回广西。于是，李秀成只好派人去通知李侍贤，让他进攻江西，先夺取富饶的地区，并在那里等待会师。

这时，驻守杭州东北屏障海宁的会王蔡元隆投降了官军，并改名为蔡元吉。官军乘机进占海宁，完全包围了杭州。

1864 年一月，总兵郭松林和英国人戈登包围了溧阳，不久，太平军守将吴人杰便开城投降。溧阳在江宁城郊，失去溧阳，江宁更成为一座孤城。

在江宁城北，曾国荃与出城反攻的李秀成展开激战。太平军不能取胜，退上紫金山，官军趁势围攻紫金山。紫金山天保城失陷后，曾国荃又派官军进驻太平门、洪山、北固山，围困神策门，终于从四面切断江宁与城外的联系，使太平军陷入粮尽援绝的境地。

李秀成见状非常焦急。为了保证粮草供应，他派人伪装成平民分散出城，向城内偷运粮草，同时又把妇女和儿童都放出城去，以减少粮草的消耗。他还派人在江宁城内西北的园圃中种植小麦。

二月，总兵程学启围攻嘉兴，太平军顽强抵抗。程兴启命人用地雷轰塌城墙一百多丈，然后，他亲率官军冒死从缺口处冲入城中。混战中，他被一颗流弹击中了头部，倒在地上，被人扶回营垒。他的部将刘士奇等人不但不退，反而继续从缺口处向城内猛冲，终于突破太平军的防线，攻克嘉兴。荣王廖发受、挺王刘得功战死，黄文金又退回湖州。不久，程学启伤重不治而死。

驻守杭州的陈炳文看到嘉兴失陷，感到独力难支，便派人向左宗棠表示投降。左宗棠表面假装答应，麻痹太平军，暗中却命令蒋益澧准备进攻。蒋益澧派人在馒头山埋放地雷，炸塌了杭州的城墙。官军从城墙的缺口攻入城内。太平军在城中顽强抵抗，与官军激战了好几天，伤亡惨重，终因寡不敌众，放弃了杭州，乘夜退出城外，与余杭的太平军一起投奔湖州。官军在同一天攻克了杭州和余杭。随后，官军便围攻太平军在浙江的最后一个重要城镇——湖州。

三月，鲍超等人攻克句容。汉王项大英、列王方成宗遇害，守王方海宗退守宝堰。宝堰离金坛四十五里，北通丹阳，是金坛的屏障。鲍超命令官军用稻草填平壕沟，攻入宝堰。方海宗又退守金坛，鲍超随后包围了金坛。他在茅山设下伏兵，打败了出城迎战的太平军，攻入金坛。太平军由金坛南门退走南渡，又被道员吴毓芬打败，全军覆没。

不久，镇江、扬州的官军在丹阳打败太平军的援军后，丹阳的太平军发生内讧，官军乘机攻城。英王陈玉成的叔父、然王陈时永战死。他的部下把洪秀全妻弟、来王赖桂芳以及广王李恺顺、列王金友顺、梁王凌郭均、邹王周林保绑送官军，出城投降，赖桂芳等人惨遭杀害。这样，除常州、江宁外，官军占有了江苏全境。

驻守石门的邓光明向官军投降。左宗棠立即率军经石门去攻打湖州。太平军在长兴、吉安分兵驻守，构成犄角之势，抗击官军。但由于官军兵力太强，他们不得不放弃湖州、长兴、吉安，在陈炳文和康王汪海洋的率领下，由广德进军皖南。这样，官军便占有浙江全境。此后，太平军在杨村打败官军，并分别攻打徽州、休宁、祁门和黟县，前锋由龙湾、婺源进入江西。李侍贤没有食言，他在江西攻城略地，等待李秀成。

大学士曾国藩派石埭(dài)、青阳的官军增援皖南，让鲍超回援江西。

四月初六，围攻常州的官军水陆炮火齐发，把城墙炸开了几十丈。李鸿章在城下亲自督阵，命令官军由缺口处冒死冲击。太平军奋勇抵抗，多次打退官军，但官军孤注一掷，轮番进攻，终于大获全胜。于是，清穆宗载淳下诏催促李鸿章与曾国荃会攻江宁。李鸿章看到江宁已孤立无援，不久就会被攻克，他不愿与曾国荃分功，便托辞需要处理江苏的善后事宜，巩固江苏，在常州休整军队。

常州失陷后，洪秀全感到大势已去，非常失望，便服毒自尽。李秀成等人为安定军心，秘不发丧，拥戴洪秀全十六岁的儿子洪福继位，称为幼主。

五月，被英王陈玉成派去进军陕西的扶王陈得才、增王赖文光联合捻军从汉中进入湖北，分攻孝感、云梦、麻城、皖城等地，直指江西。载淳担心这会影响官军在长江下游对江宁的进攻，便命令湖广总督官文、钦差大臣多隆阿和科尔沁郡王僧格林沁进行围堵，同时催促曾国荃迅速攻克江宁。于是，曾国荃率官军拼命攻占地保城，并在地保城上修筑了炮台，每日用大炮向江宁城内轰击。同时，他又采纳了总兵李臣典的建议，暗中派人在龙脖子挖掘地道。

六月，官军把地道挖到太平门下。曾国荃召集手下的将领，选拔攻城的前锋。总兵朱洪章第一个报名，随后，李臣典和布政使刘连捷、总兵伍维寿、提督张诗日及部将武明良、谭国泰、沈鸿宾、罗雨春等八人也先后报名，并与曾国荃立下了军令状。

六月十六日，曾国荃命令官军从江宁各门同时发动进攻，然后，在龙脖子山的地道内点燃了地雷，轰塌太平门城墙三十多丈。朱洪章等九人率军从缺口处一拥而入，冲进了江宁。朱洪章、沈鸿宾、罗雨春由中路直扑天王府，刘连捷、张诗日、谭国泰由右路直扑神策门。太平军军心顿时大乱，各门纷纷失守。太平天国的京都江宁终于陷落。

官军进入江宁后，曾国荃便下令凡是留着头发或新剃了头发的一律杀死。于是，官军在江宁城中见人便杀，太平军和城中的百姓有十几万人惨遭杀害。当天夜里，李秀成率领退守子城的一部分太平军点燃了天王府，保护着洪福从太平门缺口处冲出江宁。在突围过程中，李秀成和安王洪仁发、福王洪仁达在天印山被捕，洪福则乘乱逃到广德，与干王洪仁玕(gān)和昭王黄文英等人会合。

几天以后，官军从天王府的废墟下面挖出了洪秀全的尸体，在江宁城中当众焚化。然后，曾国荃亲自审讯李秀成等人，李秀成等人写出供词后，被曾国荃杀害。

七月，刘铭传攻克广德，洪仁玕和黄文英保护洪福退到宁国，与从湖州撤入昌化、淳安的黄文金和偕王谭体元联络，准备同往江西。八月，总兵黄少春、刘光明包围了昌化和淳安，打败了太子军，黄文金、谭体元被俘遇害。黄文英负伤后与洪仁玕一起保护洪福从建口渡过衢(qú)江，退到遂安。黄少春、刘光明随后追到。洪福等人被迫退入开化，进入江西境内。九月，鲍超在宁郡打败李侍贤、汪海洋等人，太平军伤亡惨重。这时，洪福等人又由开化退入泸溪，在新城受到贵州按察使席宝田的截击，洪仁玕、黄文英、恤王洪仁政都被席宝田杀害。洪福逃入石城杨家牌的山谷中，被游击周家良搜出，又被席宝田用囚车押到南昌，惨遭杀害。

这样，太平天国起义在官军的残酷镇压下，终于失败了。一大批清朝官员用太平军的鲜血染红了顶子。清穆宗载淳下诏封首功之臣曾国藩为一等毅勇侯，封曾国荃为一等威毅伯，官文为一等果威伯，左宗棠为一等恪靖伯，李鸿章为一等肃毅伯。自清朝开国以来，曾国藩是文官被封侯的第一人，开了清朝文官封侯的先例。

曾国藩处理天津教案

西方列强在对中国加强军事、政治侵略的同时，还派大量传教士到中国各地传教建教堂。这些传教士大多负有秘密使命，除了用宗教麻痹中国人民外，还收集情报，收罗汉奸，干涉中国内政。更有一些品质恶劣的传教士，倚仗官府的支持，鱼肉百姓，无恶不作，引起了中国百姓的强烈不满。

公元 1870 年，天津人盛传法兰西人办的天主教堂用迷药拐骗幼童，然后挖眼剖心，充做药料。百姓对外国人在中国横行霸道的行径早已恨之入骨，听了这个消息，无不义愤填膺。一时间，群情沸腾，大有一触即发之势。三口通商大臣崇厚等人便去会晤法兰西领事丰大业，并同他一起到教堂查问。百姓闻讯，纷纷来到教堂门前。人越聚越多。崇厚离开教堂后，百姓还没有散开。教堂的人员出来驱赶人群，并出言不逊，双方便发生了口角。愤怒的百姓再也按捺不住，纷纷拾起砖头瓦块抛击教堂和教堂的人员。丰大业见状，勃然大怒。他气急败坏地直奔崇厚的官署，一见崇厚便破口大骂，咆哮不已，崇厚只好好言劝慰，丰大业却拔出洋枪对准崇厚，崇厚吓得浑身直筛糠。

从官署出来，丰大业余怒未息，路上正好碰见天津知县刘杰。当时刘杰正带着几个仆从，在劝解百姓。丰大业见了刘杰，不问青红皂白，抬手就开了一枪，刘杰的一个仆从中弹倒地。这一枪恰如火上浇油，引起了百姓的更大愤怒。百姓们蜂拥而上，你一拳，我一脚，不到片刻的工夫，便把丰大业送上西天。这时，不知谁鸣响铜锣，百姓聚集得更多了。众人一起动手，放火焚毁了教堂和几处洋房。混乱中，有几十个教民和洋人死于非命。

这事在朝廷上引起极大的震动。崇厚主张严厉惩治闹事的人，但百姓不服气。曾国藩当时正患眼疾，朝廷下诏让他火速赴津查办此事。天津百姓听说曾国藩来，都很高兴，认为他必定反对崇厚，并会备兵抗法。然而，当时湘军已经遣散，天津与京畿近在咫尺，曾国藩认为百姓与教民发生冲突，只是小事一桩，不值得为此启开兵端。百姓又失望了，对曾国藩不由得怨气冲天。

崇厚作为朝廷代表，与法兰西公使罗淑亚会谈。罗淑亚十分蛮横地提出四个条件：一是赔修教堂；二是安葬丰大业；三是查办地方官；四是惩办凶手。不久，他又就第三条要求提出具体内容，即用府、县官吏和提督陈国瑞来抵罪。曾国藩主张双方持平，力保和局，因此，他认为第三条不符合持平的原则，便严词拒绝。罗淑亚碰了钉子，马上返回京师，向清朝廷施加压力。朝廷当即派工部尚书毛昶熙赴津暂当三口通商大臣，协助曾国藩办案。不久，朝廷又调李鸿章任直隶总督，曾国藩则调任两江总督，让李鸿章会同曾国藩查办天津教案。

经过几个回合的较量，腐败的清政府怕事情闹大，最后屈辱地接受了罗淑亚的四个无理条件。接着，天津知县刘杰和知府张光藻被发配充军，参与这次事件的为首的十五人都被处死。接着，朝廷又让崇厚充任出使法国大臣，以使天津教案彻底平息下来。这是清朝廷第一次向一个国家派遣专使，但这使者的派遣实在是大清王朝的耻辱。

左宗棠收复新疆

第二次鸦片战争中，沙皇俄国趁火打劫，抢占了中国一百多万平方公里的土地。但是，沙皇仍不满足，又把贪婪的目光转向中国的新疆。

1864 年(清同治三年)，早有分裂野心的新疆封建主金相印与中亚浩罕汗国相勾结，在新疆南部分土割据。浩罕摄政王派遣阿古柏于次年侵入新疆。几年间，阿古柏完全掌握了南疆的统治权，建立了所谓的“哲德沙尔汗国”，自称“毕条勒特汗”，并将势力扩张到了天山以北的乌鲁木齐、玛纳斯等地，在各城开征地税，还命令回、汉人民一律遵照中亚安集延(今吉尔吉斯境内)的风俗习惯，“光顶圆领”，剪去辫发，改变服饰装束，妄图把新疆从中国版图中完全分裂出去。在对内残酷奴役各族人民的同时，他还向英、俄大肆出卖新疆权益，以求取列强对他的“承认”和支持。

1871 年五月，野心勃勃的沙皇俄国并不满足于间接侵略，悍然派兵入侵，强占了新疆西北的伊犁地区，为其鲸吞整个新疆夺取了一个重要的桥头堡。新疆形势危在旦夕！

可是，在要不要出兵收复新疆这个问题上，腐朽的清朝政府却一直举棋不定。当时日本正侵犯台湾，东南海疆频频告急。以李鸿章为代表的“海防”论者，公开提出停兵撤饷，暂罢西征，说什么“新疆不复，于肢体之元气无伤”。对此，左宗棠据理力争。他从全局出发，主张海防与塞防并重，指出新疆是我国西北屏障，一旦放弃，必将导致“我退寸而寇进尺”，后患无穷。

1875 年三月，清廷终于采纳了左宗棠的意见，任命他“以钦差大臣督办新疆军务”，授予他指挥关外一切军事的全权。

左宗棠早就做好了收复失土的准备。他在兰州南关创办了兰州机械局，制造了进军需要的枪炮装备；他整顿了陕甘地区的官员和部队，根据“关塞用兵宜精不宜多”的原则，留下了健壮的自愿出征的兵丁，汰除了一批吃空饷的不称职的大员；他认为，新疆一战，由于路途遥远，取胜的关键在于运送粮食，为此，他准备好了适合在沙漠地区运输粮食和作战物资的队伍，保证运输的畅通。

出发之前，左宗棠详细分析了新疆地区的情况。他认为：新疆地区北高南低，防守北疆重镇乌鲁木齐的是投降了阿古柏的中国回族人白彦虎，白彦虎部队力量较弱，与阿古柏也有矛盾，如果攻打乌鲁木齐，南疆的阿古柏肯定不会增援；打下了乌鲁木齐，清军便居高临下，占据了有利地形；而且初战胜利，也会鼓舞入疆大军的士气。于是左宗棠首先攻打北疆的乌鲁木齐。

白彦虎知道左宗棠首攻的目标是乌鲁木齐，便把自己的主力部队安排在左牧地，下令死守这个乌鲁木齐的外围重镇。左宗棠的猛将刘锦棠来到左牧地前，不待筑营休整，立即趁白彦虎的军队夜间睡觉的机会发动了猛攻。白彦虎那批乌合之众哪是清军的对手，双方一接触，叛军立即败下阵去。白彦虎闻讯大惊，连夜从乌鲁木齐逃走了。清军初战告捷，乘胜追击，不久便收复了北疆大部分地区，只剩下伊犁地区还在沙俄的控制之下。新疆的军民，几年来受叛军的欺凌，看到清军进疆后，军纪严明，纷纷起来响应清军的进驻，热切盼望清军能很快进军南疆，把阿古柏赶出去。

左宗棠的胜利震惊了沙俄和英国。英国立即借口自己与阿古柏订有通商条约，威胁清政府，声称再继续交战，就会引起国际争端，并为阿古柏求情，要清政府允许阿古柏投降清朝，在南疆建立国中之国。李鸿章趁机发难，又发动了对左宗棠的攻击。他这种卖国求和的态度激怒了左宗棠，左宗棠在攻下乌鲁木齐后不久，立刻下令进攻南疆，决心把入侵者阿古柏从新疆赶出去。

阿古柏在南疆部署了抵抗清军的防线，分别派人守住托克逊和达坂城，还让从北疆溃退的白彦虎守住吐鲁番。他想凭借南疆多沙漠，运输困难的条件做拼死的顽抗。

光绪三年(公元 1877 年)，刘锦棠率兵二十余营，攻打南疆的门户达坂城。清军用开花炮弹猛轰达坂城，一炮击中叛军的火药库，引起了城内弹药不断爆炸。叛军死伤千余人，只得撤出了达坂。收复达坂以后，刘锦棠又乘胜进攻托克逊，托克逊叛军抵挡不住，清军又收复了这座战略要地。另一支清军在张曜的率领下，从侧面攻击吐鲁番。把白彦虎赶出了吐鲁番城，于是，整个南疆门户洞开，再也无法阻挡清军长驱直入了。

英国人再次充当说客，请求清政府割出南八城给阿古柏作为安身“立国”之处。左宗棠大怒，斥责英国人说："阿古柏是浩罕汗国人，如无立足之处，英人何不割印度之地让他立国，为何非要到中国来割地？拿别人的国土做人情，道理何在？"他坚决拒绝了英国的无理要求。

当时沙皇和英国正在土耳其争夺殖民地，一时无力顾及中国的新疆。阿古柏没有后台作倚靠，失望之余服毒身亡。他的两个儿子为争权发生了争斗，伯克胡里杀死了兄弟海古拉。伯克胡里众叛亲离，再也无法守住阿古柏最初建立的哲德沙尔国。光绪四年(公元1878年)八月，左宗棠率领清军在六天六夜中奔袭九百里，连克南八城，到十二月，终于收复了喀什噶尔。这座被外国匪帮占领了十二年的边疆古城，终于回到了祖国的怀抱。伯克胡里和白彦虎逃到了俄国，从此再也不敢踏进中国国土一步。

到了这时候，中国的领土只有伊犁一地尚在沙皇俄国的占领之下，其余各地都已收复。左宗棠陈兵北疆，矛头直指伊犁，下决心收复全部失地。他的目的，照理说是完全有可能实现的，沙俄在新疆驻兵不多，所以不敢支援阿古柏，采取的是坐山观虎斗的姿态。

北京的朝廷，却怕左宗棠进攻伊犁会引起两国冲突，下令左宗棠急返北京就职，负责兵部工作，这一釜底抽薪的做法断送了左宗棠十年征战的成果。光绪七年(公元1881年)，中俄两国签订了《伊犁条约》，中国虽然收回了伊犁城，却把霍尔果斯河以西的部分领土送给了俄国。俄国人用唆使别人入侵的阴谋，让别人替他火中取栗，又在中国捞到了不少好处。

新疆平定后，左宗棠建议新疆设省，并提出浚河渠、建城堡、清丈地亩、厘正赋税和分设义塾等项主张，以促进新疆地区经济和文化的发展。

左宗棠在镇压太平军时是毫不留情的，但他在捍卫领土完整上做出了重大贡献。据说新疆各地广泛种植的柳树被称为"左公柳"，那是他率大军入疆时命人沿途栽种的。

藏族军民血染江孜

经过两次鸦片战争，英国在中国攫取了种种特权，其势力已弥漫到几乎整个长江流域，又把目光投向了中国西藏。1876年(光绪二年)，英国迫使清政府签订了《烟台条约》，为自己染指西藏找到了冠冕堂皇的借口。同时，他们以印度为据点，先后把我国的西部邻邦尼泊尔、哲孟雄(今锡金)、不丹等并入了其势力范围，并在印度入藏的门户——哲孟雄大吉岭建立军事基地，搭好了入侵西藏的跳板。雪域高原宁静祥和的天空从此被乌云笼罩。

清朝中央政府和西藏地方政府对英国殖民主义者的狼子野心早就有所察

党，在边境要地邻近大吉岭的隆吐山一带筑垒架炮，做好了抗击英军入侵的准备。

1887年(光绪十三年)，英国又故伎重演，派人向清政府递交了一份荒唐的外交照会，声称藏军守卫的隆吐山属哲孟雄领土，要求清廷立即撤去守军。对这种莫名其妙的照会，清政府断然拒绝，并严令西藏驻军做好战斗准备，以随时增援隆吐山守军。

1888年二月初八(光绪十四年二月八日)中午，高原的天空仍如往常一般湛蓝。忽然，隆吐山下响起了一阵不祥的枪声。

紧接着，山脚出现了一群蠕动着的英国人，正吃力地往山上爬。守卫隆吐山已经多日的藏军多尔济仁增部虽有些措手不及，但很快反应过来。藏军的装备极差，几乎没有什么有力的武器，但他们在多尔济仁增的指挥下，凭借熟悉的地形，居高临下，奋起还击。英军见藏军手中的武器不过是些弓箭和火铳，反击的火力极弱，心中顿时放松了，有些人干脆一改刚才的小心谨慎，直着腰往上爬。

可是，不一会儿英国侵略者便尝到了苦头，他们低估了藏军手中的弓箭。只见以多尔济仁增为首的藏军在山顶的岩石掩体后面一字排开，弯弓如满月，一支支箭像长了眼睛似的射向英军。一名英军军官被长箭贯胸，当场一命呜呼，受伤的、未受伤的英军士兵吓得连滚带爬地溜回老巢。

第二天清晨，喘息了一夜的英军增兵至六百多人，对隆吐山发起更加猛烈的攻击。藏军仍旧如法炮制，利用居高临下之势，以山为依托的有利地形予以还击。一仗下来，英军死伤一百多人。自卫作战取得了首战胜利。

然而，损兵折将的英军岂肯就此善罢甘休，他们调集重兵，调来多门重炮对隆吐山守军发起猛烈轰击。面对处于火力绝对优势的英军，藏军几乎没有还手之力。工事一寸一寸地被摧毁，阵地一寸一寸地沦入敌手。最后，藏军不得不后撤，据守附近高山。

通道打开后，英军数千人蜂拥而入，进逼纳汤一线。西藏地方政府立即从各地调集大军。不久，万余藏军齐集亚东前线，反攻在即。这时，清政府内的投降派却在大肆活动，他们竟打着“不要扩大事端”的旗号，下令藏军撤兵讲和。九月，英军不战而下捻纳、亚东，终于以武力炸开了西藏的大门。

门户既开，英国侵略者胃口大增。他们大肆由印度向西藏增兵，至1903年(光绪二十九年)，英军在西藏驻军已达一万多人，配备了大量先进的步枪、机关枪和火炮，还制定了一个攻占江孜、拉萨的狂妄计划，妄图借此控制西藏，从而达到把这颗高原明珠从中国版图分裂出去的肮脏目的。

是年腊月十一日，大队英军在麦克唐纳少将的指挥下，兵分两路向江孜运动。由于西藏守军部署失误，致使通向江孜的要地春丕轻而易举地落入敌手，并进而丢掉了附近的火药库与武器库。这时，侵略者也遇到了难题。高原的严寒使士兵们痛苦不堪，冻死冻伤的几乎每天都有。麦克唐纳不敢贸然进攻，只得退回春丕休整，待机而动。

藏军抓住这一机会，在堆拉以北的曲眉仙角、古鲁一带构筑石墙组织防御，希望能把侵略者阻挡在江孜外围。英军见此情景，心知硬攻是讨不到好处的，便要起诡计来。次年三月底，他们一边派人与西藏地方政府谈判，一边由麦克唐纳率一千三百余人由堆拉悄悄地推进至曲眉仙角的藏军阵地附近。秉性耿直的藏族人哪知是计，只道英军想捞一把就走，遂停止还击，与侵略者谈判，这无异于与虎谋皮。谈判正在进行中，老奸巨猾的麦克唐纳暗令一个印度锡克族步兵营迂回至藏军阵地侧后，抢占了几个制高点。待藏军哨兵发现，为时已晚。英军居高临下，以机枪、大炮向守军进攻。这时，英军的步、骑、炮兵从三面将一千五百余名藏军包围。

藏军前线指挥官莱丁色拒绝投降，率部用刀、矛、叉等原始冷兵器与侵略军展开了白刃格斗。骁勇善战的藏军战士同仇敌忾，前仆后继，七百多名勇士的鲜血染红了石墙的每一块石头。余部且战且退撤到古鲁，凭借事先筑好的石墙、石垒顽强阻击。然而，弓箭、土枪毕竟无法与炸药、炮弹相抗衡，古鲁也告失陷。这一战藏军伤亡一千四百余人，几近前线藏军的半数，由此可见战斗之残酷。坚强不屈的广大藏族将士明知敌强我弱，却无一人言降，仍然义无反顾地投入战斗。他们的大无畏精神令英军也为之咋舌。

曲眉仙角之战胜利后，英国侵略者得寸进尺，乘势北犯江孜。

江孜是相当于内地县一级的西藏地方宗政府所在地，西通日喀则，东达拉萨，是西藏的军事战略要地。由于江孜驻军大部已南调，又缺乏预备队，因此与气势咄咄逼人的英军相比，兵力更显薄弱。

江孜附近的藏族同胞为保卫家园，纷纷拿起武器，加入了反侵略斗争的行列。当英军进至康玛以南的雪那寺附近时，守卫该寺的二三百藏军与该寺的喇嘛僧众凭借高墙坚屋，给英军以重大杀伤。麦克唐纳听说连寺庙里的神职人员都拿起武器参加战斗，一下子竟惊呆了，半天都没有回过神来。

由于实力悬殊，藏军不能力战，为保存实力，与全城百姓一起撤出了江孜。随后，英军进占已是一座空城的江孜。江孜失守后，西藏地方政府迅速组织民众武装近万人，分别集结于江孜东、西两侧，以防英军进逼日喀则和拉萨，同时，还在英军进攻拉萨的必经之路卡罗拉山口筑墙设卡，派重兵驻守。

侵略军担心前进受阻，想乘藏军部署立足未稳，一举突破藏军防线。五月三日，英军大队人马自江孜出发，向卡罗拉进犯。得意忘形的侵略者一心只顾进攻拉萨，以控制西藏的心脏，却忘了在他们后面还有大批蓄势待发的藏军。

英军离开江孜城向卡罗拉进发后不久，一个藏民气喘吁吁地跑进了日喀则附近的西藏民军驻地，他带来了江孜守敌不足二百人的重要情报。民军闻讯，当机立断决定奔袭江孜。五月四日，民军一千余人在留城藏民的配合下，克复江孜宗政府，迅速占领了宗山、白居寺等重要据点，并把英军巢穴洛林卡围了个水泄不通。

留在江孜大本营的近两百名英军遭此突袭，顿时乱作一团，龟缩在营地里负隅顽抗。出击卡罗拉之敌闻讯，赶忙回兵支援，但在几路民军的顽强阻击下，英军被围的态势丝毫未得到改变。二十四日，又一支英国援军抵达江孜，与被包围的顽敌里应外合，向包围圈上的帕拉村民军发动反击。由于帕拉村墙高壁厚，英军先后出动了炮兵、工兵，仍未能动摇民军半步，自己反而伤亡了数十人。经过整整一天的逐屋较量，民军枪弹耗尽，不得已撤至地方宗政府所在地，而英军也因兵力不足、补给困难而无力进攻，双方呈僵持状态。

相持半个多月，英军近万人的庞大援军抵达江孜，依仗其强大的火力相继占领了江孜外围的村落。据守日喀则与江孜联系纽带翟金寺的千余民军，深知在远距离上敌长我短，但在近身格斗上我长敌弱，于是趁着月黑风高奇袭英军。英军想不到民军会主动出击，仓促应战，一时死伤遍野。西藏民军虽长于格斗但终究寡不敌众，激战一天后，翟金寺失守。英军切断了日喀则与江孜的联系，江孜成为一座孤城。

七月五日，英军分两路向江孜城和宗政府所在地发起总攻。民军利用悬崖峭壁修筑了多道防御围墙，奋勇还击。激战数小时，装备落后的民军弹药和弓箭全部耗尽，连“恶多”(为打鸟、打牲口时所备的一包小石头，一条绳，用时将石头置于绳上，用力甩出去)石子也打光了。英军见状，怪叫着一拥而上。民军中有人情急之下，抱起遍染鲜血的石头就往下砸。众人一见，纷纷效仿。正在爬墙攀岩的英军遭此迎头痛击，又被砸死、砸伤数十人。无奈之下，英军只有退到远处，用大炮拼命轰击守军阵地。一时间，江孜全城笼罩在一片炮火硝烟之中。幸存的民军再也无力坚持，被迫从小道撤往拉萨，江孜遂告沦陷!

七月十四日，英军乘胜进逼拉萨。西藏地方政府慌了神，见无力回天，竟下令各地藏军停止抵抗。于是侵略军长驱直入，于八月三日占领拉萨，阴云完全笼罩了西藏这片纯洁的土地。

英军仅凭小股部队就能进入西藏，直达拉萨，足见清朝政府长期忽视西藏边防，兵力严重不足，装备极为落后，虽处有利地形，藏族军民的浴血奋战，仍未能挽回败局。这种耻辱让我们要永远铭记，并且永远不让它再次发生!

乞丐武训的义举

武训，是清末山东省堂邑(在今聊城)的一名乞丐，本来没有名字，因其排行第七，人们都叫他武七。就是这样一个极普通的人，却用多年乞讨来的钱，兴办义学，不求回报。

武七很小便死了父亲，家里十分贫穷，跟随母亲在街上讨饭度日。他讨到钱后，便要买些好吃的给母亲。母亲死后，他渐渐长大成人，有时讨饭，有时帮工。他恨自己不识字，发誓要积攒钱财办义学。他将乞讨、帮工得来的钱放在富裕之家生利息，这样积攒了三十年，共买得土地二百三十多亩。但他仍然照旧乞讨度日，衣衫破烂，仅能遮蔽大腿，白天乞讨，夜晚织布。有人劝他娶妻，他婉言推辞了。

又过了数年之后，他在柳林庄开设了一所私塾进行义务教育。修建校舍花费了四千多缗钱，后又将长年积累的土地全部变卖后资助学校。学校分为两级，一是蒙学，学生接受启蒙教育，一是经学，学生攻读经书。

开学那天，武七先谦卑地拜见私塾教师，再一个一个地拜见学生。他安排了丰盛的酒席招待教师，自己则躲在门外，等到酒宴完了，他才进去吃那些残菜剩饭。他说："我是一个乞丐，不能和老师们平起平坐。"

开学后，他常常到学校看一看，遇到教师白天睡觉休息，便默默地跪在床前，老师惊觉后才起来。遇到学生们游戏，他也是如此，使师生互相勉励警戒，认真教学。对那些学习不勤奋的学生，武七听说后，总是规劝他们，经常说得他们泪流满面。地方政府为了表彰他勤谨的办学精神，给他取了个名字叫武训。

后来，他来到馆陶地区，知道这里的了澄和尚在雅庄办私塾，但资金不足，武训拿出数百缗钱帮他将学校办了起来。他又积累一千多缗资金，在临清办起了义务学校，并以他的名字命名。

他听说当地一个寡妇张陈氏，家里很穷买不起肉吃，就把自己身上的肉割下伺候公婆，武训知道后，给了她十亩田以养家糊口。武训的善心是可敬的，不过在今天看来，割股侍亲的事可不值得提倡。每当遇到孤寡贫寒人家，他都借给别人钱，到死也不要别人还账，还替别人保密。

光绪二十二年(1896 年)，武训死在他所开办的临清义务学堂的屋檐下，终年五十九岁。他在病情十分严重时，一听到学堂上学生的琅琅读书声，就睁开眼睛，脸上露出会心的微笑。

县里的百姓都被他这种义务办学的精神所感动，自发为他雕刻了石像，并让出四十亩地，让他的侄子奉灵祭祀。山东巡抚张曜、袁树勋先后上书朝廷请求表彰他的事迹，并将他的神位供奉在孝义祠里。

武训的义举令人感动，但不知当时的统治阶层作何感想。

张之洞振作有为

张之洞，字香涛，直隶南皮人。他身材矮小，满脸虬髯，非常注重仪表，有一股威严之气。他年少即有大志，博览群书，善写诗词文章，善于记诵。同治二年（1863 年）中进士，他廷试时回答不循常规，以一甲第三名被授为编修，从此登上仕途。

张之洞以文儒之身取得要职，遇事大胆直言，确实是一位济世良才。中俄谈判伊犁问题，出使俄国的大臣崇厚与俄签订新约十八条。张之洞上奏朝廷责论他的过失，请求处斩崇厚，并撕毁对俄条约。此疏上达朝廷后，崇厚被罢官职，并被治罪，由侍郎曾纪泽担任出使俄国大臣，负责商议改约事宜。光绪六年（1880年），张之洞被授为侍讲，再升至庶子。张之洞又奏论曾纪泽制定条约时固执己见，只对边界事务据理力争，而不争取商务上的权利，并在奏章上附带陈述设防、练兵之策。张之洞在位之时共上书七八次。

自从张之洞喜欢谈论国事以来，陈宝琛、张佩纶等人同时崛起，针砭时弊，号称清流之士。光绪七年（1881 年），张之洞由侍讲学士提升为阁学，随即又授为山西巡抚。张之洞首先弹劾布政使葆亨、冀宁道王定安等贪财营私，推荐廉明官吏五人，逐条上奏治理山西之要务，但没等实行，便被调去任两广总督。

光绪八年（1882 年），中法战争爆发，张之洞建议应当迅速派军救援，以示战意，只有如此才可从中调解，因此推荐唐炯、徐延旭、张曜等人担任将帅。光绪十年四月，两广总督张树声解职，专门负责治军，于是张之洞担任两广总督。正在这时，云贵总督岑毓英、广西巡抚潘鼎新都出去督师，尚书彭玉麟在广东治军。越南将领刘永福，以前是中国人，他历来骁勇善战，率领大军抗击法军。法军攻越未能攻下，又分兵进攻台湾，占据了基隆。

朝廷有意商议和战，但很久不能决断，张之洞到后，主张战事的气氛压倒了一切，彭玉麟平素很有威望，他虚心听从了张之洞的意见。张之洞奏请王事唐景崧招募强兵出关，与刘永福互为犄角。朝廷颁旨就地加封刘永福为提督、唐景崧五品卿衔。这时唐炯、徐延旭也都已升至巡抚，他们阻挡前敌，却遭到弹劾，获罪免职，朝廷还要将推荐他们的人定罪。张之洞因为有筹集军饷、兵器的功劳而没有被定罪。

广西军队在越南失败后，朝廷下令罢免潘鼎新，命提督苏元春统领其军，同时张之洞又奏请派提督冯子材，总兵王孝棋等前往助战。由于这俩人都是宿将，于是滇、越两军联合扼守镇南关，殊死拼杀，攻下了谅山。法军提督孤正在进攻闽、浙两省时，乘坐的船被炮弹击中而死，虽然清军此时并不知情，法国却因此愿意停战，朝廷商议之后答应了法国的请求，任李鸿章为全权大臣，签订条约，以北圻为界。

张之洞对言和一直感到非常耻辱，因此暗自发奋图强，设立广东水陆师学堂，创建枪炮厂，开办矿务局。他上书请求对水师进行大整顿，并且每年拨专款购买兵舰；又创办了广雅书院，使得武备和文事并举。十二年(1886年)，张之洞兼任巡抚职务，对两粤边防事宜做了许多改进，写成《沿海险要图说》一书。在粤六年之后，调补湖广总督。

当时海军衙门奏请修筑京通铁路，台谏官员纷纷陈述铁路的弊端，请求停办。翁同禾等请求试修边地，以便于用兵；徐会澧请求改修德州至济宁之路，以利漕运。

张之洞建议道："修路之利，应以运输土产、重视民生为最重要，征兵、运饷次之。现在应当从京城外的卢沟桥开始，经河南到达湖北汉口镇。这是干线枢纽，中国大利聚集之地。一旦河北铁路建成，则三晋之路接于井陉，关陇车马交于洛口；自黄河以南，则东引淮、吴，南通湘、蜀，万里声息，刻期可通。其有利之处在于：内处腹地，不用担心会引敌而入，是一利；原野广阔，坟地、房屋容易避开，是二利；厂盛站多，役夫商客可舍旧图新，是三利；以一路可控八九省之衢，人货辐辏，足以使饷源富足，是四利；近畿如发生事端，淮、楚精兵一个早晨便可聚集，是五利；太原富藏煤铁，如果运输便利，则开采必然就多，六利；如果海上用兵，漕运依然可畅通无阻，七利。有此七利，分段分年来修筑。北路由直隶总督负责，南路由湖广总督负责，另由河南巡抚协助。"

朝廷接受了他的建议，并调他到湖北任职。张之洞了解到大冶地区盛产铁，江西萍乡多产煤，就奏请朝廷在汉阳大别山下设炼铁厂，为修路提供资金，同时开设枪炮、钢、药专厂。由于荆襄大地适宜种植桑、棉、麻，且皮革制品丰富，便设立织布、纺纱、缫丝、制麻革等局，与此对应的是兴修堤坝，发展货币政策，使其可以顺利发展。自此以后，湖北财赋丰饶，百业俱兴。

二十一年(1895年)，中国东部战事吃紧，张之洞代替刘坤一担任两江总督。一到任，便马上巡阅江防，购买新造后膛炮，改筑西式炮台，并设专将专兵负责。他招募德国人作为军队教练，名为"江南自强军"。军队里采用东西法规制度，广泛设立武备、农、工、商、铁路、方言、军医等学堂。

其后不久，张之洞回到湖北继续任职。当时大清朝国威锐气屡屡受挫，朝中之士每天都商议变法，要求废除八股文，改试策论。张之洞说道："废除八股文，并非废除《五经》、《四书》，因此，文体仍然必须端正，命题之意必须严格。否则便彰显不出国家重视教化的宗旨，必定导致不读经文，背道忘本的事情发生，这可不是小事情啊。我认为，首场考试先考史论及本朝政法，第二场考时务，第三场最后考经义。分别随场决定去留，层层顺次录取，这样便可减少作弊现象的发生。”又说:“武科应当取消骑射、刀石,只考试火器一门。如果想要改变重文轻武的习尚,就必须使士兵都能识字,用科举来激励军人读书。”二十四年(1898 年),发生了戊戌政变,张之洞因事先写有《劝学篇》,并在文中表明了自己的想法,因此得免获罪。

二十六年(1900 年),北京城内民众不满朝政,当时刘坤一为两江总督,李鸿章为两广总督,袁世凯为山东巡抚,他们共同邀请张之洞一起与外国领事签订保护东南的条约。等到联军内犯,两宫太后西走之时,东南侥幸无事。第二年,和议成功,两宫回銮。论功行赏,加封张之洞为太子少保。

由于战事大致上已经定下来了,张之洞便与刘坤一联名上奏变法三疏,其中谈到中国积弱不振的原因。他们提出应当变通者,有十二项;应采用西法者,有十一项。建议朝廷停止捐纳买官,征书吏,考察差役,抚恤刑狱,筹划八旗生计,裁减屯卫,淘汰绿营,确定矿律、商律、路律,交涉律,实行银圆,征印花税,发展邮政。其中尤为重要者,则是设立学堂,停止科举,奖励游学。这些都依次实行。

1902 年,张之洞担任督办商务大臣,再代理两江总督。有一个道员私献商人的二十万黄金为张之洞祝寿,请求在海州开矿,张之洞立刻弹劾罢免了他。他考察盐法利弊,设立兵船缉捕私盐,使每年税收都有盈余。

第二年,张之洞入宫觐见,担任经济特科阅卷大臣,并厘定大学堂章程,事毕之后,仍受命还任。张之洞在向皇上辞行奏答时,请求消除满、汉界限,以彰圣德,遏制叛乱萌生,皇上为之动容。旋即裁撤巡抚,命张之洞兼任。

1906 年,张之洞晋升协办大学士。不久,应召入宫,升任体仁阁大学士,授为军机大臣,兼管学部。1908 年,张之洞又督办粤汉铁路。

德宗与慈禧皇太后相继去世后,醇亲王载沣监国摄政。张之洞因是顾命重臣,晋升为太子太保。一年后,朝中亲贵逐渐当权,相互因私事而干求请托。朝廷商议设立海军时,张之洞认为海军资金不足,可以缓立,但未被采纳。张之洞于是上书称病辞官,不久便去世,终年七十三岁,朝野为之震动悲恸。

张之洞是一个很务实的人,无论到哪里做官任职,必有一番作为。他毕生致力于宏伟大业、振兴国家,从不问费用多寡。而他的爱才好客,在当时也颇有名声,很有名士贤达都去投靠他。在担任疆吏数十年间,直到去世,他的家里都没有增加一亩地,可见他的为官清廉。